인류의 위대한 지적 유산

해석의 갈등

폴 리쾨르 | 양명수 옮김

한길사

Paul Ricœur
Le conflit des interprétations: essais d'herméneutique

Translated by Yang, Myung-su

Copyright © ÉDITIONS DU SEUIL (Paris), 1969
Korean Translation Copyright © Hangilsa Publishing Co., Ltd., 2012
All rights reserved.

This Korean edition was published by arrangement with
LES ÉDITIONS DU SEUIL (Paris)
through Bestun Korea Agency Co., Seoul

클로드 레비-스트로스(Claude Lévi-Strauss, 1908~2009)
20세기 후반 큰 영향력을 행사한 구조주의 사상의 창시자이다.
그는 소쉬르가 언어학에서 사용한 구조분석을 인류학에 적용했다.
1960년대에 리쾨르와 벌인 논쟁에서, 구조주의의 목표는
주체를 제한하는 데 있음을 분명하게 밝혔다.

지그문트 프로이트(Sigmund Freud, 1856~1939)
정신분석학의 창시자이다. 진화론의 영향을 받은 그는 원초적 본능의 충동이
인간의 심리와 행동에 큰 영향을 미치고 있다는 것을 밝혔다.
인간은 자기가 알지 못하는 무의식에 의해 움직이는 꼭두각시와 같은 존재라고 보았다.
리쾨르는 프로이트를 빌려 데카르트 이후 근대를 지배한 의식철학을 극복하고자 한다.

에드문트 후설(Edmund Husserl, 1859~1938)
현상학의 창시자이다. 객관주의를 비판하고 선험적 환원을 통해
의식의 지향성을 밝혔다. 의식은 의미를 지향하고, 의미 생산의 주체이기도 하다.
크게 보면 데카르트의 주체철학 또는 의식철학의 결정판이라고 할 수 있다.

피에로 델라 프란체스카, 「그리스도의 세례」

기독교는 인간과 세상의 악을 극복하는 길을 은총의 논리에서 찾았다.
바울은 죄가 많은 곳에 은총이 더욱 넘친다고 했다.
그 결과 도덕적 강박관념을 넘어 종말론적 약속의 실현이라는 것이 더 중요하게 되었다.
십자가와 부활, 그리고 종말론적 희망은 리쾨르 해석학과 상징철학에서 중요한 역할을 한다.

HANGIL GREAT BOOKS 120

해석의 갈등

폴 리쾨르 | 양명수 옮김

한길사

해석의 갈등

· 차례

해석을 통한 자기 이해 | 양명수 13

서론: 실존과 해석학 29
    1. 해석학의 기원 29
    2. 현상학에 접목된 해석학 32
    3. 의미론 차원 38
    4. 반성 차원 43
    5. 실존 단계 47

제1장 해석학과 구조주의 53
    1. 구조와 해석학 53
    2. 겹뜻의 문제: 해석학의 문제 그리고 의미론의 문제 89
    3. 구조 · 낱말 · 사건 105

제2장 해석학과 정신분석학 125
    1. 의식과 무의식 125
    2. 정신분석학과 현대문화 148
    3. 철학으로 본 프로이트 190
    4. 해석에서 기술과 반(反)기술 208
    5. 예술과 프로이트의 체계 227

제3장 해석학과 현상학 241

1. 장 나베르의 행위와 기호 241
2. 하이데거와 주체 물음 253
3. 주체 물음: 기호론의 도전 266

제4장 악의 상징 해석 299

1. 원죄: 그 의미를 생각함 299
2. 상징 해석과 철학적 반성 1 320
3. 상징 해석과 철학적 반성 2 353
4. 정죄를 비신화화함 373
5. 형벌 신화를 해석함 395

제5장 종교와 믿음 423

1. 불트만 서론 423
2. 희망에서 오는 자유 445
3. 허물, 윤리 그리고 종교 470
4. 종교 · 무신론 · 믿음 485
5. 아버지: 환상에서 상징으로 514

참고문헌 549
원문출처 557
폴 리쾨르 연보 561
찾아보기 571

해석을 통한 자기 이해

양명수 이화여대 교수·신학

『해석의 갈등』은 폴 리쾨르가 자신의 해석학을 하나의 학문으로 세우게 된 중요한 책이다. 말하자면 이 책을 통해 리쾨르의 해석학은 처음으로 그 모습을 드러낸다.

해석학이란 해석한다는 것이 무엇인가를 생각하는 학문이다. 해석은 단순히 말의 뜻을 알아내 지식을 넓히는 것이 아니다. 인간의 자기 이해와 관련이 있다. 인간의 자기 이해는 텍스트 앞에서 일어난다. 남의 말을 풀면서 자기를 안다. 내가 누군지는 직접 내 의식 속에서 아는 것이 아니다. 남의 말을 돌아 자기 이해에 도달한다. 이것은 데카르트 이후의 주체철학을 크게 뜯어고치는 선언이다.

해석에는 해석의 순환이 있다. 그래서 내가 해석하지만 이미 나는 해석되고 있다. 앎과 믿음의 순환 속에서, 나는 나이지만 이미 세상에 속해 있다. 텍스트를 해석하는 과정에는 역사와 전통이 들어오고, 진리와 존재의 의미 물음 같은 존재론이 들어오는 것이다. 그렇게 해서 주체는 겸손해지고 깊어진다. 그것이 리쾨르가 근대 이후에 찾은 인간 해방의 길이다.

리쾨르의 해석학은 여러 가지 학문을 종합하는 모습으로 나타난다. 자기 이해를 향해서 가는 길에 여러 가지 인간 이해가 끼어든다. 특별히 의식철학을 수정하는 이론들을 종합한다. 그래서 구조주의도 들어오고, 프로이트의 정신분석학이 중요하고, 칸트의 변증론과 종교론이 중요하고, 헤겔의 정신현상학도 해석학 안에서 제자리를 찾는다.

 절충하지 않고 종합하는 것은, 리쾨르가 볼 때 철학이 해야 할 가장 중요한 작업이다. 인류의 사상의 역사에서 각기 다른 방식으로 의미를 찾던 노력들, 그것들이 주체를 세우고 존재의 깊이를 찾는 데 이바지 하도록 이끈다. 『해석의 갈등』이라는 책 제목도 그것을 뜻한다. 여러 가지 학문이 삶을 놓고 서로 다른 해석을 하고 있으며 갈등을 빚고 있다. 다시 말해서 해석의 갈등은 여러 가지 해석의 갈등을 뜻한다. 프로이트가 꿈을 해석하면서 사람을 이해한 것이 다르고, 헤겔이 형태의 발전을 놓고 사람을 이해한 것이 다르다. 종교현상학자들이 이해한 사람이 다르고 신학에서 본 사람이 다르다. 정신분석학과 정신현상학과 종교현상학 그리고 신학은 각기 다른 방법으로 삶 전체를 해석하려고 했다. 그 학문들은 자기의 영역을 제한하지 않고 삶 전체를 자신의 눈으로 보고 설명했다. 원래 언어학에서 출발한 구조주의도, 삶을 구조주의 시각에서 이해하는 철학이 된다. 그래서 다른 해석들과 갈등을 일으킨다.

 그러나 리쾨르는 그 점을 중요하게 본다. 그것들은 나름대로 독특한 해석 방법을 가지고 있으며 삶 전체를 꿰뚫어볼 수 있는 시각을 지니고 있다. 다만 차원이 다를 뿐이다. 여러 가지 해석은 같은 차원에서 서로 부딪치는 것이 아니다. 승자와 패자가 가려져야 하는 것이 아니다. 서로 다른 차원에서 삶을 이해하는 노력이요, 철학은 그러한 노력들을 이어주어야 한다. 그것이 리쾨르의 해석학이 전개되는 방식이다. 그러므로 해석학이란 여러 가지 철학 가운데 하나가 아니라, 철학 그 자체가 된다.

 철학이란 결국 인간의 자기 이해이다. 사람이 삶을 이해하고 자기를 이해하려는 노력이 철학이다. 그런데 리쾨르가 볼 때 인간의 자기 이해는 해석의 산물이다. 자기 이해는, 내 속에서 직접 일어나는 것이 아니라 남이 해놓은 말을 해석하면서 생긴다. 작품과 기호를 거친다. 정신분석학과 정신현상학 그리고 종교현상학과 신학이 모두 인간의 자기 이해를 위한 노력이고, 특별히 인간의 직접 의식을 부정하는 것이라면, 그것들은 모두 저마다의 해석학 영역을 이룩하고 있는 셈이다. 겉으로는 해석학과 무관한 것처럼 보이는 정신현상학도, 인간의 자의식이 직접 의식이 아니기 때문에 해석학으로 들어온다.

리쾨르의 해석학이 의도하는 것이 있다. 모든 철학이 그렇듯이 리쾨르의 해석학에도 어떤 세계관과 인간관이 깔려 있다. 리쾨르는 여러 가지 해석을 하나의 해석학으로 묶으면서 새로운 인간 이해를 내놓으려는 것이다. 하나의 해석학 안에서 구조주의에 그 나름의 역할을 인정하고, 정신분석학에 그 나름의 역할을 인정하고, 정신현상학에도 나름의 역할을 인정한다. 구조주의는 수면 아래에서 일하고, 정신분석학과 정신현상학은 수면 위에서 긴장을 이루며 서로 밀고 당기며 새로운 인간 이해를 이룩한다. 그리고 리쾨르는 다시 거룩의 해석학으로 저 하늘을 향해 실존의 가슴을 연다. 거룩의 해석학에서는 신학과 칸트의 근본악이 길을 제시한다. 그렇게 해서 해석학은 완전하게 상징철학의 모습을 띠게 된다.

리쾨르의 해석학이 이룩하는 새로운 인간 이해는 새로운 주체를 정립한다. 우리가 리쾨르 해석학에 관심을 기울이는 까닭도 결국은 주체 문제 때문이다. 새로운 세기에 주체를 말하기 위한 하나의 모델을 우리는 리쾨르에게서 본다. 주체를 말하는 것은 자유를 찾는 길이다. 아무리 존재론을 말하고 자연주의가 득세한다 해도 주체를 말하지 않고 자유를 찾을 수는 없다. 자유는 구원이요, 인간 해방이다. 철학이 인간의 자기 이해라고 했을 때, 자기 이해 속에는 주체를 세우려는 노력과 욕망이 들어 있다. 이해는 그런 노력과 욕망의 산물이다. 자연이나 다른 사람에 의해 휘둘려지지 않는 자아를 확립하려는 노력이 사상의 역사이다.

리쾨르의 해석학은 이 시대에 주체를 말하려는 노력이다. 그러나 데카르트의 교만한 주체, 자신만만한 주체는 아니다. 코기토는 중요한 역할을 했지만, 존재의 깊이를 잃고 해방자의 역할을 하기 어렵게 되었다. 코기토의 확실성은 인정하지만 내용이 없다. 데카르트처럼 "나는 나다"(je suis ce que je suis)라고 자신 있게 말할 수 있는가? 그러므로 해석학은 코기토에 대립하는 철학의 모습을 띤다. 근대를 수정하는 것이다.

해석학 역시 인간의 자기 이해 문제를 다루고 주체를 말한다. 그러나 코기토와 다른 방식으로 주체를 말한다. 자기 이해는 자기로부터 자기에 의해 직접 일어나는 것이 아니다. 에둘러 일어난다. 내가 누구인지 직접 알 수 없다. 텍스트를 해석하면서 안다. 해석을 통해 내가 누구인지 안다. 그것은 기초존재론의 문제이기도 하다. 남의 말을 풀면서 존재를 향한 개방의 길이 열린다. 이해는 방법의 문제가 아니라 존재 현현의 문제이다. 이해와 믿음의 '해석학적 순환'이 있기 때문이다. 그렇게 해서 리쾨르의 해석학은 하이데거의 존재론을 품는다. 모든 이해의 방법들을 중시하되, 그것들을 이해의 존재론의 영감을 받게 하려는 것이다.

리쾨르는 '반성'이라는 단어를 끝까지 살렸다. 그만큼 근대정신의 공헌을 인정하려는 것이다. 다만 데카르트나 피히테와 달리 구체적인 반성을 하려고 한다. 그래서 그는 후설의 현상학을 의미 이론으로 보고, 그가 말하는 환원을 언어가 탄생하는 것으로 본다. 언어가 탄생한다면 그다음에는 상징과 해석의 문제가 발생한다. 반성철학에서 직접 의식의 전통을 제거하고 해석을 통한 자기 이해의 전통을 세우려는 것이다.

해석학은 의미 이론을 통해 주체철학을 수정하려는 것으로, 현상학에 접붙여지면서 동시에 현상학을 바꾼다. 해석학이 구체적 반성을 하는 언어철학이 되면서 반성철학과 의식철학은 길을 달리 간다. 직접의식을 이야기하는 의식철학은 더 이상 옳지 않다. 의식은 과제이다. 그것은 프로이트에서 분명해졌다. 현재의 의식은 환상이요, 위장이요, 증후이다. 의식은 해석하는 주체가 아니라 해석되어야 한다. 해석되면서 자기 이해에 도달하고 온전한 의식을 얻는다. 인간은 자신만만한 주체가 아니라 치유되어야 할 존재인 것이다. 해석되면서 해석한다.

이제 이 책의 순서를 따라 내용을 요약해보자.

1. 해석학과 구조주의

구조주의는 과학에 속하고 해석학은 철학에 속한다. 의미가 효과를 내는 수준이 다르다. 구조주의는 엄밀하고 객관적인 지성이며, 해석학은 주관과 객관의 변증법이 있고 앎과 믿음의 순환이 있어 명상에 가까운 지성이다. 구조주의는 떨어져서 보는 것이고, 해석은 보는 것 속에 자기가 들어가 있으면서 보는 것이다. 리쾨르의 무게중심은 물론 해석 쪽에 있다. 해석학에서 볼 때 구조주의에는 중대한 한계가 있다. 그러나 역시 객관성의 문제에서 구조주의는 해석학에도 중요한 역할을 한다.

닫힌 기표 안에서만 과학이 가능하다. 그러나 해석은 닫힌 기표 안에서 일어나는 것이 아니다. 해석은 언어를 붙들지만 동시에 언어가 언어를 빠져나간다. 차이의 체계 안에서 계속 도는 것이 아니다. 해석학이 붙드는 상징 언어는 '무엇에 대해 무엇을 말한다.' 자기가 말하고자 하는 것을 간접으로 말하는 언어이며, 따라서 해석은 그 말을 풀어야 한다. 1차 의미가 죽으면서 2차 의미를 향한다. 언어는 죽었다가 다시 산다. 구조 분석으로 찾은 의미 단위는 아무것도 뜻하지 않고 결합의 가능성이 있을 뿐이다.

그러나 역시 언어는 말이다. 랑그(lague)보다는 파롤(parole)이다. 말한다는 것은, 언어가 기호이기를 넘어서서 자신이 말하고자 하는 그 무엇으로 가는 것이다. 언어는 사라지기를 바란다. 대상으로서는 죽기를 바란다. 구조가 있는 것은 사실이지만, 구조를 넘어서기를 언어 자체가 바라고 있다. 언어는 언어 바깥의 삶의 현실이나 존재현실을 가리키는 수단이다. 폐쇄된 기호체계 대신에 말 사건의 개방이 있다.

결국 구조주의는 현실을 탈마술화하고 비신비화하는 과학 정신의 산물이다. 구조언어학은 특별히 인간의 말을 비신비화하고 있다. 시나 거룩한 상징이라 할지라도 의미소 변수의 활동이라는 점에서 평범한 사전 용어와 다를 바 없게 된다. 그러나 그런 시도 자체도 과학을 비신비화해야 하듯이 비신비화해야 한다. 그래서 다시 언어의 신비와 삶의 신비를 말해야 한다. 철학의 사명은 거기에 있다. 말과 담론 수준에서 발생하는 겹뜻의 문제, 해석학은 거기에 주목하고 말뜻을 통해 전개되는 존재의 의미를 찾는다. 구조 분석으로도 상징을 말할 수 있지만, 상징의 맛을 잃는다. 언어의 저 밑에서 상징이 구성되고 신비가 없다. 상징이 뜻하는 것, 그 문제에서 구조언어학은 아무 역할도 하지 못한다.

겹뜻을 지니고 있는 상징 언어는 말로 다할 수 없는 사람의 체험을 표현하는 언어이다. 존재의 깊이 때문에 말로 다할 수 없기도 하고(종교 상징, 시 상징), 무의식의 억압으로 감추고 싶어 말로 다하지 못하는 것(꿈 상징)이기도 하다. 그럴 때 언어는 폐쇄된 기호체계 안에 있는 시니피에의 놀이가 될 수 없다. 언어는 존재가 말하러 오는, 또는 욕망이 말하러 오는 표현의 장(場)이다. 그러므로 철학의 과제는 말해진 존재 쪽으로 말을 여는 데 있다.

그러나 최소한의 구조 이해 없이는 존재 쪽으로 열린 말의 뜻을 찾을 수 없다. 구조 설명은 과학적 객관성을 확보하는 것으로, 뜻을 찾는 과정에서 거치는 한 단계이다. 한 낱말이 상징이 될 수 있는 것은, 다른 낱말과의 차이 때문이다. 낱말은 다른 낱말을 제약하기도 하지만 차이를 통해 낱말에 상징성을 준다. 다시 말해서 상징은 동떨어진 개별 상징이 아니고 다른 상징과의 관계에서 상징이다. 상징과 상징은 어떤 끈으로 묶여 있으며 그 차이로 말미암아 상징이다. 그것이 리쾨르가 말하는 최소한의 구조 이해이다. 그렇게 보면 구조 이해는 해석학에서 동떨어진 것이 아니다. 더구나 해석학이 하이데거의 이해존재론으로 바로 가지 않고 둘러갈 때 거치는 것은 의미론이다. 그 의미론에 구조의미론도 들어온다. 그때에 해석학은 과학 방법론의 도움을 얻어 탄탄해진다.

2. 해석학과 정신분석학

프로이트의 꿈은 일종의 텍스트요, 해석학은 텍스트 해석인 정신분석을 중요하게 본다. 말하자면 정신분석학이 상징철학 안에 들어오는 것이다. 상징철학은 근대의 의식철학을 수정하려는 것이다. 그렇게 함으로써 새로운 주체를 세우는 것이다. 그래서 데카르트의 추상적 반성을 수정하기 위해서는 무의식을 말하는 프로이트를 거쳐야 한다.

의식은 과제이다. 의식 차원에서 아는 나는 내가 아니다. 무의식이 만들어낸 텍스트를 해석해야 한다. 해석의 결과를 의식하는 의식이 진짜 나이다. 적어도 그것이 나의 내용이다. 자신을 곧바로 의식하는 의식의 확실성은 편견에 지나지 않는다. 의식이 의식에 주목하지 말고 말에 주목해야 한다. 말로 말해진 것에 주목해야 한다. 정신분석 작업은 결국 내담자의 꿈이나 다른 말을 분석가가 해석하는 것이다. 텍스트 해석이요, 상징 해석이다.

정신분석이 해석학에 들어오는 것은, 그것이 결국은 말을 해석하는 것이기 때문이다. 충동과 본능을 말한다. 감추어져 있는 충동을 의식하게 하는 것이 정신분석이다. 그러나 충동과 본능이라는 생물학적 에너지를 직접 들여다보는 것이 아니다. 그것을 대변하는 표상을 본다. 리비도는 물리적이고 생물학적인 에너지이지만, 무의식이 그것을 심리 에너지로 바꿀 때는 이미 표상과 연결된다. 표상은 말 이전의 말이다. 언어의 성질을 띠고 있다. 밑에 있는 욕망은 억압되었을 때 말하고 싶어 한다. 현실 원칙에 막혀 있지만 다른 모양으로 욕망을 실현한다. 거기에 표상이나 정서와 같은 텍스트가 형성된다. 그러므로 무의식을 알아내는 정신분석은 곧바로 충동과 본능으로 가지 않고, 표상을 해석하면서 알아낸다. 결국 무의식은 해석 안에서 해석을 통해 의미를 지니게 되는 것이다.

그래서 리쾨르는 정신분석학을 '욕망의 의미론'이라는 이름으로 해석학 속에 끌어들인다. 뜻(의미)과 힘이 욕망의 의미론에서 얽혀 있다.

힘의 언어와 해석의 언어가 섞여 있다. 프로이트 이론을 풀기 어려운 점이 거기에 있다. 프로이트의 글을 보면 꿈이나 증후나 문화의 뜻을 다루는 부분과 리비도 집중이나 경제 억압처럼 힘 문제를 다루는 이야기가 섞여 있다. 욕망이 만들어낸 의미 효과들이 텍스트를 이루고 정신분석은 그 텍스트를 해석해서 욕망을 가려낸다. 의미관계가 힘의 관계와 얽혀 있기 때문이다.

모든 꿈(프로이트의 말대로 꿈 작업)은 뒤섞인 말로 말을 꺼낸다. 힘의 관계는 의미관계 속에서 모습을 드러낸다. 의미관계는 힘의 관계를 표현하고 대변한다. 정신분석은 의미관계를 해석해서 힘의 관계를 드러낸다. 사람 밑에서 벌어지는 욕망의 현실을 드러낸다. 욕망의 의미론에서 볼 때 의식은 허위의식이다. 말하자면 욕망을 위장하고 있는 위장한 자아이다. 그렇게 해서 코기토를 공격하는 데 정신분석은 중요한 역할을 한다. 그렇게 해서 반성과 의식은 갈라진다. 반성철학의 전통은 중요하게 생각하되, 의식철학으로서의 반성철학은 아니다. 의식이 철학에서 차지하는 위치가 달라진다.

욕망의 의미론은 '주체의 고고학'이다. 헤겔이 앞쪽으로 쏠리는 주체의 목적론을 이루고 있다면, 프로이트는 아르케를 찾아 뒤로 쏠려 있다. 욕망은 주체보다 앞서 있다. 주체와 문화와 종교 이전에 욕망이 있다. 주체의 확실함 이전에 욕망의 실재론이 있다. 충동과 본능이 우리를 뒤로 잡아끈다. 그러면서 발육부진을 일으킨다. 그것이 환상을 일으켜 예술을 낳고, 죄의식을 일으키면 윤리가 되고, 벌에 대한 두려움과 위로받고 싶은 유아기 욕구를 일으키면 종교가 된다. 에로스와 타나토스라는 두 거인의 전쟁의 고고학이 있다.

그러나 여기서 리쾨르는 이런 질문을 던진다. 주체에, 목적론 없이 고고학이 있을 수 있는가? 앞으로 가는 운동 없이 뒤로 가는 운동이 있을 수 있는가? 정신분석학은 뒤로 가서 리비도 욕망을 찾아냈다. 사람을 움직이는 밑바닥 힘을 찾았다. 그러나 그것은 반성하는 생각 안에서 일어나는 일이다. 반성하는 생각에는 목적의 문제를 배제할 수 없다.

어디로 가느냐 하는 문제이다. 밑에 있는 욕망을 밝혀내서 내가 그것을 의식하고 치유가 되는 데에는 삶의 의미 물음이 전제되어 있다.

목적(텔로스)을 가진 주체만이 아르케를 가진다. 그래서 리쾨르는 헤겔의 정신현상학을 끌어들인다. 주체의 목적론이기 때문이다. 어디로 가게 되어 있다는 목적인이 아니라, 목적론이다. 앞쪽을 향해 자신을 넘어서도록 이끄는 통합운동에서 자신의 의미를 찾는다. 프로이트뿐 아니라 헤겔도 직접 의식에 타격을 입힌다. 정신 형태들이 상승하며 일으키는 변증법에서 자의식은 나중에 얻어지는 것이다. 그처럼 이중으로 자아를 포기하고, 이중으로 의미를 탈중심화하면서 구체적인 반성을 할 수 있다.

3. 해석학과 현상학

정신분석학이나 기호학의 도전을 받은 현상학은 앞으로 해석학으로서의 과제를 수행해야 한다. 다시 말해 리쾨르의 해석학은, 현상학을 기호학과 정신분석을 거쳐 새롭게 재구성하는 측면이 있다. 구체적 반성이라는 것이 그것이다. 그것은 현상학이 '의미 이론'이라는 점을 충분히 살려, 말에서 주체가 생겨나게 하는 것이다. 물론 기호론과 현상학의 차이는 있다. 그러므로 잠재체계인 랑그가 말(파롤)이 되는 사건에서 주체가 드러나야 한다. 주체는 기호를 매개로 기호 해석을 통해 등장한다. 주체가 있고 해석하는 것이 아니라 해석하면서 주체가 탄생한다.

후설에서 환원은 의식으로 하여금 세상에서 떨어지면서 절대의식이 되게 하는 철학 행위이다. 환원을 통해 모든 것은 의식에 대한 의미가 되고, 그런 식으로 의식과 관계한다. 그런 환원 때문에 후설의 코기토는 데카르트와 피히테의 연장선에 있다. 그러나 정신분석이나 구조주의에서 볼 때, 현상학이 의식에 부여한 절대 특권은 편견이다. 의식으로 환원하지 않고 의식을 다른 것으로 환원한다.

리쾨르는 해석학을 세우기 위해, 절대의식의 특권은 버리지만 환원은 버리지 않는다. 현상학에서 말하는 환원을 새롭게 본다. 환원을 통해 기호가 탄생하는 것으로 본다. 환원을 통해 곧바로 자연적 태도에서 현상학적 태도로 옮겨가는 것이 아니다. 환원으로 말미암아 언어가 들어온다. 환원이란 의미관계와 상징관계를 가능하게 하는 어떤 조건이 되는 것이다. 이제 환원이 말하는 선험은 언어의 선험이다. 그처럼 환원을 언어철학과 연결해서 새롭게 해석하면, 결국 현상학을 의미의 일반 이론 또는 일반 언어 이론으로 보는 것이다.

환원을 통해서 존재 물음은 존재의 의미 물음으로 바뀐다. 그런데 언어야말로 전체 의미의 환경이다. 그러므로 현상학이 의미의 영역을 연 것을 언어의 영역을 연 것으로 볼 수 있다. 그래서 메를로-퐁티는 후설이 언어를 중심에 둔다고 했다. 그는 현상학이야말로 주체의 의미 작용을 처음 밝혔다고 본다. 언어의 현상학인 것이다.

그러면 환원은 뜻의 시작이다. 상징의 기원도 거기에 있다. 그리고 그것은 어떤 역사 사건이 아니라 선험적인 것이다. 앞에서 말한 대로 선험적 환원은 언어의 선험이다. 그 선험적 환원을 언어의 선험으로 보면 구조주의와 대화할 여지가 보인다. 물론 그들이 말하는 언어의 선험은 랑그를 가리킨다. 환원으로 뜻이 시작되지만 그 뜻은 기표와 기의의 차이 그리고 기호들끼리의 차이에서 생기는 뜻이다. 그들은 뜻과 의미 문제에 주체 없는 체계를 끌고 들어올 것이다. 기호의 출현에는 거리가 필요하다. 사람이 사물에서 떨어져야 의미 세계가 열린다. 그러나 구조주의에서 보면 그 거리에 주체가 꼭 필요하지는 않다. 그렇다면 의식철학의 절대의식은 버리면서 주체를 살리려고 하는 해석학은 아무런 소득도 없지 않은가?

그러나 리쾨르가 하려는 작업은 현상학의 환원을 상징 기능의 기원으로 보려는 것이다. 해석의 장을 마련하면서 거기서 주체가 탄생하는 것을 보려는 것이다. 의미 효과의 장에서 탄생하는 주체를 보려는 것이다. 그것은 직접 의식이나 절대 주체를 배제하는 것이지만 성숙한 주체를 세우려는 것이다. 겸손하고 깊어진 주체를 보려는 것이다. 그러므로 의미 문제는 문장 이상의 텍스트에서 발생하는 것이다. 폐쇄된 기호 세계 안에서 차이로 말미암아 발생하는 의미가 아니다. 다만 이 정도는 인정한다.

랑그의 세계는 환원의 첫 번째 차원이다. 첫 번째 차원에 불과하다. 사물에 대한 자연스러운 태도와 거리를 두는 것도 그 차원에서 일어나는 것으로 본다. 그러면서 차이의 체계인 기호가 탄생한다. 그러나 다시 사물과 세상으로 몸을 돌린다. 랑그는 말이 되어 무엇에 대해 무엇을 말한다. 세상에 대한 이해 그리고 자기에 대한 이해가 탄생하는 것이다. 뜻함(signification)의 핵심은 바로 거기에 있다. 세상을 이해하고 자기를 이해하며 삶의 뜻이 들어오는 것이다. 그러한 뜻함은 말함이고, 말함은 뜻함이면서 주체의 문제가 된다. 뜻할 때는 주체가 뜻한다.

그처럼 현상학의 환원은 리쾨르의 해석학에서 말하는 주체의 탄생 조건이 된다.

4. 악의 상징과 해석학

리쾨르의 해석학은 자신만만한 주체를 제약하고 존재의 깊이를 되찾으려는 것이다. 그가 상징과 신화를 다시 들고 나오는 까닭도 거기에 있다. 상징은 말로 다할 수 없는 것을 말로 한 것이다. 그러므로 할 말을 다하도록 한 근대정신에서 상징과 신화는 중요하게 다루어지지 않았다. 상징 언어는 정확한 말이 아니요, 틈이 많은 말이기 때문이다. 그런 방식으로 근대의 주체가 섰다. 과학과 함께 말이다.

그러나 이제 리쾨르의 해석학은 상징철학이다. 해석이란 상징 해석이요 겹뜻의 문제를 푸는 것이다. 리쾨르는 말의 본질이 의사소통에 있다기보다는, 무의미를 극복하고 삶의 의미를 찾는 데 있다고 보는 것 같다. 사실 하이데거에게서도 마찬가지이다. 그렇다면 홑뜻을 가진 분명한 말보다는, 말로 다할 수 없는 것을 말한 상징 언어가 더 중요하게 떠오를 수 있다. 존재의 깊이는 말로 다할 수 없기 때문이다. 또는 무엇인가를 숨기고 있는 말을 찾는다. 문화의 세계 속에서 저 밑에 있는 욕망은 감추어져 왜곡된 모습을 하고 있기 때문이다. 존재의 깊이나 무의식의 욕망 앞에서 직접 의식의 주체는 낮아지고 겸허해진다. 상징철학인 해석학은 주체를 솔직하게 만들면서 깊이를 찾아 충만하게 하는 것이다.

상징철학은 언어가 막 발생하는 지점으로 돌아가는 것이다. 그리하여 이성의 작업 이전에 이미 있던 풍부한 뜻을 찾는다. 물론 합리성을 포기하고 어떤 원시적 상상력에 맡기는 것은 아니다. 상징은 생각을 불러일으킨다. 상징의 본래 깊이를 존중하고, 그래서 상징이 우리를 이끈다. 그와 동시에 생각이 책임지고 자유롭게 뜻을 이끌어내며 의미를 이룩한다. 그런데 어떻게 생각이 상징에 매여 있으면서 자유로울 수 있는가. 말하자면 상징철학이 반성철학을 수정하면서 어떻게 여전히 반성철학의 전통에 설 수 있는가 하는 문제이다.

그런 문제를 보여주기 위해 저자는 악의 상징을 택한다. 악의 문제야말로 말로 다할 수 없는 신비를 품고 있어 상징으로밖에는 표현할 수 없다. 또한 악의 상징에 의미 계층의 축적이 잘 보이고, 새로운 상징이 과거 상징을 비신화화하는 운동을 잘 볼 수 있다.

여기서 저자는 원죄론을 검토하고 형벌 신화나 정죄 문제를 검토한다. 그리고 신학에 꽤 가까이 다가간다. 절대지를 말한 헤겔보다 한계의 철학을 보여준 칸트를 더 중요하게 끌어들이는 곳도 이 지점이다. 주체를 세우려면 악은 인간의 책임이어야 한다. 그것이 주의주의 전통이다. 의지의 철학인 것이다. 서양에서 주의주의 전통을 세운 것은 큰 공헌이고, 매우 힘든 싸움에서 이긴 결과이다. 악이 사람의 책임이 아니라 처음부터 있던 것이요 그래서 운명이라면, 결국 비관주의로 기울 수밖에 없다. 또는 노예의지에 빠질 수밖에 없다.

그러나 성 아우구스티누스는 펠라기우스의 지나친 주의주의에는 반대했다. 악의 문제에 들어온 비의지적인 요소를 성 아우구스티누스는 원죄론으로 설명했다. 그러면서 은총의 길을 열었다. 합리적으로 다 설명하지 않고 희망으로 앞을 열어놓았다. 그 뒤를 이어 근대에는 근본악을 말한 칸트가 한계의 철학을 이룩한다. 리쾨르 해석학의 인간관은 칸트가 『이성의 한계 안에서의 종교』에서 말한 인간관과 비슷하다. 헤겔도 악을 말하지만, 악은 악이라기보다 부정성이다. 그러므로 악은 용서되기보다는 극복된다. 죄 사면의 상징이 사라진다. 비의지적인 요소로 말미암아 생긴 미래에 대한 개방성과 종말론이 사라진다. 인간의 역사가 곧 하느님의 계시이기 때문이다.

우리는 대개 이 부분에서 리쾨르의 해석학이 상징철학으로서 신학에 가까워지는 것을 본다. 물론 그는 신학을 하는 것이 아니라 끝까지 철학을 하지만 말이다.

5. 종교와 믿음

앞 장과 함께 이 부분은 리쾨르 해석학의 깊이와 넓이를 알 수 있는 부분이다. 신학자인 불트만이 시도한 비신화화의 공헌과 한계를 짚는다. 비신화화는 해석의 한 단계이다. 프로이트와 니체의 무신론이 올바른 신앙에 기여하는 측면을 살펴본다. 그리고 아버지 형태를 중심으로 정신분석학과 신학 그리고 헤겔의 정신현상학을 하나로 잇는다. 또한 칸트를 빌려 희망에서 오는 자유를 말한다. 리쾨르의 해석학은 삶의 의미를 찾고 구원의 길을 제시하려는 것이다. 그러므로 자유를 말하지 않을 수 없다.

비신화화 문제도 자유와 관련이 있다. 신화에서 신비를 제거하고 합리적으로 생각하는 것은 근대의 주체가 서기 위한 과정이었다. 불트만은 우주론적 표상을 하고 있는 성서의 신화적 세계관을 벗겨내고 케리그마를 찾으려고 했다. 실존론적 의미를 찾으려 했던 것이다. 신화의 뮈토스를 그대로 받아들이지 않고 상징으로 받아들여 그 안에 들어 있는 풍성한 메시지를 찾아내는 것이다.

사실, 악의 문제를 놓고 볼 때 비신화화는 주의주의와 밀접하게 연관되어 있다. 사람의 책임을 물음으로써 사람을 삶의 주체로 세우는 전통이다. 그런 각도에서 아담 신화가 다른 창조 신화를 비신화화했다. 그리고 칸트가 도덕적 의무 문제에서 욕망을 제거하고 순전히 실천이성의 문제로 생각한 것도 주의주의 전통을 이은 것이다. 헤겔이 형벌 문제를 의지의 내부 동일성으로 생각한 것도 역시 자유 문제를 의지의 철학에서 찾으려는 전통이다.

그러나 리쾨르가 볼 때 욕망은 다시 언급되어야 한다. 근대의 주체철학이 버린 욕망의 문제를 다시 제기해야 한다. 반성이란, 존재하려는 욕망을 자기 것으로 삼는 것이다. 그처럼 욕망의 문제를 다시 제기하면 근대의 비신화화 전통은 수정되어야 한다. 그래서 신화에 들어 있는, 개념 이전의 삶의 깊이에 관한 메시지를 찾아야 한다. 해석학이 상징철학이 되는 까닭도 거기에 있다. 프로이트의 아버지 환상도 환상이 아니라 상징으로 본다. 여러 가지 다른 형태가 들어오면서 그렇게 된다. 프로이트의 살해된 부친이, 신학에서 말하는 신의 죽음 그리고 헤겔이 말하는 가족 공동체의 수호신인 아버지와 연결되면서 환상은 상징이 된다.

우리가 리쾨르의 해석학에 관심을 기울이는 이유는 주체 문제 때문이다. 우리 사회는 여전히 주체를 말해야 한다. 우리 사회의 문제는 서양과 달리 주체가 너무 지나쳐서 생기는 것이 아니다. 서양에서 배울 것이 있다면 역시 주체를 확립해온 그 과정이다. 그들의 주체철학은 근대에 꽃을 피웠다.

그러나 서양의 근대 방식을 그대로 말할 수는 없다. 이미 코기토의 문제점이 많이 드러났기 때문이다. 주체를 세우되 교만한 주체를 피하며 세울 수 있는 방식을 우리는 리쾨르의 해석학에서 본다. 그의 해석학에서 나의 정체는 남과 함께 얽혀 이루어지므로 근대의 개인주의를 피할 수 있는 길도 열린다.

이 책은 그 깊이와 넓이가 이미 세상에 널리 알려진 책이다. 철학뿐만 아니라 문학과 신학에도 큰 영향을 끼친 책이다. 독자들이 이 책의 깊이에 들어가, 개인이나 우리 사회를 위한 구원의 길을 찾기를 바란다.

2012년 1월 한뫼재에서
양명수

■ 일러두기

1. 이 책은 폴 리쾨르(Paul Ricœur)의 *Le conflit des interprétations: essais d'herméneutique*(Paris: Les Éditions du Seuil, 1969)를 번역한 것이다.
2. 저자가 인용한 어구나 강조한 문장은 " "로 표시했으며, 인용문 내의 강조는 ' '로 표시했다.
3. 인명, 중요한 용어나 문구는 우리말 다음에 원어를 병기했다. 경우에 따라 독자의 이해를 돕기 위해 간단한 어휘 설명이나 문맥의 흐름상 필요한 말은 (-옮긴이)라는 표시와 함께 덧붙였다.
4. 옮긴이의 주석은 원전의 주와 구별하기 위해 * ** ***……으로 표시했다.

서론: 실존과 해석학

 이 책을 쓰는 목적은 '현상학 방법에 해석학의 문제를 접목시킴'으로써 현대철학에 새로운 길을 제시하는 데 있다. 그에 관한 본격적인 연구에 앞서 지나온 역사를 되짚어보겠다. 그 끝에 이르러 '실존'이라는 개념에 걸맞은 방향을 제시할 것이다. 좀 더 자세히 말하자면 해석학을 통해 현상학의 개혁이 이루어지는 방향이다.

1. 해석학의 기원

 해석학의 문제는 후설의 현상학보다 훨씬 앞서 제기되었다. 내가 '접목'이라는 표현을 쓴 것도 그 때문이다. 뒤늦은 접목이라 할 수 있다.
 해석학의 문제가 처음에는 '주석'의 범위 안에서 제기되었음을 기억하는 것도 도움이 될 것이다. 주석이란 본문을 이해하는 학문 분야로 본문의 의도, 곧 본문이 말하고자 하는 것에서 본문을 이해하려는 노력이다. 주석이 해석학, 곧 해석의 문제를 일으킨 것은 본문을 읽어내는 작업이 늘 어떤 공동체나 전통 또는 당시의 사상이 이루는 전제와 요청 안에서 이루어지기 때문이다. 그 본문이 씌어진 목적을 가려내는 작업까지도 그런 전제 안에서 이루어진다. 예를 들어 스토아학파에서 그리스 신화를 읽을 때는 철학의 옷을 입은 물리학이나 윤리학에 따라 해석해낼 것이다. 그러한 스토아학파의 해석학은 할라카(Halakha) 또는 하가다(Haggadah)에 들어 있는 토라(Torah)를 해석하는 랍비 전통의 해석학과는 아주 다르다. 한편 그리스도 사건의 빛에서『구약성서』를 해석하는 사도 전통은, 성서에 나오는 사건과 제도와 인물들을 해석하는 데서 랍비들과 전혀 다르다.

주석 방법을 둘러싼 이런 논란이 어떤 점에서 철학과 관련이 있을까? 성 아우구스티누스의『그리스도교 교리』(*De Doctrina christiana*)에서 볼 수 있듯이 주석에는 기호 이론과 의미 이론이 제대로 들어가 있다는 점에 주목해야 한다. 좀 더 자세히 말해서 만일 본문에 역사적인 의미도 들어 있고 영적인 의미도 들어 있다면, 단순 논리에 따라 본문을 홑뜻의 기호 개념을 가지고 해석해서는 안 되고 그보다 훨씬 복잡한 의미 개념을 가지고 해석해야 할 것이다. 그래서 결국 해석 작업에는 어떤 깊은 의도가 드러나게 마련인데, 그것은 문화 차이를 극복하고자 하는 의도이며, 낯선 본문과 친해지려는 의도이고, 본문의 의미를 지금 상황에서 이해해보려는 의도이다.

그러므로 해석학은 신탁이나 기적을 풀어내는 전문 기술자가 도맡을 일이 아니다. 무슨 '푸는 재주'(τέχνη ἑρμηνευτιχή)가 될 수 없는 것이다. 해석학은 '이해'라고 하는 큰 문제를 따진다. 뛰어난 해석치고 신화나 우의(알레고리), 은유(메타포) 또는 유비(아날로지) 등 당시에 사용하던 이해방식을 빌리지 않은 경우는 없다. 이처럼 해석(interprétation)—본문의 주석—이 이해(compréhension)—기호의 뜻을 밝힘—에 달려 있다는 것은 옛날부터 인정되어왔다. 해석학이라는 낱말 속에 당연히 그 점이 들어 있었다. 서양의 해석학이라는 말은 아리스토텔레스가 사용한 '페리 헤르메니아스'(Περὶ Ἑρμηνείας)라는 말에서 왔는데, 아리스토텔레스에게 '헤르메네이아'는 알레고리에 제한되지 않고 뜻이 있는 모든 담론에 적용되었다. 게다가 뜻하는 말 자체가 '헤르메니아', 곧 현실의 '해석'(헤르메네이아)이었다. 말은 "무엇에 '대해' 무언가"를 말하기 때문이다. 다시 말해서 말하는 행위, 곧 발화를 통해 현실 그 자체가 그대로 찍혀 나오는 것이 아니라, 무엇을 뜻하는 표현을 빌려 현실을 잡으려는 것이기 때문에 거기에 '헤르메네이아'의 차원이 들어 있다.

해석이라는 개념과 이해라는 개념 사이의 맨 첫 번째 관계이자 가장 오래된 관계가 거기에 있다. 거기에서 해석학은 본문 주석의 문제에 그치지 않고 말의 뜻 전반에 걸친 문제가 된다.

그러나 주석학이 해석학 일반의 문제를 불러일으키는 데는 두 번째 발전 과정을 거쳐야 했는데, 그것이 바로 18세기 말과 19세기 초에 등장한 고전문헌학과 '역사과학'이다. 해석학의 문제를 철학의 문제로 만든 사람은 슐라이어마허와 딜타이이다. 나는 이 글의 소제목을 1900년 딜타이가 발표한 유명한 논문 제목을 따서 『해석학의 기원』이라고 붙였다. 딜타이는 실증철학의 시대에 자연과학에 뒤지지 않는 학문성을 '정신과학'(Geisteswissenschaft)에 주고자 했다. 그것을 위해 인식론의 문제가 중요할 수밖에 없었다. 그리하여 칸트의 자연인식 비판에 못지않은 역사인식 비판을 수립하고, 옛날부터 내려온 이런저런 해석학 작업을 끌어모았다. 옛날부터 내려온 해석학의 유산이란 본문의 내면관계를 따지거나, 본문이 나온 맥락을 따지거나, 지리환경이나 민속환경 또는 사회환경을 따지는 법칙 따위이다.

어쨌든 딜타이가 볼 때 해석—그는 글로 쓴 문서만 생각했다—은 이해라고 하는 더 큰 세계의 한 부분에 지나지 않았다. 또한 이해는 하나의 삶에서 낯선 다른 삶으로, 어떤 정신세계에서 다른 정신세계로 가는 것이었다. 그렇게 해서 해석학은 심리학의 문제가 되었다. 이해는 유한한 어떤 존재가 다른 존재의 삶으로 옮겨가는 것이었다. 그리고 그쯤 되자 역사 이해의 문제에 들어 있는 어려운 문제들이 모두 드러나게 되었다. 어떻게 역사 안에 있는 존재가 역사를 역사로 이해할 수 있는가? 이런 어려운 문제들은 나아가 더 근본이 되는 문제로 되돌아간다. 그것은 '어떻게 삶이 표현을 통해 대상물이 될 수 있는가?' 하는 문제이다. '삶이 어떻게 뜻의 세계로 나와 다른 사람이 이해할 수 있는 대상이 되는가?' 하는 문제이다. 다른 사람은 다른 역사 상황에 있는데 말이다.

이런 문제들을 짚어가다 보면 결국 우리는 다음과 같은 문제에 부딪힌다. 힘과 뜻 사이의 관계, 의미를 만들어내는 삶과 그것을 일관되게 엮어내는 정신과의 관계이다. 만일 삶이 처음부터 무엇을 뜻하지 않는다면 이해는 아예 불가능할 것이다. 그러나 어떤 이해를 정립하려면 헤겔이 '개념'이라고 일컬은 내면의 발전 논리를 삶에 갖다 붙여야 하지 않을까? 생철학을 하는 순간에 슬그머니 정신철학의 요소들을 모두 들여와야 하지 않을까? 그것이 가장 큰 어려움이고, 그래서 우리는 현상학에서 그런 요소들을 수용할 수 있는 구조를 찾게 된다. 이 글 첫머리에서 쓴 표현을 빌리자면, 현상학이라는 이름을 가진 어린나무를 찾아 거기에 해석학이라는 조직을 접붙이려는 것이다.

2. 현상학에 접목된 해석학

해석학을 현상학 위에 세우는 데는 두 가지 방법이 있다. 가까운 길이 있고 먼 길이 있다.

먼저 가까운 길부터 보도록 하자. 가까운 길은 하이데거식의 '이해 존재론'이라는 길이다. 그것은 '방법론' 문제를 제쳐놓고 곧바로 유한한 존재의 존재론 차원으로 간다. 그리고 그 존재론에서 '이해'의 문제를 따지지만, 인식 꼴이 아닌 존재 꼴로서 '이해'를 분석한다. 천천히 단계를 밟아가며 이해 존재론으로 들어가지 않고, 또 주석이나 역사학 또는 심리학에서 요청되는 방법론을 깊이 있게 하면서 그리로 들어가지도 않으며, 어느 순간 갑작스럽게 문제의 전환을 통해 거기에 도달한다. '어떤 조건에서 인식 주체는 텍스트나 역사를 이해할 수 있는가?' 하는 물음이 '존재자란 무엇인가? 존재자의 존재는 이해하는 데 있지 않은가?' 하는 물음으로 바뀌면서 그렇게 된다. 거기서 해석학의 문제는 이해하면서 존재하는 '현존재'(Dasein) 분석의 일부분이 된다.

나는 좀 더 멀고 힘든 길을 가려 한다. 그것은 언어학과 의미론을 거쳐 가는 길이다. 내가 왜 먼 길을 가는지 그 까닭을 밝히기에 앞서 조금 전에 말한 이해 존재론의 정당함을 먼저 살피고자 한다. 하이데거의 철학이 내가 가는 길과 정반대가 아니기 때문이다. 하이데거의 '현존재' 분석은 이해의 존재론과 해석의 인식론 가운데 하나를 고르라는 요구이다. 물론 내가 가려는 먼 길 역시 반성의 차원을 존재론의 차원으로 끌고 가려는 욕심이 있다. 그러나 어디까지나 단계를 밟아가며 의미론과 반성의 문제를 거쳐 거기에 도달하려는 것이다.

내가 제기하는 물음은 어떻게 방법론의 물음을 완전히 제쳐놓고 직접 존재론으로 갈 수 있느냐는 것이다. 다시 말해 존재론이라는 것이 결국 해석의 이론이 된다면 어떻게 해석의 순환 문제를 제쳐두고 직접 존재론으로 갈 수 있느냐는 것이다. 그러나 우리의 시도를 자극하고 그것이 비트겐슈타인식의 언어철학이나 신칸트학파식의 반성철학에 빠지지 않게 하는 것은 역시 존재론의 욕구이다. 자세히 말해 내 문제는 이렇다. 곧 '주석의 문제나 역사방법론 또는 심리학이나 종교현상학에서 생긴 해석의 인식론이 이해의 존재론의 영향을 받고 거기에서 영감을 받으면 어떤 일이 일어나겠는가?' 하는 것이다.

그렇다면 이제 이해의 존재론에서 벌어지는 것이 무엇인지 정면으로 들여다보자.

그것이 일으킨 사고 혁명의 의미를 좀 더 자세히 알기 위해 우리는 후설의 『논리 연구』(*Logische Untersuchungen*)에서 하이데거의 『존재와 시간』(*Sein und Zeit*)에 이르는 과정의 끝에 곧바로 가 있을 필요가 있다. 물론 그런 사고 혁명에서 후설의 현상학이 지니는 의미를 질문할 준비를 하고 있어야 한다. 결국 사고 혁명을 가져온 것은 물음 그 자체의 전환이다. 해석의 인식론 자리에 이해의 존재론을 가져다 심은 전환 말이다. 우리는 그 문제를 철저하게 따져보아야 한다.

물음 자체가 바뀌면서 문제를 앎의 이론에 따라 제기하는 것이 제거되었다. 그리하여 결국, 해석학이란 자연과학의 방법만큼이나 힘들여 싸워 얻어야 할 하나의 '방법'이라는 생각이 거부되었다. 이해에 어떤 방법을 제공한다는 것은 이해를 객관적 지식으로 보는 전제가 깔린 것이고, 곧 칸트 인식론의 편견에 사로잡힌 것이다. 그러므로 마술처럼 된 주객 도식에서 벗어나야 하고 존재에 대해 물어야 한다. 그러나 존재 일반에 대해서 물으려면 '여기 드러난' 존재, 곧 '현존재'에 대해 물어야 한다. 현존재는 존재를 이해하는 꼴로 존재하는 자이다. 그러므로 이해는 더 이상 앎의 형태가 아니라 존재의 형태이다. 이해하며 존재하는 존재자의 모습이다.

나는 이해와 존재의 관계가 이처럼 완벽하게 뒤바뀔 수 있다고 본다. 그렇게 함으로써 삶을 가장 중요한 개념으로 생각한 딜타이의 철학이 바라던 바를 이루게 된다. 그의 글을 보면 역사이해는 자연이해와 꼭 맞아떨어지지 않는다. 사람과 자연 그리고 사람과 역사라는 이중관계의 공통된 뿌리를 이루는 것이 삶과 삶의 표현의 관계라고 본다. 그런 생각에 따른다면 중요한 것은 역사인식과 자연인식을 대립시키는 데 있지 않고 과학인식 일반을 파고들어가 역사적 존재를 존재 전체에 이어주는 데 있다. 그러한 이음매가 인식이론에 들어 있는 주객관계보다 더 원초적일 수 있다.

이처럼 해석학의 문제를 존재론으로 푸는 데서 후설의 현상학은 어떤 도움이 되는가? 여기서 우리는 하이데거에서 후설로 거슬러 올라가게 되고 하이데거의 언어로 후설을 재해석하게 된다. 이처럼 거슬러 올라가다가 맨 먼저 만나는 것은 물론 마지막, 곧 『위기』(*Krisis*)를 쓸 때의 후설이다. 존재론의 바탕에 현상학이 있음을 우선 찾을 수 있는 곳이 바로 그 지점이다.

두 가지 측면에서 해석학과 관련이 있다. 첫째, '객관주의' 비판이 그 마지막 열매를 맺는 곳이 현상학의 끝부분이라는 점이다. 객관주의 비판은 직간접으로 해석학 문제가 된다. 자연과학의 인식 방법을 그대로 정신과학에 적용하는 것을 반대한다는 점에서 간접으로 해석학과 관련되고, 정신과학에 자연과학과 같은 객관적 방법을 적용하려는 딜타이의 시도를 반대한다는 점에서 직접으로 해석학 문제가 된다. 둘째, 후기 후설의 현상학은 매우 대담한 문제의식으로 객관주의를 비판하는

데, 그것이 이해 존재론에 길을 연다고 볼 수 있다. 대담한 문제의식이란 '생활세계'(Lebenswelt), 다시 말해서 주객관계에 앞선 체험의 지층을 거론한 것을 가리킨다. 그 문제는 직접 신칸트학파의 여러 가지 문제의식을 낳았다.

따라서 후기 후설은 해석의 인식론 대신 이해의 존재론을 여는 역전의 구도 속으로 들어오지만 전기 후설, 곧 『논리 연구』에서 『데카르트적 성찰』에 이르는 후설은 그렇지 않다. 물론 그가 그 길을 연 것은 분명하다. 그는 주체를, 지향하는 자 또는 무엇을 겨냥하는 자로 보고, 그 주체와 상관하는 것을 자연이 아닌 의미의 세계로 보았다. 그러므로 후기의 후설과 하이데거의 자리에 서서 되돌아보면 전기 현상학은 처음으로 객관주의를 비판한 시도라 할 수 있다. 전기 현상학에서 현상이라고 부른 것이 지향하는 삶을 따라 생긴 것이며, 뜻을 가지고 무엇을 겨냥하는 삶에서 나온 의미의 연합체이니 말이다. 그러나 역시 전기 후설은 관념론을 재건한 것에 지나지 않으며, 그리하여 비판하려던 신칸트학파와 가까워지고 말았다. 그가 말한 환원이란 존재 물음을 존재의 의미 물음으로 바꾸고, 존재의 의미는 다시 겨냥하는 주체에 따라 생긴 것에 지나지 않다.

그러므로 이해 이론을 세우자면 결국 전기 후설에 반대할 수밖에 없다. 곧 전기 후설의 의미론과 지향성론에 들어 있는 플라톤식 관념론에 치우친 경향에 반대한다는 것이다. 그리고 후기 후설이 존재론을 향해 있다는 것은 존재 문제를 없애려고 한 후설의 시도가 실패했다는 것이고, 현상학의 끝이 그 최초 계획과 빗나갔다는 것이다. 처음에 뜻한 바와 달리 현상학은 의미의 체계 안에 갇힌 관념의 주체 대신 생생하게 살아 있는 주체를 찾아냈다. 그 주체는 그가 무엇을 겨냥하든 간에 그 너머에 세상, 곧 이 세상을 둔 주체이다.

갈릴레이 이후 자연은 수학으로 만들어졌다. 그러나 이제 그보다 앞선 뜻의 세계가 열린다. 그 세계는 인식하는 주체가 지니는 객관성보다 앞선 세계이다. 객관성 이전에 세상이라는 지평이 있다. 인식론에서 말하는 주체 이전에 살아가는 삶이 있다. 그 삶을 가리켜 후설은 종종 익명이라고 했는데, 그것은 칸트의 비인격체로 되돌아가려는 것이 아니라 다만 객체를 둔 주체 역시 살아가는 삶에서 나온 것임을 말하기 위해서이다.

여기서 우리는 이해와 진리의 문제가 얼마나 철저하게 변모하는지 보게 된다. 역사 물음은 더 이상 역사인식의 방법 문제가 아니라 한 사람이 다른 사람들과 '함께 존재하는' 방식의 문제가 된다. 그리고 이해는 더 이상 자연과학에 대해 정신과학이 대꾸하는 그런 차원의 문제가 아니라, 개별 존재자를 만나기에 앞서 존재에 대해 존재하는 방식의 문제가 된다. 동시에 삶이 자신을 넘어 자기 자신에게 거리를 둘 수 있다는 것은 유한해진 존재의 구조 문제가 된다. 역사가가 어떤 자료에 접근할 수 있고 알아내려고 한 바를 알게 되는 것은 그와 그의 대상이 모두 역사성을 지니기 때문이다. 그러므로 그러한 역사성을 드러내는 것이 어떤 방법론보다 앞선다. 과학의 한계였던 것—존재의 역사성을 아는 것—이 존재를 구성한다. 역설—해석자가 해석 대상에 속함을 아는 것—이 존재론의 특성이 된다.

이해 존재론이 일으킨 혁명이 그와 같다. 이해란 현존재의 '기투'(企投)의 한 측면이며 '존재를 향한 개방'의 한 모습이다. 진리 물음은 더 이상 방법 문제가 아니며 존재 현현의 문제이다. 한 존재자의 실존은 존재를 이해하는 데 있기 때문이다.

이러한 기초 존재론이 상당히 설득력이 있기는 하지만, 나는 다른 길을 뚫어보려 한다. 조금 다른 방식으로 해석학 문제를 현상학에 연결시키려 한다. 현존재 분석에서 왜 물러나는가? 그 이유는 두 가지이다. 하이데거식의 질문 방식으로는 우리가 제기한 문제가 해결되지 않을 뿐만 아니라 문제 자체가 사라져버린다. 본문을 해석하는 데 어떤 지침을 줄 수 있을 것인가? 자연과학에 대해 어떻게 역사학을 정립할 것인가? 서로 다른 해석들이 일으키는 충돌을 어떻게 중재할 것인가?

이런 문제들이 기초 해석학에서는 잘 다루어지지 않는다. 원래 기초 해석학은 그런 문제를 해결하기보다는 해소해버리려는 목적을 지니고 있다. 하이데거 자신도 이해 행위와 관련된 특정한 문제들에는 관심이 없었다. 그의 관심은 우리의 귀와 눈의 방향을 바꾸는 데 있었다. 그는 우리의 역사인식을 존재이해로 바꾸려 했다. 역사인식은 존재이해라는 원형에서 갈라져 나온 것임을 가르치려 했다. 그렇지만 역사를 이해하는 차원이 분명히 있는데, 어떻게 그러한 역사이해가 좀 더 바탕이 되는 이해에서 갈라져나온 것인지를 증명할 방법이 없다. 그 문제에 대해서 하이데거는 아무 말이 없다. 상황이 그렇다면 우리는 먼저 갈라져나온 형태들에서 출발한 다음, 갈라져나갈 조짐이 이해 안에 들어 있음을 보이는 편이 낫지 않을까? 이것은 이해가 일어나는 차원, 곧 언어의 차원에서 시작하겠다는 것이다.

거기서 우리의 두 번째 주장이 나온다. 이해를 인식론 차원에서 존재론 차원으로 뒤집는 것이 가능하려면 현존재의 존재를 직접—아무런 인식론적 전제 없이—서술할 수 있어 마치 그것이 스스로 있는 것처럼 되어야 하며, 그러고 나서 이해가 존재하는 형태 가운데 하나임을 밝혀야 한다. 그러나 인식 꼴로서의 이해에서 존재 꼴로서의 이해로 가는 데 어려움은 이것이다. 곧 현존재 분석에서 나온 이해는 그것을 통해 또 그것 안에서 현존재가 존재하는 것으로 이해된다는 점이다. 그러나 이해가 존재의 꼴임을 밝히기 위해서도 다시 한 번 '언어'를 들여다봐야 하지 않을까?

그와 같은 두 개의 반대 의견 속에는 좀 더 강한 주장이 들어 있다. 그것은, 현존재 분석이라는 가까운 길 대신 언어 분석에서 시작하는 먼 길을 취하자는 것이다. 그리하여 방법론을 따져가며 해석하려는 학문 분야들과 계속 접촉하고, 이해에서 따지는 '진리' 문제와 주석 분야에서 따지는 '방법'의 문제를 갈라놓으려는 시도에 맞서야 한다. 따라서 실존의 문제를 새롭게 정립할 수 있으려면, 모든 해석학에서 해석이 무엇인지 그 개념을 의미론 차원에서 정립한 것을 바탕으로 하고 그것을 출발점으로 삼아야 한다. 이때 의미론의 중심을 이루는 것은 겹뜻〔多

義〕 문제인데, 이것을 우리는 상징이라 할 것이다(겹뜻을 가리켜 상징이라 하는 것과 관련해서는 나중에 자세히 살펴보겠다).

그렇다면 내가 어떻게 의미론을 거쳐 실존의 문제에 접근하는지를 곧 밝힐 것이다. 여러 가지 뜻을 지닌 표현 또는 상징 표현을 이해하는 것이 곧 '자기'를 이해하는 계기임을 밝히지 않은 채, 오직 의미론 차원에서만 접근하는 것은 헛된 짓이다. 그러므로 '의미론'(sémantique) 차원의 접근은 '반성'(réflexive) 차원의 접근과 연결되어 있다. 그러나 기호(언어)를 해석하면서 자기를 해석하는 주체가 '코기토'(*Cogito*)는 아니다. 그가 자기 삶을 해석하면서 알게 되는 것은, 자기가 스스로 자리 잡고 주무르기 이전에 이미 존재 안에 자리 잡혀 있다는 점이다. 그러므로 해석학이 발견하는 것은 줄곧 '해석되며 존재하는'(être-interprété) 실존 방식이다. 따라서 오직 반성만을 고집하지 않는 반성을 통해서만 이해의 존재론 뿌리에 이른다. 그러나 아무튼 그 모든 것은 언어 안에서 그리고 반성의 운동을 통해서만 일어난다. 그 길이 우리가 가야 할 길이지만, 결코 쉽지 않은 길이다.

3. 의미론(sémantique) 차원

실존이해나 존재이해는 모두 언어 안에서 표현된다. 그러므로 해석학 영역 전체를 가리키는 '축'을 의미론에서 찾는 것도 괜찮을 것이다. 이미 주석학을 통해 우리는 본문에 여러 가지 뜻이 들어 있음을 알았다. 또한 그 뜻들은 서로 얽혀 있음을 알았다. 예를 들어 영적인 뜻은 뜻의 넘침을 통해, 낱말 뜻 또는 역사 뜻에서 '옮겨져'(성 아우구스티누스가 말한 *translata signa*) 나온 것임을 알았다. 슐라이어마허나 딜타이를 통해서도 우리는 본문과 문서와 기념 작품들이 글로 기록된 삶의 표현들임을 배웠다. 그처럼 심리 연관이나 역사 흐름의 고리 속에서 밖으로 표현된(객관화된) 삶을 거꾸로 추적해 올라가는 것이 주석이다. 그처럼 밖으로 표현됨은 또 다른 형태의 의미 전환을 이룬다. 니체 같은 사람은 가치를 힘을 향한 의지를 나타내는 강약의 표현이라고 보았기 때문에 힘을 향한 의지를 해석해야 했다. 한발 더 나아가 그는, 삶 그 자체가 해석이라고 보았다. 그렇다면 철학은 해석에 대한 해석이 된다.

끝으로 프로이트는 『꿈 작업』이라는 글에서 일련의 과정을 검토했다. 그것은 숨겨진 의미를 '드러내면서'(Entstellung) 또 왜곡하기도 하는 과정이다. 곧 잠재된 뜻을 드러내면서 동시에 감추는 과정이다. 그는 예술·도덕·종교 같은 문화 표현들 속에 들어 있는 왜곡을 추적한 결과 니체와 아주 비슷한 문화 해석을 이룩했다. 결국 그는 모든 해석학—일반 해석학이든 특정한 해석의 문제든—에 들어 있는 '의미론 차원의 실마리'를 가려내는 방향에 선 셈이다. 주석학에서 정신분석학에 이르기까지 어디서나 찾아볼 수 있는 공통요소는 이중 의미 또는 다중 의미라고 부를 수 있는 의미구성인데, 그것은 어떤 방식으로든 숨기면서 밝히는 일을 한다. 내가 볼 때 언어분석은 그와 같은 밝힘과 숨김의 의미론, 곧 다중 의미 표현의 의미론 안에서 이루어진다.

그와 같은 의미론의 한 갈래로 나는 '악의 상징'을 구성하는 고백의 언어를 찾아냈다. 이제 나는 겹뜻을 지닌 표현을 상징이라고 부를 것을 제안한다. 이때 상징은 카시러(Cassirer) 같은 사람들이 쓰는 것보다 좁은 개념이다. 카시러는 기호를 사용해서 현실을 받아들이는 것은 모두 상징으로 본다. 그래서 느낌·신화·예술은 물론 과학까지도 상징이 된다. 우리가 여기서 상징이라고 할 때는 그보다 좁은 뜻이다. 그러나 라틴 수사학이나 신플라톤주의 전통에 따라 상징을 유비(아날로지)로 보는 이들보다는 넓은 뜻으로 쓴다. 우리 생각을 이렇게 정리할 수 있다. 상징이란 직접 의미, 1차 의미 또는 문자 의미가 흘러넘쳐 다른 의미, 곧 간접 의미, 2차 의미 또는 상징 의미를 낳는 의미 구조를 가리킨다. 이때 2차 의미는 반드시 1차 의미를 거쳐 생긴다. 그와 같은 이중 의미 표현을 다루는 것이 해석학의 작업이라고 할 수 있다.

이제 우리는 해석이 무엇인지도 분명하게 정리할 수 있겠다. 상징과 똑같은 범위를 잡으면 된다. 해석이란 생각하는 일인데, 겉에 보이는 뜻 속에 숨겨진 뜻을 풀어내는 일이요, 문자 의미 속에 함축된 의미의 차원을 찾아내는 일이다. 주석을 가리킬 때 쓴 말, 곧 숨겨진 의미의 해석이라는 차원을 여기에 그대로 쓰고 있다. 어쨌든 이제 상징과 해석은 짝 개념이 되었다. 여러 가지 뜻이 있는 곳에 해석이 있고 여러 가지 뜻이 드러나는 것은 해석을 통해서이다.

이처럼 의미론 영역을 두 갈래로, 곧 상징과 해석으로 방향을 잡으면 거기에서 몇 가지 과제가 나온다. 간단히 살펴보기로 하자.

상징 표현과 관련해서 언어분석의 과제는 내가 볼 때 두 가지이다. 먼저, 상징의 유형을 가능한 대로 모두 찾아내는 작업이다. 이 작업은 여러 모양의 상징 표현 속에 공통으로 들어 있는 구조를 찾는 문제이기 때문에 반드시 가장 처음 해야 할 일이다. 이 작업에서 세 가지 상징 유형이 드러난다. 하나는 반 데어 레우(Van der Leeuw), 모리스 린하르트(Maurice Leenhardt), 미르치아 엘리아데(Mircea Eliade) 같은 사람들이 종교현상학에서 밝힌 우주 상징이다. 그리고 또 하나는 정신분석학이 밝힌 꿈의 상징인데, 그것은 민담이나 전설, 설화 또는 신화 같은 것에도 들어 있다. 그리고 끝으로 시의 상징이 있다. 그것은 감각이나 시각 또는 청각 따위의 영상을 실마리로 삼거나 시공간의 상징에 따라 시어(詩語)가 만들어내는 것이다.

이 세 가지를 억지로 하나로 만들 필요는 없다. 서로 뿌리내리고 있는 곳이 다르기 때문이다. 우주 상징은 사물에 뿌리를 박고 있고, 꿈의 상징은 성교에 뿌리를 박고 있으며, 시의 상징은 느낌을 주는 영상에 뿌리를 박고 있다. 그러나 이처럼 서로 뿌리를 내리고 있는 곳은 달라도, 이 세 가지 상징 유형은 하나같이 그 출현을 언어 요소에 두고 있다. 말하는 사람 이전에 상징은 없다. 상징의 힘은 더 깊은 곳에 뿌리를 두고 있지만 말이다. 우주와 욕망과 상상력이 표현되는 곳은 언어이다. 세상을 다시 취해서 세상이 성스러운 무엇이 드러난 것이 되게 하는 데는 언제나 언어가 필요하다. 꿈도 마찬가지이다. 꿈이 말을 통해 언어의 차원으로 나오지 않으면 그것은 닫힌 채로 갇혀 있다.

이처럼 상징 표현의 유형을 찾아낸 다음에는 어떤 기준을 찾아낼 필요성이 생긴다. 은유(메타포)나 우의(알레고리) 또는 직유 같은 것을 의미론에서 구별하기 위한 기준이 필요하게 된다. '의미의 전이'(*transfert du sens*)에서 유비(아날로지)의 기능은 무엇인가? 의미를 의미에 연결하는 방식으로 유비 말고 다른 것이 있는가? 그러한 상징 의미의 형성에 프로이트가 찾아낸 꿈의 구조를 어떻게 포함시킬 것인가? 이미 쓰고 있는 은유나 환유 같은 수사학 용어를 거기에 가져다 붙일 수 있는가? 이른바 '꿈 작업'이 일으키는 왜곡의 구조는 종교현상학에서 발견한 상징 구조와 의미론에서 볼 때 그 영역이 같은가? 기준을 찾으면서 풀어야 할 문제가 그런 것들이다.

그런데 기준을 찾는 작업은 해석 활동을 밝히는 작업과 관련이 있다. 앞에서 우리는 상징 표현의 영역과 해석 활동의 영역을 서로 겹쳐서 규정했다. 상징에서 생긴 문제는 해석의 방법론으로 풀어야 한다. 해석의 방법에 서로 다른 여러 가지가 있다는 것은 매우 중요한 사실이다. 종교현상학과 심리학에 관한 것에서 나는 그 문제를 암시했다. 그것들은 서로 완전히 다르다. 그러나 그리 놀랄 만한 일은 아니다. 해석이라는 것이 원래 상징을 여러 가지 방식으로 규정하는 것—정신분석학에서 말하는 다차원적 결정—에서 출발하기 때문이다. 그러나 결국 해석은 말 그대로 그 풍요와 다의성을 걸러내고 자기 나름의 풀이 방식에 따라 상징을 '풀어낸다.' 따라서 해석학 체계의 이론 구조에 따라 해석의 유형도 다르다는 것을 밝히는 것이 기준을 찾는 작업에서 감당해야 할 과제이다. 그리하여 종교현상학은 제의와 신화와 신조 같은 종교물의 속 내용을 밝혀내는 작업을 한다.

그런가 하면 정신분석학은 상징의 한 가지 차원, 곧 억압된 욕망이 움트는 차원밖에 모른다. 거기에서는 무의식 속에 이룩된 의미 구조만을 따진다. 최초 억압에서 출발해 나중에 발생된 2차 억압에 따라 의미 구조를 파헤친다. 그렇지만 정신분석학을 폭이 좁다고 비난할 수는 없다. 자기 나름의 해석방식, 바로 그것이 정신분석학의 존재이유이기 때문이다. 프로이트가 메타심리학이라고 이름 붙인 정신분석학 이론은 해석의 방식을 욕망의 의미론으로 한정하고 있는 셈이다. 정신분석학은 자기가 찾는 것만 찾을 수 있다. 그가 찾는 것은 꿈과 신경증·예술·도덕·종교 속에 들어 있는 표상과 정서의 '경제' 의미이다. 그러므로 사람의 가장 원초적 욕망에 속한 표상과 정서를 담고 있는 표현들만 뒤지고 다닌다.

이런 예로 볼 때 의미론 차원에서 움직이는 철학인 해석학은 얼마나 풍성한지 알게 된다. 그것은 상징의 유형들을 탐구하고 상징 구조를 이해하는 것에서 시작한다. 그러고는 여러 유형의 해석학이 서로 엇갈리는 것을 살피고, 그런 여러 가지 해석방법이 각각 나름대로의 이론에서 나온 것임을 밝힘으로써 해석의 구조를 분석해낸다. 그러고 나면 마지막 과제를 수행하게 되는데, 그것은 해석방법들 사이의 주도권 다툼을 중재하는 일이다. 각각의 해석방법이 어떤 식으로 하나의 이론을 이루는지를 밝히면서 철학인 해석학은, 그 해석방법들이 일정한 한계 안에서 나름대로 정당한 것임을 선언한다. 의미론 차원에서 움직이는 철학인 해석학의 비판기능이란 그런 것이다.

그처럼 의미론으로 접근하면 여러 가지 이점이 있다. 우선 실제로 사용되는 해석방법과 계속 선을 대고 있게 되며, 진리의 개념과 방법의 개념을 떼어놓는 위험을 피하게 된다. 게다가 해석학을 현상학과 만나게 하며 그것도 가장 확신에 찬 현상학과 부딪히게 한다. 현상학은『논리 연구』에서 가장 확실한 위치를 굳혔는데 그때의 현상학은 의미의 이론이었다. 거기서 후설이 하나의 뜻으로 떨어지지 않는 뜻, 뭐 그런 것을 결코 받아들이지 않으리라는 것은 뻔한 일이다. 그는 처음 나온『논리 연구』에서 드러내놓고 그런 가능성을 배제했다.『논리 연구』의 현상학이 해석학이 될 수 없는 이유도 거기에 있다. 우리가 후설과 결별하게 되는 것도 그의 의미표현 이론 때문이다. '생활세계' 문제가 아니라 바로 그 문제에서 길이 갈린다. 문제를 의미론으로 접근할 경우 그 같은 의미 이론으로서의 현상학과 한 차례 부딪히게 된다.

  마지막으로 언어 문제를 붙잡고 늘어짐으로써 오늘날 한창 논란이 많은 다른 철학 문제들과 같은 곳에서 만나게 되리라고 본다. 다른 철학 문제란 메타언어 이론이다. 여러 가지 뜻을 지닌 표현을 다루는 의미론이, 현재의 언어를 이상형에 따라 개조하려는 메타언어 이론과 대립하리라는 것은 두말할 나위 없을 것이다. 한 가지 뜻을 꿈꾸는 후설의 이상과 맞지 않는 만큼이나 메타언어 이론과도 맞지 않는다. 그러나 『철학적 탐구』의 비트겐슈타인 그리고 앵글로색슨의 일상 언어분석과는 유익한 대화에 들어간다. 그리고 바로 그 차원에서 일반 해석학은 불트만이나 그 학파가 이룩한 현대의 성서 주석학에서 제기한 문제들을 다시 다루게 된다.

  오늘날 널리 통하는 큰 언어철학이 없는데, 의미론 중심의 일반 해석학이 그러한 언어철학의 탄생에 기여하리라고 믿는다. 이 시대는 상징 논리학을 다루고 주석학을 말하며 인간학과 심리학을 이룩했다. 아마 역사상 처음으로 인간의 모든 언어행위를 다시 통합할 것을 단 하나의 목표로 삼을 수 있게 될 것이다. 이런저런 분야가 따로 발전됨으로써, 언어행위가 흐트러졌음을 분명하게 드러냈고 또 흐트러지는 데 일정한 역할을 했다. 오늘날 풀어야 할 문제는 인간의 언어행위를 통일적으로 평가하는 일이다.

4. 반성 차원

  앞에서 우리는 두 가지 또는 여러 가지 뜻을 지닌 표현의 구조를 의미론으로 분석했다. 그것은 철학인 해석학이 반드시 거쳐야 할 좁은 문이다. 나름대로 해석의 방법을 제시하는 학문 분야, 곧 주석학·역사학·심리학 같은 것들과 단절하지 않으려면 그 좁은 문을 거쳐야 한다. 그러나 의미론만 가지고는 해석학이 철학이 될 수 없다. 의미 형성을 자기 안에 폐쇄된 체제로 보는 언어학 분석에 따르면 언어가 절대자로 떠오른다. 그러나 그처럼 언어를 실체로 보면 기호의 원래 의도, 곧 다른 무엇을 위하고자 하는 의도를 무시하게 된다. 다른 무엇, 곧 자기가 겨냥하는 것 앞에서 자기는 사라지는 것이 언어의 원래 의도이다. 언어는 뜻하는 것으로서, 어떤 존재에 이르기를 바란다.

여기서 하이데거를 다시 찾게 된다. 언어학 차원을 넘도록 돕는 것은 존재론 쪽이다. 존재론은 언어의 포로가 되지 말 것을 요청한다.

그러나 어떻게 의미론을 존재론 속에 다시 넣을 것인가? 앞에서 '현존재' 분석에 반대한 점들이 있는데, 어떻게 그런 것들을 피하면서 갈 수 있는가? 존재로 가는 중간단계는 반성이다. 곧 기호의 이해와 자기 이해 사이의 연결이다. 이 자기 안에서 우리는 하나의 존재자를 인정할 수 있다.

상징 언어를 자기 이해와 관련시키면서 나는 해석학의 가장 큰 소망을 이루리라고 본다. 해석할 때는 항상 본문이 속한 시대와 해석자 자신의 시대 사이의 문화 차이 또는 거리를 없애고자 한다. 그 거리를 극복하고 본문과 같은 시대에 서면서 해석자는 본문의 뜻을 손에 쥔다. 낯선 것을 만만하게 만들어, 자기 것으로 삼는다. 따라서 다른 사람을 이해하며 자기 이해가 확장되는 셈이다. 모든 해석학은, 분명하게 드러나든 그렇지 않든, 결국 남의 이해를 거친 자기 이해이다.

그러므로 나는 주저 없이 이렇게 말한다. 해석학은 현상학에 접붙여져야 한다. 『논리 연구』에 있는 의미 이론 차원에서뿐만 아니라 『이념들 I』에서 『데카르트적 성찰』에 이르기까지 펼쳐지는 '코기토'의 차원에서도 그러하다. 그러나 나는 또 이렇게 말한다―접붙여진 나무가 원래 나무를 바꾼다! 이미 우리는 의미론 영역에서 겹뜻 문제를 다루다 보면 『논리 연구』에서 노린 홑뜻에 대한 꿈을 버릴 수밖에 없음을 보았다. 이제 여기서는 여러 가지 뜻 문제를 자아인식의 문제에 갖다 붙임으로써 '코기토'의 모양새를 많이 바꿔버릴 것이다. 그리고 거기에서 일어나는 반성철학의 내부 변화로 말미암아 실존의 새로운 차원이 드러날 것이다. 그러나 '코기토'의 변모를 말하기 전에 해석학 때문에 코기토가 얼마나 풍부해지고 깊어지는지를 알아보자.

정신분석이나 주석에서 해석을 통해 자기 이해를 이룬다고 했는데, 그때 '자기'란 무엇인가? 사실은 처음부터 자기를 알고 싶은 마음 때문에 해석 작업을 하지만, 자기 이해라고 할 때 자기가 무엇을 뜻하는지는 나중에야 안다. 왜 그런가? 왜 해석을 주도하는 자아가 해석의 결과로서만 자기를 되찾는 것일까?

두 가지 이유가 있다. 먼저, 의심하는 과정을 통해서 직접 얻은 데카르트의 '코기토'는 확고하지만 매우 공허하다. 그것이 진리임을 부인하려는 것은 아니다. 그러나 그것은 자기만 아는 진리이다. 그러므로 그 진리는 확인할 수도 추론할 수도 없는 것이다. 또한 그것은 한 존재의 상황이면서 동시에 행동상황이다. 존재의 실정이면서 생각하는 활동의 실정이다. 곧 나는 생각하기 때문에 존재한다. 존재한다는 것, 나에게 그것은 생각하는 것이다. 나는 생각하는 자로 존재한다.

그러나 이런 진리는 공허한 진리이다. '나는 생각한다'(ego Cogito)에서 '나'(ego)는 그의 대상이나 그의 작품이나 행동 속에서 찾을 수 없다. 그러므로 그 진리는 첫발만 떼고 더 나아가지 못하는 것과 같다. 어떤 표현, 곧 딜타이의 말에 따르면 삶을 밖으로 내는 표현에 의해 매개되지 않는 반성은 눈먼 직관에 지나지 않는다. 장 나베르(Jean Nabert)의 말에 따르자면, 반성은 우리 존재의 표시인 작품이나 행위를 비판함으로써 우리 존재를 소유하는 것일 수밖에 없다.

그러므로 반성은 비판이다. 이때 비판이란 칸트처럼 앎과 의무를 자리매김한다는 뜻이 아니다. 삶이 담긴 문서를 풀어내는 작업을 거친다는 점에서 비판이다. 그처럼 문서를 풀어내는 작업을 거쳐서만 '코기토'를 포착할 수 있다는 점에서 반성은 비판이다. 반성이란 존재하려는 우리의 욕망과 노력을 증언하는 작품들을 통해서 존재하려는 우리의 욕망과 노력을 잡아내는 것이다.

데카르트식 '코기토'는 확고하지만 공허하다. 그러나 또 하나 알아두어야 할 것이 있다. 데카르트식의 '코기토'는 텅 빈 공간과 같아서 처음부터 거짓 '코기토'로 채워졌다. 모든 주석 분야, 특히 정신분석학을 통해서 우리는 직접 의식이라는 것이 '허위의식'임을 배웠다. 마르크스나 니체나 프로이트는 그 가면을 벗기라고 했다. 그러므로 사람을 표현하는 문서들 속에서 '코기토'의 주체를 다시 발견하려면 허위의식을 비판하는 작업도 있어야 한다. 이제 반성철학은 의식철학과 맞서게 된다.

이 두 번째 것을 첫 번째와 이어서 이렇게 말할 수 있다—삶을 밖으로 표현한 것 속에서만 '나'를 찾을 수 있는데, 의식으로 문서를 풀 때 허위의식이 일으키는 '잘못된 풀이'에 부딪힌다. 그 문제는 슐라이어마허 때부터 인정되어왔다. 잘못된 해석이 있는 곳에 해석학이 있다.

그러므로 반성은 두 겹의 문을 거쳐 이루어진다. 삶을 말하는 문서를 통해서만 실존이 확인된다는 것이 첫 번째 문이다. 의식은 먼저 허위의식이므로 늘 잘못된 이해를 바로잡는 비판을 통해 이해를 이루어야 한다는 것이 두 번째 문이다.

그렇게 해서 반성의 단계 끝에 가면 우리의 첫 번째 단계였던 의미론에서 내린 결론들이 공고해지는 것을 보게 될 것이다.

첫 번째 단계에서 우리는 결코 한 가지 뜻으로 풀리지 않는 언어의 존재를 사실로 인정했다. 그것은 악의 고백이 흠과 죄와 허물의 상징을 통해 이루어진다는 사실이다. 또 그것은 억눌린 욕망이 꿈이나 속담이나 전설이나 신화 같은 상징을 통해 표현된다는 사실이다. 또한 그것은 성스러운 무엇이 하늘과 땅·물·불 같은 우주의 구성요소를 상징 삼아 표현된다는 사실이다.

그러나 그처럼 뜻을 몇 겹씩 지닌 언어를 철학에서 사용하는 것이 논리학자들의 반대에 부딪힐 수 있다. 그들은 모호한 언어는 거짓논리를 키운다고 생각하기 때문이다. 그러므로 반성의 본질 그 자체 속에서 이중 의미의 논리를 찾아야 우리의 해석학이 분명하게 인정받을 수 있다. 그때 그 이중 논리는 더 이상 형식논리가 아니라 선험논리이다. 그것은 반성이 어떻게 가능한가 하는 문제, 곧 반성이 가능하기 위한 조건과 연결된 문제이다. 그때 반성의 조건이란 자연을 대상물로 만들 수 있기 위한 조건을 가리키는 것이 아니라 존재하려는 우리의 욕망을 잡을 수 있기 위한 조건을 가리킨다. 바로 그런 뜻에서, 해석학이 다루는 겹뜻의 논리를 선험적이라고 하는 것이다.

이야기를 그 차원으로 끌고 가지 않으면 곧바로 궁지에 빠진다. 순전히 의미론 차원에 머무른 채 겹뜻에 대해 논해봐야 헛된 일이다. 겹뜻에는 두 종류가 있다. 하나는 뜻이 넘쳐 생기는 것으로 해석학에서 다룰 문제이고, 또 하나는 뜻이 뒤섞여 생기는 것으로 논리학에서 다룰 문제이다. 그런데 그 두 영역을 구분해야 한다는 것을 설득하려면 의미론 차원만으로는 안 된다. 같은 차원에 두 개의 논리가 같이 있을 수는 없다. 그러므로 반성을 다루어야만 겹뜻의 의미론이 설 자리를 얻는다.

5. 실존 단계

언어 문제에서 반성의 문제로 가는 이 여정의 끝에 서서 나는 실존 문제가 어떻게 다시 연결되는지를 보이고자 한다. 인식의 꼴 대신 갑자기 존재의 꼴을 대체시킨 하이데거는 직접 이해의 존재론을 이룩했다. 그러나 간접적으로, 차근히 단계를 거친 우리가 볼 때 이해의 존재론은 미리 주어진 것이라기보다는 하나의 지평, 곧 겨냥하는 것 이상일 수 없다. 동떨어진 존재론은 우리의 손이 닿지 않는다. 오직 해석의 운동 안에서만 우리는 해석되는 존재를 잡을 수 있다.

피할 수 없는 '해석의 순환' 속에서 이해의 존재론은 해석의 방법론 안에 끼어 있다. 하이데거가 바로 그러한 순환을 가르쳤다. 한 가지 더 있다. 오직 갖가지 해석의 갈등 속에서만 해석되는 존재의 뭔가를 잡을 수 있다. 곧 동떨어진 존재론뿐만 아니라 하나로 된 존재론 또한 우리의 손이 닿지 않는다는 것이다. 그때마다 번번이 실존은 해석학을 방법론으로 삼고 해석학은 실존의 측면을 발견한다.

그렇다고 앞서 이룩한 의미론이나 반성 차원이 존재론에 바탕을 두고 있음을 알아낼 수 없다는 것은 아니다. 끼어 있는 존재론이나 조각

난 존재론, 그것도 여전히 그리고 이미 존재론이다.

우리가 따라갈 첫 번째 길은 심리학을 철학에서 다시 생각해본 결과 생긴다. 기초 존재론을 위해 심리학에 기댈 수 있는 것이 무엇인가? 두 가지이다. 먼저 지금까지 주체를 의식으로 본 관점을 완전히 허무는 점이다. 그리고 실존을 욕망으로 보는 문제의식을 되살리는 점이다.

결국 심리학이 존재론으로 향하게 되는 것은 의식비판을 거쳐서이다. 심리학에서 꿈과 환상과 신화 또는 상징 따위를 해석하는 것은 늘 의식이 의미 형성의 뿌리에 있으려는 데 대한 반대라고 볼 수 있다. 나르시시즘—거짓 코기토에 해당하는 프로이트 용어—과의 싸움에서 언어가 욕망 또는 삶의 충동 속에 뿌리내리고 있음을 발견하게 된다. 이 고된 수업에 한번 들어간 철학자는 의미의 뿌리를 손에 잡을 수 없게 되면서 정말 주체의 축소를 겪게 된다. 그처럼 손에 잡히지 않음은 반성에 닥치는 변화이다. 그러나 거기에서 정말 잃는 것은 일찌감치 모든 대상 밑에 자리 잡고 있던 것, 곧 '자기'이다. 이제 반성 주체에 대해 복음서에 있는 말을 해야 한다. 찾고자 하는 자는 버려라.

내게 정신분석학은 늘 잃어버린 무엇을 말하고 그것을 상징으로 다시 찾을 것을 말한다. 반성철학은 그러한 발견을 자신의 과제로 품어야 한다. '나'를 찾으려면 '자기'를 버려야 한다. 바로 그런 점에서 정신분석학은 철학은 아니라도 철학자를 위한 학문이다. 무의식 때문에 철학자는 주체의 직접성이라는 쐐기를 뽑은 상태에서 의미 형성을 생각하게 된다. 그것이 프로이트의 위상학(topologie)이 가르치는 바이다. 가장 밑바닥의 의미는 직접 의식이 버티고 있는 곳과 다른 '곳'에서 형성된다. 무의식론 그리고 표상과 환상과 징후, 상징 따위를 지형학에 따라 전개하는 방식은 결국 해석학이 '에고'(자기)의 아집에서 벗어나기 위해 꼭 거쳐야 할 것이다.

그리하여 프로이트는 의미와 욕망의 관계, 뜻과 힘의 관계, 말과 삶의 관계에 대해 새로운 물음을 던졌다. 라이프니츠도 『단자론』에서 욕망에 표상이 어떻게 생기는지를 물었다. 그리고 스피노자 역시 『에티카』 3부에서 코나투스(*conatus*)와 관념이 어느 정도나 일치하는지를 생각했다. 정신분석학이 묻는 물음, 곧 '삶의 질서 안에 어떻게 의미의 질서가 들어 있는가?' 하는 것도 같은 문제이다. 의미를 뒤로 끌고 가 욕망과 이어놓는 작업에는 반성을 넘어 실존으로 갈 조짐이 보인다.

이제 우리가 앞서 쓴 표현이 옳음을 알게 될 것이다. 곧 우리 자신을 이해한다는 것은 우리의 존재 욕망 또는 실존하려는 노력의 의미를 알게 된다는 것이다. 실존은 이제 욕망과 노력이다. 노력이라고 한 까닭은 적극적으로 나서는 힘과 역동 때문이고 욕망이라고 한 까닭은 결여와 결핍 때문이다. 에로스(*Eros*)는 포로스(*Poros*)와 페니아(*Pénia*)의 아들이다. 그리하여 코기토는 원래의 도도한 모습, 곧 스스로 서려고 한 모습이 아니고 이미 존재 안에 들어 있다.

그러나 그처럼 정신분석학을 철학으로 들여다보아 생기는 결론에 따라 반성의 문제를 실존의 문제로 풀어나갈 수 있고 또 그래야 한다면 그런 작업은 해석 안에서 그리고 해석을 통해 이루어질 수밖에 없다. 의미와 반성의 뿌리에서 욕망을 찾으려면 요리조리 숨어 있는 욕망을 밝혀내야 한다. 그리고 해석의 과정 없이 욕망을 알아낼 수는 없다. 욕망은 늘 해석될 상태로 있다. 나는 의식의 어둠 뒤에서 그것을 드러낸다. 그러나 바로 드러낼 수는 없고 원시적인 정신분석학의 표상들에서 볼 수 있는 것처럼 충동의 신화학을 거쳐야 욕망을 밝혀내게 된다. 결국 해석 작업을 거쳐 코기토가 '주체의 고고학'(*archéologie du sujet*)을 발견하는 것은 자신 뒤편에서이다. 이 고고학에 이르러 실존은 투명해진다. 그러나 여전히 벗기고 밝혀내는 운동 안에 있는데, 그 운동은 실존 자신이 불러일으킨 것이다.

해석학이라고 볼 수 있는 정신분석학은 우리에게 그 운동을 수행하도록 한다. 다른 해석방법 역시 또 다른 방식으로 우리를 그 운동으로 끌고 들어가고 만다. 정신분석학이 발견한 실존은 욕망의 실존이다. 욕망인 실존이다. 그리고 그 실존은 주체의 고고학에서 모습이 드러난다. 다른 해석학—예를 들어 정신현상학—은 다른 방식을 제기해 의미의 기원을 주체 뒤가 아닌 주체 앞에 두려고 한다.

나는 오시는 하느님(Dieu qui vient)의 해석학 또는 다가오는 하느님 나라의 해석학이 있다고 보는데, 그것은 의식의 예언이라고 할 수 있는 해석학이다. 헤겔의『정신현상학』을 주도하는 것이 결국 그것이라고 볼 수 있다. 여기서 헤겔 이야기를 하는 것은 그의 해석방법이 프로이트와 정반대이기 때문이다. 정신분석학은 지난 것으로 돌아가게 했고 정신현상학은 지난 것이 아닌 올 것에서 뜻을 찾게 했다. 그렇게 해서 의식은 나 밖으로, 나 앞으로 끌려나와 뜻을 향하게 된다. 진행되는 뜻의 각 단계는 다음 단계에서 폐지되고 다시 나타난다. 그리하여 주체의 목적론(téléologie du sujet)이 주체의 고고학에 대립된다.

그러나 지금 우리에게 중요한 것은 프로이트의 고고학처럼 헤겔의 목적론 역시 다른 모습을 통해서 어떤 것의 모습을 이해하는 그런 해석운동 안에서 성립된다는 점이다. 정신은 한 모습에서 다른 모습으로 옮아가는 운동 안에서 실현된다. 고고학에 달라붙은 유아기에서 벗어나도록 이끄는 것들의 변증법, 그것이 바로 헤겔이 말하는 정신이다. 여기서도 철학은 해석학이다. 겉으로 보이는 뜻에서 속뜻을 읽어내는 작업이다. 실존이 말하고 뜻하며 생각하는 것은 문화 세계 속에서 움직이는 모든 의미체를 끊임없이 주석하면서 일어나는 일임을 밝히는 작업 역시 해석학의 과제이다. 정신의 활동이 밖으로 드러난 것들, 곧 작품이나 제도나 문화유산 같은 것들 속에서 뜻—그 뜻은 일차로 바깥에 있다—을 자기 것으로 삼는 작업을 거쳐서만 실존은 인간적이고 성숙한 자아가 된다.

반 데어 레우나 미르치아 엘리아데의 종교현상학도 그처럼 존재론적 지평에서 바라보아야 한다. 종교현상학 역시 현상학으로서 제의나 신화나 신앙을 기술한다. 다시 말하면 사람이 '거룩한 것'을 겨냥하는 행태나 언어 또는 느낌 같은 것을 그대로 기술한다. 그러나 이처럼 기술하는 차원에서 현상학이라고 한다면 해석하는 작업에서 반성이 차지하는 비중은 더 크다. 거룩한 상징을 통해 자기 이해가 일어나는데, 이때 나를 내 손에서 놓게 된다. 여기서 일어나는 자기 이탈은 정신분석학이나 헤겔 현상학의 효과를 합친 것보다 크다. 그래도 고고학이나 목적론에서는 주체가 뿌리(아르케, 맨 밑)나 목적(텔로스, 맨 위)을 이해하면서 다룰 수 있다. 그런데 종교현상학에서 말하는 거룩한 것은 그렇지 못하다. 그것은 맨 밑의 밑 그리고 맨 위의 위를 가리킨다. 이 알파와 오메가는 주체가 다룰 수 없다. 거룩한 것은 사람을 부르며 그 부름 속에서 사람의 실존을 다룬다. 거기서 거룩한 것은 사람을 있게 하며, 사람은 있으려는 욕망(존재 욕망)이고 또한 있으려는 노력(존재 노력)이다.

그러므로 여러 가지 해석학이 매우 다르면서도 모두 이해의 존재론이라는 뿌리를 향하고 있다. 제각기 실존 자아가 어디에 기대어 있음을 말한다. 정신분석학은 주체의 고고학에서, 정신현상학은 목적론에서 그리고 종교현상학은 거룩한 상징을 통해서 그 점을 말하고 있다.

해석의 존재론이라는 것이 그렇다. 여기서 내가 말하는 존재론은 해석과 뗄 수 없다. 해석하는 작업과 해석된 존재 사이의 순환 속에 있는 존재론이다. 그러므로 의기양양한 존재론이 아니다. 그것은 과학도 아니다. 해석에 따르는 위험을 그냥 넘어갈 수 없기 때문이다. 또 여러 가지 해석학 사이에서 벌어지는 싸움을 완전히 벗어날 수도 없다.

그럼에도, 이 용감하지만 한 풀 꺾인 존재론이 있어서 그래도 여러 가지 해석학이 단순한 '말장난'이 아님을 분명히 할 수 있다. 그것들이 전체주의 의도를 지니고 한 가지 차원의 언어만 고집하면 말장난으로 그칠지도 모른다. 그러나 자기 나름대로 읽어가는 방법의 한계를 인정하면, 여러 가지 해석방법은 언어철학에서 볼 때 모두 중요하다. 그런데 만일 그러한 해석들이 실존적 기능을 바탕으로 삼고 있음을 인정하지 않으면 말장난에 그칠 수도 있다. 그렇게 되면 자기 멋대로 읽는 규칙을 바꾼다. 어쨌든 그런 실존 기능과 관련해서 정신분석학은 주체의 고고학을 바탕으로 삼고, 정신현상학은 목적론에 바탕을 두며, 종교현상학은 종말론에 바탕을 두고 있는 것이다.

더 나아갈 수 있는가? 한 가지 모습 속에 들어 있는 여러 가지 실존 기능을 늘어놓을 수 있을까? 하이데거가 『존재와 시간』 제2부에서 했듯이 말이다. 지금 여기서 풀 수 있는 문제는 아니다. 그러나 풀지 않았다고 해서 낙담할 필요는 없다. 고고학과 목적론과 종말론의 변증법 속에서 서로 엇갈리는 해석들을 언어 영역으로 모을 수 있는 존재론 구조가 드러난다. 그러나 여러 가지 해석이 뿌리내리고 있는 이 존재 양태는 여러 가지 해석의 변증법 안에 주어져 있다.

그런 점에서 해석학을 지나칠 수 없다. 오직 한 가지 해석학, 곧 상징을 푸는 해석학을 통해서만 우리는 여러 가지 실존 양태가 오직 한 가지 문제에 걸린다는 것을 알게 된다. 가장 풍부한 상징들을 통해서만 우리는 그 여러 가지 해석이 하나를 이루고 있음을 뚜렷하게 볼 수 있기 때문이다. 그 상징들에는 해석학이 갈라지는 여러 가지 운동 방향, 곧 뒤로 가고 앞으로 가는 운동 방향이 모두 들어 있다. 참다운 상징은 해석학으로 가득 차 있다. 새로운 뜻이 돌출하고 원형(아르케)의 환상이 떠오르는 해석학으로 가득 차 있다. 해석철학에서 말할 수 있는 실존은 늘 해석된 실존임을 글 앞에서 밝힌 것도 그 때문이다. 해석을 통해 우리는 자아가 여러 가지 형태로 기대고 있음을 안다. 주체의 고고학에서는 욕망에 기대고, 목적론에서는 정신에 기대고 있으며, 종말론에서는 거룩한 것에 기대고 있다. 고고학과 목적론과 종말론을 들추면서 반성은 반성이기를 멈춘다.

그리하여 존재론은 언어와 반성에서 출발한 철학에게 약속된 땅이다. 그러나 말하고 반성하는 주체만이 모세처럼 죽기 전에 그것을 볼 수 있다.

제1장 해석학과 구조주의

1. 구조와 해석학

　이번 주제는 해석학과 전통이다. 결국 살아가는 방식, 곧 시간을 어떻게 보내는가 하는 문제를 다루게 된다. 하나는 건네는 시간이고, 다른 하나는 해석의 시간이다. 그런데 이 두 가지 시간은 왠지 서로 받쳐주고 얽혀 있는 듯한 느낌이 든다. 해석에는 역사가 들어 있고, 역사는 전통의 침전물 같은 느낌을 준다. 우리는 전통 속에서 산다. 진공에서 해석하는 것이 아니라, 전통을 밝혀내고 생생하게 유지하기 위해 해석한다. 그래서 해석의 시간은 어떤 모양으로든 전통의 시간에 속한다. 그러나 아무리 전통이 건네받은 '침전물'이라 해도 그 침전물을 계속 해석하지 않으면 그것은 죽은 전통이다. '유산'은 꽉 막힌 채 손에서 손으로 옮겨지는 것이 아니라, 부지런히 길어 올려야 할 보물이고, 길어 올리면서 새로워진다. 전통은 해석의 은혜로 산다. 해석 덕분에 전통은 이어지고 살아 있게 된다.

　해석과 전통은 이처럼 서로에게 속해 있지만 그것이 눈에 보이지는 않는다. 해석이 전통의 시간에 어떻게 끼어드는가? 왜 전통은 해석의 시간 안에서, 해석의 시간을 통해서만 살아남는가?

　나는 제3의 시간을 찾고 있다. 풍요로운 의미 속에 자리 잡은 깊은 시간이며, 앞서 말한 두 가지 시간이 만날 수 있게 하는 시간이다. 그것은 뜻의 시간이라고 할 수 있다. 뜻이 다가오며 생기는 시간인데, 침전물의 침전을 가능하게 하면서 동시에 해석을 위해 침전물을 밝혀내는 것을 가능하게 한다. 간단히 말해, 건네는 시간과 새롭게 하는 시간의 다툼을 일으키는 시간이다.

그러나 이 뜻의 시간을 어디서 찾을 것인가? 어떻게 거기에 다다를 것인가?

내 작업가설은 이렇다. 나는 앞에서 상징을 겹뜻의 힘이라고 정의했는데, 뜻의 시간이 바로 그 상징과 어떤 관계가 있을 것이다.[1] 상징은 어떤 뜻을 통해 어떤 뜻을 낳는다. 상징 속에서 1차 의미라 할 수 있는 문자 의미 또는 물리적 의미가, 2차 의미, 곧 영적 의미 또는 실존적이고 존재론적인 의미를 낳는다. 나중 것들은 그처럼 간접으로밖에는 생겨날 수 없다. 상징은 생각을 불러일으키고 해석을 불러일으킨다. 왜냐하면 상징은 말하고 있는 것 이상을 말하고, 끊임없이 말을 불러일으키기 때문이다. 뜻의 넘침과 시간 사이에 아주 근본적인 관계가 있음을 봐야 한다. 우리는 지금 그 관계를 말하고자 하는 것이다.

한 가지 더 설명하고 넘어가자. 나는 지금 상징의 시간을 말하는 것이지 신화의 시간을 말하는 것이 아니다. 앞에서 말했듯이 상징의 의미 구성을 신화로 다 말할 수는 없다. 신화는 상징에 속한다. 몇 가지 이유를 다시 생각해보자.

먼저, 신화는 이야기의 형태를 띠고 있다. 처음 시간과 끝 시간에 일어나는 일을 가리켜 이야기한다. 그 가리키는 시간이 상징 의미를 둘러싸고 있는 역사성에 한 차원을 덧붙인다. 그래서 신화의 시간은 특별한 문제로 따로 다루어야 한다. 또 다른 이유를 보자. 신화는 제의나 특별한 사회 제도와 연결되어 있어서, 자신이 일으키는 상징의 시간을 어느 정도 감추고 있다. 왜 이런 문제를 짚고 넘어가야 하는지는 나중에 다시 설명한다. 신화는 어떤 사회 기능을 담당하지만, 그 밑에 깃든 상징

---

1) 4장의 논문 「상징 해석과 철학적 반성」 참조.

의미의 넉넉함은 사라지지 않는다. 그것은 신화의 별자리 속에 숨어 있다가 후대 사회 속에서 다시 반짝인다. 끝으로, 신화를 문자로 보는 합리화 작업은 뜻을 내는 상징의 힘을 약하게 만든다. 이미 수사학과 사변이 상징의 샘을 얼어붙게 하고 있다. 논리로 따지려는 신화론 앞에서 신화는 사라진다.

　이런 여러 가지 이유 때문에 신화는 상징 차원과 멀어진다. 옛날이야기로 보고, 제의나 사회 기능으로 보고, 합리적인 신화론을 따라 보기 때문에 신화에 숨어 있는 시간이 멀어진다. 우리는 그 시간을 드러내려고 하는 것이다. 뒤에 나오는 악의 상징에서 그 예를 들어보겠다. 악의 고백에 둘러싸인 상징은 세 차원으로 나뉜다. 먼저, 흠과 죄와 허물 같은 1차 상징 차원이다. 그다음, 타락 신화나 추방 신화처럼 이야기로 하는 신화 차원이다. 끝으로 영지주의나 원죄론처럼 논(論)과 교리를 만드는 차원이다. 상징의 변증법을 말하려고 하는 내게 분명한 것은—물론 이 작업은 셈족과 헬레니즘 전통을 바탕으로 하는 것이다—1차 상징에 들어 있는 뜻이 신화 상징보다 더 넉넉하고, 합리적인 신화론보다는 두말할 나위도 없이 훨씬 더 차고 넘친다는 점이다. 상징에서 신화로 그리고 다시 신화론으로 가면서, 우리는 숨어 있는 시간에서 파헤쳐진 시간으로 가는 셈이다.

　그렇다면 전통은, 그것이 상징에서 교리가 된 신화론으로 미끄러져 내려온 것인 한, 시간이 파헤쳐진 그 궤적을 따라 존재한다. 그 과정은 아주 명백하게 드러난다. 히브리의 죄 상징과 영지주의 죄론 또는 그에 대항한 기독교의 죄론을 비교해보면 뚜렷하게 드러난다. 상징을 신화 '론'으로 꾸미면서 전통이 메마른다. 그리고 해석을 통해 새로워진다. 파헤쳐지고 메마른 시간에서 숨어 있는 시간으로, 다시 말하면 신화론에서 상징으로, 곧 뜻이 남아 있는 곳으로 가기 때문이다.

　그러면 전통과 해석, 그 두 가지 시간과 신화의 최초 시간은 어떤 관련이 있는가? 무엇보다도 어떻게 그 태초에 다다를 수 있는가?

　우리는 간접으로 가는 길, 곧 우회로를 제시하려고 한다. 구조주의학파, 특히 레비-스트로스가 『구조인류학』에서 말하는 공시(共時)와 통시(通時) 개념에서 출발해보자. 여기서 해석학과 구조주의를 반대로 놓으려는 의도는 전혀 없다. 구조주의는 과학에 속한다. 지성 차원에서 볼 때 구조주의만큼 철저하고 성과 있는 접근방법은 본 적이 없다.

그러나 상징의 해석을 해석학이라고 부르려면, 적어도 상징이 자기이해나 존재이해의 산물이어야 한다. 그 뜻을 취하는 작업을 뺀다면 해석은 아무것도 아니다. 그런 점에서 해석은 철학에 속한다. 구조주의는 제도나 신화, 제의의 구조를 따로 떨어뜨려놓고 객관화해 탐구자에게서 떼놓으려는 것이고, 해석학의 사고방식은 이해와 믿음의 '해석의 순환'이라고 부를 만한 것에 잠겨 있어서 과학과는 거리가 멀고 명상에 가깝다.

그러므로 이 두 가지 이해방식을 나란히 놓을 까닭이 없다. 오히려 어떻게 하면 그 객관 차원과 실존 차원을 연결할 수 있느냐가 문제이다. 만일 해석학이 뜻을 찾는 작업이고, 추상적인 반성과 구체적인 반성 사이에 놓인 단계이며, 상징 속에 들어 있는 뜻을 생각해내는 것이라면 구조인류학은 적이 아니라 협조자가 될 수 있다. 떨어진 것만 찾을 수 있다. 자기에게서 떨어진 것을 생각해 찾아내는 것이다. 그러한 객관적 사고방식이 공시와 통시 개념에 들어 있고 나는 그것을 끌어들이려고 한다. 그렇게 객관성을 거치면, 해석학은 설익은 지성의 티를 벗고 잘 익은 지성이 될 것이다.

『야생의 사고』(*La pensée sauvage*)에서 출발하는 것보다 그곳으로 끌고 가는 편이 나을 것 같다. 이야기를 점차 일반화해 『야생의 사고』에서 끝맺음을 하고 있기 때문이다. 처음에 구조주의는 생각의 구성 전체를 밝히려는 것이 아니라 제한된 영역, 곧 친족과 관련된 문제를 구조주의 방식으로 다루려고 했다. 그러다가 『야생의 사고』에 이르면 문제를 아주 체계 있게 정리한다. 그래서 여러 가지 이해나 여러 가지 지성 가운데 우열을 가리는 것은 잘못된 것임을 밝히고 있다. 그런데 그것은

'원칙에서' 앞뒤가 맞지 않는다. 함정에 빠지지 않으려면 우선 구조주의를 일정한 부분을 설명하는 것으로 보아야 한다. 그런 다음 그것이 차차 문제의 영역을 넓혀가는 것으로 보아야 한다. 한 가지 방법의 타당성을 가늠하려면 그 한계를 가늠하고 있어야 한다. 그래야 그 방법을 제대로 평가할 수 있다. 그래서 나는 구조주의를 뚜렷한 핵심 부분부터 들여다보고 차츰 그 범위를 넓혀가고자 한다. 체계를 갖춘 부분은 임계점 너머에 있는 것인데, 그 부분부터 보면 그 한계가 드러나지 않는다.

1) 언어학 모델

알다시피 구조주의는 언어학 모델을 인류학과 인문학 일반에 적용하면서 이루어졌다. 그래서 구조주의 기원에는 페르디낭 드 소쉬르와 그의 책 『일반언어학 강의』(*Cours de linguistique générale*)가 있으며 트루베츠코이(Troubetskoy)·야콥슨(Jakobson)·마르티네(Martinet)의 음운론이 있다. 그들에게서 체계와 역사의 관계가 역전된다. 역사주의에서 이해한다는 것은 발생과 이전 형태와 기원과 발전 방향을 찾는 것이다. 그러나 구조주의에서 이해란 눈에 먼저 띄는(이해 가능한) 어떤 시점에서 배열하고 체계를 잡는 것을 가리킨다. 소쉬르는 이 역전을 끌어들여 언어에서 랑그(langue)와 말(파롤〔parole〕*)을 구분했다. 랑그란 사회가 채택한 약속이고 그 약속 때문에 개인의 언어 사용이 가능해진다. 말이란 말하는 주체의 행위이다. 여기서 세 가지 규칙이 나오며, 그 세 가지 규칙은 언어학을 넘어 다른 영역으로 일반화된다. 세

---

* 파롤은 '말'로 번역한다. 우리말에서 '말'은 언어를 대표하는 낱말이다. 우리가 소쉬르의 파롤을 '말'로 번역하는 이유는, 언어의 본래 모습이 소쉬르가 말하는 랑그보다 파롤에 있다고 생각하기 때문이다. 그것이 리쾨르의 생각이기도 하다. 영어권에서도 자기들의 일상용어를 그대로 살려 랑그를 language로, 파롤을 speech로 쓰고 있다. 사실 랑그도 그저 '언어'라는 일상용어로 번역할 수 있지만, 언어를 체계 중심으로 이해한 소쉬르의 의도를 살려 '랑그'로 쓰기로 한다.

가지 규칙은 다음과 같다.

　먼저 체계에 관한 것이다. 말하는 주체와 떨어져 랑그는 기호의 체계가 된다. 물론 소쉬르는 음운론자가 아니다. 그가 말하는 기호는 소리 기표(시니피앙〔signifiant〕)와 개념 기의(시니피에〔signifiée〕)의 관계인데, 그것은 음운론보다는 의미론에 가깝다. 그럼에도 그가 볼 때 언어학의 대상은 시니피앙이라고 하는 음성 고리와 시니피에라고 하는 개념 고리가 상호 작용해서 생기는 기호체계이다. 이 상호 작용에서 중요한 것은 떨어진 낱말이 아니라 낱말 사이의 차이이다. 음성과 의미의 차이, 음성과 의미가 맺는 관계가 랑그의 기호체계를 이룬다. 기호는 하나의 음성과 하나의 뜻이 따로 이루는 관계이므로 임의적이며, 하나의 랑그 안에 있는 모든 기호는 체계를 이룬다. "랑그에는 차이만 있다"(『일반언어학 강의』, p.166).

　여기에서 두 번째 주제가 생기는데 그것은 통시와 공시의 관계 문제이다. 사실 차이들이 이룬 체계는 계기(繼起)의 축과는 완전히 동떨어진 공존의 축에서 볼 수 있다. 거기에서 공시언어학이 생기는데 그것은 체계의 관점에 따른 상태의 학문이다. 발전의 학문인 통시언어학과는 다르다. 공시 언어학에서 역사는 부수적이며 체계의 변형에 지나지 않는다. 게다가 언어학에서 이러한 변형은 체계의 상태에 견주어 알기가 힘들다. 소쉬르는 이렇게 말한다. "체계는 곧장 바뀌지 않는다. 자기 안에서 요지부동이다. 그저 몇몇 요소가 바뀔 뿐인데 그때도 전체 덩어리에 이어지는 연대는 사라지지 않는다"(같은 책, p.121).

　역사로 말미암아 생기는 것은 시니피앙의 변화가 아니라 무질서이다. 소쉬르는 그 점을 잘 말하고 있다. "일련의 공시 사실은 관계들이며 일련의 통시 사실은 체계 안에서 일어나는 사건들이다." 그래서 언어학은 먼저 공시이며 통시는 앞뒤 체계의 상태를 비교해야만 알아볼 수 있는 것이다. 통시는 비교에서 나온다. 그래서 통시는 공시에 기댄다. 결국 사건은 체계 속에서 생긴 것으로만 파악된다. 다시 말해서 체계로부터 규칙성을 받아온다는 것이다. 통시 사실은 말(한 개든 몇 개든 상관

없다)에서 나오는 혁신인데, "나중에 언어 사실이 된 것이다"(같은 책, p.140).

이 문제는, 공시와 통시를 다루는 언어학 모델이 상징의 역사성을 파악하려는 우리 연구에 어느 정도 도움이 될지를 알아볼 수 있는 중요한 문제이다. 곧바로 말하자면 이렇다. 진정 전통 앞에 섰을 때 임계점에 도달할 수 있다. 전통 앞에 선다는 것은 거듭되는 해석들 앞에 서는 것을 가리키고, 그것은 단순히 체계상태에 무질서가 끼어든 것으로 볼 수 없다.

내 말을 잘 이해하기 바란다. 어떤 사람들은 구조주의를 비판할 때 공시와 통시를 서로 반대되는 것으로 보지만 나는 그렇게 보지 않는다. 그 점에서 레비-스트로스가 야콥슨의 글 「역사 음운론의 원리」(Principes de phonologie historique)를 들어 반격한 것은 옳다. 거기서 야콥슨은 공시와 통시를 분명하게 구분했다. 중요한 것은 통시가 공시에 반대되는 것이 아니라 종속된다는 점이다. 해석학에서 문제 삼는 것은 이 종속이다. 통시는 공시와 관계를 맺는 범위에서 의미가 있다는 점이다.

이제 세 번째 원칙이 있는데, 이것 역시 해석 문제 또는 해석의 시간과 관련이 있다. 이 원칙은 특별히 음운론자들에게서 생겼지만 소쉬르가 랑그와 파롤을 반대로 놓고 본 데서 이미 나타났다. 그것은 언어학 법칙이 무의식 차원을 가리키며, 따라서 정신의 반성이나 역사 차원과 거리가 멀다는 것이다. 여기서 무의식은 프로이트가 말하는 욕망이나 충동의 무의식이 아니다. 프로이트의 무의식은 상징을 만드는 힘을 지니지만, 여기서는 그런 것이 아니고 칸트의 무의식에 가깝다. 틀을 짜는 범주(catégorie)와 같은 것이다. 그것은 이미 질서가 완전히 잡힌 것이며 결코 눈에 띄지 않는 것이다.

내가 칸트의 무의식이라고 한 것은 틀짜기 측면을 가리켜 말한 것이다. 구조주의에서 말하는 체계는 칸트의 범주처럼, 말하는 주체와는 아무 상관없이 틀을 이루기 때문에 한 말이다. 바로 그 때문에 구조주의는 반성철학이나 관념론, 현상학과 반대되는 새로운 사상 흐름을 이룩한다. 그래서 무슨 철학처럼 된다. 그리고 그 무의식은 자연 비슷한 것이라고 할 수 있을지도 모른다. 아마 자연이라고 꼭 집어 말할 수 있을지 모른다. 그 점은 『야생의 사고』에서 다시 살펴봐야겠지만, 레비-스트로스는 이미 1956년에 야콥슨이 말한 법칙—설명에서 경제법칙—을 가리켜 이렇게 쓰고 있다. "가장 경제적인 설명이 참에 가장 가까운 것이라는 확신은 결국 세상의 법칙과 생각의 법칙을 같은 것으로 보는 데서 생긴다."[2]

이 세 번째 원칙도 중요한데, 그것은 관찰자와 체계 사이에 비역사적인 관계를 설정하기 때문이다. 이해한다는 것은 뜻을 다시 찾는 것이 아니다. '해석의 순환'은 없다. 슐라이어마허의 「해석학과 비판」(Hermeneutik und Kritik, 1828), 딜타이의 「해석학의 기원」(Die Entstehung der Hermeneutik, 1900), 불트만의 「해석학의 문제」(Das Problem der Hermeneutik, 1950)에서 제기된 것과 다르다. 이해하는 데서 관계의 역사는 없다. 관계는 관찰자와 관계없이 객관적이다. 바로 그래서 구조인류학은 과학이지 철학이 아니다.

2) 언어학에서 구조인류학으로

이러한 이동을 우리는 『구조인류학』에 들어 있는 내용들, 특히 방법론을 다루는 내용을 통해서 추적할 수 있다. 모스(Mauss)는 이미 "만일 사회학이 모든 곳에서 언어학을 본받는다면 훨씬 발전할 것이다"(1945년 논문, 『구조인류학』, p.37)라고 말한 바 있다. 그러나 레비-스트로스가 정말 출발점으로 삼는 것은 언어학에서 일어난 음운론 혁명이다. "그것은 언어학의 시각을 새롭게 하는 데 그치지 않았다. 변화의 폭은 한 분야에 그치지 않는다. 핵물리학이 과학 전체에 혁명을 일으켰듯이 음성학이 사회과학 전체를 새롭게 할 것이다. 아주 일반화해서 말했을 때 그 혁명의 내용은 대체 무엇일까?"

---

[2] C. Lévi-Strauss, *Anthropologie structurale*, Paris, 1958, p.102.

거기에 대답을 줄 사람은 음성학의 대가인 트루베츠코이이다. 『언어심리학』(*Psychologie du langage*)에 들어 있는 「현대음운론」(La Phonologie actuelle)에서 그는 음성학의 방법을 네 가지 근본적인 과정으로 정리하고 있다. 첫째, '의식적인' 언어학적 현상에서 '무의식적인' 하부구조의 연구로 옮겨간다. 둘째, 낱말들을 서로 따로 떨어져 있는 것으로 보지 않고 낱말들 사이의 '관계'를 분석의 바탕으로 삼는다. 그리고 '체계' 개념을 도입한다. "현대 음성학은 음소가 체계를 이루고 있음을 선언하는 데 그치지 않고 구체적으로 여러 체계를 제시하며 그 구조를 분명하게 밝힌다." 끝으로, 귀납법을 거치든지 "논리 연역을 통하든지 '일반' 법칙을 찾는다. 이것이 현대 음성학의 가장 큰 특징이다." 여기서 처음으로 사회과학은 필요한 관계들을 정립하게 된다. 현대 음성학의 가장 큰 특징이라고 트루베츠코이가 말한 뜻도 거기에 있다. 앞의 세 가지 법칙은 거기에 이르는 방법이다(같은 책, pp.39~40).

레비-스트로스는 '친족체계'에서 처음으로 음성학체계와 비슷한 것을 찾아냈다. 친족체계는 무의식 속에서 이루어진 체계이다. 또 그것은 반대되는 짝들로 이루어진 체계이고 서로 다른 요소들(아버지-아들, 외삼촌과 조카, 남편-아내, 형제-자매)이 시니피앙을 이루고 있다. 결국 체계는 낱말 차원이 아니라 관계 짝으로 이루어진다(이런 각도에서 외삼촌 문제를 명쾌하게 풀어내고 있다〔같은 책, pp.51~52 그리고 pp.56~57〕). 이렇게 되면 인식의 무게가 공시 쪽에 주어진다. 그 체계들이 역사와 무관하게 형성되기 때문이다. 친족의 구조가 세대를 거쳐 이어짐으로써 통시 조각이 없지는 않지만 말이다.[3]

---

[3] 『구조인류학』, p.57. "친족은 멈춘 현상이 아니다. 그것은 이어지기 위해 존재한다. 단순히 종족을 잇는 욕망을 말하는 것이 아니다. 대부분의 친족체계에서는, 어떤 특정한 세대에 여인을 양도하는 쪽과 여인을 받아들이는 쪽 사이에 발생하는 불균형이 후속 세대들 사이에 이루어지는 반대급부에 따라 안정을 찾는다는 점을 말하려는 것이다. 가장 기초적인 친족체계에도 공시 질서와 함께 통시 질서가 같이 들어 있다."

그런데 어떻게 언어학 모델을 다른 문제로 끌고 갈 수 있을까? 무엇보다도 친족관계가 의사소통체계이기 때문이다. 그래서 랑그에 비길 수 있는 것이다. "친족체계도 언어이다. 물론 보편 언어가 아니므로, 다른 표현수단이나 행위수단이 친족체계보다 나을 수도 있다. 사회학에서 보면 그 문제는 결국 이런 이야기가 된다. 어떤 특정한 문화가 있다고 할 때 거기에는 항상 예비 물음이 있다는 것이다. 그 예비 물음이란 체계가 체계적인가 하는 것이다. 그 물음은 결국, 이상하게 여길지 모르지만, 랑그와 어떤 관계가 있는가 하는 문제로 간다. 랑그야말로 의미체계이기 때문이다. 랑그는 의미하지 않을 수 없으며 의미함으로써만 랑그이다. 물론 한 문화의 체계 문제를, 랑그 말고 사회 조직이나 예술 같은 다른 의미체계를 찾아 풀 수도 있을 것이다. 그러나 그런 체계들은 부분적이고 산만하고 주관적이다"(같은 책, p.58).

이 본문에 따르면 사회체계를 아주 훌륭한 의미체계인 랑그로 푸는 것이 좋다. 친족이 랑그에 가장 가까운 이유는 "어떤 사실에서 저절로 생겨난 것이 아니라 임의로 만든 표현체계이기 때문이다"(같은 책, p.61). 그런데 친족관계가 랑그에 가깝다는 것을 알려면 인물들이 이루는 계약관계를 봐야지 생물학 형태로 봐서는 안 된다. 결혼 규칙을 보면 "사회 집단 속에 여자를 돌리는 것을 뚜렷하게 알 수 있다. 곧, 생물학적인 부계 혈족체계를 사회학적인 계약체계로 대체하는 것이다"(같은 책, p.68). 그렇다면 결혼 규칙 속에서 친족관계는 "일종의 언어이다. 다시 말해서 개인들 간에 그리고 집단들 간에 의사소통의 한 가지 형태를 만드는 작업에서 나온 것이다. 개인 사이에 낱말들이 돌아다니면서 의사소통이 이루어지는 언어와 달리, 친족관계는 씨족이나 혈통이나 가족 사이에 '돌아다니는 여인'들을 통해 어떤 메시지가 이루어진다. 결국 언어와 친족은 같은 현상이다"(같은 책, p.69).

나중에 『야생의 사고』에서 발전될 이야기의 원칙이 이미 여기서 나타난다. 벌써 일반 경우로 확대될 기미가 보인다. 그 점에 대해서는 1945년 글을 인용하는 데 만족하기로 하자. "우리는 예술과 종교를 포함해서 여러 측면의 사회생활이—우리는 이미 언어학에서 빌려온 방법과 개념들이 그것들을 연구하는 데 도움을 준다는 것을 보았다—언어와 같은 현상으로 이루어지지 않았을까를 생각하게 된다. 이 가설을 어떻게 증명할 수 있을까? 어떤 사회 하나를 잡아서 보든지 아니면 여러 사회를 검토하든지 여러 측면을 매우 깊이 분석해야 한다. 그래야 언어 모델을 다른 방면으로 확대할 수 있을 것이다. 다시 말해서 어떤 특정 구조들이 사회생활을 형성하는 데서 그 특정 구조들 속에 있는 공통점을 표현할 수 있는 보편 부호를 찾아내야 한다. 그렇게 찾아낸 부호는 서로 다른 체계 모두에 통할 것이고 서로 비교할 수 있게 해줄 것이다. 그러면 우리는 어떤 체계의 가장 핵심에 도달했는지 또 체계들이 서로 같은 유형에 속하는지 아닌지를 알 수 있는 정도가 될 것이다"(같은 책, p.71).

여기서 부호(코드)란 특정한 여러 구조 사이에 일치되는 형식을 가리킨다. 구조 인식론의 기본은 바로 이 부호에 있다. 다시 말해서 구조 일치론이 핵심이다. 그러한 상징 기능을 이해하는 것만은 분명히 관찰자로부터 독립한 일이라고 할 수 있다. "따라서 언어는 사회 현상이고, 관찰자에게서 떨어진 대상이다. 관찰자는 언어에 대한 통계자료를 가지고 있다"(같은 책, p.65).

문제는 그처럼 부호를 찾아내는 객관 인식이 어떻게 해석학적 인식으로 연결되는가 하는 점이다. 해석학에서 인식은 푸는 것이고, 자기가 풀어낸 뜻으로 말미암아 풍요로워지면서 동시에 그 뜻을 자기 쪽으로 다시 취하는 것이다. 레비-스트로스의 말이 열쇠를 제공할지도 모른다. 그는 뜻하지 않게 다시 언어 문제로 되돌아간다. 그리고 여인을 교환하고자 하는 '원 충동'(같은 책, p.70)이 모든 언어의 기원을 밝혀줄지도 모른다고 생각했다. "말은 처음에 상징 기능과 함께 출현하고 그 상징 기능에서 이중 표현이 생기는데, 사람이 말을 서로 '교환'하려는 원 충동도 그 이중 표현에서 찾을 수 있지 않을까? 여인들의 경우처럼 말이다. 어떤 소리가, 말하는 사람에게나 듣는 사람에게나 즉각 받아들여지면서 그와 동시에 다른 성질을 취한다. 그렇지 않으려면 뭔가를 덧붙여야 한다. 사회생활도 모두 그렇다"(같은 책, p.71).

이것은 이미 상징 기능에서 생긴 이중 표현에 바탕을 두고서만 구조주의가 움직인다는 말이 아닐까? 여기서 두 겹을 겨냥하는 또 다른 인식을 생각해야 하지 않을까? 교환도 거기에서 시작되는 것이 아닐까? 교환의 객관과학은 상징 기능, 곧 의미론으로 풀어야 할 상징 기능 전체를 이해하는 데 필요한 일부분이 아닐까? 철학에서 볼 때 구조주의는 충만한 이해를 재건하는 데 의미가 있다. 객관화하는 구조주의 인식을 거친 뒤에 충만한 이해로 나아간다. 의미론은 구조주의를 거쳐 약간 돌아가지만 분명한 이해에 다가갈 수 있다.

문제를 이 글의 끝부분으로 잠시 미루고 구조주의를 어떻게 일반 경우로 넓혀가는지 알아보자.

레비-스트로스는 처음에 언어 문제를 일반 경우로 확대하는 것을 아주 조심스러워했다(예를 들어 같은 책, pp.74~75). 사회의 다른 현상과 언어 사이에 구조가 일치한다는 것은 매우 복잡한 문제이다. 다른 사회 현상들과 언어의 본질이 어떤 점에서 똑같단 말인가?(같은 책, p.71). 교환하는 기호가 말의 요소가 아닐 때는 그리 큰 문제가 아니다. 사람들이 낱말을 교환하듯 여자를 교환한다고 말할 수 있다. 여기서는 구조의 일치가 매우 타당할 뿐 아니라 뚜렷하다.

문제는 예술이나 종교이다. 이 경우에는 결혼 규칙이나 친족체계처럼 '일종의 언어'라고 하고 끝낼 수 없다. 예술이나 종교는 언어에 바탕을 두고 이루어진 말이며, 의사소통의 도구이다. 그러므로 일치점을 찾으려면 언어 내부에서 찾아야 한다. 그러나 랑그의 일반 구조와 비교하면서, 여러 가지 특정한 담론을 두고 말해야 한다. 그때, 통시와 공시의 관계가 일반 언어학에서 통한다고 해서 특정한 말의 구조에도 똑같이 통하라는 법은 없다. 말해진 것은 말하는 도구인 언어의 건축물과 반드시 비슷하다고는 할 수 없다. 분명하게 말할 수 있는 것은 이런 정도이다. 곧 언어학 모델로 말미암아 그것과 비슷한 방향, 곧 차이의 체계를 찾는 방향으로 연구하게 된다는 것이다.

"좀 더 이론적인 관점에서(앞에서 레비-스트로스는 언어를 문화의 통시적 조건이라고 했다. 언어로 가르치고 교육하기 때문이다), 언어는 또한 문화의 조건이다. 문화는 언어와 비슷한 건축물이기 때문이다. 문화나 언어나 상반되고 상응하는 논리관계를 통해 무엇을 뜻한다. 그래서 언어를 여러 구조를 받아들이기 위한 바탕으로 볼 수 있다. 때로는 더 복잡하지만 결국 언어와 구조 형태가 같으며 그러면서 여러 각도에서 문화를 이루는 것을 언어가 받아들이는 것이다"(같은 책, p.79).

그러나 언어가 문화에 두루 영향을 준다고 해서 문화와 언어가 항상 일치한다고 볼 수는 없다. 레비-스트로스도 그 점을 인정해야 할 것이다. 그 역시 언어와 문화의 구조 형태를 같이 놓고 보기 위해서 제3의 낱말을 가져온다. "랑그와 문화를 같이 놓고 볼 때 그 바탕이 같은 것이라는 점을 충분히 설득했다고는 보지 않는다. 따라서 지금 우리는 아직 끌어들이지 않은 요소를 생각해야겠다. 그것은 '인간 정신'이다"(같은 책, p.81). 이렇게 등장한 세 번째 개념은 큰 문제를 일으킨다. 정신이 정신을 이해하는 것은, 구조가 같아서일 뿐만 아니라 특별한 말과 이야기 하나하나가 이어지고 받아들여짐을 통해서이기 때문이다. 그런데 그런 과정이 음성학의 원칙과 같다는 법은 없다. 그러므로 내가 볼 때 구조주의는 그것이 타당한 조건을 알고 있을 때, 곧 그 한계를 인정하는 범위에서만 옳다. 하나는 분명하다. 일치점은 "언어와 행동 사이에서 찾을 것이 아니라 언어 구조의 표현과 사회 구조의 표현들, 곧 이미 이룩된 비슷한 표현들 사이에서 찾아야 한다"(같은 책, p.82). 바로 이런 조건에서만 "인류학이 관계의 일반 이론이 될 수 있는 길이 열린다. 그리고 관계의 체계에 들어 있는 특징으로 사회를 분석할 수 있는 길이 열린다"(같은 책, p.110).

이제 내 문제를 좀 더 자세하게 말해보자. 의미(뜻)의 일반 이론 속에서 '관계의 일반 이론'이 차지할 자리는 어디인가?[4] 예술이나 종교의 경우에 구조를 이해한다는 것은 무엇을 이해한다는 것인가? 뜻하려는 의도를 다시 취하는 해석학적 인식에게 구조 인식이 가르치는 것은 무엇인가?

여기서 우리의 시간문제가 실마리가 된다. 언어학 모델을 다른 곳에 적용하는 데서 공시와 통시의 관계가 어떻게 되는지 살펴볼 것이다. 또한 그것을 상징에서 드러나는 뜻의 역사성과 대비하려고 한다. 상징에서 우리는 일련의 시간을 본다.

3) 야생의 사고

『야생의 사고』에서 레비-스트로스는 구조주의를 일반 경우로 크게 확대한다. 물론 그렇다고 해서 그가 다른 이해 형태에 전혀 관심이 없다고 할 수는 없다. 구조주의가 한계를 모른다고 할 수도 없다. 그가 다루는 것은 모든 사고가 아니라 '야생의 사고' 차원이다.

그러나 『구조인류학』에서 『야생의 사고』로 가면서 독자는 이야기 범위가 갑자기 바뀌고 말투도 바뀌는 것을 알 수 있다. 친족에서 예술이나 종교로 차츰 그 범위를 넓혀가는 것이 아니라 어떤 한 차원의 사고방식이 탐구 대상이 된다. 또한 그 사고방식은 아주 보편적인 것으로 받아들여진다. 길들여진 하나의 사고방식으로 보지 않는다. 문명과 반대되는 야생이 아니며, 원시 정신이나 야생의 사고방식이 따로 있지 않

---

4) 레비-스트로스 스스로 그런 질문을 던지고 있다. "그러므로 내 작업의 가설은 중간쯤에 자리를 차지한다고 할 수 있다. 여러 가지 관점과 여러 가지 차원에서 어떤 상호관계들을 가려내도록 말이다. 그 관점들이 무엇이고 그 차원들은 어떤 수준인지 가려내는 일을 하면 된다"(같은 책, p.91). 오드리쿠르(Haudricourt)와 그라네(Granai)에 대해 답하면서, 레비-스트로스는 소통(커뮤니케이션)에 관한 일반 이론을 만드는 데 적합하고 타당한 영역이 있다고 보는 것 같다. "이제부터 그러한 시도는 세 가지 차원에서 가능하다. 왜냐하면 친족과 결혼의 규칙은 집단 사이에 여인의 소통을 보장하는 데 이바지하기 때문이다. 그것은 마치 경제 법칙이 재화와 용역의 소통을 가능하게 하고, 언어 법칙이 할 말의 소통을 가능하게 하는 것과 같다"(같은 책, p.95). 저자는 또한 미국의 메타언어학의 과잉을 반대하고 있다(같은 책, pp.83~84, 97).

다. 낯설지 않다. 야생의 사고는 '토템 환상'이 아니며 그냥 야생의 사고이다. 그리고 논리 이전도 아니다. 논리적 사고 이전이 아니라 논리적 사고와 똑같다. 세밀한 분류와 목록이 분석적 사고와 같다. 다만 레비-스토로스가 말하는 대로 전략이 다를 뿐이다. 곧 느낌의 세계를 생각하는 사고방식이라는 것이다.

야생의 사고에는 질서가 있는데, 생각해낸 생각은 아니다. 여기에 앞서 말한 구조주의와 비슷한 것들이 있다. 구조주의는 무의식 질서, 곧 차이의 체계로 이루어진 질서를 말하고, 그 질서는 '관찰자에게서 떨어져' 객관적으로 볼 수 있는 질서라고 했는데 그런 점들이 야생의 사고에서도 나타난다. 결국 무의식 차원에 늘어선 것들만 볼 수 있다. 거기서 이해한다는 것은, 의미(sens)에 실린 의도(intentions)를 찾아 해석이라는 역사 행위(그 자체가 계속되는 전통 속에서)로 그것을 되살리는 것이 아니다. 오히려 부호를 알아내 여러 가지 차원의 사회 현실(씨족 조직, 동물과 식물의 목록과 분류, 신화, 예술 따위) 속에 서로 같은 것들이 늘어서 있음을 확인하려고 한다.

그러한 방법론은 한마디로 의미론을 버리고 통사론을 취하는 것이라고 말할 수 있다. 무슨 내기라면 나름대로 신념을 가지고 그런 선택을 한 것이 잘못이 아닐 것이다. 그러나 내기도 아닌데, 그런 선택이 얼마나 타당한지 별로 생각하지 않고 있어서 문제이다. 그런 사고방식이 치러야 할 대가에 대해 생각이 모자랐다. 간단히 말해 한계를 염두에 두고 있지 않다. 그러나 그 한계는 저자의 글 속에서도 여기저기 나타나 있다.

나로서는 저자가 든 보기들이 모두 어떤 지역, 곧 토테미즘이 지배한 지역에 치우친 것에 놀라지 않을 수 없다. 셈족이나 그리스나 인도-유럽 쪽 사고방식은 다루지 않는다. 따라서 이처럼 소재를 특정 인종에 제한한 것이 어떤 뜻이 있을까 묻지 않을 수 없다. '토템 환상'에서 생각이란, 의미 조각을 손질하고 짜맞추는 것이므로 내용보다 배열이 더 중요하다. 그런 문화를 야생의 사고로 본 것은 나무랄 데 없고 멋있기까지 하다. 그러나 신화가 모두 똑같은지 이 책 어디에서도 전혀 묻지 않고 있다. 야생의 사고가 모두 토템 신화와 같은 것처럼 받아들인다. 그러나 서양과 관련이 있는 신화 세계, 곧 셈족 신화(이집트·바빌로니아·아람·히브리)와 그리스 계통과 인도-유럽 계통도 모두 그렇게 볼 수 있는지 의문이다. 설령 그렇게 볼 수 있는 측면이 있다 해도, 달리 볼 수도 있지 않은가?

『야생의 사고』에 나온 보기를 보면 내용은 중요하지 않고 배열만 잔뜩 등장하는데 이것은 설득력이 없으며 매우 치우친 느낌을 준다. 어떤 특정한 문화—서구 문화의 뿌리는 아니다—가 다른 문화보다 구조주의 방법에 더 맞는다고 할 수 있다. 그렇다고 해서 구조주의 사고방식이 다른 데서도 모두 잘 통하리라고 기대할 수는 없다. 무엇보다도 구조주의자 자신이 스스로 만족할 만한지 의심스럽다. 앞에서 나는 대가를 지불해야 한다고 했다. 문제는, 내용을 중요하게 보지 않으면서 배열을 너무 중요시하는 것이다. 내가 볼 때 토템 사고야말로 구조주의와 가장 가깝다. 그가 보기로 든 토템 사고가, 정말 본보기인지 아니면 예외인지는 모를 일이다.[5]

---

[5] 『야생의 사고』에 그런 점을 암시하는 대목이 있다. "오스트레일리아 문명처럼 박식 취미와 이론 취미가 발달한 문명도 많지 않다. 때로는 지적 탐미주의라고 부를 만하다. 물질생활의 수준이 그처럼 낮은 사람들에게 이러한 표현을 쓰는 것이 어색하더라도 오해 없이 받아들이기를 바란다. …… 몇백 년 또는 몇천 년 동안 오스트레일리아는 고립된 채 스스로에 묻혀 존속해왔으며, 사색과 논의가 이 폐쇄된 사회 속에서 성행해 그 유행양식의 영향이 지대했음을 볼 때, 사회학과 철학의 측면에 일종의 공통양식이 생겨났음을 이해할 수 있다. 이 양식은 조직적으로 연구되었으며 아주 사소한 변화라 할지라도 호의적이건 적대적이건 간에 주석이 붙여졌다"(안정남 옮김, 『야생의 사고』, 한길사, 1979, 157쪽. 이하 『야생의 사고』 인용 문구와 쪽수는 이 번역서에 따른다—옮긴이). 책 끝부분에 이런 대목이 있다. "그러므로 역사와 분류체계 사이에는 일종의 기본적 반감이 존재한다. 이것이 '토테미즘의 진공지대'를 설명할 수 있을 것이다. 유럽과 아시아의 대문명 지역에서는 토테미즘이라고 할 수 있는 어떤 흔적도 보이지 않는다. 그 이유는 이들 문명은 스스로 역사를 통해 설명하기를 선택했으며 그 과업은 유한군(有限群)을 써서 사물과 존재(자연존재로서의 동물, 사

다른 쪽 신화 사고가 있다. 그 사고방식은 통사론적 구성이 약하고, 제의와 접촉점이 뚜렷하지 않으며, 사회의 여러 영역과 연결이 약하다. 오히려 의미론 측면이 강해서 변화하는 사회 상황의 역사를 찾아내야 한다. 나는 앞서 히브리 세계에서 그 보기를 들었다. 거기서 구조주의 사고방식은 덜 중요하며 적어도 지배 요소가 아니다. 오히려 해석학적 사고방식으로 들여다보아야 한다. 그래서 내용을 해석하고 삶으로 나아가며 그 결과 철학적 사고로 들어간다.

여기서 우리가 처음에 거론한 시간의 문제를 다시 생각해보자. 그것을 문제 해결의 기본으로 삼아보자. 『야생의 사고』는 모든 결과를 공시와 통시라고 하는 언어학 개념에서 끌어왔다. 구조와 사건의 관계를 모두 거기서 끄집어낸다. 문제는 그 관계가, 모든 신화적 사고 어디에서나 똑같은가 하는 점이다.

레비-스트로스는 기꺼이 보아스(Boas)의 말을 인용한다. "신화의 세계란 한 번 이루어진 후에 다시 해체되고, 해체된 단편들이 다시 모여 새로운 세계를 이루는 것이다"(『야생의 사고』, 75쪽. 이 문장은 『구조인류학』, p.227에서 이미 인용된 것이다). 신화 세계에서 공시가 강하고 통시가 약한 것을 레비-스트로스는 손재주를 부리는 작업에 비유하고 있다.

손재주꾼은 엔지니어와 달리 자기가 만들지 않은 재료를 가지고 일하며, 그 가짓수가 얼마 안 되어 그가 하는 일이란 그야말로 손으로 만지작거리는 손작업이다. 그가 쓸 수 있는 재료는 앞에서 만들고 부수고 남은 것이다. 그는 이미 사용된 기호들에 따라 일하기 때문에 새롭게 만드는 것이 힘들다. 그런 손작업처럼 신화 또한 "인간이 만든 제작품의 나머지 잡동사니들, 곧 문화의 하위 집합과 대화를 하여"(같은 책, 73쪽) 이루어진다. 사건과 구조, 통시와 공시로 말하자면 신화적 사고

회존재로서의 인간)를 분류하려는 과업과는 서로 양립하지 않기 때문이 아닐까"(같은 책, 334~334쪽).

는 사건 잔해와 그 조각들로 구조를 이룬다. 이전의 사회 담론에서 남은 찌꺼기로 궁전을 짓는 신화는 구조에 새로운 사건을 일으키는 과학과 다르다. "신화적 사고는 '손재주꾼'처럼 사건 또는 사건의 잔재를 주물러 구조를 세운다. 그러나 과학은 창조되었다는 사실에서 앞으로 뻗어나가, 가설과 이론이라는 구조를 만들어 자신의 수단과 결과를 창조한다"(같은 책, 76~77쪽).

물론 레비-스트로스는 신화와 과학을 다시 이어준다. "두 가지 접근 방법은 동일한 가치를 지닌다." "신화적 사고는 사건과 경험의 포로가 되어 그것들이 의미를 발견하도록 끊임없이 요구한다. 그러나 그것은 단순히 그렇게 포로일 뿐만 아니라 해방자이기도 하다. 무의미하게 된 것에 대해 과학은 타협하고 포기했으나 신화적 사고는 이의를 제기하고 있으니까 말이다"(같은 책, 77쪽).

그러나 뜻은 역시 현재의 배열, 곧 공시에서 생긴다. 토템 사회가 사건에 약한 까닭도 거기에 있다. 언어학에서처럼 사건은 위협이다. 갑자기 끼어들어 흩어놓기 때문이다(전쟁이나 전염병 때문에 갑작스러운 인구 변동이 일어나 사회 질서를 깨듯이). "이로써 토템적 체계라는 공시적 구조가 통시성에 왜 그렇게 민감하게 반응하게 되는가를 알 수 있다"(같은 책, 132쪽). 신화의 불안정은, 공시가 지배하고 있음을 알리는 지표이다. 그래서 토테미즘은 "어휘로 퇴화하도록 운명 지어진 문법이다"(같은 책, 333쪽). …… "강물에 떠내려가는 궁전과도 같이 분류는 분해되어 그 부분들은 물의 흐름이나 깊이, 장애물과 협곡 등에 따라서 설계자가 생각한 것과는 전혀 다른 배열이 되고 만다. 그러므로 토테미즘에서는 기능이 구조보다 우세함은 불가피하다. 토테미즘 이론가에게 항상 문제가 되는 것은 구조와 사건과의 관계이다. 그리고 구조 자체는 어떤 사건에 의해 소멸되더라도 구조의 형식은 살아남을 수 있다는 것이 토테미즘이 주는 큰 시사점이다"(같은 책, 333쪽).

신화의 역사에는 사건과 싸우는 구조의 투쟁이 들어 있고, 역사 요소가 침입하는 것을 막는 한 사회의 노력이 드러난다. 거기에는 역사를 폐기하고 사건을 죽이는 전술이 들어 있다. 그리하여 자신의 무시간 모델과 역사를 뒤섞고, 역사를 역사 밖 조상의 복사판이 되게 함으로써 "통시성을 다소 극복하여 공시성과의 협력을 통해 양자 사이의 새로운 알력을 사전에 방지"(같은 책, 338쪽)한다. 제의의 기능도 거기에 있다. 삶과 계절과 세대라는 시간의 흐름에 시간 밖의 과거를 갖다 붙이는 일이다. 제의는 "과거를 현재로 바꾸는 것이 되므로 통시성에 대한 발언은 공시성의 표현법으로 행해진다"(같은 책, 340쪽).

레비-스트로스가 추링가(churinga: 돌이나 나무로 만든 물건 또는 조상의 몸을 상징하는 자갈)를 '공시성 속의 통시 존재'(같은 책, 340쪽)로 보는 것도 그런 관점에서 이른 말이다. 우리가 고문서에서 느끼는 역사의 냄새 같은 것을 추링가에서 느낀다. 분류하는 사고방식 속에서 순수한 역사와 사건이 냄새를 풍긴다. 그러한 역사성 또한 체계 속에 갇히는데 그런 과정을 레비-스트로스는 매우 합리적인 것으로 본다. "미개 민족이라고 불리는 사람들이 논리적 우연성과 감정적인 소용돌이라는 이원적 양상의 비합리성을 합리성 속에 수용하고자 합당한 방법을 전개시켜왔다는 점을 인정하지 않을 수 없다. 그러므로 분류체계는 역사를, 특히 체계에 저항한다고 생각되는 역사를 끼워맞추는 것을 가능하게 한다"(같은 책, 347쪽).

4) 구조주의의 한계?

나는 일부러 레비-스트로스의 작품을, 언어학에서 마지막 『야생의 사고』에 이르기까지의 변화를 따라가보았다. 처음에 말한 대로 어떤 방법이 옳다고 해도 그것의 한계 역시 마음에 두어야 한다. 한계는 두 가지이다. 첫째, 『야생의 사고』에 이르는 과정이다. 딱 들어맞는 보기 하나를 너무 확대했다. 예외를 일반적인 경우로 본 것이다. 둘째, 구조과학에서 구조주의 철학으로 옮아가는 것이 그다지 자연스러워 보이지 않는다. 『야생의 사고』는 상당히 매력 있고 특이한 힘을 지니고 있지만 그와 같은 한계가 있다.

레비-스트로스가 든 예가 본보기가 되는가? 나는 『야생의 사고』와 함께 게르하르트 폰 라트(Gerhard von Rad)의 책도 읽었다. 이스라엘 역사 전통의 신학을 다룬 『구약성서 신학』(München, 1957)* 첫 권을 읽었는데 아주 훌륭한 책이다. 거기서 우리는 토테미즘과 반대되는 신학 개념을 만난다. 당연히 공시와 통시의 관계도 반대이며 따라서 구조주의 사고방식과 해석학적 사고방식의 관계가 뚜렷한 문제로 떠오른다.

『구약성서』의 핵심을 이해하는 데 과연 무엇이 중요한가? 단지 늘어놓고 분류하는 것이 아니라 바탕을 이루는 사건들이 중요하다. 먼저 모세 오경을 보면 중요한 내용은 '케리그마', 곧 하느님의 역사(役事)이다. 그것은 사건들이 그물을 이루고 있다. 다시 말하면 '구속사'(救贖史)이다. 처음 사건들은 이렇게 이어진다. 이집트 탈출, 홍해를 건넘, 시나이 산의 계시, 광야의 방황, 약속의 땅을 얻음 따위이다. 그다음 두 번째 부분은 이스라엘의 기름부음과 다윗의 사명을 중심으로 엮여 있다. 세 번째 의미층은 이스라엘의 멸망 이후에 나타난다. 멸망은 아주 중대한 사건이며 하느님의 약속인가 위협인가 하는 문제가 그 사건에서 풀리지 않은 가운데 열려 있다.

이 사건들의 그물을 이해하려면 그들의 '지성의 작업'을 재건해야 한다. 그 작업은 역사적 신앙에서 나온 것이며, 문화적 고백—종종 하느님을 찬양하는 성격을 띠기는 하지만—의 틀 속에서 펼쳐진 것이다. 폰 라트의 말이 옳다. "역사적 연구는 비판적으로 확증된 최소한도를 찾는 반면, 케리그마적인 상(像)은 신학적인 최대한도를 지향한다"(같은 책, 115~116쪽). 이 여러 가지 전통을 모아 이른바 성서를 만든 것은 '지적 작업'이다. 폰 라트는 여러 집단과 부족과 씨족이 전한 여러 가지 전통이, 어떤 고백을 중심으로 서로를 끌어당기고 있음을 잘 보여

---

* 앞으로 인용 문구와 쪽수는 폰 라트, 『구약성서 신학』, 허혁 옮김, 분도출판사, 1977에 따른다.

주고 있다. 아브라함과 야곱과 이삭의 영웅담이 원래는 동떨어져 있던 것인데 야훼의 역사를 찬양하는 최초 신앙고백이 그것들을 모아놓은 것이다.

여기서는 틀림없이 역사가 더 두드러진다. 첫째, 야훼와 이스라엘의 관계가 사건들 속에서 사건들을 통해 묘사되기 때문이다. 사변신학의 흔적은 전혀 없다. 히브리 전통에서 역사가 더 두드러진다고 말하는 까닭은 두 가지 더 있다. 처음에 우리가 제기한 문제이다. 이 사건들에 대한 신학 작업은 이야기를 꾸미는 일이고, 그것은 해석이다. 세대마다 전통을 재해석하면 역사 이해에 역사성을 부여하게 되고 통합된 의미 속에서 발전하게 되므로 체계에 넣기 어렵다. 역사의 산물을 다시 역사로 해석한다. 출처가 다른 자료들이 같이 있다는 사실은 매우 의미가 있다. 전통에 전통이 보태지면서 수정되고 그런 과정에서 신학적 변증법이 발생한다.

그런데 전통을 재해석하면서 이스라엘이 자기 정체를 확립했다는 것은 주목할 만한 사실이다. 학자들에 따르면 정착한 이후 씨족들이 다시 모여 회의를 한 뒤에야 이스라엘이라는 통일체가 이루어졌다고 한다. 역사를 역사 속에서 재해석하면서 그리고 그 역사를 살아 있는 역사로 만들면서, 이스라엘은 과거로 돌아가 한 백성으로 생각했다. 이집트 탈출, 시나이 산의 계시, 광야의 행진, 약속의 땅에 이르는 모든 과거 사건이 일관된 것이 되었다. 따라서 이스라엘의 사고방식에는 이러한 신학적 원칙이 있는 셈이다. 이스라엘이라는 하느님의 백성이 있었는데, 그들은 늘 하나로 살고 하느님도 전체 이스라엘과 관계를 맺으신다. 그런데 그 이스라엘의 정체는 역사 속에서 역사의 뜻을 끊임없이 찾으며 생긴 것이다. "『구약성서』의 역사 서술들이 그렇게 많이 다루고 있는 이 이스라엘이 신앙의 대상, 믿어진 역사의 대상이다"(같은 책, 126쪽).

그러므로 세 개의 역사성이 이어져 있다. 바탕을 이루는 사건들의 역사, 곧 '숨겨진 시간'이 있은 후, 그 이야기를 기록하는 기자들의 해석의 역사가 '전통'을 이루고 있으며 끝으로 그것을 이해하는 역사, 곧

'해석학의 역사'가 있다. 이 세 가지 역사성을 폰 라트는 각각 '거룩한 역사'(바탕을 이루는 사건), '전승'(전통을 만드는 차원) 그리고 이스라엘의 정체 확립(형성된 전통의 차원)이라고 일컫는다. 그는 『구약성서』가 지닌 신학의 임무는 이 세 겹의 역사를 '들추어내는 것'이라고 본다. 그런 신학은 체계보다 사건을 더 중시한다. "히브리적 사유는 역사적 전승 안에 있는 사유이다. 다시 말하면 히브리적 사유는 주로 전승된 것의 적절한 결합과 신학적 해석에서 생동하는바, 이 경우 언제나 역사적 동속성(同屬性)이 사상적-신학적인 것보다 우위를 차지한다"(같은 책, 124쪽).

폰 라트의 다음 말은 방법론 문제의 결론이다. "우리가 이스라엘의 증언 세계를 처음부터 신학적 관련성, 곧 우리에게는 익숙하지만 이스라엘이 그의 신학적 사유를 정돈한 관련성과는 전혀 무관한 연관성에 따라 정리하려고 한다면, 그것은 우리의 이해를 위해 불행한 일일 것이다"(같은 책, 128쪽). 그러므로 『구약성서』를 제대로 이야기하는 방법은 언제나 '재현'이다. 전통을 정리할 때 있던 들추어냄이 그것을 해석하는 사람에게 그대로 적용된다.

그렇다면 공시와 통시의 관계는 어떻게 되는가? 『악의 상징』(*La Symbolique du mal*)을 연구하면서 나는 히브리 사유에 들어 있는 여러 가지 상징과 그 1차 상징에 바탕을 둔 신화들—예를 들면 창조와 타락 신화—을 보고 놀랐다. 상징과 신화의 뜻은 어떤 동일한 배열에서 나오지 않는다. 물론 전혀 구조를 찾을 수 없다는 말은 아니다. 내가 말하고자 하는 것은 구조 방법론을 가지고는 그 뜻을 찾기 어렵다는 것이다. 왜냐하면 히브리 상징과 신화는 어떤 뜻을 품고 있는데, 그 뜻이 다른 틀 속에서 다시 살아나기 때문이다.

그처럼 되살아남이 손작업을 이룬다고 할지 모른다. 그런데 그렇지 않다. 손작업은 쓰고 남은 파편으로 이루어진다. 손작업에서는 구조가 사건을 이끈다. 파편이 미리 조건을 정하고 미리 말을 만들어놓고 있다. 맥 빠지게 뜻을 미리 정해놓고 있다. 그러나 성서의 상징이 우리 문화 속에서 되살아나는 것은 풍부한 의미론 차원에서 일어나는 일이며, 거기에는 뜻의 넘침이 있어 새로운 해석을 연다.

그런 관점에서 바빌로니아의 홍수 이야기를 성서가 어떻게 끌고 들어왔는지를 보고, 랍비 전통과 기독론으로 재해석하는 것을 보면 그런 작업이 손작업과는 전혀 다르다는 것을 알 수 있다. 구조에 남아 있는 것들을 재활용하는 일, 통사론이 의미론보다 더 중요해지는 일은 없다. 오히려 넘치는 뜻이 진정 신학적이고 철학적인 작업을 유도한다. 상징을 푸는 그런 작업에서 마치 뜻이 처음 생겨나는 것처럼 된다. 무엇을 뜻하는 사건들이 그물처럼 얽혀 있는 가운데 뜻의 '넘침'이 전통과 해석을 '이끌어낸다.' 토테미즘에서 통했던 구조론만으로는 안 되고 의미론을 들고 나와야 하는 까닭이 거기에 있다. 구조주의 방식의 설명에서는 공시가 두드러졌다("개념체계는 공시적으로 성립……"[『야생의 사고』, 131쪽]). 공시가 강하고 통시가 약한 그런 사회에서 언어학에서처럼 구조주의가 잘 통하는 까닭도 거기에 있다.

구조주의가 그렇게 굳어 있지 않다는 점을 나도 잘 안다. 항상 똑같은 구조를 고집하지 않는다. "구조에 충격이 가해지면 그때마다 여러 가지 방법을 동원해 체계를 재건한다. 이전 체계와 똑같지는 않더라도 적어도 같은 유형의 체계를 만든다."『야생의 사고』에서 우리는 그런 예들을 볼 수 있다. "체계의 모임 전체가 정확하게 짜맞추어져 있던 초기 시점을 생각해보면, 이들 체계로 이루어진 조직망은 마치 피드백 기구를 가진 기계처럼 그 부분 하나하나에 도전해오는 어떤 변동에도 잘 반응할 것이다. 본래부터 조화에 의해 움직여온 이 조직망은 변조가 일어난 기구를 평형의 방향으로 이끈다. 이 새로운 평형은 어떠한 악조건에도 이전 상태와 외부로부터 온 혼란과의 타협점이 될 것이다"(같은 책, 134쪽). 그러나 어쨌든 구조주의 방식은 생생한 재해석에 견주면 활발하지 못하다. 재해석이야말로 진짜 전통을 이룬다. 의미론 차원에서 뜻이 흘러넘치면서, 상징에 숨어 있는 시간이 두 겹의 역사를 낳는다. 하나는 해석을 모아 전하는 전통의 역사이고, 또 하나는 전통을 만나 새롭게 하는 해석의 역사이다.

　만일 우리 가설이 옳다면 통시에는 서로 다른 두 가지 조건이 있다. 하나는 구조를 되살리는 것이고, 또 하나는 여러 각도로 내용을 결정하는 일이다. 이 두 가지 일반 조건이 서로 다른 정도로 또는 서로 반비례하며 연합해서 한 사회가 "구조의 관점과 실제 사건의 관점을 모두 취하여 통합할 수 있는 하나의 도식을"(같은 책, 136쪽) 만들어낼 수 있다고 생각할 수도 있다. 그러나 앞에서도 말했듯이 그 통합이라는 것은 피드백을 하는 기계와 같아 "이전 상태와 외부로부터 온 혼란과의 타협점"(같은 책, 134쪽)에 지나지 않는다. 전통은 오래가고 다른 구조 속에서도 되살아나는데, 그렇다면 전통에서 더욱 중요한 것은 다각도의 내용 형성이지 구조의 재생이 아니다.

　그렇게 볼 때 언어학과 토템의 분류체계가 본보기로서 충분한지 다시 한 번 묻지 않을 수 없다. 토템이라는 인류학 모델은 언어학과 아주 잘 어울린다. 둘 다 차이로 말미암아 체계가 선다. 구조주의가 거기서 끄집어내는 것은 부호이다. "그 체계는 부호로서 메시지를 전달하는 데 적합한 것이고 그 메시지는 다른 코드로 변환될 수 있으며 또한 다른 코드에 의해서 받아들인 메시지를 스스로의 체계로 표현할 수도 있다"(같은 책, 142쪽). 구조주의는 바로 그것을 본다.

　그러나 저자가 인정하는 대로 "유럽과 아시아의 대문명 지역에는 토테미즘이라고 할 수 있는 어떤 흔적도 보이지 않는다"(같은 책, 333쪽). '토템 환상'은 신화 세계의 여러 유형 고리에서 하나의 극단을 표현하는 것에 지나지 않으므로, 모든 경우를 대표하는 본보기가 될 수는 없다. 그런데도 토템식 사고를 곧 야생의 사고라고 일반화할 수 있는가? 인류의 역사에는 유대인의 케리그마 전통이 살아 있다. 그 전통은 거듭 새로워지는 사회문화 속에서 형성된 것이다. 나는 그것이 신화적 사고의 또 다른 축이라고 본다. 유대인의 케리그마 전통은 토테미즘과 정반대에 위치하고 있으며, 따라서 신화적 사고의 또 다른 본보기라고 할 수 있다.

그 유형의 고리를 두 축을 중심으로 보면, 공시가 통시를 주도하는지 아니면 거꾸로인지에 따라 시간—전통의 시간과 해석의 시간—의 맛이 다르다. 토템 유형이 있는 이쪽 끝에는 상처난 시간이 있고 보아스의 공식이 들어맞는다. "신화의 세계란 한 번 이루어진 후에 다시 해체되고, 해체된 단편들이 다시 모여 새로운 세계를 이루는 것이다"(같은 책, 75쪽). 한편, 케리그마 유형이 있는 다른 쪽 끝에서 시간은, 해석하는 전통 속에서 계속해서 뜻을 되살리는 시간이다.

그렇다면 신화에 대해 말하려면 양면을 모두 말해야 하지 않을까? 구조가 내용보다 중요한 토템에서 신화는 변형체계를 만드는 '부호'이자 '기호'이다. 그래서 레비-스트로스는 신화를 이렇게 정의한다. "신화체계와 그 표현양식은 자연조건과 사회조건 사이의 상관관계를 세우는 데 기여한다. 좀 더 정확히 말하자면 지리·기상·동물·식물·기술·경제·사회·의례·종교·철학 등 여러 측면에서 나타나는 의미 있는 대조들 사이에 등식을 세울 수 있게 한다"(같은 책, 161쪽). 그처럼 구조로 볼 때 신화는 공시에서 그 기능을 볼 수 있다. 보아스의 말대로 공시가 강하고 통시는 매우 연약하다.

케리그마 유형도 뚜렷하게 구조로 설명할 수 있다. 앞에서 말한 대로이다. 그러나 구조 설명은 넘쳐나는 상징의 뜻에 밀린다. 케리그마 유형에서 일차로 중요한 것은 상징의 뜻이고, 구조는 그다음이다. 그래서 아담 신화도 정(淨)함과 부정(不淨)함의 상징, 방황과 해방의 상징 표현보다 이차적이다. 그런 상징은 회개를 경험하는 문화 차원에서 생기는 것이다. 그런 풍부한 상징은 통시에서만 나타난다. 그리고 공시 관점은 신화에서 생겨나, 토템의 부호가 수행하는 것과 같은 일정한 사회 기능을 수행한다. 곧 문화생활의 여러 차원에서 생겨나는 메시지를 변형해서 자연과 문화를 잇는 역할을 한다. 구조주의가 아직 여기서도 타당하다(우리 문화에서 구조주의가 얼마나 타당한지는 두고 봐야 한다. 그 점에서 대해서는 『구조인류학』에 나오는 오이디푸스 신화〔pp.235~243〕의 경우를 눈여겨볼 필요가 있다). 그러나 공시가 통시를 압도할 때는 구조로 푸는 것이 그럴듯해 보이지만, 끊임없이 생각을 불러일으키며 거듭 되살아나 해석과 혁신을 불러일으키는 다각도의 내용을 다룰 때 구조 설명은 막연한 뼈대를 보여줄 뿐이다.

이제 구조과학에서 구조주의 철학으로 옮겨간 데 대해 간단히 덧붙이고자 한다. 구조인류학이 조금씩 그 영역을 넓혀가는 데는 어느 정도 타당성이 있다. 언어학에서 거둔 성공을 바탕으로 친족체계를 설명하고 그다음에 다시 모든 형태의 사회생활에 적용하는 데까지, 나는 그것을 인정할 수 있다. 그러나 그것이 철학이 되는 것은 못마땅하다. 거기서 무의식으로 간주된 질서는 자아 인식과 동떨어진 추상적인 단계에 불과하다. 생각 바깥의 생각이 자아 질서를 이룬다. "언젠가 오스트레일리아 여러 부족에 관해 알아낼 수 있는 모든 자료가 펀치 카드로 옮겨져 컴퓨터를 사용할 수 있게 되면, 기술-경제적이고 사회적이며 종교적인 구조가 하나의 방대한 변환군으로 증명될 수도 있을 것이다"(같은 책, 156~157쪽).

그렇다, 그런 꿈을 꾼다고 해서 아무도 나무라지 않는다. 다만 조건이 있다. 생각이 객관 부호 속으로 빠져들지 말아야 한다. 부호를 푸는 객관 작업은 자아와 존재를 이해하는 실존 작업의 한 단계여야 한다. 그렇지 않다면, 구조를 따지는 생각은 스스로 생각하지 않는 생각이다. 구조인류학을 '받아들일 구조'를 만들기 위해서라도, 해석학처럼 스스로를 이해하는 반성철학에 기대지 않을 수 없다. 그런 점에서 해석학의 기능이 보인다. 타자—그리고 여러 문화 속에서 그것들의 기호—에 대한 이해를 자아와 존재의 이해와 일치시키는 것은 해석학의 기능이다.

그러므로 구조의 객관성은, 뜻을 찾아 자기 것으로 삼음으로써 추상적인 반성이 구체적 반성이 되는 길에 필요한 한 단계이다. 결국 뜻을 찾아 자기 것으로 삼는 작업은 자아와 존재 이해에 들어 있는 내용의 뜻을 전부 되살림으로써 이루어지는 일이다. 헤겔식으로 말하면 논리에 들어 있는 것을 되살리는 것인데, 그 논리는 내용의 논리이지 구문의 논리가 아니다. 물론 우리의 자아 해석과 존재 해석이라는 것이 조각에 지나지 않으며 따라서 당연히 부분 이해에 그칠 뿐이다. 그러나 구조 인식도 실제로 보면 부분에 지나지 않는다. 게다가 추상적이다. 뜻을 새롭게 하지 않고 "뜻을 빈약하게 하면서 논리"(같은 책, 176쪽)에 이르기 때문이다.

구조주의를 받아들일 구조——반성과 해석학의 상호작용으로 만들어지는 구조——가 없다면, 구조주의는 여러 가지 철학의 틈바구니에서 이리저리 헤맬 수밖에 없다. 사람에 따라서는 구조주의를 선험적 주체만 없는 칸트 사상이라고 할 수도 있다. 곧 문화와 자연의 상관관계를 마련하는 절대 형식주의라고 볼 수 있다는 것이다. 그런 철학은 이중 모델에서 나온다. "하나는 자연적 측면에서의 어떤 종(동식물)의 다양성이고, 또 한쪽은 문화적 측면에서의 어떤 기능의 다양성이다"(같은 책, 198쪽).

이때 모델 하나하나보다 그 배합이 더 중요한데 변환 원칙은 바로 유한한 질서를 이루는 그 배합에서 찾을 수 있다. "역사성을 가지고 있음에도 인간의 역사에는 전혀 관계없는 무의식적 목적성"(같은 책, 361쪽)에 관한 것도 그런 이야기이다. 결국 구조주의 철학은 언어학 모델을 일반화하면서 점점 절대화된다. 저자는 이렇게 선언한다. "언어는 옛 문법학자의 분석적 이성에 있는 것도 아니고 구조언어학의 구성된 변증법에도 없으며 실천적 타성에 부딪히는 개인적 실천이 구성하는 변증법 속에 있는 것도 아니다. 이 세 가지는 모두 언어를 전제로 성립하는 것이기 때문이다. 언어학은 변증법적이며 전체화하는 경향이 있지만 의식이나 의지의 밖(또는 밑)에 있는 존재를 제시하지는 못한다. 비반성적 전체화인 언어는 독자적인 원리를 갖고 있으며 사람이 알지 못하는 인간적 이성이다"(같은 책, 361쪽).

그런데 거기에는 말하는 존재가 빠져 있지 않는가? 거기에 대해 "말(담론)이란 언어학 법칙이 의식적으로 뭉쳐 나오는 것이 아니다"라고 반박할지 모른다. 거기에 대한 우리의 답은 이렇다. 우리가 우리를 이해하는 것은 언어학 법칙이 뭉쳐 생기는 것이 아니라 말(파롤)의 뜻이 뭉쳐 생긴다. 말뜻과 관련해 언어학 법칙은 무의식적인 도구로서 매개 역할을 한다. 나는 모든 사람의 말뜻을 취함으로써 나를 이해한다. 숨어 있는 시간이 전통과 해석의 역사성이 되는 것은 바로 그 차원에서이다.

그러나 다른 곳에서 저자는 이렇게 말한다. "자연 종의 체계와 제조물의 체계를 인간이 자연과 문화의 대립을 초월하여 양자를 하나의 총체로 생각하기 위해 사용하는 두 개의 매개 집합으로 보아야 한다"(같은 책, 202쪽). 그는 구조가 행동에 앞선다고 하면서도 '프락시스'가 구조에 앞선다는 점을 인정한다. 그러면 구조가 프락시스, 곧 실천의 상부구조가 된다. 사르트르처럼 레비-스트로스도 실천이 "인간에 관한 과학에서 근본적인 총체이다"라고 본다(같은 책, 206쪽[6]). 그러므로 『야생의 사고』에는 주체 없는 선험철학의 윤곽이 보이는데, 거기서는 구조가 '실천과 행동 사이'(같은 책, 206쪽)를 매개한다. 그러나 그는 거기에서 멈추지 않는다. '코기토'를 사회학적인 문제로 만든다고 사르트르를 비판하는 사람이기 때문이다(같은 책, 357쪽). '실천-구조-행동', 이 틀은 적어도 인류학에서는 구조주의를 만들고 철학에서는 마르크스주의자를 만든다. 그러나 어떤 마르크스주의인가?

그런데 『야생의 사고』에는 전혀 다른 철학이 보인다. 질서는 만물의

---

[6] 마르크스주의는—마르크스 자신은 그렇지 않다 하더라도—행동이 직접적으로 실천에서 나온다고 너무 쉽게 결론을 내렸다. 이론의 여지가 없는 하부구조의 의의를 문제 삼는 것은 아니지만 나는 실천과 행동 사이에는 언제든지 매개항이 있다고 믿고 있다. 그 매개항은 개념의 도식인데 서로 떼어놓을 수 없는 본질과 형태가 그 도식의 조작에 따라 구조, 즉 경험적이면서 해명 가능한 존재로 구현된다. 나는 마르크스가 거의 손대지 않은 이 상부구조의 이론을 세우는 데 힘쓰고 싶다. 본래의 의미에서 하부구조의 연구를 발전시키는 것은 인구통계학·공학·역사지리학·민속학의 도움을 받아 역사학이 해결해야 할 과제이다. 하부구조 그 자체는 인류학자의 주된 연구 대상이 아니다. 인류학은 우선 무엇보다 심리학이라고 할 수 있다(같은 책, 206쪽).

길이고, 질서가 전부이다. 거기에는 '종'(種)이라는 개념이 자연스럽게 들어온다. 종—동물과 식물의 분류—은 이미 '객관성'을 지니고 있지 않는가? "종의 다양성을 통해 사람은 가장 직관적인 이미지를 얻는다. 그리고 현실이 마침내 불연속임을 가장 직접 느끼는 것도 종의 다양성을 통해서이다. 종의 다양성은 사람이 느낄 수 있는 객관적 부호체계이다"(같은 책, 214쪽). "자연에 주어진 객관적 조합을 피부로 느낄 수 있도록 하는 것"(같은 책, 214쪽)도 종의 개념이다. "정신활동뿐만 아니라 사회생활 그 자체도 새로운 분류체계를 만들 때에는 종의 다양성을 빌려온다"(같은 책, 214쪽).

그렇다면 아마도 구조라는 개념을 고려해야 "인간과 세계가 서로 거울이 된다는 시각의 상호성"(같은 책, 321쪽)을 놓치지 않게 된다. 실천의 우위로부터 매개 구조로 균형점을 옮겨 다른 축에서 멈추어 선 후 이렇게 선언한다. "나는 인문학의 궁극 목적은 사람을 구성하는 것이 아니고 용해하는 것이라고 믿고 있기 때문에 심미주의자라고 불리는 것을 기꺼이 받아들인다. …… 문화를 자연 가운데 통합하며 더 나아가 궁극적으로는 인간생활을 물리화학적 조건이라는 전제에 통합하는 것이다"(같은 책, 354쪽). "정신도 하나의 사물이므로 이 사물의 활동은 우리에게 여러 사물의 본성에 대해 알려준다. 즉 순수 사고라는 것도 궁극적으로는 우주의 내면화인 것이다"(같은 책, 356쪽 주). 그리하여 책의 거의 끝부분에서 이렇게 강조한다. "야생의 사고의 법칙이 다시 지배하는 정보의 세계를 발견함으로써"(같은 책, 380쪽) 사물인 정신의 기능원리를 찾아야 한다고 말이다.

지금까지 본 것처럼 구조주의 철학은 한둘이 아니다. 우리는 앞에서 랑그와 거기에서 파생된 여러 가지 것을, 말하는 주체가 존재와 존재자들을 이해하는 데 필요한 도구, 무의식으로 보았다. 그렇다면 언어학의 가르침을 어느 정도 존중해야 하지 않을까. 말하자면 이런 구조주의 철학을 전혀 배제하지 않겠다는 것이다.

5) 해석학과 구조인류학

처음 물음으로 돌아가자. 구조 문제가 해석학적 인식에 필요한 단계라면 어떤 점에서 그러한가? 해석학과 구조주의는 서로 어떤 관계인가?

(1) 먼저 앞에서 거론된 이야기 때문에 생길 수 있는 오해를 없애야겠다. 신화 유형이 이루는 고리에서 토템 유형과 케리그마 유형이 서로 다른 극단을 이룬다고 했을 때, 내가 처음에 한 주장, 곧 구조인류학은 과학이고 해석학은 철학이라는 주장으로 되돌아가는 것처럼 보일지 모른다. 그러나 절대 그렇지 않다. 두 개의 기본 모델을 제시했을 때, 하나는 구조주의에만 해당하고 다른 하나는 구조가 없는 해석학에 해당한다는 것이 아니다. 단지 토템 모델은 다른 신화 유형보다 언어학 모델에 더 가깝고, 따라서 구조로 설명하는 편이 더 낫다는 것일 뿐이다. 그에 견주어 케리그마 유형은 구조 설명 말고 다른 인식방법이 더 어울린다는 것이다.

그 두 가지 인식방법은, 이해라는 마당 안에서 똑같은 차원으로 서로 맞서는 것이 아니다. 방법론적 절충주의를 택할 수 없는 까닭도 여기에 있다. 따라서 그들이 서로 어떻게 엉기는지 설명하기에 앞서 서로 차원이 다르다는 점을 짚고 넘어가야 하겠다. 구조로 푸는 설명방식은 ①무의식체계이고, ②그 체계는 의미의 거리를 통해 차이와 대립으로 이루어져 있으며, ③관찰자와는 동떨어져 있다. 반면에 뜻을 해석하는 것은 ①의식활동이고, ②상징을 다각도로 의식화하는 것이며, ③해석자가 그 작업을 한다. 해석자는 자기가 이해하려는 뜻과 같은 장(場)에 속해 있기 때문에 '해석의 순환'에 들어간다.

그러므로 시간을 드러내는 두 가지 방식이 같은 차원에 있지 않다. 통시가 공시보다 우선한다고 한 것은 잠시 알기 쉽게 설명하기 위해서였다. 공시와 통시를 설명 도식에서 볼 때 공시는 체계를 만들고 통시는 문제를 일으킨다. 나는 역사성 ─ 전통의 역사성과 해석의 역사성 ─ 이라는 낱말을 자아와 존재를 철학적으로 이해하는 길에 놓인 모든 이해를 가리키는 말로 쓴다. 그런 뜻에서 오이디푸스 신화는 해석학적 이해에 속한다. 왜냐하면 이미 소포클레스 자신이 그 신화를 자아 이해와 진리를 위한 싸움 그리고 '비극적 인식'으로 의미를 끌어내며 이해에 이해를 거듭했기 때문이다.

(2) 이 두 개의 인식방법이 서로 어떤 관련이 있는지를 살피는 것은 둘의 차이를 보는 것보다 훨씬 어려운 문제이다. 일종의 탐험을 해야 한다. 먼저 물어보자. 구조 설명은 해석학적 이해와 전혀 동떨어져 있는가? 만일 신화의 기능이 자연과 문화에서 서로 다른 의미 요소들을 엮어 하나의 체계를 만드는 데만 있다면, 구조 설명과 해석학은 전혀 다를 수 있다. 그러나 해석학에서 말하는 이해라는 것이 의미론 문제이지만, 그 의미론에서도 동일한 관계들이 발생하지 않는가?

'상징 기능이 처음 발동할 때 생기는 이중 표상'에 대해서 레비-스트로스가 한 말에 주목하자. 상징 기호에 '서로 부딪히는 성질'이 있는데, 그것은 '보조 가치의 교환을 통해서만' 중립이 되고 "사회생활은 모두 그 같은 보조 가치의 교환으로 볼 수 있다"(『구조인류학』, p.71). 나는 이 말에서 해석학과 구조주의 사이에 절충주의를 피할 수 있는 길을 본다. 물론 그가 말하는 이중 표상이 기호의 상징 기능을 가리키는 것이고, 우리가 말하는 상징의 이중 의미를 가리키는 것은 아니다. 그러나 기호에서 일어나는 현상은 상징의 이중 의미에서는 더욱 분명하게 일어난다. 어쨌든 이중 의미 인식은 기본적으로 해석학적 인식이다.

그런데 레비-스트로스의 말에 따르면 그러한 인식이 '보조 가치의 교환'을 인식하는 행위에 전제되어 있다. 구조주의 안에 해석학적 인식이 깔려 있는 셈이다. 『야생의 사고』를 자세히 들여다보면 서로 상동 구조를 이루기 전에, 서로를 비슷하게 보는 것을 알 수 있다. 서로 차원이 다른 현실이 있다. 그것이 '부호'가 되면 전환되어 같은 구조가 된다. 그러나 그렇게 되는 것은 서로 다른 차원의 현실이 비슷한 뜻을 가졌기 때문에 가능하다. 부호가 되기 이전에 내용의 유사성이 있다. 곧 부호(code) 이전에 암호(chiffre)가 있다.[7]

히다차족의 매사냥 의례를 해석한 부분(같은 책, 108~114쪽)에서도, 위아래 짝을 이루며 모든 거리를 표시하고 최대 거리로 사냥꾼과 사냥감의 거리까지 표시하는데, 그것이 하나의 신화 유형이 되려면 위아래에 있는 의미의 넘침을 암암리에 인식해야 한다. 물론 여기에서 연구한 체계들 속에 의미의 유사성은 미미하다. 미미하지만 전혀 없는 것은 아니다. 결국 어느 정도의 해석학적 인식 없이는 구조 인식은 없다. 밖으로 드러내지 않을 뿐이다. 좋은 예로 결혼 규칙과 식사 금기가 똑같다는 것을 들 수 있다(같은 책, 167~178쪽). 거기서도 식사와 결혼 그리고 싱싱함과 순결이 전환되어 똑같은 구조를 만들기 전에, 먼저 서로 비슷하다. 유비 또는 메타포를 이룬다. 이 문제에서는 구조주의자도 침묵하지 않는다. 은유를 말한다(같은 책, 176쪽). 그러나 그 목적은 보완을 통해 은유를 형식으로 만드는 데 있다.

그렇지만 분명한 것은 거기서도 비슷하다(유비)는 인식이, 형식 만들기에 앞선다는 점이다. 그 비슷함을 넘어서 구조의 똑같음을 만든다. "이 양자의 관계는 인과관계가 아니라 은유관계이다. 성관계와 식사관계는 오늘날에도 금방 연상된다. ……그러나 어떻게 그런가? 어떻게 어디서나 그런가? 여기서 다시 의미가 약해지면서 논리의 차원에 이른다. 남녀가 하나가 되고 음식을 먹는 사람과 음식물이 하나 되는 것의

---

7) 그러한 암호의 가치는 먼저 몸으로 느낄 수 있다. 구체적 논리의 특징을 생각하면서 레비-스트로스는 이렇게 말한다. "그런 특징이 민족학 연구 내내 나타난다. 즉 정서적인 면과 지적인 면, 두 가지로 나타난다"(같은 책, 95쪽). 분류론의 논리는, 사람과 다른 존재들이 비슷하다는 느낌에 바탕을 두고 전개된다. "결혼이라든지 부자관계의 분위기를 통해서 습득되고 전해져온, 사심 없고 주의 깊으며 정의가 담긴 지식"(같은 책, 97쪽)을 저자는 서커스나 동물원에서 일하는 사람들에게서 다시 발견한다. 만일 '분류학과 애정'(같은 책, 98쪽)이 원시인들과 동물원 사육사에게 공통된 것이라면, 그런 느낌의 지성을 파헤쳐야 하지 않는가? 그런데 저자는 이어서 대응·연쇄·상징화를 연금술사나 로마의 문장까지 연결해 생각한다. 그러면서 여러 차원에 속한 변별망 사이의 동일성의 기원에 대응이 있다고 본다. 부호의 기원에 암호가 있다. 토테미즘 제도는 두 계열 사이의 총체적 대응에 기초를 둔 것인데, "대응은 은유적 관계이지 환유관계가 아니다"(같은 책, 328쪽).

최대공약수는 서로 보완해서 결합한다는 점이다"(같은 책, 176쪽). 늘 그처럼 의미론 측면이 약해지면서, "비슷함이 대조에 논리적으로 종속하는 것이 명백하게 보인다"(같은 책, 176쪽). 같은 문제를 놓고 정신분석학은 에너지 집중의 비슷함 문제를 파고들어, 배열의 통사론이 아니라 내용의 의미론 쪽에 선다.[8]

(3) 구조 설명과 해석의 문제를 철학 쪽에서 어떻게 다루어야 할지 다른 각도에서 살펴보자. 처음부터 나는 구조 설명은 과학적 객관성을 확보하는 것으로, 뜻을 찾는 과정에서 거쳐야 하는 단계라고 했다. 최소한의 구조 이해 없이 뜻을 찾을 수는 없다. 왜 그런가? 다시 한 번 유대-그리스도교의 상징을 보자. 앞에서와 달리 기원 부분이 아니라 한참 발달해 무르익고 잘 체계화된 시점을 보자. 슈누(Chenu) 신부의 책 『12세기 신학』(Théologie au XII siècle)에 나온 표(pp.159~210)가 좋은 보기이다. 거기에는 그랄의 재무관, 현관과 성곽의 보석 세공인과 격투사들, 우의(알레고리)적 성서 주석, 예배와 성례전 그리고 그에 관한 생각들, 성 아우구스티누스가 말한 기호(signum)와 디오니소스의

---

[8] 동일성을 만드는 대조의 논리가 유사성을 참지 못하는 데서 생긴 결과로 주목할 만한 것이 있다. 저자가 희생제의의 논리보다 토테미즘을 더 인정한다는 점이다(같은 책, 322~329쪽). "희생제의의 기본 원리는 대체의 원리이다"(같은 책, 323쪽). 그것은 토테미즘의 논리와 다르다. 토테미즘의 실체는 "비연속적으로 배열된 사이의 변별망에 있다"(같은 책, 323쪽). 희생제의는 "중간적 대상인 제물과 관련되어 행해지는 절대적이고 극한적인 조작"(같은 책, 325쪽)이다. 왜 극한적인가? 희생제의는 제물의 파괴를 통해 사람과 신 사이를 갈라놓고, 그리하여 은총을 내리게 함으로써 빈 곳을 가득 채우게 하기 때문이다. 여기서 민속학자 레비-스트로스는 더 이상 그대로 그리지 않고 판단한다. "희생제의의 체계는 신이라는 존재하지 않는 항을 개입시킨다. 그리고 자연계열을 연속적이라고 표상하는 데서 객관적으로는 잘못된 관념을 갖고 있다"(같은 책, 328쪽). 그리고 이렇게 단정한다. "한쪽은 옳지만 다른 쪽은 그르다. 좀 더 정확히 말하자면 분류체계는 언어(랑그)의 수준에 속해 있다. 분류체계 자체에 우열은 있을지 몰라도 하여간 의미를 표현하기 위한 부호임에는 틀림없다. 그에 비해 희생제의의 체계는 말(discours)이며, 자주 언급되기는 하지만 그리 좋은 경우는 아니다"(같은 곳).

상징(symbolon), 유비(analogia)와 거기에서 생긴 신비적 해석(anagogé)에 관한 생각들 속에 상징론이 들어 있다. 돌 조각가와 알레고리 문학 사이(성서에 나온 단어의 의미와 연결된 의미의 건축물들 사이)에서 저자는 일관된 의도를 보는데, 그것을 가리켜 '상징 정신'(VII장)이라고 하고 그 상징 정신이 '상징 신학'(VIII장)을 이룬다고 본다.

그러면 이 상징 정신에 들어 있는 수많은 관점을 하나로 묶는 것은 무엇인가? 저자는 이렇게 말한다. 12세기 사람들은 "여러 가지 차원이나 사물들을 뒤섞지 않았다. 다만 유비(아날로지)를 통해 그 여러 가지 차원을 묶는 공통분모를 찾을 줄 알았다. 그 유비는 사물 세계와 성스러운 세계가 신비한 관계를 맺는 데서 생긴다"(같은 책, p.160). 동떨어진 상징은 아무 뜻이 없다. 또는 뜻이 너무 넘친다. 그래서 '공통분모'는 불가피하다. 상징은 뜻이 없어도 안 되지만, 너무 많아도 안 된다. 겹뜻, 곧 다의(polysémie)가 상징의 법칙이다. "불은 데우고, 밝히고, 깨끗하게 하고, 태우고, 열정을 낳고, 없앤다. 그러나 성령의 힘을 가리키기도 한다"(같은 책, p.184). 전체가 통일되어 있지 않으면 가치들이 서로 떨어져 나가고 겹뜻은 사라진다. 중세 상징학자들이 관심을 둔 것은 바로 그 '신비한 결합'(같은 책, p.184)이다.

자연은 모든 것이 상징이다. 분명히 그렇다. 그러나 중세인들에게 자연은 신구약 성서의 대립에서 생기는 역사유형을 따라서만 자기를 드러내며 말한다. 중세의 틀로 해석한 성서라는 책과 만날 때 자연이라는 '거울'이 '책'이 된다. 그래서 상징은 그런 분배와 질서 속에서만 상징이 된다. 그래서 위그(Hugues de Saint-Victor)도 상징을 이렇게 정의했다. "상징이란 합치는 것이다. 보이는 형태를 하나로 묶어 보이지 않는 것에 대한 진술을 드러내는 것이다"(*symbolum est collatio, id est coaptatio, visibilium formarum ad demonstrationem rei invisibilis propositarum*). 진술에는 정해진 개념, 곧 단 한 가지만 뜻하는 개념이 필요하다. 그렇다면 여기서 '드러낸다'는 것이 그 진술의 논리와 양립하는지 따져봐야 하지만, 그 문제는 다루지 말자.

여기서 다룰 문제는 이것이다. 즉 그 '합침'(collatio)과 '하나로 묶음'(coaptatio)이 관계가 되고 '드러내는' 행위가 될 수 있는 것은 전체의 틀 속에서라는 점이다. 나는 여기서 오르티그(Edmond Ortigues)가 『말과 상징』(le Discours et le Symbole)에서 한 말을 떠올린다. "똑같은 낱말을 자꾸 파고들면 어떤 그림 같은 상상이 떠오를 수 있다. 그런데 다른 낱말과의 차이를 통해 그 낱말을 보면 상징이 된다. 다른 낱말은 그 낱말을 제약하기도 하지만 그런 차이를 통해 그 낱말에 상징성을 주기도 한다"(같은 책, p.194). "어떤 물건이 주는 상상에 접근해 들어가면 차이가 나는 기능이 줄어들고 점점 똑같아진다. 그러나 사회의 틀(형식)을 이루는 요소에 접근해 들어가면 차이가 나는 기능이 증가해 점점 달라진다"(같은 책, p.197).

이 점에서 중세의 보석 세공인과 격투사는 물건이나 그림에 가깝다. 그래서 그것은 판화와 비슷하고 그 판화는 나름대로의 상상을 통해 크레타인도 되고 아시리아인도 된다고 보면 된다. 그런데 매우 다양하게 모습을 바꾸는 것 같아도 그 생각으로 보면 단조롭다. 그러나 만일 이 보석 세공인과 격투사가 알레고리(우의) 방식의 주석과 기호나 상징에 대한 생각과 같은 배를 탈 때, 그림에 잠재된 무한한 상상력이 주석에서 생기는 언어활동에 힘입어 여러 방향으로 갈라져 나온다. 문화나 제의와 연결된 역사유형, 교회 공동체의 틀 속에서 생성된 그 역사유형이 자연 상징이 마구잡이로 증식되는 것을 막고 그 자리에 대신 들어선다. 주석가들은 판화에서 떠오르는 상상을 걸러낼 원칙을 제시하는데, 그 원칙은 성서의 이야기를 해석하고 '구속사'를 풀면서 생긴 것이다.

그러므로 이렇게밖에 말할 수 없다. 상징은 동떨어진 어떤 개별 상징이 아니다. 그런 상징을 아무리 많이 모아도 상징이 아니다. 홀로 있는 개별 상징은 너무나 빈약하다. 늘 똑같은 모습밖에 없기 때문이다. 또는 너무 번잡하다. 언제든지 다른 것을 뜻할 수 있기 때문이다. 그러므로 우리가 말하는 상징은 개별 상징들 사이에서 발생한다. 그들 사이에 관계가 생기면서 상징이 생긴다. 그런 상징의 세계가 기독교에서 가장 뚜렷하게 나타난다. 거기서 자연 상징이 '말씀'의 빛 속에서 구조되고 질서를 잡으며 이야기의 흐름 속에서 모양을 갖춘다. 역사의 틀 없이는 자연 상징도 없고 추상적이고 도덕적인 알레고리도 없다(알레고리가 자연 상징과 함께 다니며 맞수일 뿐만 아니라 그 열매이기도 할 때, 상징은 눈에 보이는 겉모습을 벗어난다). 그러므로 상징은 자연 상징과 추상적인 알레고리와 역사유형이 어떤 규칙에 따라 어울려 이루어진다. 거울과 책의 변증법 속에서 자연의 기호, 덕의 목록, 그리스도의 사역이 서로가 서로를 해석하고 해석된다.

이런 주장은 앞에서 한 말과 일맥상통한다. 곧 뜻이 전달되는 해석학적 인식(메타포, 뜻 옮김[translatio]) 없이는 구조 분석도 없다는 것이다. 다시 말해서 간접적으로 뜻을 찾는 의미론이 끼어들지 않고 구조동일론이 있을 수 없다는 것이다. 중세 상징학자들의 언어—성 아우구스티누스나 데니스 같은 이들이 초월자를 찾으며 사용한 언어—에서 가장 중요한 것은 번역, 곧 뜻을 옮기는 문제였다. 이 세상에서 잡히는 영상을 매개로, 눈에 보이는 것을 눈에 보이지 않는 것으로 옮기는 문제였다. 상징의 뿌리에서 가장 먼저 벌인 일은 '비슷한가 다른가' 하는 형태로 의미론 영역을 마련하는 것이었다. 그것을 기초로 기호의 배열을 다루는 통사론이 정립될 수 있다.

그러나 반대로, 상징은 어떤 질서 안에서만 뜻을 지닌다. 그런 질서 없이는 해석학적 인식도 있을 수 없다. 상상으로 너무 부풀리거나 알레고리로 너무 빈약하게 만드는 것 모두 상징에 위협이 된다. 미숙한 상징론자는, 상징의 풍요로움과 넘침 그리고 겹뜻을 무절제하거나 불만스러운 것으로 보이게 한다. 성 아우구스티누스는 이미 『그리스도교 교리』(De Doctrina christina)에서 '말 옮김의 모호함'(verborum translatorum ambiguitates)이라는 말을 썼다. 논리적 사고에서 요구하는 분명함과 달리, 불분명함이다. 그 모호함과 불분명함 때문에, 여러 가지 상징은 각각 자기를 제약하면서 동시에 뜻을 가지는 전체 속에서만 상징이 된다.

따라서 구조 이해란 상징으로부터 '생각하기'를 그 임무로 하는 이해에서 동떨어진 것이 아니다. 오늘날 구조 이해는 홀로 떨어진 원시 상징과 해석학적 인식을 잇는 매개자로서 필요하다.

내 말은 이 정도로 마치고 구조주의자들의 주장을 살펴보자. 나는 그들을 믿고 관심을 갖고 기다리겠다.

2. 겹뜻의 문제: 해석학의 문제 그리고 의미론의 문제

내가 하는 작업이 여러 가지 학문을 통합하는 것이 되기를 바란다. 상징 문제를 다루는 여러 학문을 검토하고, 그처럼 여러 각도에서 다루는 의미가 무엇인지를 생각해보겠다. 철학은 중재의 역할을 해야 한다고 생각한다. 그래서 나는 현대 문화에서 여러 가지 해석학이 일으키는 갈등을 중재한 적이 있다. 거기서 나는 비신화화하는 해석학과 뜻을 통일하는 해석학 사이의 갈등을 중재했다.

여기서 다루려는 것은 그 문제가 아니라 다른 영역에서 생긴 문제이다. 상징의 해석 방식이 서로 대립한다는 것은, 서로 '전략의 수준이 다르다'는 것이다. 전략 수준에는 두 가지 또는 세 가지가 있다고 본다. 내가 해석학이라고 할 때는 '텍스트' 수준의 전략을 가리킨다. 그것은 언어학자들이 말하는 의미론과는 다르다. 그런데 언어학의 의미론에도 두 가지 또는 세 가지 전략 수준이 있다. 하나는 어휘의미론으로 흔히(울만(Stephan Ullmann)이나 기로(P. Guiraud) 같은 학자가) 단기의미론이라고 일컬으며, 낱말이나 이름 또는 이름을 붙이는 과정을 다룬다. 다른 한편에는, 차원이나 단위가 바뀌는 데 관심을 두는 구조의미론이 있다. 낱말이나 텍스트처럼 의사소통의 큰 단위에서 의미의 기초 구조라고 할 수 있는 작은 단위로, 단위가 변하는 데 관심을 갖는다.

한 수준에서 다른 수준으로 옮아갈 때 상징 문제는 어떻게 되는지 검토해보겠다. 내가 「구조와 해석학」이라는 제목에서 다룬 것과 비슷한 문제이지만 다르다. 해석의 '철학'과 구조 '과학'이 같은 수준에서 부딪치지 않는다. '의미 효과'가 발생하는 수준이 서로 다르기 때문이다.

내가 말하려는 것은 대체로 문제의 수준을 다르게 볼 때 구성이 정교해지며, '과학적인' 탐구가 가능해진다는 것이다. '분석'하고, 더 작은 단위로 쪼개는 것이 과학이다. 자동 번역에 그런 과학을 사용한다. 그러나 그처럼 단순한 것으로 돌아가면 상징의 기본 기능이 사라진다. 상징은 그보다 높은 수준인 '드러내는' 수준에서 노는 것이며, 그렇기 때문에 현실이나 세상, 경험이나 실존(어떤 말을 택해도 괜찮다)과 관계를 맺게 되는 것이다. 간단히 말해서 나는 분석의 길과 종합의 길이 같은 높이의 길이 아니라는 사실을 밝히려 한다. 분석의 길에서는 뜻을 이루는 '요소'들을 볼 수 있을 것이며, 그것들은 말하려는 것(les choses dite)과는 관계가 없다. 종합의 길에서는 의미 형성(signification)의 역할을 볼 텐데, 의미는 '말함'(dire)과 관련된 것이고 결국은 '지시'(montrer)와 관련된 것이다.

1) 해석학의 수준

내용을 잘 전개해 나가기 위해서 분명히 해둘 것이 있다. 같은 문제를 세 가지 수준에서 다룬다는 점이다. 그것은 '겹뜻'의 문제이다. 겹뜻이라고 할 때 나는 어떤 의미 효과를 가리키는데, 어떤 표현이 무엇을 뜻하면서 동시에 그와 '다른' 것을 뜻하는 의미 효과이다. 계속 처음 뜻을 지니면서 차원을 달리해 다른 무엇을 가리킨다. 그것은 언어의 알레고리 효과라고 할 수 있다. 알레고리라는 말을 그 본래 뜻대로 쓴다면 말이다(알레-고리: 무엇을 말하면서 그와 다른 것을 말함).

해석학의 특징은, 적어도 뒤에서 우리가 다룰 다른 수준과 비교할 때 구성단위가 크다는 데 있다. 다루는 것의 길이가 긴데, 그것을 나는 텍스트라고 부른다. 처음에는 성서 본문의 주석에서 출발해 다른 텍스트로 확대되면서 해석학은 해석의 규칙에 관한 학문으로 자리 잡았다. 거기서 텍스트란 매우 제한된 뜻으로 쓰였다. 딜타이는 「해석학의 기원」 (Die Entstehung der Hermeneutik)이라는 글에서 이렇게 말했다. "무엇인가가 계속해서 생생하게 드러나는 것을 이해하는 기술을 주석 또는 해석이라고 한다. 해석의 기술은 글로 보존된 인간의 증언을 해석하는 것이다. 글로 표현된 삶을 이해하는 것이 해석이다."

언어학자들은 주로 짧은 구성단위를 다루는 데 비해 텍스트는 길 뿐만 아니라 전체가 하나로 연관되어 있다(Zusammenhang)는 점도 다르다. 현대 해석학에서 처음 얻어낸 해석 규칙은, 반드시 전체에서 출발해 부분으로 간다는 것이었다. 예를 들면 성서를 거대한 연결체로 보는 것으로, 슐라이어마허의 말을 빌리자면 내부 형식과 외부 형식의 관계로 살피는 것이다.

해석학자가 볼 때, 겹뜻을 가지는 것은 텍스트이다. 사건이 벌어지고 인물이 등장하며 제도가 나오고 자연과 역사가 등장하는 이야기 전체를 볼 때, 겹뜻 문제가 생긴다. 뜻하는 덩어리 전체가 역사적인 의미에서 정신적인 의미로 뜻이 전이되는 것이다. 중세에는 성서에 네 가지 뜻이 있다고 생각했는데, 이는 본문 전체를 두고 한 말이다.

그런데 오늘날 겹뜻의 문제는 단순히 주석의 문제가 아니다. 겹뜻 그 자체가 여러 학문의 문제가 된다. 나는 그 문제를 텍스트 수준에서 생각해보려고 한다. 반 데어 레우에서 엘리아데에 이르는 종교현상학과 프로이트나 융의 정신분석학 그리고 문학 비평을 보면, 텍스트는 문장보다 복잡한 의미 덩어리라고 할 수 있다. 해석학의 영역이 얼마나 넓은지를 보이기 위해, 성서 주석과 거리가 먼 예를 하나 들어보겠다. 프로이트에게 꿈은 이야기이다. 매우 짧을 수도 있지만 복잡한 뜻을 지닌 이야기이다. 처음 들을 때는 알 수 없는 이야기를 가지고 알 수 있는 텍스트를 만든다. 그리하여 흐릿한 것이 명백해진다. 그처럼 겹뜻이 생기는 경우가 많고, 그만큼 해석학도 다양할 수 있다.

그런데 그처럼 해석학이 다양한 까닭은 무엇일까? 기술이 각기 다른 까닭도 있다. 심리를 풀어내는 것과 성서의 주석은 처음부터 다른 일이다. 해석하는 방식이 다르다. 인식론적 차이에서 비롯된 문제이다. 그런데 기술의 차이는, 해석의 역할과 관련해 목표의 차이에서 생긴다. 거짓 의식을 비신비화하는 무기로 해석하는 것과, 뜻이 분명했다가 다시 숨는 본문을 더 잘 이해하기 위해 해석하는 것은 분명 그 목표가 다르다.

그런데 기술이나 목표에서 해석학은 다양하지만 그 기초 조건은 모두 같다. 내가 볼 때 해석학 수준의 특징은 거기에 있다. 우리가 여기서 보려는 것은 바로 그 기초 조건이다. 그것은 상징이 언어 밖의 현실 세계를 표현하는 장(場)이라는 점이다. 그 기초 조건은 해석학이 아닌 다른 수준과 비교해서 매우 중요한 의미가 있다. 해석학에는 폐쇄된 기호 세계가 없다. 언어학은 자기만족의 세계 안에서 움직이고, 뜻 안의 내부관계만 안다. 퍼스(Charles Sanders Peirce)의 표현을 빌리면, 언어학에는 기호들끼리의 상호 해석관계만 있다. 그러나 해석학에서는 기호의 세계가 밖으로 활짝 열려 있다.

여기서 내가 밝히고자 하는 것은 이것이다. 그 개방체제는 본문 주석이라는 해석이 발생하는 등급에 연결되어 있다. 그리고 폐쇄된 언어학 세계는 등급을 바꾸어 작은 의미 단위를 고려할 때 타당하다.

개방이란 무엇인가? 여러 가지 해석학이 있지만, 각각의 경우에 해석은 언어와 비언어의 접점 또는 언어와 삶의 체험(어떤 것이든)의 접점에서 발생한다. 여러 해석학의 특징은 여기에 있다. 존재에 언어를 갖다 붙이고, 언어에 존재를 갖다 붙이는 것이 각각의 형태로 이루어진다는 점이다. 그리하여 꿈의 상징은 시니피에들끼리의 놀이가 될 수 없다. 욕망이 말하러 오는, 그런 표현의 마당이다. 두 종류의 관계가 얽혀 있는 것을 가리키기 위해 나는 욕망의 의미론이라는 말을 제안했다. 두 가지 관계란, 에너지 문제인 힘의 관계와 뜻 해석의 문제인 의미관계이다.

상징이 될 수 있는 것은 먼저 그것이 언어 밖의 현실이기 때문이다. 그래서 상징이 있을 수 있다. 언어 밖의 현실을 프로이트는 줄곧 충동(본능)이라고 불렀다. 그 충동은 표상과 정서로 대변된다. 충동의 대변자인 표상과 정서 그리고 그 파생물이 증후나 꿈, 신화나 환상 같은 의미 효과로 나와 드러나면서 숨는다. 여기서 우리는, 꽉 막힌 언어학이 아닌 성의 사랑과 의미론 쪽으로 눈을 돌린다. 욕망의 술책이 말이 되면서 이중 의미가 생긴다.

정신분석과 정반대에 있는 또 다른 해석학에서도 마찬가지이다. 거룩의 해석학을 보자.「출애굽기」같은 텍스트에 겹뜻이 들어 있는데, 그것은 텍스트가 포로에서 해방되는 실존 체험을 바탕으로 삼고 있기 때문이다. 겹뜻은, 출애굽 사건—객관 사건이지만 말을 통해 문학의 성질을 띤다—에 담겨 있는 넘치는 뜻(의미 잉여)을 통해 사람의 실존운동과 존재론 차원의 상황을 드러낸다. 겹뜻은 존재 안에서 사람이 처한 상황을 찾는 탐정이다.

그리하여 상징은 텍스트에서 무엇을 드러내는 수준에서 볼 때, 언어가 자기와 다른 것을 향해 터져 나가는 것이다. 내가 '개방'이라고 부른 것이 그것이다. 터져 나감은 말함이다. 그리고 말함은 지시이다. 그러한 겹뜻의 구조는 해석학에서 모두 같다. 다만 개방의 형태가 다르고, 가리키는 것이 다를 뿐이다. 해석학의 강점과 약점이 거기에 있다. 약점은 언어를 붙들지만 동시에 그 언어가 언어를 빠져나가기 때문에, 해석학이 취하는 언어를 과학적으로 다룰 수 없다는 것이다. 닫힌 기표 세계에서만 과학이 가능하기 때문이다. 다른 약점도 모두 거기서 나오는데, 특별히 해석학을 여러 철학의 싸움터 속에 내맡기는 약점이 있다.

그러나 약점이 강점이다. 언어가 자신을 빠져나가고 우리를 빠져나가는 그 지점이 바로 언어가 자기에게 돌아오는 지점이고, 언어가 '말'(dire)이 되는 지점이다. 가리키고 숨기는 관계를 정신분석학의 방식으로 이해하든 아니면 종교현상학의 방식으로 이해하든(오늘날에는 두 가지를 함께 봐야 한다고 생각한다), '발견하고' 드러내고 밝히는 힘으로서 언어는 제 역할을 하고 제 모습을 찾는다. 그때 언어는 자신이 '말'하는 것 앞에서 '침묵'한다.

요약해보자. 상징이 철학의 관심을 끄는 것은, 그것이 겹뜻을 통해 존재의 모호함을 드러낸다는 데 있다. "존재는 여러 가지 방식으로 말한다." 그래서 상징은 존재의 모호함 앞에서 다양한 뜻을 열어놓는다.

이어서 우리는, 그처럼 상징이 존재 문제가 되려면 왜 말의 단위와 등급이 꿈이나 시 같은 텍스트여야 하는지를 밝혀야 한다. 그 까닭을 우리는 모르기 때문에, 겹뜻을 다르게 접근하는 방식들과 비교하면서 알아보겠다. 겹뜻을 텍스트 차원이 아닌 다른 차원에서 접근할 때, 말의 등급이 변하면서 과학적 정밀성은 나아지지만 조금 전에 우리가 '말함' 또는 '말'이라고 부른 언어의 존재론 기능은 사라진다. 이제 그 점을 보자.

2) 어휘의미론(sémantique lexicale)

텍스트와 다른 등급을 생각하자면, 먼저 '어휘 단위'를 보아야 한다. 소쉬르의 유산 가운데 하나가 거기에 있다. 유산 가운데 하나일 뿐이다. 사실, 잠시 뒤에 우리는 음성학 차원의 분석을 의미론에 적용하는 작업을 검토할 것이다. 그 작업을 위해서는 더 철저하게 등급을 바꾸어야 한다. 왜냐하면 어휘소 역시 앞에서 살펴본 더 큰 단위들과 마찬가지로, 이야기를 만들어내는 수준에 도달해 있는 것이기 때문이다. 그렇지만 어휘 수준에서 상징에 대해 무언가를 서술하고 설명할 것이 있다.

먼저, 서술해보자.

겹뜻의 문제는 어휘의미론에서 말하는 다의(polysémie)로 볼 수 있다. 다시 말하면 어떤 명사(울만의 용어를 쓰면)[9]가 하나 이상의 뜻을 가진다는 것이다. 그러한 의미 효과를 소쉬르의 용어인 시니피앙과 시니피에로 서술할 수 있다(울만에게서는 '명사'와 그 '의미'). 그런데 그렇게 되면 사물과의 관계가 배제된다. 울만 자신은 오그던과 리처즈(Ogden-Richards)의 기본 삼각형, 즉 '상징-대상(referent)-지시 대상(reference)'과 소쉬르처럼 둘로 나누어 생각하는 것 가운데 하나만

---

9) S. Ullmann, *Principles of Semantics*, Oxford, Blackwell, 1951.

선택하지는 않았다(왜 그런지 뒤에서 보겠다. 울만의 이론에서는 닫힌 언어 세계가 그렇게 뚜렷하게 보이지 않는다).

계속 소쉬르의 용어를 따라, 공시와 통시를 구분해 겹뜻을 서술해보자. 랑그 상태에서는 똑같은 낱말이 몇 가지 뜻을 지닌다. 엄격히 말해서 다의(多義)란 공시 개념이다. 공시에서는 여러 겹의 뜻을 가리켜 뜻이 바뀐다고 하거나 의미 전이라고 한다. 어휘 수준에서 발생하는 다의 문제를 하나로 묶을 관점을 가지려면 공시와 통시를 연결해야 한다. 왜냐하면 뜻이 바뀌는데, 그것이 공시적으로 작용해 다의 현상을 낳고 같은 체계 안에 옛 뜻과 새 뜻이 같이 존재하기 때문이다. 또한 공시의 실타래를 푸는 길잡이 역할을 하는 것도 뜻의 변화이다. 한편, 뜻의 변화 역시 이전 체계 안에서 어떤 변화가 생기면서 일어난다. 체계 안에서 어떤 뜻이 차지하는 자리를 알지 못하면, 의미 값에 영향을 주는 변화의 성질을 알 수 없다.

끝으로, 소쉬르의 길을 따라 다의 문제를 좀 더 밀고 나가보자. 기호를 시니피앙과 시니피에 또는 명사와 뜻의 내부관계로 보지 말고, 다른 기호들과의 관계 안에서 보자. 『일반언어학 강의』의 핵심은, 기호를 체계 안의 차이로 보겠다는 것이다. 그런 시각에서 구조주의 언어학이 생겼는데, 어휘의미론에서 말하는 다의를 그런 틀에서 보면 어떨까?

처음에는 다의의 기능적 특징이라고 할 만한 것이 빛을 받는다. 처음에만 그렇다. 왜냐하면 우리는 랑그 수준에 머물러 있고 상징은 파롤, 곧 말이나 이야기 수준의 문제이기 때문이다. 그러나 고델이 『일반언어학 강의 수고』[10]에서 밝힌 것처럼, '랑그의 작용'을 생각하자마자 우리는 체계와 실행을 잇는 무엇과 만나게 된다. 조정된 다의 세계(polysémie réglée)—그것은 일상 언어의 세계이다—는 랑그의 작용 수준에서 발생한다. 조정되고 제한된 다의 현상은 두 개의 과정이

---

10) Robert Godel, *Sources manuscrites de Cours de linguistique générale de Ferdinand de Saussure*, Geneva and Paris: Droz-Minard, 1957.

교차하는 지점에 존재한다. 하나의 과정은 '축적 의도'를 지닌 기호에 뿌리를 둔다. 그것만 놓고 보면 팽창 과정이다. 뜻이 너무 넘칠 때까지 확장한다. 그래서 어떤 낱말은 너무 많이 뜻하는 바람에 아무것도 뜻하지 않고, 옛날부터 내려온 어떤 상징은 서로 반대되는 것을 많이 가리키는 바람에(불은 태워버리는 것을 상징하면서 따뜻하게 데우는 것을 상징하고, 물은 갈증을 해소하는 것이면서 동시에 범람해 모든 것을 삼키는 것이다) 중립이 되어버린다. 반면, 의미론 분야에는 제한하는 과정이 있다. 어떤 조직된 분야를 구조화함으로써 그런 제한 과정이 일어나는데, 그 문제에 대해서는 트리어(Jost Trier)가 의미 분야 이론을 저술했다. 우리는 여기서도 소쉬르 안에 있다. 여기서도 기호는 어떤 고정된 뜻을 가지지 못하고, 어떤 값과 다른 값만 가지기 때문이다. 이는 같음과 다름의 관계에서 생기는 것이다. 기호의 의미 팽창과 분야의 제한 행위 사이에 발생하는 충돌의 조정은 그 작용 기법은 매우 다르지만, 그 효과에서는 음운론체계와 비슷하다. 실제로 의미 분야의 조직과 음운론체계의 조직은 매우 다르다. 값은 차이의 기능을 가지고 있지만 축적된 값도 지니고 있다. 다의 문제가 의미론의 핵심 문제가 되는 까닭도 거기에 있다.

 여기서 우리는 의미론의 독특한 면을 보게 되며, 겹뜻도 거기서 가능하게 된다. 이미 어번(Urban)은 언어가 앎의 도구가 될 수 있는 것은, 기호가 어떤 것을 가리키면서 그것과 다른 것을 끊임없이 가리키기 때문이며 2차 사물에 대한 값은 먼저 1차 사물을 가리키는 기호가 있어야만 한다고 했다. "축적 의도 때문에 낱말이 모호해지지만, 거기서 유비가 가능해진다. 언어의 상징력이 발동하는 것도 바로 그 덕분이다" (Ullmann, p.117에서 재인용).

 어번의 말에서 우리는 다의의 기능에 대해 배울 수 있다. 텍스트는 여러 겹의 뜻을 지닌 특별한 말의 단위라고 했다. 그런데 그 텍스트 수준에서 우리가 볼 수 있었던 것이, 여기서는 의미 축적이나 새 뜻과 옛 뜻의 교환으로 어휘 단위의 일반 성질로 나타난다. 그런 식으로 겹뜻은, 간접적으로 뜻하는 현실을 표현하는 기능을 가지게 된다. 그러나 어떻게 그러한가?

여기서도 소쉬르는 언어 기능의 두 축을 구분함으로써 우리의 길잡이 역할을 한다(사실 여기서 그는 어떤 정해진 때의 기호의 체계인 랑그를 말하지 않고, 파롤로 가는 랑그의 운동 원리를 말한다). 말의 연쇄고리에서 기호는 두 가지 관계 속에 있다. 하나는, 서로 대립되는 기호를 현존하는(*in praesentia*) 관계 속에서 통합하는 관계(rapport syntagmatique)이다. 다른 하나는, 바꿔놓아도 괜찮은 비슷한 기호들을 가까이 모으는 연합관계(rapport associatif)인데, 오직 결여(*in absentia*) 관계에서만 작용한다. 로만 야콥슨[11] 역시 비슷한 용어로 그러한 구분을 했다. 연쇄관계와 선택관계이다. 그러한 구분은 의미론 일반을 위해서 그리고 특별히 상징 문제를 위해서 매우 중요하다. 통사론과 의미론의 관계는, 그러한 연쇄와 선택이라는 두 축의 조합으로 이루어진다.

그런데 우리는 야콥슨과 함께 의미론에서 언어학이 차지하는 지위뿐만 아니라, 상징론에서 언어학이 차지하는 지위도 확인했다. 대체의 축은 실제로는 유사성(similitude)의 축이고, 연쇄의 축은 인접(contiguïté)의 축이다. 그렇다면 소쉬르의 구분을 수사학에서 사용하는 구분인 은유와 환유와 같이 놓고 볼 수도 있다. 또는 은유와 환유라는 두 극이 무슨 기능을 하는지 일반적인 의미를 찾아줄 수도 있다. 그러면 은유나 환유는 과정이 되어 은유 과정 또는 환유 과정이라고 부를 수도 있다.

우리는 이제 상징이 생기는 과정의 뿌리를 보게 되었다. 앞에서는 상징을 곧바로 텍스트의 효과로 생각했다. 여기서는 이른바 콘텍스트 효과라고 부를 만한 것에서 상징의 과정을 본다. 조금 전에 의미 '분야 이론'과 함께 랑그 수준에서 생각했던 조정된 다의의 기능을 다시 돌아보

---

11) Roman Jacobson, *Essais de linguistique générale*, Paris, 1963, chap.2.

자. 거기서는 제한된 다의였다. 조정된 다의는 원래 말(담론)에서 생겨나는 의미 효과이다. 말할 때 나는 잠재된 시니피에의 일부만 실현한다. 나머지는 말(파롤)의 단위인 문장의 전체 의미에 묻히지만 사라지지는 않고 낱말 주변을 빙빙 돈다. 그러므로 콘텍스트는 여과기 구실을 한다. 어휘에 숨겨진 비슷비슷한 의미의 차원들 가운데 하나만 힘을 받으면, 완벽하게 일의적(一意的)인 의미 효과가 생긴다. 기술 언어의 경우에 그렇다. 그처럼 콘텍스트가 여과기의 역할을 해서 선별하기 때문에, 여러 뜻을 가진 낱말들을 가지고 한 가지 의미를 지닌 문장을 만들 수 있는 것이다. 그러나 숨어 있던 의미들이 모두 한 가지 의미로 빨려들어가지 않아, 문장에서 여러 의미가 경합을 벌이는 경우도 있다. 다양한 과정을 거쳐, 어휘의 조화로 말에 모호함이 생긴다. 그것이 폴리세미, 곧 다의이며 콘텍스트 효과이다. 똑같은 명사가 여러 가지 다른 값을 지니며 때로는 반대 값을 지니기도 한다.

해석학 수준에서 만난 문제를 그처럼 어휘 수준으로 옮겨놓을 때 얻는 것은 무엇인가? 무엇을 얻고 무엇을 잃었는가?

얻은 것은 상징에 대한 정확한 지식이다. 상징은 말(담론) 수준에서 등장하는 의미 효과이지만, 좀 더 아래에는 기호의 작용이 있다. 그 작용은 통사론과 관련된 요소들이 한 줄로 이어진 랑그의 선형 축이 아닌 랑그의 다른 축과 관련이 있다. 그렇게 해서 의미론, 특히 다의와 은유의 문제는 언어학 속에 들어갈 자리가 생긴다. 언어학에서 일정한 지위를 차지한다는 것은 그 과정이 기능 값을 지닌다는 것이다. 이제 다의는 무슨 병리 현상이 아니며, 상징 역시 단순히 언어의 장식품이 아니다. 다의와 상징은 '모든' 언어의 기능과 직분에 속하는 문제이다.

기능과 작용을 서술함으로써 얻은 것이 그것이다. 그런데 우리 문제를 언어학 속에 집어넣는 것은 또 다른 측면이 있다. 의미론이 언어학 속으로 들어가는데 치러야 할 대가는 무엇인가? 폐쇄된 언어 세계 안에서 분석을 해야 한다는 점이다. 우리는 그 점을 부각시키지 않았다. 그러나 야콥슨 분석의 특징을 보면 그 점을 알 수 있다.

의미론이 본래 언어학에 속한다는 것을 보이기 위해 야콥슨은 연쇄관계(또는 그의 용어로 말하자면 대체의 축)에 대한 소쉬르의 관점을, 기호의 상호 해석 능력을 말한 퍼스의 관점과 같은 것으로 보았다. 그렇게 되면 해석이란 해석학과 관련이 없어진다. 퍼스에 따르면 모든 기호에는 해석자가 필요하다. 해석자의 직분을 수행하는 것은 다른 기호(또는 기호 전체)이다. 다른 기호가 원래 기호를 대체(substitution)해서 기호의 의미를 내놓는다. 그런 식의 해석자 개념은 소쉬르에게서 나온 대체 집단 개념의 연장선에 있는 것이다. 그러면서 그것이 언어 내부의 관계임을 분명히 하고 있다.

모든 기호는 다른 기호에 의해 풀리고, 다른 기호 안에서 그 모습이 더욱 뚜렷해진다. 정의를 내리는 말이나 에두르는 말, 술부관계, 상징이 모두 그렇다. 그러나 그렇게 해서 우리는 과연 무엇을 얻었는가? 메타언어학이 지닌 기능의 뿌리를 봄으로써 우리는 의미론의 문제 하나를 풀었다. 야콥슨은 또한 의사소통 안에 들어 있는 여러 가지 기능에 관한 연구를 통해 말의 배열을 부호와 연관시키는 기능의 뿌리를 밝혔다. 우리는 그러한 메타언어학의 도움으로 의미론의 문제를 푼다. 실제로 야콥슨은 은유 과정의 구조를 분석할 때 메타언어학의 관점을 사용했다. 기호는 서로가 맞물려 뜻하기 때문에 대체관계에 들어갈 수 있으므로 은유가 가능하다.

그런 식으로 의미론은 다의 문제를 가지고 언어의 테두리 속으로 들어온다. 언어학자가 논리학자에게 간곡하게 당부한다. "상징논리학에 따르면, 언어학에서 말하는 의미는 사물의 존재를 전제로 하지 않는다. 언어학에서 보는 의미는 체계, 곧 어떤 표현이 다른 표현과 분석관계에 있는 그런 체계로 구성된다"(Jacobson, p.42). 여기서 우리는, 겹뜻의 문제를 너무 엄밀하게 분석하면 사물을 겨냥하는 측면이 사라져버린다는 것을 잘 알 수 있다. 앞에서 우리는 상징이 철학의 관심을 끄는 것은, 기호가 여러 겹의 뜻을 가짐에 따라 존재의 모호함이 드러난다는 데 있다고 말했다. 그러나 이제 그 여러 겹의 뜻을 과학 ─ 언어과학 ─

으로 살필 때 우리는 닫힌 기호 세계 속에 갇히게 된다는 것을 알았다. 이것은 언어 '철학'과 언어 '과학'의 관계를 잘 보여주는 대목이 아닐까? 철학인 해석학과 과학인 의미론의 차이가 잘 드러난다.

다시 한 번 등급의 변화를 꾀하면서 그 문제를 자세히 살펴보자. 우리는 구조의미론으로 넘어간다. 우리가 살펴볼 구조의미론은, 자동 번역 같은 응용언어학뿐만 아니라 오늘날 구조의미론이라는 이름이 붙은 모든 이론언어학을 포함한다.

3) 구조의미론

그레마스에 따르면 구조의미론에는 세 가지 방법론이 있다.[12]

구조의미론은 처음부터 닫힌 언어 세계라는 공리에서 출발한다. 그 공리 때문에, 어떤 기호 질서를 다른 기호 질서로 번역하는 메타언어학이 의미론을 지배한다. 그러나 야콥슨에게서는 언어 대상의 구조와 메타언어의 구조가 서로 어떤 관계에 있는지 볼 수 없었는데, 구조의미론에서는 언어의 계층이 뚜렷하게 보인다. 먼저 언어 대상이 있고, 그다음에 앞 언어의 기초 구조를 서술하는 언어가 있으며, 그다음에 그러한 서술의 작용 개념을 정립하는 언어가 있고, 끝으로 앞의 것들을 공리로 만드는 언어가 있다.

그와 같이 폐쇄된 언어의 울타리 안에서 언어의 계층이 뚜렷하게 드러나면서, 구조의미론이라는 과학의 공식을 분명히 알 수 있다. 메타언어학에서 형성된 구조가 언어 안에 있는 구조와 똑같다는 것이다. 또 다른 공식 또는 두 번째 방법론은 분석의 전략 수준을 바꾸는 것이다. 분석을 위해서는 낱말(어휘소)을 보지 말고 그 아래에 있는 구조를 봐야 한다. 그것이 두 번째 공식이다.

여기서는 그런 시도를 간단히 이야기하고 넘어갈 수밖에 없다. 거기서 진행되는 작업은 어휘보다 낮은 단위인 의미소(意味素, le sème)를

---

12) Greimas, *Sémantique structurale*, Paris, 1966.

중심으로 전개된다. 그리고 그것은 길고 짧거나 또는 넓고 좁다는 식의 반대 짝의 관계 안에서 움직인다. 설령 일상 언어와 이름이 같더라도 의미소는 말에 나타나는 어휘소와 다르다. 거기에는 낱말과 대상이 짝을 이루지 않고 결합과 분리의 관계만 있을 뿐이다. 두 개의 의미소로 갈라지고(예를 들어 남성과 여성), 하나의 특징 아래 결합한다(예를 들어 성이라는 장르). 의미소 분석은 결합과 분리의 계통수를 그려내는 데 있다. 그것은 응용언어학에서 쓸모가 많다. 둘씩 짝짓는 관계는 기초체계 1(0, 1)에서 계산하기에 좋고, 결합과 분리는 인공지능 같은 기계장치(열림과 닫힘)로 다루기가 좋다.

그러나 이론언어학에서도 쓸모가 많다. 의미소란 관계 구조에서 형성된 의미 단위이기 때문이다. 어휘 전체를 그 의미의 기초 구조로 재구성할 수 있다면, 그것이 가장 이상적이다. 그럴 수만 있다면—그러나 그것은 비인간적이다—낱말과 대상의 짝은 의미소의 집합체로서 완전히 분석할 수 있게 된다. 결합과 분리 그리고 관계의 계층만 있는, 다시 말하면 의미소의 체계만 있는 의미소의 집합체로서 분해가 가능할 것이다.

세 번째 공식은, 기술언어학에서 우리가 어휘소로 알고 있으며 말할 때 낱말로 사용하는 것이, '언어 내면의 차원'이 아니라 '말의 생산 차원'에 속한다는 것이다. 낱말—일상 언어로 말하자면—은 그 구조와는 다른 현존 양식을 지니고 있다. 그 점은 우리의 연구를 위해 매우 중요하다. 왜냐하면 우리가 생각한 겹뜻이나 상징 작용은 말(담론)에서 생기는 '의미 효과'이고, 따라서 그 근거는 차원이 다른 문제이기 때문이다.

구조의미론이 노리는 것은, 그 의미 효과를 낳는 관계를 복잡도의 증가에 따라 재구성하는 것이다. 그러한 재구성을 하는 데 두 가지 관점이 있음을 지적한다. 어휘의 성질로 생각했던 겹뜻의 문제와 상징 작용의 문제를 낱말보다 높은 단위, 곧 문장 속에서 매우 자세하고 엄밀하게 다시 생각해볼 수 있다. 구조의미론은 낱말의 의미가 풍성한 것을 독특한 방법으로 분석한다. 의미의 변수들을 여러 층의 콘텍스트에 대응시킨다. 그러면 의미의 변수들이 모든 콘텍스트에 공통된 것과 콘텍스트에 따라 바뀌는 것으로 분류된다. 그리고 그러한 분석을 어휘소를 의미소의 집합으로 바꾸는 언어 작용의 틀 속에 넣고 생각하면, 한 낱말의 여러 가지 의미 효과를 의미소의 파생물로 보게 된다. 핵심 의미소와 콘텍스트에 따라 변하는 의미소의 결합에서 생긴 의미소의 파생물로 보게 되는 것이다.

우리가 잠시 미루었던 잠재 의미라는 개념을 여기서 다시 생각하게 된다. 결합만 있던 공식 속에 분리와 계층 관계를 집어넣을 수 있고 의미 효과를 하나하나 집어넣을 수 있다. 그리하여 콘텍스트에 따라 변하는 변수가 의미 효과를 낳는 것을 끄집어낼 수 있다. 그러면서 콘텍스트의 역할을 훨씬 더 정확하고 엄밀하게 관찰할 수 있다. 콘텍스트의 역할에 대해서는 이미 앞에서 대강 살펴본 바 있는데, 거기에서는 콘텍스트를 문장 안의 여러 가지 다른 낱말들의 의미 차원을 거르는 여과기라고 했다.

여기서는 이제 콘텍스트에 따라 변하는 변수들을 거르는 여과기라고 할 수 있다. 예를 들어(그레마스가 든 예) '개가 짖는다'를 보자. 여기서 '개'와 '짖는다'에 공통된 콘텍스트 변수는 '동물'이다. 따라서 동물이 아닌 사물과 관련된 개의 뜻*은 배제된다. '짖는다'는 말도 마찬가지이다. 사람에게나 해당하는 말은 배제된다. 그러므로 콘텍스트의 여과기 역할은 반복을 통해 의미소를 강화하는 데 있다.

어휘의미론 부분에서 다룬 문제와 똑같은 문제를, 콘텍스트의 기능 분석에서 보는 셈이다. 그러나 앞에서는 분석 도구가 꼭 필요했다. 그 문제에서 콘텍스트 이론은 매우 놀랍다. 똑같은 의미소의 반복을 통해

＊여기서 리쾨르는 chien du fusil을 예로 들고 있는데, 이것은 총의 공이치기를 가리키는 말이다. 우리말의 공이치기에는 개라는 말이 들어가지 않지만 프랑스어에는 들어간다.

문장 안에서 의미의 안정을 꾀함으로써, 우리는 말하자면 동위 (isotopie) 담론이 무엇인지를 정할 수 있다. 그것이 동일한 의미 수준에서 생기는 것을 밝힐 수 있다. '개가 짖는다'는 것은 동물에 관한 말이다.

동위 담론이라는 개념에서 출발하면 상징 문제도 같은 방식으로 분석할 수 있다. 여러 가지 뜻을 지닌 말(담론)의 경우에 어떤 일이 일어나는가? 콘텍스트가 동위 담론을 만드는 것이 아니다. 콘텍스트는, 동위 의미소를 여과해내는 대신 서로 어긋나는 동위 의미치(sémantique appartenant)가 여러 개 생겨나게 한다.

내가 볼 때, 그처럼 철저한 분석을 거치면 우리가 지금까지 훑어본 세 가지 전략 수준을 더 잘 이해할 수 있다. 맨 처음에 우리는 큰 단위의 말, 곧 텍스트 수준에서 해석 문제를 살펴보았고 이어서 낱말, 곧 명사의 뜻 수준에서 어휘의미론 문제를 살펴보았으며 마지막으로 의미소 수준에서 구조주의 의미론을 살펴보았다. 수준을 달리함으로써 얻은 소득도 있다. 작은 단위로 가면서 엄밀함과 과학성은 증가한다. 보편 기호라고 하는 라이프니츠의 이상에 점점 다가간다.

물론 거기서 상징이 사라진 것은 아니다. 그렇지만 상징은 이제 더 이상 수수께끼 같은 신비한 무엇이 아니다. 그것은 두 가지로 설명할 수 있다. 첫째, 상징의 다의는 어휘소, 곧 랑그의 문제가 된다. 그 점에서 상징은 독특한 것이 아니다. 모든 일상 언어에는 한 가지 이상의 뜻이 있기 때문이다. 바슐라르의 불 역시 사전에 나오는 여느 낱말과 다를 바 없다. 상징과 관련해 낱말 차원에서 발생하는 신비라는 환상은 사라진다. 상징의 가능성은 모든 낱말에 공통된 기능 또는 언어의 보편적 기능에 뿌리내리고 있다. 그것은 어휘소가 콘텍스트에 따른 변화를 만든다는 점이다.

둘째, 상징은 말(담론)과 관련이 있다. 여러 가지 뜻은 말 속에서 생긴다. 그래서 말이 특정한 의미 효과를 내는 것이다. 콘텍스트가 계산된 모호함을 만든다. 그리고 어떤 동위체를 끌어들여 다른 새로운 동위체를 만들어내는 텍스트가 계산된 모호함을 만든다. 그러므로 의미의 전이, 곧 은유는 경합을 벌이는 여러 가지 동위체의 놀이 또는 동위의 변화로 볼 수 있다. 동위의 개념으로 은유는 언어 안의 문제가 된다. 야콥슨이 소쉬르에게서 빌려온 대체 축이라는 개념보다 동위 개념이 그 문제를 더 자세하게 설명해준다.

그러면 이제 철학자는 막다른 골목에 다다른 것인가? 경우에 따라 말이 왜 모호해지는지 더 물어볼 필요가 없게 되었는가? 철학자의 질문은 이렇다. 무엇을 위한 모호함인가? 또는 '무엇을 말하려고?' 우리는 근본 문제에 도달했다. 언어의 울타리 안에 갇히는 문제이다. 우리가 언어에 빠졌을 때, 언어의 드러내는 차원에서 멀어졌을 때 그리고 어휘 이하의 의미 단위로 내려갔을 때, 그때 우리는 폐쇄된 언어를 본다. 구조 분석으로 찾은 의미 단위는 아무것도 뜻하지 않는다. 단지 결합의 가능성을 지니고 있을 뿐이다. 아무것도 말하지 않고, 결합했다 갈라지곤 할 뿐이다.

그러므로 상징을 생각할 수 있는 방식에는 두 가지가 있다. 상징을 구성하는 것을 가지고 말할 수도 있고, 상징이 뜻하는 것을 가지고 말할 수도 있다. 상징을 구성하는 것을 보려면 구조 분석을 해야 한다. 그리고 그런 구조 분석으로는 상징의 '맛'을 잃는다. 상징은 모든 언어의 뿌리에서 일어나고, 거기에는 신비가 없다. 상징의 사명은 그 신비한 맛에 있는데 말이다.

상징이 뜻하는 것과 관련해서는, 구조주의 언어학은 아무런 역할도 하지 못한다. 분석과 종합 사이를 오가는 운동에서, 돌아오는 운동은 가는 운동과 같지 않다. 분석에서는 다루지 않던 문제들이 나타난다. 뤼에(Ruyer)는 그것을 표현이라고 했는데, 말하는 사람이 자기 감정을 표현한다는 뜻이 아니라 언어가 무언가를 말하고 표현한다는 뜻이다. 표현 문제가 생긴다는 것은 말(담론)의 수준과 랑그의 수준이 다르고, 드러내는 것과 내부에 갇혀 있는 것이 다르다는 점을 말해준다. 어휘를 가지고 의미소의 집합체를 분석해낼 수도 있지만, 직접 이해할 수 있는 의미 단위들의 종합을 이룰 수도 있다.

바로 그 표현력에 언어의 맛이 있다. 그레마스는 "언어의 신비가 있을지도 모르고, 철학자는 거기에 관심을 기울일 것이다. 그러나 언어에 신비는 없다"고 했다. 우리도 그렇게 말할 수 있다. 언어에 신비는 없다. 시나 거룩한 상징이라 할지라도, 의미소 변수의 활동이라는 점에서 평범한 사전 용어와 다를 것이 없다. 그러나 언어의 신비가 있다. 다시 말해서 말해진 언어는 무언가를 말한다. 존재에 관해 무언가를 말한다. 상징의 신비가 있다면, 그것은 드러내는 차원의 일이다. 말의 모호함 속에서 존재의 모호함을 말한다.

이제 철학의 과제는, 말해진 존재 쪽으로 말을 여는 데 있지 않을까? 언어학은 그 방법 때문에 처음부터 말을 닫힌 기호 세계 속에 가두고, 기호 내부의 관계로 볼 수밖에 없다.

3. 구조 · 낱말 · 사건

이 글은 구조주의를 둘러싼 논쟁을 구조주의의 본래 자리로 돌아가 생각하려는 것이다. 구조주의의 원래 자리는 언어과학이고, 언어학이다. 거기서 우리는 논쟁을 달구기도 하고 식히기도 할 것이다. 거기서 구조 분석의 타당성도 드러나고 그 한계도 드러날 것이다.

(1) 구조주의에서 표현된 앎의 형태는 다음과 같은 경우에 타당하다.
① 이미 구성되어 멈추고 닫혀버린, 말하자면 죽은 몸뚱이를 탐구할 때.
② 요소와 단위의 목록을 작성할 때.
③ 그 요소와 단위들을 둘씩 짝을 짓게 하고 그 짝 안에서 서로 맞서는 관계에 둘 때.
④ 그러한 요소나 서로 맞선 짝의 조합을 구성할 때.

그런 목록에 들어올 준비가 되어 있는 언어 모양을 '랑그'라 하고—랑그가 낳는 목록과 조합을 '분류학'이라고 부른다—그런 탐구를 이끄는 모델을 '기호론'이라고 부르겠다.

(2) 그런 시도가 성공할 때 치러야 할 대가가 있음을 나는 보이겠다. 그것은 말을 이루는 행위와 작용과 과정을 이해하는 것이 구조주의 지성 밖의 일이라는 점이다. 구조주의에서는 랑그와 말을 서로 반대되는 것으로 끌고 간다. '문장'이나 '언술'(l'énoncé)을 가지고 그 문제를 취급하겠다. 그런 지성을 이끄는 모델을 나는 '의미론'이라고 부르겠다.

(3) 구조주의 모델이 아닌—적어도 첫 부분에서 말하는 구조주의가 아닌—다른 연구를 보이겠다. 새로운 지성을 선사할 것이다. 그 새로운 지성은, 구조와 사건의 대립을 피하고 체계와 행위의 대립에서 벗어나 있다. 구조주의는 여전히 그 둘을 계속 반대로 보고 있다.

그쯤에서 나는 '생성문법'이라는 이름으로 알려진 촘스키의 언어학에서 몇 마디 끌어올 것이다. 분류학이고, 폐쇄된 목록의 학문이며, 조합의 학문인 구조주의가 거기서 조종을 울린다.

그러나 무엇보다도 나는 '낱말' 문제를 다루겠다. 구조와 사건이 계속 교환되는 언어 장소가 낱말이다. 그래서 이 글의 제목에도 구조와 사건 사이에 낱말이 들어가 있다.

그런 연구에는 기초가 되는 전제가 있다. 언어에는 여러 수준이 계층을 이루고 있다는 것이다. 언어학자들이 모두 그 점을 말하지만, 모든 수준을 한 가지 방법에 묶어둠으로써 계층을 약하게 만든다. 예를 들면 음운론에서 성공을 거둔 방법에 언어의 모든 수준을 묶어둔다. 음운론 수준의 방법은 제한되고 닫힌 목록을 만드는 데 좋으며, 서로 반대되며 짝을 이루는 관계를 만들고 서로 다른 단위들을 가지고 엄밀하게 조합을 만드는 데 좋다. 문제는 언어의 모든 수준이 다 똑같지 않다는 데 있다.

내 연구의 바탕에는, 문장이나 언술 같은 말의 단위로 갈 때는 수준의 계층에 단절과 변화가 있다는 생각이 깔려 있다. 이 글에서 모든 수준을 다 다루지는 않겠다. 다만 글의 끝부분에 가면 텍스트와 같은 새로운 수준이 있을 수 있음을 보게 된다. 텍스트의 내부관계를 보려면 문장이나 낱말과 다른 종류의 지성이 필요하다. 텍스트와 같은 큰 단위로 가야 로고스 존재론 또는 말의 존재론이 차지할 자리가 있다. 만일 언어가 존재와 어떤 관계가 있다면 드러내는 수준에서 그럴 것이며, 드러냄 수준의 운동 법칙은 앞의 수준들과는 매우 다르다.

간단히 말해 방법과 관점과 모델이 여러 가지인 까닭은, 언어활동 안에 수준의 계층이 있기 때문이다.

1) 구조주의 분석의 전제

나는 인식론의 의미에서 언어학 이론의 결과보다는 그 전제를 보려고 한다. 현대 언어학의 창시자인 소쉬르가 그 전제를 알고 있었지만 그 점을 말하는 데는 늦었다. 적어도 그가 새로 만든 개념들 뒤에 오는 언어로 그 점을 말했다. 그런 전제를 이론으로 만든 사람은 옐름슬레우(Louis Hjelmslev)로, 1943년에 쓴 『언어이론 서설』이라는 책에서 처음으로 밝혔다. 그 전제를 알아보자.

(1) 언어는 경험과학의 대상이다. 여기서 경험이라는 말은 현대적인 의미로 쓰였다. 관찰이 중요할 뿐만 아니라, 귀납 방식이 연역이나 계산에 밀린다는 것을 뜻한다.

소쉬르도 언어가 과학의 대상이 될 수 있다는 점을 인정한다. 랑그와 파롤의 구분이 그것이다. 정신생리의 측면이나 개인의 수행이나 자유로운 말의 조합을 파롤 쪽에 두고 멀리하면서, 소쉬르는 랑그를 중시했다. 부호를 구성하는 규칙이나 언어 공동체의 제도 그리고 자유로운 말의 조합을 위해 선택이 일어나는 집합체가 모두 랑그의 문제이다. 그리하여 언어가 한 분야의 연구 대상이 된다. 랑그와 관련이 있는 것은 모두 같은 영역 안에 있다. 그에 견주어 말(파롤)은 정신생리학과 심리학과 사회학에 골고루 걸리고, 어떤 한 분야만의 연구 대상이 아니다.

(2) 랑그 안에서도 체계상태를 연구하는 학문, 곧 공시언어학과 변화를 연구하는 학문, 곧 통시언어학이 갈라진다. 그런데 여기서도 소쉬르는 다시 한 번 강조한다. 그 두 가지 접근방식이 동시에 일어나는 것이 아니며 통시보다 공시를 우위에 둠으로써, 그는 갈 길을 분명히 정했

다. 옐름슬레우의 말은 소쉬르의 명제를 더 철저하게 만든 것으로 볼 수 있다. "모든 과정 뒤에 체계가 있다." 이 두 번째 명제에서 구조주의 지성은 새로운 모습을 띤다. 변화 그 자체는 알 수 없다는 것이다. 한 체계에서 다른 체계로 옮겨가는 것으로만 변화를 알 수 있다. 통시의 뜻이 그렇다. 우리는 요소가 배열되어 동시 집합체를 이룬 체계를 먼저 안다.

(3) 체계상태에서는 절대 언어가 없고 상호 의존관계만 있을 뿐이다. 소쉬르는 이렇게 말했다. "언어는 실체가 아니라 형식이다." 그리고 그 형식은 반대로 맞수로 이루어져 있다. 다시 한 번 소쉬르가 말한다. "랑그에는 차이가 있을 뿐이다." 의미를 생각할 때, 불규칙하게 변하는 술어의 꼬리표처럼 따로 떨어진 기호를 생각하지 말고, 그 기호가 다른 기호와 맺는 관계 값이나 반대 값을 생각하라는 것이다.

(4) 기호들의 전체는 닫힌 체계로 보고 분석 대상으로 삼아야 한다. 음성학에서는 그것이 분명하다. 어떤 랑그의 음소 목록을 만든다. 그런데 그것은 어휘 차원에서도 마찬가지이다. 사전에서 볼 수 있는 것처럼, 어휘가 많기는 하지만 무한하지는 않다. 어휘가 셀 수 없이 많지만, 만일 그 어휘의 기초를 이루는 하부 기호의 목록을 만든다면 어휘를 더 잘 이해할 수 있다. 실제 어휘가 얼마나 풍부한지도 되새겨볼 수 있다. 끝으로, 통사론이 형식과 규칙의 체계로 구성되었다는 사실을 기억하는 것도 무익하지 않다. 게다가 언어학자는 좀 더 높은 수준에서도 제한된 텍스트를 가지고 작업한다고 하면, 분석작업의 폐쇄성을 일반 공리로 만들 수 있다. 폐쇄된 기호체계 안에서 볼 때 언어학자는 자신이 분석하는 체계에 밖은 없고 내부관계만 있다고 생각할 수 있다. 옐름슬레우는 그 구조를 '자동 내부 의존체'라고 정리한다.

(5) 앞에서 말한 네 가지 명제에 맞는 기호는, 기호가 사물을 향한다는 생각과 거리가 멀다. 랑그와 파롤을 나누고, 체계의 상태와 변화의 역사를 나누며 형식과 실체를 나누고 폐쇄된 기호체계와 세상을 가리키는 것을 나누어 생각한다면, 기호는 같은 차원의 다른 기호와 맞서는

것일 뿐만 아니라 그 안에서도 순전히 내부의 차이로 존재할 뿐이다. 그런 뜻에서 소쉬르는 기표와 기의를 구분했고 옐름슬레우는 표현과 내용을 구분했다. 아마 이 명제가 가장 먼저 와야 할지도 모른다. 소쉬르의 책에는 그렇게 되어 있다. 그러나 논리 순서로 볼 때 앞에 나온 공리 뒤에 와야 한다. 기호 세계 전체가 닫혀 있고, 그 안에서 기호는 다른 기호와의 차이이며 또한 기호 하나하나의 내부에서 표현과 내용의 차이이다. 폐쇄된 언어 세계가 그런 두 가지 얼굴을 하고 있다.

구조주의는 지금까지 말한 명제들 속에 들어 있는 요청을 의식화하는 것이라고 볼 수 있다. 물론 소쉬르는 '구조'라는 말 대신 '체계'라는 말을 썼다. 구조라는 말은 1928년 헤이그에서 열린 제1회 국제언어학자대회 때 '체계의 구조'라는 말에서 처음 사용되었다. 거기서 '구조'는 체계를 만든다는 뜻으로 쓰였다. 그리하여 분절과 결합의 모든 가능성이 열려 있는 가운데 일어나는 결합을 가리킨다. 거기서 한 언어의 개별 형체가 생긴다는 것이다.

그러나 '구조적'이라는 형용사 형태로, 구조라는 말은 체계와 똑같은 뜻으로 쓰이게 되었다. 그때부터 구조적 관점이란 생성 관점과 반대된다. 구조적 관점에는 공시 개념(랑그의 상태가 역사보다 우위)과 유기체 개념(랑그는 부분을 품고 있는 전체)과 결합 개념(랑그는 흩어져 있는 단위들이 제한된 질서를 이룬 것)이 들어 있다. '체계의 구조'라는 말에서 '구조적'이라는 형용사로 옮겨감으로써 그러한 여러 가지 의미를 담게 되었다. 마지막으로 '구조주의'라는 말은, 구조주의 관점을 작업가설이나 이데올로기 또는 투쟁 무기로 삼는 연구를 가리킨다.

2) 말로서의 파롤

구조주의 관점의 승리는 과학의 승리이다. 언어를 자동 대상으로 삼음으로써 언어학은 과학이 된다. 그렇다면 치러야 할 대가가 없는가? 앞에서 열거한 공리들은 하나하나 소득이면서 또한 상실이다.

말하는 행위는 바깥 사항이며 개인의 수행 사항이라고 해서 배제할 뿐만 아니라, 자유로운 결합이며 새로운 언술이라고 해서 배제한다. 그러나 언어의 기본이 거기에 있지 않은가? 언어의 운명이 그런 것 아닌가?

역사도 배제한다. 한 체계의 상태에서 다른 체계상태로 가는 변화를 배제할 뿐 아니라, 랑그가 만들어지는 가운데 문화와 사람이 생산되는 것도 배제한다. 훔볼트(Houmbolt)가 생산이라고 부르며 이미 만들어진 작품과 반대로 생각한 것은, 통시를 가리키는 것만은 아니다. 다시 말해 하나의 체계상태에서 다른 체계상태로 옮아가는 변화를 가리키는 것일 뿐 아니라 우리 모두에서 말이 발생하는 것까지도 가리킨다.

그처럼 자유 결합과 생성을 배제하는 데 그치지 않는다. 언어의 첫 번째 의도는 무엇에 대해 무언가를 말하는* 데 있으며, 그런 의도도 배제된다. 그 의도를, 말하는 사람과 듣는 사람은 즉시 이해한다. 말하는 사람과 듣는 사람에게서 언어는 무엇인가를 노린다. 더 정확히 말하면 두 가지를 노린다. 하나는 관념이고(무언가를 말함), 나머지 하나는 실제로 가리키는 것(무엇에 대해)이다. 그 운동에서 언어는 두 가지 문턱을 넘는다. 관념의 뜻이라는 문턱과, 그것 너머로 가리킴이라는 문턱이다. 두 개의 문턱을 넘으면서, 다시 말해 초월 운동을 일으키면서 언어는 '뜻한다.'** 언어는 현실에 손을 대고, 거기에 대한 생각을 표현한다.

메이예(Meillet)에 따르면, 우리는 언어에서 두 가지를 고려해야 한다. 내재와 초월이다. 오늘 우리는 이렇게 말한다. 내재 구조와 드러내는 차원을 고려해야 한다. 드러내는 차원에서 언어의 의미 효과가 현실의 자국에 제공된다. 두 가지를 모두 고려해야 폐쇄된 기호 세계와 언어의 첫째 기능이 균형을 잡는다. 첫째 기능이란 말하는 데 있다. 닫힌

---

* dire quelque chose sur quelque chose. '무엇'은 말로 원래 말하고자 했던 삶의 현실이다. '무언가'는, 말이란 그것이 가리키는 현실을 그대로 가리키지 못하고 현실(무엇)과 거리가 있음을 나타내기 위해 쓴 용어이다.
** 프랑스어로 '말하기를 원한다'(vouloir dire)는 말로, '뜻한다'는 의미를 나타낸다.

기호 세계와 달리, 말하는 기능은 열려 있다.

그런 식의 생각은 작게 분석하는 것이 아니라 크게 생각하는 것이다. 그리하여, 언어가 경험과학의 대상이라고 하는 언어과학의 전제가 되는 명제들에 의문을 붙인다. 만일 언어가 어떤 과정이나 방법, 전제들이나 이론의 구조로 정체를 결정할 수 있다고 생각한다면, 언어가 대상이 되는 것은 당연하다. 그러나 언어라는 대상이 방법이나 이론에 예속될 수 없는 것이라면, 하나의 현상에 불과한 것을 절대치로 생각한 것이다.

그런데 말하는 사람들의 언어 체험에 따르면, 언어 대상을 절대화할 수 없다. 그렇게 몰아갈 수 없는 언어의 존재 형태를 발견하게 된다. 말하는 사람에게 언어는 대상이 아니라 매개체이다. 언어를 거쳐, 언어를 수단으로 삼아 우리는 우리를 표현하고 사물을 표현한다. 말한다는 것은 말하는 사람이 누군가에게 무엇에 대해 무언가를 말하기 위해 폐쇄된 기호 세계를 넘어서는 행위이다. 말한다는 것은, 언어가 기호이기를 넘어서서 자신이 가리키고 겨냥하는 것으로 가는 행위이다. 언어는 사라지기를 바란다. 대상으로서는 죽기를 바란다.

모순이 보인다. 구조주의 언어학은 인식론적 결정에서 나온다. 닫힌 기호 세계 안에서 작업하겠다는 것이다. 그러한 결정 때문에 체계에는 밖이 없다. 자동 내부 의존체이다. 그러나 그러한 방법 결정은 언어 체험을 무시하는 결정이다. 그러므로 구조주의 모델에서 배제한 것을 다시 찾아야 한다. 언어는 말하는 행위요, 말함(dire)이다. 그것을 다시 찾아야 한다. 언어학자가 아닌 학자들은 언어의 기능에 대해 단편적인 사실에서 결론을 이끌어내는 사람들이라는 주장에 맞서야 한다. 그것은 공감과 협박이다.

자신의 작용을 주제로 삼는 '문학'의 출현으로, 구조주의 모델이 언어를 모두 설명한다는 환상을 품을 수 있다. 그러나 그런 식의 '문학'은 언어 영역에서 예외에 속한다. 그것은 과학도 아니고 문학도 아니다. 문학은 언어의 소명이 말함에 있음을 분명하게 알려준다. '문학'을 구조주의 언어학으로 설명하는 것은 우연한 일일 뿐이며 통하는 범위도 넓지 않다. 말을 비신비화한다고 하는데, 그런 시도 자체 역시 비신비화해야 한다.

우리가 해야 할 일은, 구조주의 지성이 펼쳐놓은 모순을 끝까지 쫓아가는 데 있다. 그러한 모순이 오늘날에는 언어 전체를 아는 데 피할 수 없는 조건이다. 결국 언어를 생각한다는 것은, 소쉬르가 갈라놓은 랑그와 파롤의 통합을 생각하는 것이다.

그러나 어떻게 그렇게 되는가? 랑그의 과학에 맞서 말의 현상학을 세우면서, 심리주의나 정신주의에 다시 빠질 위험이 있다. 적어도 구조주의는 이미 그 문제를 해결했다. 파롤과 랑그의 이율배반을 제대로 해결하려면, 랑그의 환경 속에서 말의 행위를 생산할 수 있어야 한다. 그런 식으로 변증법적 의미 생산이 이루어질 때 체계는 행위가 되고 구조는 사건이 될 수 있다.

그런 식의 의미 생산을 생각할 수 있으려면, 언어 수준의 계층을 알아야 한다. 아직 그 계층에 대한 이야기는 없다. 두 가지 차원의 분절을 포개놓고 보았을 뿐이다. 음성학적 분절과 어휘의 분절이다(통사론적 분절을 덧붙인다면 세 가지이다). 랑그는 분류학이고, 기호의 수집창고이며, 단위의 목록이고, 요소의 결합이라고 하는 관점을 아직 벗어나지 못했다. 언어 수준의 계층은, 음성학과 어휘와 통사론 쪽에서 말하는 체계와는 다른 문제이다. 랑그 단위에서 문장이나 언술 같은 새로운 단위로 가면 수준이 변한다. 문장 같은 단위는 랑그 수준이 아니라 말의 수준이다. 단위가 달라지면서 기능도 바뀐다. 또는 구조에서 기능으로 간다고도 할 수 있다. 그제야 언어를 말로 볼 수 있는 기회가 생긴다.

기호들끼리의 관계 또는 기호를 구성하는 요소들끼리의 관계를 기호론이라고 한다면, 우리가 지금 생각하는 새로운 단위는 기호론과는 거리가 멀다. 새로 생각할 단위는 의미론에 가깝다. 의미론이라고 할 때, 뜻한다는 것을 가리킬 뿐 아니라 무언가를 말한다는 것 또는 기호에서 사물로 간다는 것을 가리킨다.

언술이나 문장에는 구조와 사건의 이율배반이 그대로 들어 있다. 그런데 그 이율배반으로 언어가 언어 밖의 사물과 맞서는 것이 아님을 점차 알게 된다. 오히려 언어는 온몸으로 사물을 거쳐 언어 효과를 낸다.

(1) 말의 존재 모양은 '행위'(에밀 벤베니스트〔Emile Benveniste〕)로서 사건이다. 말한다는 것은 현재의 사건이며 피었다 사라지는 행위이다. 반면 체계는 잠재 상태에 있으므로 탈시간이다.

(2) 말에는 줄곧 '선택'이 있어서 어떤 뜻은 채택하고 어떤 뜻은 버린다. 반면 체계에는 구속이 있다.

(3) 그 선택으로 '새로운' 결합이 생긴다. 없던 문장을 내놓고 그러한 문장을 이해하는 것, 말하고 그 말을 이해하는 행위의 본질이 거기에 있다. 없던 문장은 무한한 셈인데, 반면에 기호는 유한하고 닫힌 목록을 지니고 있다.

(4) 말의 행위에서 언어는 어떤 대상을 지시한다(référence). 말한다는 것은 무엇에 관해 무언가를 말하는 것이다. 여기서 우리는 프레게(Frege)와 후설(Husserl)을 다시 본다. 유명한「의미와 지시체」(Über Sinn und Bedeutung)(기치〔Peter Geach〕와 블랙〔Max Black〕은 Sense and Reference로 번역했다)에서 프레게는 언어가 겨냥하는 것이 두 가지임을 잘 나타내고 있다. 관념상의(즉 물리 세계나 심리 세계에 속하지 않는) 의미와 그것이 지시하는 것이다. 그가 말하는 의미(Sinn)는 어떤 대상으로 진짜 존재하는 것이 아니라면, 지시체(Bedeutung)에서 낱말과 문장은 현실에 뿌리를 둔다. "우리는 어떤 말이 가리킨 것을 기다린다. 진리로 향한 마음(das Streben nach Wahrheit)이, 지시체로 나아가도록(vordringen) 우리를 떠민다(treibt)."

의미(관념)가 지시체(현실)로 나아가는 것이 언어의 영혼이다. 『논리 연구』에서 후설도 같은 이야기를 했다. 관념상의 의미는 텅 비어 있으며 무언가로 채워져야 한다. 채워질 때, 언어는 언어가 된다. 다시 말하면 죽어서야 자기 모습을 찾는다. 프레게처럼 Sinn과 Bedeutung을 구분하든지 후설처럼 Bedeutung과 Erfüllung을 구분할 때, 뜻하고자 하는 의도 때문에 폐쇄된 기호 세계가 깨진다. 기호는 기호가 아닌 것을 향해 열려 있고 언어는 말이며, 무엇에 관해 무언가를 말한다. 관념 의미가 사물 현실을 향해 가는 순간은 기호를 초월하는 순간이다. 그 순간은 문장과 동시에 발생한다. 문장 수준에 이르러 언어는 비로소 무언가를 말한다. 문장 이하에서는 그렇지 않다. 그러므로 프레게가 말하는 언어의 이중 구조는 술부의 문제이다. '무언가를 말한다'는 것이 관념상의 의미이고, '무엇에 관해'가 그 의미가 가리킴으로 가는 것을 뜻한다면 말이다.

그러므로 기호에 관한 두 가지 생각을 반대로 놓을 필요가 없다. 한편에서는 기호를 기표와 기의의 내부 차이로 본다. 다른 한편에서는 기호가 바깥 사물을 가리킨다고 본다. 그 둘 가운데 하나를 선택해야 하는 것이 아니다. 하나는 체계 안에서 기호의 구조에 관심을 갖고, 다른 하나는 문장에서 기호의 기능에 관심을 갖는다.

(5) 말의 마지막 특징을 보자. 사건 · 선택 · 새로움 · 가리킴 같은 것은 말의 주체를 가리키는 것이기도 하다. 누가 누구에게 말한다. 거기에 의사소통 행위의 기본이 있다. 그 때문에 말하는 행위는 익명의 체계와 다르다. 주체가 랑그에 따라 움직이는 기호체계를 취해 자기 나름의 말의 행위를 할 때, 그때 말이 있다. 누가 채우고 활용하기 전에 체계는 잠재력으로 머물러 있다. 체계를 활용하면서 누구는 다른 누구에게 말한다. 그러므로 말하는 행위의 주체는 상호 주체이다.

말의 수준에서 언어는 지시체와 주체를 가진다.[13] 세상과 청중을 가진다. 그러므로 세상을 가리키는 것이 구조주의 언어학에서 배제되는 것은 이상할 까닭이 없다. 지시성은 체계 구성과 무관하기 때문이다. 그러나 지시성을 배제하는 것은 분절의 과학을 만들기 위해 세운 전제

---

13) 말의 주체 문제는 뒤에 나오는 「주체 물음: 기호론의 도전」이라는 글에서 더 자세히 다루었다.

이다. 상황이나 청중과 관련해서 무언가를 뜻하려는 수준에 이르면 그런 전제는 타당하지 않다. 말을 하고 듣는 것과 지시하는 것은 행위와 사건과 선택과 새로움과 함께 간다.

3) 구조와 사건

이쯤 되면 이율배반을 그냥 인정하고 싶은 마음이 들지도 모른다. 구조주의는 물론 그렇게 한다. 지금까지 우리는 이율배반을 끝까지 추적했으며, 얻은 것도 있다. 건설적인 생각을 하기 위한 첫걸음이었다. 그 첫걸음으로 우리는 이율배반을 더 뚜렷하게 드러냈다. 체계와 역사, 사건과 잠재, 선택과 구속, 혁신과 제도, 지시와 폐쇄성, 주체와 익명의 이율배반을 분명히 보았다.

그러나 이제 새로운 길을 개척해야 한다. 새로운 지성의 모델을 만들고 두 가지 관점을 종합할 수 있어야 한다. 그리하여 언어 현상을 정복할 수 있는 생각의 도구를 찾아야 한다. 언어 현상은 구조도 아니고 사건도 아니며, 말에서 구조와 사건이 계속 왔다 갔다 하는 것이다.

그 문제를 살피려면 언어를 통사론과 의미론에서 보아야 한다. 이 글의 제목이 구조 · '낱말' · 사건이기 때문에 여기서는 통사론을 조금 다루고 의미론을 조금 더 다루겠다.

(1) 후기 구조주의에서 눈에 띄는 발전은 통사론 부분을 중심으로 이루어지고 있다. 미국의 촘스키(Chomsky)는 '생성문법'이라는 개념으로 연구하고 있다. 초기 구조주의의 분류학에 등을 돌리고 그는 곧바로 문장에서 출발한다. 새로운 문장이 생기는 문제에서 출발한다. 『최근 언어학 이론의 문제들』이라는 책에서 촘스키는 이렇게 말한다. "비중 있는 언어학 이론이 되려면 반드시 다음과 같은 사실을 다루어야 한다. 말하는 사람은 언어를 가지고 상황에 맞게 새로운 문장을 만들 수 있고, 그 사람과 함께 이야기하는 사람도 그 새로운 문장을 곧바로 이해한다. 이것은 언어학에서 다루어야 할 중심 사실이다. 말하는 사람이건

듣는 사람이건 언어 체험은 대부분 새로운 문장에서 일어난다. 어떤 언어를 완전히 습득하고 나면, 우리는 어려움 없이 자유롭게 문장을 꾸며 실생활에 활용할 수 있으며 또는 이론을 위해서도 마찬가지이다. 무한대의 문장이 있다고 할 수 있다. 언어를 완전히 습득하고 나면, 수없이 많은 새로운 문장을 곧바로 이해할 수 있을 뿐만 아니라 경우에 따라 정상에서 벗어난 문장도 그 정체를 확인하고 해석할 수 있다. 보통 그렇다. ……그와 같은 언어의 '창조력'을 지나치는 이론은 중심을 놓치고 있는 셈이다."[14]

그리하여 촘스키가 랑그의 문법이라고 부른 것을 고려하려면 새로운 구조 개념이 필요하다. 촘스키는 그 문제를 이렇게 정의한다. "제대로 된 문장들의 꾸러미는 무한한데, 그런 무한한 문장 꾸러미가 가능하게 하면서 각각의 꾸러미를 구조로 서술할 수 있게 하는 처리법이 문법이다"(같은 책, p.9). 따라서 옛날의 구조 서술도 죽은 목록에 바탕을 두기는 했지만, 사실은 독자의 능력을 뒷받침하는 역동적인 생성 법칙 때문에 가능했던 것이다. 촘스키는 계속해서 생성문법을 분류학에 따른 구조주의의 요소 목록과 다른 것으로 설명한다. 그리하여 데카르트(촘스키의 최근 책 제목은 『데카르트 언어학』(*Cartesian Linguistics*)이다)와 훔볼트에 다다른다. 그들에게 언어는 기존 제품이 아니라 생산운동이며 발생하는 것이다.

그처럼 조정된 역동성을 말하는 새로운 구조 개념이, 초기 구조주의를 딛고 일어설 것이다. 끌어안으면서 넘어설 것이다. 다시 말해서 초기 구조주의가 어느 정도 타당한지 그 범위를 정해줄 것이다. 그 문제는 나중에 다시 다루겠다.

그러나 내가 지금부터 말하려는 것은, 그러한 새로운 언어학의 출현으로 무언가 뺏겼다는 생각을 하지 말라는 것이다. 잘 알려지지 않았지

---

14) Noam Chomsky, *Current Issues in Linguistic Theory*, New York, 1964, pp.7~8.

만 위대한 프랑스 언어학자 귀스타브 기욤(Gustave Guillaume)이 중요한 이론을 전개했다. 그의 형태체계 이론—말의 형태론—은 생성문법과 같은 것이다. 그는 관사와 동사의 시제를 연구함으로써 말의 행위가 어떻게 낱말을 문장으로 꾸미는지를 보여준다. 말의 형식들—명사나 동사 같은 범주들—은 낱말을 문장 속에 넣어 말을 만들고, 그런 식으로 낱말을 마무리한다. 낱말을 문장 속에 두는 그런 형식체계로 말미암아 낱말이나 말이 현실에 이른다. 명사와 동사는 말의 범주로, 그 덕분에 기호는 시간과 공간이 있는 '세상을 향한다'. 낱말을 명사와 동사에서 마무리하는 범주로 말미암아 기호는 현실을 붙들 수 있게 된다. 기호론의 닫힌 질서 안에 갇히지 않는다.

그런데 형태론이 그런 역할을 할 수 있는 것은, 말의 과학 또는 관사나 동사의 체계를 연구하는 체계의 과학이 요소의 과학이 아니라 활동의 과학이기 때문이다. 그것을 가리켜 정신주의라고 심판하지 않기를 바란다. 많은 학자들이 그런 심판을 한다. 그러나 그것은 이미지나 개념에 관해 심리주의를 주장하는 태도를 공격하는 데나 적합한 판단이다. 안으로 파고들어가야 알 수 있는 심리 내용을 주장하는 태도를 공격하는 데에나 적합한 판단이다. 활동의 과학에 대고 그런 공격을 하는 것은 바보 같은 짓이다. 여기서도 우리는 필요 없는 금기를 없앨 줄 알아야 한다.

그 문제에 관해서 귀스타브 기욤에 의지하면 우리는 편견을 버리고 결함을 보충할 수 있다. 편견이란 이런 것이다. 통사론이라고 할 때 우리는, 언어의 내부 형태 또는 언어의 자기만족의 완성을 생각한다. 그러나 그보다 틀린 생각은 없다. 통사론은 랑그의 분열을 막고 있지 않다. 그것은 이미 닫힌 분류체계 안에서 형성된 기호에서 이루어진 일이다. 통사론은 랑그가 아니라 말에 관심을 두기 때문에, 기호가 현실로 돌아가는 운동을 본다. 그래서 명사나 동사 같은 말의 형태가, 현실을 시간과 공간 속에서 이해하려는 언어의 작업을 보여주는 것이다. 그것을 가리켜 귀스타브 기욤은 '기호를 세상으로 돌림'이라고 불렀다.

이제 언어철학이 단지 기호와 세상에 거리가 있다거나 또는 기호에는 세상이 없다는 생각(레비-스트로스)만 하면 안 된다는 것이 분명해졌다. 그 점에 주의해야 하는데, 특히 랑그를 구성하는 단위의 닫힌 체계를 생각할 때마다 그 점도 같이 생각해야 한다. 닫힌 체계로는 행위인 말을 생각할 수 없다. 그러므로 기호는 단지 사물에 손을 대지 않거나, 사물을 빠뜨린 것이거나, 사물과 다른 것이 아니다. 기호는 무언가를 표현하며 붙들고 이해하며, 결국은 드러내고 보게 하려는 것이다.

언어철학이, 기호론을 가능하게 하는 조건들에 만족하지 못하는 까닭도 거기에 있다. 자연의 관계를 의미관계로 '환원'한 것은, 기호에 사물이 없다는 것을 설명하기에 충분하다. 그러나 말이 가능하도록 하는 조건도 필요하다. 말이란, 우리 경험 가운데 생각할 수 있고 말할 수 있는 것을 표현하려는 끝없이 새로운 시도이다. 환원으로는 충분하지 않다. '말하고 싶어 함'(vouloir dire)의 뒷면 또는 부정성이 환원이다. 말하고 싶어 함은 결국 무언가를 '지시하고 싶어 함'(vouloir montrer) 쪽으로 간다.

프랑스에서 촘스키의 운명이 어떻게 되고 기욤이 그의 운명에 어떤 역할을 했든지 간에, 언어철학이 새로운 언어 이론에 쏟는 관심은 분명하다. '이미 구조를 갖춘 목록'이 아니라 '구조를 만드는 활동'이라는 역동적인 개념 덕분에 구조와 사건, 규칙과 창조, 구속과 선택 사이에 이율배반이 아닌 새로운 관계가 성립한다.

새로운 언어학이, 옛 구조주의가 언어학에서 시들해질 때 새로운 결론을 이끌어냈듯이, 인간학이나 다른 인문과학이 거기서 어떤 결론을 이끌어낼 수 있기를 바란다.

(2) '의미론'에서 구조와 사건의 이분법을 넘어서는 것을 잠깐 보겠다. 바로 이 지점에서 낱말의 문제가 다시 튀어나온다.

낱말은 문장 이상이고 또한 문장 이하이다.

낱말이 문장보다 못한 까닭은, 문장 이전에는 낱말이 없기 때문이다.

그러면 문장 이전에 무엇이 있는가? 기호가 있다. 체계 안의 차이, 어휘 안의 값이 있을 뿐이다. 아직 뜻이 없다. 의미체가 없다. 기호는 체계 안의 차이이기 때문에 아무것도 말하지 않는다. 그러므로 기호론에는 낱말이 없고 차이에서 생기는 관계값만 있다고 할 수 있다. 그 점에서 옐름슬레우가 맞다. 말하는 사람이 감각으로 느낄 수 있는 소리체와 의미체가 기호론과 별개라고 할 때, 음성학과 의미론은 기호론에 속하지 않는다고 해야 한다.

그 둘은 '도식'과 무관하고 '활용'과 관계가 있다. 도식이란 오직 랑그에 통하는 것이다. 활용은 랑그와 말(파롤)이 만나는 교차점이다. 그러므로 문장이 무엇을 말하면서 낱말도 무엇을 지정한다고 봐야 한다. 낱말은 문장 안에 있으며 무엇인가를 지정한다. 사전에서는 폐쇄된 어휘가 끝없이 도는 순환이 일어난다. 그러나 여기서는 그렇지 않다. 누가 말한다. 누가 무언가를 말한다. 낱말은 사전 밖으로 튀어나온다. 사람이 말할 때, 그 말이 문장으로 된 말일 때, 그때 사전의 어휘는 낱말이 된다. 독일어에서 낱말과 말을 가리키는 용어가 모두 보르트(Wort)인 것도 우연이 아니다. 낱말은 말에 들어온 기호이다. 낱말은 말 사건이 일어날 때마다 기호론과 의미론이 분절되는 지점이다.

그래서 낱말은 체계와 행위가 교환되고 구조와 사건이 교환되는 지점이다. 한편으로는 구조와 관련되어 차이값으로 존재한다. 다른 한편으로는 행위와 사건과 관련된다. 의미론의 정체는 언술이 사라지는 데 있기 때문이다.

그런데 바로 거기서 상황이 바뀐다. 앞에서 낱말은 문장보다 못하다고 했다. 무엇을 뜻하는 데서 낱말은 문장에 달렸기 때문이다. 그러나 다른 점에서 보면 낱말은 문장 이상이다. 앞에서 본 대로 문장은 사건이다. 그러므로 그것은 사라지는 것이다. 그러나 낱말은 문장이 사라진 다음에도 살아 있다. 치환이 가능한 것으로서 낱말은 말이 사라진 후에도 살아남아, 다시 쓰일 준비를 하고 있다. 그처럼 다시 쓰일 값을 가지고서 ─ 아주 미약하기는 하지만 ─ 낱말은 체계로 돌아간다. 체계로 돌

제1장 해석학과 구조주의

아가면서 낱말은 체계에 역사를 선사한다.

그 과정을 설명하기 위해 다의(polysémie) 문제로 돌아가보자. 앞에서[15] 그 문제를 분석했는데, 거기서는 여기서와 달리 기호론과 의미론을 구분하지 않았다. 체계 속에 있는 기호의 과학인 기호론과 문장에서 기호를 사용하는 활용의 과학인 의미론을 구분하지 않았다. 기호와 활용의 변증법 그리고 구조와 사건의 변증법을 끌어들이지 않고는 다의(多義) 현상을 이해할 수 없다. 순전히 공시적인 말로 하자면 다의는, 어떤 일정한 순간에 어떤 낱말이 하나 이상의 의미를 담고 있는 것이다. 그 여러 가지 의미가 같은 상태의 체계에 속해 있다.

그러나 그런 식의 생각은 핵심을 놓치고 있다. 그 핵심이라는 것은 구조 문제가 아니라 과정의 문제이다. 이름을 갖다 붙이는 과정이 있고 활용의 역사가 있다. 그것이 공시적으로 뛰어들면 겹뜻(다의)을 지닌다. 그런데 그러한 의미 전이의 과정——은유의 과정——에는 어떤 전제가 깔려 있다. 낱말에는 축적이 있고, 옛 의미를 잃지 않고 새로운 의미 차원을 취할 수 있다는 생각이다. 그러한 은유의 축적 과정이 공시로 뛰어들면 그 겉모습이 다의의 체계로 보이는 것이다.

그런데 그 과정은, 사건에서 체계로 돌아가는 것 가운데 하나에 불과하다. 물론 앞에서 말한 대로 다의가 의미론의 주축이라면, 그것은 가장 재미있고 또 가장 바탕이 되는 일이다. 또한 그 과정에서, 앞에서 구조와 사건의 교환이라고 불렸던 것을 가장 뚜렷하게 볼 수 있다는 점에서도 가장 재미있다. 그 과정에는 서로 다른 두 가지 요인이 경합을 벌인다. 먼저 팽창 요인이 있는데 결국에는 하중 초과 요인이 되기도 한다. 사실, 낱말은 앞서 말한 축적 과정 때문에 새로운 활용값을 가지려고 한다. 그러나 그러한 축적 과정이 기호체계로 뛰어든다는 것은 새로운 의미가 체계 안에 자리를 잡았다는 것이다. 그러므로 낱말의 축적 과정에서 생긴 팽창력에 반대되는 영역 제한 행위가 있다고 할 수 있

---

[15] 「겹뜻의 문제」라는 제목의 글.

다. 우리 언어의 법칙인 조정된 다의라는 개념은 그런 식으로 설명할 수 있다. 낱말은 하나 이상의 뜻을 가진다. 그러나 무한한 뜻을 가지는 것은 아니다.

지금까지 우리는 의미론체계가 기호론체계와 얼마나 다른지를 잘 보았다. 기호론은 역사를 말하지 않고도 가능하다. 그것은 잠재 상태로 있기 때문에 탈시간적이다. 음성학에서 큰 빛을 얻는다. 서로 다른 단위에서 둘씩 맞서는 것만 있을 뿐이다. 그러나 의미론에서는 팽창 과정과 제한 과정의 균형의 결과로서 한 낱말에 여러 뜻이 생긴다. 그 두 과정을 통해 낱말은 다른 낱말들 사이에서 자기 자리가 어딘지를 가늠하고, 다른 낱말들의 활용값을 매긴다. 그런 식으로 뜻이 달라지는 과정은 단순히 분류학으로 바꿀 수 없다. 조정된 다의는 공시적이면서 통시적이다. 왜냐하면 역사가 체계 상태로 뛰어든 것이기 때문이다. 그때 체계는, 뜻의 과정 또는 이름을 붙이는 과정에서 어떤 순간의 단면에 지나지 않는다.

그러므로 우리는 낱말이 의미론 차원의 풍부함을 가지고 말로 나올 때 무슨 일이 생기는지 알 수 있다. 낱말은 모두 다의를 지닌다. 우리의 말이 뜻이 하나인지 여럿인지는 낱말 문제가 아니고 콘텍스트 문제이다. 하나의 뜻만 허락하는 말의 경우에, 낱말 뜻의 풍부함을 없애는 일은 콘텍스트의 몫이다. 그때 콘텍스트는 그레마스가 동위(isotopie)라고 일컬은 것을 형성한다. 문장 속의 모든 낱말에 하나의 가리킴, 하나의 주제, 하나의 자리만 주는 것이다(예를 들어 내가 기하학을 '주제'로 삼고 이야기한다면, 그때 나오는 볼륨이라는 말은 공간 속의 몸체를 뜻하는 것이다. 그러나 도서관을 '주제'로 말할 때 볼륨이라고 한다면 책을 가리키는 것으로 이해할 것이다).

만일 콘텍스트가 몇 가지 동위를 동시에 허락한다면 상징 언어가 생긴다. 무엇을 말하면서 그와 다른 무엇을 말한다. 그때 콘텍스트는 하나의 의미를 선별하지 않고, 양피지에 여러 가지 텍스트를 겹쳐 쓴 것처럼 여러 가지 뜻이 같이 굴러가도록 놓아둔다. 그때 낱말의 다의가 자유를 얻는다. 그런 식으로 시(詩)는 모든 의미값이 서로 강화되도록 한다. 그리하여 해석이 여러 가지가 나온다. 말의 구조 자체가, 의미의 여러 차원이 동시에 실현되도록 놔두기 때문이다. 간단히 말해 언어는 축제를 벌인다. 물론 구조 안에서 그런 풍요가 벌어진다. 그러나 문장의 구조는 아무것도 새롭게 창조하는 것이 없다. 구조는 낱말의 다의와 협력해 우리가 상징이라고 부르는 의미 효과를 생산한다. 우리 낱말의 다의 역시 은유 과정과 의미론 분야의 제한 행위가 경합함으로써 생긴 결과이다.

그러므로 구조와 사건, 체계와 행위의 교환은 계속 복잡해지고 새로운 양상을 띤다. 한 가지 또는 몇 가지 동위를 설치하는 것은 문장보다 훨씬 큰 말의 문제임이 분명하다. 따라서 분석을 계속하려면 참조 수준을 다시 한 번 바꾸어 '텍스트의 연계'를 고려해야 한다. 꿈이나 시나 신화 같은 것이다. 나는 거기서 해석학의 문제를 다시 발견한다. 그러나 나는 모든 것은 복잡한 낱말 단위에서 시작된다고 생각한다. 발생과 구조가 명쾌하게 이어지는 곳이 바로 낱말이다. 그러나 언어의 작업을 더 올바르게 보려면 훔볼트처럼 체계보다는 과정을, 구조보다는 구조 만들기를 더 생각할 줄 알아야 한다.

내가 볼 때 낱말은 구조와 기능의 교환을 확실하게 드러내는 지점이다. 낱말에서 새로운 지성이 생길 수 있다면, 낱말 자신이 랑그와 파롤이 교차되고 공시와 통시가 교차되고 체계와 과정이 교차되는 곳이기 때문이다. 체계에서 사건으로 올라가 말이 되면서 낱말은 말의 행위에 구조를 날라다준다. 사건에서 체계로 되돌아갈 때 낱말은 체계에 우연과 불균형을 날라다준다. 우연과 불균형이 없다면 낱말은 변화를 모르고 지속하지도 못한다. 간단히 말해 낱말은, 시간 밖에 있는 구조에 '전통'을 선사한다.

여기서 멈추자. 그러나 언어 현상을 모두 설명했다고 생각하지는 않는다. 다른 접근 방법들이 있을 수 있다. 조금 전에도 나는 텍스트 수준을 암시했다. 그 수준에 맞는 주석이라는 전략이 있을 수 있다. 그런 방향으로 계속 밀고 가면 하이데거가 말한 언어 존재론 문제를 만나게 된다. 그러나 그 문제를 다루려면 수준의 변화가 필요할 뿐만 아니라 생각 자체를 바꾸어야 한다.

우리는 지금까지 요소에서 구조로 가고 구조에서 과정으로 점차 올라가는 길을 걸었는데, 하이데거는 그런 길을 밟지 않는다. 그는 전혀 다른 길을 가는데 그 나름대로 타당성이 있다. 그는 말해진 존재에서 출발한다. 사상가나 시인이나 예언자의 말처럼 존재론의 무게를 실은 언어에서 출발한다. 그처럼 생각하는 언어에 관심을 기울임으로써 그는 언어에 이르는 도정에 있다. 아마 우리는 늘 언어로 가는 길에 있는지도 모른다. 언어 자체가 길이지만 말이다.

하이데거가 말한, 언어로 가는 길을 나는 취하지 않겠다. 그러나 결론 삼아 말하지만, 내가 하이데거의 길을 확실하게 열어놓지 않는다고 해서 그 길을 닫는다는 것은 아니다. 우리가 하려는 것이 닫힌 기호 세계에서 열린 말의 세계로 가는 것이기 때문에라도 하이데거의 길을 닫을 수는 없다. 그리하여 이제 '낱말'에 대해 생각하려면 새로운 무대가 필요하다. 큰 낱말, 강력한 낱말들이 있기 때문이다. 그 점에 대해서는 뒤프렌(M. Dufrenne)이 『시학』(le Poétique)에서 잘 표현했다. 이름을 붙이는 과정을 통해서 그 낱말들은 존재의 어떤 면을 손에 넣는다. 낱말이 열어놓은 것에 범위를 정해주는 일종의 폭력을 써서 그렇게 한다. 시인이나 사상가의 위대한 낱말들이 그렇다. 그것들은 울타리로 둘러친 것을 가리키고, 있게 한다.

그러나 우리 연구의 범위로 볼 때 그런 문제까지 다룰 수는 없다. 다만 그런 언어의 존재론을 우리 연구의 지평으로 생각해도 좋다. 그 지평에서 볼 때, 우리 연구를 이끄는 신념이 분명해진다. 그것은 언어의 본새는 닫힌 기호 세계 너머에서 시작된다는 것이다. 요소와 목록으로 내려가 밑에 있는 조합에 다다르면 우리는 닫힌 기호 세계 안에 있게 된다. 우리가 언어의 드러내는 수준에서 멀어져 언어 속으로 들어가 어휘 밑의 단위 쪽으로 갈수록, 닫힌 언어 세계를 본다. 분석으로 찾아내는 언어 단위는 아무것도 뜻하지 않는다. 오직 조합이 가능한 것일 뿐이다. 아무 말도 하지 않는다. 결합했다 떨어질 뿐이다.

그러나 분석과 종합 사이를 갔다가 돌아오는 운동에서, 돌아올 때는 갈 때와 다르다. 돌아오면서 요소로부터 텍스트나 시로 올라오면서, 문장과 낱말을 전환점으로 삼아 새로운 문제가 발생한다. 구조 분석에서는 배제했던 문제이다. 말의 수준에서 생기는 그 문제는 말함의 문제이다. 우리의 말에서 말함이 출현하는 것은 언어의 신비이다. 말함은 언어의 개방성이고, 열어젖힌 언어이다.

여러분이 이미 짐작하듯이, 이 세상에서 가장 큰 개방은 축제를 벌이는 언어에서 볼 수 있다.

제2장 해석학과 정신분석학

1. 의식과 무의식

현상학과 실존철학에 익숙한 사람들 또는 헤겔 철학이나 언어학에 심취해 있는 사람들에게 정신분석학은 하나의 커다란 충격이다. 정신분석학은 반성철학의 어떤 특정한 부분이 아니라 전체를 송두리째 뒤흔든다. 오늘날 철학자들은 프로이트를 니체나 마르크스와 같은 위치에 놓고 본다. 그 세 사람은 의심의 선동가들이고 가면에 구멍을 뚫는 사람들이다. 그들로 말미암아 새로운 문제가 출현했으니, 의식의 거짓 또는 거짓인 의식의 문제이다. 이것은 여러 가지 문제 가운데 하나가 아니다. 우리 현상학자들은 의식이 모든 뜻(의미)의 바탕이고 근원이라고 믿는데, 바로 그 의식을 철저하게 의문으로 여기기 때문이다.

의식은 어떤 면에서는 바탕이지만 다른 면으로 보면 왜곡된 것일 수 있다. 의식의 왜곡이다. 『소피스트』에서 플라톤이 처한 상황과 비슷하다. 착오 또는 잘못된 판단 가능성 때문에 그는 비존재를 따로 큰 장르에 집어넣을 수밖에 없었으며, 더 나아가 "존재 물음이 비존재 물음만큼이나 까다롭다"는 고백을 하고 만다. 우리 역시 비슷한 고백을 해야 할 것 같다. "의식 문제는 무의식 문제만큼이나 까다롭다."

의식이 처음부터 스스로 자신을 아는 체하는 것에 의문을 품는다면, 철학자는 정신과 의사나 정신분석학자 대열에 낄 수 있다. 결국은 의식과 무의식의 상호관계를 보아야 할 텐데, 그렇게 하려면 두 가지 고백으로 이루어진 건조지대를 통과해야 한다. "내가 의식이나 잠재의식에서 아는 것으로는 무의식을 알 수 없다. 나는 의식이 무엇인지도 모른다."

그런 고백은 프로이트로서는 기초이지만, 철학이나 현상학과는 정반대되는 것이다. 유명한 초심리학 논문 「무의식에 관하여」에서는 심리 장치 전체를 경제학의 관심에서 해부하는데, 그런 시각은 철학이나 현상학과 대립된다. 그처럼 반(反)현상학 분위기에서 출발해 우리는 다시 현상학적인 질문을 할 수 있다. 우리는 의식 개념을 어떻게 다시 생각하고 다시 세울 수 있는가? 어떤 방식으로 무의식은 의식의 '타자'가 될 수 있을까? 어떻게 하면 의식이 무의식이라는 타자를 품에 넣을 수 있을까?

두 번째는 비판 문제이다. 칸트가 말한 비판, 곧 타당성의 조건과 타당성의 한계를 반성하는 문제이다. 정신분석학자는 무의식을 끌어들이면서 언제나 '모델'을 세우는데, 우리는 그것을 비판해봐야 한다. 즉 정신분석적 인식론으로서 상당히 시급한 과제이다. 20년 전까지만 해도 우리는 방법과 내용을 구분했지만 오늘날에는 그러지 않는다. 이제 우리는 인문학에서 '이론'이란 덧붙여 끼어든 것이 아니라는 사실을 알고 있다. 이론은 현실 그 자체를 이룩한다. 이론은 '이룩하는' 힘이 있다. 무의식이라는 현실은, 경제 모델이나 에너지 모델 같은 것들과 뗄 수 없으며 그런 모델들이 이론을 구성한다. '초심리학'은 흔들리지 않는 이론이지만 그 대상을 이룩하는 이론이다. 그래서 이론은 곧 방법이다.

세 번째 문제는, 무의식의 학문으로 의식 개념을 고친 뒤에—무의식의 모델들을 비판한 후에—생각할 것은, 의식과 무의식의 변증법을 품을 수 있는 '철학적 인간학'이 가능할 것인가 하는 점이다. 어떤 세계관과 인간관 속에서 그런 것들이 가능할까? 책임 있게 생각하면서 동시에 열광할 줄도 알려면 어떤 인간이 되어야 하는가? 사람다워지려면 의식의 영역이 더 커져야 하는데, 그러면서도 '이드가 그 안에서 말하고 있기' 때문에 무의식의 경제학에 관계할 수 있으려면 어떻게 해야 하는가? 무의식을 염두에 두면서 의식을 중심에 두지 않는 생각은, 사람의 연약함에 대해—좀 더 정확하게 말하자면 책임과 연약함의 역설—새로운 관점을 취하게 될 텐데, 그것은 어떤 관점일까?

1) 의식 개념의 위기

이 문제를 두 가지 방향으로 풀어가자. (1) 직접 의식의 확실성이 있지만 그 확실성은 정말 나를 안 것이 아니다. (2) 반성에서 반성되지 않은 영역을 들고 나온다. 나를 비껴가는 지향성 문제이다. 그러나 그처럼 반성되지 않은 것을 말한다고 해서 무의식을 안 것은 아니다.

무의식 앞에서 일어나는 현상학의 어려움이 바로 거기에 있다. 사실 앞의 두 명제는 실패의 쓴맛을 보게 한다. 반성으로는 무의식을 이해할 수 없다.

(1) 곧바로 일어나는 의식의 확실성이 있으며 그것은 정말 명석한 확실성이다. 데카르트는 『철학의 원리』(제1부 art.9)에서 이런 말을 한다. "우리를 통해 곧바로 알아내는 일, 우리 안에서 일어나는 그러한 모든 일을 가리켜 나는 생각이라고 한다. 그래서 알고 뜻하고 상상하는 것뿐만 아니라 느끼는 것도 생각과 똑같은 것이다……."

그러나 확실성으로 말하자면 둘도 없이 확실하지만 진리로 말하자면 의심스럽다. 우리는 무엇을 지향하는 삶의 두께 안에 그처럼 곧바로 생기는 의미가 아닌 것이 있음을 안다. 참으로 의식을 아는 것과 확실성 사이에 처음부터 그런 거리가 있고 이미 거기에 무의식의 가능성, 매우 희미하고 일반적이며 추상적인 가능성이 존재한다. 참으로 의식을 아는 앎은 이미 손안에 들어와 있는 것이 아니라 찾아내야 하는 것이다. 나와 내가 일치하는 것, 분명하게 자아의식이라고 할 수 있는 것은 맨 나중에 얻을 수 있다.

그것은 최후의 앎이다. 헤겔이 절대지라고 부른 것이다. 그 절대지가 가능하든 불가능하든 간에 헤겔의 절대지는 의식의 끝에 오는 것이지 처음부터 있는 것이 아니다. 게다가 그것은 '정신'철학의 끝에 오는 것이지 '의식'철학의 끝에 오는 것이 아니다. 헤겔 철학을 어떻게 생각하든 우리가 거기서 배울 수 있는 것은, 개별 의식은 자신과 하나가 되지 못한다는 점이다. 개별 의식의 관념론은 불가능하다. 그런 점에서 개별 의식이 자신의 내용을 들여다볼 수 없다고 한 헤겔의 의식 비판은, 분석 경험을 통해 의식을 비판한 프로이트의 의식 비판과 견줄 만하다. 서로 이유는 다르지만 헤겔과 프로이트의 말이 똑같다. 의식은 하나로 통합될 수 없는 것이다. 의식철학이 불가능한 까닭이 거기에 있다.

(2) 첫 번째 고찰에서 두 번째 고찰이 나온다. 후설의 현상학은 반성된 의식을 비판하고, 오늘날 잘 알려진 대로 반성 이전 또는 반성되지 않은 영역을 들고 나왔다. 무엇을 이룩하려는 노력이 결국은 이미 주어진 것이나 이미 이룩된 것으로 돌아간다는 점을 내세웠다. 그 점은 후설 현상학 전체의 큰 공헌이다. 나중에 부정적인 방향으로 흘렀지만 큰 공헌을 세운 것만은 분명하다. 그러나 후설의 현상학은 의식의 실패를 끝까지 밀고 나가지 못했다. 노에시스와 노에마의 상관관계에 머물러 있어 무의식까지 끌고 가지는 못했다. 겨우 '수동성' 문제를 언급하면서 무의식의 자리를 남겨두었을 뿐이다.

의식이 이룩하는 반성의 실패를 철저히 거쳐야 한다. 현상학적 방법론에서 말하는 반성되지 않은 영역은 결국 무의식이지만, 거기서 말하는 무의식은 여전히 '의식이 될 수 있음'이다. 말하자면 주목받지 않은 의식 영역 또는 아직 현실이 아닌 의식 영역 정도이다. 그것이 『이념들 I』의 정리이다. 그것은 완전한 현실 의식이 될 수 없는, 그런 의식의 본질 문제를 다루고 있다. 그러나 그러한 정리로는 무의식의 개념을 세우는 여러 가지 사실을 흡수할 수 없다. 넘어야 할 문제가 있다. 어떤 모델들을 거쳐야 하는데, 그 모델이 현상학에서 보기에는 '자연주의'로 비칠 수 있다.

여기에 프로이트의 실재론*이 필요하다. 반성하는 의식의 실패를 철저하게 거치려면 프로이트를 거쳐야 한다. 그렇다고 의식의 실패를 따져보는 것이 허무한 것은 아니며 부정적인 것도 아니다. 프로이트의 가르침을 알아들을 준비를 하는 것이고, 의식의 회심을 시작하는 운동이기 때문이다. 의식은 자신에 대한 탐심과 야릇한 음욕을 버려야 한다. 삶을 곧바로 직접 의식하려는 나르시시즘 관계에서 벗어나야 한다. 의식의 회심은 거기서 시작된다. 의식의 실패를 통해 의식은, 자신에 대한 직접적인 확실성은 편견에 지나지 않다는 것을 알게 된다. 그리하여 의식은 어떤 '생각'에 다가가는데, 그 생각은 의식이 의식을 들여다보는 것이 아니라 '말'에 주목하는 것이다. 좀 더 정확히 표현하면, 말로 말해진 것에 주목하는 생각이다.

2) 프로이트 개념 비판

프로이트의 메타심리학은 실재론적 개념을 펼치고 있어서 현상학과는 아주 다르다. 의식의 현상학은 프로이트의 비판을 해결할 능력이 없다. 유명한 「무의식에 관하여」라는 글에서 펼치는 위상학(topologie)은 처음부터 현상학과 반대되는 점이 뚜렷하게 드러난다. 자아의 확실성을 의심하는 생각을 위해 꼭 필요한 단계이다.

의미의 관념론에 갇혀 있다고 한 폴리체르(Politzer)의 비판은 옳지 않다. 프로이트의 실재론적 비판은 칸트 용어로 말하자면 인식론 비판이 될 수밖에 없다. 칸트의 비판은 인식론 차원의 비판인데, 새로운 객관 영역과 인식 영역을 세우는 능력을 보고 어떤 개념의 사용을 정당화하는 '선험적 연역'이다. 프로이트의 비판도 그와 비슷하다. 만일 우리가 그 인식론 비판과 의식의 현상학 사이에 메울 수 없는 거리가 있다고 본다면, 무의식의 본질을 학문적으로 밝힐 수 없게 된다. 칸트는 우

---

* 욕망을 어떤 물리적인 실체(에너지)로 보는 관점을 가리킨다. 프로이트는 리비도라는 정신역동을 일으키는 신체적 물질이 밝혀질 것이라고 믿었다.

리에게 경험적 실재론과 선험적(선험이지 주체나 심리학이 아니다) 관념론을 묶으라고 가르친다.

한쪽에 경험적 실재론이 있다. 메타심리학은 마음대로 꾸며낸 것이 아니라 칸트가 말한 경험 판단에 속하는 것이다. 이것은 그 학문의 방법과 내용을 구분할 수 없음을 뜻한다. 위상학 자체에 무엇인가를 발견하는 성격이 있다. 그것은 현실을 실제로 밝힐 조건이 되며, 레비-스트로스가 『구조인류학』 서문에서 말한 층위학이나 고고학과 같은 역할을 한다. 그런 뜻에서 무의식은 끝났다고 하는 라플랑슈(Laplanche)의 말—문제가 많기는 하지만—은 일리가 있다. 그 말은, 분석을 끝냈을 때 어떤 특정한 시니피앙들에 부딪힐 것이라는 의미이다. '끝이 있는 분석'이 되려면 그래야 한다.

그런 점에서 무의식의 실재론은 끝이 있는 분석이다. 예를 들어 필리프의 꿈의 분석에서, 끝은 특정한 언어 사슬로 되어 있다. 좀 더 자세히 말하자면, 그 실재론은 알 수 있는 사실을 다루는 것이지 알 수 없는 것을 다루는 것이 아니다. 그 점에서 프로이트는 분명하다. 알 수 있는 것이란 충동 그 자체가 아니라 충동을 대변하는 표상이다. "심지어 무의식 속에서도 표상을 통하지 않고는 충동을 재현할 수 없다. 만일 충동이 표상으로 이어지지 않는다면 그리고 어떤 감정 상태로 바뀌지 않는다면, 우리는 충동에 대해 전혀 알 수 없게 될 것이다. 그럼에도 우리가 무의식의 충동력이나 억압된 충동력에 대해 말하는 것은 언어를 느슨하게 사용하는 것인데, 그렇다고 잘못된 것은 아니다. 사실 우리가 본능의 충동을 말할 때는, 그것을 대변하는 표상을 뜻한다. 그것이 무의식을 이루고 있다. 다른 것은 우리가 생각할 수 있는 영역 밖이다."[1] 정신분석학은 모르는 무의식을 다루지 않는다. 알 수 있기 때문에 경험적

---

1) S. Freud, *Papers on Metapsychology*, SE, XIV, p.177 참조(프로이트, 『무의식에 관하여』, 프로이트 전집 13권, 열린책들, 1997, 177쪽. 앞으로 프로이트 영역본 인용은 SE〔Standard Editions〕로 약칭한다—옮긴이).

실재론이라고 하는 것이다. '대변하는 표상'을 통해 안다. 충동 그 자체는 알 수 없다. 그런 면에서 프로이트의 경험적 실재론은 무의식 표상의 실재론이다.

'위상학' 관점에서 '경제학' 관점*으로 넘어가도(「무의식에 관하여」, 184쪽 이하; SE, XIV, p.182 이하) 마찬가지이다. 카텍시스, 카텍시스의 철회 그리고 반대 카텍시스**에 관한 이론이 그렇다. 반대 카텍시스는 "전의식 조직이 자체에 가하는 무의식 표상의 압박에서 스스로를 보호하는 수단"(같은 책, 184쪽; SE, XIV, p.182)이다. 그런데 그런 이론역시 표상적 실재론 각도에서 펼쳐진다. "억압은 본질적으로 무의식 조직과 전의식(의식) 조직의 경계선에서 표상에 영향을 미치는 과정"(같은 책, 182쪽; SE, XIV, p.180)이다.

충동 자체에 이르려고 하지 않고 충동의 표상이라는 한계 안에 머무르기 때문에, 프로이트의 탐구는 알 수 없는 것의 실재론으로 흐르지 않는다. 낭만주의에서 말하는 무의식과 달리 그가 말하는 무의식은 알 수 있는 것이다. 왜냐하면 충동을 '대변하는 표상'은 시니피에의 성질을 띠고 있어서 말의 영역과 맞먹는 것이기 때문이다. "물리적인 것처럼 정신(심리)세계도 우리에게 보이는 대로의 모습이라는 법이 없다. 그래도 다행인 것은, 내면의 인식을 고치는 것이 외부 인식을 고치는 것만큼 어렵지는 않다는 점이다. 내면 대상이 외부 세계보다 더 알기 어렵지는 않다는 점이다"(같은 책, 169쪽; SE, XIV, p.171). 이것은 프로이트의 경험적 실재론이다. 물리 세계의 경험적 실재론과 같으며,

---

* 정신(심리) 에너지가 스스로를 이리저리 운용한다는 뜻으로 경제요, 그러한 운용을 측정한다는 뜻으로 프로이트는 경제학이라는 표현을 쓴다. "여기서 경제적인 관점이란 자극의 양이 어떻게 변화되는가를 추적하고, 그 양의 규모를 적어도 상대적으로나마 평가하려는 노력을 의미한다"(앞의 책, 한글판, 184쪽 참조).
** 카텍시스는 에너지 집중을 가리킨다. 프로이트가 쓴 Besetzung을 영어판(SE)에서는 카텍시스라고 옮겼으며, 영어판을 따라 앞서 말한 한글 번역서도 그렇게 옮기고 있다. 그런데 프랑스어권에서는 투자(investissement), 투자 철회, 반대 투자라고 쓴다. 그런 경우 경제적 관점이 더욱 두드러지는 것은 사실이다.

'알 수 있는' 내면의 대상을 다룬다.

　그러나 동시에 그 경험적 실재론은 선험적 관념론과 나란히 간다. 무슨 주관주의 차원이 아니라 순전히 인식론 차원에서 말이다. 그래서 그 선험적 관념론이 뜻하는 것은, 무의식이 어떤 진단된 것으로만 존재한다는 것이다. 무의식은 의식이나 전의식과의 관계에서만 볼 수 있다. "무의식 조직은 생생하게 살아 있으며, 계속 발달할 수 있는 능력도 있으며, 전의식 조직과 협력관계를 포함한 여러 관계를 유지하고 있다. 간단히 말해 무의식 조직은 그 파생물을 통해 계속 존속되고 우리 삶의 여러 면에 영향을 미칠 수도 있으며, 전의식 조직에 지속적인 영향을 끼치기도 하면서 또한 전의식 조직의 영향을 받기도 한다"(같은 책, 197쪽).

　정신분석학은 '무의식의 파생물에 관한 연구'라고 할 수 있다. 그 '파생물'은 "'질적인 면에서는' 전의식 조직에 속하지만 '실제로는' 무의식 조직에 속한다. 그 파생물들의 운명을 결정짓는 것은 바로 그들의 기원이다"(같은 책, 191쪽). 그러므로 이렇게 말할 수 있다. 무의식도 물리적 대상 못지않게 현실에 존재하지만, 파생물과의 관계 안에서만 존재한다. 파생물은 무의식의 연장선에 있으며 무의식을 의식으로 출현시키는 것이다.

　그 '관계' 때문에 경험적 실재론과 선험적 관념론을 모두 말할 수 있게 된다. 그러면 그 관계는 무엇을 뜻하는가? 먼저 무의식은 부호를 푸는 암호 해독 조직과 관계가 있다고 할 수 있다. 그러나 그 관계를 잘 이해해야 한다. 흔히 심리학자들이 생각하는 것과는 달리, 무의식이 곧 해석 장치는 아니다. 오히려 무의식의 내용은 해석 안에서 해석을 통해 형성된다고 할 수 있다. 인식론 차원으로나 선험적 차원으로나 그렇다. 무의식의 내용은 '파생물'이 그 '기원'이 되는 무의식으로 거슬러 올라가는 운동 안에서 결정된다.

　그러므로 우리가 여기서 말하려는 것은 무의식과 의식의 관계나 무의식과 주체의 관계가 아니라, 해석하면서 발견하는 심리 대상물에 대한 순전히 인식론적인 관계이다. 증후나 분석 방법 그리고 해석 모델들이 모두 그 점을 말하고 있다. 그러한 관계는 분석자의 인격과는 무관하게 오로지 분석 규칙과 연관이 있는 문제이므로 객관적 관계라고 할 수 있다.

이제 거기서 생겨나는 두 번째 관계를 생각해보자. 아마 주체들 사이의 관계라고 부를 수 있을 것이다. 여기서 결정적인 사실은, 분석을 통해 무의식과 연결되는 사실들이 '다른 의식을 향한 시니피앙'이라는 점이다. 무의식이 하나의 현실로 떠오르기 위해, 분석자가 하는 역할은 매우 중요하다. 흔히 무의식을 생각할 때는 그 무의식이 들어 있는 의식과 관련해서 보게 된다. 다른 사람의 의식은 단지 치료에 필요한 부수적인 것으로 본다.

그러나 무의식은 기본적으로 다른 의식에 의해 설명된다. 의식이 홀로 해석 대상이 되는 것이 아니라 다른 사람의 의식과 함께 해석 대상이 된다. 바꾸어 말하면 무의식을 분석하는 분석자의 의식은 그 무의식과 치료관계를 이룰 뿐만 아니라 진단관계도 이룬다. 앞에서 무의식이 진단에서 생긴 것이라고 말한 것도 그와 같은 맥락이다. 그 점은 무의식의 객관 요소를 결정하는 데 매우 중요하다.

나는 남을 향해 무의식을 지닌다. 물론 그 의식은, 남이 나에게 그 뜻을 풀어주는 것을 내가 받아들이지 않으면 의미가 없다. 그러나 어쨌든 뜻을 찾으려면 내 의식을 남에게 맡겨야 한다. 또한 그것이 무의식이라는 심리 영역이 '형성되는 데' 기본이 된다. 무의식을 먼저 해석과 연관해서 본다는 것 그리고 역시 해석학에 서 있는 다른 의식과 연관해서 본다는 것은 무의식의 본질이다. 그럴 수도 있고 그렇지 않을 수도 있는 것이 아니다. 그리고 바로 그 때문에 무의식에 관한 말은 타당성이 있는 동시에 한계를 안고 있다. 말하자면 우리는 무의식 '비판'을 하고 있는 셈이다. 여기서 비판은 두 가지 뜻을 지닌다. 의미 있음을 정당화하지만, 동시에 한계를 넘어 타당성을 밀고 나가는 것을 반대하는 것이다.

그러므로 우리가 무의식을 하나의 실체로 인정하지만, 그 무의식이 그것을 드러내는 해석학적 작업에 의해 '형성된다'는 한계를 잊지 말아야 한다. 해석학은 방법이고 대화이다. 무의식은 절대적인 무엇으로 존재하는 것이 아니라 해석학에 관계하여 존재한다. 우리가 무의식 속에서, 의식을 대신할 만한 무슨 특별한 사고 능력을 지닌 굉장한 무엇을 찾을 수 없는 까닭도 거기에 있다. 무의식은 관계에서 봐야 한다. 그것은 마치 물리적인 실체도 과학 작업에 의해 형성되는 것과 같다. 정신분석학도 과학처럼 '합리적인 접근 방식'을 취하는 셈이다.

관계 문제는 그처럼 두 가지로 풀 수 있는데, 그것과 관련해서 세 번째 관계, 곧 분석자의 인격에 대한 관계가 있다. 이 관계는 무의식이 어떻게 형성되는지를 인식론 차원에서 말하는 것은 아니다. 다만 무의식을 드러낼 때마다 어떤 환경이 있으며 분석자에 따라 조금씩 다른 환경이 조성된다는 점을 알면 된다. 그런데 이 문제를 두고, 그 관계의 참된 의미를 알려고 하기보다 흔히 분석의 실패를 들먹인다. 정신분석을 반대하는 사람들은 이 세 번째 관계만을 말한다. 그들은 무의식을 분석가의 투사에 내담자가 동의하는 것 정도로 본다. 그러나 무의식은 그처럼 순전히 주관적인 차원에서 만들어진 정신분석의 창조물이 아니다. 치료에 성공하는 것을 보면 그 점을 확실히 알 수 있다.

우리는 무의식의 관계성을 살펴보았다. 거기서 프로이트의 실재론은 경험적 실재론임이 드러났다. 다시 말해서 충동은 그것을 대변하는 표상에 따라 알 수 있는 현실이다. 그렇게 해서 우리는 소박한 실재론을 몰아냈다. 소박한 실재론은 실제로는 해석관계를 통해 점차 형성된 의미를 회고적으로 투사한 것에 지나지 않는다.

그런 소박한 실재론에 대해 우리는 이렇게 말한다. 무의식은 생각하지 않는다. 프로이트 자신이 무의식을 생각하는 것으로 보지 않았다. 그런 점에서 에스(Es), 이드(Id. 이것을 프랑스어로 지시대명사 Ça로 옮긴 것은 매우 잘못된 것이다)라는 말을 만든 것은 과연 천재의 작품이다. 무의식은 이드이며 이드 말고 다른 것이 아니다. 프로이트의 실재론은 대변하는 표상 안에 있는 이드의 실재론으로, 소박한 실재론이 아니다. 소박한 실재론은 이상한 경로를 거쳐 되돌아와 무의식에 의식을 부여한다. 그래서 마침내 무의식적 의식의 관념론이 되어버린다. 그러한 환상적 관념론은 결국 생각하는 '사물'에다 의미를 쏘아올린 것에 지나지 않는다.

그러므로 우리는 끊임없이 경험적 실재론과 선험적 관념론 사이를 오가야만 한다. 스스로 자기를 투명하게 알려는 직접 의식에 반대해 우리는 경험적 실재론을 내밀어야 한다. 그리고 무의식에다 의식을 부여하려는 환상 형이상학에 반대해 선험적 관념론을 내밀어야 한다. 무의식은 무의식을 풀어내는 해석학 작업을 거쳐 '형성'되는 것이다.

3) 의식은 과제이다

앞에서 우리는, 무의식 문제에 부딪혀 현상학자가 어려움에 빠지는 것을 보았다. 의식은 무의식 못지않게 희미하다. 그렇다면 의식에 대해서 할 말이 없다고 결론지어야 할까? 그렇지 않다. 프로이트 이후 의식에 관한 논의는 이런 공식으로 묶어 말할 수 있을 것 같다. 의식은 기원이 아니라 '과제'이다. 무의식에 대해 알 것을 알고 난 후에, 의식을 과제로 보는 것은 어떤 의미가 있을까?

여기서 우리는 무의식에 대해 더 이상 '실재론적' 인식이 아니라 '변증법적' 인식을 해야겠다. 실재론은 환자를 분석할 때의 문제이고, 변증법은 이미 보통 사람 또는 철학자의 문제이다. 문제는 이렇다. 의식이 되어야 하는 과제를 안고 있는 존재에게 무의식은 무엇을 뜻하는가? 이 물음은 또 다른 물음과 얽혀 있다. 반복과 퇴행—무의식이 표상하는 것은 대개 이것이다—에 묶여 있는 존재에게 의식이 과제라는 말은 무슨 뜻인가?

이제부터 그 변증법적 방향으로 가보자. 물론 경험적 실재론과 선험적 관념론 사이를 왕복하는 운동을 약화시키지 않아야 한다. 그 운동은 내가 볼 때 피할 수 없는 필요한 운동이다. 이미 앞선 분석에서도 우리는 무의식과 의식 사이의 왕복운동을 피할 수 없었다. 우리를 무의식의 문턱으로 안내한 것은, 반성된 것에 들어 있는 반성되지 않은 것이었다. 그러나 의식에 대한 편견을 부수고 의식을 처음이 아닌 끝에 두게 된 것은 무의식의 실재론 덕분이다.

우리 이야기를 다시 의식에서 출발해보자. 프로이트 이후의 의식을 말하려면 '후성설'(後成說)을 따를 수밖에 없다. 여기서 의식의 문제는 이런 물음과 연관해서 봐야 할 것 같다. 사람은 어떻게 유아기를 벗어나서 어른이 되는가? 이 물음은 분석가의 물음과 맞물려 있으면서 그 물음과는 정반대이다. 분석가는 사람이 유아기에 얽매여 있음을 내비친다. 세 지배자—이드·초자아·현실—가 의식을 지배하고 있으니 의식에는 재앙이 내린 셈이다. 그처럼 분석가의 관점에서 볼 때 의식은 텅 비어 있어서 과제로 남게 되고, 나중에 생기는 것이 된다.

그러나 의식의 후성설이라고 하면 자칫 내면심리학으로 빠질 수도 있다. 예를 들면 하르트만학파에서 의식을 '갈등 없는 영역'으로 보려는 것이 그렇다. 그것은 일종의 의식심리학으로 철저히 배격해야 한다. 오히려 헤겔의 『정신현상학』의 방법을 가지고 프로이트의 정신분석학을 보아야 한다. 헤겔의 방법론은 내면을 파고들어가는 것이 아니다. 헤겔이 '형태'(Gestalt)들을 전개할 때 직접 의식의 연장선에서 한 것이 아니기 때문이다. 형태의 탄생은 의식의 탄생 또는 의식 안에서의 탄생이 아니고 이야기 안에서의 정신의 탄생이다.

한편, 정신현상학의 푯대를 세우는 형태들은 정신분석의 기초 시니피앙, 곧 아버지·남근·죽음·어머니 같은 것들로 바꾸어 생각할 수 없다. 정신분석에서는 다른 시니피앙들이 그런 기초 시니피앙에 닻을 내리고 있다고 생각한다. 어쨌든 내가 말하고 싶은 것은, 사람이 어른이 되려면 헤겔 현상학에서 말하는 정신의 계기들 주변에 있는 새로운 기초 시니피앙을 받아들일 수 있어야 한다는 점이다. 거기에는 프로이트 쪽의 해석학과 전혀 다른 의미 영역이 있기 때문이다.

헤겔이 말하는 주인과 노예의 예를 들어보자. 그 변증법은 의식의 변증법이 아니다. 거기서 자아가 탄생한다. 헤겔의 용어로 하면 욕망에서 인정(Anerkennung)으로 가는 것이다. 거기서 중요한 것이 무엇인가? 의식이 둘로 갈라지면서 자아가 탄생한다는 점이다. 그전에는 의식이 없다(그래서 발렌스는 자아가 있기 전에는 죽음도 없다고 했다).

그런데 그러한 인정의 단계는 성 문제와는 관련이 없는 의미 '영역'을 통과한다. 아주 핵심만 말하자면 그렇다. 잠시 뒤 우리는 무의식으로 돌아가는 운동 속에서 사람 상호관계에 2차적인 리비도 카덱시스가 발생함을 볼 것이다. 그러나 우선 여기서 강조할 것은, 핵심을 볼 때 그 의미 영역은 리비도 카덱시스가 '형성하는' 것은 아니라는 점이다. 나는 그 의미 영역을 소유와 힘 그리고 가치의 세 가지로 나눠보려고 한다.

소유관계란 뭔가 부족한 상태에서 자기 것으로 삼고 노동하는 경우를 가리킨다. 오늘날까지도 그 밖의 다른 소유 방법은 없는 듯하다. 그런데 그 소유 문제를 두고 생물학 쪽과 다른 새로운 느낌이 생겨나는 것을 본다. 그 느낌은 생명에서 생기는 것이 아니라 반성에서 생기는 것이며, 새로운 대상에서 생기는 것이다. 특별한 그 대상은 '경제적인' 대상이다. 여기서 사람은 경제를 꾸릴 수 있는 존재로 등장한다. 동시에 그는 소유와 연관된 소외를 느끼는데, 그것은 새로운 소외 영역으로, 리비도 때문에 일어나는 소외와는 전혀 다르다. 그것은 마르크스가 말한 바에 따르면, 화폐가 주도하는 시장이 몰고 오는 '물신(物神)숭배' 문제이다. 마르크스는 청년시절부터 그 문제에 대해 생각했으며 나중에 『자본』에서 분명히 밝히고 있다. 마르크스는 그런 물질이 신이 되는 데서 '허위의식'이 생기고 '이데올로기'도 생긴다고 밝히고 있는데, 경제적 소외라는 것이 바로 그것이다.

그처럼 어른스러운 소외운동을 통해 사람은 어른이 된다. 그러나 가장 중요한 것은 그런 소외 감정이 일어나는 대상이 매우 새로운 것이라는 점이다. 교환 가치와 화폐 기호 그리고 구조와 제도를 중심으로 소외가 발생한다. 그러므로 우리는 이렇게 말할 수 있다. 그와 같은 경제 대상물을 새로운 주체 형태로 삼을 수 있을 때, 비로소 사람은 의식, 곧 자기의식이 된다. 손때가 묻은 노동 생산물을 얼마나 자기 것으로 삼아 자기 마음대로 할 수 있는가 하는 문제와 관련해서 특별히 사람다운 '느낌'을 지닐 수 있을 때 비로소 사람은 자기의식이 된다. 그 새로운 대상이 충동과 표상과 정서를 낳는다. 경제 문제의 핵심에 어머니를 둘 수 없는 까닭도 거기에 있다. 앞에서 보았듯이 어머니는 소유할 수 없으며, 설사 소유할 수 있다 해도, 그것은 노동과 교환과 소유와 연관된 경제 대상관계 안에서 일어나는 일이 아니기 때문이다.

같은 방식으로 힘과 권력 문제를 검토해야 한다. 대상 그리고 그 대상이 낳는 느낌과 소외의 관점에서 권력을 보아야 한다. 권력 역시 대상 구조 안에서 형성된다. 그래서 헤겔도 정치권력의 핵심인 명령과 복종 관계가 생기는 구조와 제도를 말하기 위해 '객관정신'을 말했다. 만일 그러한 정치 영역에 특별한 '의식'이 걸맞다면, 그것은 명령과 복종 관계에 들어가면서 사람에게는 진정한 정신 차원의 의지가 생기기 때문이다. 헤겔이 『법철학』 첫 부분에서 말하는 것도 그 점이다.

여기서도 의식의 증가는 '대상'의 증가와 함께 간다. 권력이라는 '대상'을 중심으로 인간적인 '느낌'이 형성된다. 음모와 야심, 굴욕 그리고 책임, 그것들은 소외이다. 이미 예전 사람들이 '독재'라는 이름으로 그려냈던 소외이다. 플라톤은 독재자의 영혼의 병을 완벽하게 그리고 있다. 그에 따르면 독재라는 병은 두나미스(dunamis)—힘 또는 권력—를 중심으로 번져 나간다. 그리고 언어 영역까지 퍼져 '아첨'의 형태가 된다. '독재자'가 '소피스트'를 부르는 까닭이 거기에 있다.

아무튼 사람은 이제 권력의 정치 세계에 들어가서 권력 주변에 생기는 느낌을 접하고 그에 따른 악과 마주치게 될 때, 비로소 의식이 된다. 어른스러운 허물도 바로 거기서 생긴다. 플라톤이나 알랭(Alain)이 말했듯이 권력은 사람을 미치게 만든다. 여기까지 볼 때 우리는 의식심리학(위에서 말한 하르트만학파의 해법을 가리킨다)이 사람이 경제 대상과 정치 대상을 만들면서 거치는 형상들의 그림자에 지나지 않는다는 것을 잘 알 수 있다.

셋째로, 이제 우리는 진짜 사람다운 영역, 곧 '가치' 영역으로 넘어가 보자. 이 세 번째 영역은 이렇게 이해할 수 있다. 자아 형성은 경제나 정치 영역에 그치지 않고 문화 세계로 이어진다. 여기서도 '심리학'은 그 그림자를 건드리다 만다. 다시 말해 인격으로 인정받으려는 마음을 보여줄 뿐이다. 거기서 내 존재는 남의 생각 속에서 형성되는 나에게 기대어 있다. 말하자면 자아는, 자아를 받아주는 남의 의견에서 생긴다. 그러나 그런 주체 형성, 다시 말해서 의견의 상호작용에 따른 자아 형성을 새로운 형상들이 끌고 간다. 그 형상들은 좀 색다른 뜻에서 '객관적'이다. 제도는 거기에 꼭 들어맞지 않는다. 오히려 예술이나 문학작품 속에서 그 새로운 사람다운 형상을 찾을 수 있다.

그 새로운 장르의 객관성에서 사람의 가능성을 내다볼 수 있다. 고흐가 의자를 그릴 때 그는 사실 사람을 그리는 것이다. 표상된 세상을 가진 사람을 그리는 것이다. 그렇게 해서 문화의 산물은 사람의 '이미지'에 '사물'의 밀도를 집어넣는다. 그리고 작품으로 표현해서 그 이미지가 사람 사이에 존재하게 한다. 사람의 자기 평가, 곧 사람의 '존엄성'도 바로 그런 작품과 건축물을 거쳐 형성된다. 사람이 소외될 수 있는 마지막 영역이 바로 여기이다. 사람은 문화의 산물 안에서 추락하고 무(無)로 전락할 수 있다.

지금까지 말한 것이, 내가 볼 때 '의식'을 푸는 올바른 방법이다. 의식의 심리학을 피하고, 형태(Gestalt)의 객관운동—그 객관운동을 헤겔은 정신이라고 일컬었다—에서 출발하는 반성 작업을 통해 의식을 해석한 것이다. 반성에서 주체가 탄생한다. 다시 말하면 객체가 탄생하는 동시에 그것을 반성함으로써 주체가 탄생한다.

그것은 간접적으로 의식에 접근하는 것이다. 의식이 곧바로 자기에게 가서 붙는 것이 아니다. 자기로부터 자기에게로 곧바로 가는 데서 생기는 확실성이 아니다.

우리의 마지막 물음이 이제 무르익었다. 프로이트의 무의식에 언제 상대를 세울 것인가? 투명한 의식 또는 즉각적인 자기 확실성과 거리가 먼 상대를 언제 세울 것인가? 한참 돌아 발생하는 자기의식과 변증법관계 속에 놓고 볼 때 무의식의 실재론에서는 어떤 일이 벌어질까?

내가 볼 때 그 변증법이 잡히는 시점은 두 가지이다. 먼저, 우리는 그 변증법을 서로 '반대되는' 관계로 이해한다. 즉 프로이트는 뒤로 가는 분석이고 헤겔은 앞으로 가는 종합이다. 그러나 조금 뒤에 보듯이 그런 관점은 추상적이기 때문에 넘어가야 한다. 물론 넘어가려면 꽤 오래 거기에 머물러 있어야 한다. 그런데 넘어간다면 어디로 가는 것인가? 바로 두 번째가 시점에 관한 문제인데, 거기서 변증법이 매우 구체화된다. 그 문제는 뒤에서 말하겠다.

임시로 두 작업을 상반되는 것, 즉 무의식을 향한 분석과 의식을 향한 종합으로 보자.

다음과 같은 공식에서 출발하자. 의식은 그 출발점을 끊임없이 비우고 마지막에 가서야 자기 확실성을 찾는 운동이다. 달리 말하면 나중 형태, 곧 앞선 형태들의 의미를 나중에 드러내는 어떤 새로운 형태 속에서 그 의미를 찾는 것이다. 『정신현상학』에서 스토아주의를 보자. 의식의 한 계기인 스토아주의는 회의주의와 만나야 그 의미가 분명해진다. 그 자체로는 순전히 생각만의 자유로 주인과 노예의 지위와는 무관한 특성을 보인다. 모든 형태가 다 그렇다. 의식을 알려면 앞에서 뒤로 가야 한다.

여기서 우리는 의식과 무의식이 이루는 변증법의 열쇠를 보지 않는가? 사실 무의식이 뜻하는 것도 다르지 않다. 인식 가능성은 앞선 형태에서 나온다는 것이다. 그때 앞섰다는 것을 순전히 시간 또는 사건 개념으로 볼 수도 있고 상징적인 의미로 받아들일 수도 있다. 사람은 유아기의 포로가 되어 있는 유일한 존재이다. 그 유아기가 자꾸 뒤로 잡아당긴다. 그래서 무의식은 모든 퇴행과 정체의 근원이다.

그러한 해석이 과거를 시간적으로만 보는 것이라면, 상징적인 과거도 있다. 그때 무의식은 이미 체계가 잡힌 기초 시니피앙들로 볼 수 있다. 두 번째 억압보다 첫 번째 억압이 앞서고, 시간적으로 해석된 사건들보다 기초 시니피앙이 앞선다는 것은 과거를 좀 더 상징적인 의미로 보는 것이다. 거기서 우리는 뒤집힌 의식을 조절할 수 있는 실마리를 찾을 수 있다. 우리가 찾고 있는 것도 그것이다. 그렇다면 그것을 아주 일반화해서 이렇게 말할 수 있다. 의식은 마지막과 관계된 것이고, 무의식은 원초적인 것이다.

이렇게 되면 처음에 우리가 제기했던 문제로 돌아간다. 같은 경험을 놓고 두 가지 설명이 교차하는 문제이다. 사실 앞에서 나는 정치관계를 정신현상학의 형상으로 풀 수도 있고, 프로이트가 『자아 분석과 집단 심리학』에서 언급한 대로 리비도 카덱시스로 풀 수도 있음을 암시했다. 두 가지 설명은 서로 반대되지만 겹치기도 한다. 정치라는 것이 원초적인 충동을 대변하는 것이 아니라고 볼 수도 있다. 그러나 다른 면에서 보면 정신현상학의 어떤 형태도 리비도 카덱시스를 벗어나지 못하고 결국은 충동이 일으키는 퇴행 유혹과 무관하지 않다.

그리하여 카리스마적 지도자를 동성애적인 리비도 카덱시스로 푸는 프로이트의 해석은 일리가 있다. 그렇다고 정치가 섹스놀이라는 말은 아니다. 리비도 영역에서 생긴 인간관계가 정치로 전이된 것이고 그래서 정치는 원래 정치 문제가 아니라는 것이다. 그러므로 정신분석가는 정치 열정을 의심하고 거기서 도피나 가면을 본다. 그럴 만한 일이다. 그러나 충동의 영역에서 정치를 보면 정치의 전체를 보지 못한다. 정치가를 정신분석해 지도자 형태의 리비도 카덱시스만 본다면 이른바 소명의식을 파헤쳐 폐허로 만드는 셈이다. 그런데 거기서 참다운 정치 소명이 생겨날 수도 있다. 정치 문제 그 자체에서 정치 소명이 생길 수도 있지만, 그때는 정치를 리비도로 바꿔놓을 수 없다. 플라톤이 『국가』에서 "참다운 집권자, 곧 철학자는 감정 없이 다스린다"고 한 말도 그 뜻이다.

소유 문제를 다시 보자. 소유 문제도 그런 식으로 두 가지로 볼 수 있다. 노동과 관련해서 볼 수도 있고, 항문기와 관련해서 볼 수도 있다. 그런데 그 두 가지는 같은 차원에서 발생하는 것이 아니다. 하나는 이룩하고 형성하는 것이며, 다른 하나는 가면과 대체 작용을 염두에 두고 결국 '거짓' 의식을 생각하게 된다. 나중에 나는 문화에서 만들어진 상징을 예로 들어, 두 가지 상징 해석이 서로 반대되며 변증법적인 관계를 이루는 것을 보겠다. 하나는 나중에 생긴 형태를 찾아나서는 해석 방법, 곧 의식의 해석학이고, 다른 하나는 앞서 생긴 형태 쪽에 관심을 두는 해석 방법, 곧 무의식의 해석학이다.

소포클레스의 『오이디푸스 왕』에서도 그 두 가지 해석을 엿볼 수 있다. 오이디푸스 왕을 이해한다는 것은 무엇을 뜻하는가? 비극을 해석하는 데는 두 가지 방식이 있다. 하나는 뒤로 가서 원초적인 콤플렉스, 곧 오이디푸스 콤플렉스를 보는 것이다. 프로이트가 『꿈의 해석』에서 한 작업이 그것이다. 다른 하나는 앞으로 나아가며 종합하는 것으로 오이디푸스 콤플렉스와 전혀 무관한 작업이다.

전통 미학과 달리 프로이트에 따르면, 소포클레스의 비극이 관중을 사로잡는 것은 운명과 자유의 갈등 때문이 아니다. 우리 자신도 모르게 알고 있는 그 운명 때문이다. "그의 운명은 우리를 감동시키는데, 그것은 그의 운명이 곧 우리의 운명이기 때문이다. 우리가 날 때, 그에게 내린 저주가 우리에게도 내리기 때문이다." 조금 뒤에는 이런 말이 나온다. "오이디푸스는 우리의 어린 시절을 연출한다."[2] 유명한 포보스(φόβος), 곧 연민과 떨림은 솟구치는 충동을 강제로 억압하는 데서 생기는 것이다.

그런 시각은 타당성이 있으며 명쾌하고 또 필요하기도 하다. 그러나 달리 볼 수도 있다. 비극은 '이미 일어난' 근친상간과 부친 살해라는 드라마와 무관한 진실의 비극이다. 오이디푸스와 스핑크스의 관계가 아니라 오이디푸스와 예언자의 관계이다. 그런데 그 두 번째 관계도 바로 정신분석학에서 말하는 관계라고 할 수 있을지 모른다. 프로이트 자신이 이렇게 말하지 않았는가? "희곡은 마치 정신분석을 하듯이 조금씩

---

[2] S. Freud, *The Interpretation of Dreams*, SE, IV, p.261.

강도를 더해가며 어떤 사실을 드러내는데, 그것은 오이디푸스 자신이 라이오스의 살해자일 뿐 아니라 피살자와 이오카스테의 아들이라는 사실이다"(같은 책, 261~262쪽).

그러나 더 나아가야 한다. 소포클레스의 작품은 오이디푸스 콤플렉스를 되살리는 기계가 아니다. 한편으로는 이드를 만족시키는 타협을 가상으로 연출하고, 다른 한편으로는 초자아를 만족시키는 형벌을 연출하는, 두 가지 방식으로 오이디푸스 콤플렉스를 기계처럼 되살리는 것이 아니다.

이미 일어난 일을 되새기고 되풀이하는 일을 넘어, 비극작가는 두 번째 문제, 곧 자아의식의 비극을 제기한다. 주로 『콜로누스의 오이디푸스』에서 보이는 그 두 번째 드라마는 첫 번째 드라마를 바탕으로 하지만, 동시에 오이디푸스 자신이 좀 더 어른스러운 두 번째 허물로 들어가는데, 그것은 정의를 어긴 허물이다. 비극 첫머리에서 오이디푸스는 누군가 흠 많은 사람이 페스트의 원인이라고 보고 그 누군가를 저주하는데, 그 자신이 그 흠 많은 사람일 수 있다는 생각은 하지 못한다. 그 뒤에 이어지는 이야기는, 자기는 흠이 없다고 단정하는 그 선입견과 의식이 깨지는 것이다. 오이디푸스의 교만은 고통을 통해 깨져야 한다.

어떤 면에서 이 두 번째 드라마는 첫 드라마에 속한다. 죄인을 벌해야 사건을 마무리할 수 있기 때문이다. 그러나 범죄에서 형벌로 가는 운동은 새로운 드라마이며, 바로 그것이 비극이다. 진실을 향한 열심으로 죄인을 찾아내지만 그 열심은 불순한 열심이다. 그것은 왕의 선입견이고, 그의 열심은 왕의 위력에 속한다. 진실 문제와 자기와는 무관하다고 생각한 사람의 선입견이다. 그러한 선입견은 프로메테우스의 선입견과 비슷하다. 그의 열심은 무지이다. 오직 티레시아스만이 진실의 힘을 대변한다. 오이디푸스는 아직 진실의 교만(hybris)에 지나지 않으며, 그가 내리는 저주를 주관하는 것은 그 교만이다.

그 교만이라는 죄는 티레시아스를 향해 퍼붓는 분노에서 잘 드러난다. 그것은 성과 관련된 것이 아니며 무지에서 나오는 분노이다. 물론 그 분노는 오이디푸스의 책임이 아닌 첫 번째 범죄의 누명을 벗으려는 과정에서 발생한다. 그러나 진실의 드라마에 들어 있는 그 특별한 허물은 특별하게 해석해야 한다. 그러한 해석의 과정을 보여주는 것이 '예언자' 형태이다. 거기서 진실의 중심은 오이디푸스가 아니고 티레시아스이다. 오이디푸스는 왕일 뿐이다. 그래서 근친상간하고 부친을 살해한 오이디푸스의 비극이 아니고 왕인 오이디푸스의 비극이다. 그런 까닭에 오이디푸스는 사람의 크기를 대변한다. 그의 자만은 전체를 볼 수 있는 형태로 비춰야 한다. 그 형태는 엘리자베스 시대의 비극에 나오는 바보와 비슷한데, 그것 자체는 비극이 아니라 비극 안에 희극이 들어가는 모습을 보여준다. 그 예언자의 형태를 소포클레스는 '진실의 힘'이라고 불렀다. 오이디푸스의 분노와 그 진실의 힘의 관계야말로 진짜 비극이다. 오이디푸스 비극의 핵심은 거기에 있다.

그것은 리비도 문제가 아니라 빛의 문제이다. 아폴론이 그 상징이다. 우리는 이렇게 말할 수 있을 것이다. 아폴론이 오이디푸스를 불러 스스로를 되돌아보게 하고, 소크라테스에게 자신과 다른 사람을 돌아보도록 해서 검토되지 않은 삶은 살 가치가 없다고 말하게 했다. 그렇다면 오이디푸스의 자기 형벌은 서로 얽혀 있는 두 드라마에 속한 것이다. 오이디푸스가 자기 눈을 뺀다. 어떤 면에서 그것은 완벽한 자기 형벌이며, 자신에 대한 잔인함이고, 마조히스트적인 행위의 극치이다. 성가대도 그렇게 그를 이해하고, 나중에 늙은 오이디푸스가 그의 새로운 폭력을 돌이킬 때도 그런 식으로 뉘우친다.

그러나 진실의 비극은 성의 비극에 속하면서 동시에 거기에서 벗어난다. 벌에도 색다른 뜻이 있다. 벌은 자아인식의 드라마에 속하는 것이며, 오이디푸스와 티레시아스의 관계에서 그 뜻을 찾아야 한다. 티레시아스는 예언자이며 장님이다. 오이디푸스는 볼 수 있지만 그의 오성은 장님이다. 눈을 잃고 난 후 그는 환상을 받는다. 오이디푸스가 마조히스트처럼 스스로 벌을 주는 행위는 의미의 어둠이고, 오성과 의지의 어둠이다. 크레온이 내뱉는다. "계속 통치자가 되려는 마음을 버려라.

너보다 앞선 승리자들이 너에게 준 것이 네게 늘 좋은 것은 아니다."

외부의 운명이 내면의 운명이 되었다. 저주받은 사람이 티레시아스처럼 눈먼 예언자가 되었다. 눈은 멀었지만 볼 수 있는 자가 되었다. 비극의 의미는 결국 거기에 있는데, 『오이디푸스 왕』에서는 그 점이 아직 드러나지 않는다. 오이디푸스가 자신의 탄생과 분노의 의미를 내면화하고 자기 형벌(자해)을 내면화할 때 비로소 그 점이 드러난다. 그때 그는 죽음을 넘어선다. 죽음은 삶에 대한 저주요, 정화되지 않아 흠이 많은 존재에게 가장 큰 두려움이다.

그러므로 두 개의 해석학이 있다. 하나는 새로운 상징의 출현에 눈을 돌리는 해석이다. 『정신현상학』에서처럼 마지막 것에서부터 힘을 받아 올라가는 형태에 눈을 돌린다. 그 마지막은 더 이상 형태가 아니라 앎이다. 다른 하나는 원초 상징들의 출현에 눈을 돌리는 해석이다. 첫 번째 해석 방법은 앞에서 말한 대로 빈틈이 많은 텍스트에 무엇을 끼워 넣는 것이다. 두 번째 해석은, 잘려나간 텍스트를 복원하기보다 상징이 불러일으키는 새로운 생각을 일군다.

그와 같은 두 가지 해석 방법에 맞추어 상징도 둘로 나뉜다. 똑같은 상징이 두 방향을 탄다. 한편으로는 우리의 어린 시절을 '반복한다.' 그 반복은 시간적일 수도 있고 무시간적일 수도 있다. 다른 한편으로는 어른다운 성숙한 삶을 '개척한다.' 햄릿은 "예언자 같은 나의 영혼이여"라고 말하지 않았던가. 거기서 상징은 우리의 뿌리 깊은 가능성을 간접으로 표현한다. 그 가능성과 관련해서 볼 때 상징은 앞쪽을 향해 있다.

문화는 어른이 되어가는 인간의 '이미지'이고, 그 이미지들의 정향 진화이다. '작품'을 내고 '기념물'을 세우고 '제도'를 만드는 것은, 뒤를 살피는 분석으로 밝힐 수 있는 어떤 상징력의 투사가 아니다. 그것은 빌둥(Bildung)의 출현이다. 말하자면 무언가 '쌓고 이룩하는' 기능이다. 자아의식을 증진하는 푯대를 세우는 상징의 출현을 나타내려면 '투사'기능만으로는 부족하다. 거기서 상징은 자신이 표현하는 것을 한 단계 끌어올리면서 표현한다. 그렇게 해서 그 상징들은 파이데이아($παιδεία$),

에루디티오(Eruditio), 빌둥(Bildung), 곧 교육 또는 교양이다. 그 상징들은 그들이 '발견하는' 쪽을 향해 '열려 있다.' 그런 점에서 문화—문화는 빌둥이다—는 꿈이 아니다. 꿈은 가면을 쓰고 있지만 작품은 그것을 벗기고 드러낸다.

두 가지 해석학을 변증법으로 묶는 것은 어떤 결과를 가져올까? 다시 말해서 의식과 무의식이라는 두 가지 상징의 길을 변증법으로 묶으면 어떨까? 의식과 무의식을 서로 반대되는 것으로 보는 한, 앞으로 가는 해석과 뒤로 가는 해석은 각자의 길을 간다. 의식은 역사이며 무의식은 운명이라고 할 것이다. 저 뒤에 있는 어린 시절, 이미 형성된 상징이 올라오는데, 돌아가는 나사처럼 똑같은 주제가 반복해서 올라온다.

그러나 사람은 어린 시절을 벗어날 책임이 있다. 반복을 깨고 앞을 내다보며 역사를 개척해야 한다. 무의식은 기원이고 출생이며, 의식은 시간의 끝이고 종말이다. 그러나 그처럼 둘을 서로 반대로 보는 것은 전체를 아주 단편적으로 이해하는 데 불과하다. 이 둘은 반대인 듯하지만 같은 것이라는 점을 알아야 한다. 앞에 놓인 형태들을 말하는 체계나 이미 뒤에 있는 상징으로 돌아가는 체계는 같은 것이다.

참으로 이해하기 어려운 이야기이다. 그러나 적어도 이렇게 말할 수 있다. 이 지점에서 우리는 이렇게 선언하고 싶다. 어떤 사람에게 무의식은 바닥에 깔려 어둡고 열등한 부분을 설명해준다. 그것은 밤의 열기이다. 의식은 위에 있는 높고 밝은 부분을 표현한다. 낮의 법이다. 섣부른 절충주의는 안 된다. 의식과 무의식이 서로를 보충한다는 식으로 말해서는 안 된다. 그런 적당한 타협은 변증법을 우습게 만든다. 두 개의 해석학, 곧 낮의 해석학과 밤의 해석학이 같은 것임을 알아야만 그런 일이 생기지 않는다. 사람을 반으로 갈라 절반은 프로이트로, 절반은 헤겔로 설명할 수 있다는 식이어서는 안 된다.

사람을 생리학으로 설명할 수 있고 동시에 사회학으로 설명할 수도 있듯이, 헤겔과 프로이트도 같은 것을 해석 대상으로 삼았다. 헤겔 쪽에서 볼 때는 그가 정신의 담론이라고 부른 것, 곧 우리가 매번 의식으로 내면화하는 것까지 포함한 모든 것이 형태의 전개 속에 있다. 한편 프로이트 쪽에서 볼 때는 모든 것이 기초 상징들의 다원적 결정 속에 들어 있으며, 주인과 노예의 변증법까지도 포함한다. 분석가와 내담자는 그것을 완전히 연출해내는 사람들이고, 치료는 그것을 인정하기 위한 싸움이라고 할 수 있다.

존재와 소유 문제도 있는가? 앞에서 보았다. 남근을 갖고 있음, 남근을 갖고 있지 않음, 남근을 제대로 지니지 않아 잃어버림, 그런 것들이 소유 문제이다. 그렇게 보면 두 개의 제국주의, 곧 헤겔주의와 프로이트학파는 철옹성과 같아서 타협할 수 없다. 한쪽에 대해서 한 말을 다른 쪽에도 그대로 적용할 수 있는 것을 봐도 그렇다. '정신현상학'이 직접적인 것으로 돌아가면서 끝나는데, 정신분석학에서 과거를 끄집어내는 것도 그렇지 않은가? 바꾸어 말하면, 정신분석에서 원초로 되돌아가는 것이 미래를 향해 앞으로 나아가는 운동을 일으키는 것이 아닐까? 치료라는 것이 곧 앞을 보고 자유를 찾는 것이 아닐까? 『오이디푸스 왕』을 정신분석과 다른 방식으로 해석하는 것을 두고, 프로이트학파가 분석에 대한 저항이라고 할 수 있는 까닭도 거기에 있다.

그러므로 역사인 의식과 운명인 무의식을 철저하게 반대로 놓은 후에야 그 대립관계를 넘을 수 있다. 그때 비로소 서로 다른 두 체계, 곧 의식의 종합과 무의식 분석이 같은 것임을 알 수 있다. 두 해석학을 반대로 보든 똑같은 것으로 보든 절충주의는 안 된다. 무의식은 많이 인정하고 전의식은 그보다 덜 인정하고 의식은 아주 조금 인정하는 식이어서는 안 된다. 절충주의는 언제나 변증법의 적이다.

우리가 달려온 길을 되짚어보자. 우리는 의식현상학의 실패에서 출발했다. 우리는 직접 의식은 확실하지만 진실이 없다고 보았다. 반성되지 않은 부분을 반성하는데, 그것이 무의식은 아니었다. 그래서 우리는 무의식 실재론을 검토했다. 그것이 무의식을 생각하지 못하게 하는 선험적 관념론에 맞서 든든한 실재론을 형성하고 있음을 보았다. 그런데 거기서 의식은 프로이트의 위상학에서 한자리를 차지하는 것에 지나지 않는다. 그래서 우리는 무의식 실재론도 넘어야 했다. 그러고는 칸트의 대치 방식처럼 무의식과 의식을 서로 상대편에서 생각해보려고 했다. 그 단계에서 가장 오래 머물렀다.

우리는 프로이트에게도 후설에게도 미치지 못하는 의식의 심리학을 거부했다. 우리를 이끈 것은 헤겔이 말하는 정신현상학이다. 거기서 무의식의 '타자'인 의식은 자아에 붙어 있지 않고 무슨 내용을 알아차리는 것도 아니며 '정신의 형태들의 행로를 따라갈 수 있는 능력'이다. 우리는 상징을 통해 탄생하는 형태, 그러한 형태의 해석학이야말로 뒤로 가는 해석학의 맞상대가 된다고 생각했다. 앞으로 가는 해석학인 정신현상학에서 '타자'를 발견하면서, 뒤로 가는 해석학의 의미도 밝혀진다. 그 타자의 타자로서의 무의식은, 정신의 통합을 향해 앞으로 나아가는 역사와 반대이다. 역사와 정반대인 운명이다.

이제 마지막으로 남은 문제는 그 두 해석학이 같은가 하는 점이다. 그 둘은 같은 것이다. 정신현상학과 무의식의 고고학은 각각 사람을 반쪽씩 설명하는 것이 아니라, 각각 사람 전체를 설명하는 것이다.

그렇다면 의식은 한계가 있지만 나름대로 정신과 무의식이 하나 되는 것을 사는 삶의 방식이라고 할 수 있다. 이때 물론 정신은 정신의 기본 형태로 나타나고 무의식은 무의식의 기초 시니피앙으로 나타난다. 만일 우리가 정신의 형태들의 전진과 무의식의 기초 시니피앙으로 향하는 퇴진을 같은 것으로 본다면 그토록 많이 인용하는 프로이트의 말을 이해할 수 있다. Wo es war, soll ich werden. '이드'가 있던 그곳에서 '내'가 되어야 한다는 뜻이다.

2. 정신분석학과 현대문화

현대문명에서 정신분석학이 차지하는 자리는 어디인가? 이 중요한 물음에 답하려면 본질적인 것을 밝히면서도 제한된 접근이 필요하다. 토론과 논증을 펴는 데는 어느 정도 제한을 두더라도, 우리 가운데 정신분석의 영향으로 일어난 문화 현상을 밝혀주는 접근 방식이 필요하다. 문화에 대해 말한 프로이트의 텍스트를 다시 읽어보면 그런 접근이 가능하다. 그 글들을 보면 사실 정신분석이 간접으로 또는 부수적으로 문화를 논하는 것이 아님을 알 수 있다. 인간의 뒷면이나 지저분한 면을 설명하는 것이 아니다. 분석가와 내담자의 치료관계라는 제한된 틀을 가지고 정신분석학은 문화를 해석하는 문화해석학 차원으로 올라간다. 거기서 우리는 정신분석이 무엇을 겨냥하는지 알 수 있다.

그 부분이 우리가 첫 번째로 나타내려는 것인데, 그것은 뒤에 설명하려는 이야기를 위해서도 매우 중요하다. 정신분석학은 문화해석학으로서 현대 문화운동에 들어온다. 달리 말하면 정신분석학의 인간 해석이 문화 전체를 놓고 하는 것이기 때문에, 정신분석은 문화운동이 되는 것이다. 정신분석과 함께 해석은 문화의 계기가 된다. 세상을 해석하면서 세상을 바꾼다.

그러므로 정신분석학이 먼저 문화 '전체'의 해석이라는 점을 밝힐 필요가 있다. 정신분석이 유일하게 올바른 인간 해석이라는 뜻은 아니다. 나중에 우리는 정신분석의 관점에 한계가 있으며, 여러 가지 문화 해석에서 정신분석학이 차지하는 위치가 명확하지 않음을 볼 것이다. 정신분석의 의미나 자리가 좀 뚜렷하지 않은 면이 있는 까닭도 거기에 있다. 그러나 그렇다고 해서 정신분석의 대상이 제한되는 것은 아니다. 다시 말해 정신분석학은 사람 전체를 보려는 것이다. 오직 그 관점 때문에 생기는 한계가 있다는 것이다. 그 관점을 이해해야 하고 그것을 분명하게 해야 한다. 스피노자가 신의 속성을 가리켜 "한 분야에서 무한한 것들"이라고 했듯이, 나는 이렇게 말하겠다. 정신분석학은 그 분야에서 전체를 해석하는 것이라고 말이다. 정신분석학이 문화의 사건이 되는 까닭이 거기에 있다.

그런데 정신분석을 정신의학에서 갈라져나온 가지로 보면 안 된다. 정신분석을, 정신의학이 개인심리학에서 사회심리학으로 점차 넓어져 가며 예술과 도덕 그리고 종교로까지 그 영역을 확장하면서 친 가지 정도로 생각한다면, 정신분석학의 통일은 사라진다. 물론 문화에 관한 글은 대부분 프로이트가 말년에 쓴 것들이다. 1927년에 쓴 「환상의 미래」, 1930년에 쓴 『문명 속의 불만』,* 1937~39년에 쓴 「모세와 유일신교」 따위이다.

그렇지만 개인심리학을 문화사회학으로 뒤늦게 확장한 것은 아니다. 프로이트는 이미 1908년에 「창조적 작가와 몽상」을 썼다. 「빌헬름 옌젠의 『그라비다』에 나타난 망상과 꿈」은 1907년 글이고, 「레오나르도 다빈치의 유년의 기억」은 1910년 글이며, 「토템과 타부」는 1913년, 「전쟁과 죽음에 관한 고찰」은 1915년, 「두려운 낯섦」은 1917년, 「괴테의 『시와 진실』에 나타난 어린 시절의 추억」은 1917년, 「미가엘 천사와 모세」는 1914년, 「집단심리학과 자아 분석」은 1921년, 「17세기의 악마 노이로제」는 1923년, 「도스토옙스키와 아버지 살해」는 1928년 글이다.

미학과 사회학 그리고 윤리와 종교 쪽으로 깊이 침투해 들어오는 시점은 『쾌락의 원칙을 넘어서』, 「자아와 이드」 그리고 초심리학에 관한 중요한 글들이 씌어진 시기와 같다. 말하자면, 정신분석 이외에 각자 자기 나름대로 방법론을 발전시켰던 여러 영역의 칸막이를 부수어버린 것이다. 그 여러 영역에 정신분석의 한 가지 관점에서 나온 몇 가지 모델을 똑같이 적용했다. 위상학 모델, 경제학 모델, 발생 모델은 모두 한 가지 관점에서 생긴 것이다. 그처럼 일관된 관점 때문에 정신분석학의 해석 방법은 한계가 있으면서도 전체를 보려 한다. 그 모델이 타당한 범위에서만 정신분석학은 옳다고 할 수 있다.

그러나 어쨌든 정신분석은 사람과 관련된 전체를 모두 자기 방식으로 설명하려는 것이다. 그래서 프로이트는 심리학과 사회학 영역을 나누기를 싫어했고, 개인과 사회가 비슷하다는 것을 늘 강조했다. 그러나 비슷한 점을, 개인 심리의 '존재'나 집단 심리의 '존재'에 대한 사변을

---

*열린책들에서 펴낸 프로이트 전집을 기준으로, 단행본 책 제목으로 된 것은 책으로 표시하고, 그 안에 들어 있는 글은 논문으로 표시했다.

통해 증명하려고 하지는 않았다. 매번 발생학이나 위상학 그리고 경제학 모델을 적용해서 그 점을 보이고자 했다. 그러면서도 프로이트는 어떤 설명을 억지로 딱 들어맞게 하지 않고, 자기가 얻은 어떤 극단의 결론이 충동의 경제학에서 나온 것임을 밝혔다. 모든 것을 한꺼번에 말할 수는 없다고 그는 거듭 말했다.

내가 기여할 수 있는 것은 미약하고 한계가 있다. 인사치레로 하는 말이 아니다. 자기 나름의 관점을 가지고 인간 현상 전체를 보려고 하는 학자의 고백이자 신념이다.

1) 문화해석학

문화에 대한 프로이트의 사상이 어떻게 발전했는지 그 역사를 보려면 『꿈의 해석』에서 시작해야 한다. 프로이트는 처음으로 소포클레스의 『오이디푸스 왕』과 셰익스피어의 『햄릿』을 해석하면서 문학작품이나 신화, 꿈의 위장이 서로 통한다고 주장했다. 거기에서 싹이 돋아 훗날 이론으로 발전한다. 「창조적인 작가와 몽상」에서 프로이트는 다음과 같은 명제를 제시한다. 우리도 모르게 꿈이 밖으로 나와 유머나 환상 또는 몽상이 되고, 또는 민담이나 전설이 되고 굉장한 예술작품이 된다. 그렇게 볼 때 예술의 창조력은, 꿈의 해석이나 신경증 이론에서 말하는 대리만족이나 타협 같은 현상들과 그 역학관계나 경제구조가 같다.

그러나 여기서 더 발전하려면, 심리 장치를 이루는 여러 계기의 '위상학'과 카덱시스와 반대 카덱시스의 '경제학'을 분명하게 밝혀야 한다. 그래야 심미적인 쾌락을 문화 전체의 역학관계 속에 집어넣을 수 있을 것이다. 따라서 우리는 프로이트 이론을 연대순으로 살피기보다 조직적으로 해석해보려고 한다. 그러기 위해 문화를 종합적으로 정의하는 글들로 곧바로 눈을 돌려보자. 그런 문제의식에서 출발해야 '환상'에 관한 일반 이론을 마련할 수 있으며, 그 이전에 쓰어진 미학에 관한 글들도 제자리를 잡을 수 있을 것이다. 사실 그 글들은 문화 현상의 뿌리가 무엇인지를 밝히기 전에는 잘 이해할 수 없다. 심미적 '유혹'과 종교적 '환상'은 같이 놓고 봐야 한다. 문명이 감당해야 할 것 중에는 보상 문제가 있는데, 그 보상을 위한 두 축이 심미적 유혹과 종교적 환상이기 때문이다. 물론 이 둘은 서로 반대이다.

「토템과 타부」처럼 조금 긴 글에 대해서도 나는 똑같이 이야기할 것이다. 그 글에서 프로이트는 20세기 초 민속학의 결과들을 정신분석학으로 재해석했는데, 종교의 기원인 토템과 윤리의 기원인 터부 문제를 재해석했다. '발생'을 연구한 것인데, 그것도 넓게 보면 위상학과 경제학 테두리에 넣을 수 있다. 프로이트 자신이 「환상의 미래」와 「모세와 유일신교」에서 원초적인 면을 보는 발생학적 설명이 종교의 전부를 드러내지는 못하고 부분적인 현상만 드러낼 뿐이라는 점을 말하고 있다. 프로이트의 글을 연대순으로 읽지 않고 체계적으로 읽으면 '발생학적' 해석을 '위상학적이고 경제학적인' 해석 쪽으로 끌어들일 수 있는데, 위상학과 경제학으로 봐야 관점이 하나로 통합된다.

발생학적 설명이 위상학적이고 경제학적인 설명에 닻을 내리는 지점, 거기에 환상 이론이 있다. 원초적인 것이 '억압된 것의 회귀' 형태로 반복되는 곳도 바로 여기이다. 그렇다면 이야기의 순서가 이렇게 된다. 전체에서 부분으로, 문명의 중심인 경제학적 기능에서 종교적 '환상'이나 심미적 '유혹'이라는 개별 기능으로 가야 한다. 그리고 경제학적 설명에서 발생학적 설명으로 가야 한다.

문명 현상의 '경제학'

'문명'이란 무엇인가? 먼저 문명과 문화를 다른 것으로 보지 말자는 점을 말하고자 한다. 우리가 여기서 둘을 구분하지 않으려는 이유는 분명하다. 흔히 문명은 자연을 일방적으로 지배하는 것을 가리키고, 문화는 이익 문제를 초월해 가치를 실현하는 것을 가리킨다. 그러나 그런 것은 없다. 다른 관점에서 보면 몰라도, 리비도 집중과 반집중의 관점에서 문화를 보면 그런 구분은 전혀 의미가 없다.

프로이트의 문명론은 철저하게 경제학의 바탕 위에 서 있다.

그런 관점에서 일어나는 첫 번째 현상은 외부 강제이다. '본능의 단념'이 생기기 때문이다. 「환상의 미래」가 거기서 열린다. 프로이트는 문화가 아주 오래된 욕망, 곧 근친상간이나 식인 또는 살인 같은 욕망을 금지한 데서 비롯되었다고 말한다. 그러나 문명을 강제력으로 다 설명할 수 있는 것은 아니다. 프로이트가 보려는 환상은 좀 더 큰 과업을 안고 있다. 금지 문제는 그 껍데기에 지나지 않는다.

프로이트는 세 가지 물음으로 문제의 핵심으로 파고들어간다. 사람에게 주어진 충동 희생이라는 짐을 얼마나 '줄일 수' 있는가? 어차피 본능의 단념을 피할 수 없다면 사람은 어떻게 그것과 '조화'를 이룰 것인가? 그 희생을 갚아줄 충분한 '보상'은 어떻게 이루어질까? 이 물음들은 물음이라기보다 문화를 구성하는 요소들이다. 어쨌든 금지와 충동의 갈등에서 제기된 문제는 본능이 안고 있는 부담의 감소, 피할 수 없는 것과의 조화 그리고 희생에 대한 보상 등 세 가지이다.

그런데 그런 문제를 생각하는 데 경제학적 해석 말고 다른 방법은 없는가? 여기서 우리는 일관된 관점을 밀고 나갈 것이다. 그러면 예술과 도덕과 종교에 관한 그의 글들을 하나로 엮을 수 있을 뿐 아니라, '개인심리학'과 '집단심리학'을 연결해 그 둘을 '초심리학'에 집어넣을 수 있다.

문화에 대한 경제학적 해석은 두 가지 측면으로 나누어 전개된다. 『문명 속의 불만』에는 그 두 측면이 잘 드러나 있다. 먼저, 죽음의 본능을 들먹이지 않고 말할 수 있는 것들이 있다. 또한 죽음의 본능을 들먹이지 않고는 말할 수 없는 것이 있다. 그것은 하나의 굴곡이며 그 굴곡을 거쳐 문화의 비극에 서게 된다. 그런데 프로이트의 글을 보면 그런 굴곡을 말하기 전에는 순조롭게 진행된다. 그래서 문화의 경제학은 흔히 '에로티시즘'이라고 부르는 것과 똑같이 생각해도 될 것처럼 보인다. 개인이 추구하는 목표나 문화를 이끌어내는 목표가, 똑같은 에로스에서 나온 형상들로 보인다. "문명 과정은, 에로스 때문에 생기고 아난케—현실의 요청—때문에 급해진 어떤 과업의 영향으로 생명 과정이 겪는 변화로 보면 된다. 그 과업이란 개개의 인간을 리비도적 유대로 묶인 공동체로 통합하는 것이다"(『문명 속의 불만』, 334쪽; SE, XX, p.138).

그러므로 '에로스'로 말미암아 한편으로는 집단의 내부관계가 이룩되고, 다른 한편으로는 개인이 3중 고통, 곧 세상과 그의 육체와 다른 사람들 때문에 생기는 고통을 피해 쾌락을 찾는다. 한 개인이 어린아이에서 어른으로 성장하는 것처럼 문화의 발전도 에로스와 아난케 또는 사랑과 노동의 열매이다. 노동보다는 사랑의 열매라고 해야 할 것이다. 왜냐하면 자연을 착취하기 위해 노동으로 뭉치는 것은, 개인을 묶어 사회를 만드는 리비도 관계에 견주면 아무것도 아니기 때문이다. 그렇다면 개인이 행복을 추구하는 것뿐만 아니라 사람을 점점 더 큰 집단으로 묶는 것까지 모두 에로스가 하는 일이다.

그런데 곧바로 앞뒤가 맞지 않는 일이 생긴다. 자연과 조직적인 투쟁을 벌이면서 문화는, 예전에 신에게 있던 권능을 사람에게 부여한다. 그러나 신과 비슷해지면서 사람에게는 불만이 생긴다. 문명 속의 불만이다. 왜 그런가? 물론 그 문제를 일반적인 에로스 관점에서 볼 수도 있다. 문명을 비극으로 만드는 심각한 갈등까지는 아니더라도 개인과 사회 사이의 긴장을 에로스 관점에서 풀 수 있다. 예를 들어 가족관계가 그보다 더 큰 관계로 확장되는 것을 싫어한다는 것을 쉽게 설명할 수 있다. 한 집단에서 다른 집단으로 옮겨가는 것은 그 이전의 긴밀한 관계가 끊어지는 것처럼 보이게 마련이다. 그래서 싫어할 수 있다. 또 여성은 개인의 성관계가 사회관계의 리비도 에너지로 전이되는 것을 싫어하고 저항한다고 볼 수 있다. 그 밖에도 에로스 관점을 더 밀고 나가 여러 가지 갈등 상황을 무리 없이 설명할 수 있다. 잘 알려진 바와 같이 문화는 성 측면의 희생을 요구한다. 근친상간을 금지하고, 유아의 성 접촉을 막고, 합법과 일부일처제와 임신 규범 같은 좁은 통로에 성 에너지를 가둬놓는다.

그러나 그 희생이 아무리 고통스럽고 힘들어도 거기에는 아직 진정한 갈등은 없다. 기껏해야 문화가 리비도에 부과한 과업은 자리바꿈을 하라는 정도이고 리비도는 그것을 거북해한다. 그런가 하면 사회의 리비도 관계는 성 에너지를 잡아먹고 살며 무기력하게까지 만든다고 말할 수 있다. 그러나 그 정도로는 개인 리비도와 사회 사이에 '비극'이 있다고 할 수 없다. 잘하면 휴전이 곧 이루어질 것 같은 생각이 들 정도이다.

또다시 의문이 생긴다. 그런데 왜 사람은 행복하지 못한가? 왜 사람은 문화인으로서 만족하지 못하는가?

여기에 분석의 전환점이 있다. 사람 앞에는 이상한 계명이 주어져 있다―이웃을 네 몸과 같이 사랑하라. 불가능한 요구가 있다―원수를 사랑하라. 사랑을 앗아갈 수도 있는 위험한 계명이다. 그대로 하는 사람은 자칫 목숨을 잃고 나쁜 사람만 좋아질지도 모른다. 그러나 그 이상한 계명 뒤에 에로스가 아닌 이상한 본능이 숨어 있다. "사람들은 이 모든 것 뒤에 숨어 있는 진실을 부인하는 경향이 있다. 그러나 인간은 결코 사랑받기를 원하고 공격을 받아도 기껏해야 자신을 방어할 수 있을 뿐 상대를 반격하지도 못하는 유순한 동물이 아니다. 오히려 인간은 강력한 공격 본능을 타고난 것으로 보이는 동물이다. 따라서 이웃은 그들에게 잠재적인 협력자나 성적 대상일 뿐만 아니라, 그들의 공격 본능을 자극하는 존재이기도 하다. 인간은 이웃을 상대로 자신의 공격 본능을 만족시키고, 아무 보상도 하지 않은 채 이웃의 노동력을 착취하며, 이웃의 동의도 받지 않은 채 이웃을 성적으로 이용하고, 이웃의 재물을 강탈하며, 이웃을 경멸하고, 이웃에게 고통을 주며, 이웃을 고문하고 죽이고 싶은 유혹을 느낀다. 인간은 인간에게 늑대이다(*Homo homini lupus*)"(같은 책, 299~300쪽; SE, XXI, p.111).

사람과 사람의 관계를 꿰뚫는 충동과 본능이 있고, 그것 때문에 사회는 확고한 정의를 확립해야 한다. 그 본능은 '죽음의 본능'이다. 사람이 사람에 대해 품는 원초적인 적개심이다.

죽음의 본능이 들어오면서 글의 논조가 바뀐다. '사회적 에로스'는 성 에로스의 '확장'으로 볼 수 있다. 대상이 바뀌고 목적이 승화된 것으로 볼 수 있다. 그러나 문화에서 에로스와 죽음의 본능이 맞서는 것은 단지 개인 차원의 갈등이 확장된 것이라고 볼 수 없다. 문명의 비극은 거기에 있으며, 생명과 개인 심리 차원에서는 여전히 모호한 침묵을 지키고 있는 원초적인 적대감이 거기서 잘 드러난다. 물론 죽음의 본능 문제는 1920년에 이미 등장했다(「쾌락의 원칙을 넘어서」). 그때는 공격성에 대한 '사회적' 관점이 아직 없이 주로 '생물학'의 틀 속에서만 말했다. 여러 가지 임상 경험(반복 신경증, 고통스러운 이야기를 되살리는 증상 등)이 있었지만 당시 이론은 다소 엉성했다.

그러다가 1930년에 이르러 프로이트는 죽음의 본능이 살아 있는 사람 '속'에서 '침묵하고' 있다는 것 그리고 사회 차원에서만 그 공격성과 파괴성을 '드러낸다'는 것을 정확하게 파악했다. 문화해석학이 우리에게 인간의 공격 본능을 알려준다고 앞에서 말한 까닭도 거기에 있다.

그렇게 되면서 『문명 속의 불만』 후반부는 문화 표현에서 출발해 본능 이론을 새롭게 전개하게 된다. 그런데 심리학에서 볼 때 죽음의 본능은 그저 추측은 할 수 있지만 경험으로는 받아들이기 쉽지 않다. 에로스에 비친 죽음의 본능만 볼 수 있기 때문이다. 에로스는 죽음의 본능을 생명과는 다른 방향으로 이용한다. 그리하여 사디즘 형태를 갖춘다. 또는 마조히스트 형태를 통해서도 죽음의 본능은 생명과 다른 방향으로 이용된다. 간단히 말해, 대상 리비도를 이중으로 만드는 방식으로든 아니면 나르시시즘 리비도를 부풀리는 방식으로든, 어떤 방식으로든 죽음의 본능은 에로스와 섞여서 나타난다.

한편 그것을 완전히 밝히고 보면 '반(反)문화'의 모습을 띠고 있다. 그렇게 볼 때 생물학, 심리학 그리고 문화, 이렇게 세 단계를 거쳐 죽음의 본능이 점차 그 모습을 드러내는 셈이다. 에로스는 어떤 생명체를 그 자신과 결합시키고, 자아를 대상과 결합시키며, 더 나아가 개인들을 더 큰 집단에 결합시킨다. 그런데 에로스가 그런 힘을 발휘할수록 죽음의 본능에 들어 있는 적개심도 가만히 있지 않는다. 에로스와 죽음의 본능 사이의 투쟁은 여러 차원에서 반복되면서 점차 뚜렷해지고 문화 차원에서 분명히 드러난다. "이 공격 본능은 에로스와 더불어 세계를 지배하고 있는 죽음의 본능에서 유래했으며, 그 본능의 주요 대리인이다. 이제 문명 발달의 의미는 분명해졌다고 생각한다. 문명은 인류를 무대로 에로스와 죽음, 삶의 본능과 파괴 본능 사이의 투쟁이라는 형태를 띠고 있는 것이 분명하다. 이 투쟁은 모든 생명의 본질적인 요소이며, 따라서 문명 발달은 인류의 생존을 위한 투쟁이라고 요약할 수 있다. 그리고 어린이를 돌보는 유모들이 천국에 대한 자장가를 부르는 것은 거인들의 이 싸움을 진정시키려는 노력이다"(같은 책, 313쪽; SE, XXI, p.122).

그뿐 아니다. 『문명 속의 불만』 마지막 장에는 심리학과 문명 이론의 관계가 완전히 바뀌어 있다. 이 글 처음에는 초심리학에서 빌려온 리비도 경제학을 안내자로 삼아 문화 현상을 설명했다. 그러다가 죽음의 본능을 거론하기 시작하면서 문화 해석과 본능들의 변증법이 서로 순환 관계를 이룬다. 그리고 마침내 죄책감을 다루면서 문명 이론이 심리학을 이끌고 있다. 죄책감은 문명이 공격성을 무찌르기 위해 사용하는 '수단'이라고 했다. "죄책감이 문명 발달의 핵심이며," 그 죄책감 때문에 문명이 발전하면서 행복을 잃는다는 것을 밝히는 데 그 글의 의도가 있다고 할 수 있을 정도로, 프로이트는 문명 해석을 멀리 끌고 나간다. 그런 생각을 뒷받침하기 위해 그는 햄릿의 말을 인용한다. "양심은 우리 모두를 겁쟁이로 만든다······."

죄책감이라는 것이 정말 문명이 공격성을 누르기 위해 사용하는 특별한 도구라면, 『문명 속의 불만』에서 그토록 죄책감 문제를 깊이 다루는 것이 이상한 일은 아니다. 죄책감이란 어떻게 보면 심리학의 문제이다. 그러나 이제 죄의 심리학은 '경제학적' 문화 해석에서만 가능하다. 개인 심리에서 볼 때도 죄책감은 내면화한 공격성에서 생기는 것이고, 초자아가 도덕 양심이라는 이름으로 자아를 공격하는 데 쓴다. 그러나 그와 같은 자아 공격의 필요성이 문명의 시각에서 설명되어야 죄의 '경제학' 전체가 드러난다. 문명의 시각에서 죄책감을 보면 이렇다. "문명은 개인의 공격성을 약화시키고 무장해제시키는 한편, 마치 정복한 도시에 점령군을 주둔시키듯이 개인의 내부에 공격성을 감시하는 주둔군을 둠으로써 개인의 위험한 공격 욕구를 통제한다"(같은 책, 314쪽; SE, XXI, pp.123~124).

따라서 문명의 시각으로 봐야 죄를 경제학으로 그리고 구조로 해석하는 것이 가능하다. 그리고 그런 구조적 해석의 틀 안에서만 프로이트가 여기저기서 지적하는 발생학적 해석을 이해할 수 있다. 그는 최초의 부친 살해나 양심의 가책을 발생학으로 해석한다. 발생학적 해석을 따로 떼놓고 보면 허점이 많다. 그것은 '숙명처럼 피할 수 없는' 죄책감이 우연한 역사적 사건으로 생겼기 때문이다.

발생학적 해석에 들어 있는 그런 우연성은 발생학적 설명이 경제학적 설명 아래로 들어가면 해결된다. "아버지를 죽였느냐 아니면 그 행위를 자제했느냐 하는 것은 결정적인 요인이 아니다. 어떤 경우든 사람은 죄책감을 느낄 수밖에 없다. 죄책감은 양가감정으로 말미암은 갈등의 표현, 즉 파괴 본능 또는 죽음의 본능과 에로스 사이에 벌어지는 영원한 투쟁이기 때문이다. 이 갈등은 인간이 공동생활이라는 어려운 일에 부딪치면서부터 생겨나기 시작한다. 공동체가 가족 이외의 형태를 취하지 않는다면 이 갈등은 오이디푸스 콤플렉스의 형태로 나타나고 양심을 확립해 최초의 죄책감을 만들 수밖에 없다. 공동체를 확대하려는 시도가 이루어지면 똑같은 갈등이 계속된다. 갈등의 형태는 과거에 의해 결정되고, 갈등은 더욱 강화되어 죄책감을 더욱 강화하는 결과를 낳는다. 문명은 인간 내면의 성 충동에 복종해 인간을 긴밀한 집단으로 통합하려 하기 때문에, 죄책감을 더욱 강화해야만 집단 형성이라는 목적을 달성할 수 있다. 아버지와 관련해 시작된 갈등이 집단과의 관계에서 완성되는 것이다. 문명이 가족에서 인류 전체로 나아가는 필연적인 발달 과정이라면, 양가감정에서 생겨나는 타고난 갈등의 결과, 즉 사랑과 죽음 사이에 벌어지는 영원한 투쟁의 결과로 생긴 죄책감의 증대는 문명과 떼려야 뗄 수 없는 복잡한 관계로 얽혀 있을 수밖에 없다"(같은 책, 325~326쪽; SE, XXI, pp.132~133).

결국 경제학 관점이 문화의 의미를 드러내는 것이 분명해진다. 그러나 반대로 경제학 관점이 발생학 관점을 포함한 다른 모든 관점보다 확실한 우위를 차지하려면, 정신분석학이 문화 이론이라는 큰 틀 안에서 충동과 본능의 역학관계를 전개할 수 있어야 한다.

환상 그리고 '발생' 모델로 돌아감

초심리학에서 따온 위상학과 경제학 모델로 본 문화 속에 예술과 도덕과 종교를 집어넣을 수 있다. 그러나 프로이트는 그것을 '경제적' 기능 쪽에서 살펴본 덕분에 해석의 일관성을 얻을 수 있었다.

경제학 관점에서 볼 때 종교는 '환상'이다. 프로이트가 합리주의자라서 관찰할 수 있고 증명할 수 있는 것만 인정한다고 해도, 그의 환상 이론이 중요한 것은 합리주의나 불신앙 때문이 아니다. 벌써 오래전에 에피쿠로스나 루크레티우스는 두려움 때문에 신들이 생겼다고 했다. 프로이트 이론이 새로운 이유는, 그것이 환상의 '경제학'이기 때문이다. 프로이트가 제기하는 의문은 특정한 하느님에 대한 신앙 문제가 아니라 신의 경제적 기능 문제이다. 충동 단념과 대리만족 그리고 보상이 균형을 이루어야 사람이 삶을 지속할 수 있는데, 거기서 신이 어떤 역할을 하는가의 문제이다.

환상의 핵심은 삶의 지속에 있다. 사람은 이해하고 느낄 뿐 아니라 타고난 나르시시즘 때문에 늘 위안이 필요하며 그런 점에서 삶은 견디기 어려운 면이 있다. 그런 가운데서 삶을 지탱하는 것이 환상이다. 그런데 문명은 사람의 욕망을 바꾸는 일을 할 뿐만 아니라 자연의 막강한 파괴력에서 사람을 보호하는 일도 한다. 그처럼 존재를 위협하는 힘에 대한 싸움이 시작되지 않았거나 성공하지 못했거나 실패했을 때, 문명이 사용하는 또 다른 방식이 환상이다. 두려움을 몰아내고 잔인한 운명을 달래고 문명의 고통을 보상하기 위해 문명은 신을 만들어낸다.

충동의 경제학에서 환상이 새로 끌고 들어오는 것은 무엇인가? 어떤 관념과 표상 세계, 곧 신들이다. 그리고 신들에 대한 교리가 생기는데, 그것으로 현실을 파악하고 거기서 믿음이 생긴다. 그처럼 교리로 설명된 현실에 대한 믿음에 환상의 특이한 점이 있다. 만족과 불만의 균형을 위해 특별한 역할을 담당한다. 종교는 합리적으로 관찰할 수 없고 증명할 수 없는 신념을 매개로 사람에게 만족을 준다. 그렇다면 환상의 표상은 어디서 오는 것일까?

바로 여기서 '경제학' 모델이 '발생학' 모델을 포함한다. 경제학 모델은 전체를 보며, 발생학 모델 쪽의 해석은 부분적이다. 기원의 각도에서 설명했던 것을 기능 쪽의 설명으로 이어주는 것이 '환상', 곧 실체가 없는 표상인 환상이다. 프로이트는 환상과 같은 비합리가 없이는 그런 일이 생기지 않을 것이라고 생각했다. 그런데 그러한 비합리의 탄생은 경제학 쪽 설명과 뿌리가 같다. 프로이트가 거듭 말하는 것은, '환상'의 기본 특징이 사람의 욕망에서 비롯한다는 점이다. 사실, 실체 없는 교리가 효과를 보는 것은 욕망의 힘 때문이 아니라면 무엇 때문이겠는가? 인간의 끈질긴 욕망, 현실과는 잘 맞지 않는 그런 욕망이다.

「토템과 타부」 그리고 「모세와 유일신교」에는 경제학 쪽 설명을 뒷받침하는 데 빼놓을 수 없는 발생학 도식이 있다. 거기에서 재구성되는 역사의 기억은 관념 왜곡의 기원이 되는 진짜 내용을 이룰 뿐만 아니라, 뒤에서 종교를 신경증 관점에서 볼 때 알 수 있듯이 억압된 것의 회귀를 일으킬 '잠복된' 내용을 이룬다.

잠시 그 두 관점을 구별하도록 하자. 왜곡으로 감추어져 있는 진짜 내용과 종교의식으로 가면을 쓴 채 되돌아오는 억압된 기억, 그 둘을 구분하자.

첫 번째 관점에 주목해야 한다. 거기서 두 번째 관점이 나오기 때문이기도 하고, 프로이트학파의 특징이 잘 드러나기 때문이기도 하다. '비신화화' 학파나 종교를 역사로 위장한 '신화'에 지나지 않는다고 보는 사람들과 달리 프로이트는 종교의 발생 기원에 '역사'가 있다고 본다. 그것은 놀라운 일이 아니다. 프로이트에서 발생학적 설명을 하려면 '실재론'에 따라 기원 사건이 들어가야 한다. 유대 유일신교뿐 아니라 모든 문명의 시작을 탐구하는 프로이트의 깊이가 거기서 나온다. 그가 볼 때 억압된 것이 회귀하려면 진짜로 아버지들이 있고 진짜로 아들들이 그를 살해한 일이 있어야 한다.

"인류가 한때 자기네들에게는 원초적 아버지가 있었다는 사실, 그리고 그 아버지를 죽였을 것이라는 사실을 알고 있었을 것이라고 단언한다"(「모세와 유일신교」, 『종교의 기원』, 140쪽; SE, XXIII, p.101).

「토템과 타부」를 이루는 네 편의 논문은 "민족심리학이 해명하지 못한 여러 문제에 정신분석학의 관점 및 그 성과를 적용시켜보려는……첫 시도라고 할 수 있다"(「토템과 타부」, 『종교의 기원』, 205쪽; SE, XIII, Preface). 거기서 경제학 관점은 아직 모델로서 틀을 갖추지 못하고 발생학 관점이 주로 적용되고 있다. 그것은 도덕적 강박을 다루는데, 칸트의 정언 명령을 포함해 모든 도덕적 강박은 토테미즘과 연관된 터부에서 살아남은 것이다(같은 책, 207쪽; SE, XIII, p.xiv).

찰스 다윈을 따라 프로이트는 옛날에 사람은 작은 규모의 유목민으로 살았고, 각 집단은 어떤 강력한 남성이 지배했다고 본다. 그 남성은 절대 권력을 행사하며 모든 여성을 독점했고, 그것을 거스르는 아들들은 거세하고 죽였다고 본다. 한편 앳킨슨(Atkinson)의 가설에 따라 프로이트는 그 아들들이 단결해서 아버지를 죽여 먹어치웠다고 본다. 그렇게 해서 단순히 복수하는 것이 아니라 아버지와 동일해진다. 마지막으로 로버트슨 스미스(Robertson Smith)의 이론에 따라 프로이트는, 아버지가 이끄는 집단이 끝나고 형제들이 이끄는 토템 무리가 그 뒤를 잇는다고 본다. 싸움으로 초토화되는 것을 막기 위해 형제들은 일종의 사회계약을 맺고 근친상간을 금하는 금기를 세우고 족외혼 법칙을 세운다. 동시에 자식으로서의 양가감정이 사라지지 않고 아버지의 형상을 금기 동물로 대체한다. 따라서 토템 향연은 부친 살해를 장엄하게 재현하는 것이다.

그렇게 해서 종교가 생기고, 아버지의 형상이 그 중심에 있다. 그 형상이 신들의 형상으로 되살아나고 전능한 유일신으로 등장하기도 한다. 그리스도의 죽음이나 성만찬에서 완벽하게 되살아난다.

여기서 「모세와 유일신교」는 「토템과 타부」에 바탕을 두고 있는 셈이다. 글의 구성이나 내용이 모두 그렇다. 「모세와 유일신교」에 나오는 처음 두 편의 논문에서 프로이트는 이렇게 말한다. "유일신교의 일반적 기원 문제에 대해서 탄탄한 생각을 펼치고자 한다."[3] 그러기 위해 유일신교에 걸맞은 부친 살해 사건을 다시 만들어야 한다. 최초의 부친 살해와 토테미즘의 관계가 유일신교에서 재현되도록 부친 살해 사건을 재건해야 한다.

그래서 프로이트는 아텐교의 요소인 '이집트 사람 모세'의 가설을 구체화한다. 아텐은 윤리적이고 보편적이며 너그러운 신으로서 아케나텐 파라오가 될 수 있었을 것이다. 모세가 셈족에게 제시한 신이 바로 그것이다. 그 신은 오토 랑크(Otto Rank)가 말하는 영웅이며, 그 영웅은 백성에게 죽는다. 모세의 신은 화산의 신인 야훼 신앙의 바탕이 되는데, 야훼 신앙 안에서 모세의 신은 본래의 모습을 감추고 영웅의 죽음은 잊혀진다.

예언자들은 모세의 신을 되살리는 사람들이다. 윤리적 신과 함께 심적 외상(trauma)을 입힌 사건이 대두된다. 모세의 신으로 회귀하는 것은 동시에 억압된 심적 외상이 회귀하는 것이다. 표상 차원에서는 위로 드러나고, 감정 차원에서는 억압된 것이 회귀한다. 흔히 말하는 대로 유대인이 서양 문화에 자기 정죄의 모델을 제공했다면, 그것은 그들의 죄의식이 살해의 기억에 기대고 있음을 나타낸다. 그들은 살해의 기억을 서양 문화에 끌고 들어왔으며 동시에 은폐했다.

사슬처럼 얽힌 그와 같은 심적 외상을 입힌 사건들이 역사적 사실이라는 점을 프로이트는 최대한 이용한다. "집단의 경우에도 과거의 인상

---

3) S. Freud, *Moses and Monotheism*, SE, XXIII, p.4.

은 무의식적인 기억의 흔적 안에 보존된다"(『종교의 기원』, 131쪽). 프로이트가 볼 때 상징 언어의 보편성이 있다는 것(『종교의 기원』, 137쪽)이, 인류가 큰 심적 외상의 흔적을 기억으로 간직하고 있음을 잘 증명해준다. 언어의 다른 차원들, 곧 환상이나 신화 쪽으로 나가지 말고 발생 모델을 따라 언어를 보면 그렇다. 그러한 기억을 왜곡하는 것이 바로 환상의 기능이다.

인류는 그 환상을 개발했다. 그것은 직접 접근할 수 없는 상태로 유전된다. 물론 유전된다는 것이 프로이트에게도 어려운 문제이지만 그렇게밖에 볼 수 없다. 그래야 '개인심리학과 집단심리학의 간극'을 넘을 수 있다. 그리하여 "개인 신경증을 다루는 방식으로 한 민족도 다룰 수 있다. ……그렇지 않다면, 정신분석에서도 집단심리학에서도 우리가 가려는 길로는 한 걸음도 전진할 수 없다. 그러한 시도는 무모한 일이 되고 만다"(같은 책, 139쪽; SE, XXIII, p.100). 그러므로 기억의 유전은 있어도 좋고 없어도 좋은 가설이 아니다. 프로이트에게 그것은 이론의 체계를 든든하게 떠받치는 기둥이다. "구두 전달의 수단에만 바탕을 두고 있는 전승은 종교 현상에서 볼 수 있는 강박적 특성을 드러내지 못한다"(같은 책, 141쪽; SE, XXIII, p.101). 심적 외상을 일으킨 '사건'이 정말 발생했기 때문에 억압된 것의 회귀가 일어나는 것이다.

이쯤에서 이런 질문이 나올 법하다. 프로이트에서 '환상'의 '경제학'이 기본이고, 기원 문제에 관한 프로이트의 가설은 장식품에 지나지 않는 것일까? 결코 그렇지 않다. 환상의 경제학을 완결할 수 있는 것은 발생학적 해석 때문이다. 경제이론이 기원에 관한 연구 결과를 받아들인다. 그러나 거꾸로 기원에 관한 연구로 아직 밝혀지지 않은 특징 하나를 강조하게 된다. 환상에서 '억압된 것의 회귀'가 차지하는 역할이다. 바로 그 특징 때문에 종교는 '인류 보편의 강박 신경증'이 된다.

그런데 그런 특징이 드러나려면, 종교와 개인의 유아기 상황이 비슷하다는 것을 발생학적으로 설명해야 한다. 유아는 다소 두드러진 강박 신경증을 거쳐 어른이 된다. 그 강박증은 자진해서 뒤로 물러나지만 종종 정신분석이 필요할 때가 있다. 그와 같이 인류도 아버지 형상에 대한 충동의 양가감정에서 생긴 신경증을 거쳐 충동 단념에 이른다. 프로이트와 테오도르 라이크(Théodore Reik)의 글에서는 그처럼 종교와 강박 신경증을 같이 놓고 보는 경우가 많다. 이미 「토템과 타부」에서 터부에 신경증 성질이 들어 있다는 것을 알고 있다. 종교에나 강박 신경증에나 모두 망상이 있다. 똑같이 욕망과 두려움이 섞여 있다. 관습이나 터부나 신경증에는 한결같이 동기가 빠져 있고, 똑같이 고착과 전위와 전염의 법칙이 있고 금지들에서 나온 무슨 의례가 있다(「토템과 타부」, 『종교의 기원』, 310쪽; SE, XIII, p.72).

그 두 경우에, 억압된 것을 잊어버렸기 때문에 금지는 낯설고 이해할 수 없는 것이 된다. 그래서 어기고 싶은 욕망이 생기고, 상징적인 만족을 부추기며, 대체와 타협의 현상이 있고, 속죄하는 희생이 있으며, 금지 조항에 대해서 이중적인 태도를 낳는다. 종교나 강박 신경증에서 똑같이 일어나는 현상이다(같은 책, 328쪽 이하; SE, XIII, p.101 이하). 프로이트가 아직 초자아 이론을 개발하기 전, 특히 죽음의 본능을 들고 나오기 전에 이미 '도덕'의식 또는 죄의식(내면에서 느끼는 욕망 폐기를 도덕의식이라고 보았다)을 '터부에서 생긴 양심의 가책'에서 갈라져 나온 것으로 보았다(같은 책, 304~305쪽; SE, XIII, p.68). "조금 심하게 말하자면, 도덕의식의 기원을 강박 신경증에서 찾을 수 없다면, 그것을 찾을 희망을 포기해야 한다고 단언할 수 있다"(같은 책, 306쪽; SE, XIII, pp.68~69). 따라서 끌리기도 하고 혐오스럽기도 한 양가감정이 종교와 강박 신경증을 비교하는 핵심이었다.

물론 프로이트는 터부와 신경증 사이에 차이가 있음을 놀랍게 생각했다. "터부는 신경증이 아니라 사회의 형성물이다"(같은 책, 312쪽; SE, XIII, p.85). 그러나 터부에는 전염의 두려움이 들어 있고 그런 각도에서 징벌이 형성되었다는 설명을 통해 프로이트는 터부와 신경증의 차이를 줄이려고 했다(같은 책, 312쪽; SE, XIII, p.86). 그리고 사회 역시 이기적인 요소와 성적인 요소가 결합한 특수한 통일체라고 덧붙인다. 이런 문제는 「집단심리학과 자아분석」에도 나타나 있다. 1921년에 쓴 그 글에서는 권위와 위계질서로 이루어진 집단의 결속력을 철저하게 '리비도' 또는 '에로스' 문제로 풀고 있다.

프로이트는 종교가 신경증과 비슷하다는 점을 「모세와 유일신교」에서 특별히 강조하고 있다. 유대교 역사에서 볼 수 있는 '잠복현상'에서 그는 확실한 증거를 찾는다. 다시 말하면 야훼 신앙에 의해 억압된 모세의 종교가 뒤늦게 다시 나타나는 현상이다. 바로 거기서 발생 모델과 경제 모델이 교차한다. "외상 신경증 문제와 유대 유일신교의 문제 사이에는 기본적인 차이가 있음에도 하나의 공통점, 말하자면 잠복기라고 할 수 있는 특징이 발견된다는 것은 놀라운 일이다"(「모세와 유일신교」, 『종교의 기원』, 95쪽; SE, XXIII, p.68). 그 둘은 너무 비슷해서 "어떤 의미에서는 거의 동일해 보일 정도이다"(같은 책, 101쪽; SE, XXIII, p.72).

신경증 발전의 도식(초기 외상, 방어, 잠복, 신경증 발병, 억압된 것의 부분적 회귀)을 받아들이면, 인류의 역사와 개인의 역사는 쉽게 비슷해진다. "인류의 역사에도 개인사에서와 마찬가지로 성적·공격적 성격을 내용물로 하는 사건이 일어나 인류에게 영속적인 흔적을 남길 수 있지만 이러한 내용물은 내적인 방어에 직면하거나 잊혀졌다가 긴 잠복기를 거쳐 다시 작용하기 시작하면서, 그 구조나 목적으로 보아 신경증 증후와 유사한 현상을 드러낸다"(같은 책, 112~113쪽; SE, XXIII, p.123).

유대교 유일신은 그처럼 억압된 것이 회귀하는 역사에서 토테미즘과 교대한 것이다. 유대 민족은 아버지의 대용물인 모세라는 인물에서 원초적 계약을 되살렸다. 그리스도의 부활은 모세의 부활이며 따라서 그리스도의 죽음은 기원에 대한 기억을 다시 한 번 강화한 것이다. 그리고 마지막으로 성 바울의 종교는 억압된 것의 회귀를 완결한다. 선사시대의 기원으로 끌고 가서 원죄라는 이름을 붙인다. 그 옛날에 하느님께 죽을 죄를 지었고 죽음으로써만 그 대가를 치를 수 있다.

이어서 프로이트는 기독교 케리그마 중심에 있는 속죄 '환상'으로 넘어간다(같은 책, 121쪽; SE, XIII, p.86). 속량하는 자, 곧 구세주는 가장 죄가 큰 자이고, 형제 동맹의 우두머리였다고 본다. 그리스 비극에 반역자로 나오는 비극적인 영웅과 같다(같은 책, 122쪽; SE, XXIII, p.87). "그의 배후에서 원시시대 무리의 원초적 아버지가 아들의 모습을 빌려 아버지 자리로 나타난 존재이다"(같은 책, 125쪽; SE, XXIII, p.90).

이처럼 심적 외상의 신경증과 견주어 프로이트의 글에서 신경증의 원인과 문화해석학의 상호관계를 확인할 수 있다. 종교는 신경증을 다시 보게 만든다. 신경증에 들어 있는 죄의식의 의미를 삶의 본능과 죽음의 본능의 변증법에서 찾아야 한다. '위상학' 모델(이드·자아·초자아)과 '발생학' 모델(유아의 역할과 계통 발생의 모델) 그리고 '경제학' 모델(카텍시스, 반대 카텍시스)이 결국은 억압된 것의 회귀에서 하나로 만난다(같은 책, 133쪽; SE, XXIII, p.97).

종교 '환상'과 미의 '유혹'?

환상을 경제학으로 해석하면 미의 유혹을 종교 환상과 연관해서 보게 된다. 모두 알고 있듯이 프로이트는 종교에는 매우 단호한 입장을 취하지만, 예술은 상당히 감싼다. 그것은 우연한 일이 아니며, 일반적인 문화 현상의 경제학에 그 원인이 있다. 프로이트가 볼 때 예술은 강박이 없고 신경증이 없는 형태의 대리만족이다. 심미적 창작에 끌리는 것은 억압된 것의 회귀와 무관하다.

앞에서 우리는 프로이트가 1908년에 『이마고』(*Imago*)에 실은 「창조적 작가와 몽상」을 말하면서 거기에 사용한 방법을 암시했다. 환상에 관한 일반 이론은 이미 거기에서 싹트고 있었으며, 나중에 문화 이론으로 발전할 기미가 보였다. 거기서 프로이트는 이렇게 묻는다. 시가 몽상에 가깝다면, 예술의 기술(테크닉)이란 환상을 보여주는 만큼 또한 감추는 것 아닐까? 예술가는, 금지된 것이 너무 직접 드러나는 데 대한 반발을 매우 형식적인 쾌락의 유혹으로 극복하려는 것이 아닐까? 그렇게 볼 때 예술은 또 다른 환상의 축이다. 예술은 "몽상을 통해 순수하게 형식적인, 다시 말해 미학적인 즐거움을 제공해 독자들을 유희의 세계로 인도한다"(『창조적 작가와 몽상』, 95쪽; SE, IX, p.153).

1929년에서 1939년까지의 문화 해석은 다음 글에 들어 있다. "이렇게 얻은 즐거움은 깊은 정신적 움직임들에서 시작하는 좀 더 큰 즐거움에 대한 욕구를 상쇄시킬 수 있는데, 바로 이것을 우리는 흔히 '상여 유혹' 또는 '사전 쾌락'이라고 불러왔다. 내가 보기에 문학 창조자들이 제공하는 즐거움은 이와 같은 사전 쾌락의 속성을 지니고 있으며 또 문학 작품이 고유하게 갖고 있는 즐거움이란 우리의 영혼 속에 들어 있는 긴장들이 해소됨으로써 발생하는 것 같다. 문학 창조자들을 통해 우리 역시 우리 스스로의 환상을 즐길 수 있게까지 되는데 이 사실 역시 문학 작품이 생산해내는 결과들 중의 하나이다"(같은 곳).

그러나 아마도 「미켈란젤로의 모세상」에서 미학과 일반 문화 이론의 관계가 좀 더 분명해진다고 할 수 있다. 문화를 프로이트처럼 새롭게 해석하려면 얼마나 장애물이 많은지 그 글에서 잘 알 수 있다. 프로이트 자신이 그 그림에 익숙해지고 또한 스스로 여러 번 그림을 그려서, 그림에 나타난 모세의 동작에 들어 있는 순간 동작들을 재구성한 뒤에 쓴 글이다. 그 글에서 해석은 꿈의 해석과 마찬가지로 세밀한 것에서 출발한다. 그런 방법을 쓰면 꿈과 창작을 같이 놓고 보는 것으로, 꿈의 해석과 작품 해석이 같아진다. 그러므로 일반적인 큰 구도에서 예술작품이 주는 만족감을 직접 해석하기보다는—정신분석학자들이 대개 그 일에 빠져 있다—어떤 특정한 작품을 택해 그것의 의미를 파악함으로써 미학의 수수께끼를 푼다.

그러한 해석 작업은 아주 꼼꼼하고 인내가 필요한 작업이다. 꿈의 분석처럼, 전체 인상보다는 겉으로 볼 때 별것 아닌 아주 사소한 것이 중요하다. 모세의 오른손 집게손가락의 위치—그 손가락만 수염에 닿아 있고 다른 부분은 뒤로 향해 있다—, 팔에서 거의 빠져나가 불안정한

돌판의 위치 같은 것을 분석한다. 그처럼 순간 동작의 위치를 분석해서 반대되는 움직임의 사슬을 재구성한다. 그런 움직임을 이루는 동작 속에서 불안정한 타협을 보려는 것이다. 분노하는 동작에서 모세는 손을 수염에 갖다 대고 있어 돌판이 거의 빠져나갈 지경이다. 그의 시선은 백성이 우상숭배하는 곳을 날카롭게 향해 있다. 그러나 그 반대 움직임이 있다. 손이 뒤를 향하고 있는 것이다. 우리가 보는 것은 이미 일어난 움직임의 나머지이다. 그래서 프로이트는 움직임 전체를 재구성하려고 했다. 그 방법은, 꿈과 신경증과 실수와 농담 속에 들어 있는 서로 반대되는 표상—타협의 산물이다—을 재구성하는 것이다. 타협의 산물을 파고든 프로이트는, 내면의 싸움을 이겨내고 교황의 무덤을 지키기에 부족함이 없는 겉모습을 한 표현 뒤에서 교황의 폭력을 은근히 비난하는 속마음을 찾아낸다.

그러므로 「미켈란젤로의 모세상」은 동떨어진 글이 아니다. 『꿈의 해석』에서 시작해 『일상생활의 정신병리학』과 『농담과 무의식의 관계』를 거치는 궤도에 있다.

그처럼 예술과 꿈을 비슷하게 봐도 되는지 의문이 생길 수 있다. 밤에 꾸는 꿈은 일시적으로 생겼다가 사라지는 불임이고, 예술작품은 계속 남는 것이고 낮의 생산이며 창작인데, 그 둘을 같이 놓고 봐도 되는가? 예술작품이 남는다는 것은 문화유산을 풍부하게 하는 의미를 지니고 있다는 것 아닌가? 그런 반대 의견을 염두에 두어야 한다. 반대 의견을 통해 이른바 우리가 문화해석학이라고 부르는 것의 사정거리를 잡으면 된다.

문화의 정신분석이 가치 있는 까닭은, 꿈과 예술작품의 차이를 무시해서가 아니라 오히려 그 차이를 잘 알고 그것을 경제적 관점에서 보려하기 때문이다. 예술과 꿈의 차이를 잘 알지만, 리비도 발생학과 리비도 경제학이라는 일관된 관점에서 그 차이를 보려는 것이다. 모든 승화 이론은 거기에서 나온다.

'창작'과 '불임'의 차이—기술현상학에서 볼 때 맨 처음 주어진 것—는 '경제학'에서 다룰 과제이다. 그 차이를 모르는 것이 아니라, 그 차이 너머 또는 그 이전에 있는 하나의 일관된 역학관계를 보려는 것이다. 그리하여 카덱시스와 반대 카덱시스가 어떻게 배분되어 한쪽에서는 꿈이나 신경증 같은 증후를 만들어내고, 다른 쪽에서는 예술이나 문화 일반의 표현물을 만들어내는지 이해하려는 것이다. 꿈이나 신경증 이론에서 말하는 증후와 문화의 표현 현상을 너무 쉽게 같은 것으로 봐서는 안 된다는 반론도 잘 살펴보아야 한다. 칸트나 셸링, 헤겔 그리고 알랭 같은 사람들의 미학에서 그 두 가지를 다르게 볼 수 있는 가능성을 살펴야 한다. 그렇게 하면 증후와 문화 표현의 차이를 제거하지 않고 포괄하는 해석을 할 수 있다.

 물론 그런 해석을 해도 여전히 꿈은 혼자 잠자다가 생긴 개인적인 표현이다. 그래서 소재에 의미를 부여하는 노동이 없으며, 의미를 공중에게 전하는 커뮤니케이션이 없다. 간단히 말해 꿈에는 스스로 새로운 이해를 하도록 의식을 앞으로 이끄는 힘이 없다. 정신분석의 장점은 서로 다른 두 가지, 곧 창작과 신경증을 하나의 창조성, 하나의 경제학으로 연결하는 데 있다. 그러면 프로이트는 '시'와 '에로스'를 하나로 본 플라톤, 세척과 정화를 같이 본 아리스토텔레스의 관점과 같아지고 귀신론을 펴는 괴테의 관점과도 비슷해진다.

 좀 더 나아가야 할 것 같다. 정신분석은 꿈과 문화의 대립뿐만 아니라 경제학 안에서의 대립도 해결하려고 한다. 두 번째 반대 의견을 다루면서 그 문제를 생각해보자.

「미켈란젤로의 모세상」이나 소포클레스의 『오이디푸스 왕』, 셰익스피어의 『햄릿』에 대한 정신분석 쪽의 해석에 반대할 수도 있다. 그 작품들이 정말 창작품이라면 단순히 창작자의 갈등을 투사한 것뿐만 아니라 그들이 찾은 해결책도 들어 있을 것이다. 그러면서 이렇게 말할 것이다. 꿈은 뒤를 보고 유아기를 향해 과거로 간다. 그러나 예술작품은 예술가 자신을 향해 앞으로 간다. 그것은 풀리지 않은 갈등이 퇴화적 증후를 보이는 것이라기보다 사람의 미래와 앞으로의 종합을 내다보는 상징이다.

그러므로 독자도 작품을 이해하면서, 단순히 갈등이 되살아나거나 드라마를 통해 되살아난 욕망이 가상으로 충족되는 것이 아니다. 비극적 영웅에서 성취되는 진리의 역사에 동참하는 것이다. 그러므로 소포클레스가 오이디푸스라는 인물을 만들어낸 것도 단순히 유아적인 드라마를 드러내 보인 것이 아니라, 자아의식의 고통을 상징하는 새로운 상징을 만들어낸 것이다. 그 상징은 우리의 유아시절을 되풀이하는 것이 아니라 성숙한 삶을 개척한다.

그런 반대는 언뜻 프로이트의 주장과 곧바로 반대인 것처럼 보인다. 예컨대 소포클레스의 『오이디푸스 왕』이나 셰익스피어의 『햄릿』에 대한 프로이트의 해석과 정반대되는 것처럼 보인다.

그러나 그러한 반대 의견은, 창작 활동을 순수 의식을 위해 의미를 확장하는 것으로만 보는 순진한 생각에서 나온 것이다. 그러한 반대 의견 역시 거부하기보다는 받아들이고 넘어가야 한다. 더 큰 역학관계의 관점에서 서로 상반되는 두 과정을 넘어서고 감싸야 한다. '퇴행'과 '진보'는 서로 반대되는 과정이라기보다 하나의 창조 과정을 보는 두 가지 관점이다. 크리스(Kris), 뢰벤스타인(Lœwenstein) 그리고 하르트만은 퇴행과 진보를 종합하는 폭넓은 용어를 썼다.[4] 그들은 '퇴행적 진보'라는 말을 써서, 인간의 정신이 지나간 무의식의 모습을 되살리면서 새로운 의미의 의식을 이룩하는 과정을 표현했다. 퇴행과 진보는 현실에서 서로 반대되는 과정이 아니라, 구체적인 하나의 현실 과정을 추상어로 표현하면서 순수 퇴행과 순수 진보라는 양극단을 가리키게 된 것이다.

꿈에도 미래를 개척하는 기능이 있어서 우리의 갈등을 '예언자적으로' 해결하는 길을 제시하는 것이 아닐까? 또 반대로 문학과 예술 역시

---

[4] David Rapaport(ed.), *Organization and Pathology of Thought*, New York: Columbia University Press, 1951.

하나의 큰 상징을 창조해 개인이나 집단의 유아 드라마와 과거의 갈등에 잠기는 것이 아닐까? 원초적인 형상에 투입되던 과거의 에너지를 움직여 새로운 의미를 일으키는 승화의 참된 의미가 그런 것이 아닐까? 예술가나 작가, 사상가가 낳을 수 있는 새로운 형상들은 감추기도 하고 드러내기도 하는 이중의 힘을 지니지 않았을까? 꿈이나 신경증 증후로 과거를 감추기도 하고, 드러나지 않은 가능성을 미래 인간의 상징으로 드러내기도 하는 양면성을 지니지 않았을까?

그런 방향으로 나아가야만 정신분석은, 폭넓은 문화해석학을 내놓겠다고 한 약속을 지킬 수 있다. 그러려면 서로 상반되어 보이는 두 가지 해석을 넘어서야 한다. 꿈과 신경증의 증후론을 찾아내는 해석과 의식에서 창조력을 찾아내는 해석의 대립은 필요하기는 하지만 사실은 추상적이다. 그러므로 대립의 차원에 다다른 다음 그것을 성숙한 단계로 끌고 가야 한다. 그러면 퇴행과 진보의 양자택일을 넘어서서 구체적인 변증법에 다가갈 수 있다. 그 양자택일은 임시일 뿐만 아니라 잘못된 것이다.

2) 프로이트 해석학의 상황

정신분석학은 문화를 해석하면서 문화로 들어간다. 어떻게 우리는 정신분석이 제공하는 틀을 따라 문화를 이해하게 될까? 어떻게 그런 일이 일어날 수 있는가?

정신분석학의 해석이 부분적으로만 맞고, 다른 접근 방식에 견주어 전체적으로는 옳지 않다는 생각을 할 수 있다. 우선 그 문제부터 짚어 볼 수도 있다. 그러나 그 비판은 그리 중요하지 않다. 좁게 들어갔기 때문에 프로이트의 해석이 독특한 것이다. 먼저 프로이트 문화해석학의 한계를 짚어야 하는데, 그것은 그 해석학의 중심으로 들어가서 무게중심을 찾기 위해서이다. 비판에 타당성이 있지만, 그 비판조차도 정신분석에서 하는 작업을 검토하는 데 이바지해야 한다. 그래서 보통 순서와 달리 우리는 비판의 견해에 서서(두 번째 부분) 자유로운 반성의 형태로(세 번째 부분), 우리가 지금까지 전개한 이야기(첫 번째 부분)를 다시 거론한다.

프로이트의 문화 해석 원리의 한계

프로이트주의와 다른 문화 이론을 견주기가 어려운 이유는, 프로이트가 자기 해석의 한계를 전혀 생각하지 않기 때문이다. 자기가 연구한 것과는 다른 본능과 충동이 있다고 했지만 자세하게 설명하지 않았다. 노동과 사회관계에 대해, 필연과 현실에 대해 이야기했지만, 정신분석이 다른 해석이나 학문과 어떻게 협력할 것인지에 관한 언급이 없다. 그것도 괜찮은 일이다. 하나를 끝까지 밀고 나아가는 데서 생기는 당혹감은 유익한 것이다. 모든 사물을 철저하게 정신분석의 눈으로 살펴야 한다는 책임감을 가질 수 있기 때문이다.

그런데 어떻게 출발해야 하는가? 처음에 해야 할 여러 가지 이야기 중에서 하나를 안내자로 삼을 수 있다. 프로이트는 하나의 관점을 가지고 인간 현상을 포함해 문화 현상 전체를 보려고 했다. 그러므로 프로이트 문화해석학의 한계를 보려면, 해석 내용을 보지 말고 모델—위상학, 경제학 모델 그리고 발생학 모델—을 보고 말해야 한다.

그렇다면, 그 모델로 알 수 없는 것은 무엇인가?

쾌락과 고통 같은 정서로 문화를 설명하고, 계통 발생과 개체 발생으로 문화를 설명하는 것은 아주 쓸모가 있다. 뒤에서 보겠지만 그런 방식—마르크스나 니체와 비슷하다—이 '허위'의식을 벗겨내는 데에는 매우 유익하다. 그러나 그것으로는 허위성 비판 말고 다른 것을 기대하기가 어렵다. 바탕을 비판하기를 기대하기는 어려운 것이다.

그 문제에는 다른 방식이 필요하다. 심리 표현들의 해석학이 아니라 반성이 필요하다. 꿈에서 예술까지 또는 증후에서 종교 교리에 이르는 심리 표현들을 해석하는 것으로는 부족하고, 인간의 행위를 통째로 반성하는 방법이 필요하다. 통째로 볼 때 인간의 행위란 있으려는 노력이고, 존재하려는 욕망이다. 그리고 그런 노력과 욕망에 깃들어 있는 가장 원초적인 긍정을 인간이 자기 것으로 삼기 위해 거치는 매개물이 있으며, 그 매개물을 반성해야 한다. 그런 반성의 방법을 통해서 바탕 비판이 가능해진다. 반성철학과 의미의 해석학을 서로 얼기설기 세우는 것, 그것이 오늘날 철학적 인간학의 시급한 과제이다.

그러나 프로이트의 초심리학뿐만 아니라, 정신분석이 아닌 다른 해석학들을 수용할 수 있는 '수용 구조'를 짜야 한다. 여기서 그 일을 할 수는 없다. 그렇지만 적어도 그 큰 구도 안에 몇 가지 경계 구역을 설정할 수는 있다. 앞에서 살펴본 프로이트의 환상 이론을 시금석으로 삼으면 된다.

프로이트의 환상 이론은, 고통을 견디게 하고 '위로하는' 표상들이 충동 단념 '위'에서 생겨날 뿐 아니라 바로 그 단념'에서' 생겨난다는 것을 보이려고 한다. 환상을 구성하는 것은 욕망 및 욕망의 카텍시스와 반대 카텍시스이다. 우리가 환상 이론을 경제학으로 풀 수 있다고 한 것도 그 때문이다. 그러나 그것을 인정하는 것은, 가치 현상에 대한 완벽한 해석을 찾기를 포기하겠다는 의미이다. 그 문제는 인간 행동에 대한 좀 더 근본적인 반성에 맡겨진 일이다.

지도자에 대한 관계가 동성애적 리비도 카텍시스를 불러일으킨다고 할 때, 우리는 정치권력의 수수께끼를 풀었다고 볼 수 없다. 마찬가지로, 도덕과 사회 현상 속에서 아버지 형상과 그 형상에 대한 동일시를 보았다 해도 '가치의 권위'에 대한 수수께끼는 아직 풀리지 않았다. 권력이나 가치 같은 현상의 '바탕'과, 그것을 겪어 생기는 쾌락이나 고통 같은 정서는 서로 다른 문제이다.

바탕의 문제와 충동 경제학의 문제를 구분하는 것은 기본이다. 그것은 적어도 경제학 모델에서 나온 해석의 한계를 말해준다. 그런데 그 구분이 너무 이론적이어서 정신분석을 학문으로 세우는 데 전혀 영향을 주지 못하고 분석 작업에는 더 말할 나위도 없다고 할지 모른다.

그러나 그렇지 않다. 그 구분의 경계는 '승화' 개념에 잘 나타나고 있다. 승화는 경제학 관점과 가치론의 관점이 결합된 혼합 개념이다. 승화에서는, 충동과 본능이 일하는 수준이 '높아진다.' 새로운 대상에 집중된 에너지가 전에 성적 대상에 집중된 에너지와 똑같은 것이라고 할 수 있더라도 가능한 일이다. 그러나 경제학 관점은 단지 에너지 관계만을 살핀다. 단념과 전이에서 생기는 새로운 가치는 보지 못한다. 사회에서 받아들일 수 있는 목표와 대상을 들먹이면서 그런 문제를 점잖게 감춘다. 승화에서 생겨난 가치 문제를 보지 못하도록 우리 눈을 보자기로 가리는 셈이다.

종교적 '환상'도 그런 식으로 다시 생각해봐야 한다. 앞에서 우리는 프로이트가 특정한 신을 염두에 두지 않았다고 했다. 정신분석은 '사물의 기원'을 그 바닥까지 내려가 풀어내는 것이 아니다. 사람은 원초적인 표상을 통해 그 문제를 겪고 있는데, 정신분석학은 그 표상을 다룬다. 바닥(기원)을 직접 보는 것과 바닥의 표상을 통해 보는 것은 분명히 다르다.

원칙에서만 다른 것이 아니라, 정신분석의 구체적인 작업도 다르다. 신학도 아니고 반(反)신학도 아니다. 정신분석은 오직 분석일 뿐이며, 그래서 불가지론으로서, 신학 문제에 대해서는 무능하다. 적어도 정신분석학자는 하느님이 환상에 지나지 않는다고 말할 수 없다. 다만 유아적이고 신경증적인 신앙 형태를 넘어서도록 환자를 도울 수 있다. 또는 종교가 유아적이고 신경증적인 신앙에 불과한 것은 아닌지 생각해보게 한다. 만일 환자의 신앙이 그런 비판을 견뎌내지 못하면, 그런 신앙은 지속할 필요가 없다. 그러나 그때에도 하느님을 믿는 신앙에 대해 이러쿵저러쿵 말하는 것은 아니다. 다시 말해 믿음은 종교와 다른 것이고, 그런 믿음을 위해 종교는 죽어야 한다.

프로이트 자신이 그런 구분을 하지 않았다는 것은 그리 중요하지 않다. 프로이트는 계몽가이고 18세기 사람이다. 그 자신이 말한 대로 그의 합리주의와 불신앙은 종교의 환상을 해석한 결과로 생긴 것이 아니라, 해석의 전제였다. 물론 종교를 환상으로 보면 모든 의식화 환경이 크게 바뀐다. 그것은 분명하고, 우리도 뒤에서 그 점을 깊이 논의할 것이다. 그러나 정신분석으로는 기원 문제에 바닥까지 접근할 수 없다. 오직 경제학 관점에 서 있기 때문이다.

문화 현상 전체에 대한 프로이트의 해석, 특히 환상의 해석이 안고 있는 결점을 좀 더 파헤쳐보자. 프로이트가 볼 때 환상은 현실이 없는 표상일 뿐이다. 일종의 실증주의 시각이다. 그러나 환상에는 상상력이 들어 있지 않을까? 그리고 그 상상력은 현실과 환상 가운데 하나를 택해야 하는 실증주의와는 거리가 멀지 않을까? 우리는 신화와 상징이 그런 양자택일을 벗어나는 의미의 전달자임을 알고 있다.

정신분석학과 다른 해석학, 곧 종교현상학에 가까운 해석학에서 보면 신화는 우화가 아니다. '거짓'이거나 '비현실'의 이야기가 아니다. 그런 해석학에서는 실증주의와 달리, '참'과 '현실'이라는 것이 수학이나 실험으로 증명되는 것이 아니라 세계와 존재에 대한 우리의 관계에 달려 있다고 본다. 그 관계를 신화는 상상력의 형태로 개척하기 시작한다. 그 상상력의 기능을 스피노자나 헤겔, 셸링은 나름대로 모두 인정했는데, 프로이트는 그것을 인정했다고도 인정하지 않았다고도 할 수 있다. '해석'은 실천이고, 그것은 상상력을 인정하는 데 가깝다. 그러나 '초심리학'은 이론 작업, 곧 경제학 모델에 따른 철학이고, 그것은 상상력을 인정하는 것과는 거리가 멀다. 한편으로 프로이트가 『꿈의 해석』에서부터 해석 이론을 세울 때, 그것은 심리학 속에 판치던 생물학주의나 물리학주의와 반대편에 선 것이다. 해석이란, 드러난 의미에서 잠재 의미로 가는 것이다. 해석은 완전히 의미관계 안에서 움직이는 것이다. 힘의 관계(억압, 억압된 것의 회귀)를 오직 의미관계(검열·위장·압축·전위〔轉位〕)로 이해했다. 거기서 프로이트는 그 누구보다도 '사실'의 세계와 결별하고 '의미'의 제국을 인정하는 데 이바지한다. 그러나 이어서 프로이트는 자신이 황폐하게 만든 실증주의 세계로 들어가, 그전에 발견한 것들을 그리로 밀어넣는다.

그 점에서 '경제학' 모델의 역할은 매우 모호하다. 한편으로는 새로운 것을 발견하는 진취적인 역할을 해서 심층을 탐구할 수 있게 한다.

다른 한편으로는 보수적인 역할을 해서 모든 의미관계를 힘의 언어 안으로 밀어넣는다. 새로운 것을 발견하는 관점으로 프로이트는 실증주의의 틀을 깬다. 그런데 이론 작업의 관점에서 실증주의 설명 틀을 강화하기 때문에 순진한 '심리 에너지주의'가 프로이트학파에서 기세를 떨치는 것이다.

프로이트의 초심리학 안에서조차 해결되지 않은 그 모순을 없애는 것이 철학에서 하는 인간학의 과제이다. 그리고 여러 가지 형태의 현대 해석학, 특별히 프로이트의 해석학과 상징현상학의 해석학을 함께 엮어내야 한다. 그러나 그 일을 위해서는 좀 더 근본적인 반성이 필요한데, 위에서 우리는 그 문제를 암시했다.

그처럼 '경제' 모델에 한계가 있기 때문에 '발생' 모델이 필요하다. 앞에서 본 대로 프로이트는 실증 진리가 아닌 것을 발생학으로 설명한다. 가치론에서 본 기원이나 바닥까지 내려가서 본 기원이 아니라, '역사' 기원(계통 발생과 개체 발생)이다. 실제 현실의 왜곡이 아닌 환상의 기능을 보지 못하기 때문에, 프로이트는 유아기 또는 원초 모습만을 반복해서 보며, 결국 '억압된 것의 회귀'만을 본다. 종교의 경우에는 참으로 놀랄 만하다. 아버지 형상을 한 신들이 주는 원시적인 위안 말고 다른 것은 전혀 중요하게 생각하지 않는다.

그런데 종교의 의미가 '새롭게 함'에 있기보다도 부친 살해와 연관된 기억이 '되돌아옴'에 있다고 누가 딱 잘라 말할 수 있는가? 의미를 발생에서 찾아야 하는가, 그 이후에서 찾아야 하는가? 억압된 것의 회귀에서 찾아야 하는가, 옛것을 새롭게 하는 데서 찾아야 하는가?[5] 그런 문

---

5) 프로이트는 여러 차례 자기 이론의 경계선에 도달했다. 「모세와 유일신교」에서 그는 이렇게 묻는다. 하느님 관념은 처음에는 보이는 형태로 하느님을 경배해서는 안 된다는 데서 출발했는데, 어떻게 발전하게 되었는가? 하느님의 뜻이 전능하다는 믿음은 발생학이나 위상학, 경제학 모델로는 설명할 수 없다는 것을 알았지만 프로이트는 그 방향으로 더 전개하지 않았다. 한편, 느낌으로 아는 모성과 생각해서 아는 부성으로 강조점을 옮기면서 아버지에게서 사랑과 두려

제를 해결할 수 있는 것은 발생학이 아니라 철저한 반성이다. 예를 들면 헤겔의 『종교철학』 같은 것이다. 거기서 반성은 반복을 보지 않고 종교 표상의 발전을 본다.

발생학 모델의 자리를 제대로 찾아주려면 앞서 제기한 경제학 모델의 한계 문제와 연관해서 생각해야 한다. 신화와 시의 상상력은 새롭게 방향을 잡는 데 좋은 도구가 될 것이다. 신화나 시의 상상력에는 최초 상황의 반복이 아니라 존재론적 개척정신이 들어 있기 때문이다. 상징과 상상력에는 환상의 퇴행 역사 또는 단순히 '억압된 것의 회귀'의 역사가 아니라 진보의 역사가 들어 있다. 그러나 우리는 정말 그 두 역사를 구분할 상태에 있는가? 진보와 퇴행, 창조와 반복을 구분할 상태인가?

여기서 우리는 아직 확신이 서지 않는다. 그처럼 한계를 가려내는 것이 타당하고 근거가 있다 하더라도, 정신분석학이 이루어낸 성과와 잘 구분되지 않는다. 따라서 비판을 잠시 미루고, 정신분석이 제기하는 자아의식 문제에 우리 자신을 그대로 맡겨야 한다. 그러면 결국에는, 현대 문명 속에서 정신분석의 '자리'가 확고하게 정해지지 않았다는 사실이 드러날 것이다. 그것은 그 한계에도 불구하고 또는 그 한계에 의해, 정신분석의 가르침이 매우 독특하기 때문이다. 정신분석의 문화 해석이 여느 해석들과 다르다는 점이 새로운 길을 여는 데 도움이 될 것이다.

움이라는 서로 다른 두 측면을 보는데, 그때 이미 아버지를 모두 알 수는 없다는 점을 암시하고 있다. 덧붙여서 같은 글에서 이렇게 묻는다. 단념에서 오는 행복을, 충동 만족을 포기하는 대가로 아버지의 상속자인 초자아가 주는 사랑으로 모두 설명할 수 있을까? 또는 훌륭한 행위를 했다는 의식에서 나오는 나르시시즘의 증가로 모두 설명할 수 있을까? 왜 종교의 의미를 오로지 '충동 단념'에서 찾아야 하는가? 종교를 형제들끼리의 계약을 지탱하고, 그 무리의 구성원들의 평등한 권리를 보장하는 것으로 볼 수는 없는가? 그런 종교는 아버지의 의지가 관철되는 것도 억압된 것의 회귀도 아니며, 새로운 질서의 출현이다.

마르크스 · 니체 · 프로이트

현대인을 이해하는 데서 프로이트의 글이 마르크스나 니체 못지않게 중요하다는 것은 의심할 여지가 없다. 세 사람 모두 '허위'의식을 비판한 점에서는 비슷하다. 그러나 자아의식의 확실성을 의문에 붙이는 세 사람의 생각을 비교한다든지 그들의 '의심'을 우리 쪽으로 끌어올 만한 단계는 아니다.

우리는 아직 그럴 단계에 있지 못하다. 아직도 그들의 차이에 지나치게 관심을 기울이며, 그들의 한계를 강조하기에 바쁘다. 시대가 그들을 오해했고, 후계자들은 그 세 사람의 생각을 좁은 울타리 안에 가두었다. 우리는 아직도 그런 풍조의 희생자이다. 마르크스는 마르크스 경제학과 반영 의식론이라는 잘못된 이론에 빠진 사람이 되었다. 니체는 폭력 옹호론자까지는 아니더라도 생물학주의자로 낙인이 찍혔다. 프로이트는 심리 치료 속에 갇히고 모든 것을 성 문제로 보려는 사람이 되었다.

현대인을 해석하는 데서 이 세 사람이 끼친 영향을 이해하려면 셋을 같은 토대 위에 놓고 보아야 한다.

먼저 그들은 똑같이 환상을 비판했다. 그것은 자아의식의 환상이다. 그 환상은 처음으로 옛 환상, 곧 '사물'의 환상과 싸워 이김으로써 거둔 열매이다. 데카르트학파는 사물을 의심했다. 사물은 겉으로 보이는 모습 그대로가 아니다. 그러나 의식을 의심하지는 않았다. 의식이 겉으로 보이는 모습 그대로가 아니라는 생각은 하지 않았다. 의식 안에서, 의미와 의미의 의식이 일치한다. 그러나 마르크스와 니체와 프로이트 이래로 우리는 그 점을 의심한다. 사물을 의심한 뒤로, 우리는 의식도 의심하게 되었다.

그렇지만 의심의 스승인 세 사람은 회의주의자들이 아니다. 그들은 분명히 굉장한 '파괴자들'이지만 우리를 흐트러뜨리지는 않는다. 하이데거가 『존재와 시간』에서 말하는 대로 파괴는 새로운 건설의 순간이다. 배후 세계를 파괴하는 것은 우리가 적극적으로 펼쳐나가야 할 일이다. 종교도 마찬가지이다. 니체의 말대로 종교가 '민중을 향한 플라톤주의'라면, 그 배후를 부수어야 한다. 생각과 이성과 신앙이 뜻하는 것을 알아보려는 의문은, '파괴' 너머에서 생긴다.

그런데 그 세 사람이 새로운 진리를 위해 좀 더 진실한 언어의 지평을 여는 데 사용한 것은 '파괴'뿐 아니라 '해석'이다. 그들은 새로운 해석 기술을 내놓았다. 데카르트는 사물을 의심하는 싸움에서 의식의 확실함으로 승리를 거두었다. 그러나 위의 세 사람은 사람을 의심하는 싸움에서 의미 해석으로 승리를 거두었다. 그들로부터 이제, 이해는 해석이다. 의미를 찾는 것은 의식을 그냥 읽으면 되는 것이 아니라, '그 표현을 해독'해야 하는 것이 된다.

그러므로 세 가지 의심과 함께 세 가지 위장이 있다. 스스로 생각하는 모습과 다른 것이 의식이라면, 전에 의식이 사물의 겉모습과 현실 사이의 관계를 새로운 눈으로 보았듯이 겉과 속의 관계를 새롭게 세워야 한다. 그 세 사람에게서 의식의 기본 범주는 숨겨진 것과 드러난 것이다. 흔히 말하기를 마르크스는 '반영' 이론에 빠졌고, 니체는 힘을 향한 의지로 '원근법'을 밀고 나가 자기모순에 빠졌으며, 프로이트는 '검열'이나 '문지기' '위장'을 들먹이며 신화를 다시 세운 셈이라고 한다. 그런 식으로 비방할 수도 있지만 거기에는 그들 이론의 핵심이 없다. 중요한 것은, 그들이 각자 자기의 방식으로 당시의 편견을 무릅쓰고 직접 의미를 아는 직접 의식에 반대하고 의미를 간접으로 아는 학문을 이룩했다는 점이다.

길은 다르지만 그들이 한결같이 이루고자 한 것은, 힘을 향한 의지나 사회적 존재나 무의식 심리에서 생기는 '무의식적인' 암호 생산 작업에 대해서 '의식적'인 해독 방법을 개발하는 것이었다. 암호를 해독하려면 이리저리 머리를 잘 써야 한다. 예를 들어 프로이트는 꿈의 학문이라는 놀라운 발견을 이룩했는데, 거기서 분석가는 아무런 의도나 아무런 편견도 없이, 내담자가 꿈속으로 걸어들어간 흔적을 조심스럽게 거꾸로 밟아가야 한다. 결국 마르크스·프로이트·니체는 해독 방법에서 서로 다르고, 암호 생산 과정을 재현하는 표상에서도 서로 다르다. 그럴 수밖에 없다. 그 방법과 표상이 서로 연관되어 있기 때문이다.

그리하여 프로이트에게서 꿈의 의미—좀 더 크게 잡으면 증후와 타협 형태의 의미이고, 더 넓게 말하면 심리 표현 전체의 의미—는 해독 기술인 '분석'과 별개로 생기는 것이 아니다. 회의주의처럼 들릴지 모르지만 이렇게 말할 수 있다. 의미는 분석에 의해 '만들어진다.' 의미는 의미를 '세운' 과정에 '기대어 있다.' 그러나 반대로 말할 수도 있어야 한다. 방법이 타당한지는 '발견된' 의미의 일관성으로 결정된다. 말하자면, 발견된 의미가 무질서한 겉의식보다 지성을 더욱 만족시켜야 한다. 그래야 해독 방법이 옳다. 그러나 그뿐이 아니다. 환자가 그 발견된 의미를 인정하고 받아들였을 때, 다시 말해 자기도 모르게 그 의미를 품고 다니던 자가 그 의미를 의식했을 때, 그 환자는 '자유로워져야 한다.' 자기 바깥에, 곧 환자의 무의식 안에 그리고 분석가의 의식 안에 있던 그 의미가 환자의 의식으로 나왔을 때, 환자를 '해방할 수 있어야 한다.' 그제야 해독 방법을 올바른 방법으로 인정할 수 있다.

꼭 '남'의 이야기 같은 것을 자기 이야기로 받아들이는 것, 분석가가 내담자에게 원하는 것은 그것이다. 마르크스와 프로이트, 니체가 정말 비슷한 점이 거기에 있다. 지금까지 우리는, 세 사람 모두 의식을 환상으로 보는 데서 시작했고 그다음에 그것을 벗겨내는 작업을 했다고 했다. 끝으로 그들의 관심은 '의식'을 확장하는 데 있다. 의식을 흩뜨리는 것과는 거리가 멀다.

마르크스가 원한 것은 '실천'을 해방하는 것이었다. 그렇게 하려면 신비에 둘러싸인 허위의식을 걷어내고 '의식화'를 해야 한다.

니체가 원한 것은 사람의 능력을 키우고 그 힘을 되찾는 것이었다. 그러나 힘을 향한 의지가 무엇을 뜻하는지는 '초인'과 '영원한 회귀' 그리고 '디오니소스'의 암호를 거쳐야 알 수 있다. 그러지 않으면 힘은 어설픈 폭력에 지나지 않는다.

프로이트가 원한 것은 내담자가 낯설었던 의미를 자기 것으로 삼으면서 의식의 영역을 확장하고 더 잘 살고 더 자유로워지며 가능하면 더 행복해지는 것이다. 정신분석학을 높이 평가할 때 꼭 나오는 말 가운데 하나가 '의식으로 하는 치료'이다. 맞는 말이다. 분석가는 무엇인가 감추고 있는 직접 의식의 자리에 현실 원칙에 따른 간접 의식을 대체한다. 한편으로 프로이트는 의심하는 사람이다. 자아를 이드와 초자아, 현실에 매여 있는 '딱한 녀석'으로 본다. 그러나 또 다른 한편으로 그는 비논리 왕국에서 논리를 찾는 해석자이다. 그리하여 그의 「환상의 미래」를 로고스 신으로 끝맺는다. 전능한 하느님이 아니라 나중에 가서야 힘을 얻는 하느님의 이야기로 끝을 맺는다.

3) 프로이트 해석학이 문화에 끼친 영향

위에서 우리는 세 사람의 해석학자가 현대인을 놓고 의도한 것을 보았다. 그러나 우리는 아직 그들의 발견을 같이 놓고 볼 능력이 부족하고, 그들이 제공한 해석 방법을 이용해서 우리 자신을 이해하지도 못한다. 그들의 해석은 아직 우리와 멀고, 우리가 아직 그들을 제대로 평가하고 있지 못하다는 점을 고백해야겠다.

그들의 해석과 우리의 이해 사이에는 아직 거리가 있다. 게다가 그들을 묶을 일관된 해석을 하지 못해, 여전히 그들 사이의 차이가 유사성보다 더 커 보일 정도이다. 마르크스의 해석학과 니체의 해석학과 프로이트의 해석학을 함께 묶을 수용 구조가 없고 철학적 인간학이 없다. 그 파괴력만 더 크게 보이는 가운데, 하나의 의식으로 그 셋을 품지 못한다. 따라서 우리 문화 안에서 일어난 사건인 정신분석학의 의미가 아직 뚜렷하지 않고 그 자리가 모호하다고 고백할 수밖에 없다.

진리에 대한 저항

그런데 주목할 만한 것은, 정신분석학 자체가 그런 문제를 나름대로의 해석 도식을 가지고 생각한다는 점이다. 정신분석이 문화 속에서 벌인 사건을, 사람들이 아직 의식하지 않고 있다는 점에 대해 정신분석학 쪽의 진단이 있다. 곧 의식은 자신을 이해하려고 하지 않고 '저항한다.' 자기가 저주한 사람 속에서 자기 자신을 보기를 거부한다. 자기 모습을 인정하는 것은 진짜 비극이다. 최초 비극은 근친상간이나 부친 살해의 형태로 존재하는데, 그것을 인정하기를 거부하고 분노하는 의식의 비극은 나중 비극이면서 진짜 비극이다.

진리에 대한 '저항' 문제를 프로이트는 「정신분석의 어려움」(A difficulty in the Path of Psycho-Analysis, SE, XVII)에서 분명하게 말하고 있다. 정신분석은 "나르시시즘, 곧 인간의 자기 사랑이 과학과 학문으로 말미암은" 충격 가운데 가장 크다. 코페르니쿠스의 우주론 때문에 충격을 입었다. 그것은 사람이 사는 터전이 세상의 중심이라는 나르시시즘적 환상을 허물어뜨렸다. 그다음에 다윈은 생물학으로 충격을 주었다. 사람이 동물 세계와 별개라고 하는 생각에 종지부를 찍었다. 그다음에는 심리학이 타격을 가했다. 사람은 우주의 주인이 아니고 생명체의 주인도 아닐 뿐만 아니라 자기 심리의 주인도 아니다.

그런 식으로 정신분석은 자아에 대고 말한다. "당신은 당신의 영혼에서 일어나는 것을 안다고 믿는다. 중요한 문제가 있으면 당신의 의식이 그것을 당신에게 이해시켜줄 것이라고 믿는다. 당신의 영혼 속에서 일어나는 사태에 대해 아무것도 모르고 있으면서도 그럴 리가 없다고 확신한다. 그리하여 '심리'를 '의식'과 같은 것으로 본다. 의식으로 나오지 않는 것들이 심리 속에 엄청나게 많다는 것을 보여주는 증거가 명백한데도 말이다. 그 점에 대해 배우도록 하라. 당신은 궁정 신하가 전해주는 정보만 듣고 있는 절대군주와 같다. 백성들에게 내려가 그들의 소리를 들으려고 하지 않는다. 당신 속으로 깊이 들어가라. 그리고 먼저 자신을 알도록 하라. 그러면 왜 아픈지를 이해하게 되고, 병을 피할 수 있을지도 모른다"(SE, XVII, pp.142~143).

"그 점에 대해 배우도록 하라. …… 당신 속으로 깊이 들어가라. 그리고 먼저 자신을 알도록 하라……." 정신분석은 이렇게 가르치고 밝히면서 모든 사람의 의식으로 파고들어간다. 그러나 원시적이고 끈질긴 나르시시즘의 저항에 부딪힌다. 자아가 리비도를 대상에 투자하지 않고 자기에게 쏟으려는 것이 나르시시즘이다. 그러기에 정신분석의 가르침은 타격이 되고 자아의 리비도에 상처를 주는 것이다.

그처럼 나르시시즘에 대한 타격이라는 관점에서 보면, 우리가 앞에서 의심과 해독 작업과 의식의 확장에 대해 했던 말의 뜻이 분명해진다. 이제 우리는 타격을 입는 것은 의식이 아니라 위장된 의식이고, 자아의 리비도라는 것을 안다. 그에게 타격을 입히는 것은 더 나은 의식이고, '과학적' 사고방식이다. 더 넓게 이야기하면, 중심에서 벗어난 의식이고, 편견 없는 의식이며, 코페르니쿠스를 따라 거대한 우주로 '자리를 옮기고' 다윈을 따라 생명의 진화로 자리를 옮기고 프로이트를 따라 어두운 심층 심리로 자리를 옮긴 의식이다. 우주·생명·심리 같은 의식의 타자에서 새로 중심을 잡음으로써 의식은 커진다. 자기를 잃음으로써 자기를 찾는다. 나르시시즘적인 자기를 잃음으로써 자기를 찾고 배우며 투명해진다.

'곧바로' 반응을 보이는 일반 의식

정신분석이 일으킨 문화 '해석'과 일반 의식이 그 해석을 받아들이고 '이해하는 데' 거리가 있다는 것은, 사람들이 이 문제에 얼마나 당황하고 있는지를 보여준다. 앞에서 말한 대로 정신분석학이 문화 이론으로 제자리를 잡기는 쉬운 일이 아니다. 정신분석학의 의미를 알려면, 나르시시즘의 저항 때문에 삭제된 표상들을 거쳐야 한다는 것을 이제 우리는 알고 있다.

정신분석학이 얄팍한 '영향'을 끼치고 일반인들은 '곧바로' 반응하는 수준, 그 수준에 삭제된 표상이 있다. 얄팍하게 영향을 끼치는 수준은 대중화할 때 생긴다. 즉각 반응하는 수준은 객설을 늘어놓는 것을 가리킨다. 그러나 한 번 그 수준에 멈춰보는 것도 나쁘지 않다. 대중화할 때 정신분석가는 비난받고 손가락질을 받을지도 모르는 위험을 감수해야 한다. 프로이트가 강연하고 책을 출판할 때는 일반 대중을 염두에 둔 것이다. 정신분석가나 분석을 받아본 사람들을 대상으로 한 것이 아니다. 처음부터, 의사와 환자의 관계와는 무관한 내용이 들어 있었다. 그처럼 정신분석이 치료의 범위 너머로 영역을 넓혔다는 것은 중요한 문화 사건이다. 사회심리학은 그것을 다시 학문의 대상으로 삼아 조사하고 연구했다.

정신분석이 대중에게 파고들어갈 때, 뭔가를 폭로하는 것으로 인식되었다. 인간의 내면, 숨어서 말이 없던 부분이 공중 전파를 탄다. 누구나 성욕을 말하며, 왜곡을 말하고, 너나없이 억압과 초자아를 말한다. 그리하여 정신분석은 대중의 사건이 되고 누구나 떠드는 문제가 되었다. 그러나 침묵으로 음모를 꾸미는 일 역시 대중의 몫이 되었고 위선자들도 마구 떠들어대게 되었다. 공공연한 비밀이 된 사실을 일반 대중 앞에서 털어놓는 일 못지않게 거짓말도 많았다.

그러나 그런 한탕주의로는 나아갈 방향을 잡기 어렵다. 아주 큰 오해가 거기서 비롯하기 때문이다. 얄팍하게 영향을 받은 사람들은 정신분석학에서 곧바로 윤리를 끌어내려고 한다. 정신분석학을 어떤 도덕을 '정당화'하는 체계로 이용한다. 깊이 들어가면 정신분석학의 문제제기에 버티지 못할 도덕체계를 정당화하는 데 정신분석을 사용한다. 사실 정신분석학은 모든 정당화의 허물을 벗기는 작업을 하려는 것이다. 그리하여 어떤 이들은 정신분석학의 도움을 받아 제약 없는 교육 이론―신경증은 억압에서 온다―을 세우려고 한다. 프로이트를 에피쿠로스주의의 옹호자로 보는 것이다. 그런가 하면 어떤 이들은 성숙의 단계 이론이나 왜곡과 퇴행 이론의 도움을 받아 전통 도덕을 공고하게 만들려고 한다. 프로이트가 문화를 본능의 희생으로 본 점을 끌고 들어오면서 말이다.

사실 우리는 프로이트를 처음 대할 때 그가 정말 무엇을 하려고 했는지 알기 어렵다. 그래서 정신분석학의 매우 거친 면에 끌려간다. 프로이트는 오르가슴을 두둔하면서 은밀한 혁명가 노릇을 했지만, 일반 대중 앞에서는 일부일처제를 옹호하는 부르주아가 아니었던가? 그러나 프로이트를 그런 양자택일의 윤리 안에 가두면 정신분석학의 진수를 보기 어렵다.

프로이트 혁명은 진단의 혁명이고, 차가운 통찰력의 혁명이며, 힘겨운 진리의 혁명이다. 프로이트는 적어도 곧바로 무슨 도덕을 선포하지 않았다. 그는 「환상의 미래」 끝부분에서 이렇게 말한다. "나는 위로를 주려고 하지 않는다."

그러나 사람들은 그의 과학을 가지고 말을 만든다. 그가 왜곡과 퇴행을 말할 때, 사람들은 정말 학자가 말하는 건지 또는 빈의 부르주아가 자기를 정당화하는 건지 의심스러워했다. 프로이트가 사람이 쾌락 원칙에 따라 움직인다고 말했을 때, 사람들은 그가 좋은 쪽으로든 나쁜 쪽으로든 에피쿠로스주의를 끌고 들어오는 것이 아닌지 의심했다. 사실 그는 냉정한 과학의 눈으로 인간의 도덕 행위를 살핀 것이다.

여기서 오해가 생겼다. 프로이트는 예언자가 아닌 사상가로서 말했는데 사람들은 그 말을 예언자의 소리로 알아들었다. 그는 새로운 윤리를 세우지 않는다. 다만 윤리를 묻는 사람의 의식을 바꾼다. 그는 의식의 인식을 바꾸고, 의식에 몇 가지 계략의 열쇠를 줌으로써 의식을 바꾼다. 프로이트는 도덕론자가 아니기 때문에, 길게 보면 우리의 윤리를 바꿀 수 있다.

프로이트, 비극의 사상가?

그처럼 수박 겉핥기식의 반응을 바로잡아야 정신분석의 깊은 뜻을 알 수 있다. 서투르게 받아들이면 앞에서 본 대로 모순과 오해를 낳는다. 즉 정신분석에서 직접 윤리를 끌어내려는 우를 범한다. 먼 길을 가야 한다. 그 길은 기호를 매개로 한 인간 이해를 통해 자아의식을 바꾸는 길이다. 그 길은 우리를 어디로 인도할 것인가? '아직은' 모른다. 정신분석은 간접 혁명이다. 시각을 바꾸고 사람이 자신에 대해 하는 말의 방식을 바꿈으로써, 우리의 관습을 바꾼다. 그것은 먼저 진리 문제이다. 진리의 과업을 거친 뒤에야 윤리 영역으로 들어갈 수 있다.

현대인을 보는 방식을 놓고 무게중심이 쏠리는 몇 가지 길을 인정한다. 조금 전에 나는 기호를 매개로 한 인간 이해라고 했는데, 그것과 관련된 문제이다.

가장 기초적인 대중화 수준에서 말하자면, 정신분석학은 프로이트의 표현대로 '삶의 고달픔'에 주목한다고 할 수 있다. 말하자면, 사람이 되기는 참으로 어렵다. 만일 정신분석학이 사회의 금기를 느슨하게 함으로써 본능의 희생을 '줄이려고' 하면서도 쾌락 원리를 현실 원리에 굴복시키는 본능 희생을 옹호한다고 할 때, 그것은 서로 반대되는 두 계기를 곧바로 이어주는 '외교술'과는 거리가 멀다. 정신분석학은 인간의 비극을 충분하고 깊이 있게 이해하는 데서 생기는 의식의 변화를 기다린다. 너무 빨리 어떤 윤리적 결과를 찾으려 하지 않는다.

프로이트는 니체처럼 사람을 '병든 짐승'이라고 하지 않았다. 다만 그는 사람이 갈등을 피할 수 없는 상황에 있음을 분명하게 밝혔다. 왜 그런가? 사람은 유아기를 가장 오래 지내는 존재로, 의존적 상황이 오래 간다. 흔히 사람은 '역사'의 존재라고 한다. 그러나 프로이트에서 사람은 상당 기간 역사 이전의 존재이다. '유아기 운명' 때문이다. 아버지, 어머니, 형제, 누이처럼 큰 형상들—현실이든 환상이든—그리고 오이디푸스 위기, 거세 공포 같은 것들은 기본적으로 유아기의 희생물인 존재에게만 해당하는 것이다. 사람은 그 바탕이 유아기에 붙잡혀 있다. 어른이 되기가 몹시 어렵다. 도대체 어른이 되어 느끼는 죄의식은 무엇인가?

유아기 운명이라는 비극이 있고, '반복'이라는 비극도 있다. 반복의 비극 때문에, 한계가 분명한데도 발생학 쪽의 설명이 힘을 얻는다. 그러나 단순히 방법 문제가 아니라 진리에 대한 존중심으로 프로이트는 우리를 끊임없이 최초 순간으로 이끈다. 무언가가 사람을 끊임없이 뒤로 잡아끌지 않는다면 유아기는 운명이 아닐 수 있다. 프로이트는 그처럼 뒤로 끌리는 비극에 누구보다도 민감했고 그것의 여러 가지 형태, 곧 억압된 것의 복귀, 이미 지나간 자리로 되돌아가려는 리비도의 경향, 슬픔의 어려움, 에너지 반대 카덱시스의 어려움, 리비도 유동성의 결여 따위를 알아냈다. 죽음의 본능 이론도 반복 경향을 생각하면서 생겨났다. 반복 경향을 프로이트는 유기체가 무기체로 돌아가려는 경향과 연관해서 생각했다. 인간 심리의 첫 탄생은 타나토스와의 공모로 이루어졌다.

 리비도의 모순에서 생긴 비극이다. 우리는 리비도 에너지가 단순하지 않다는 것을 안다. 리비도 에너지는 대상이 정해져 있지 않으며 목표도 하나가 아니다. 그리고 언제든지 흩어져 왜곡과 퇴행의 길을 갈 수 있다. 본능에 관한 프로이트의 도식이 갈수록 복잡해지는 데서도 그것을 알 수 있다. 자아 리비도와 대상 리비도가 갈라지고, 죽음의 본능을 발견한 다음에 사디즘과 마조히즘을 재해석하게 되는 것은 그만큼 사람의 욕망이 종잡을 수 없다는 사실을 말해준다. 삶의 고달픔이란 무엇보다도 사랑의 어려움이고, 사랑하는 삶을 살기 어려움이다.

 또한 정신분석을 인간의 성욕을 드러내는 것이라고 생각한다. 그러나 정신분석이 사람의 밑바닥에 있는 본능을 탐구하는 데 그치지 않고, 의식의 '저항'을 알리며 그러한 저항이 자기를 정당화한 표현들을 벗겨내는 일을 한다면, 그리고 그러한 저항이 초자아 문제인 동일시나 금지 규범들과 같은 그물을 이루고 있다면, 비극이 들어오는 문은 하나가 아닌 둘—이드 쪽 문과 초자아 쪽 문—이라고 해도 지나친 말이 아니다. 어른이 되기 어렵고 사랑하기 어려울 뿐만 아니라 또 다른 어려움, 곧 솔직하게 자신을 판단하고 인정하기 어려운 까닭이 여기에 있다.

 그리하여 삶의 고달픔의 핵심부에 진실의 과제가 주어진다. 오이디푸스의 역사에서 진짜 비극은, 자신의 의지와 상관없이 아버지를 죽이고 자기 어머니와 결혼한 일이 아니다. 그것은 옛일이다. 그것은 저 뒤에 있는 운명이다. 진짜 비극은, 그런 일을 남의 일처럼 비난하지만 그가 바로 나라는 것을 인정해야 한다는 점이다. 자신을 인정하고 자신을 저주하기를 그치는 것이 현명한 일이다. 그러나 노년의 소포클레스는 『콜로누스의 오이디푸스』에서, 오이디푸스가 나중에까지도 자신에 대한 '분노'를 풀지 못했다는 사실을 알고 있었다.

이제 우리는, 왜 정신분석학에서 곧바로 윤리를 만들어낼 수 없는지를 이해할 수 있을 것이다. 먼저 의식을 바꾸어야 한다. 사람은 잘못 정죄된 존재이기 때문이다.

아마 그 점에서 프로이트는 니체와 매우 가까운 것 같다. 정죄를 정죄해야 한다. 그런데 헤겔은 『정신현상학』에서 '도덕 세계관'을 비판하면서 니체보다 먼저 그 말을 했다. 심판하는 의식은 공연히 남을 중상하는 위선자이다. 남을 정죄하고 심판하는 자는 자신의 한계를 인정해야 하고 정죄된 자와 자신이 똑같음을 인정해야 한다. 그래야 '죄의 제거'가 화해를 불러오는 자아 인식이 될 수 있다.

그러나 프로이트는 정죄를 정죄하지 않는다. 그는 정죄를 이해한다. 그리고 이해하면서 그 구조를 알린다. 그런 식으로 하면, 진짜 윤리의 가능성이 있다. 다시 말해, 잔인한 초자아가 엄격한 사랑으로 바뀔 가능성이 있다. 그러나 우리가 먼저 알아야 할 것은, 욕망의 카타르시스는 심판하는 의식의 카타르시스가 없으면 아무것도 아니라는 점이다.

이상은 윤리로 나아가기 전에 알아두어야 할 것들이다. 그러나 아직 끝나지 않았다.

이드와 초자아가 이중의 비극을 만든다고 했다. 그런 관점에서, 우리가 앞에서 문화에 대해 한 말을 재해석할 수 있을 것이다.

우리는 '환상'이나 '대리만족' '유혹' 같은 개념들이 차지하는 자리를 보았다. 그런 개념들 역시 우리가 조금 전에 살펴본 비극의 궤도에 속한다. 사실 문화는 없앨 수도 없고 그렇다고 만족시킬 수도 없는 출구 없는 욕망의 상황을 피하는 과정에서 생긴 것이다. 비록 어려운 길이지만, 만족과 제거 사이에는 '승화'의 길이 열려 있다.

그러나 그런 어려운 상황에 놓인 까닭은, 사람이 더 이상 동물도 아니고 그렇다고 신도 아니기 때문이다. 그래서 사람은 옌젠의 『그라비다』에 나오는 영웅처럼 '망상과 꿈'을 창조한다. 그리고 예술작품을 창조하기도 하고 신들을 만들기도 한다. 우화 같은 것의 기능을 베르그송은 닫힌 사회와 연관시켰는데, 프로이트는 환상과 연관해서 생각한다.

프로이트가 볼 때 우화는 사람이 짜낸 전략이다. 단념하면서, 단념 너머로 꾸민 전략이다. 프로이트의 그런 생각은 매우 심오하다. 현실 원칙이 쾌락 원칙의 길을 막기 때문에 사람으로서는 다른 방법으로 즐기는 길을 만드는 수밖에 없다.

사람은 '승화'할 수 있는 존재이다. 그러나 승화한다고 비극이 사라지지는 않으며, 비극은 다시 되살아나온다. 위로도 마찬가지이다. 육체와 세상과 남이 안겨주는 고통에서 버티는 기술과 불가피한 희생의 조화가 위로라면, 그 위로에도 해는 있다. 종교의 환상과 강박 신경증이 닮은꼴이라는 사실은, 사람이 본능에서 벗어나지 못한다는 것을 보여준다. 성숙한 것 같아도, 좀 더 위장된 형태로 첫 비극인 유아기의 비극이 다시 출현한다는 것이다. 적어도 프로이트는 오직 예술에만 위험이 없는 것 같다고 믿었다. 어둠의 세력을 부드러운 주술로 '약하게 만드는' 가장 이상적인 형태의 힘을 예술에서 보았기 때문이다. 그는 예술에서 격렬함, 도전 능력, 탐구하고 파고들면서 새로운 문제를 폭로하는 힘을 보았다. 그래서 프로이트는 예술에 대해서만은 의심치 않고 권능을 인정했다.

그러나 실제로는 승화 역시 새로운 모순과 위험을 낳는다. '거짓'과 '현실'이라는 두 주인을 동시에 섬기는 중대한 모순이 예술의 상상력에 들어 있는 것 아닌가? 환상을 가지고 에로스를 속이니 거짓이고(마치 배고픔을 속이듯 말이다), 필연에 익숙하도록 눈을 길들이는 점에서는 현실에 이바지한다.

끝으로, 갈등은 필연이라는 점을 정확히 아는 것이 정신분석학의 가르침을 제대로 받아들이는 지혜의 첫걸음이다. 그 점에서 프로이트는 비극의 근원을 우리에게 깨우쳐주었을 뿐만 아니라, 불가피한 것과 화해하는 '비극적 인식'도 깨우쳐주었다. 자연주의자요, 결정론자요, 과학자요, 계몽주의의 후예인 프로이트가 무슨 중요한 것을 이야기할 때마다 비극 신화에 나오는 오이디푸스·나르키소스·에로스·타나토스·아난케 같은 언어들을 사용한 것도 우연이 아니다.

앞에서 우리는 프로이트의 글에서 새로운 윤리를 곧바로 추론해낼 수 없으며, 그의 가르침을 따라 오래 준비해야 한다고 했다. 이제 그 새로운 윤리의 문턱에 이르려면 비극적 지식을 수용해야 한다. 정신분석학이 현대인에게 제시하는 의식화는 매우 어려운 일이다. 나르시시즘에 타격을 주기 때문이다. 그러나 그러면서 화해의 세계에 들어간다. 아이스킬로스가 화해의 법칙을 말했다. "τῷ πάθει μάθος"(고통을 통해 이해한다. *Agamemnon*, 177행).

그런 화해가 있기 이전에, 앞에서 살펴본 비판과 조금 전에 살펴본 내부적 반복이 서로 합작해서 전면으로 나와야 한다. 프로이트의 한계에 대한 논의는 아직 끝나지 않았다. 사람의 자아의식을 뒤집은 마르크스와 니체 그리고 프로이트의 공헌도 역시 더 생각할 문제로 남아 있다.

3. 철학으로 본 프로이트

1) 들어가는 말

철학자가 프로이트의 글을 대하는 태도는 크게 두 가지이다. 하나는 '강독'이고 또 하나는 '철학으로 해석하는 것'이다. 강독하는 것은 철학의 역사를 연구하는 학자가 할 일이다. 거기서는 플라톤이나 데카르트나 칸트를 읽을 때 제기한 문제를 프로이트를 읽으면서도 똑같이 제기하며, 상당히 객관성을 강조한다. 한편 철학으로 해석하는 것은 철학자가 할 일이다. 거기에도 객관성 있는 강독이 들어가지만, 작품으로부터 일정한 거리를 둔다. 그래서 작품을 체계를 잡아 재구성하고, 그것으로 다른 이야기를 꾸민다. 그래서 프로이트로부터 생각한 철학, 곧 프로이트 이후에 그와 함께 맞서서 만든 철학이 생겨난다. 우리가 여기서 하려는 것이 그것, 곧 프로이트를 철학으로 해석하려는 것이다.

(1) 여기에도 강독이 들어가는데, 프로이트의 이야기들을 혼합된 것으로 본다. 뜻(꿈의 뜻, 증후의 뜻, 문화의 뜻 따위)의 문제를 다루는 이야기와 힘(카덱시스 · 경제 · 갈등 · 억압 따위)의 문제를 다루는 이야

기가 섞여 있다. 그처럼 이야기가 섞여 있다고 이상할 것은 없다. 프로이트가 분석하려는 현실과 아주 잘 어울린다. 결국 프로이트는 뜻과 힘이 욕망의 의미론 안에 얽혀 있음을 말하려는 것이기 때문이다. 그런 식으로 읽으면 프로이트 이론의 실재론과 자연주의가 가장 잘 드러나면서도, '충동'이나 '무의식' '이드'를 의미 효과 속에서 해독된 기의(시니피에)로 볼 수 있다.

(2) 우리가 프로이트를 철학으로 해석하려고 할 때는 어떤 물음이 주어진다. 분석 경험과 이론을 가지고 반성철학이 무엇을 할 수 있을까? "나는 생각한다, 나는 존재한다"는 명제는, 사람에 대한 모든 이야기의 바탕이다. 나는 여기서 그 점을 분명히 인정한다. 그러면, 주체의 고고학이라는 개념으로 프로이트를 이해할 수 있다. 그 개념은 정신분석의 담론이 철학에서 차지하는 위치를 정해준다. 그것은 프로이트의 개념이 아니다. 프로이트를 이해하면서 나를 이해하기 위해 내가 만든 개념이다. 반성 안에서 그리고 반성을 향해서 정신분석학은 고고학이다.

그러나 어떤 주체인가?

프로이트를 읽으면 주체철학이 곧 위기에 직면한다. 의식이라는 이름으로 자신에게 드러나는 주체가 흔들리기 때문이다. 의식은 이미 주어진 것이 아니라, 문제이고 과제이다. 진짜 코기토는 그것을 가리고 있는 가짜 코기토와 싸워서 획득해야 하는 것이다.

그래서 프로이트를 읽는 것은 반성의 모험이다.

(3) 그다음 물음은 이것이다. 주체에 목적론(téléologie) 없이 고고학(archéologie)이 있을 수 있는가? 앞의 물음과 뗄 수 없는 이 물음은 프로이트가 제기한 것이 아니라 반성철학 쪽에서 제기한 것이다. 반성철학에서는 텔로스를 가진 주체만이 아르케를 가진다고 본다. 내 뒤에 있는 뜻을 내 것으로 삼으려면, 일련의 '형태들'을 통해 앞으로 나아가는(헤겔의 『정신현상학』의 방식으로, 어떤 형태의 뜻은 그다음 형태에서 알 수 있다) 주체의 운동이 있어야 하기 때문이다.

고고학과 목적론의 변증법으로 승화나 동일시 같은 프로이트의 개념을 재해석할 수 있다. 내가 볼 때 프로이트의 체계 안에서는 그런 개념들을 제대로 이해하기 어렵다.

끝으로 그러한 변증법을 기반으로 해서, 서로 다투는 예술과 도덕과 종교의 해석학들을 하나로 묶을 수 있다. 그 변증법 밖에서는 여러 가지 해석이 심판도 없이 서로 부딪치거나, 아니면 어설픈 혼합주의 속에 늘어서게 된다.

2) 본론

나는 여기서 어떤 책*을 옹호하려는 것이 아니라, 그 책에서 다룬 어려운 문제에 대해 자유롭게 생각하려고 한다.

먼저 두 가지 물음이 떠오른다.

(1) 앞에서 말한 대로 프로이트를 강독하는 것과 철학으로 해석하는 것을 구분할 수 있는가?

(2) 철학으로 해석해서 프로이트의 글을 다른 이야기, 특히 반성철학의 이야기로 만들어도 되는가?

첫째 물음에 대해서는 일반적인 대답과 특별한 대답으로 나누어 답하겠다. 흔히 철학사와 철학은 서로 다른 철학 행위라고 한다. 철학사를 보자면, 그 분야를 형성하는 객관성 문제에 대해서 철학의 역사를 연구하는 학자들 사이에는 뚜렷한 일치점이 있다. 어떤 철학자를 훼손하거나 베끼지 않고 있는 그대로 이해한다는 것이다. 게루(Gueroult)의 표현을 빌리자면, 한 작품을 체계를 잡아 재구성한다는 것이다.

그러나 내가 볼 때, 어떤 작품을 그대로 재구성하는 것은—베르그송을 따라 철학적 직관을 말한다 해도—불가능하다고 생각하는 역사가들도 있다. 기껏해야 직관에서 생긴 어떤 주제들을 가지고 작품을 다시 이해하거나 하부구조를 이루는 개념 틀에서 다시 이해하는 정도이다. 그래서 그대로 베낄 수는 없고 재구성하는 것이다. 그러나 다른 관점에

---

* 1965년에 나온 *De l'interprétation, Essai sur Freud*를 가리키는 것으로 보인다.

서 보면, 작품을 그대로 복사하지 않고 그것과 배열이 같은 비슷한 물건을 만들어냈다면 위조품이 아니다. 그래서 앞에서 내가 객관성이라고 한 것은, 부정적인 뜻으로는 주체가 없다는 의미이다. 철학자가 자기 신념이나 견해를 버리고, 자기 생각을 전개하고 설득하는 전략을 포기한 상태이다. 그러나 객관성이라는 말에는 긍정적인 뜻도 있는데, 그것은 작품이 말하고자 하는 바를 충실하게 따른다는 점이다.

그리하여 우리는 프로이트를, 우리 동료나 선생님이 플라톤과 데카르트와 칸트를 읽듯이 읽을 수 있다. 고백하건대, 나는 처음에 그런 관심이 있었지만 그렇게 하지 못했다. 왜냐하면 나는 프로이트의 이론은 임상 경험에서 나왔다고 생각했기 때문이다. 임상 경험은 숙련과 세밀함이 필요한 하나의 직업이면서 기술로, 그런 임상 경험에서 이론이 나왔다면 프로이트는 앞에 열거한 철학자들과 다르지 않겠는가?

그렇지만 나는 이제 그렇게 생각하지 않는다. 프로이트도 우리가 플라톤이나 데카르트나 칸트를 읽을 때 부딪히는 문제를 똑같이 제기하고 있으며, 똑같이 객관성을 말할 수 있다. 왜 그런가? 무엇보다도 프로이트의 글은 자기 학생이나 동료, 환자들이 아니라 우리 모두에게 한 말이기 때문이다. 강연을 하고 책을 펴내면서 그는 독자나 청중을 철학자들과 같은 영역의 문제로 끌고 갔다. 내가 아니다. 그가 실제로 그런 모험을 했다.

그러나 내 이야기를 아직 잘 이해하지 못할지 모르겠다. 내가 말하려는 것은, 분석관계에서 나타나는 것들이 일반 사람들이 이해할 수 없을 정도로 색다르지는 않다는 점이다. 물론 이해할 수 있다는 것일 뿐 똑같이 겪는다는 것은 아니다. 책으로 아는 지식이 실제 분석과 똑같을 수는 없다. 그러나 실제 분석에서 경험한 것의 뜻은 전달이 가능하다. 전달이 가능하기 때문에 분석 경험은, 2차 작업인 개념화 작업의 차원에서 서술 개념들의 도움을 받아 이론이 될 수 있다. 영화에 나오는 상황이나 감정이나 행동거지를 내가 직접 겪지 않아도 이해하듯이, 내가 직접 임상 경험을 겪지 않아도 지성의 공감대로 이해할 수 있다. 그러므로 철학자가 정신분석 이론과 때로는 그 임상 경험까지를 철학으로 이해하는 것이 불가능하지 않다. 물론 오해도 있을 수 있다.

좀 더 중요한 문제를 짚고 넘어가자. 사실은 프로이트 자신이 우리 영역으로 들어왔다. 어떻게? 흔히 생각하는 것과 달리, 그는 욕망·소원·리비도·충동·에로스 따위를 단순하게 탐구하지 않았다. 그 개념들은 모두 어떤 상황 속에서 특정한 의미를 지니는 것들이다. 욕망을 탐구하면서, 세상의 문화와 갈등을 빚는 욕망을 탐구한 것이다. 부모와 갈등을 빚고, 권위와 갈등을 빚고, 규범이나 금기 그리고 사회의 목표나 우상, 예술작품과 갈등을 빚는 욕망이다. 프로이트가 예술과 도덕과 종교에 관해 말할 때, 인류생물학이나 정신생리학에서 확고한 위치를 차지하고 있는 이론이나 임상 결과를 현실 문화에 그대로 옮겨놓지 않은 까닭이 거기에 있다.

예를 들어 『꿈의 해석』과 『성욕에 관한 세 편의 에세이』를 보면, 충동(본능)을 '검열'이나 '장애물' '금지' '이상' 등과 관련해서 말하고 있다. 오이디푸스 이야기에 나온 아버지의 형상은 바로 그런 체계의 중심에 서 있는 것이다. 프로이트 위상학의 첫째 위상과 둘째 위상에서 '자리'와 '역할'이 하나로 정해지지 않은 까닭도 여기에 있다. 무의식은 의식이나 잠재의식과 상극인데, 곧이어 이드는 자아나 초자아와 변증법 관계를 이룬다.

그 변증법은 정신분석이 개척한 상황에서 나온 것이다. 욕망과 문화가 서로 얽히는 문제이다. 앞에서 프로이트 자신이 우리 영역으로 들어왔다고 말한 까닭이 거기에 있다. 우리가 충동과 본능을 말할 때도 그 충동의 표현을 놓고 말한다는 점이다. 해독할 수 있어서 텍스트로 볼 수 있는 어떤 의미 효과를 놓고 충동을 말한다는 점이다. 꿈이 텍스트이고, 증후가 텍스트이다. 기호를 교환하는 커뮤니케이션의 그물로 들어오는 텍스트이다.

정신분석은 실제로 기호의 세계 속에서 이루어진다. 말하고 듣고, 말하고 침묵하는, 말의 작업이 정신분석이기 때문이다. 그처럼 프로이트의 이론뿐만 아니라 그 임상도 기호의 세계에 속해 있기 때문에 분석 경험을 전달할 수 있으며 결국 정신분석은 모든 사람의 경험을 말해주는 것이 된다. 철학은 모든 사람의 경험을 반성하고 이해하려는 것이 아닌가?

다른 철학자들을 읽듯이 프로이트를 읽겠다고 했을 때, 바로 그런 전제가 있었다.

강독에 대해서는 더 이상 거론하지 않겠다. 내가 여기서 말하려는 것은 프로이트를 철학으로 해석하는 것이기 때문이다. 다만 앞에서 체계를 잡아 재구성한다고 한 것을 좀 더 설명하고, 프로이트 작품을 체계 있게 둘러보려고 한다.

내가 볼 때 프로이트의 작품은 크게 셋으로 나눌 수 있다. 하나하나에 나름의 건축 기술이 있어서, 결국 세 가지 차원의 개념 세계가 있다고 볼 수 있다. 각자 어떤 체계로 묶으면 그 개념 세계가 잘 드러난다. 그리고 그 체계들을 연대에 따라 엮을 수도 있다.

첫 번째는, 꿈의 해석과 신경증 증후의 해석으로 이루어졌으며 초심리학에 관한 글들에서 이른바 첫째 위상학(자아·이드·초자아. 라가슈〔Lagache〕는 이것을 인격론이라고 불렀다)의 체계를 갖춘다.

두 번째 이론체계를 구성하는 것은 문화를 해석하는 글들로, 예술작품과 이상, 우상 같은 문제들이다. 첫 번째 것에서 이미 욕망과 문화의 변증법이 보인다는 점에서, 두 번째 것은 첫 번째 것에서 나왔다. 소원성취라는 꿈의 모델을 문화에 담긴 모든 의미 효과에 적용함으로써, 초심리학에 관한 글들에서 발견한 것을 더욱 깊이 있게 손질하고 있다. 그 결과 두 번째 체계를 이루는데, 그것이 자아-이드-초자아의 대열로 표현된다. 앞의 것을 밀어내고 들어서는 것이 아니라 그 위에 겹쳐지는 것이다.

세 번째 이론 세계를 구성하는 것은 앞에서 죽음의 본능이 등장하면서 손질을 가한 데서 생겨난다. 그러면서 에로스와 타나토스의 양극으로 힘을 재분배하는 문제로 굳어진다. 그러나 충동과 문화의 관계가 하나의 축으로 끝까지 가듯이, 밑부분의 손질도 결국은 윗부분의 손질을 이끌어낸다. 다시 말해서 죽음의 본능을 한 번 인정한 결과 문화 해석에 큰 변화가 생기는데, 『문명 속의 불만』에서 그것을 볼 수 있다. 죄의식과 문명인의 불안 그리고 전쟁의 소음을 통해 말없는 본능이 목소리를 높인다.

프로이트 사상을 체계를 잡으면 이상과 같다.

이론은 점차 발전해간다. 그러나 체계에서 체계로 옮기며 봐야 그 발전이 보인다. 심리 장치를 기계적으로 그리는 가운데 삶과 죽음에 대한 낭만주의 극작가의 모습이 나타나는 대목도 보인다. 그러나 그러한 발전에는 일관성이 있다. 그 발전은 구조를 계속 손질하면서 진행된다. 그리고 그러한 손질은 욕망의 의미 효과라는 마당에서 이루어진다. 프로이트 이론은 언제나 그 마당 안에서 재구성된다. 나는 그것을 '욕망의 의미론'(sémantique du désir)이라고 부른다.

그렇다면 이제 여기에서 정말 하려는 이야기로 넘어가보자. 프로이트를 철학으로 해석하는 것이다. 그러나 여기에는 반대가 있을 수도 있다. 프로이트의 작품 같은 것을 '다른' 이야기로 재구성하는 것은 반대해야 하지 않을까? 프로이트의 글은 그 하나로 완벽하다고 생각한다. 그래서 다른 사유 세계로 넘기는 것은 작품을 왜곡하는 것이라는 주장이다. 일리는 있지만 다른 모든 사상가에게도 해당된다. 하지만 프로이트에게는 더욱 그렇다. 그를 철학으로 풀려는 시도는, 매우 교묘하고 악랄하게 그의 사상을 왜곡하는 것으로 볼 수도 있으며 정말 그럴지도 모른다. 그러나 그렇다고 프로이트를 철학으로 풀 수 없는 것은 아니다.

그런 반대 의견들은, 프로이트학파 중에서도 배타주의 입장을 취하는 사람들에게서 나온 것이다. 프로이트와 정신분석이 모든 문제를 다 풀고 끝냈다고는 볼 수 없다. 그것은 프로이트 자신이 분명하게 시인한 바이다. 그가 탐구한 것은 임상을 통해 접근할 수 있던 충동들뿐이며, 특히 자아 영역은 대상 리비도와 같은 궤도에 속한 자아의 충동들을 통해 찾은 것이라고 프로이트 자신이 밝히지 않았던가?

정신분석은 사람의 경험을 비추는 여러 가지 빛 가운데 하나에 지나지 않는다. 그러나 무엇보다도 정신분석 이론은, 어떤 특별한 경험을 일부러 개념들로 일관성 있게 엮은 것이라는 점을 잊어서는 안 된다. 그 점을 분명히 기억해야 한다. 프로이트의 사상은 정신분석의 임상에서 나왔다. 이 세상에는 정신분석으로 보지 못하는 것이 얼마든지 있다. 조금 전에 나는 정신분석의 임상 경험이 모든 사람의 경험을 말해 준다고 했다. 그렇다고 정신분석이 사람의 모든 경험을 말하는 것은 아니다. 철학은 여러 가지 해석을 중재해야 할 뿐만 아니라 여러 가지 경험도 중재해야 한다.

그뿐만이 아니다. 이론과 분석 경험은 부분적일 뿐만 아니라, 그 둘 사이에는 거리가 있다. 그래서 철학 쪽 해석이 필요하다. 나는 여기서, 프로이트가 발견한 것과 개념체계 사이에 존재하는 틈을 말하려고 한다. 사실 모든 작품이 다 그렇다. 오이겐 핑크(Eugen Fink)는 최근 후설에 대해 그 점을 이야기했다. 이론을 구성하는 개념들은 그 이론이 다루는 영역을 위해 완전히 새롭게 태어나는 것은 아니다. 그래서 새로운 철학은 부분적으로 옛 철학의 언어로 표현된다. 그래서 생기는 오해는 불가피하다.

프로이트의 경우에도 차이가 많다. 그의 발견은 의미 효과의 차원에서 이루어졌는데, 표현은 계속 빈과 베를린의 그의 스승들과 마찬가지로 에너지론의 언어가 사용된다. 물론 그런 차이를 메우려면 철학을 끌고 들어오지 말고, 영국 학자들이 말하는 대로 언어의 문법을 정돈하고 언어 활용 규칙을 조사해야 한다고 할지도 모른다.

그러나 프로이트의 경우에는 그 정도로는 부족하다. 좀 더 강한 조치가 필요하다. 단순히 그가 발견한 것과 그것을 표현하는 어휘의 차이가 아니기 때문이다. 사태의 본질에 속하는 문제가 있다. 만일 정신분석이 욕망과 문화의 굴곡을 다루는 것이라면, 서로 다른 두 차원의 개념 또는 두 가지 말의 세계, 즉 힘의 세계와 뜻의 세계가 활동하고 있으리라는 것을 짐작할 수 있다. 힘의 언어가 있다. 갈등의 역학을 나타내는 언어이며, 그중에서도 억압에 관한 용어가 가장 유명하고, 거기에 대해 가장 깊이 있는 연구가 이루어지고 있다. 힘의 언어에는 카텍시스, 반대 카텍시스, 초과 카텍시스 따위의 경제학 용어들도 있다.

그런가 하면 뜻(의미)의 언어, 곧 증후의 의미에 관한 언어, 꿈에 대한 생각, 다원적 결정과 거기서 볼 수 있는 여러 가지 말장난 따위가 있다. 해석하면서 풀어낼 것은 뜻과 뜻의 관계이다. 겉뜻과 속뜻, 알 수 없는 텍스트와 알 만한 텍스트의 관계이다. 그러한 의미관계가 힘의 관계와 얽혀 있다. 모든 꿈 작업은 그처럼 뒤섞인 말로 말을 꺼낸다. 힘의 관계들은 의미관계 속에서 모습을 드러내고 또한 숨기도 한다. 의미관계는 힘의 관계를 표현하고 대변한다.

내가 볼 때, 그 뒤섞인 말은 모호한 말이 아니다. 불분명한 말이 아니다. 범주 착오가 아니다. 그 뒤섞인 말로 우리는, 프로이트를 읽을 때 드러난 현실, 곧 욕망의 의미론에 가장 가깝게 다가갈 수 있다. 욕망과 뜻의 관계를 생각한 철학자들은 모두 그 문제에 부딪혔다. 사랑에 따라 관념의 위계질서를 생각한 플라톤이 그랬고, 노력(*conatus*)의 정도에 따라 관념의 명확성을 생각한 스피노자가 그랬다. 라이프니츠 또한 단자의 욕망 정도와 인식의 정도를 연관해서 생각했다. "하나의 인식에서 다른 인식으로 옮겨가며 변화를 일으키는 내부의 움직임을 욕망이라고 할 수 있다"(*Monadologie*, §15).

그러므로 프로이트는 이미 있는 궤도에 오른 셈이다. 그러나 동시에 해석을 해야 한다. 프로이트를 읽으면 우리는 하나의 임계점에 도달하게 되는데, "거기서는 힘이 해석학을 거치고, 해석학은 힘을 본다. 그 지점은, 욕망이 상징화의 과정을 통해 자기 모습을 드러내는 곳이다."[6]

---

6) P. Ricœur, *De l'interprétation*, p.75. 영역본은 *Freud and Philosophy: An Essay on Interpretation*, trans. Denis Savage, New Haven: Yale University Press, 1970, p.65.

한편 거기에서, 심리학 개념인 충동과 심리생리학의 개념인 본능을 구분할 수 있다. 충동은 그것이 심리 차원에서 갈라진 것, 곧 의미 효과 안에서만 알아볼 수 있다. 의미 효과란 좀 더 자세히 말하면 의미의 왜곡이라고 할 수 있다. 욕망 그 자체는 말이 없으므로, 그 욕망을 해석하려면 충동이 언어로 나와야 한다. 그 언어는 심리 차원에서 충동을 대변한다.

그러나 그 언어는 뒤섞인 말이기 때문에, 정신분석은 자연과학으로도 그렇다고 기호학으로도 완전히 기울지 않는다. 정신분석에서 의미의 법칙은 페르디낭 드 소쉬르나 옐름슬레우나 야콥슨에게서 나온 언어학의 언어 법칙과 다르다. 욕망이 언어와 매우 복잡한 관계를 이루고 있다. 그래서 에밀 벤베니스트가 말한 대로, 무의식의 상징 세계는 엄밀하게는 언어학 현상이 아니다. 무의식의 상징 세계는 랑그를 끌고 들어오지 않아도 여러 문화에 공통된 현상이며, 거기에 보이는 전위와 응축 같은 현상은 영상(이미지) 차원에서 움직이는 것이지 음성학이나 의미론의 분절 차원에서 움직이는 것이 아니다. 벤베니스트의 용어에 따르면 꿈은 번갈아가며 언어학 이하와 그 이상의 모습을 보인다. 우리는 이렇게 말하자. 꿈은 언어학 이하와 그 이상이 뒤섞인 것이라고. 꿈은 랑그 기능의 왜곡이라는 점에서 언어학 이하이다. 한편 프로이트가 말한 대로 꿈이 잠언이나 민담이나 신화 같은 여러 가지 이야기를 통합한 것과 같다면, 그것은 언어학 이상이다. 그런 관점에서, 수사학과 비교해야 한다. 은유와 환유, 제유법, 암시, 완곡어법, 곡언법을 사용하는 수사학과 꿈을 비교할 수 있다.

수사학은 랑그의 현상이 아니라 주체가 말로 자기를 드러내는 현상이다(『해석에 대하여』, p.388). 프로이트 역시 충동의 의미 효과를 가리키는 말로 늘 표상(Vorstellung)이라는 말을 사용했다. 프로이트에게서는 사물 표상(Dingvorstellung)이 낱말 표상(Wortvorstellung)의 표본이 된다. 말이 사물처럼 취급된다. 이 점에 관해서는 내 책에서 설명했다(같은 책, p.387, 주 69).

그러므로 문제의 핵심은 충동을 대변하는 표상이다. 그것은 생물학 쪽도 아니고 기호학 쪽도 아니다. 충동의 대변인이고 언어로 나오게 되어 있는 그 표상은, 충동이 새끼 친 것을 통해 충동을 드러내고, 뒤엉킨 여러 가지 '사물 카덱시스'를 통해 언어에 접근한다. 언어 표상 이전의 문제이다. 따라서 기표와 기의가 이루는 독특한 관계가 있다. 그 기호 또는 의미 효과는 언어가 되고자 하지만, 그 텍스트의 특성으로 볼 때 언어로 되어 있지 않다. 프로이트가 표상이라는 낱말로 가리키는 것이 그것이다. 말이 아닌 환상을 만드는 것도 그것이다. 라이프니츠도 앞에 인용한 글에서 그 점을 말하고 있다. "하나의 인식에서 다른 인식으로 옮겨가며 변화를 일으키는 내부의 움직임을 욕망이라고 할 수 있다. 욕망은 어떤 인식으로 나오려 하지만 그리로 모두 나오지는 않고, 거기에서 무언가를 얻어 새로운 인식으로 나온다"(*Monadologie*, §15).

프로이트의 리비도와 상징론을 라이프니츠 방식으로 바꿔 생각하면 철학의 문턱에 도달한다.

어떤 하나의 철학이 힘과 뜻의 관계를 완벽하게 설명할 수 있다고 보지는 않는다. 프로이트를 철학으로 해석하는 길은 여러 가지인데, 내가 하려는 것은 그중의 하나에 지나지 않는다. 내가 제안하는 것은 반성철학이다. 장 나베르(Jean Nabert)의 철학이다. 그에 대해서는 내가 『악의 상징』에서 말한 적이 있다. 존재 욕망과 그 욕망이 드러나고 표현되는 기호와의 관계가 가장 완벽한 형태를 갖춘 것을 나는 나베르에게서 보았다. 나베르와 함께 나는 이렇게 믿는다. 이해는 자기 이해와 뗄 수 없고, 상징은 자기를 표현하는 마당이다. 곧 기호는 사람이 자기를 세우고 자기를 이해하기 위한 마당이나 매개체이다. 그렇지 않다면 의미 문제가 발생하지 않는다. 바꾸어 말하면 자기에서 자기에게로 직접 가는 자기 이해는 없다. 또 존재 욕망을 내 것으로 삼으려면 양심이라는 짧은 길이 아니라 기호 해석이라는 먼 길을 가야 한다. 간단히 말해 나의 작업가설은 구체적인 반성이다. 기호 세계로 매개된 코기토이다.

그런 작업가설이 프로이트를 읽고 생긴 것은 아니다. 물론 프로이트를 읽으면 그런 문제에 부딪히는 것이 사실이다. 프로이트 역시 주체 문제를 다루기 때문이다. 주체 문제를 제기하지 않고 무의식·잠재의식·의식 그리고 자아·이드·초자아 같은 조합을 어떻게 이루겠는가. 욕망과 뜻의 문제를 제기할 때도 누구의 욕망인지, 누구를 향한 뜻인지를 물어야 하지 않는가. 정신분석에 그처럼 주체 물음이 들어 있다고 볼 수 있기는 하지만, 그것을 주체로 삼고 있지는 않다. 주체를 명백하게 세우는 것은 더욱 아니다.

그런데 주체가 자기를 세우려면 자기로부터 세울 수밖에 없다. 그것이 피히테의 단적인 판단이다. 그러한 판단에서는 존재는 생각이고, 생각은 존재이다. 나는 생각한다, 나는 존재한다. 그런 견해에 견주면, 프로이트의 위상학에 나오는 '자리'나 '역할'은 아주 객관적이다. 이제 어떻게 하면 그런 객관적인 것을 덜 추상적인 코기토로 가는 길로 인정하고, 구체적인 반성을 위해 필요한 길로 받아들이는가 하는 것이 문제이다.

정신분석에 암시되어 있는 주체와 반성철학에서 말하는 확실한 주체 사이에는 거리가 있다. 나는 그 점을 강조하고자 한다. 프로이트를 강독하는 것과 철학으로 해석하는 것 사이에서 바로 그와 같은 거리가 생긴다.

프로이트 강독과 프로이트 해석을 혼동해서 생기는 오해를 막으려면, 정신분석에 암시되어 있는 주체와 반성철학의 주체의 차이를 분명히 해야 한다.

반성철학과 프로이트를 섞어버린다고 해서 나를 비난하지는 못할 것이다. 나는 코기토를 꺼내지 않고 프로이트를 강독했기 때문이다. 프로이트 강독은 플라톤이 말하는 히포테톤(hypothéton) 위에서 이루어졌다. 그 가정이 우리에게는 욕망과 뜻의 관계, 욕망의 의미론이었다. 그것은 정신분석가에게는 티 이카논(*ti ikanon*), 곧 만족할 만한 무엇이다. 이론과 임상에서 일어나는 모든 것을 파악하기에 적합하다는 뜻이다. 한편 철학은 "나는 생각한다, 나는 존재한다"에서 주체 물음을 형성하기 때문에, 조건의 조건을 탐구하고 가정을 파고들어 가정이 아닌 것을 찾는다. 그러므로 프로이트 강독에 대한 비판과, 철학으로 해석하는 것에 대한 비판을 섞으면 안 된다.

또 다른 오해는, 철학 작업을 뛰어넘어 저 멀리 있는 열매만을 거두려고 할 때 생긴다. 마지막에 가서나 얻을 수 있는 종교 비판을 프로이트의 종교 비판에서 바로 얻으려 할 때 일어나는 일이다. 내가 제시하는 여러 가지 단계에는 순서가 있다. '주체를 세움' '정신분석학을 주체의 고고학으로 봄' '고고학과 목적론을 변증법관계에 둠' '전적 타자*의 수직적 단절.'

위 단계들은 각각 다른 철학에 속한 독립된 주제라고 생각할 수도 있다. 그러나 철학은 관념의 퍼즐이 아니다. 흩어진 주제를 어떤 방식으로든 모아서 맞추면 결국 어떤 모양이 나오는, 그런 것이 아니다. 전개해나가는 방식이 중요하다. 그러므로 종교와 신앙에 대해 내가 생각하는 답보다는, 내 생각이 고고학과 목적론의 변증법이라는 점이 중요하다. 또한 그 변증법은 구체적인 반성을 하고 있다는 점에서 중요하다. 그리고 그 구체적인 반성이 의미가 있으려면, 프로이트의 무의식이나 이드나 충동을 끌어들여 반성 주체를 새롭게 하는 데 성공해야 한다.

그것은 프로이트를 철학으로 해석하는 것이 통하는가 통하지 않는가 거기에 달려 있다. 그러므로 그 부분에 주목하자.

프로이트의 개념을 반성철학 쪽에서 받아들이는 문제를 설명해보자. 나의 물음은 이렇다. 반성철학이 프로이트에서 한 수 배우면, 어떤 변화가 일어날까?

이 질문에는 양면성이 있다. 욕망과 뜻을 뒤섞어서 말한 프로이트의 텍스트가 어떻게 반성철학으로 들어올 수 있는가? 의식을 자기가 말하고 있다고 생각하는 것과 다른 것을 말하고 있는 허위의식이라고 할

---

* 인간과 거리를 두고 있는 하느님을 표현할 때 전적 타자라고 한다. 리쾨르는 마지막 단계에서 신학 문제를 끌고 들어온다.

때, 그처럼 의식을 파괴했을 때 반성 주체에 어떤 변화가 생기는가? 두 가지 물음은 동전의 양면처럼 뗄 수 없는 것이다.

내가 정신분석이 철학에서 차지하는 자리가 주체의 고고학에 따라 결정된다고 말할 때, 그것은 동시에 주체철학은 더 이상 의식철학이 될 수 없다고 말하는 것과 같다. 반성과 의식은 더 이상 똑같지 않다. 주체를 찾으려면 의식을 잃어야 한다. 주체는 내가 의식하는 그런 주체가 아니다. 코기토의 확실성을 인정받으려면, 의식은 확실하지 않음을 같이 인정해야 한다. 사물의 의미처럼 내 존재의 의미도 추정하고 추측하는 것이다. 그러므로 프로이트학파를 반성하며 되새겨볼 수 있다. 반성의 모험이 될 것이다.

그처럼 프로이트를 체계를 잡아 생각하면 앞에서 말한 대로〔의식의〕포기가 따른다. 그와 같은 포기가 있어야 프로이트의 자연주의가 산다. 심리 위상에 관한 프로이트의 실재론은 철학에서 더욱 받아들이기 힘든 것이지만, 나는 그것을 받아들인다. 현상학과 철저하게 반대되는 그것을 받아들이며, 그 경제학과 에너지 역학을 받아들여 "나는 생각한다, 나는 존재한다"의 바탕을 차지하려는 코기토 환상에 반대하는 도구로 사용한다. 간단히 말해 데카르트가 사물 독단론을 물리치려고 의심을 펼친 것처럼, 나는 정신분석을 사용한다. 다만 이번에는 코기토를 공격한다. 정신분석이 코기토의 한가운데로 들어가 나의 확실성과 의식의 환상, 위장한 자아를 흔들어놓는다.

1917년의 글에서 프로이트는 정신분석이 나르시시즘에 타격을 가하는 것에 대해 말했다. 마치 코페르니쿠스와 다윈이 세상과 생명 문제에서 사람들의 의식에 타격을 입혔듯이 말이다. 그러다 보면 의식이 철학에서 차지하는 위치가 달라진다. 의식은 이미 주어진 것이 아니다. '의식에 직접 주어진 것'은 더 이상 없다. 의식은 과제이고, 의식이 되어야 하는 과제이다. '의식'(Bewußtsein)이 아니라 '의식이 됨'(Bewußtwerden)이다.

그리하여 우리는 프로이트의 에너지론과 경제학을 두 번 활용했다.

한 번은 강독에서 기호론에 반대하는 데 활용해 정신분석의 독특함을 살리고, 힘과 뜻의 굴곡에서 정신분석을 볼 수 있게 했다. 또 한 번은 프로이트를 철학으로 반성하는 데 활용했다. 반성이 참되려면 포기와 고행을 거쳐야 하는데, 그 고행을 참되게 해줌으로써 우리는 프로이트의 경제학과 에너지론을 끌어온다.

동시에, 프로이트 이야기에서 풀기 어려운 점 ─ 순수 인식론의 관점에서 ─ 은 반성의 역설이 된다. 앞에서 본 대로 프로이트 이야기에서 풀기 어려운 점은, 힘의 언어와 해석의 언어가 뒤섞여 있다는 점이다. 그것이 반성으로 들어오면 이드는 사실이 되고 뜻은 관념이 된다. 포기하면서 이드가 사실이 되고 다시 취하면서 뜻은 관념이 된다. 의식의 수준에서는 의미 효과의 퇴행 때문에 그리고 무의식 수준에서는 충동 때문에 이드는 사실이 된다. 그리고 의식이 되는 과정을 시작하는 해석 운동 안에서 뜻은 관념이 된다. 그리하여 프로이트를 읽는 것은 반성의 모험이다. 그 반성을 통해 출현하는 것은 상처 입은 코기토이다. 자기를 세우기는 했지만 손에 넣지는 못한 코기토이다. 현재의 의식이 환상이고 거짓임을 고백하고서만 자신의 참모습을 볼 수 있는 코기토이다.

철학으로 해석하는 것의 두 번째 단계는 고고학과 목적론의 변증법이다. 그처럼 반성을 끌고 나가면 새로운 것이 등장하는데, 반성 안에 아르케(arché)와 텔로스(télos)의 양극이 있다. 나는 프로이트학파의 관점을 다시 취함으로써 거기에 이르려 한다. 여기서 말하는 프로이트학파의 관점은 실재론에서 나온 무의식과 이드에 관한 것이다. 위상학보다는 경제학과 관련이 있다. 사실 욕망은 계통 발생이나 개체 발생, 역사와 상징 면에서 무엇보다도 '먼저이다.' 욕망은 모든 면에서 이미 앞서 있다.

프로이트에게는 그 점이 강박관념처럼 되어 있다. 그리고 나는 그런 생각을 옹호한다. 문화주의는 피해야 한다. 우리 속에 있는 본능과 충동 같은 야생적인 측면을 환경에 잘못 적응해서 그런 것처럼 둘러대고,

욕망 문제에서 이와 잇몸을 모두 뽑아버리려는 생각은 금물이다. 모든 것에 앞서 있으며 우리를 뒤로 잡아당기는 것이 있다. 그러한 충동과 본능은 우리 정서의 발육부진을 일으킨다. 가족관계에서 그렇고, 환상을 일으켜 예술작품을 낳고, 죄의식을 일으켜 윤리를 낳고, 벌에 대한 두려움과 위안을 받고 싶은 유아 같은 욕망을 일으켜 종교를 낳는다.

프로이트가 무의식을 '무시간적'(zeitlos)으로 본 것은 아주 훌륭한 통찰이다. 시간 안으로 들어와 의식이 되기를 거부한다는 것이다. 그것을 가리켜 나는 고고학(archéologie)이라 부른다. 충동과 나르시시즘의 고고학이고, 그것을 넓히면 초자아와 우상의 고고학에까지 이른다. 더 넓히면, 에로스와 타나토스라는 두 거인 전쟁의 고고학을 볼 수 있다. 그러나 고고학 개념은 반성 개념임을 알아야 한다. 고고학은 주체의 고고학이다. 에나르(Hesnard) 박사의 『프로이트의 업적』(*l'Œuvre de Freud*) 서문에서 메를로-퐁티가 그 점을 잘 설명했다.

고고학 개념이 철학―반성철학―개념이기 때문에 고고학과 목적론을 세우는 것은 반성 안에서 반성을 세우는 것이다. 반성하는 생각은 이렇게 말한다. 오직 텔로스를 가진 주체만이 아르케를 가진다. 자아 뒤에서 형성된 뜻을 내 것으로 삼으려면, 주체가 앞쪽으로 끌리는 그런 운동이 필요하다. 다음 형태에서 그 의미가 드러나는 그런 형태 대열에 의해 주체가 앞쪽으로 끌리는 그런 운동이 필요하다.

그런 발전된 생각은 논쟁거리가 될 수 있다. 그래서 해설을 좀 해야 할 것 같다. 먼저 정신분석은 분석이다. 분명한 사실이다. 프로이트의 표현에 따르면 정신분석은 뒤로 가며 분해하는 것이다. 그렇게 보면 정신분석에는 종합이 없다. 그러므로 주체의 목적론은 프로이트의 머리에서 나올 수 없는 철학 개념이다. 프로이트를 읽고 위험을 무릅쓰고 만든 개념이다.

그렇다고 프로이트가 주체의 목적론을 전혀 지지하지 않는다고 말할 수는 없다. 임상 경험에서 또는 그것을 바탕으로 이론과 개념을 만들면서 프로이트는 주체의 목적론과 비슷한 것을 보았다. 그러나 그러한 경험과 개념이 심리 장치를 말하는 프로이트의 도식 속에 들어올 자리가 없었다. 그래서 공중에 떠 있었다. 앞에서 나는 '동일시'와 '승화' 개념을 놓고 그런 말을 한 적이 있다. 프로이트는 동일시나 승화에 대해 만족할 만한 설명을 찾지 못했다고 분명히 밝혔다.

둘째로, 나는 헤겔의 『정신현상학』을 예로 들어 주체의 고고학을 생각한다. 헤겔이 꼭 맞는다는 것이 아니라 설명하기 위한 하나의 좋은 보기이다. 왜냐하면 헤겔의 정신현상학에서 형태들이 구성되는 유일한 법칙이 목적론——장 이폴리트(Jean Hyppolite)의 말을 정확히 인용하면 '목적론적 변증법'——이기 때문이다. 그뿐만 아니라 형태들의 변증법에서, 심리학에서 말하는 성숙 과정, 곧 유아기를 넘어 어른이 되는 과정이 철학에서 지니는 의미를 찾을 수 있다. 심리학에서는 "사람은 어떻게 유아기에서 벗어나는가?" 하고 묻는다. 그렇다. 사람은 뜻있는 행적을 통해 유아기에서 벗어난다. 뜻있는 행적은 문화로 열매를 맺고 문화는 미래로부터 그 의미를 찾는다.

헤겔의 정신현상학이 우리 생각을 설명하기에 좋은 예라고 할 수 있는 까닭이 또 하나 있다. 헤겔을 빌려 우리는 목적론과 스피노자나 베르그송이 싫어한 목적인을 구분할 수 있다. 목적론은 목적인이 아니다. 목적론적 변증법에서 말하는 형태는 목적인이 아니라 의미이다. 앞쪽을 향해 자신을 넘어서도록 이끄는 통합운동에서 자신의 의미를 찾는 것이다. 끝으로 헤겔은 실존 계획이 없는 관념에 내용을 실어준다. 실존 계획이 없이 그저 자기 속에서만 웅얼거리고 때로는 자의와 절망, 타협의 형태로 모습을 드러내는 그런 관념에 내용을 준다.

물론 헤겔 철학이 우리 작업을 진행시켜주는 좋은 길잡이이긴 하지만, 반드시 헤겔 철학을 따라야 하는 것은 아니다. 우리는 이미 앞에서 우리 나름대로 대개 방향은 같지만, 각각의 내용이 다른 경제적 '소유'와 정치 '권력'과 개인의 '가치' 같은 문화 영역들이 어떻게 연결되는지를 대강 설명했다. 거기서 설명한 것은, 의식으로 가는 문제가 아니라 의식에서 자아의식으로 가는 문제이다. 자아(le Soi) 또는 정신의 문제이다.

프로이트뿐 아니라 헤겔도 의식에 타격을 준다는 점을 아는 것이 중요하다. 욕망의 환상을 뒤로 가며 분해하는 데서 의식이 타격을 입지만 그에 못지않게 정신 형태들이 상승하며 일으키는 변증법에서도 타격을 입는다. 그처럼 이중으로 우리를 포기하고, 이중으로 의미를 탈중심화하면서 구체적인 반성을 할 수 있다. 그러나 뒤로 가는 것과 앞으로 가는 것을 통합하는 것 역시 반성이다. 반성을 통해서만 프로이트가 무의식이라고 부른 것과 헤겔이 정신이라고 부른 것, 원초와 마지막, 운명과 역사 사이에 관계가 이루어진다.

이쯤에서 끝맺도록 하자. 구체적인 반성의 마지막 단계까지 가지는 않겠다. 이렇게만 말하자. "그러한 변증법 안에서, 예술과 도덕과 종교의 여러 해석학이 어울려 서로 보완하는 철학을 할 수 있다"고. 그 여러 가지 해석학에 대해 따로 이야기하지 않는 데는 나름대로 이유가 있다. 내가 그 문제에 적용하려는 변증법은, 조금 전에 말한 목적론과 고고학의 변증법 또는 앞으로 가는 것과 뒤로 가는 것의 변증법과 별개로 할 수 있는 것이 아니다. 결국 나는 상징 형성의 문제에 특정한 방법을 적용하려는 것이다. 이중 표현을 가리켜 상징이라고 했다.

나는 그 방법을 예술과 윤리와 종교의 상징에 적용했다. 그러나 그 방법을 쓴 까닭이 적용 대상에 있는 것은 아니다. 상징은 다원적으로 형성되고 그러한 상징을 이해하는 데는 내가 말한 반성의 변증법이 필요하다. 그래서 그러한 방법을 사용한 것이다. 그러므로 종교 상징에 대한 나의 이중 해석을 동떨어진 독립된 주제로 다루려는 사람들은, 결국 그 해석을 타협의 철학으로 몰고 가서 싸움의 날을 무디게 만들어버렸다.

뜻을 찾으려는 치열한 싸움에서 아무런 상처도 입지 않고 나오는 자는 없다. '희미한' 희망은 슬픔의 사막을 거쳐야 한다. 해석의 싸움 문턱에서 내가 멈추는 까닭이 거기에 있다. 멈추면서 나 자신에게 이런 경고를 한다. 고고학과 목적론의 변증법 밖에서는 그러한 해석들이 중재자도 없이 싸우거나, 또는 게으른 혼합주의 안에서 공존한다.

4. 해석에서 기술과 반(反)기술

카스텔리(Castelli)는, 신화의 기술(technique)이 있고 비신화화 과정에서 결국 드러나는 것은 그 기술이라고 했다.[7] 그러한 판단이 정신분석과 얼마나 들어맞을지를 살펴보자. 카스텔리는 정신분석을 '내면의 우상파괴'로 보는 것 같다. 낮의 기술과 밤의 기술을 지적하면서 말이다.

다음 두 가지 물음에 답해보자.
(1) 어떤 점에서 정신분석은 밤의 기술인가?
(2) 어느 정도까지 정신분석은 내면의 우상파괴인가?

1) 밤의 기술인 정신분석

우리가 제기하는 물음은 매우 합당하다. 정신분석은 기술이다. 현대 세계의 여러 가지 기술 가운데 하나이다. 그러면서 그 정확한 자리를 모른다. 아직도 그 자리를 찾고 있는 셈이다. 그러나 한 가지 분명한 것은, 그것이 기술이라는 점이다. 정신분석은 치료 행위에서 나온 것이고, 하나의 직업 행위이다. 여러 가지를 배우고 공부하는 열의와 의무가 필요한 직업이다.

그러므로 그 직업인이 아닌 철학자가 후설의 현상학 같은 색다른 경험에서 정신분석 전체를 재구성하려고 할 때는 대가를 치러야 한다. 그는 정신분석학이라는 산에 최대한 가깝게 접근해서, 처음 만나는 비탈길을 현상학의 환원 개념이나 의미와 무의미, 시간성, 주체들의 관계 같은 개념들을 가지고 올라갈 것이다. 그런데 현상학을 가지고 정신분석에 접근하는 데는 어려움이 있다. 그것은 분석 현실에서 나오는 것들

---

[7] '기술과 결의론'에 관한 국제학술대회를 열면서 카스텔리는 대회의 중심 주제를 '근대의 관점인 비신화화' 문제와 연관 지었다. 그것은 해마다 로마에서 열린 모임의 중심 주제였다.

이다. 바로 그 분석관계에서 정신분석은 기술의 모습을 띤다.

어떤 의미에서 그것은 기술인가? 그 낱말 자체에서 출발해보자. 방법론으로 볼 때 매우 중요한 텍스트*에서 프로이트는 세 가지 낱말, 곧 탐구 '방법'과 다루는 '기술'과 짜여진 '이론'을 구분한다. 여기서 기술은 좁은 뜻으로 쓰였는데, 병이 낫도록 치료한다는 뜻이다. 그러므로 해석하는 기술 또는 구조를 설명하는 기술이나 초심리학과는 다른 뜻이다. 그러나 우리로서는 정신분석이 해석하는 기술이나 생각하는 이론을 포함한 프락시스임을 밝히는 것이 중요하다. 그래야 앞의 물음에 답할 수 있다. 그러므로 나는 카스텔리의 질문을 생각하면서, 기술이 프로이트가 열거한 세 가지 가운데 하나가 아니라 분석 행위 전체의 지표라고 본다.

이해를 돕기 위해 '작업'이라는 기초 개념을 제안한다. 분석 행위는 하나의 작업이요. 그 작업에 따라 내담자 쪽에서 보면 의식화 작업이 일어난다. 분석하고 분석되는 두 가지 형태의 작업이 심리 현상 전체를 하나의 작업으로 만든다. 꿈도 작업이고, 애상도 작업이며, 신경증도 작업이라고 할 수 있다. 초심리학—그 위상학과 경제학—은 그러한 작업의 기능을 은유인 힘의 언어를 매개로 고찰하는 것이다.

이제 우리는 탐구 방법과 초심리학 이론이 어째서 정신분석 프락시스에 속하는지를 설명할 수 있는 틀을 지니게 되었다.

먼저 분석가의 작업에서 출발하자.

분석이 왜 작업인가? 프로이트의 대답은 한결같다. 분석은 저항과의 싸움이기 때문이다. 핵심은 다음과 같다. 분석에 맞서는 저항은 신경증 밑에 깔린 것과 똑같은 것이다. 분석이 저항과의 싸움이라는 점은 매우 중요한 문제로, 프로이트와 브로이어(Breuer)가 갈라서는 결정적인 계기가 되었다. 프로이트가 최면 상태를 빌려 내면을 풀어내는 방법을 거절한 이유는, 그 방법이 어떤 형태의 작업 없이 기억을 얻어내는 것이

---

* 박성수 옮김, 「정신분석학과 리비도 이론」, 『정신분석운동』, 열린책들, 1997.

기 때문이다. 또 1905~1907년경에 분석 실무를 많이 뜯어고치는 분석 전략이 있었는데, 프로이트가 그것을 점차 받아들이게 된 까닭도 있다. 따라서 분석의 목표는, 충동의 근거를 복원하거나 폐지된 것을 되살리는 데 있지 않고 저항을 드러내 그것을 없애는 데 있다고 프로이트는 말한다.

그래서 기술과 해석학의 관계는 두 가지 측면에서 고찰할 수 있다. 먼저, 해석의 기술은 저항을 다루는 기술의 일부분으로 보아야 한다. 해석의 기술―프로이트는 번역하는 기술과 비교했는데, 어쨌든 이해와 지성의 영역이고 앎을 생산하는 영역이다―은 분석 행위의 관점에서 보면 심리를 다루는 지식에 지나지 않는다. 1912년에 발표한 「정신분석에서 꿈 해석을 다루는 문제」도 그런 각도에서 볼 수 있다. 그 글을 통해 꿈을 완벽하게 해석하려고 하면 저항이라는 함정에 빠져 치료가 늦어질 수 있음을 보았다. 그래서 프로이트는 저항에 대한 싸움은 험난하다고 거듭 말한다. 환자는 돈과 시간이 많이 들고, 의사는 자기 감정을 다스릴 줄 알아야 한다. 그래야 환자의 요청에 대한 전이 속으로 들어가 반응을 보이지 않고 욕구불만을 해소하는 쪽으로 환자를 이끌 수 있다.

그와 같이 해석이 분석하는 기술(techné)에 의존하고 있다면 또 다른 측면이 보인다. 분석되는 자 또는 환자의 작업이다. 환자를 치료하려면 분석 내용을 환자에게 정확히 전달하는 것으로는 충분하지 않다. 왜냐하면 분석되는 쪽에서 볼 때 이해는 분석되는 자 나름의 작업에서 생겨난 것이기 때문이다.

「초기 정신분석」(1910, "Wild Psycho-analysis," SE, XI, p.225)이라는 글에서 프로이트는 이렇게 말한다. "억압했기 때문에 모르고 있던 것을 환자에게 알려주는 것은, 치료를 위한 사전 조치 가운데 하나에 지나지 않다. 환자에게 무의식에 관한 지식이 필요하지만, 그것이 정신분석의 경험이 없는 사람도 생각하는 지식이라면, 환자에게 그저 강의를 듣거나 책을 읽게 해도 충분할 것이다. 그러나 그것은 마치 기근으로 음식이 없어 굶주린 사람들에게 식권을 나눠주는 것과 같다. 아니, 그런 비유보다 더 심각할 수도 있다. 환자에게 규칙적으로 그의 무의식을 알려주면 그의 내부에서 갈등이 깊어져 증후가 심각해진다." 그러므로 분석은 무지를 없애고 앎을 불어넣는 것이 아니라, 저항에 대한 작업을 매개로 환자의 의식이 작업하도록 불러일으키는 것이다.

프로이트는 1913년에 쓴 「치료의 시작」이라는 글에서도 같은 문제를 제기하고 있다. 분석 초기부터 알리는 것에 너무 집착하면 안 된다는 것이다. "이제 전처럼 자신을 알도록 강조하는 일은 하지 말고 원래 무지의 원인이고 지금도 무지의 상태로 버티려고 하는 저항에 관심을 두어야 한다. 다른 길은 없다. 의식적인 앎은 그런 저항에 대해 무력하다" (SE, XII, p.142). 순전히 머리에서 나온 해석을 어설프게 전달했다가 더 큰 저항이 생기는 경우가 적지 않다. 그러므로 분석 기술은 그런 치밀한 저항 속에서 앎을 계속 교환하는 것이다.

그렇다면 분석되는 자의 작업이란 무엇인가? 그의 머리에 떠오르는 모든 것을 알려야 한다는 기본 규칙을 실행하는 일이 작업의 시작이다. 그것은 일이고 작업이다. 그냥 보는 것이 아니다. 얼굴을 맞대고 부딪치는 작업이다. 「기억, 반복 그리고 독파」라는 글에서 프로이트는 이렇게 말한다. "환자는 자기 병의 현상을 직시하는 용기가 필요하다. 자기 병을 무시하지 말고 만만찮은 적으로 봐야 하며, 튼튼한 뿌리를 가지고 있어 인격의 일부를 이루고 있는 것으로 봐야 하고, 미래의 삶을 위한 가치 있는 무엇인가도 거기서 나오는 것으로 봐야 한다" ("Remembering, Repeating, and Working-Through," SE, XII, p.152). 이것은 부딪치는 작업이다. 프로이트는 자주 이렇게 말한다. "맞서지 않고 장승처럼 서서 적을 무찌를 수는 없다" ("The Dynamics of Transference," SE, XII, p.108).

정신분석에서 의식화(Bewußtwerden)는 경제 문제이며, 바로 그 점에서 현상학과 완전히 다르다. 현상학에서 말하는 의식화나 대화, 상호주체와는 다르다. 프로이트가 독파(Durcharbeiten)라고 부른 것도 바로 의식화의 경제학을 가리킨다. "저항을 독파하는 것이 실무에서 중요한 과제이고 분석가에게는 인내심을 시험하는 문제이다. 그렇지만 환자에게 큰 변화를 일으키며, 분석 치료가 생각으로 치료하는 것과 다른 점도 바로 저항을 독파하는 데 있다"("Remembering, Repeating, and Working-Through," SE, XII, pp.155~156).

우리 이야기를 좀 더 진전시키려면, 전이에 관한 프로이트의 생각을 끌어들여야 한다. 여기서는 작업 개념과 연관해서 전이를 살펴보려는 것이다. 전이는 분석 행위의 핵심이며 경제학 영역이다. 프로이트는 앞에서 말한 「치료의 시작」이라는 글에서 전이를 어떻게 '치료와 함께 시작되는 힘의 놀이'(SE, XII, p.143)와 연관해서 다루는지를 보여준다. "환자의 고통 그리고 낫기를 원하는 의지, 그것이 치료의 첫 번째 원동력이다." 그런데 그 원동력은 약하다. "그것은 전이되려고 준비된 힘을 움직여서 저항과 싸워 이길 힘을 공급한다. 그리고 적당한 때에 정보를 줌으로써 그 힘을 쓸 길을 환자에게 보여준다"(같은 곳).

고통에서 벗어나고 싶은 욕망이 지닌 힘은 연약해서, 그 연약한 힘 대신 전이가 들어선다. 그것은 매우 중요한 문제로, 조금 뒤에 프로이트는 이렇게 말했다. "전이가 강하게 일어나 저항과 싸우는 데 도움을 주는 과정, 바로 거기에 정신분석이라는 이름을 붙여야 한다." 전이를 다루면서 정신분석은 분명히 기술이 된다.

「기억, 반복 그리고 독파」에서 프로이트는 분석의 중요한 단계, 곧 저항과 싸움, 전이를 다룸, 기억하지 않고 반복하려는 환자의 경향을 상세하게 설명한다. 또 그는 초보자들을 위한 글에서 이렇게 말한다. "정신분석을 처음 할 때 분석가는, 환자의 연상을 해석하고 억압된 것을 찾아내야 하는 어려움에 좌절한다. 그러나 그런 어려움은 별것 아니라는 점을 곧 알아차리고, 정말 어려운 것은 전이를 다루는 데 있다는 사실을 똑똑히 알게 된다"("Observations on Transference-Love," SE, XII, p.159).

따라서 문제의 핵심은 여기에 있다. 분석이라는 분야는 기본적으로 만족의 문제이다. "결국 분석이란 전이된 사랑을 만족시키지 않고 이용하는 것이다." 그러한 '기본 원칙'은 새로운 기술 전체를 움직인다. 그 기본 원칙에 대해 프로이트는 "분석치료는 되도록이면 욕구불만과 절제 속에서 이루어져야 한다"("Lines of Advance in Psycho-Analytic Therapy," SE, XVII, p.162)고 말한다.

그런데 그러한 규칙은 기본적으로 '병과 치료의 역학관계'와 관련이 있다. 왜 그런가? 대리만족인 증후의 경제적 의미로 돌아가야 한다. 욕구가 있는데 만족시키지 않고 그대로 놔두는 것은, '환자를 치료로 이끄는 충동력'을 어설프게 사용하지 않게 하는 것이다(같은 책, p.163). 프로이트는 이런 말을 덧붙이고 있다. "잔인하게 들릴지 모르지만 환자의 고통이 너무 빨리 사라지게 해서는 안 된다. 증후가 파괴되어 쓸모가 없어지고 환자의 고통이 약해지는 경우에는, 어떻게든 욕구불만의 형태로 고통을 되살려야 한다. 그러지 않으면, 환자의 상태가 호전된다 해도, 일시적인 호전밖에는 기대할 수 없다. ……의사로서는 어설픈 대리만족이 일어나지 않도록 강력하게 막아야 한다. ……의사와의 관계에서 환자는 실현되지 않은 욕망을 충분히 가지고 있어야 한다"(같은 책, pp.163~164).

이것은 아주 분명한 텍스트라고 생각한다. 위의 글에서 보면, 단순히 생각에서 나오는 것과 직접 실무를 다루는 데서 나오는 것이 크게 다르다는 점을 알 수 있다. 전이를 다루는 문제에 대한 프로이트의 생각에서 나는, 매우 실존적인 현상학과 정신분석학 사이에는 돌이킬 수 없는 거리와 차이가 있음을 본다. 작업과 작업의 관계, 곧 분석가의 작업과 환자의 작업의 관계 때문에 정신분석은 독특한 분야가 되고 기술이 된다.

프로이트가 즐겨 생각하는 『햄릿』의 구절을 인용하면서 분석작업에 대한 생각을 마치도록 하자. "제기랄, 나를 갖고 노는 것이 악기를 부는 것보다 쉽다고 생각하는가? 나를 네가 원하는 도구로 여겨라. 나를 짓밟을 수는 있지만 나를 마음대로 다룰 수는 없으리라"("On

Psychotherapy," SE, VII, p.225).

"심리도구를 다룬다……."

이 표현에서 우리는 분석기술의 근본적인 면을 볼 수 있다고 생각한다. 이론 역시 프락시스의 한 측면이다. 프로이트가 초심리학이라고 부른 이론은 결국 분석 기술에 맞춰 생긴 것이기 때문이다.

이번에는 정신분석학에서 말하는 초심리학 장치를 고찰하는 데서, 작업이라는 개념을 안내자로 삼아보자. 잘 알려진 바와 같이 작업은 『꿈의 해석』의 중심 개념이다. 꿈이 '소원성취'(Wunscherfüllung)라면, 그것은 무의식의 생각이 '왜곡'되기 때문이다. 그러한 왜곡(Entstellung)을 프로이트는 작업이라고 풀이한다. 그것은 꿈 작업(Traumarbeit)이다. 그리고 거기에서 벌어지는 과정은 압축 작업(Verdichtungsarbeit), 전위 작업(Verschiebungsarbeit) 등 모두 작업의 형태를 띤다. 그래서 분석 작업(분석가의 작업, 환자의 작업)에서 볼 때, 심리의 움직임이 모두 작업인 셈이다.

프로이트가 말하는 힘의 측면은 물론 은유이다. 그러나 초심리학의 독특함을 나타내는 은유이다. 뜻과 동기에서, 지향성을 말하는 현상학과 초심리학이 다르다는 것을 말해주는 은유이다. 메를로-퐁티 역시 그 점에 동의한다. 에나르는 『프로이트의 업적』 서문에서 정신분석학의 개념 장치에 대해 약간의 이의를 달고 이렇게 말한다. "적어도 힘(에너지)이나 기계 장치처럼 말하는 은유 표현들은, 프로이트학파에 들어 있는 중요한 통찰 가운데 하나를 관념론에 맞서 보호하고 있다. 그것은 우리의 고고학이다"(p.9). 베르고트(Vergote)도 비슷한 뜻으로 말했다. "프로이트의 무의식은 프락시스에서만 만날 수 있다."

분석 작업에서 만나는 것은 심리 현상이지만, 그 심리 현상은 이미 작업이다. 거기서 우리는 프로이트의 위상학을 어느 정도 인정하게 된다. 같은 표상이 서로 다른 '심리 지역'에 두 갈래로 등록된다(Niederschrift)는 것이다. 기억의 뿌리를 뽑지 않고, 그 기억을 의식으로 알아내려 할 때 그렇다. 그러한 위상학은 철학에서는 이해하기 어렵지만 작업인 심리 구조와 잘 들어맞는다. 위상학에서 말하는 각 지역과 자리는 분석하면서 드러나는 것을 오해하게 하는 '소외'(Entfremdung)나 '왜곡'을 설명한다. 저항 때문에 자신을 인정할 때까지 어떤 작업을 거쳐야 하는데, 저항에는 처음부터 무의식에서 나온 것의 소외와 왜곡이 따른다.

결국 초심리학은 그처럼 오해를 만드는 작업을 설명하려는 것이다. 해석의 문제가 생기는 것은 욕망이 위장되고 대체된 형태로 채워지기 때문이다. '꿈 작업'이라고 할 때 작업은 그런 '왜곡'이 일어나는 과정을 가리킨다. 뜻의 왜곡을 통해 욕망은 진실을 은폐한 채 자신의 정체를 모른다. 그러므로 초심리학은, 오해를 일으키는 작업과 왜곡의 기술을 이해하려고 이론을 만들고 개념을 세우는 것이다.

이제 정신분석을 기술로 보는 우리 주장에 대한 보충 설명을 해보자. 시몽동(Simondon)의 개념에 따르면, 정신분석의 기술 대상은 사람이다. 그 사람은 오래된 욕망의 대변자(정서 또는 표상)의 모양을 바꾸고 자리를 바꾸고 왜곡한다. 『꿈의 해석』에서는 그 욕망을 '파괴할 수 없고' '시간이 없는' 것이라고 했으며, 「무의식에 관하여」에서는 '무시간적'(zeitlos)이라고 했다. 정신분석은 기술이다. 왜냐하면 왜곡하면서 사람은, 이상한 법칙에 따라 기계처럼 움직여 자기 생각을 '압축'하고 '전위'하기 때문이다. 사람이 기계처럼 움직이는 것은, 속임수를 통해 '소원성취'를 이루기 위해서이다. 여기서 사람의 심리는 자신에게 가하는 기술이다. 위장하는 기술이고, 오해를 만드는 기술이다. 그 기술이 노리는 것은 잃어버린 원초 대상을 찾는 것이다. 계속 자리를 바꾸고 환상·망상과 관념에 의해 다른 대상으로 대체된 그 원초 대상을 찾는 것이다. 결국 심리 작업 가운데 꿈이나 신경증에서 드러나는 것은 무엇인가? 욕망을 오해하게 하는 '기술'이다. 욕망에는 그와 같이 기술이 붙어 있기 때문에, 분석 기술이라도 필요하다. 세 가지 작업(분석 작업, 의식화 작업, 꿈 작업)에서 볼 때 프로이트의 '자연주의'와 '기계론'이 타당성이 있음을 알게 된다.

2) 내면의 우상파괴인 정신분석

이제 카스텔리의 질문 가운데 비신화론화의 궁극은 기술이라고 한 점을 생각해보자. 그에 따르면 모든 기술은 여러 가지 선택을 제거하고 단 하나의 의도에 따라 전통적인 결의론조차 배제한다. 거기서 받아들일 수 있는 것은 궁극적인 것의 결의론, 곧 종말론적 결의론뿐이다.

여기서 기술은 세상과 거룩한 존재에 맞서는 행위 방식 전체를 가리킨다. 정신분석학은 그런 기술에 어떻게 이바지하는가?

두 가지 점을 강조하려고 한다. 먼저 기술을 자연 지배로 본다면, 정신분석은 그런 기술 세계로 들어오지 않는다. 정신분석이 원하는 것은 오히려 기술과 반대이다. '내면의 우상파괴'라는 제목을 붙인 것도 그와 같은 이유에서이다.

지배 기술이 아니라는 것은 정신분석학은 진실의 기술이라는 뜻이다. 자아를 통해 자아를 인정하는 것이며 오해에서 인정으로 가는 것이다. 그런 점에서 그리스 비극 『오이디푸스 왕』이 모델이 된다. 오이디푸스의 운명은 자기 아버지를 죽이고 어머니와 결혼하는 것이었다. 그러나 자신을 인정하는 드라마는 그 점을 넘어서서 진행된다. 자기가 저주한 그 사람이 바로 자기임을 인정하는 드라마이다. 내가 바로 그였다. 어떤 점에서 나는 늘 그를 알고 있었지만 어떤 점에서는 몰랐다. 이제 나는 내가 누구인지 안다.

그렇다면 진실의 기술이 뜻하는 것은 무엇인가? 먼저 그것은 완전히 말의 영역에서 전개된다는 점이다. 그것은 기본 상황이다. 정신분석가나 심리학자들 중에는 정신분석을 일반 행동주의 심리학의 범주에 끼워넣으려는 사람들이 있다. 그것은 그들이 바로 진실의 기술이 말의 영역에서 진행된다는 기본 상황을 무시했기 때문이다. 그들은 분석 행위를, 자연을 지배하는 기술의 일종인 개조 기술 속에 끼워넣었다.

그러나 사실 정신분석학은 행동을 관찰하는 과학이 아니므로 개조하는 기술이 아니다. 그리고 개조 기술이 아니기 때문에 정신분석은 자연을 지배하려는 기술 문명의 야심과 거리가 멀다. 하르트만과 라파포트

(Rapaport) 같은 미국 정신분석학파 사람들은 정신분석학을 그런 심리학에 끼워넣기 위해 뜯어고치고 손보는 작업을 하면서 결국 정신분석과 다른 새로운 집을 짓고 말았다. 그들은 그 점을 지나치고 말았다. 그렇다. 정신분석학이 자연과학에서 갈라져 나온 가지가 아님을 과감하게 말할 수 있어야 한다. 정신분석의 기술은 자연과학을 응용한 것이 아니다. 그러므로 정신분석은 자연을 지배하는 기술에서 갈라져 나온 것이 아니다.

물론 그렇게 단정하자면 치러야 할 대가도 크다. 정신분석은 과학 관찰의 기준을 충족시키지 못한다. 정신분석에서 다루는 '사실들'은 밖에서 관찰자가 관찰해 증명할 수 있는 것이 아니다. 거기서 말하는 '법칙'은 무슨 변수들(환경이라는 독립 변수, 행위라는 종속 변수, 매개 변수)의 관계로 전환할 수 있는 것이 아니다. 거기서 말하는 무의식은 자극과 반응 사이에 들어 있는 변수가 아니다. 다시 말해 정신분석에는 실험 과학에서 말하는 '사실'은 없다. 그래서 그 이론도, 가스의 역학 이론이나 생물학에서 말하는 유전자 이론과 같은 이론이 아니다.

왜 그런가? 앞에서 작업에 관해 말했는데, 그것은 모두 언어 안에서 벌이는 작업이기 때문이다. 분석으로 가려내야 할 심리 작업은 왜곡 작업인데, 그것은 뜻(의미) 차원에서 일어나는 일이며 말로 이야기할 수 있는 텍스트 차원의 일이다. 정신분석에서 기술을 쓴다는 것은 뜻을 가려낸다는 것이다. 정신분석에서 경제학은 의미론과 뗄 수 없다.

그러므로 정신분석에는 '사실'도 없고, 사실 관찰도 없으며, 단지 '이야기'의 해석만 있을 뿐이다. 밖에서 관찰해 분석에 집어넣은 사실은 사실로서 가치가 없으며 이야기 안에서 일어난 의미 변화의 표현으로서만 가치가 있다. 행동의 변화 역시 '관찰 대상'이 아니라 욕망의 이야기에 의미가 있는 것으로서 눈에 들어온다. 그리하여 정신분석의 대상은 늘 증후 · 망상 · 꿈 · 환상의 의미 효과일 뿐이다. 경험심리학은 그 의미 효과를 행동의 산물로 본다. 그러나 정신분석가에게는 행동이 의미의 산물이다. 따라서 그 방법론은 자연과학보다 역사과학에 가깝다.

해석의 기술 역시 행동주의보다 슐라이어마허나 딜타이, 막스 베버나 불트만과 비슷하다. 우리는 정신분석의 과학성을 부정하는 논리주의자나 의미론자나 방법론자들의 말에 동의해야 대항할 수도 있다. 그 방법밖에 없다. 그들의 주장을 받아들이면서 다시 그것을 가지고 역공을 취한다. 행동주의자와 다르다는 점을 역공의 시작이자 전체로 삼아야 한다. 처음부터 큰 차이가 있다. 정신분석은 관찰할 수 있는 행동을 가지고 시작하지 않고 무의미를 해석하는 일에서 시작한다. 정신분석을 관찰 과학이나 관찰 기술과 똑같이 보려는 것은 기본을 모르는 짓이다. 분석 작업은 말의 영역에서 일어난다. 그리고 그 말 안에서 드러나는 것은 라캉이 말한 대로 낯선 언어이다. 일상 언어와 거리가 먼 낯선 언어가 의미 효과를 거쳐 모습을 드러내는 것이다.

그러므로 정신분석은 이상한 기술이다. 작업이라는 점에서 그리고 욕망의 경제학과 관련된 힘과 역학 구조를 다룬다는 점에서 정신분석은 기술이다. 그러나 충동을 대변하는 파생물인 의미 효과를 거쳐야만 그 힘에 다다르고 힘을 다룰 수 있다는 점에서 독특한 기술이다. 분석가는 결코 힘을 직접 다루지 않고, 의미나 이중 의미 또는 대체되거나 전위되거나 전이된 의미를 안에서 간접적으로 다룬다. 욕망의 경제학이지만, 욕망의 의미론을 거쳐 욕망의 경제학이다. 역학이지만, 해석학을 거쳐 역학이다. 인간의 심리는 의미 효과를 거쳐서 비로소 활동한다.

만일 기술이 힘과 에너지를 직접 다루는 것이라면, 정신분석은 기술이 아니다. 그 까닭을 독자들도 이제는 조금씩 이해할 것이다. 행동 관찰 심리학의 기술은 결국 지배로 가는 개조 기술이다. 그러나 정신분석은 참된 이야기에 접근하는 것을 목표로 한다. 그것은 개조와 다른 것이며, 그 점을 가지고 우리는 우리 사회에 퍼져 있는 정신분석에 대한 오해를 씻어야 한다.

어떤 참된 이야기를 찾으면 당장 어떤 이상적인 사회 질서를 세울 수 있다는 생각은 버려야 한다. 정신분석은 사회를 개조하는 문제는 분명하게 접어둔다. 사회는 늘 어떤 관념을 현실로 생각하고 개조를 꿈꾼다. 믿음을 관념화해놓고 그것을 실천해 얻은 현실을 거기에 연결해서 거짓을 꾸민다.

그렇지만 정신분석 역시 쾌락 원칙에서 현실 원칙으로 옮겨간다고 할지 모른다. 그러나 내가 볼 때 '개조하려는 관점'과 정신분석의 가장 큰 차이는 현실 원칙과 관련이 있다. 정신분석에서 말하는 현실은 자극이나 환경 같은 개념과는 매우 다르다. 정신분석에서 말하는 현실은 구체적인 상황에서 개인 이야기의 진실 문제이다. 현실은 심리학에서처럼 실험자가 인식하는 자극의 문제가 아니라, 어두운 환상을 거쳐 환자가 인정하게 될 참된 뜻이다. 현실은 환상의 의미를 전환하는 데 있다.

분석 담론이라는 제한된 영역 안에서 이해해야 할 환상, 그 환상 때문에 프로이트의 현실 개념은 특별해진다. 현실은 본능(충동) 목표에 의해 드러나면서 동시에 위장되는 것이기 때문에, 늘 본능 목표, 곧 충동 대상을 통해 현실을 해석해야 한다. 프로이트가 1917년 「정신분석의 어려움」[8]에서 나르시시즘을 인식론 문제로 푼 것을 기억하자. 거기서 그는 나르시시즘을 기본적으로 방법론 차원의 걸림돌로 보았다.

우리가 진실에 저항하는 것은 결국 나르시시즘 때문이다. 진실이 밝혀지면 자기 중심의 사랑을 잃고 방황할 것 같기 때문이다. 코페르니쿠스의 발견을 방해한 것도 나르시시즘이었다. 코페르니쿠스의 진실을 인정하면 우리는 우주의 중심이 아니기 때문이다. 다윈의 발견을 방해한 것 역시 나르시시즘이다. 다윈에 따르면 사람은 생명의 주인이 아니기 때문이다. 그리고 마침내 정신분석을 방해하는 것도 나르시시즘이다. 정신분석에 따르면 우리는 우리 자신의 주인이 아니기 때문이다. 그래서 두 번째 과정인 '현실 검증'을 단순하게 적응 과정과 같이 진행할 수 없다. 현실 감정 역시 다시 한 번 분석 상황의 틀 속에서 진행해

---

[8] "Eine Schwirigkeit der Psychoanalyse," GW, XII; "A Difficulty in the Path of Psycho-Analysis," SE, XVII.

야 한다. 그때 현실 감정은 독파, 곧 참뜻을 찾는 작업과 같이 간다. 그것은 오이디푸스의 비극을 가져온 자아 인정을 위한 투쟁이다.

이제 다른 이야기로 넘어가보자. 물론 앞 이야기와 관련이 있다. 정신분석의 기술은 자연을 지배하고 사람을 지배하는 기술이 아니기 때문에, 그 비신화화 작업도 지배하는 기술이 일으키는 비신화화와 다르다. 카스텔리가 잘 지적하듯이, 기술이 일으키는 비신화화는 원래 탈마술화이다. 사람을 마음대로 부리고 다루는 것은 기본적으로 마술을 풀고(Entzauberung), 신을 털어내는(Entgötterung) 작업과 같이 일어난다.

그런데 정신분석의 길은 그렇지 않다. 정신분석은 '환상을 벗기는 것'이다. 전혀 다른 문제이다. 마음대로 다루고 다스려서 생기는 진보와는 아무런 관련이 없다. 정신분석이 만드는 비신화화는 분명히 욕망의 의미론과 관련이 있다. 정신분석에서 왕관을 박탈당한 신들은, 대리만족을 주어 쾌락의 원칙에 안식처를 제공했던 것들이다. 프로이트가 아버지 콤플렉스에 신의 성격을 부여한 것은 거기서 우상을 보았기 때문이다. 아버지는 금지 이상으로 위로를 주는 큰 존재였다.

「토템과 타부」「환상의 미래」「모세와 유일신교」에서 볼 수 있는 프로이트의 종교 해석은, 앞에서 이미 언급했고 나중(356쪽 이하)에도 나오므로 여기서 다루지는 않겠다. 뒤에서 주로 내가 보려고 하는 것은, 환원하는 해석을 하고 있는 프로이트의 해석학이 뜻을 다시 회복하려는 해석학과 어떻게 양립할 수 있는가 하는 문제이다.

여기서 살피려는 것은 조금 다른 문제이다. 정신분석이 일으키는 비신화화는 기술의 진보에서 비롯되는 비신화화와 어떤 관계가 있는가? 정신분석의 기술이 지배하는 기술과 다르듯이 비신화화도 다르다. 진실의 차원에서 일어나는 비신화화일 뿐 지배하고 손에 넣는 비신화화가 아니다. 자아와 자연과 남을 마음대로 하려는 것이 아니라,* 욕망을

---

* 근대의 기술과학, 데카르트의 주체철학(의식철학)은 자신과 자연을 마음대로 함으로써 주체로 서려는 노력이었다. 남도 나와 같은 존재로서 알 수 있는 존재

거쳐 자신을 더 잘 알려는 것이다. 그런 비신화화라면 필요하고 좋은 것이라고 쉽게 생각할 수 있다. 그런 비신화화를 통해 미신인 종교의 죽음이 일어난다. 그러면서 참된 신앙이 탄생할 수 있고 또 그러지 않을 수도 있다. 그러나 비신화화에 그런 뜻까지 들어 있다는 것을 정신분석으로 저절로 알 수 있는 것은 아니다. 정신분석학이 거기까지는 생각하지 않기 때문이다.

지배의 기술은 우상파괴를 가져오는데, 정신분석이 일으키는 우상파괴가 지배 기술의 우상파괴와 관련이 있다는 점을 나는 부인하지 않는다. 정신분석은 그 사회 효과에서 기술 문명과 만난다. 정신분석은 개인의 이중관계에서 벌어지는 개별적인 경험이지만 문화 사건이기도 하다. 공공의 영역으로 들어와 대중의 문제가 된다. 욕망의 범죄는 무대에 올려져 모두가 볼 수 있다. 그리하여 우상파괴는 대중의 우상파괴가 된다.

카스텔리의 말이 옳다. 밤의 기술은 내면의 우상파괴이다. 그런데 거기에는 매우 중요한 의미가 있다. 프로이트는 1910년 「정신 치료의 미래」에서 그 점을 분명하게 밝히고 있다. "정신신경증은 어떤 본능의 대리만족이다. 그러나 환자는 자기에게나 남에게 그 본능의 존재를 부인한다. 그처럼 본능이 왜곡되고 환자는 그것을 인정하지 않기 때문에 신경증이 계속 존속할 수 있다. 왜곡과 위장이 만들어놓은 수수께끼를 풀고 환자가 그것을 받아들이면, 신경증은 살아남지 못하고 사라진다. 의료 행위에서는 볼 수 없으며 동화에서나 나올 법한 현상이 된다. 아무도 이름을 모르는 악령에게 이름을 부르자 악령이 쫓겨났다는 동화를 듣는 것 같은 현상이다"("The Future Prospects of Psycho-Analytic

---

이다. 사실 남을 지배하는 문제는 나와 자연을 지배하는 문제와는 다르다. 근대 정신이 바란 것은 나에 대한 나의 지배, 자연에 대한 인간의 지배였다. 그러나 그것이 결국 동일성의 철학으로 가면 남도 나와 같은 존재가 되어 신비를 인정하지 않고 다루게 된다. 레비나스 같은 사람은 그런 동일성의 철학에 반기를 들려고 했으며, 특히 남을 지배하는 문제에 반기를 들었다.

Therapy," SE, XI, p.148).

그와 같은 현상을 개인에서 집단으로 옮겨 프로이트는, 언젠가 비밀 누설이 가져올 사회적 효과를 감출 수 없게 될 날이 올 것이라고 예언하고 있다. "……그런 경우에 환자는 자신의 병을 다른 사람들이 즉시 눈치챈다는 것을 알면서도 감추려고 한다. 사실 은폐가 불가능해졌는데도 은폐하려고 할 때 병의 구도는 파괴된다. 비밀이 드러나면 신경증의 원인인 '병원학적 평형'의 핵심부가 공격을 받는다. 병이 제공했던 이득은 거품처럼 사라지고, 의사는 환자의 현재 상태를 고치려고 비밀을 누설함에 따라 신경증 발생을 억제한다. ……많은 사람들이 풀 수 없는 갈등에 휩싸여 신경증으로 도망간다. 그래서 길게 보면 비용이 많이 드는 일임에도 병을 통해 어떤 이득을 보려고 한다. 신경증으로 도망갔던 사람들은, 정신분석가가 비밀을 파헤쳐 더 이상 도망갈 수 없을 때 무엇을 하게 될까? 그들은 진지해야 하고 자기 속에서 움직이는 본능과 충동을 인정해야 한다. 그들은 싸우거나 거부할 것이며, 사회는 정신분석학 덕분에 관대해져서 그들을 도울 것이다"(같은 글, pp.149~150).

물론 이 글은 프로이트가 계몽을 위해 쓴 것이다. 정신분석에 의한 구원, 사회에서 신경증이 후퇴함, "현실에 더욱 가깝고 더욱 위엄 있는 사회 상태의 회복"(같은 글, p.150), 이런 것들은 또 다른 환상일 수도 있다. 그러나 나는 그 글에서 가장 훌륭한 부분을 골라 그 글의 주제인 '밝힘'에 대해 생각해보려고 한다. 위선을 제거하는 것은 진리 차원에서 의미가 있다. 그렇다면 밝힘의 진정한 의미는 무엇일까?

얼핏 정신분석학적으로 보면, 사람은 지루하고 속되며 무의미한 존재로 비친다. 그러나 정신분석을 좀 더 깊이 생각해보면 자유의지와 선악 관념을 물리치는 일에서 시작한 스피노자 철학만큼 구원하는 힘이 있다. 니체나 프로이트의 표현을 빌리자면 정신분석은 이상적인 것을 물리친다. 프로이트도 스피노자처럼 겉으로 보이는 의식의 자유의지를 부정하면서 시작한다. 동기가 은폐되었다는 점에서 자유의지가 아니다. 데카르트나 후설은 의심을 통해, 주체가 주체를 자유롭게 다루는 것을 찾았다. 그러나 프로이트는 스피노자의 『에티카』와 비슷하게 의식의 자기 통제를 의심하는데, 거기서 주체는 노예와 별로 다를 바 없어진다.

노예 같은 상태 그리고 심층에 흐르는 동기의 힘에 무력하게 내맡겨진 상태가 의식의 참모습이다. 저 밑에서 나를 움직이는 동기는 없다고 보고 의식은 스스로 자신을 통제할 수 있다고 생각하지만, 그것은 허구일 뿐이다. 의식의 자유가 텅 빈 바로 그곳에 동기의 힘이 있다.

스피노자는 허구와 환상에서 새로운 자유 문제를 생각하는데, 그것은 자기 마음대로 하는 것이 아니라 이해가 들어가 있는 결정이다. 분석 실무에 참여하지 않고 경험이 없더라도 프로이트의 글을 깊이 생각하면, 스피노자에 가까운 새로운 자유 개념을 얻을 수 있다. 자기 마음대로 하는 자의가 아니라 해방인 자유이다. 정신분석학으로 말미암아 우리 앞에 열린 가능성이 그것이다. 그런 해방과 인간의 기술 세계는 어떤 관계가 있을까? 정신분석은 사람을 해방하는데, 지배를 위해 해방하는 것은 아니다.

그러면 정신분석의 인간 해방은 무엇을 노리는가? 그것은 '말할 수 있음 그리고 사랑할 수 있음'의 두 가지로 말할 수 있다. 그러나 그 둘은 하나이다.

말할 수 있음 또는 말할 수 있는 능력. 조금 전에 말한 차원, 곧 밝히기 위해 비밀을 폭로하는 문제에서 출발하자. 잘못 이해하면, 간단히 속내용을 파헤쳐버리는 것을 비밀 폭로로 생각한다. 그리하여 신경증을 너무 쉽게 이상과 신화와 종교 영역으로 바꿔버린다. 마치 표상의 내용을 틀림없이 알았다는 식이다. 그러나 표상의 내용을 파악하는 것은 마지막 단계의 일이고, 의식이 환상을 떨쳐버린 다음의 일이다.

물론 프로이트의 글 중에도 표상의 내용을 쉽게 결정하는 글이 있다. 그러나 그렇지 않은 글도 많다. 적어도 「미켈란젤로의 모세상」이나 「레오나르도 다 빈치의 유년의 기억」처럼 예술을 다룬 짧은 글들에서는 새로운 가능성이 보인다. 이 글들에서 해석은 어떤 뜻을 확실하게 결정하는 것이 아니다. 나는 여기서 비밀과 수수께끼를 반대 개념으로 보겠다. 비밀 폭로는 수수께끼를 없애는 것이 아니다. 비밀은 왜곡하는 작업의 산물이고 수수께끼는 해석으로 생겨나는 것이다. 비밀은 거짓 의식이 만드는 것이고 수수께끼는 해석에서 생기는 것이다.

레오나르도 다 빈치의 독수리 환상에 대한 프로이트의 해석을 생각해보자. 거기서 프로이트는 독수리 환상을 가지고 마치 형사처럼, 생모를 잃고 낯선 아버지 집으로 옮겨가 살던 어린 레오나르도 다 빈치의 유년의 기억 세계로 파고든다. 그 글을 다 읽고 나면 우리는 이렇게 말하고 싶을 것이다. 조콘다 델 모나리자의 야릇한 미소 뒤에 숨어 있는 것을 이제 알았다. 잃어버린 어머니의 미소가 환상으로 재생산된 것이다.

그렇다면 그런 분석으로 무엇을 알았다는 것인가? 어머니의 사랑, 어머니의 입맞춤은 말 그대로 상실되었다. 우리도 레오나르도 다 빈치도 어머니도 모든 사람이 상실했다. 모나리자의 미소는 레오나르도 다 빈치가 잃어버린 원초적 대상을 '극복하고 창조'한 것이다. 어머니의 미소는 이제 없다. 오직 눈앞에 예술작품만이 남아 있다. 그러므로 분석한다고 해서 우리가 손에 넣을 수 있는 무엇이 생겨나는 것은 아니다. 분석은 작품 밑으로 들어가 한 층 한 층 뒤로 가는 운동을 보여줄 뿐이다. 뒤로 가는 운동은 욕망의 훼손과 결핍을 가리킨다. 그 결핍은 무기력한 환상을 밀어올려 힘 있는 상징을 만든다.

말할 수 있음. 욕망의 의미론에서, 끝없이 말하고 싶은 충동으로 같이 말할 수 있음. 그런 것은 지배하는 기술과 전혀 다르지 않을까? 차라리 기술을 부리지 않는 언어 행위라고 이름 붙일 수 있지 않을까?

거기에 대한 반론이 있을 수 있다. 프로이트를 지배하는 능력의 각도에서 설명할 수 있다는 것이다. 프로이트 자신도 『새로운 정신분석 강의』에서 정신분석을 조이데르 해(海)를 채우는 것에 비교하지 않았는가? 그리고 자아는 세 주인을 섬기는 불쌍한 피조물이라고 한 자신의 말에 답하면서, 우리의 과제는 자아를 강화해서 초자아와 이드로부터 독립하게 하고 이드에서 떨어져나온 조각들을 지배하고 스스로 통제할 수 있게 하는 것이라고 프로이트는 말하지 않았는가? 어쨌든 간에 정신분석을 설명하는 데 통제라는 말을 쓰고 에너지를 다스린다는 표현을 쓴다는 것은, 결국 손에 넣고 주무르는 문제로 돌아가는 것 아닌가? 사람에게 능력을 부여하려고 한 점에서 프로이트는 스피노자보다 포이어바흐나 니체에 더 가깝지 않은가? 우리 스스로 이 글에서 말할 수 있는 '능력', 사랑할 수 있는 '능력'이라고 하지 않는가?

그러나 정신분석학이 사람에게 부여하는 능력은 단 하나이다. 욕망의 방향을 새롭게 잡는 것, 새롭게 사랑하는 능력이다. 이 말이 너무 진부하게 느껴지므로 조심스럽게 다른 표현을 쓰자. 새롭게 즐길 수 있는 힘이다. 사람이 마음대로 할 수 없는 것, 그것은 사랑하고 즐기는 문제이다. 사랑하고 즐기는 능력이 리비도와 금지에 의해 파괴된 채로 있다.

결국 정신분석이 우리에게 열어놓은 또 하나의 큰 문제는 '만족'에 관한 것이다. 정신분석은, 쾌락의 원칙이 사소한 즐김을 조장하는 데 대한 투쟁이다. 정신분석은 증후의 위장을 벗겨내려고 하는데, 그 증후는 대리만족의 형상이며 쾌락의 원칙에서 갈라진 것이다. 그리하여 정신분석은 스피노자의 『에티카』처럼 욕망을 재교육한다. 지성으로나 정치로나 사회로나 사람을 개혁하는 데 필요한 조건이 욕망의 재교육이다.

우리가 앞에서 꺼낸 결의론에 대해 정신분석은 대답이 될 만한 아무런 규범도 주지 않는다. 그런 데에는 관심이 없다. 왜 그런지 이제 독자들은 이해할 수 있을 것이다. 정신분석은 훨씬 앞선 문제에 관심을 기울인다. 어떤 욕망을 품고 우리는 도덕 세계로 나가는가? 우리가 도덕 문제를 제기할 때 우리의 욕망은 어떻게 왜곡되어 있는가? 정신분석은 그 점을 짚으려는 것이다.

정신분석은, 기술을 너무 좋아하거나 지나치게 험담하는 것을 같은 현상으로 본다. 두 가지 태도 모두 언어와 즐김의 왜곡에서 나온 것이다. 그 왜곡으로 말미암아 첫째 태도는 유아기적인 지배의 목표를 지니고, 둘째 태도는 자신이 지배하지 못하는 것을 두려워한다. 「토템과 타부」에 보면—심리의 계통 발생과 개체 발생의 각도에서—모든 것을 지배하는 전능은 가장 오래된 욕망의 꿈 가운데 하나이다.

따라서 욕망이 그 전능한 힘을 잃었을 때에만 현실 원칙은 우리의 능력에 대한 답이 된다.* 자신의 죽음을 인정하는 욕망만이 사물을 자유롭게 다룰 수 있다. 그런데 영생의 환상은 욕망이 전능을 보존하려고 의지하는 마지막 피난처이다. 오직 단념할 수 있는 욕망 또는 현존재의 어려움을 받아들이고 견딜 수 있는(die Schwere des Daseins zu ertragen) 욕망만이 사물을 자유롭게 이용하고 문명과 문화의 혜택을 누릴 수 있다.

극단의 상황을 결의론으로 규정하는 태도가 데미우르고스(dēmiourgos)의 기술과 반대인 것 같지만, 그 역시 기술을 미친 듯이 좋아하는 태도와 같은 궤도 안에 있다. 결의론 역시 지배와 예방의 기술이 아니라고 할 사람이 어디 있겠는가? 결의론은 일상생활을 종교의 식처럼 만들어 죄를 예방하는 기술이고, 아주 세밀한 경우까지 상상으로 해결하려고 하는 엄청난 지배 욕망이다.

그래서 정신분석은 어떤 윤리 규범에 대해 아무 말도 하지 않고, 결의론에 대해서도 특별한 이야기가 없다. 일부러 그런다는 것을 나는 안다. 정신분석의 임무는 좀 더 밑바탕의 물음을 제기하는 데 있다. 우리의 욕망은 자유로운가 아니면 얽매여 있는가? 말하고 즐기는 능력을 다시 찾으라, 그러면 나머지는 더해지리라. "사랑하라 그리고 〔사랑을 가지고〕 마음대로 하라"는 성 아우구스티누스의 말과 똑같지 않은가? 당신의 사랑이 젊음을 되찾으면 의지도 정의를 지닐 것이다. 법이 아닌 은총에 의해서.

---

*여기서 프로이트의 현실 원칙은 단순히 쾌락 원칙에 제동을 거는 것이 아니라, 힘을 향한 인간의 의지에 제동을 걸고 인간을 겸손하게 하며 삶의 깊이를 더해 주는 장치가 된다. 리쾨르가 프로이트를 새롭게 해석했다.

5. 예술과 프로이트의 체계

프로이트의 체계에 비추어 예술의 자리를 찾으려는 것이다. 프로이트의 체계란 무엇인가?

말 그대로 프로이트가 '체계를 만드는 관점'이라고 부른 것을 심미 현상에 적용하는 것이다. 그가 말하는 '체계를 만드는 관점'은 그냥 기술하는 관점이나 단순히 역학관계를 보는 관점과는 다르다. 그렇다면 어떤 것인가?

초심리학에 관한 글들을 보면, 체계를 만드는 관점에 따라 모든 분석은 두 가지 과정을 거쳐야 한다. 첫째, 모든 설명은 위상(무의식 · 전의식 · 의식 · 자아 · 이드 · 초자아)을 거쳐야 한다. 심리 장치가 몇 가지 영역으로 이루어져 있다고 보는 점에서, 체계를 만드는 관점은 기술하는 현상학과는 다르다. 우리가 할 일은 그 관점의 옳고 그름을 가리는 것이 아니다. 나는 그 관점을 작업의 가설로 삼고 생각을 펼치려는 것이다.

둘째, 갈등과 타협의 역학관계나 힘의 조직 속에서 드러나는 에너지의 이동과 집중 문제를 경제학 차원의 대차대조표로 만들어야 한다. 그러면 우리가 여기서 다룰 쾌락의 문제가 경제 문제가 된다. 쾌락의 질이나 가치가 아닌 그 기능을 다루는 것이다. 진짜 만족을 주느냐, 대리만족이냐, 허구만족이냐 따위를 다룬다.

그처럼 체계를 잡는 것이, 모든 것을 설명하기에는 한계가 있지만 나름대로 중요하고 하나의 연구 영역이 된다.

1) '사전(事前) 쾌락'의 경제학

프로이트가 위상학과 경제학 관점을 예술작품에 적용하는 데에는 몇 가지 목적이 있다. 먼저, 의학자인 그가 눈을 다른 데로 돌려 휴식을 얻기 위해서이다. 사실 그는 여행가였고 수집가였으며 대단한 애서가로, 소포클레스에서 셰익스피어와 괴테 그리고 현대시에 이르기까지를 두

루 섭렵한 지독한 독서광이었다. 그리고 인류학과 종교사에도 일가견이 있었다. 한편, 예술작품을 다룬 것은 학문과 거리가 먼 대중에게 정신분석을 알리고 변호하는 역할을 했다. 특히 제1차 세계대전 전에 그가 고립되었을 때 그랬다. 그런가 하면 예술작품 해석을 통해 초심리학 이론가로서 이론의 타당성을 증명할 수도 있었다. 마지막으로, 철학 쪽으로 큰 발걸음을 내딛는 것이기도 했다. 그의 글에는 비록 정신신경증 이론에 가려져 있기는 해도 늘 철학 문제가 들어 있으며, 잘 드러난다.

정신분석학에서 미학이 차지하는 정확한 위치가 곧바로 드러나지는 않는다. 전체 구도에서 볼 때 매우 단편적이기 때문이다. 우리는 정신분석의 미학을 옹호하기 위해 그 점을 말할 것이다. 그러나 어쨌든 프로이트가 종교의 '환상'에 대해서는 냉정한 반면 예술에 대해서는 호감을 품고 있었다는 사실 그리고 미의 '유혹'이 진실의 이상을 철저하게 실현하는 과학과 다르다는 사실을 고려할 때, 프로이트의 예술 이론 속에 큰 긴장이 있으리라고 짐작할 수 있다. 그 긴장은, 마지막에 이르러 미의 유혹이 사랑과 죽음과 운명 사이에서 자기 자리를 찾을 때 분명한 모습을 드러낼 것이다.

프로이트가 볼 때 예술은 강박도 없고 신경증도 없는 형태의 대리만족이다. 미의 창조 매력은 억압된 것의 회귀에서 오는 것이 아니다. 그렇다면 쾌락의 원칙과 현실 원칙 사이에서 그것의 자리는 어디인가? 정신분석을 응용한 짧은 글들에는 그런 물음이 풀리지 않은 채 남아 있다.

먼저 미학에 관한 프로이트의 글이 체계는 있지만 동시에 단편이라는 점을 알아야 할 것이다. 체계가 있어서 더욱 단편이 된다. 사실 예술작품에 대한 분석을 치료 행위인 정신분석에 견줄 수 없다. 그 이유는 단순하다. 거기에는 자유 연상이 없고, 그 해석이 환자와 의사의 이중 관계에서 생기는 것이 아니기 때문이다. 해석의 자료로 삼기도 하는 전기 문서는, 치료할 때 제3자의 말이 별다른 의미가 없는 것처럼 의미가 없다. 그러므로 정식분석으로 예술을 해석하는 것은 단편적이다. 치료와 다르면서 치료에 빗대어 말하기 때문이다.

프로이트 자신도 자기 작업을 그렇게 생각했다. 그것은 마치 고고학자가 어떤 오래된 유물을 판단할 때 조그만 단서에서 상황을 짐작해 재구성하는 것과 같다. 그런데 단편들을 모아 문화 전체에 대한 해석을 할 수 있으려면 체계를 세우는 관점이 필요하다. 예술을 다룬 프로이트 글의 독특함이 거기에 있다. 한편으로는 아주 세밀하고 부드러운 단편들이 있고, 다른 한편으로는 그 단편들을 모아 꿈과 신경증이라는 거대한 벽화를 꾸미는 딱딱한 이론이 있다. 연구 하나하나는, 마치 떨어져 있는 조각 하나하나처럼 영역이 한정되어 있다.『농담과 무의식의 관계』는 꿈 작업의 법칙과 허구만족의 법칙을 조심스럽게 일반화해 농담과 유머에 적용한 것이다. 옌젠의『그라비다』에 대한 해석은 소설에 관한 일반 이론을 만들려고 한 것이 아니다. 소설을 허구의 꿈으로 보고 꿈과 신경증 이론을 다시 재단해서 소설에 적용한 것이다. 정신분석을 모르는 소설가가 등장인물을 통해 허구의 꿈을 그리고 있다고 본다. 「미켈란젤로의 모세상」은 창작이나 작가에 관해 일반 이론이 없는 별개의 글이라고 할 수 있다. 레오나르도 다 빈치에 대해서도, 겉보기와는 달리 겸손한 제목을 붙여「레오나르도 다 빈치의 유년의 기억」이라 했고 내용도 크게 벗어나지 않는다. 단지 레오나르도 다 빈치의 예술 여정에 대한 것만이 마치 어두운 그림 위에 번갯불 비치듯이 반짝거리고 있다. 그 번갯불 또는 한 줄기 광선이 말을 건네온다.

모든 점에서 그것은 한 작업과 다른 작업, 곧 꿈 작업과 예술 작업의 구조를 빗댄 것이다. 또는 운명과 운명, 곧 본능의 운명과 예술의 운명을 빗대어 말한 것(아날로지)이다.

우리는 여기서 프로이트의 몇 가지 분석을 따라가면서 그런 간접 지성을 보여주려고 한다. 연대 순서는 무시하고 1908년에 발표한『창조적 작가와 몽상』에서 시작하자.

그 글에서 시작하는 데에는 두 가지 이유가 있다. 먼저, 이 글에서는 미의 현상에 간접으로나마 한 발 한 발 접근하는 모습을 완벽하게 보여준다. 시인은 뛰놀고 있는 어린아이와 같다. "그 역시 몽상의 세계를 창조하고 있는 것이고 그 세계를 진지하게 여기고 있다. 다시 말해 현실(Wirklichkeit)과 자신의 몽상의 세계를 선명하게 구분하면서도 거기에 엄청난 양의 정서(Affektbeträge)를 쏟아붓고 있는 것이다"(『창조적 작가와 몽상』, 83쪽; SE, IX, p.144). 놀이에서 '환상'으로 간다. 적당히 비교하는 것이 아니라 필연의 관계가 있다고 전제한다. 사람은 아무것도 포기하지 않고 대체물을 만들어 다른 것과 바꾼다는 것이다. 그래서 어른은 노는 것 대신 환상을 끌어들인다. 그런데 놀이를 대신하는 기능을 지닌 환상은 대낮에 꾸는 꿈, 곧 몽상이다.

그렇게 해서 우리는 시의 문턱에 이르렀다. 그 연결고리는 소설, 다시 말해 이야기 형태로 되어 있는 예술작품이다. 프로이트는 영웅 소설에서 '자아 폐하'(같은 책, 91쪽; SE, IX, p.150)의 형상을 본다. 다른 형태의 문학작품들도 마찬가지이다.

그렇게 해서 꿈의 일반 세계라고 할 만한 것이 윤곽을 드러냈다. 프로이트는 환상의 연쇄고리를 이루는 두 축을 꿈과 시로 본다. 두 가지 모두 똑같은 운명을 증언하고 있다. 만족하지 못하고 불만에 가득 찬 인간의 운명이다. "충족되지 못한 욕망은 몽상의 환상(Phantasien)을 움직이는 힘이고, 모든 환상은 욕망을 채우는 것이며 동시에 만족을 주지 못하는 현실을 바꿔보는 것이다"(같은 책, 86쪽; SE, IX, p.146).

그러면 『꿈의 해석』을 그대로 반복하고 있는 것인가? 그렇지는 않다. 먼저, 예술을 놀이에 빗대고 있다는 점에 주목해야 한다. 『쾌락의 원칙을 넘어서』에서 프로이트는 이미 놀이가 결핍을 다스린다는 점을 말하고 있다. 그리고 그 다스림은 단순히 환각으로 욕망을 채우는 것이 아니다. 몽상의 단계 역시 의미가 있다. 거기서 생기는 환상에는 '시간의 낙인'이 찍혀 있다. 우리가 '무시간적'이라고 했던 순수한 무의식의 표상과는 거리가 멀다. 순수 무의식 환상과 달리 몽상의 환상은 현재의 인상과 과거 유아기와 미래의 투사된 실현을 모두 아우를 수 있다.

한편 이 간단한 연구에서, 단편을 가지고 전체의 체계를 잡는 쪽으로 옮겨갈 의도가 보인다. 창작 활동에 들어 있는 역학관계를 깊이 탐구하지 않고도, 창작의 쾌락과 창작의 기술관계에 대해 말할 수 있을 것이다. 만일 꿈이 작업이라면, 정신분석에서 예술작품을 장인의 입장에서 보는 것은 당연하다. 그리하여 기능의 유사점을 밝힐 수 있는데, 그것은 구조의 유사성보다 훨씬 중요하다.

그렇다면 저항을 제거하는 문제부터 연구를 시작해야 한다. 양심의 가책이나 수치심 없이 자신의 환상을 즐기는 것, 그것이 예술작품의 목적이다. 그 목적에 도달하려면 두 가지가 먼저 와야 한다. 적당한 장막과 변형을 통해 몽상의 이기주의를 보이지 않도록 가리는 것 그리고 시인의 환상의 표상에서 생기는 순전히 형식적인 쾌락으로 유혹하는 것. "이렇게 얻은 즐거움은 깊은 정신적 움직임들에서 시작하는 좀 더 큰 즐거움에 대한 욕구를 상쇄시킬 수 있는데, 바로 이것을 우리는 흔히 '상여 유혹' 또는 '사전 쾌락'이라고 불러왔다"(같은 책, 95쪽; SE, IX, p.153).

그처럼 미의 쾌락을 마음의 짐을 더는 기폭제로 생각하면, 정신분석의 미학 전체를 볼 수 있는 큰 길이 열린다. 기술과 쾌락의 연결이 프로이트와 그 학파의 연구에서 안내자 역할을 할 것이다. 그런 관점은 정신분석을 겸손하게도 하고 또 일관성을 주기도 한다. 창작 활동 전체에 대한 물음을 제기하지 말고, 쾌락 효과와 작품을 만드는 기술의 관계만 보도록 하자. 이것은 욕망의 경제학이라는 한계 안에서 살필 수 있는 문제이다.

2) 예술작품 해석

프로이트는 『농담과 무의식의 관계』에서 몇 가지 이론을 가지고 사전 쾌락의 경제학을 펼치고 있다. 이 훌륭한 글에서 말하는 것은, 예술에 관한 일반 이론이 아니라 구체적인 현상에 관한 연구이다. 웃음으로 긴장이 풀리면서 생기는 쾌락 효과에 관한 것이다. 그처럼 제한된 범위 안에서 매우 깊은 분석을 하고 있다.

위트(wit)의 기술을 연구한 결과 프로이트는, 그 안에 꿈 작업의 핵심 요소인 압축, 전위, 반대 표상 같은 것들이 들어 있다는 것을 알았다. 그래서 경제학과 관련된 작업과 해석을 해야 하는 수사학 사이에 상호 관련이 있다는 확신을 얻게 된다. 위트에서 꿈 작업이 언어로 해석된 것을 확인하는 동시에, 꿈에서는 농담과 유머를 경제학으로 볼 수 있는 시각을 얻어냈다.

그 점에서 프로이트는 테오도르 립스(Théodor Lipps, *Komik und Humor*, 1898)의 이론을 들여오면서 그것을 넘어선다. 그리고 거기서 우리는 바로 사전 쾌락의 수수께끼를 재발견한다. 사실 위트는 말 그대로 분석할 수 있다. 그래서 오직 말의 기술에서 나오는 겉쾌락과 외설적이고 공격적이며 비꼬는 말장난에서 오는 속쾌락으로 나눈다. 그와 같은 기술적 쾌락과 본능적 쾌락의 관계가 프로이트 미학의 핵심이며, 미학은 충동과 쾌락의 경제학으로 넘어간다.

쾌락이 긴장 완화에서 오는 것임을 인정한다면 말의 기술이 만드는 쾌락은 아주 작은 것이다. 압축과 전위 같은 심리 작업이 빠져 있기 때문이다. 무의미한 쾌락도 논리의 제약이나 지성의 부담을 덜어주는 것은 사실이다. 그러나 그것은 작은 쾌락이다. 그렇지만 그 작은 쾌락이 경향성과 관계를 맺어 공격적이고 회의적이며 음란한 목적에 이용될 수 있다. 프로이트는 여기서 페히너(Fechner)의 쾌락의 '상승의 원칙'을 사용한 다음 그 이론을 기능적 해방이라는 도식 안으로 끌어들인다.*

예술작품의 기술과 쾌락 효과의 생산 사이에 성립된 관계가, 정신분석의 미학을 푸는 열쇠이다. 프로이트가 농담을 해석한 그 방식에 얼마나 가까운지에 따라, 미학에 관한 프로이트의 글을 분류할 수 있다. 한쪽에는 「미켈란젤로의 모세상」이, 다른 한쪽에는 「레오나르도 다 빈치

---

* 임인주 옮김, 『농담과 무의식의 관계』, 열린책들, 1997, 178~180쪽; SE, VIII, pp.136~138; GW, VI, pp.53~54.

의 유년의 기억」이 맨 앞에 있을 것이다(레오나르도 다 빈치에 관한 분석은 예술뿐 아니라 다른 영역에서도 생각할 거리를 많이 준다. 그 점을 뒤에서 볼 것이다).

「미켈란젤로의 모세상」에서 놀라운 것은, 걸작품에 대한 해석이 세밀한 부분부터 꿈의 해석을 따라가고 있다는 점이다. 그처럼 철저하게 분석 방법을 사용하고 있기 때문에, 우리는 꿈 작업과 창작 작업 그리고 꿈 해석과 작품 해석을 같이 놓고 볼 수 있다. 예술작품이 주는 만족의 본질을 처음부터 큰 구도에서 설명하려고 하기보다—흔히 정신분석학자들이 그 길로 갔다가 혼이 난다—, 프로이트는 특정한 작품을 가지고 그것이 창조하는 의미를 연구함으로써 미학의 일반적인 수수께끼를 푼다. 그런 해석 작업을 하려면 얼마나 인내가 필요한지 앞에서 보았다.

「미켈란젤로의 모세상」은 이미 단순히 정신분석학의 응용이라는 범위를 넘어섰다. 분석 방법을 증명하는 데 그치지 않고 다원적 결정으로 나아간다. 그것을 우리는 「레오나르도 다 빈치의 유년의 기억」에서 더 잘 볼 수 있다. 모세상에서 형태를 갖춘 상징의 다원적 결정에서 우리는, 정신분석이 단순히 설명하고 끝내는 것이 아니라 의미 확장을 향해 열려 있음을 알 수 있다. 「미켈란젤로의 모세상」이라는 글에는 이미 새로운 의미가 들어 있는 셈이다. 모세와 죽은 교황과 미켈란젤로 사이에 다원적 결정이 있고, 아마 프로이트 역시 모세와의 관계에서 그럴 것이고…… 주석이 계속 이어질 수 있다. 수수께끼가 없어지는 것이 아니라 늘어난다. 예술을 정신분석으로 해석하는 작업은 원래 끝이 없다.

이제 레오나르도 다 빈치에 대한 해석을 보자. 그것은 비판을 많이 듣는 글이다. 매우 알차고 뛰어난 글이지만 전기를 다룬 정신분석이라서 예술에 대한 정신분석으로는 형편없다는 것이다. 사람들은 다음과 같이 비난한다. 프로이트는, 한편으로는 성도착 같은 자기 억제와 관련해서 그리고 다른 한편으로는 리비도가 호기심이나 과학 탐구로 승화되는 문제와 관련해서, 미 창조의 일반 이론을 만들려고 하지 않았나? 독수리 환상에 너무 비중을 두고 그 환상을 바탕으로 모나리자의 미소라는 수수께끼를 풀려고 한 것 아닌가?

잃어버린 어머니 그리고 그녀의 입맞춤에 관한 기억이 그림에 나오는 어린아이 입속의 독수리 꽁지로 바뀌고, 레오나르도 다 빈치의 동성애도 거기서 비롯되고, 모나리자의 미소도 그 기억의 변형이라고 하지 않는가? "그의 어머니는 신비한 미소를 갖고 있었는데, 이 미소를 레오나르도 다 빈치는 잊어버리고 있다가 피렌체 여인을 통해 다시 발견하게 되자 다시 그 미소에 사로잡힌 것이다"(『예술과 정신분석』, 78쪽; SE, XI, p.111). 또한 그 미소가 어머니를 기억하게 해 성녀 안나의 그림으로 나타난 것이다. "만일 조콘다 델 모나리자의 미소가 레오나르도 다 빈치에게 어머니의 기억을 환기시켰다면, 그로 하여금 모성을 예찬하고 한 귀부인에게서 발견한 미소를 어머니에게 돌려주도록 그를 처음 자극한 것은 바로 이 미소였을 것이기 때문이다"(같은 책, 79쪽; SE, XI, p.113).

그리고 이렇게 덧붙인다. "소년에게서 멀리 떨어져 있는 어머니의 얼굴, 즉 할머니라는 인물은 그 모습이나 소년과 맺고 있는 공간상의 관계를 고려할 때 첫 번째 어머니인 친어머니 카테리나에 해당한다. 예술가는 실제로 이 첫 번째 어머니가 자신보다 신분이 좋은 경쟁자에게 처음에는 남편을, 그리고 이어 아들을 양보하면서 한 불행한 여인으로서 느꼈을 원통함을 성녀 안나의 행복한 미소를 통해 부인하고 있다"(같은 책, 82쪽; SE, pp.113~114).

적어도 우리가 농담에 관한 연구에서 마련한 기준에 따르면 그러한 분석은 매우 의심스럽다. 작품의 구성 기술 분석에서는 구조의 유사성밖에 말할 수 없는데, 지금 프로이트는 그것을 넘어 본능 문제로까지 나아가고 있지 않은가? 그런 식으로 하면 이미 죽은 작가와 예술가를 정신분석 하는 것이 아닐까? 그것은 정신분석이 형편없어지는 일이다.

그러나 좀 더 자세히 보자. 지금 프로이트는 레오나르도 다 빈치의 창조성이 아니라 탐구 정신을 통한 자기 억제를 말하고 있다. "우리의 탐구 목적은 레오나르도 다 빈치의 성생활과 예술 활동에 나타난 자기 억제를 설명하는 것이다"(같은 책, 105쪽; SE, p.131). 창조성을 말하지 않는 것, 바로 그것이 이 글 앞부분의 목표이고 그래서 프로이트는 앎과 욕망의 관계에 대해 날카로운 통찰력을 지닐 수 있었다. 그리고 그 제한된 틀 안에서 본능이 호기심으로 바뀌는 것은 억압의 운명으로 나타난다.

뿐만 아니라 거기에는 세 가지 길이 있다. 먼저, 억압은 호기심 자체의 억제로 가 결국 성욕과 비슷한 처지가 되고 그렇게 되면 자기 억제의 신경증이 된다. 그렇지 않으면 성에 집착해 생각도 성으로 물들며, 그렇게 되면 강박증 형태가 된다. "가장 희귀하고도 가장 완벽하다고 할 수 있는 세 번째 경우는 독특한 기질에 힘입어 사고의 자기 억제에서도 자유로울 뿐만 아니라 신경증적인 사고 강박에서도 벗어날 수 있다. 물론 이 경우에도 성적 억압이 개입하지만, 이 억압은 성욕의 한 부분인 본능을 무의식 속으로 보내버리지는 못한다. 그와는 반대로 리비도는 억압을 벗어나 처음부터 스스로를 알고자 하는 욕구로 승화되고 탐구 본능과 연결되어 이 욕망을 보강하기에 이른다. 여기서도 탐구는 일종의 강박이 되고 성적 행위의 대리물이 되기는 한다. 그러나 잠재적인 정신적 발달 과정의 본질적인 차이 때문에(다시 말해 무의식 밖으로의 분출이 아니라 이 경우에는 승화가 이루어진다) 신경증적인 특성들은 찾아볼 수 없고, 나아가 어린아이의 성적 탐구가 지니고 있는 원래의 콤플렉스에 복종하지도 않는다. 충동은 지적 작업을 위해 자유롭게 활동하게 되는 것이다. 충동은 성적인 문제들을 다루지 않게 되었지만, 여전히 승화된 리비도를 통해 자신을 그토록 강하게 변화시켜놓은 성적 억압의 영향권 내에 있게 된다"(같은 책, 32~33쪽; SE, p.80).

여기서 분명한 것은, 승화라고 하면서 우리는 무슨 수수께끼 같은 것을 더욱 강화하고 있다는 점이다. 프로이트는 결론에서 그 점에 동의하고 있다. 레오나르도 다 빈치의 창작 작업은 성적 욕망에서 나온 것이며, 유년기 기억으로 퇴행해 본능 충동이 해방되면서 생긴 것이다. 그러한 퇴행은 피렌체의 여인을 만나면서 촉진되었다. "가장 오래된 성적 욕망의 도움을 받아 그는 한 번 더 예술 속에서 자기 억제를 뛰어넘어 승리를 거두고 있었다"(같은 책, 109쪽; SE, p.134).

그러나 우리는 아직 문제의 외곽을 맴돌고 있을 뿐이다. "타고난 예술적 재능과 구체적인 제작 능력은 승화 과정과 긴밀한 관련을 맺고 있지만, 우리로서는 예술 창작의 본질 또한 정신분석으로는 접근 불가능하다는 점을 인정하지 않을 수 없다"(같은 책, 111쪽; SE, p.136). 잠시 뒤 프로이트는 이렇게 말한다. "비록 정신분석학을 통해 레오나르도 다 빈치가 예술가가 된 이유를 설명할 수 없다고 해도, 우리는 적어도 정신분석을 통해 그의 예술적 표출과 그 범위들을 이해해볼 수 있었다"(같은 책, 112쪽; SE, p.136).

그처럼 일정한 틀 안에서 프로이트는 단순히 4~5가지 심리고고학의 파편들을 찾아 들어간다. 어떤 완벽한 목록을 만들지 않는다. 그 파편 가운데 하나가 독수리 환상이고, 그 환상에 대한 해석이 매우 중요한 역할을 한다.

그런데 그 해석은 진짜 정신분석이라기보다 순전히 빗댄 말(아날로지)이다. 여러 가지 잡다한 재료를 모아 하나로 엮은 것이다. 동성애에 대한 정신분석(어머니에 대한 리비도, 억압과 어머니에 대한 동일시, 나르시시즘적인 대상 선택, 나르시시즘 대상을 동성에 투사함……)이 나오고, 어머니 음경에 관한 유아 성욕 이론이 들어가고, 신화(독수리 여신의 음경)가 등장한다. 순전히 빗대어 프로이트는 이렇게 말한다. "어머니의 페니스에 대한 어린아이의 가정은 모성신들의 자웅동체와 이집트의 '무트' 그리고 레오나르도 다 빈치의 어린 시절 공상에 나오는 독수리 '꽁지'의 공통된 기원이라고 할 수 있다"(같은 책, 56쪽; SE, p.97).

그런데 그런 식으로 해서 우리는 예술작품에 대해 무엇을 알게 되는가? 미켈란젤로의 모세상보다 레오나르도 다 빈치에 대한 프로이트의 해석에 비판이 더 많은 까닭도 거기에 있다.

앞에서는 모나리자의 미소 뒤에 있는 것을 드러내고 밝혔다고 생각했다. 쫓겨난 생모가 레오나르도 다 빈치에게 퍼부었던 입맞춤을 '보게 해주었다.' 그러나 좀 더 날카로운 시각으로 다음 이야기를 들어보자. "이 그림들 속에서 레오나르도 다 빈치는 아마도 자신의 불행한 애정 생활을 부인하고 있었고, 나아가 어머니의 유혹을 받은 한 사내아이의 욕망이 남성과 여성이 행복하게 혼융되어 있는 상태 속에서 충족되는 장면을 묘사함으로써 예술을 통해 불행한 애정 생활을 넘어서고 있었던 것이리라"(같은 책, 87쪽; SE, pp.117~118). 이 구절은 우리가 앞에서 인용한 모세상에 관한 분석과 비슷하다.

도대체 '부인한다'든지 '넘어선다'는 말은 무슨 뜻인가? 아이의 욕망을 채우는 장면을 묘사하는 것은, 욕망을 그대로 드러내거나 숨어 있던 것을 있는 그대로 보여주는 것과 다른가? 모나리자의 미소에 대한 해석은, 유년의 기억을 분석해 밝혀낸 환상을 그의 그림에서 찾아내 우리에게 '그대로 보여준' 것 아닌가? 그런 물음을 던지면서 우리는, 너무나 확신에 찬 설명을 다시 한 번 따져보고 그 의미를 새기자는 것이다. 조금 알았다가 분석을 통해 많이 알게 되는 것이 아니다. 분석이란 그런 것이 아니었다.

레오나르도 다 빈치의 어머니가 아이의 입술에 퍼부은 키스는 분석의 출발점이 되는 현실이 아니다. 예술을 이해하는 데 바탕이 되는 것이 아니다. 어머니, 아버지, 그들에 대한 아이의 관계, 갈등, 처음으로 겪은 사랑의 상처, 이 모든 것은 결핍된 기의(시니피에) 형태로만 존재한다. 만일 예술가의 붓이 모나리자의 미소에서 어머니의 미소를 그대로 되살린다면, 기억은 오직 모나리자의 그 미소, 곧 현실이 아닌 그 미소에 존재한다고 해야 한다. 무슨 뜻인지 오로지 선과 색으로 비쳐질 뿐인 그 미소에 말이다. 모나리자의 미소는 결국 레오나르도 다 빈치의 유년의 기억으로 돌아간다. 그러나 그 기억은 상징이 될 수 있는 결핍(absence symbolisable)으로만 존재한다. 모나리자의 미소 뒤에 그것이 자리 잡고 있다.

기억처럼 사라진 어머니의 미소는 현실 속에서 텅 빈 지점이다. 그 지점에서, 현실의 모든 궤적이 길을 잃고 폐지된 기억은 환상과 가까이한다. 그러므로 무슨 지식이 늘고, 그것으로 예술작품의 수수께끼를 설명하고, 그런 것이 아니다. 무엇을 내다보는 결핍(absence visée)이 있고, 그래서 수수께끼는 더욱 불가사의가 된다. 수수께끼가 사라지는 것이 아니다.

3) 정신분석의 가치와 한계

여기서 우리는 정신분석의 적용 한계를 넘지 말아야 하는데, 그 일을 위해 초심리학 이론의 도움을 받을 수 있을 것이다. 충동 그 자체를 들여다보는 것이 아니라 그것을 대변하는 심리 표현, 곧 표상과 정서를 보는 것이다. 그래서 경제학은 결국 텍스트를 푸는 데 이바지한다. 본능집중의 대차대조표는 기표와 기의의 해석 일람표 안에서 읽어야 한다.

예술작품은, 프로이트의 말대로 충동이 '심리로 새끼를 친 것' 가운데 가장 대표적인 것이다. 제대로 말하자면 그것은 만들어진 자식 또는 창조된 자식이다. 여기서 우리가 말하려는 것은, 상실된 기표(유년 기억의 분석은 바로 그 결핍을 분석한다)인 환상을 문화의 보물창고에 들어 있는 작품으로 본다는 점이다. 어머니와 그 입맞춤은 사람들이 감상할 작품 속에 가장 먼저 들어와 있다. 그러나 레오나르도 다 빈치의 붓은 어머니에 관한 기억을 그대로 되살리는 것이 아니라 예술작품으로 만들어 창조한다. 바로 그런 뜻에서 프로이트는, "이 그림들 속에서 레오나르도 다 빈치는 아마도 자신의 불행한 애정 생활을 부인하고 있었고…… 넘어서고 있었다"고 말할 수 있었다. 그러므로 예술작품은 증후이면서 동시에 치료이다.

여기서 원칙에 관한 몇 가지 질문을 던져보자.

(1) 정신분석은 예술작품과 꿈을 순전히 충동의 경제학의 관점으로써 푸는데, 어느 정도까지 옳다고 볼 수 있는가? 예술작품이 계속 생기

는 것은, 문화의 가치 유산에 새로운 뜻을 보태 넉넉하게 하기 때문이 아닌가? 그러한 가치의 차이를 정신분석도 알고 있다. 승화를 통해 간접으로 그 문제에 접근한다. 그러나 승화는 문제를 해결하는 것이기도 하지만 동시에 문젯거리이기도 하다. 그 점은 앞에서도 밝힌 바 있다.

(2) 정신분석과 창조철학의 접점을 다른 데서 찾을 수 있다. 예술작품은 단지 사회에서 가치가 있을 뿐만 아니라, 미켈란젤로의 모세상이나 레오나르도 다 빈치의 작품 그리고 소포클레스의 오이디푸스 왕에 관한 설명에서 알 수 있는 것처럼 창작이고 창조물이다. 예술가들이 느끼는 갈등의 단순한 투사가 아니라 그 해결이기도 하기 때문이다. 꿈은 뒤를 보며 유아기와 과거를 향해 있다. 그러나 예술작품은 앞을 내다본다. 예술가가 그렇다. 풀리지 않은 갈등의 증후라기보다는 개인의 통합과 사람의 미래를 내다보는 상징이다.

뒤로 가는 것과 앞으로 가는 것이 처음에는 반대로 보인다. 그러나 그렇게 보아서는 안 된다. 예술작품을 통해 우리는 상징 기능과 승화에 관해 새로운 것을 발견하게 된다. 승화의 참된 의미는, 원초 형상에 집중된 옛 에너지를 움직여 새로운 뜻을 창출하는 것이 아닐까? 프로이트가 레오나르도 다 빈치 분석에서 자기 억제의 승화와 강박관념의 승화를 구분하고, 「나르시시즘에 관한 서론」에서 승화와 억제를 반대에 놓은 것도, 그 점을 암시하는 것이 아닐까?

그러나 퇴행과 진보의 대립을 넘어서려면, 그 둘을 먼저 반대에 세워 놓고 무너질 때까지 끌고 가야 한다.

(3) 겉으로 볼 때 반대되는 것과 대결하게 하면서, 정신분석에 깊이를 주려는 것이 우리의 의도이다. 그렇게 하면, 정신분석의 한계가 정말로 무엇을 뜻하는지 알게 된다. 그 한계는 고정되어 있지 않고 움직이며, 우리는 얼마든지 그 한계를 넘을 수 있다. 그렇다고 통행금지라고 적힌 팻말이 있는 그런 경계선은 아니다. 칸트의 교훈대로 한계는 바깥에 그은 경계선이 아니라 이론이 그 안에서 얼마나 타당한가에 대한 문제이다.

정신분석은 그 공헌점 안에 한계도 동시에 들어 있다. 즉 문화 현상에서 욕망과 저항의 경제학 안으로 들어오는 것만 본다는 것이다. 그처럼 엄격하게 시각이 제한되어 있다는 점에서 나는 융보다 프로이트를 좋아한다. 나는 프로이트와 함께 내가 어디에 있는지 그리고 어디로 가는지를 안다. 융에게서는 심리, 영혼, 원형, 성스러운 것 등 모든 것이 뒤섞일 위험이 있다.

정신분석의 내부 한계 때문에, 처음에는 문화를 구성하는 데 더 적합하고 훌륭한 관점이 프로이트의 문제의식과 반대되는 것처럼 보인다. 그러나 더 생각해보면, 그 관점 때문에 정신분석 안에 정신분석을 넘을 수 있는 가능성이 있다. 레오나르도 다 빈치에 대한 프로이트의 분석에서 그런 운동을 엿볼 수 있다. 리비도를 가지고 설명할 때, 일이 끝나는 것이 아니라 새로운 문턱에 다다른다. 해석으로 드러나는 것은 실제 사물이 아니며 실제 심리 현상도 아니다. 해석하기 위해 욕망을 보는데, 욕망은 끊임없이 새끼를 쳐서 상징이 된 모습으로 존재한다.

풍부한 상징이기 때문에, 현상학이나 헤겔 철학이나 신학 같은 방법으로 접근해 들어갈 수도 있다. 상징의 의미론 구조 안에서 그와 같은 여러 가지 접근 방식의 존재이유를 찾아야 할 것이며, 그들이 정신분석학과 어떤 관계에 있는지도 보아야 한다. 그리고 정신분석 쪽에서도 그런 문제에 부딪힐 준비를 해야 한다. 부딪혀서 자기 경계선을 더 분명하게 긋는 것이 아니라, 기존의 경계를 더 확장해야 할 이유를 발견해야 할 것이다.

그래서 정신분석학 역시 처음에는 문화 현상을 환원하는 독해를 했다가 두 번째 단계로 넘어간 듯하다. 두 번째 단계의 과제는, 억압된 것과 억압하는 것을 밝혀가면서 뒤에 숨은 것을 보게 해주는 것이 아니라, 기표(시니피앙)의 운동 속으로 들어가게 하는 것이다. 기표의 운동은, 욕망의 결핍된 기의에서 출발해 환상을 문화 세계에 내놓는 작품으로 간다. 그리하여 환상을 미의 현실로 창조한다.

제3장 해석학과 현상학

1. 장 나베르의 행위와 기호

나베르의 『윤리의 여러 요소』의 서문에도 그의 철학에 대해 쓴 적이 있지만, 여기서는 그의 사상을 좀 더 자세하게 소개하려 한다. 행위의 동기와 가치와 관련한 그의 난해한 철학은 『자유의 내면 체험』에서 처음 모습을 드러냈고, 『윤리의 여러 요소』에서 좀 더 세련되고 완벽해졌다. 그의 철학이 어려운 까닭은 행위와 기호의 관계를 다루기 때문이다. 행위는 의식을 낳고 세운다. 기호는 의식에 행위의 뜻을 알린다. 그 문제를 나베르만 생각한 것은 아니다. 관념이나 표상·오성의 객관성을 부인하고, 그들이 의식의 어떤 행위에 바탕을 두고 일어나는 것으로 보려는 철학자들은 모두 그런 문제를 생각했다. 바탕을 이루는 의식의 어떤 행위란, 학자에 따라 의지나 욕구 또는 행위라고 일컬어진다.

스피노자가 관념에서 개별 존재자의 존재하려는 노력(*conatus*)으로 거슬러 올라가고, 라이프니츠가 지각에서 욕구로, 쇼펜하우어가 표상에서 의지로, 니체가 원근법과 가치 문제에서 힘을 향한 의지로, 프로이트가 표상에서 리비도로 갈 때, 그들은 모두 표상의 운명에 대해 중요한 결정을 한다. 심리학에서 말하는 의식으로 보거나 반성철학으로 보거나, 표상은 제1사실이 아니고 제1기능도 아니며 투명하지도 않다. 표상은 노력 또는 욕망의 2차 기능이다. 표상은 우리에게 이해를 가져다주는 것이 아니라, 우리가 이해해야 할 대상이다.

나베르가 문제를 매우 일반적인 형태로 제기한 것은 『프랑스 백과사전』에 쓴 글[1])에서이다. 거기서 그는 반성철학 방법론의 계보 나무를 그렸다. 우리가 다루려고 하는 문제가 거기에 거의 나와 있다. 나베르 자신은 칸트보다는 멘 드 비랑(Maine de Biran)을 따른다고 하면서 앞에서 말한 그런 문제를 제기했다. 드 비랑 계열에서는 생생한 의식의 활동은 앎과 과학을 주도하지 않으며, 행위를 반성으로 분석할 때 인식 비판의 주도권을 손에서 놓아야 한다. 이미 『자유의 내면 체험』에서도 비슷한 말을 하고 있다. 반성은 "앎을 낳는 범주(카테고리)로 확정할 수 없는 의식 활동"을 주제로 삼아야 하며(같은 책, p.x), 그것은 코기토가 "객관성과 진리를 맡고 있다"(같은 책, p.xi)고 보는 태도와 다르다고 말하고 있다.

이는 드 비랑과 같은 계열에서 하는 이야기이다. "그러므로 우리는 드 비랑의 영감으로 돌아가야 한다. 그의 신앙을 나타내는 문자로 돌아가자는 것이 아니라, 그가 만들고자 한 철학을 보자는 것이다. 드 비랑이 말하고자 한 바는, 의식은 행위를 통해서만 생긴다는 것이다. 코기토란 생생한 의식 속에 자아를 세우려는 것인데, 그것을 오성의 활동이나 객관적 인식 방법과 혼동해서는 안 된다. 우리가 적어도 살아 있는 삶을 말한다면 말이다"(같은 책, p.157). "표상이나 외부 세계의 인식에 바탕을 둔 철학으로부터 의식을 해방해야 한다는 것을 아무도 정확하게 이해하지 못했다"(같은 책, p.160).

바로 그 해방의 문제를 우리가 여기서 다루려는 것이다. 참된 앎을 구성하는 의식 활동이 의식의 '생산성'의 열쇠가 아니라면, 결국 반성 철학에서 표상의 운명이 어떻게 되는지를 따져보아야 한다.

그러나 우리는 진리의 통로나 해방의 통로 같은 몇 가지 반성의 통로

---

[1]) J. Nabert, "La Philosophie réflexive," *Encyclopédie française* XIX, 19.04-14/19.06-3.

를 구분하고 나열하는 임시 대책으로는 만족할 수 없다. 그런 방향으로 이야기를 전개하는 나베르의 글이 있는 것도 사실이다. 그러나 그것들은 의식의 구성을 밑바닥에서 파헤치는 것이 아니라 반성철학에서 뻗어나간 가지들을 묘사하고 있을 뿐이다. 더욱 중요한 것은, 참된 앎을 만드는 법칙과 자유로운 행위를 구성하는 활동 사이에 '연대'를 형성하고 '상호 보완'을 이루는 것이다. 우리는 반드시 그 일을 이루어야 한다. 그 일을 위해 우리는 칸트와 드 비랑을 뒤섞는 혼합주의로 가면 안 되고, 객관성과 진리 내부를 들여다보는 행위의 철학으로 가야 한다.

행위하고 생산하는 의식 내면에 객관적인 코기토를 끌어안음으로써 나베르는 반성철학의 최종 균형을 잡으려고 한다. 1924년에 그는 이미 이렇게 말했다. "자연을 재단하는 범주로 바꿔 생각할 수 없는 내면의 경험을 찾기 위해 뛰어드는 것은 무게중심을 잡는 일이다. 그런 시도가 없으면 철학은 척박한 비합리주의로 기운다"(같은 책, p.x). 1957년 백과사전에 실은 글에는 이런 말이 있다. "인식 비판 이론이 '나는 생각한다'에 객관성과 진리를 맡긴 것은, 내부 경험의 구체적인 형태를 직접 찾으려고 뛰어드는 시도가 척박한 비합리주의에 빠지지 않도록 하기 위해 필요한 일이었다"(『프랑스 백과사전』, p.19.06-1).

그러나 그러한 선언은 문제를 해결하기보다 문제의 윤곽을 보여준다. 첫 번째 해결책은 훨씬 제한되고 언뜻 전혀 다른 것 같은 문제의 틀 안에서 생겨난다. 그것은 의지의 심리학에서 동기의 역할 문제이다. 사실 그것은 고전적이고 학문적인 문제로서 행위와 기호의 문제도 그 틀 안에 있다. 모두 알고 있듯이 『자유의 내면 체험』은 자유를 심리의 인과관계 문제 안에서 보기 위한 시도이다. "결정주의와 비결정주의를 구분하는 것보다 더 어려운 것은, 어떻게 자유가 의식에 참여하고 심리체계에 참여하는지를 밝히는 일이다"(『자유의 내면 체험』, p.63).

그러나 저자는 곧 이렇게 경고한다. "자유를 심리적 인과관계와 같이 놓고 보는 것은…… 문제를 제기하는 것이지 문제를 해결하는 것이 아니다"(같은 책, p.64). 잘못하면 코기토의 두 기능, 다시 말해 결정주의로 일하는 진리의 기능과 행위하고 생산하는 의식에서 일하는 자유의 기능을 서로 별개로 인정하는 셈이 된다. 그것은 칸트의 사상에서 나온 것이다. 칸트는 동기의 사슬을 현상 세계의 차원으로 밀어내고, 주체에서 발생하는 것을 모두 객관성을 향한 사고 활동 안에 둔다.

그렇게 하면 모든 것을 건져올릴 수는 있지만 얻는 것이 없다. 그런 방식으로 보호받는 주체는 내가 아니고, 사람이 아니기 때문이다. 그리고 행위를 낳을 힘을 어떤 표상이나 어떤 관념에서 찾으면 얻는 것이 없다. 우리는 관념의 운동력에 대해 아는 것이 없다. 그러므로 표상이 정말 우리의 출발점이 되는 기초 현실인지 알아보아야 한다.

나베르는 이렇게 생각한다(같은 책, pp.123~155). 결정된 행위가 일련의 경험 사실로 오성에 비치도록 하는 근거를 찾으려면 행위에서 출발해야 한다. 그 근거를 앞에서 우리는 '표상의 법칙'이라고 불렀다.

그러나 그 법칙을 찾으려면 행위에서 표상으로 추적해나가야 한다. 반대로는 안 된다. 결정으로 이루어진 행위의 감춰진 동기를 추적해, 행위의 밑그림을 붙잡아야 한다. 나중에 표상 속에서 행위의 윤곽으로 나타나는 것이 그 밑그림이다. 그런 식으로 우리는 동기를, 행위를 이끌어내는 사전 표상으로 볼 수 있다.

그런데 이루어진 행위 이전의 것, 그것은 아직 덜 된 행위이다. 덜 된 행위는 앞으로 나가 표상으로 들어가려는 성질이 있다. 덜 된 행위가 표상을 갖추는 것, 그것을 가리켜 우리는 동기라고 부른다. 그처럼 객관화시켜 생각하면 필연성의 굴레가 드러나고, 자유를 어디서 찾아야 할지 모르게 된다. 동기라는 것은 의식의 인과관계의 효과이며 그 연장에 지나지 않는다. 그 동기는 "아직 덜 된 행위의 집결지이고, 의식은 그 덜 된 행위를 완전한 행위로 밀어내려고 한다." 그런데 그런 동기로 집결하는 것은 책임이 후퇴하는 것이다. 최종 행위에 책임 문제가 쏠리므로, 표상의 법칙이 활동하기 이전을 포기하는 셈이다.

그러므로 문제는 동기의 두 가지 성질에 있다. 하나는 동기가 '행위에 참여한다'는 것이고, 또 다른 하나는 '너무 빨리 심리 결정주의의 요소가 된다'는 점이다(같은 책, p.127). 이 두 성질을 잘 따져보면, 우리는 본체적 자유와 경험적 인과관계를 반대로 본 칸트를 피하고, 지속과 피상적 자아를 반대로 본 베르그송을 피할 수 있을 것이다.

그러나 우리는 문제를 지적한 것 말고는 아무것도 한 것이 없지 않은가? 도대체 '행위를 표상 속에서 펼치는'(같은 책, p.129) 그 표현의 힘은 무엇인가? 겉으로 펼쳐질 때 행위가 우리에게 알려진다는 것을 우리는 분명히 알고 있다. 우리는 동기를 통해 우리가 원한 것을 안다.

그런데 왜 그것은 현재 원하는 것을 기호 안에서 아는 것이 아니고, 과거에 원해서 이미 모양이 정해진 것을 아는 것일까? 그 표현 능력에서 우리는 인과관계를 끊는 쪽으로 갈 수 있다고 볼 수 없을까? 기호가 정말 기호가 되려면 그 인과관계를 벗어나야 한다. 이런 이상한 말까지 할 수 있을지도 모른다. 행위는 행위의 '주석'(같은 책, p.130)이고 풀어야 할 텍스트로, 우리는 그 행위를 알면서 동시에 모른다. 의식이 표현될 때는 항상 그 뿌리가 뽑힌다. 곧 뿌리가 뽑히면서 표현된다는 것이다.

그러나 행위에서 기호로, 기호에서 표상으로 가는 것을 쇠락으로 보는 것은 나베르의 생각과 너무 거리가 멀다. 결정주의에 사로잡혀 있는 의식을 텍스트로 보려는 것은 우리가 정말 원하는 것이 무엇인지 알기 위한 진지한 노력이다. 더욱이 그처럼 행위를 이야기 영역으로 끌어들이지 않으면, 행위는 순식간에 왔다가 사라져버리는 번개에 지나지 않게 된다. 행위가 역사가 되지 못하고, 지속되지도 못한다. 그러므로 행위를 이야기로 다시 할 때, 행위의 기호적인 성격이 두드러지고 결정주의 속에 있는 심리적 인과관계를 벗어버릴 수 있다.

표상이 탄생하고 동기가 일어나는 것은 모두 행위가 빛으로 나오고 말로 나오는 데 있다. 그러므로 방향을 거꾸로 잡아야 한다. 동기에서 행위로 가야 한다. 그것을 나베르는 '회복'이라고 불렀는데, 그 회복운동은 동기인 표상에서보다 행위에 더 큰 것이 있는 것처럼 아주 작은 것에서 아주 큰 것을 얻는다. 의지의 행위를 일으키는 경향이나 다른 힘들은 표상으로 구체화된다. 그 표상들은 우리에게 완수해야 할 운동의 모델로 보인다. 어쨌든 '나는 원한다(의지한다)'가 은총이고 까닭이 없는 것임을 보려면 표상에다 다른 가치를 부여해야 한다. 다시 말해 의식의 인과관계의 기호를 표상에 끌어넣어야 한다.

간단히 말해, 표상에서 행위로 가는 운동을 생각하려면 심리 사실이 "스스로를 넘어서야 한다. 심리 사실은 행위의 한 요소가 되고, 그리하여 심리 사실에 들어 있지 않은 인과관계로 돌아간다"(같은 책, p.149). 표상에 펼쳐진 심리 사실에서 의식의 행위로 다시 올라가는 것은, 행위 안에 표상이 탄생하는 것과 짝을 맞추는 작업이다. "마치 경험 의식이 비경험 의식에서 나오는 행위를 통해서만 지속되고 유지되는 것 같다. 모든 일이 그렇게 진행된다. 비경험 의식은 영적인 삶을 번역하고 연장할 길을 현상 안에 만든다"(같은 책, p.149).

반성이 일으키는 이 두 가지 운동에서 심리 결정주의는 '전혀 다른 종류의 인과관계'로 보인다. 행위와 기호 사이의 관계를 이해하지 못할 때 철학은 해방된 자유와 표상의 법칙에 충실한 경험적 설명 사이에서 머뭇거린다.

지금까지 우리는, 1924년에 의식의 비경험 행위와 경험 결과를 이어 보려고 한 나베르의 시도를 살펴보았다. 그런 노력은 자유의 철학과 의지의 심리학의 관계 문제를 넘어서는 것이었다. 표상의 법칙의 바탕을 동기의 두 성질에 둠으로써, 나베르는 전통적으로 분리해서 생각해온 코기토의 두 가지 기능을 서로 보완관계가 되도록 이어놓았다.

그렇다면 그런 해결은 무엇을 뜻하는 것인가? 동기의 구조 너머로 다시 올라가야 하는 것은 분명하다. 동기에서 표상으로 전환하는 것은, 행위가 덜 이루어진 것임을 전제로 한다. 동기는 그처럼 덜 이루어진 행위의 표현이다. 그런데 진짜 행위, 완전하게 이루어진 행위, 곧 의식의 인과관계가 뚜렷한 행위는 없다. 우리는 그런 행위를 하지 못한다. 우리의 결정은 모두 그처럼 완전하고 구체적인 행위에 미치지 못한다.

우리 행위가 덜 된 행위임을 우리의 노력이 증명한다. 노력한다는 것 자체가 행위가 부족함을 뜻한다. 완전히 이루어진 행위는 피로와 고통도 없고 노력도 필요 없다.

우리는 우리 자신과 꼭 들어맞지 않는다. 그것은 우리가 극복할 수 없는 한계이다. 그와 같은 틈, 곧 '생생한 의식으로 자아를 세우려고 하는 코기토'(같은 책, p.157)와 경험 의식 사이에 난 틈으로 표상의 법칙이 비집고 들어간다. 또한 결정주의의 기호 아래 우리의 존재를 모두 이해할 수 있다는 신념도 거기서 생긴다. 동시에 자유로운 행위는 이상이 되고 우리 앞이나 우리 너머의 일이 되어, 플라톤과 칸트에게서 시간 너머의 선택 문제가 되기도 한다. 그러한 절대 선택은, 덜 된 행위가 결정주의 표상 속으로 은폐하는 데 대한 대응이다. 그러므로 반성 의식과 심리학적 설명이 갈라지는 것은 우연이 아니라 필연이다.

따라서 반성철학은 의식의 활동과 오성의 객관 기능이 서로 다르다는 것을 더욱 분명하게 보여준다. 옛날부터 내려온 행함과 앎의 이중 구조를 말하는 것이 아니다. 그보다 더 예민한 문제이다. 자기를 세울 수 있는 능력 자체와 '심리 요소를 매개로'(같은 책, p.155) 실제로 자기를 세우는 일은 서로 다르다. 그 둘은 생생한 의식 한가운데에서 갈라져 있다. '의식의 행위가 자연으로 빠져들어가고 심리 결정론으로 흐를'(같은 책, p.269) 가능성도 거기서 생긴다. 그것은 사람의 행위가 덜 된 것이기 때문이고, 의식을 순수하게 세우지 못해서 생긴 결과이다.

여기서 우리는 『자유의 내면 체험』 끝부분에서 밝히고 있듯이 처음에 제기한 문제보다 더 큰 수수께끼에 부딪혔다. 심리 인과관계만 문제가 되는 것이 아니다. 결정론을 만드는 규범이며 더 일반적으로는 진리의 규범이라고 한 오성, 그것은 '규범의 총체'(같은 책, p.304)인 이성의 한 부분에 지나지 않는다. "오성은 이성 중에서 객관성을 만드는 측면만을 보여준다. 그러나 말브랑슈(Malebranche)가 말했듯이 크기의 관계 말고 완전성의 관계도 있다"(같은 곳). 그러므로 오성은, 아름다움과 도덕까지 포함된 큰 질서의 한쪽에서 갈라져 나온 것이다.

따라서 '표상의 법칙', 곧 오성의 수준에서 찾은 해결책은 부분 해결에 지나지 않는다. 자유와 이성의 관계를 온전히 제대로 그려내야 한다.『자유의 내면 체험』에서 어느 정도 그런 시도를 하고 있다. 적어도 거기서 제기한 해결책은 뒤에서 살펴볼『윤리의 여러 요소』로 이어지지만 아직은 부족하다.

사실 1924년 작품의 마지막 장(章)은 자유와 규범의 '상호보완'을 마련하는 데 그친다. 그리고 자유와 이성의 '상호교환'을 가치 관념으로 본다. 그러므로 가치 관념은 앞에서 말한 동기처럼 '혼합된' 성격을 띠고 있다. 가치는 '객관' 규범과 우연한 의식 활동을 동시에 바라본다. "이성은 규범을 제공할 수 있을 뿐이다. 그 규범과 자유의 종합에서 가치가 나온다. 생각의 규범은 비인격체를 향한 것인데, 의식이 우연히 그 생각의 규범에 손을 뻗칠 때 가치가 생긴다"(『자유의 내면 체험』, p.310).

가치의 객관성은 규범이 우리 욕망에 저항하는 것이고, 가치의 주관성은 동의를 가리킨다. 동의가 없으면 가치는 하나의 힘에 지나지 않는다. 동기처럼 가치도 두 얼굴을 지녔는데, 그 두 얼굴에서 두 개의 가지가 갈라진다. 가치를 지탱하는 주도권을 잊으면 명령하는 진리 앞에 선 의식도 지워진다. 행위 주체가 오성과 이성 쪽으로 '이동'(같은 책, p.314)하면 '이상'(理想)은 외면성을 띤다. 그 이동은 실패가 아니다. 그 덕분에 나는 나를 판단할 수 있기 때문이다. 그러나 아무튼 자꾸 위로 올라가야, 명령하는 규범에 취해 몰입하는 것에서 의식의 자발성을 구출할 수 있다. 행위는 그 자발성에서 나오는 것이다.

행위와 규범이 결국 그처럼 갈라져 있다는 것은, 나베르의 첫 번째 책에서는 기호 이론이 미완성임을 증명한다. '같이 일함'이나 '균형'(같은 책, pp.318, 322) 같은 표현도 자유와 이성이 갈라져 있음을 보여준다. 동기 이론은 의식의 자발성과 오성의 객관성을 '가깝게 만들었다.' 문제를 규범의 통로인 이성으로 확대함으로써, 마지막 장에서는 동기 이론에서 더 발전하지 못한 논쟁을 재개한다.『자유의 내면 체험』에서 적어도 해결의 방향을 제시하고 있다.

그 방향은 기호에 관한 일반 이론이다. 『프랑스 백과사전』에 쓴 글에서 그는 강력하게 말한다. "정신이 창조자의 역할을 하는 모든 영역에서 우리는 반성을 통해, 모든 일과 작품 속에 숨어 있는 행위를 되찾아야 한다. 그 작품(일)들은 작품(일)을 생산한 활동에서 떨어져 있기 때문에 행위를 은폐한다. 은폐된 행위를 되찾는 일을 반성이 해야 한다. 행위와 행위를 객관화하는 의미체계의 은밀한 관계를 드러내야 한다. 모든 질서에서 정신은 가장 높은 가능성을 붙들기 위해, 무엇보다 먼저 이야기나 효과적인 체험 안에서 일하고 생산된다는 것을 잊어서는 안 된다. 정신의 행위가 기호를 취하는 순간을 붙잡을 때, 반성의 분석은 가장 풍부하고 훌륭해진다. 그러나 간혹 정신의 행위가 기호를 취하면 기호가 정신의 행위에 등을 돌릴 수도 있다"(『프랑스 백과사전』, p.19.06-1).

『자유의 내면 체험』에서 전개된 기호에 관한 일반 이론이 그렇다. 동기의 문제에서 그리고 가치 문제에서 그런 이론을 펼쳤다. 그 두 가지 문제는 당시만 해도 서로 배타적이었던 두 가지 관점과 일치한다. 그것은 심리로 설명하는 관점과 윤리 규범의 관점이다. 즉 오성의 관점과 이성의 관점이다.

『윤리의 여러 요소』 제6장—가치의 출현」—에서 나베르는 그 두 가지 관점을 넘어서려 한다. 심리적 인과관계와 윤리 규범은 더 이상 반성 밖의 문제가 아니다. 더욱이 그는 다양한 반성 통로에 관한 인식론 물음을 넘어, 실존이라는 좀 더 뿌리 깊은 문제를 제기한다.

앞쪽으로 꿈틀대는 의식과 보고 있는 의식 사이에 언제나 차이가 있다면, 실존 그 자체가 두 가지 관계로 구성된다. 하나는 실존을 세우는 긍정으로, 그것은 의식을 넘어선다. 다른 하나는 존재의 결핍으로, 잘못이나 실패의 감정 그리고 외로움 따위에서 존재의 결핍을 볼 수 있다. "실존이 자기 자신과 같지 않다는 것"(같은 책, p.77)에서 반성의 통로가 다양해진다. 바로 거기서 철학은, 세상과 역사 안에서 활동하는 실존의 기호를 거쳐 원래의 긍정을 자기 것으로 삼아야 하는 과제*를 안게 된다. 바로 거기서 철학은 윤리학이 된다. 스피노자는 존재 욕망에 관한 이야기를 윤리라고 했다.

  1924년에 동기 문제와 가치 문제와 관련해서 나온 기호 이론은 윤리학에서 무엇이 되는가? 여기서는 가치 이론이 동기 이론을 포함한다. 그러나 가치 이론이 그런 역할을 할 수 있는 것은, 먼저 규범 이론이 있고 거기서 가치 이론이 나왔음을 뜻한다. 한 가지 전제가 있을 뿐이다. '일'(작품)을 하면서 자유가 세상과 맺는 관계이다.

  사실 실존이 자기 자신과 똑같지 않을 때 곧바로 생기는 것은 '선택'이다. '자신을 그 뿌리로 집중하는 것'과 '세상으로 뻗어나가는 것' 가운데 선택해야 한다(같은 책, p.77). 그러한 선택을 두고 가치의 문제는 새로운 의미를 지닌다. "반성을 통해 순수한 자아의식이라고 붙들고 확인한 것이 있다면, 그것이 실제로 자아를 위한 것일 때 나는 그것을 가치로 삼을 것이다. 순수한 자아의식이 이미 세상 쪽으로 몸을 굽혀 구체적인 의식 안에서 만족의 척도가 되는 동시에 행위의 원칙과 규범이 되고자 할 때 비로소 가치가 등장하며, 그 가치는 실존의 각도에서 실존을 위해 존재한다"(같은 책, p.78).

  바로 그 지점에서 우리는 기호 안에서 행위를 잊어버린다. "가치는, 가치의 바탕이 되고 가치를 지탱하는 것을 숨기고 가린다. …… 가치를 낳는 바탕을 숨기면서, 인간 정신의 표현에 영향을 주는 법칙이 생긴다. 드 비랑이 기호에 대해 말한 것, 곧 구성력을 의식으로 드러내는 행

---

 * 원래의 긍정, 최초 긍정이 있다. 지금은 갈라져 있지만 원래 인간에게는 최초의 자기 확인이 있다. 그러나 현실 세계에서 사람은 갈라져 있으므로 직접적인 자기 이해나 자기 확인은 불가능하다. 나는 나와 같지 않다. 그리고 그 사이에서 자기를 표현하는 작품과 기호가 생긴다. 그러므로 이제 사람은 사람의 작품을 매개로 자신을 이해한다. 그때의 자기 확인은 원래 있던 자기 긍정을 되찾는 것이다. 이런 생각은 기독교 신학의 인간 이해 방식과 비슷하다.

위에 관해 말한 것을 똑같이 가치에 대해서 말해야 한다"(같은 곳). 그러나 신플라톤주의자들이 예지의 세계에 관해 말하는 것처럼, 그러한 숨김은 "바탕을 축소한다든지 약하게 하는 것이 아니다"(같은 곳). 그 점을 증명해야 자아를 자기 것으로 삼을 수 있는데, 그 증명 과정에서 일이 잘못될 가능성은 얼마든지 있다.

그러한 기호 이론보다 더 멀리 갈 수 있는가? 나베르는 이렇게 생각한다. 가치를 나타내는 빈사(賓辭)—용감한, 관대한—에서 용기와 선의 본질로 갈 때, "정신은 자신의 창조에서 영향을 받는다"(같은 책, p.86)는 정신의 기본 성질을 잊고 만다. 자기가 자기에게 영향을 끼친다는 데서*—그 문제는 이미 칸트가 『순수이성비판』 두 번째 판에서 언급하고 있다—, 생산하는 운동과 그 운동의 내부 법칙이 나뉠 가능성이 생긴다. 본질은 창조자의 행위가 창조에서 물러서고 실존 내면의 리듬을 멀리하고 사변에 몸을 맡겼을 때 탄생한다.

자기가 자기에게 영향을 주는 것은, 말하자면 생산하는 생산력이 멈춰버리는 것이다. "우리가 알고 있는 이상적인 가치는 창조를 관념화하고, 생산하는 상상력에서 나와 개인 의식의 행위 기준이 되고 가치 평가의 기준이 된 영원한 어떤 방향을 관념화한 것이다. 그들은 의식의 우연한 운동을 지나쳐버린 채 권위의 옷을 입고 있다. 오직 정신의 이중운동만이 본질을 초월할 수 있다. 정신의 이중운동은 창조하는 운동 그리고 자신의 창조에서 영향을 받는 운동이다"(같은 책, pp.87~88).

아마 이쯤에서 상징의 법칙을 찾아야 할 것이다. 정신분석학이 우리에게 보여준 대로 상징은 감추면서 드러내고, 표현하면서 위장한다. 나

---

* 자아가 자신의 창조에서 영향을 받는 것과, 자기로부터 자기에 의해(de soi par soi) 영향을 주는 것은 다르다. 후자에서는 자아가 주도권을 쥐고 자신을 손에 넣고 있어서 직접적인 자아인식이 생길 가능성이 있고 전자에서는 창작물, 곧 기호를 매개로 간접적인 자아인식의 길이 열린다. 리쾨르가 노리는 것은 물론 전자이다. 거기서 상징철학이 나오기 때문이다. 'de soi par soi'는 리쾨르가 비판하는 의식철학을 대표하는 문구이다.

베르도 비슷한 이론을 펼친 셈이다. 욕망에서 출발하는 길을 택했기 때문이다. 욕망에서 가치로 넘어간다. 초기 작품에서, 심리 경향에서 출발해 동기와 행위로 가는 길을 택한 것도 마찬가지이다. 욕망에서 출발하면 이렇게 말할 수 있다. 가치가 뜻하는 것은 "현실과 삶으로부터 …… 창조하는 마음의 표현을 찾아내는 것이다. 창조하는 마음은 표현을 거치게 되어 있다"(같은 책, p.80).

가치를 통해 욕망을 띄우는 것, 그것이 상징으로 가는 길이다. "더 엄격한 조건과 규칙, 형식과 기호 그리고 언어가, 본능에 뿌리를 두고 일어나는 지각과 행위 대신 새로운 지각과 행위를 만들어낸다. …… 그처럼 엄격한 의지에 따라 생산된 상징체계는, 의식에 직접 제공되는 현실을 해체하는 방식으로 작용한다"(같은 책, p.96).

두 방향에서 가치에 접근한다. 순수한 행위를 객관화하는 방향과 자연스러운 욕망을 상징화하는 방향이다. 여기서 우리는 그토록 찾아 헤매던 것에 다다른다. "상상력은 길을 만든다"(같은 책, p.97). 칸트와 비슷하다. 상상력에는 이중 표현 능력이 들어 있다. 왜냐하면 상상력은 원칙을 "상징으로 만들고"(같은 책, p.78), 욕망을 엄격한 의지에 의해 상징으로 끌어올리기 때문이다. 그래서 이렇게 말한다. "상상력은 가치의 도구와 내용을 창조한다. 가치 그 자체를 창조한다고 할 수 있다"(같은 책, p.97).

우리는 이 글에서 순수한 행위와 기호 속으로 들어간 행위가 다르다는 데 주목했다. 그 차이는 바로 상상력에 달려 있다. 자아가 자아에 영향을 주는 법칙—이것은 시간이다—도 상상력에 속해 있다. 창조가 용솟음치는 것은 시간이 아니라 지속이다. 그러나 작품(일)은 지속 뒤에 남아 운동을 멈추고 우리 눈에 들어오며, 우리의 사변 대상이 되고 모방할 본질이 되기도 한다. 그것은 시간에서 일어나는 일이다.*

---

*여기서 리쾨르는 베르그송의 '지속'과 '시간' 개념을 빌려왔다. 흔히 우리가 말하는 시간은 베르그송이 볼 때 공간화한 시간이다. 다시 말해 길이가 있고 잴

동기나 가치 문제에서 드러내면서 숨기는 운동을 하나의 낱말로 요약해야 한다면, '현상'이라는 말을 써야 할 것이다.

'현상'은 드러냄이다. '표현된 것을 보고서만 정체를 알 수 있는 내면의 활동'을 '알 수 있는 표현'으로 드러냄이다(같은 책, p.98). 자아와 달라진 것에서 자아를 확인함, 그 동반자가 현상이다. 우리는 우리 자신을 직접 소유하지 못한다. 우리는 우리와 같지 않다.『자유의 내면 체험』의 표현에 따르면, 우리는 완전한 행위를 하지 못하고 절대 선택은 이상일 뿐이다. 그렇기 때문에 우리가 누구인지 알려면, 우리의 존재 욕망을 드러내는 다양한 표현을 통하는 수밖에 없다. 그처럼 길을 돌아가는 것은, 본래의 자기 긍정의 구조에 원인이 있다. 본래의 긍정은 순수 의식과 현실 의식의 차이라는 관계에서 생긴다. 현상의 법칙에서 표현과 은폐는 나눌 수 없도록 얽혀 있다.

그러므로 "우리가 거래하는 세상 전체와 모든 존재자는 해독해야 할 텍스트라고 할 수 있다"(같은 곳). 다른 말로 해보자. 나베르가 직접 한 말은 아니지만 그의 글에서 나올 수 있는 말이다. 반성은 자기가 자기를 직관하는 것이 아니다. 그러므로 반성은 해석학이 될 수 있고, 해석학이 되어야 한다.

2. 하이데거와 주체 물음

여기서는 잘 알려진 주객관계 비판이 어느 정도나 진행되었는지를

수 있으며, 그 '속에서' 무슨 일이 벌어지는 공간 개념이다. 그런 시간 개념을 깨고 공간과 다른 시간 개념을 세우려는 것이 베르그송의 지속 개념이다.『의식에 직접 주어진 것에 대하여』에서 그는 시간을 새롭게 생각함으로써 자유를 찾고자 했다. 하이데거의 시간 개념도 베르그송의 시간 개념이 없었다면 나올 수 없었다. 베르그송이 말하는 '생명에 찬 도약'이나 창조와 자유는 지속과 관련이 있다. 그런 창조의 결과물이 사람의 사변 대상이 되고 본질 문제를 따지게 되는 것은, 시간 속에서 일어나는 일이다. 창조 활동이 한풀 꺾이고 숨이 가라앉은 다음이다.

이해하는 것이 중요하다. 주객관계 비판은 당연히 코기토의 우위를 부인한다. '어느 정도'라는 말을 쓴 이유는 주객관계 비판이 에고(ego)나 나를 완전히 내팽개치는 것은 아님을 말하기 위해서이다. 에고나 나라는 말이 완전히 의미를 상실한 것은 아니며, 데카르트의 코기토 철학에 들어 있는 무지에 완전히 물든 것도 아니다. 오히려 하이데거가 말한 존재의 힘은, "'나는 존재한다'의 해석학"이라고 부를 만한 것을 일으키고 그 바탕을 마련한다. 이 해석학은 단순한 인식 원리인 코기토를 비판하면서, 코기토의 바탕에 두어야 할 존재의 층을 가리킨다.

코기토와 '나는 존재한다' 해석학 사이의 복잡한 관계를 이해하기 위해 나는 이 문제를, 한편으로는 철학 역사의 파괴로 이끌어가고, 다른 한편으로는 코기토 안에 들어 있는 존재론적 구도를 재현하는 쪽으로 끌고 가겠다. 물론 데카르트는 그 존재론 구도를 잊고 있었다.

이야기를 다음과 같은 순서로 펼쳐나가겠다.

(1) 『존재와 시간』 서문에서 존재 물음과 묻는 자의 물음 속에 나와 있는 '현존재'가 처음부터 연관되어 있음에 주목한다. 그 연관으로 코기토는 제일 진리임을 포기하고 존재론 차원을 회복한다. 그래서 '나는 존재한다'가 된다.

(2) 『숲길』(Holzwege), 특히 『세계상의 시대』(Die Zeit des Weltbildes)로 가면서 코기토 비판을 발전시키며 코기토 그 자체 비판보다 그 속에 들어 있는 형이상학을 비판하려 한다. 그러므로 비판의 핵심은 '표상'(Vorstellung, représentation)하는 실존자에 있다.

(3) 그처럼 부수는 작업을 거친 뒤, 코기토를 대체할 '나는 존재한다'의 해석학을 제시해보겠다. 이 세 번째 작업은 『존재와 시간』 9·12·25절에서 '나'에 대해 하는 이야기를 바탕으로 한다.

이쯤 되면 우리의 분석이 전기 하이데거만을 다루고, 이른바 '전향' (Kehre) 이후는 다루지 않는다고 생각할지도 모른다. 사실 전향 이후에 코기토와 복잡한 관계가 끝나지 않았는가? 그 문제에 대해서는 네 번째 부분에서 밝히려고 한다. 그래서 '존재'와 '현존재' 사이 또는 존재 물음과 나 사이에 얽힌 관계가 현존재 분석 차원이 아니라 언어철학 차원에서 꾸준히 후기 하이데거 철학을 이루고 있음을 밝힐 것이다.

'존재를 언어에다 옮겨놓는' 문제 역시 마찬가지이다. 존재 자체의 현현 안에서 그리고 존재 자체의 현현을 통해서 '나는 존재한다.' 결국은 존재 출현의 문제이다. 거꾸로 입증하는 나의 이런 작업을 장황하게 전개하지는 않을 것이다. 어쨌든 이런 모든 문제가 하이데거의 언어철학으로 모인다. 다시 말하면 현존재 출현과 언어 출현(말)은 같은 문제이다.

(1) 나는 존재 물음과 현존재 출현이 원래부터 관계가 있다고 본다. 그 원래 관계를 출발점으로 삼고 또한 안내자로 삼겠다.

『존재와 시간』 첫 문장을 기억할 것이다. "존재에 대한 물음은 오늘날 망각 속에 묻혀버렸다." 이 말은 철학의 중심이 코기토를 제일 진리로 하는 철학에서 그 코기토 속에서 잊힌 존재 물음의 철학으로 옮겨간다는 것을 분명히 하고 있다. 그러나 중요한 점은 존재 문제가 물음으로 등장한다는 것이다. 좀 더 자세히 말하면, '물음'의 개념을 다루면서 존재 문제가 등장하고 그 물음이 나와 관계가 있다는 점이다.

존재 문제가 물음으로 등장한다는 것, 잊은 것은 단순히 존재가 아니라 존재 물음이라는 것, 이런 말들이 뜻하는 것은 무엇인가? 망각은 물음의 망각이라는 이야기로 단순히 교훈을 주는 것이 아니다. 물음 그 자체에 문제의 핵심이 들어 있는데, 그것은 두 가지로 말할 수 있다.

존재를 묻는다는 것 자체가 나를 먼저 세우는 것을 부정한다. 다시 말하면 나를 코기토로 내세우는 것을 부정한다. 묻는다고 해서 무슨 불확실이나 의심을 담고 있다고 생각해서는 안 된다. 코기토는 확실한데 존재 물음은 불확실하다는 식으로 생각해서는 안 된다. 코기토에 반대하는 것은 그 인식 형태 때문이다. 데카르트의 코기토는 이미 확실한 방식을 놓고 거기에서 확실성을 끌어내고 만족스러워한다.

그래서 물음의 구조가 인식의 정도를 결정하지 않는다. 묻지만 확실하지 않기 때문에 묻는 것이 아니다. 우리가 염두에 두어야 할 것은, 물음은 물어지는 것에 따라 정해진다는 점이다. 물음을 통해 알아내려는 것에 따라 물음이 정해진다는 것이다. "모든 물음은 일종의 찾아나섬이다. 모든 찾아나섬은 찾고 있는 것으로부터 자신의 방향을 미리 제시받는다. ……물음 자체 속에 물어지는 것, 곧 물음을 통해 알려는 것이 이미 들어 있다."* 코기토 비판에서 처음 등장하는 것이 그런 점이다.

그러나 우리는 여기서 다시 한 번 '나'라는 철학의 가능성을 찾으려 한다. 참다운 '나'는 물음 그 자체에 의해 형성되기 때문이다. 참다운 나라고 해서 무슨 인식 주체로 생각하기보다는 묻는 주체로 생각하기 바란다. 그러한 나는 더 이상 중심이 아니다. 존재 물음과 존재의 의미야말로 철학에서 다시 찾아야 할 중심이다. 그러므로 '나'를 생각할 때, 물음의 망각도 염두에 두면서 묻는 자로서 내가 다시 태어나는 것도 염두에 두어야 한다. 우리는 여기서 그와 같은 이중관계를 연구할 것이다.

그러한 '나', 물음 속에 끼어들어가 있는 나는 스스로 자기로부터 분명하지 않다. 그 자신이 하나의 존재, 곧 존재 물음을 마주한 존재이다. 『존재와 시간』에서 '현존재'(Dasein)에 대해 처음 언급한 대목을 보자. "어떤 것에 대한 관점, 어떤 것의 이해와 개념 파악, 선택, 접근 등은 물음을 구성하는 행동관계들이며 그래서 그 자체가 한 특정한 존재자, 즉 묻고 있는 우리가 각기 그것인 그런 존재자의 존재 양태들이다"(같은 책, 22쪽).

그러므로 나는, '나는 생각한다'가 아니라 '나는 존재한다'로서 탐구 과정에 끼어 있다. 존재 물음을 잘 물으려면 '존재자'(ein Seiendes)를 설정해야 한다. "이러한 물음을 묻는 일은 한 존재자 자체의 존재 양태로서 그 존재자에게서 물어지고 있는 그것, 즉 존재에서부터 본질적으로 규정된다. 이러한 존재자, 즉 우리 자신이 각기 그것이며 여러 다른

---

* 이기상 옮김, 『존재와 시간』, 까치, 1998, 19쪽.

것들 중 물음이라는 존재 가능성을 지니고 있는 그런 존재자를 우리는 '현존재'라는 용어로 파악하기로 하자"(같은 책, 22쪽).

이처럼 존재 물음에서 '현존재' 문제가 먼저 나오면 코기토에 대한 반대가 조금 누그러진다. 사실 이 문제는 많은 오해를 불러일으켜 『존재와 시간』을 인간학 관점에서 해석하려는 시도가 많이 이루어지게 된다. 그러나 현존재 물음의 우위는 존재적 우위로, 존재 물음의 존재론적 우위와 섞여 있다. 그리고 그러한 관계에서 새로운 '나'의 철학이 나온다. 우리는 다음과 같은 유명한 공식을 안다. "현존재의 존재적인 뛰어남은 현존재가 존재론적으로 존재한다는 거기에 있다"(같은 책, 28쪽). 좀 더 은밀한 말로 하면 "존재 이해는 그 자체가 곧 현존재를 규정하는 것이다"(같은 곳).

그리하여 어떤 순환관계가 생기는데 그것은 진부한 순환이 아니다. 하이데거는 그런 특별한 상황을 이렇게 정리한다. "존재 의미에 대한 물음에는 '순환 논증' 같은 것이 놓여 있지 않다. 그러나 물어지고 있는 것(존재)이 한 존재자의 존재 양태로서의 물음과 기이하게 '뒤로 또는 앞으로' 연관되어 있다"(같은 책, 23쪽).

그리하여 순환관계에서 주체가 탄생한다. 존재 의미 물음은 나의 존재 양태 문제로 돌아간다. 나는 이 관계를 실마리로 나머지 이야기를 풀어나가려고 한다. 그리하여 코기토 철학을 반박할 뿐만 아니라 그것을 존재론 차원에서 다시 세워보고자 한다. 데카르트의 마지막 문제도 '나는 생각한다'가 아니라 '나는 존재한다'였다. 데카르트가 '나'의 '존재'로부터 신의 '존재' 그리고 세계의 '존재'로까지 나아갔다는 것에서도 그 점을 알 수 있다.

(2) 코기토에 반박함으로써 존재론의 역사가 얼마나 파괴되었는지를 보여준다. 『존재와 시간』 서문이 바로 그것이다. 데카르트에 대해 이야기한 유명한 곳(같은 책, 6절)에서 이렇게 말한다. 코기토 숨(*Cogito sum*), 곧 '나는 생각한다, 나는 존재한다'는 '본질적인 소홀, 곧 현존

재 존재론의 소홀'에서 생긴다. "이러한 '혁명적' 시작을 하면서 짚고 넘어가지 않은 것이 있는데 그것은 곧 레스 코기탄스(*res cogitans*), 곧 사유하는 사물의 존재 양식이다. 더 정확히 말해 '나는 존재한다'고 할 때 그 존재의 의미를 빠뜨리고 있다"(같은 책, 43쪽).

왜 빠뜨렸을까? 무슨 생각으로 데카르트는 존재자에 들어 있는 존재의 의미 물음을 묻지 않았을까?『존재와 시간』에 있는 답으로는 충분하지 않다. 존재자의 존재 의미 물음을 빠뜨린 것은 '코기토의 절대 확실성' 때문이라고 한다. 그렇다면 이제 이런 문제가 나온다. 왜 확실성을 찾는 것이 존재 망각으로 연결될까?

그 문제는 1938년에 발표한 『세계상의 시대』에서 제기하고 있다. 코기토는 무슨 진공지대에서 튀어나온 것이 아니다. 진리는 곧 존재자의 진리라고 믿은 형이상학의 시대에서 나온 것이다. 거기서 존재 망각도 형성되었다. 코기토가 형이상학의 시대에 속한다는 것은 무슨 뜻인가? 매우 딱딱한 이야기이기 때문에 주의깊게 들여다보아야 한다.

코기토가 출현한 철학의 토양은 분명히 과학의 시대이다. 그러나 좀 더 일반적으로 말하면 '설명하는 표상'을 빌려 '존재자를 마음대로 처리하는' * 이해방식이 지배한 시대이다. 거기에는 우선 찾아나섬(suchen)으로 지식 문제를 해결한다는 전제가 깔려 있다. 그리하여 존재자를 대상화하여 우리 앞에 세운다(vor-Stellung). 거기에는 계산 가능성이 깔려 있고, 그처럼 존재자를 셈할 때 그 셈은 분명하고 확실할 수 있다. 그처럼 확실성의 문제와 표상의 문제가 일치하는 그 지점에서 코기토가 탄생한다.

그리하여 데카르트의 형이상학에서 처음으로 존재자는 표상의 대상으로 규정되고 진리는 표상의 확실성으로 규정된다(『세계상의 시대』, 37쪽). 그런데 그러한 대상화 또는 객관화와 함께 주관화가 일어난다.

---

* 최상욱 옮김, 『세계상의 시대』, 서광사, 1995, 37쪽 참조. 필요한 경우 번역을 새롭게 바꾸었다.

확실한 대상은 주체와 짝을 이루기 때문이다. 그리하여 우리는 주체를 '내세우면서'(position) 또한 표상을 '내민다'(proposition). 그래서 세계 '상'(像, Bild)의 시대이다.

이 문제를 좀 더 자세히 알아보자. 이 시대에 주체가 생겼다. 그러나 그 주체는 '나'가 아니라 *substratum*[실체]이다. 주체라는 말의 어원 *subjectum*은 '나'가 아니다. 그리스어로 히포케이메논(ὑποχείμενον, 기체)이고 라틴어로는 *substratum*인데, 모든 것 밑에 있으며 그 바탕을 이루는 것을 가리킨다. 그러한 *subjectum*은 아직 사람이 아니며 '나'도 아니다. 데카르트와 함께 생겨난 것, 그것은 사람이 제일 *subjectum*이며 진짜 *subjectum*이라는 점이다. 다시 말해서 사람이야말로 으뜸가는 진짜 바탕이라는 것이다. 그리하여 바탕을 뜻하는 *subjectum*과 주체를 뜻하는 *subjectum*이 똑같은 것이 되었다.

주체는 이제 자기 자신으로서 중심이며 모든 존재자(das Seiende)는 그 중심을 향한다. 그렇게 되려면 세상은 하나의 '상'이 되어야 하며 내 앞에 서 있어야 한다. "세상이 상이 되는 곳에서 존재자 전체는 다음과 같은 방식으로 존재한다. 곧, 사람이 존재자 전체로 눈을 돌려 자기 앞으로 가져오고 가진다. 그럼으로써 말 그대로 존재자 전체를 자기 앞에 세운다"(같은 책, 43쪽 참조). 존재자를 표상하면서 사람이 주체로 탄생한다.

그래서 존재자는 사람 앞에서 대상이 되고 사람이 주무를 수 있는 것이 된다. 그런데 그런 코기토는 영원한 진리일 수 없다. 어떤 시대의 진리일 뿐이다. 처음으로 세상의 모양을 만든 시대이다. 그리스에는 코기토가 없었다. 그리스 시대에는 사람이 세상을 보지 않았다. "오히려 사람이 존재자에 의해 보여지고, 존재자가 현전(現前, Anwesen)으로 스스로를 열며 사람 주변에 모인다."

그렇다고 하이데거가 그리스 시대에는 사람이 아무것도 아니었다고 보는 것은 아니다. 오히려 당시의 사람이야말로 본질을 지녔고 어떤 과제를 지니고 있었다고 본다. 그 과제는 "열림 속에 드러나는 것을 모으고 건져올리며, 받아서 보존하고, 모든 갈라짐의 혼란에 내맡기는"(같은 책, 45쪽) 것이다. 이 문제는 나중에 설명하기로 하자. 비록 '나'의 철학의 연속성을 위해 전기 하이데거와 후기 하이데거를 연결할 때, 그 연결고리가 되는 것이 바로 이 문제이지만 끝에서 다시 다룰 것이다.

여기서는 이 점만을 말한다. 코기토는 절대자가 아니라 한 시대의 산물이며, 세상을 표상하고 모양을 만드는 시대의 산물이다. 사람이 스스로 무대를 꾸미고 스스로 무대가 되어 그 위에서 존재자가 나타나고 등장하게 한다. 간단히 말해 존재자의 모양을 사람이 만든다. 오늘날 기술 시대는 존재자 전체를 지배하려고 하는데, 이는 사람이 자기가 모양을 낸 무대에 등장하면서 생긴 무서운 결과이다.

이 같은 하이데거 분석의 위력은, 코기토를 단순히 따지고 논쟁하는 차원에서 보지 않는다는 데 있다. "나는 생각한다, 그러므로 존재한다"(*Cogito ergo sum*)의 '그러므로'를 논하려는 것이 아니다. 그보다 깊은 곳을 건드린다. 그래서 우리 문화 밑에 감추어진 존재자 전체에게 영향을 주는 사건(Ereignis)을 들추어낸다. "인간으로부터, 인간을 향하여 존재자 전체를 설명하고 평가하는 인간에 대한 철학 해석"(같은 책, 51쪽 참조)이 휴머니즘이라면 휴머니즘은 거기서 생긴다.

이제 우리는 코기토가 형이상학 전통에 속한다는 뜻을 알 수 있게 되었다. 세상의 모양을 만드는 주객관계는 '현존재'가 존재에 귀속된 사실을 은폐한다. 그리하여 진리를 은폐한다. 존재론으로 얽혀 있는 것을 벗기는 것이 진리의 과정이기 때문이다. 그렇다면 현존재 분석과 코기토 전통이 정말로 서로 연관이 없는 것일까?

코기토 비판 그리고 코기토가 속한 시대 비판을 통해 '나'를 제대로 다시 물을 수 있다. 이제부터 내가 하려는 이야기가 그것이다.

(3) 코기토 비판으로 주체 물음이 제거되지는 않는다는 것, 그 점을 알기 위해 처음으로 돌아가보자. '현존재'는 현존재 자신과 관련이 있다. 현존재는 자기가 되는 문제를 지니고 있다. 물론 현존재가 현존재

자신과의 관계라고 분명하게 말할 수 없으며, 먼저 존재 물음과 관련해서 봐야 한다. 그러나 묻는 물음에서 현존재는 자기와 관련이 있다. "우리 자신이 각기 그것이며 여러 다른 것들 중 물음이라는 존재 가능성을 가지고 있는 그런 존재자를 우리는 현존재라는 용어로 파악하기로 하자"(『존재와 시간』, 22~23쪽). 더 나아가 "현존재가 이렇게 저렇게 관계를 맺을 수 있고 또 언제나 어떻게든 관계를 맺고 있는 존재, 그것을 우리는 '실존'이라고 부른다"(같은 책, 28쪽).

현존재를 두 가지로 정의하고 있다. 현존재는 물음을 묻는 존재자이다. 그리고 현존재라는 존재자는 존재를 자기의 존재로 가지고 있다. 이 두 개의 정의가 일치하는 지점에서 이제 하나의 문제가 발생한다. 내가 볼 때 두 정의의 일치는 앞에서 우리가 출발점으로 삼은 '뒤로 연관되어 있음'(Rückbezogenheit)이다.

『존재와 시간』 9·12·25절에서 하이데거는 어떤 뜻에서 '현존재'가 실존성을 띠고 있는지 설명한다. '현존재'는 늘 실존의 측면에서 스스로를 이해한다. 다시 말하면 자기 자신이 될 수 있는가 없는가 하는 관점에서 스스로를 이해한다. 그런데 그것은 실존적 측면이라는 것을 부인해서는 안 된다. 물론 하이데거는 실존적인 것에 관심이 없고 실존론적인 것에 관심이 있었다. 왜냐하면 실존성이란 자신의 가능성을 발휘하든지 아니면 놓치든지 하는 형태로만 존재하는 존재의 구조이기 때문이다. 어떤 결정이 실존적이라면, 결정해야 한다는 사실은 실존론적이다. 그러므로 앞에서 말한 현존재와 존재의 순환은 이제 실존과 존재의 순환 형태를 띠게 되었다.

그런데 그것은 묻는 자와 물어지는 것의 순환과 똑같다. 어떤 물음에나 그 순환이 들어 있다. 여기서 데카르트의 코기토와 다른 점은, 앞에서 말한 존재적 우위가 무슨 직접성을 띠고 있지는 않다는 것이다. "현존재는 분명히 존재적으로 우리에게 매우 가깝다. 우리가 바로 현존재이다. 그럼에도, 바로 그렇기 때문에 존재론적으로는 가장 멀다"(같은 책, 32쪽).

'나는 존재한다'를 되살리는 일이 단지 직관적 서술인 현상학 문제에 그치지 않고 결국은 해석의 문제인 까닭이 거기에 있다. '나는 존재한다'를 잊고 있었기 때문이다. 그러므로 벗겨내는 해석으로 다시 찾을 수 있다. 존재적으로 나에게 가장 가까운 것이 존재론적으로는 가장 멀기 때문에, '나는 존재한다'는 해석학 문제가 된다. 직관에 따른 서술에 그칠 수 없다. 그러므로 코기토를 다시 찾으려면 뒤로 돌아가 '세계-내-존재'(être-au-monde) 현상에서 출발한 다음, 그 세계 내 존재(l'être dans le monde)가 '누구'인지 물어야 한다.

그러나 그 물음의 의미가 감추어져 있다. 25절은 프로이트의 정신분석학과 자세히 비교해볼 만하다는 생각이 드는데, 아무튼 거기서 하이데거는 '누구'인지를 묻는 물음은 물음으로 그쳐야 하는 것처럼 말하고 있다. 이 물음은 존재 물음과 구조가 같은 것으로 되어 있다.

그것은 이미 주어진 것도 우리가 의지할 받침대도 아니며, 물어서 찾아가야 할 것이다. 그것은 (코기토와 달리) 내세움 또는 내밈도 아니다. '누구'는 오직 물음일 뿐이다. 그것은 '자기 자신'인 '나'의 물음이 아직 숨어 있기 때문이다. 일상생활을 봐도 '자기 자신'이 막연한 '그'로 바뀌는 것도 우연이 아니다. 일상에서 보면 모두 타인이며 어느 누구도 그 자신이 아니다. 그렇게 볼 때 '나'는 물어서 찾아야 하는 것이지 이미 있는 것이 아니다. "일상적 현존재의 '누구'(주체)는 나 자신이 아닐 수도 있다"(같은 책, 161쪽).

여기서 현상학은 해석학이라는 점이 분명해진다. 바로 여기서, 존재적 질서에서 가깝게 여기는 것이 착각임이 가장 잘 드러나기 때문이다(같은 책, 61쪽). 다시 거듭해서 말하지만 "우선 현존재의 주체가 누구인가가 존재론적으로 문제일 뿐만 아니라 존재적으로도 은폐된 채로 남아 있다"(같은 책, 163쪽). 이러한 은폐로 '나'에 대한 물음이 불가능해지지는 않는다. 오히려 '나'는 현존재의 본질을 이루고 있으며 그러므로 실존론적으로 해석해야 한다.

『존재와 시간』에서 이 부분은 일상에서 타인의 문제나 존재 문제로 시작하고 있다. 그러한 분석을 다 말할 필요는 없을 것이며, 철학의 자리만 밝혀주면 된다고 생각한다. 주체 물음을 물으려면 일상생활 문제나 자아 인식의 문제 그리고 다른 사람과의 관계와 죽음의 문제도 다루어야 한다. 하이데거는, 적어도 『존재와 시간』에서는(후기 하이데거와 가장 다른 점이 이것인데), 참주체는 그러한 과정을 모두 거쳐 죽음의 자유에까지 가야 찾을 수 있다고 보고 있다. 그제야 비로소 누군가가 (주체가) 있다. 일상생활에서는 아직 누군가가 없고 이름 없는 자아, 곧 '그'만이 있을 뿐이다.

그러므로 참실존과 거짓실존이 완전한 대화를 거치기 전에는 주체 물음은 내용이 없다. 그렇게 볼 때 '현존재'의 주체 물음은 '자기 자신이 될 수 있음'에 뿌리를 두고 있다. 죽음을 마주하고 있는 실존을 다시 들고 나오는 것이 '현존재'의 주체 물음에 대한 응답이다. 그때 '나는 존재한다'의 해석학은 죽음에 직면한 유한한 자기 통합의 해석학에서 절정을 이룬다.

(4) 이쯤에서 나는 서문에서 제기한 반대를 다시 끄집어내고자 한다. 혹시 '나는 존재한다'의 해석학이 『존재와 시간』에만 해당하고 후기 하이데거에게서는 사라진다고 할지 모른다. 그러나 내가 제기한 문제는 참실존과 거짓실존의 문제 그리고 죽음의 문제에 이르기까지 자아 문제의 모든 영역에 걸쳐 있다. 또 '나는 존재한다'의 해석학이 실존론적이지 않고 너무 실존적이며, 현존재 해석은 시인이나 사상가의 말을 해석하는 것으로 대체해야 한다고 할지 모른다.

그러나 내 생각은 다르다. 전기 하이데거와 후기 하이데거 사이에는 연속성이 있는데, 무엇보다도 앞에서 말한 순환 문제이다. 다시 말하면, 우리가 묻고 있는 것(물어지는 것), 곧 존재와 존재 양태인 묻는 자가 앞뒤로 연관되어 있다는 점이다. 후기 하이데거에서 '현존재' 분석 물음은 후퇴했지만 그 순환은 다른 표현으로 남아 있다. 후기에는 '언어철학'이 어느 정도 현존재 분석을 대체하는데, 그 언어철학에서 순환 문제를 다시 발견할 수 있다.

현존재의 주체와 관련된 문제가 언어 영역에서 다시 나타난다. 그리하여 낱말과 말의 문제, 곧 존재를 언어로 옮겨놓는 문제가 등장한다. 후기 하이데거에서 낱말은 현존재(Dasein)의 '거기'(Da)와 똑같은 문제를 제기한다. 낱말은 나름대로 '거기'이다. 『형이상학 입문』에서 하이데거는 그런 각도에서 낱말을 다루고 있는데, 특히 이름 부르는 것(Nennen)에 주목한다. "낱말, 곧 이름 붙임은 존재자를 자기 존재 안에서 직접 서고 강력해지도록 재건한다. 그리고 존재자를 지켜 존재가 빤히 보이고 늘 똑같게 하며 존재를 구획 짓는다."[2]

그리하여 낱말은 개방된 존재에 이름을 붙여 손에 넣는다. 그런 식으로 말은 노에인(Νοεῖν)—또는 생각(Denken)—을 표현한다. 생각에는 거두어 수용함과 구획짓는 폭력이 섞여 있다. 결국 '이름 붙임'은 언어를 지닌 사람이 차지하는 자리와 역할을 보여준다. 여기서 존재는 언어로 나아가고, 말하는 유일한 존재가 탄생한다. 이름 짓기는 존재의 개방을 보여주면서 동시에 언어의 한계 속에 갇힘을 보여준다. 하이데거는 '재건한다'거나 '지킨다'는 말로 그 점을 설명한다. '지킴' 속에서 사람은 이미 폭력을 저지르고 감추기 시작한다.

여기서 사람이 존재를 이성으로 따져 지배하는 것, 예를 들어 논리과학이 가능해진다. 그러한 가능성의 기원은 언어에 있다. 언어는 존재를 낱말 속에 가두려고 한다. 모으는 짓—그것이 바로 '로고스'이다—에는 구획 지음이 들어 있다. 거기서 존재는 나타남에 묶인다. 낱말의 폭력이 그것이다. 여기서 이해해야 할 것은, 은폐는 나타남의 한 측면이라는 점이다. 은폐에서 우리의 환상이 생긴다. 우리 사람이 언어를 '부릴 수 있다'는 환상이다. 그런 식으로 '현존재'는 언어의 창시자가 된다.

이처럼 후기에도 코기토와 현존재 분석을 되풀이했음을 볼 수 있다.

---

2) M. Heidegger, *Einführung in die Metaphysik*, Tübingen, 1953, p.131.

전기 하이데거는 후기 하이데거의 언어철학에 다시 등장한다. 언어의 침입은 현존재의 침입이다. 현존재의 침입은 언어를 통해 존재가 낱말로 나오는 것을 뜻한다.[3] '낱말'의 출현은 『존재와 시간』에서 존재에 대해 묻는 '거기'(Da)의 출현과 똑같다.

이 둘은 생각보다 비슷한 점이 많다. 『존재와 시간』에서 자아 개념은 '나는 존재한다'의 해석학을 요청하고 죽음의 자유에 이르러 절정에 달했다. 마찬가지로, 언어 안에 있는 사람이 언어를 논리로 지배하려 하고, 존재를 법정에 출두시켜 심판한다. 그러므로 '현존재'의 출현은 언어를 지배하려는 의도와 연결되어 있다. 우리가 『존재와 시간』에서 '죽음의 자유'라고 부른 그 삶이, 후기 하이데거에서는 시인과 사상가의 복종으로 바뀐다. 낱말이 시인과 사상가를 만들고 이끌며, 그들은 거기에 복종한다. 시를 쓰는 시인은 전능한 존재가 사람과 언어의 바탕을 이루는 것을 본다.

참다운 주체 문제에 대한 대답으로 죽음의 자유 자리에 '시 쓰기'가 들어선다고 할 수 있다. 참다운 현존재는 존재에 대한 응답에서 생긴다. 응답하면서 그는 낱말의 힘을 통해 존재의 힘을 보존한다. 그런 것이 모두 숨(*sum*), 곧 '나는 존재한다'의 재현이다. 철학사를 비판하고 단순한 인식 원리인 코기토를 해체해서 생긴 결과이다.

내 결론은 이렇다. 첫째, 코기토가 스스로 서는 존재이고 절대 주체일 때 그러한 코기토를 부수는 것은, '나는 존재한다'의 해석학과 동전의 양면을 이룬다. 물론 '나는 존재한다'가 존재와 관계되어 있을 때 가능한 일이다. 둘째, '나는 존재한다'의 해석학은 『존재와 시간』에서 하이데거의 후기 작품에 이르기까지 크게 변하지 않았다. 존재와 사람이 "뒤로 그리고 앞으로 연관되어 있다"는 공식이 끝까지 지속된다. 셋째, 참다운 삶과 거짓된 삶 사이의 변증법이 '나는 존재한다'의 해석학에

---

[3] W.J. Richardson, *Heidegge: Through Phenomenology to Thought*, 1963, p.292.

구체적인 형태를 제공한다. 그렇게 볼 때, 전기 하이데거와 후기 하이데거의 차이는 참다운 자아를 죽음의 자유에서 찾는가 아니면 '내맡김'(Gelassenheit)에서 찾아야 하는가에 있다. 내맡김은 시 같은 삶에서 오는 은총이다.

3. 주체 물음: 기호론의 도전

주체철학이 사라질 위기에 있다고들 한다. 그러나 그런 위기는 항상 있었다. 사실 주체철학은, 딱 떨어지는 형태로 정해진 무엇이라기보다는 도전을 받을 때마다 자기 모습을 갖추어가는 어떤 사고방식이다.

그러므로 데카르트의 코기토는 무슨 불변의 진리처럼 혼자 떨어져 있는 것이 아니다. 데카르트가 말한 코기토는 코기토 역사의 한 단계에 불과하다. 그는 한 과정을 마감했고 이어지는 새로운 생각의 문을 열어 놓았다. 그는 한 시대의 사람인데, 그 시대는 세상의 모양을 만들어 지배하는 세계관의 시대이다. 무엇보다도 데카르트의 코기토는 길게 연결된 코기토 전통 가운데 하나일 뿐이다. 물론 데카르트의 코기토는 가장 꼭대기를 차지한다.

그러한 전통 속에서 코기토는 그때그때 앞의 코기토를 재해석해왔다. 그러므로 소크라테스의 코기토도 있고('너 자신을 알라'), 성 아우구스티누스의 코기토도 있으며(사람 '내면'을 통해 '바깥' 사물을 보고 '높은' 진리를 지님), 물론 데카르트의 코기토가 있고, 칸트의 코기토 ('"나는 생각한다'가 모든 표상을 따라다닌다")도 있다. 피히테가 말하는 '자기'는 현대 반성철학의 모습을 가장 잘 보여준다. 장 나베르가 말한 대로 오늘날 데카르트와 칸트와 피히테를 거치지 않은 반성철학은 없다. 후설이 현상학을 바탕으로 세운 '자기론'(自己論, égologie)도 마찬가지이다.

그런데 그 모든 코기토가 나온 까닭은 소크라테스 이래로 똑같다. 주체 없이 진리를 세우려는 시도에 대항하는 것이다. 소피스트나 경험주의자나 굳어버린 이데아론 같은 것들에 맞서서 나온 것이다. 그런 도전에 대한 응전으로 반성철학이 나서면서 늘 똑같은 모습을 지키지 않고 오히려 몰아낼 적과 동거하는 결과를 낳기도 한다.

우리는 정신분석학과 구조주의 쪽의 공격을 기호론의 도전이라는 이름으로 묶어서 살핀다. 기호를 생각한다는 면에서 공통점이 있는 그 둘은, 자기를 '바탕으로' 자기를 생각하고 자기를 '통해' 자기 자리를 찾는 주체를 문제로 본다. 주체의 그런 행위를 기초 행위이고 근본 행위로 보는 것을 문제 삼는다.

1) 정신분석학의 도전

가장 먼저 정신분석학을 이야기한다. 데카르트가 확실성의 토대를 찾았다고 믿은 바로 그 지점을 정신분석학이 공격하기 때문이다. 프로이트는 의식을 이루고 있는 의미 세계를 파고들어가 환영과 환상 작용을 밝힘으로써 거기에 숨어 있는 욕망을 찾아낸다.

의식의 우위에 대한 공격은 거기서 한 걸음 더 나아간다. 왜냐하면 정신분석학의 설명 방식이, 무슨 위상을 그리는 데서 그 위상이 주체 내면의 지각과는 무관하게 결정되기 때문이다. 그 '위상'(topique)—무의식 · 전의식 · 의식—을 어떤 현상학적 기술을 통해 밝히지 않고, 특별한 법칙에 따라 반응하는 표상과 정서의 '체계'로 본다. 그들이 이루는 상호관계는 의식 차원에 들어오지 않으며, '경험'으로 잴 수 있는 것이 아니다.

그리하여 의식 차원을 뒤로 미루는 것이 작업의 시작이다. 의식'으로' 환원하지 않고 의식'을' 환원한다. 그런 점에서 현상학과 반대이다. 의식의 '체험'을 서술할 때 프로이트의 정신분석은 언제나 그런 전제를 깔고 있다.

왜 그래야 할까? 직접 의식에서 일어나는 의미 효과—꿈 · 징후 · 환상 · 민담 · 신화 · 우상들—는 의미가 효과를 내는 차원(곧 의식)에서 곧바로 알아낼 수 없다. 그 앎은 의식에서 구할 수 없다. 의식은 억압이라는 담에 막혀 의미가 형성되는 곳과 끊어져 있기 때문이다. 의식이 장애물 때문에 본래의 의미와 단절되어 있는데, 의식은 그 장애물을 마음대로 다룰 수 없을 뿐만 아니라 그러한 장애물에 대해 알지도 못한다. 이것이 프로이트 위상학(topologie)의 핵심이다. 그러므로 무의식의 체계를 멀리 떼어놓는 그러한 억압의 역학 때문에 생기는 왜곡과 전위를 해결할 해석 기술이 필요하다. 꿈의 분석이나 신경증 분석에서 그런 해석을 볼 수 있다.

그렇게 되면 의식은 한낱 증상일 뿐이며 그리고 현실을 파악하는 데 필요한 감지체계 가운데 한 부분에 지나지 않는다. 물론 의식이 아무것도 아니라는 것은 아니다(그 문제는 나중에 다시 말하자). 적어도 의식은 분석해야 할 의미가 효과를 나타내는 곳이다. 그렇지만 의식은 모든 것의 바탕이 아니며 모든 것을 판단하는 심판자도 척도도 아니다. 그 점에서 정신분석학은 코기토 철학에 중요하다. 코기토 철학의 바탕이 어떻게 흔들리는지는 나중에 살펴보기로 하자.

그에 앞서 정신분석학과 주체철학의 거리를 더 크게 벌려놓는 두 번째 개념들을 보자. 알다시피 프로이트는 무의식·전의식·의식이라는 위상학 말고도 자아·이드·초자아라는 또 하나의 위상학을 내놓았다. 그러나 중요한 것은 표상과 감정이 억압과 관련해서 어디에 있는가가 아니라, 사람 내면을 구성하는 그들의 '역할'이다. 그 역할에 따라, 가려진 중립지대가 있고 자아가 있으며 초자아가 있다.

여기서 프로이트는 새로운 생각을 하게 된다. 무의식은 자아의 '가장 밑'에 있기도 하지만 '가장 높은 곳'에 있기도 하다. 다른 말로 하면 무의식은 억압된 것일 뿐만 아니라 우리 내면에 도덕 명령을 내리는 복잡한 과정을 겪기도 한다. 도덕 명령은 사회의 산물로 무엇보다도 아버지와의 관계에서 생기는 것이다. 어린 시절에 주어지는 금지 명령은 아버지에게서 온다.

병으로 확대된 강박 신경증이나 우울증을 연구하면서 프로이트는 그것을 확신했다. 특히 우울증에서는 잃어버린 대상이 어떻게 내면화하는지 뚜렷이 볼 수 있었다. 대상 카텍시스 대신 동일시가 일어난다. 다시 말해 대상이 자아 내면에 다시 생기는 것이다. 그처럼 잃어버린 대상과 동일시하는 과정을 통해 나는 바뀐다. '승화'의 핵심이 바로 그 과정에 있다.

프로이트는 오이디푸스 콤플렉스를 풀면서 그 열쇠를 찾았다고 보았다. 두 개의 성과 세 사람 사이에 일어나는 힘겨루기는 대개 아버지와 동일시함으로써 해결된다. 아버지를 제거하고 싶은 욕망 대신 아버지와 자신을 동일시하는 것이다. 그런 동일시를 통해 욕망은 살아남는다. 아버지 형상은 내면화되어 승화된 욕망 형태로 바뀐다. 그렇게 해서 아버지와 어머니를 이상으로 삼고 그들과 동일시하는 과정이 생긴다.

거기서 프로이트는 니체와 비슷한 '도덕의 계보'에 이른다. 초자아는 '오이디푸스 콤플렉스의 상속자'이고, '이드가 변화된 것 가운데 가장 중요한 것'이다. 이것은 도덕의 계보학이다. 이 과정에서 한번 들어온 에너지에는 계속 충동이 남아 있는데도 리비도 목표를 사회에서 받아들일 수 있는 목표로 바꿈으로써 '이상적인 것'을 만들어내기 때문이다.

그처럼 리비도 목표를 이상적인 것으로 대체하는 것이 오이디푸스 콤플렉스를 벗어나면서 비롯된 승화의 핵심이다. 그러한 내면 투사와 동일시하는 작업을 통해 '이상적인 자아'가 사람 됨됨이의 구조가 되고 내면의 층을 이루는데, 그것을 '초자아'라고 부른다. 초자아는 감시하고 판단하며 정죄한다. 그런 각도에서 볼 때 헤겔이 객관정신이라고 부른 것 역시 동일시에서 생긴다. 이상적 자아 또는 초자아가 중심에 있어 동일시에서 생긴 권위를 이루고 모범이 되어 문화 형상을 이루며, 헤겔이 객관정신이라고 부른 것들은 그 주변에 형성된다. 도덕 '양심'이나 인격을 이루는 '문화'는 침전물인 셈이다.

앞에서 보았듯이 '밑'의 무의식은 그 힘이 상당히 세고 자아에 상당히 낯설다는 뜻에서 '이드'라고 부른다. 그런데 그 '밑'의 무의식처럼 '높은' 무의식 역시 데카르트 식의 '나는 생각한다'와는 거리가 멀다.

프로이트는 의식을 위상학으로 풀어, 여러 '자리' 가운데 하나로 보았다. 그리고 이제 자아는 하나의 '힘'이고 그것을 지배하는 주인은 따로 있다고 본다. 그리하여 주체 문제가 둘로 갈라진다. 의식은 현실을 똑똑히 보고 능동적으로 감지하고 질서 있게 인지하는 임무와 관련된 개념이다. '자아'는 자아를 깨부수는 힘을 손안에 넣고 다스리는 임무와 관련된 개념이다. 「자아와 이드」는 몹시 비판적이다. 자아(에고)는 종처럼 여러 가지 충성서약을 하고 초자아나 이드와 현실은 주인으로서 앞다투어 자아를 부린다. 자아는 외교관과 같은 임무를 띤다. 그래서 초자아와 이드, 현실과 타협하면서 그들 각자의 요구를 조금씩 낮춰가며 그 요구를 들어준다.

그리하여 주체가 된다는 것에는 두 가지 면이 있다. 첫째는 의식한다는 것이다. 현실 원리와 쾌락 원리 사이에서 '깨어 있다'는 것이다. 또 하나는 힘의 지배에서 '주인이 된다'는 것이다. 현실 원칙이 이기고 자아의 힘이 이기는 것은 같은 것이다. 서로 접근 방법이 다르기 때문에 하나는 '자리'를 가리키고 다른 하나는 '역할'을 가리키지만 결국 같은 것이다. 두 가지 분석이 같은 것임을 프로이트 자신이 『새로운 정신분석 강의』에서 밝히고 있다. 거기서 그는 세 무리가 세 구역으로 나뉘어 있는 것에 비유하고 있다. 그렇다고 무리의 분배가 곧 세 구역을 결정하는 것은 아니라고 한다.

무리를 배분하는 것과 구역을 결정하는 것은 별개이다. 현실을 감지하는 문제가 있고 충성하거나 주인이 되는 문제가 있다. 첫째는 칸트의 객관성 비판 문제이다. 둘째는 헤겔의 주인과 종의 '변증법' 문제이다. 헤겔의 말대로 객관성을 얻는 것은 추상적인 것이다. 판단해야 하는데 오성의 판단(Ur-teil)은 환상과 현실을 나누는(teilen) 것이다. 그것은 추상이다. 구체적인 것은 상호인정에서 찾을 수 있다. 상호인정이란 종의 일을 거쳐 주인으로 느끼는 것이다. 생각과 놀이와 즐김을 주도하는 것은 주인이지만 종을 거쳐 주인이 된다. 종과 주인을 서로 거치는 역할 교환에서 볼 때 모든 의식은 똑같다. 프로이트의 다음 말도 헤겔과 비슷하다. "이드가 있던 그곳에서 내가 된다"(Wo es war, soll ich werden).

　이상에서 주체 문제와 관련된 프로이트의 학설을 간략하게 살펴봄으로써, 정신분석학이 의식이나 자아를 제거하는 것은 아님을 알았다. 주체를 없앤 것이 아니라 주체의 자리를 옮겨놓았다. 주체는 여러 자리와 역할이 모여 이루어지는데 의식과 자아도 거기에 한몫을 하고 있다. 다만 자리를 옮긴 결과, 의식과 자아가 바탕이나 기원이 되지 못하게 되었다. 그렇다면 어떻게 다시 자리매김을 해야 할까?

　앞의 맨 끝에 한 말에서 출발해보자. '나'는 '이드'가 있던 곳에서 생긴다. 이 결론 같은 문장에, 의식에 대해 앞에서 한 말도 들어온다. 프로이트는 의식(Bewußtsein) 대신 의식이 됨(Bewußtwerden)을 말한다. 기원이자 바탕이었던 것이 과제이자 목표가 되었다. 이것은 매우 현실적인 문제이다. 정신분석학에서 치료라는 것은 의식의 확장으로, 다른 주인에게 넘겼던 힘 가운데 일부를 자아에게 되돌리는 것이다.

　이처럼 의식을 과제로 보고 자아를 주인이 되는 문제로 볼 때 정신분석학은 코기토와 연결된다. 물론 정신분석학의 비판을 거친 코기토는 프로이트 이전 철학에서 주장했던 코기토가 아니다. 프로이트 이전에는 확실성과 동일성을 혼동했다. 확실성으로 말하면, 의심이나 착오·환상 속에서도 '나는 생각한다, 나는 존재한다'는 정말 확실하다. 내가 착오를 일으켰다 할지라도 그렇게 생각하는 내가 존재해야 한다. 그러나 생각 때문에 나의 존재가 확실하다고 해서, 내가 생각하는(아는) 내가 나라고 할 수는 없다.

　그런데 확실성과 동일성을 혼동하는 경향이 있다. 존재의 확실성, 피히테의 표현을 빌리자면 단적인 판단이 내가 '어떤' 존재라고 하는 판단과 겹친다. 그러나 정신분석학은 존재의 확실성과 '어떤' 존재인가 하는 판단이 겹치는 것을 막는다. 나는 존재한다. 그러나 존재하는 나는 누구인가? 내가 모르는 점이 바로 그것이다. 다른 말로 하면 반성은 의식의 보증을 잃었다. 나는 존재한다는 것이 확실하지만 '나의 모습'은 불확실하다.

그러한 결과는 칸트나 후설의 선험적 철학에서 이미 나타난다. 의식은 '경험' 성질을 띠고 있기 때문에 세상을 지각할 때와 똑같은 잘못과 환상이 있을 수 있다. 후설은 『데카르트적 성찰』 7·9절에서 코기토의 확실성과 의식의 불확실성을 말하고 있다. 내가 누구인지는 감추어져 있다. 그것은 답이 없는 문제로만 남을 수도 있다. 그러나 철학자는 그런 사실을 매우 추상적으로 안다.

그런데 정신분석학에 따르면, 밑바탕에 있는 욕망을 보지 않고 무엇을 이론으로 안다는 것은 아무것도 아니다. 그래서 반성철학자는, 확실성은 직접성이 아니라는 말까지만 함으로써 추상적이고 소극적인 말에 머무른다. 반성은 들여다보는 것이 아니다. 주체철학은 의식의 정신분석이 아니다. 주체철학이 하는 말은 맞지만 힘이 없다.

정신분석을 거쳐야 그런 추상성을 벗고 구체적인 코기토 비판으로 넘어갈 수 있다. 그처럼 구체적인 비판은 거짓 코기토를 해체하고 우상이 된 코기토를 부수어 리비도 대상을 장례 치르는 과정을 시작한다. 주체는 먼저 자기 사랑을 물려받았다. 그 심층 구조는 대상 리비도와 비슷하다. 대상에 대한 리비도와 비슷하게 자아에 대한 리비도가 있다.

'나는 생각한다, 나는 존재한다'는 형식적인 진리를 채우고 있는 것은 그런 환상, 곧 나르시시즘이다. 반성철학의 코기토와 직접 의식의 혼동을 일으키는 것이 바로 그 나르시시즘이다. 나르시시즘 때문에 나는 내가 어떻다고 믿는 대로 존재한다고 믿게 된다. 그러나 만일 주체가 내가 믿는 대로의 모습이 아니라면, 주체를 찾기 위해 의식을 놓아야 한다.

그리하여 의식에 얽매이지 말아야 한다. 그리고 이제 우리는 현상학과 반대인 프로이트 사상을 주체철학에 끌어들여야 한다. 그처럼 직접 의식을 깎아내리다 보면 프로이트의 개념들이 아주 자연주의적이고 '사물적인' 까닭을 이해할 수 있을 것이다. 예를 들어 사람의 정신(심리)을 쾌락 원칙에 따라 움직이는 기계 장치나 기능 작용에 비긴 것이라든지, 심리의 위치를 위상학으로 푼 것이라든지, 투자(카덱시스)나

반투자〔반대 카덱시스〕 같은 경제학 개념으로 쓴 것은 그와 같은 이유에서이다. 이런 모든 개념은 코기토 환상을 물리치기 위한 전략에서 나온 것이다. 그것은 '나는 생각한다, 나는 존재한다'고 함으로써 스스로 기초를 놓는 자가 되는 환상이다. 그러므로 프로이트를 읽으면서 반성은 모험을 치른다.

그 모험의 결과는 상처 입은 코기토이다. 스스로 서지만 스스로를 소유하지 못하는 코기토이다. 직접 의식은 거짓이고 환상이라는 고백 속에서만 참진실을 아는 코기토이다.

주체철학은 그런 비판 말고 다른 무엇을 정신분석학에서 얻을 수 있을까? 거짓 코기토를 해체하는 것이 '소극적인' 열매였다면 주체의 존재가 욕망에 뿌리를 내리고 있다는 것에서 '적극적인' 소득을 얻을 수 있다. 그처럼 욕망과 충동 문제를 들고 나오는 것을 가리켜 메를로-퐁티는 주체의 고고학이라고 이름 붙였다.

프로이트 사상에 들어 있는 그러한 측면은 앞에서 말한 것 못지않게 중요하다. 우상이 된 의식을 깎아내린 것은 새로운 발견의 일부에 지나지 않는다. 새로운 발견은 '경제학'을 말하는데 프로이트 역시 그것이 '위상학'보다 더 근본적인 것이라고 했다. 이 경제학에서 욕망의 '시간' 문제가 나온다. 욕망의 시간은 현실의 질서 잡힌 시간과 관계가 없다는 것이 드러난다. 무의식의 욕망이 '비시간적'이라든지 '무시간적'이라는 점은 의식체계와 다른 무의식체계의 특징이다.

그 점이 우리 존재의 야생적인 측면, 곧 충동이 일어나는 측면을 지배하며 무엇보다도 정서적인 후퇴를 일으킨다. 정신분석에 따르면 신경증이나 모든 환상, 곧 꿈이나 우상·환영 같은 데서 그런 후퇴가 일어난다. 허물 의식에서 생기는 윤리나 벌에 대한 두려움에서 생기는 종교, 어린아이처럼 위안받고 싶은 욕망 따위가 모두 욕망의 고고학적 특징에서 비롯된다.

그처럼 욕망이 먼저이고 고고학적이라는 것은 코기토를 재정립하는데 중요하다. 아리스토텔레스, 스피노자와 라이프니츠 그리고 헤겔처럼 프로이트는 존재 행위를 욕망의 축에 놓았다. 주체가 의식으로 그리고 의지로 바로 서기 전에 이미 충동 차원에서 존재에 놓여졌다. 의식이나 의지 이전에 충동이 앞선다는 것은 존재 차원이 반성 차원보다 앞서고, '나는 존재한다'가 '나는 생각한다'보다 앞선다는 것을 뜻한다.

거기서 코기토를 관념론보다 존재론 차원에서 보는 해석이 나온다. 순수 코기토, 곧 순전히 스스로 서는 행위는 추상이고 텅 빈 것이다. 확실하지만 허무한 것이다. 기호 세계와 그 기호에 대한 해석의 세계를 거쳐야 한다. 멀리 돌아가는 것은 의심해보는 것이다. 코기토는 확실하지만 또한 의심스럽다. 두 가지 면이 같이 있어야 한다. 코기토는 '내가 존재한다'는 점에서는 의심할 수 없지만 '내가 누구인가'에 대해서는 문제로 남아 있다.

그러므로 내가 볼 때 프로이트 사상이 철학에서 수행하는 기능은 추상적인 코기토의 확실성과 구체적인 주체 사이를 벌려놓는 것이다. 둘을 벌려놓고 거기서 거짓 코기토를 비판하며, 자아와 나 자신 사이를 가로막고 있는 자아의 우상을 해체한다. 그 해체는 일종의 장례 행위이다. 대상관계에서 반성관계로 옮겨간 것이다. 프로이트가 '메타심리학'이라고 부른 방법론의 모든 장치, 예를 들어 심리의 '위치'를 말하는 실재론이나 에너지나 경제학으로 푸는 자연주의 그리고 문화 업적을 최초의 충동 대상에서 생겨 진화한 것이라고 보는 관점이 그 해체에 속한다.

그처럼 겉으로 코기토가 빛을 잃는 것은 거짓 코기토를 장례 치르는 데 필요한 전략이다. 그것은 스피노자가 『에티카』 제4부에서 참된 자유를 말하고 제5부에서 지복(至福)을 말하기 전에 앞에서 자의가 거짓으로 확실성을 말하는 것과 같다. 그에게 참된 자유와 지복은 노예 상태를 합리적으로 이해하는 데서 생기는 것이다. 스피노자에게서 그렇듯이 결과적으로 의식의 환상을 버리는 것이 참주체를 다시 찾기 위한 조건이다.

그처럼 참주체를 다시 찾는 일은 내가 볼 때 반성철학이 앞으로 맡아야 할 과제이다. 그 과제를 이렇게 정리해볼 수 있다. 정신분석학을 '주체의 고고학'이라고 한다면, 프로이트 이후 반성철학의 과제는 그 고고학(archéologie)에 목적론(téléologie)을 변증법적으로 연결하는 일이 될 것이다. 아르케와 텔로스, 기원과 끝, 밑의 충동과 위의 문화, 이러한 양극이 있어야 코기토 철학을 추상이나 관념론·유아론에서 떼어놓을 수 있다. 다시 말하면 주체의 위치를 흔드는 주관주의(주체주의)라는 병에서 떼어놓을 수 있다.

프로이트의 고고학적 비판을 거친 주체의 목적론은 어떤 것일까? 헤겔의 『정신현상학』처럼 정신의 형태들을 차츰 건설해나가는 것이다. 그렇지만 '뒤로 가서' 욕망의 형태들을 분석한 바탕 위에서 건설하기 때문에 헤겔과 다르다.

나는 여기서 후설보다는 헤겔을 말하고자 한다. 거기에는 두 가지 이유가 있다. 먼저, 최초 충동력을 '간직하고 있는' 주체의 자연적 차원을 '넘어서는 데'서 헤겔은 변증법을 도구로 사용하기 때문이다. 헤겔의 '지양'(Aufhebung)은 넘어선 것을 아직 간직하고 있다는 점에서 프로이트가 말하는 '승화'나 '동일시'와 같다.

또 하나는 헤겔 자신이 『정신현상학』의 형태(Gestalt)들의 변증법을 욕망의 변증법으로 생각한다는 점이다. 만족(Befriedigung)이라는 정서 문제가 있기 때문에 의식에서 자기의식으로 옮겨간다. 예를 들어 헤겔의 『정신현상학』에는 무한한 욕망이 나오고 욕망이 다른 욕망으로 가지를 치는 예가 나오는데, 그것은 결국 다른 것(타자)에 대한 욕망이다. 그리고 투쟁을 통해 의식의 평등에 도달하는데, 그것을 볼 때 헤겔 철학은 욕망의 삶에 뿌리를 내리고 있는 정신의 목적론적 변증법을 이룬다.

물론 오늘날 헤겔의 정신현상학을 그대로 따를 수는 없다. 헤겔 이후에 새로운 자아 형태와 새로운 정신 형태가 등장했고 새로운 한계가 나타났다. 그러나 여전히 똑같은 문제가 남아 있다. 정신분석학은 뒤로 돌아가는 고고학을 통해 사람의 환상 세계를 밝혀 에너지를 드러냈는

데, 그 에너지를 어떻게 합리적으로 다룰 것인가? 문화는 욕망의 승화인데 그것을 어떻게 빚어낼 것이며 정신의 형상들을 장차 어떻게 엮어낼 것인가?

이러한 문제를 좀 더 분명하게 제기하고, 프로이트의 욕망의 경제학과 헤겔의 정신 목적론을 모두 만족시키는 종합으로 그 문제를 푸는 것, 그것이 프로이트 이후 철학적 인간학이 풀어야 할 과제이다.

2) '구조주의'의 도전

여러 구조주의를 지배하는 것이 기호론 모델이다(106쪽 이하 참조). 여기서는 그것을 자세히 분석하기보다 기호론이 정신분석학과 언어학을 통해 어떻게 주체철학을 공격하는지에 대해 알아본다.

공격은 주로 후설과 후설 이후의 현상학에 대한 것이다. 그 이유는 쉽게 이해할 수 있을 것이다. 현상학은 주체철학을 의미 문제에 바탕을 두고 세우는데, 거기서 생기는 인식론을 바로 기호론이 싫어한다. 좀 더 자세히 말하면 현상학은 세 가지 명제로 이루어져 있다. (1) 현상학에서 말하는 기술(記述)의 범주는 의미이다. (2) 주체가 의미를 쥐고 있다. (3) 환원이라는 철학 행위를 통해 의미를 향한 존재를 낳는다.

서로 떼어놓을 수 없는 이 세 가지 명제는 먼저 발견의 순서를 말한다고 볼 수 있다. 『논리 연구』에서 『이념들 I』까지 세 명제를 위에서 말한 순서대로 발견했다. 거기서는 언어의 의미 작용 한가운데에 논리 의미가 자리 잡고 있음을 볼 수 있다. 그리고 언어의 의미는 의식의 지향성이라는 더 큰 영역으로 들어온다. 연구가 논리 차원에서 지각 차원으로 넓어지면서, 언어 표현과 논리 표현은 좀 더 뿌리 깊은 의미 활동의 반성된 형태임이 드러난다. 어떤 체험이건 체험(Erlebnis)의 특징은 의미 활동이며 그처럼 모든 체험을 이루는 의미 활동은 어떤 판단보다 더욱 뿌리가 깊다. 그리하여 의미는 현상학에서 가장 넓은 범주이다. 그와 함께 자아(에고)도 커지는데, 자아는 의미를 겨냥(visée)하며 사는 존재이고 모든 의미의 축이기 때문이다.

그런데 세 번째 명제는 발견의 순서에 따른 것이며 현상학을 세우는 순서로 보자면 첫 번째이다. 현상학의 창시자가 볼 때, 현상학에서 기술하는 것이 의미 영역이라면 그러한 의미 영역은 선험적 환원을 통해서 드러난다. 선험적 환원은 존재 물음을 모두 존재의 '의미' 물음으로 바꾸는 것이다. 그러한 선험적 환원은 '나는 생각한다' 같은 관념론적 해석과 다르며, 특히 『이념들 I』에서 『데카르트적 성찰』에 이르는 후설 자신의 해석과도 다르다. 선험적 환원은 우리와 세상의 관계를 드러내는 환원이다. 환원 안에서 그리고 환원을 통하여 모든 존재가 현상으로 기술되고 의미로 기술된다.

그러므로 다시 내려가서 현상학을 세우는 순서를 따라야 한다. 환원에서 시작해 '나는 생각한다'의 주체 문제로 간다. 그리고 다시 이론 주체에서 주체와 세상의 매개체인 의미 문제로 넘어간다. 현상학에서는 모든 존재가, 초월을 향한 주체의 체험의 의미로 모아지므로 모든 것이 의미이다.

이로써 현상학을 일반 언어 이론으로 볼 수도 있다. 언어는 단순히 여러 가지 중 한 가지 기능이나 활동이 아니다. 언어는 전체 의미 환경이며, 우리의 지각과 행위와 삶 위에 던져진 그물 같은 기호망이다. 그래서 메를로-퐁티는 후설이 "언어를 중심에 둔다"고 할 수 있다고 했다.[4] 더 나아가 현상학만이 의미의 영역, 곧 언어의 영역을 연다고 주

---

4) 1951년 제1차 국제현상학회의에서 메를로-퐁티는 이렇게 말하고 있다. "철학 전통에서 언어 문제가 제일 철학에 속하지 않았기 때문에 후설은 지각이나 인식 문제보다 언어 문제를 더 자유롭게 다룰 수 있었다. 그는 언어 문제를 중심으로 밀어넣는데, 그가 언어에 대해 한 말은 매우 독특하고 그런 만큼 까다롭기도 하다. 언어 문제 때문에 우리는 후설을 그대로 반복하지 않고 현상학 물음을 물어갈 수 있으며, 그가 하고자 한 것을 다시 시도하지만 그의 명제를 그대로 취하지 않으면서 그의 사고방식을 따를 수 있다"(*Signes*, p.105). 나 역시 메를로-퐁티가 한 이 말을 기꺼이 인용하겠다. 가장 위대한 프랑스 현상학자에 대해 내가 맺고 있는 관계 역시 후설에 대해 그가 맺고 있는 관계와 같기 때문이다. 그대로 따르는 것이 아니라 그의 사고방식을 따른다.

장할 수도 있다. 지각하고 행위하고 말하는 주체가 지향하고 뜻한다는 것을 현상학이 처음으로 철학의 주제로 삼았다고 말이다.

그러나 현상학은 언어 문제를 현대 언어학과 대화할 수 없는 쪽으로 몰고 갔다. 언어학에 바탕을 둔 기호론 분야와도 대화할 수 없다. 가장 대표적인 예가 메를로-퐁티이다. 그의 언어철학을 완전한 성공으로 보지 않는 이유도 거기에 있다.

후설에 이어서 메를로-퐁티가 발동을 걸어놓은 '말하는 주체로 돌아감'은 객관적 기호과학의 단계를 무시하고 너무 빨리 말의 문제로 들어갔다. 왜 그런가? 현상학과 객관성은 처음부터 서로 맞서는 것이었기 때문이다. "언어를 완성된 사실로 보거나 지나간 의미 행위의 잔재로 보거나 이미 획득한 의미의 창고로 볼 때, 말이 지닌 고유한 명쾌함이나 표현의 풍부함을 놓치고 만다. 현상학의 관점에서 볼 때, 다시 말해 말하는 주체가 언어(랑그)를 살아 있는 공동체와 교통하기 위한 수단으로 쓴다고 볼 때는 그와 다르다. 언어는 따로따로 있던 언어학적 사실들이 이룬 혼란스러운 과거의 산물이 아니다. 오히려 언어라는 체계의 여러 요소는 매번 독자적인 표현 행위를 하려고 경합을 벌인다. 현재와 미래를 향하고 있는 것이며 따라서 현실 논리가 지배하고 있는 것이다"(『기호』, p.107)

이 글에서 잘 드러나듯이 현상학은 언어학과 대화가 안 된다. 전혀 대화가 없다. 과학의 대상이 되는 랑그 쪽이 전혀 없다. 언어학이 '과거의 언어'(같은 곳)를 본다는 것은 소쉬르가 한 말과 정반대이다. 소쉬르에 따르면 오히려 체계가 형성되는 것은 말(파롤)이 생길 때이다. 현상학에서는, 공시를 말하는 주체에 두고 통시를 객관적 학문에 둠으로써 주관적 측면이 객관적 측면을 삼켜버린다. 말의 공시가 랑그의 통시를 둘러싸고 있다.

그렇게 보면 문제가 훨씬 쉽게 풀린다. 과거 언어가 어떻게 현재 언어에 깃들어 있는지를 밝히면 된다. 과거의 랑그가 현재의 말에 들어오는 것을 밝히는 것이 말의 현상학이 풀어야 할 과제이다. 내가 말할 때, 뜻하려는 의도는 내 속에 텅 빈 모습으로 있으며 낱말로 그것을 채워야 하는데, 그것은 다음과 같이 채워진다. "이미 무엇을 뜻하거나 말하는 수단들(형태론이나 연사론 또는 어휘, 문학 장르, 이야기 유형, 사건 설명 방식 등)의 배열이 일어나는데, 그걸 듣는 사람은 뭔가 다른 새로운 뜻(의미)으로 받아들이게 되어 있다. 이미 정해진 뜻을 가지고 있던 것이 새로운 뜻을 지닌다. 그런 일이 벌써 말하거나 쓰는 사람에게서 일어난다"(같은 책, p.113).

그러므로 말이란 이미 앞 사람들이 한 말에서 생긴 언어학적 지식을 되살리는 것이다. 앞 사람들이 한 말은 '침전되고' '틀을 갖추어' 내가 사용할 수 있을 정도가 된다. 그것을 사용하여, 내가 말하려고 할 때 내 안에 텅 빈 채로 있는 의도에다 말이라는 형태를 줄 수 있다.

이러한 분석은 『지각의 현상학』에도 많은 부분에 걸쳐 나온다. 거기서도 언어를 이미 얻은 능력에 발동을 거는 짓이라고 보았다. 그런 것이 언어학자들이 언어를 다루는 만큼 언어를 중요하게 다루고 있는 것인가? 자동체계인 랑그를 고려하지 않는다는 사실이 말의 현상학을 무겁게 짓누르고 있다. '침전' 과정을 들먹임으로써 오래된 심리학 개념인 아비투스(*habitus*), 곧 획득된 능력을 말하는 것 같지만, 구조 그 자체가 빠져 있다.

사실 메를로-퐁티가 중요하게 여긴 것은 언어학자들과의 대화가 아니라 철학적 결과였다. 만일 내가 말하는 것이 언제든 사용할 수 있는 침전된 의미체를 재활용한 것이라면, 말은 스스로 투명하지 않고 의식이 주도해 무엇을 이룩하는 것이 아니다. 내 몸이 획득한 능력과 언어 수단을 가지고 '무언가를 가르치는 자발성'[5]을 띠는데, 의식은 그 몸의 자발성에 기대고 있다.

여기서 활약하는 것은 진리의 철학이다. 진리는 언제든지 사용할 수

---

[5] *Phénoménologie de la perception*(『지각의 현상학』), Gallimard, 1945, p.121.

있는 의미체를 새로운 의미로 갖다 쓰는 과정이며, 결코 순수한 절대 의미로 가는 일은 없다. "진리란 곧 침전이다. 침전이란 모든 현재가 내 안에 현존하는 것이다. 그렇기 때문에 철학 주체에서도 모든 시간과의 관계를 객관으로 볼 수 없으며, 살아 있는 현재의 빛을 능가하는 빛은 없다"(『지각의 현상학』, p.120).

이처럼 말의 현상학 또는 말하는 주체의 현상학은 구조주의가 제기하는 문제를 풀지 않고 묻어둔다. 주체 없이 기호가 이룬 자동체계가 어떻게 작동하고 어떻게 새로운 모습으로 발전하며, 어떻게 쓰이고 어떻게 이야기가 될 수 있다는 말인가? 체계가, 말하는 행위 바깥에 존재할 수 있을 것인가? 체계는 주체 활동의 단면을 이루는 것이 아니라는 것인가? 체계는 실제 행위로 나오지 못하는 것이고, 안에서 변화를 품고 있어 주체가 하는 이야기로 나올 준비가 되어 있는 것 아닌가?

이런 질문들이 나올 수 있다. 그러나 아직 이르다. 언어학과 기호론을 거쳐 마지막에 가서 그런 질문을 하도록 하자. 그리고 그처럼 길게 돌아가려면 주체 물음을 접어두고, 말하는 주체에 관한 것도 뒤로 미루어야 한다. 그래야 기호론을 제대로 살필 수 있다.

먼저, 구조주의 언어학이 주체철학에 던지는 도전이 있다. 구조주의에서 말하는 의미는 주체가 지향하는 의미와 다르다. 다른 영역에 자리 잡고 있다. 그러한 자리바꿈은 정신분석학이 직접 의식의 의미 효과를 두고 제기하는 자리바꿈과 같다. 그러나 프로이트 위상학과는 다른 공식체계에서 나온 것이다.

앞(106쪽 이하)에서 거기에 대해 말했으므로 여기서는 간단히 짚고 넘어가자. 첫째 공식: 랑그와 말의 이분법(작용 법칙은 랑그이며 제도적 성격과 사회의 구속력이 랑그에 해당한다. 실행하는 것은 말이고 개개인이 일으키는 혁신과 자유로운 결합이 말에 해당한다). 둘째 공식: 통시가 공시에 포함됨(체계 인식이 변화 인식보다 앞선다. 변화는 한 상태의 체계에서 다른 상태의 체계로 옮겨가는 것에 지나지 않는다). 셋째 공식: 언어를 실체로 보는 관점——음성 실체와 의미 실체——이 형식 관점으로 모두 바뀐다. 정해진 내용이 없을 때 언어는 차이로 이루어진 기호체계에 지나지 않게 된다. 그런 체계에는 뜻——무슨 생각의 내용을 뜻이라고 한다면——이 없다. 다만 소극적이고 대립적인 비교값이 있을 뿐이다. 따라서 구조주의 가설이 목표로 하는 것은 분명하다. 그것이 넷째 공식이다. "언어를 언어 안에서, 곧 낱말과 구조에서 서로 의존하는 자동 물체로 보는 것이 과학적이다."[6]

다시 말해서 기호의 체계에는 밖은 없고 오직 안만이 있다. 기호 폐쇄의 공식이라고 부를 수 있는 이 마지막 공식에 다른 공식들이 모두 들어 있다. 현상학에 가장 큰 도전도 그것이다. 현상학에서 언어는 객관이나 객체가 아니며 매개체이다. 언어를 통해서, 언어를 거쳐서 우리는 현실로(어떤 현실이든) 나아간다. 무엇에 대해 무언가를 말하는 것이 언어이다. 언어는 빠져나가 자신이 말하는 것을 향한다. 가리키는 지향운동 속에서 자기를 넘어선다.

구조언어학에서는 언어가 스스로 만족한다. 모든 차이가 이미 언어 속에 내재하고 체계가 말하는 주체에 앞선다. 그렇게 되면 결국 구조주의에서 말하는 주체는 '또 하나의' 무의식으로, 충동을 일으키는 무의식과 비슷한 위치에 있다. 물론 프로이트의 무의식과 똑같은 것은 아니다. 아무튼 이처럼 또 다른 무의식으로 그리고 또 다른 의미 위치로 눈을 돌리면 반성하는 의식은 타격을 입는다. 프로이트의 무의식이 준 타격과 같다. 구조주의와 정신분석을 합쳐서 '기호론'의 도전이라고 묶어 말할 수 있는 까닭이 거기에 있다.

그와 같은 구조주의의 도전에 맞서려면 어떤 주체철학이 필요할까? 현상학의 세 가지 명제를 다시 기억해보자. 의미 이론, 주체 이론, 환

---

6) L. Hjelmslev, *Essais linguistiques*, Copenhagen, 1959, p.21.

원 이론인데, 우리는 이미 앞에서 이 세 가지 명제가 서로 연결되어 있음을 보았다. 이 글에서 우리가 가장 중요하게 생각하는 것은 물론 주체 이론이다. 그러나 앞에서 보았듯이 주체 이론은 의미 기술의 관점에서 의미 이론에 바탕을 두고 있으며, 선험적 관점에서 환원 이론에 바탕을 두고 있다. 그래서 우리는 의미 이론과 환원 이론에서 출발해야만 주체 문제로 갈 수 있다.

그렇다면 기호론의 도전 이후 현상학의 의미 이론은 어떻게 되었는가? 새로운 의미의 현상학은 말을 기술하는 데 만족할 수 없다. 말의 기술만 이야기하면 결국 언어학 이론을 인정하지 않게 되고, 구조가 과정에 우선하여 제일 공리가 된다는 이론을 인정하지 않게 되기 때문이다. 그들은 언어가 체험 세계 쪽으로 열려 있다고 보고, 그처럼 '열린' 언어와 구조주의 언어학에서 말하는 '닫힌' 기호 세계를 모두 인정하는 쪽으로 가지도 않는다. 그러나 오늘날 말의 현상학이 가능하려면 랑그의 언어학을 거쳐야 한다. 기호론의 전제들과 하나하나 싸워가며 기호의 초월관계 또는 그 지시성을 획득하는 수밖에 없다.

그런데 언어에는 요소들이 이루는 통일과는 또 다른 통일이 있다. 곧 음운의 통일이나 어휘의 통일이나 연사의 통일 말고 다른 데서 생기는 새로운 언어학적 통일이다. 의미의 현상학은 바로 거기에 바탕을 두어야 하는데, 그것은 랑그 쪽이 아니라 말이나 담론 쪽에 가깝다. 그것은 바로 '문장' 또는 언술이다. 우리는 그것을 기호론적 통일이라기보다는 의미론적 통일이라고 해야 할 것이다. 그것이야말로 정말 '뜻하기' 때문이다.

그러므로 기호와 기호의 차이 문제를 제기했다고 해서 의미 문제가 사라지지는 않는다. 두 문제는 서로 차원이 다르다. 기호의 철학과 표상의 철학 가운데 하나를 선택해야 하는 것이 아니다. 기호의 철학은 기호를 말을 이루는 잠재체계 차원에서 본다. 표상의 철학은 말이 생겨나는 시점에 서 있다. 기호가 차이로 이루어졌다 해도 그 기호가 세상을 가리킨다는 점에서 의미론 문제는 기호론 문제와 다르다. 그처럼 기호가 세상을 지시하는 것을 차이와 비교해 표상 작용(représentation)이라고 부를 만하다. 중세 이후로 데카르트나 칸트 그리고 헤겔 전통에서도 그렇게 불렀다.

벤베니스트가 그런 전통의 의미를 정확히 증언해주고 있다. 그는 '무엇을 말함'과 '뜻함'과 '표상함'을 비슷한 것으로 본다.[7] 기호와 기호를 마주 세우는 것, 그것은 기호론이 할 일이다. 기호를 통해 현실을 표상하는 것, 그것은 의미론이 할 일이다. 그리고 앞의 것이 뒤의 것에 종속된다. 기호론은 의미론을 위해 있다. 언어가 분절되는 것은 뜻하고 표상하는 기능을 위해서이다.

기호론과 의미론이 이처럼 크게 다르다는 것을 말해놓고 나서, 그 둘을 접근시킬 수 있다. 그래서 문장의 언어학을 연구하고, 의미와 지시의 논리학(프레게나 후설 방식으로)을 거친 다음 말의 현상학(메를로-퐁티를 따라)으로 간다. 그러나 말의 현상학으로 바로 건너뛸 수는 없다.

의미론을 일단 접어두고, 구조 분석을 거쳐 분류체계를 잡는다. 먼저 음성학과 통사론과 어휘 차원을 세우고 그 위에 말의 차원을 세워야 한다. 사실 사람은 순간순간 낱말의 의미(sens, 의미는 관념이고 비현실이다)를 먼저 이룩하고 그다음에 그것이 무엇을 지시해(référence) 진리와 현실 이해가 일어난다. 후설의 말에 따르면 채우는 일이 일어난다. 오직 그때에만 메를로-퐁티가 말하는 것, 곧 표현이 지향하거나 겨냥하는 것을 다시 찾을 수 있다. 표현이 지향하는 것은 물론 심리 차원의 문제가 아니다.

어쨌든 말을 분석하면서 언어(랑그) 문제를 다루면 말의 언어학적 특

---

[7] E. Benveniste, *Problèmes de linguistique générale*, Paris, 1966 참조. "언어학자들뿐 아니라 대개 말하는 사람이 바로 느끼기에도 언어는 '무엇을 말하는' 기능을 지니고 있다. 언어의 목적이 되는 그 무엇은 정확히 무엇일까? 언어 그 자체와의 관계에서 어떤 자리를 차지하는 것일까? 여기서 의미의 문제가 제기된다"(p.7). 그런데 그 기능은 "'기호'를 통해 현실을 표상하는 능력이고, 기호를 현실을 표상하는 것으로 보는 능력"(p.26) 바로 그것이다.

성이 되살아난다. '몸짓'의 연장선에서 직접 그런 특성을 찾는 것은 불가능하다. 오히려 사람의 몸짓이 어떤 기표로 등장하는 것은 말 때문이며, 먼저 기호가 의미 효과를 일으키기 때문이다. 표현의 철학 또는 의미의 철학을 하면서 기호론과 논리 차원을 거치지 않으면 의미론의 문턱을 넘을 수 없다.

그러나 이번에는 반대로 해보자. 기호체계는 의미론 차원에서 현실이 된다. 의미론 밖에서는 기호체계를 전혀 알아볼 수 없다. 더 나아가, 지시하는 기능을 빼면 기표와 기의의 구분이 필요 없을 것이라는 물음을 가질 수밖에 없다. 기표와 기의는, 옐름슬레우 비언어학 기호와 언어학에서 말하는 기호를 구분하기 위한 기준으로 사용되었다. 비언어학 기호란 표현 차원과 내용 차원이 구분되지 않는 것을 가리킨다. 그렇다면 초월운동을 통해 기호의 내부 통일을 이룩하는 것은 겨냥된 의미가 아닐까? 문장 요소, 특히 낱말에 부여되는 것도 그 겨냥된 의미이다.[8] 기표와 기의를 조절하고 무엇을 가리키도록 방향을 잡아주는 것이 없다면 기표와 기의가 같이 붙어 있을 수 있을까?

기호론체계는 '분절'을 이루는 조건들의 집합이다. 그런 분절 없이 언어는 성립하지 않는다. 그러나 그때 분절된 것은 아직 뜻하는 힘을 지닌 언어가 아니다. 오직 체계들의 체계일 뿐이며 우리는 그것을 랑그라고 부른다. 잠재하는 그 랑그가 말을 가능하게 하지만 랑그는 말의 마디마디에만 존재한다. 잠재태와 현실태, 분절과 활용, 구조와 기능의 차이이다. 또는 다른 데서 말한 대로 체계와 사건의 차이이다.

이와 같은 뜻의 이론을 주체 이론으로 끌고 가려고 한다. 주체 이론은 앞에서 말한 대로 방해물에서 힘을 얻을 것이고, 적과 동침할 것이다.

---

[8] 어휘 기호인 낱말이 문장에서 차지하는 위치에 관해서는 제1장의 「구조 · 낱말 · 사건」 참조. 낱말은 기호론과 의미론이 이어지는 곳이요, 말할 때마다 그 형식과 내용이 이어지는 곳이다.

언어가 무엇을 가리키고 거기에 주체가 들어가는 것은 언어가 의미 효과를 내는 것과 같은 차원에서 발생한다. "누가 말하는가?" 하는 물음은 랑그 수준에서는 별 의미가 없으므로, 체계는 익명이고 주체가 없다. 문장에서 비로소 언어의 주체 물음이 생긴다. 그 주체가 나이거나 내가 생각하는 누군가가 아닐 수 있다. 그러나 "누가 말하는가?" 하는 물음이 문장 차원에서 생긴다는 것은 분명하다.

여기서도 역시, 후설이나 후설 이후의 현상학에서 이룩한 분석을 그대로 되풀이하는 것은 쓸데없는 일이다. 오히려 그것을 앞에서 말한 방식대로 언어 영역으로 끌어들여야 한다. 문장과 낱말로 기호론에서 의미론으로 옮겨가는 것을 밝혔듯이, 주체가 어떻게 자기가 하는 말에 등장하는지를 밝혀야 한다.

그런데 말하는 주체의 현상학을 뒷받침하는 것은 언어학자들이다. 언어학에서는 인칭대명사와 동족관계에 있는 동사에 관한 연구, 고유대명사, 동사 그리고 동사의 시제에 관한 연구, 긍정과 부정에 관한 연구, 또 일반적으로 말의 순간순간에 들어 있는 대화 형식에 관한 연구가 이루어져왔다. 그러한 연구 결과에 따르면, 말의 순간순간은 언어학의 랑그 체계에 말의 현상학을 약간 덧붙이는 정도로 끝날 수는 없다. 아예 말이라는 작품 속에서 랑그와 말이 엮이는 것으로 보고 있다.

한 가지 예를 들어보자. 벤베니스트는 인칭대명사 그리고 동사에서 인칭의 관계 문제에 대해 중요한 연구를 했다.[9] 인칭대명사(나-너-그)는 먼저 랑그와 관련이 있다. 틀림없는 사실이다. 말하는 순간순간에 대명사가 끼어드는 것을 해석하기에 앞서 인칭의 관계 구조에 대한 연구가 필요하다. 그리하여 '나'와 '너'는 '그'에 맞선다. 인칭이 비인칭에 맞서는 것이다. 그리고 나와 너도 서로 맞선다. 말하는 자와 말 상대가 맞서는 것이다.

---

9) E. Benveniste, *Problèmes de linguistique générale*, Paris, 1966, pp.226~236, 251~266.

그러나 그와 같은 구조 연구로 관계를 모두 알아낸 것은 아니다. 아직 서론 정도에 지나지 않는다. '나'의 뜻(signification)은, 말하는 자가 자기를 가리키기 위해 '나'라는 낱말을 자기 것으로 삼을 때 생긴다. 그러므로 '나'의 뜻은 매번 새롭다. 그 낱말은 그것을 품고 있는 말하고만 함께한다. "'나'는 지금 말을 하는 개인이다. 언어학 차원의 '나'는 거기에 포함되어 있다"(Benveniste, 같은 책, p.252). '나'라고 하면서 자기를 가리키는 특정한 개인이 없다면 인칭대명사는 텅 빈 기호이다. 랑그 차원의 대명사는 누군가 그 텅 빈 기호를 자기 것으로 삼아 랑그를 말로 바꿀 때 그러한 전환의 도구로 쓰이기를 기다린다.

우리는 랑그와 말(파롤)을 그런 식으로 이해한다. 그것은 부분적으로 특정한 기호들에 바탕을 두고 있다. 거기서 인칭대명사는 지시사나 시간·장소를 나타내는 부사 옆에 나란히 선다. 그러한 기호들은 어떤 대상을 지정하지 않고 지금 말하는 것을 가리킨다. 그것은 어떤 사물에 이름을 매기는 것이 아니라 '나' '여기' '지금' '이것' 따위, 다시 말해 어떤 청중을 놓고 어떤 상황에서 말하는 주체의 관계를 가리킨다. "언어가 그런 식으로 조직되기 때문에, 말하는 사람은 자기를 '나'라고 하면서 랑그 전체를 자기 것으로 삼는다"(같은 책, p.262).

동사의 문제도 같은 방식으로 이해할 수 있다. 한편에는 주어진 랑그를 특징짓는 시간의 관계 구조가 있다. 그런가 하면 다른 편에는, 문장 속에서 시간을 내밀어 언술 전체의 시제를 결정하는 것이 있다. 말을 하면서 말하는 상황에 따라 지칭되고 다른 시간들을 한눈에 들어오도록 묶는다. 그처럼 동사가 말할 당시와 관련되는 것은 지시사(이것·저것……)나 부사(여기·저기……)의 지시 기능과 비슷하다. "말할 당시에서 언어학 차원은 시간 지시가 된다. 말해진 사건과 그 사건을 말하는 순간의 일치이다"(같은 곳).

그렇다면 '나'는 언어의 창조물인가? 언어학자 벤베니스트는 그 정도까지 나가려고 한다.[10] 그러나 현상학자는 그것에 반대한다. 그들은 말하는 자가 스스로 주체가 되고 듣는 사람과 마주 서는 것은 언어 바깥의 차원이라고 보았다. 인칭대명사에 언어 바깥의 차원이 전제되어 있다는 것이다. 그런 주장은 기호론과 의미론을 구분하는 태도에 따른 것이다. 거기서 기호가 '내부'의 차이가 되는 것은 오직 랑그 차원에서이다. 텅 빈 기호인 '나'와 '너'는 랑그의 창조물이다. 그러나 그 텅 빈 기호를 '지금 여기서' 사용하는 것, 그래서 '나'라고 하는 낱말이 뜻(signification)을 지니고 의미를 얻게 되는 것은 주체가 등장해서 그 기호를 자기 것으로 삼아 표현할 때이다.

물론 '나'의 자리는 '나'라는 표현과 같이 발생한다. 그러나 '나'라는 표현은 지시사 '이것'이 그것이 가리키는 세상을 창조하는 것은 아니듯이 '나'의 등장을 창조하는 것은 아니다. 세상이 스스로 드러나듯이 주체도 스스로 등장한다. 대명사와 지시사는 그와 같은 등장과 드러남에 이바지할 뿐이다. 주체의 등장과 세상의 드러남은 언어 이전이요 언어 너머이다. 대명사와 지시사는 그러한 절대 등장과 절대 드러남을 가리킨다. 언어는 뭔가에 대해 뭔가를 말하기 때문에 언어 너머를 향해 있으며, 언어 이전에 행위하는 주체를 향해 있다. 그러므로 언어는 그 자체로는 목적도 바탕도 아닌 오직 '매개체'일 뿐이다. 언어 안에서 그리고 언어를 통해 주체가 등장하고 세상이 드러난다.

이쯤에서 현상학의 과제를 요약하면, 모든 코기토 전통에서 주장하는 이 주체의 등장이 언어 안에서 이루어져야 하며 그 바깥에서 이루어져서는 안 된다. 물론 기호론과 현상학의 차이는 유지되면서, 말에서 주체가 드러나게 해야 한다. 다시 말하면 잠재체계인 랑그가 말이라는 사건이 되는 행위에서 주체가 드러나야 한다.

아직 현상학에서 말하는 주체를 선험적 환원과 연결하는 문제가 남아 있다. 현상학에서 주체가 의미나 환원 문제와 어떤 관계에 있는지는

---

10) "언어만이 현실 속에서 에고 개념의 바탕을 마련한다. 여기서 현실은 존재 현실이다"(앞의 책, p.259).

앞에서 보았다. 첫 번째 관계는 앞에서 보았듯이 기술 차원에 있다. 주체는 현실 세계와의 관계 속에서 자기와 관계한다는 것이다. 현실을 보는 것과 자기를 돌아보는 것이 같이 간다. 두 번째 관계, 곧 환원 문제는 기술 차원에서 볼 때는 첫 번째 관계에 새로 더해지는 것이 없다. 다른 무엇을 보면서 자기를 보는 것이 가능하기 위해 필요한 조건 문제이다. 그래서 그것은 '경험'이 아닌 '선험'이다.

그렇다면 구조주의 이후에 선험적 환원은 어떻게 되는가?

알다시피 후설에게 환원은 의식으로 하여금 세상에서 떨어지면서 절대의식이 되게 하는 최우선의 철학 행위이다. 환원을 통해 모든 것은 의식에 대한 의미가 되며 그런 식으로 의식과 관계한다. 그런 환원으로 말미암아 후설의 코기토는 관념론의 전통 한가운데에 끼게 된다. 데카르트의 코기토와 칸트의 코기토 그리고 피히테의 코기토의 연장선에 있게 된다. 더욱이 『데카르트적 성찰』은 의식의 자동 충족 쪽으로 한참 더 나아가며 철저한 주관주의를 이룩한다. 그리하여 유아주의(唯我主義)를 이루는 일 말고 다른 길을 열어놓아야, '나는 생각한다'에서 타자, 곧 남을 배제한다.

그처럼 환원이 관념론에 서서 의식에 특권을 부여하면 구조주의 언어학과 부딪히게 된다. 말보다 랑그를 중시하고 과정보다 체계를 중시하며 기능보다 구조를 중시하는 구조주의와 어울릴 수 없다. 구조주의에서 볼 때 현상학이 의식에 부여한 절대 특권은 절대 편견이다. 그리하여 주체철학은 최대의 위기를 맞는다.

그러면 절대의식의 편견과 함께 환원도 버려야 할 것인가? 아니면 환원을 달리 해석할 길이 있을까? 나는 새로운 길을 제시하려고 한다. 환원을 새롭게 해석해서 우리가 현상학의 축이라고 한 '뜻' 이론과 연결시키려고 한다. 그러므로 우리는 환원을 자연적 태도에서 현상학적 태도로 바로 건너뛰는 것으로 보지 않는다. 단번에 의식을 존재에서 떼어놓지 말고 기호를 거치기로 하자. 그때 환원은 의미관계와 상징 기능을 가능하게 하는 어떤 조건처럼 된다.

그와 같이 언어철학과 연관해서 볼 때 환원은, 더 이상 존재를 떼내고 의식만 남기는 그런 환상 같은 작업이 아니다. 이제 환원이 말하는 선험은 언어의 '선험'이다. 환원 때문에 사람은, 여러 자연 사물 가운데 하나의 자연물이 아닐 수 있게 되고 기호로 현실을 가리키면서 현실과 관계를 맺게 된다. 그처럼 환원을 언어철학과 연결해서 새롭게 해석하면, 결국 현상학을 의미의 일반 이론 또는 일반 언어 이론으로 보는 것이다.

그 길로 나아가보자. 레비-스트로스의 유명한 글「마르셀 모스 입문」도 우리의 생각을 뒷받침한다. "언어가 언제 어떻게 나타났는지 알 수 없지만 어느 순간 갑자기 나타났을 것이다. 사물이 서서히 의미를 지니게 될 수는 없었을 것이다. ……그러나 앎의 영역은 그처럼 급격한 변화를 거치지 않고 점차 조금씩 발전했을 것이다. 다시 말해서 세상이 단번에 무언가 뜻하게 되었지만 그만큼 인식된 것은 아니다. 물론 언어가 출현하면서 인식의 발전도 빨라졌을 것이다. 그러므로 인류의 정신사를 보면 상징과 앎이 처음부터 맞서 있다. 상징은 불연속이고 앎은 연속이다……."[11]

그러므로 상징 기능은 기호에 대한 일반 학문, 곧 기호론이 다룰 수 있는 기호들과는 차원이 다르다. 상징은 나누고 분류할 수 있는 것이 아니다. 오히려 가능 조건이다. 여기서 생각해볼 수 있는 것은 사람이 기호의 세계 속에서 탄생한다는 점이다.

그런 각도에서 볼 때, 상징의 기원 문제는 현상학의 환원에 대해 매우 새로운 해석을 불러일으킨다. 이렇게 말할 수 있다. 환원은 뜻의 시작이다. 그리고 그 시작은 무슨 연대기에 따른 것이 아니다. 역사 사건이 아니라 선험적인 일이다. 마치 사회 계약으로 사회가 시작되었다고 할 때와 같다. 그런데 그 두 개의 시작, 곧 사회의 시작과 뜻의 시작은

---

[11] C. Lévi-Strauss, "Introduction à l'œuvre de Marcel Mauss," in Marcel Mauss, *Sociologie et anthropologie*, Paris, 1950, p.42.

그 뿌리에서 볼 때는 같다. 레비-스트로스의 말에 따르면 상징 기능은 사회생활의 기원일 뿐 결과가 아니다. "모스는 상징의 사회학을 만들 수 있다고 보았지만, 오히려 사회의 기원에서 상징을 찾아야 할 것이다"(같은 책, p.23).

그러나 반론이 있을 수 있다. 기호의 출현에는 거리와 차이가 필요하지만 주체가 꼭 필요한 것이 아니라는 주장이다. 상징이 갑자기 출현했다고 보는 레비-스트로스조차도 주체를 언어의 기원에 두는 철학을 강력하게 반대하고, 심지어 '생각의 무의식적 범주'[12]를 말하기까지 한다. 그렇다면 생각의 무의식적 범주들끼리의 차이가 중요해지고, 그처럼 주체 없는 차이는 언어학에서 말하는 차이들의 조건이 된다. 언어학에서 말하는 차이는 기호와 기호의 차이 그리고 기호 속에서 기표와 기의의 차이를 말한다. 생각의 무의식적 범주들의 차이는 모든 경험적 차이들, 곧 기호들끼리의 차이나 기호 속에서의 차이들을 가능하게 하는 선험적 차이이다. 그런 선험적 차이를 두고 후설은 선험적 주체를 세우려고 했으니 큰 잘못이 아닌가? 정말 그 차이가 기호의 차이라면 차이를 '비주체화'해야 한다.

만일 그와 같은 반대 주장이 타당하다면 주체철학을 살리려는 우리로서는 얻는 것이 없다. 환원을 상징 기능의 기원으로 보려는 노력이 쓸모가 없어진다. 차이를 안고 있는 선험적 질서에는 선험적 주체가 들어갈 여지가 없다고 보기 때문이다.

그런데 그 반대 주장은 옳지 않다. 기호론 차원과 의미론 차원을 혼동하고 있다. 말은 랑그와 다르며, 뜻한다는 것은 기호와 다르다. 그러므로 기호 세계의 가능 조건을 생각하면 뜻의 세계의 가능 조건을 빠뜨린다. 뜻의 세계야말로 구체적으로 살아 있는 언어 현실이다.

언어의 선험적인 것을 찾아나섰다가 랑그에서 말로 가는 것을 빠뜨린 탐구 활동이, 언어의 조건 가운데 주체 측면을 발견하지 못하고 차

---

12) C. Lévi-Strauss, *Anthropologie structurale*, Plon, 1958, p.82.

이라는 소극적인 조건만 찾아내는 것은 당연하다. 물론 그 차이가 전혀 문제가 되지 않는 것은 아니지만 첫 번째 차원에 지나지 않는다. 환원은 차이를 선험으로 생산하는 것이고, 기호론에서 말하는 차이는 그런 환원의 첫 번째 차원에 지나지 않는다. 의미관계에 들어 있는 그런 소극적인 차원을 후설도 알고 있었다. 그는 그것을 '중지' '괄호에 넣음'이라고 부르고 곧바로 자연적 태도에 적용했다. 자연적 태도와의 차이에서 현상학적 태도가 튀어나온다. 만일 후설이 거기서 생겨나는 것을 의식이라고 부른다면, 그 의식을 만드는 차이는 기호로 말미암아 자연스러움과 일상 태도를 버리는 것을 뜻할 뿐이다. 그러나 기호론에서 볼 때 그 의식에는 자기론(égologie)의 모습이 없다. 의식은 '영역'일 뿐이며, 생각(cogitationes)의 영역일 뿐이다. 잘라 말하면 '나 없는 의식'도 얼마든지 생각할 수 있다. 사르트르의 유명한 논문 「자아는 초월」(la Transcendance de l'ego)에서 그것을 분명히 볼 수 있다. 자연과의 차이를 통해, 또는 레비-스트로스가 말하는 대로 '세계 전체가 단번에 무엇을 뜻하게 하는' 언어의 출현을 통해 의식이 탄생하지만 거기에 꼭 주체가 필요한 것은 아니다. '생각하는' 영역이면 된다. 이런 결론에 도달해도 놀랄 만한 일은 아니다. 기호론은 주체가 없는 체계를 찾는 학문이기 때문이다.

   그러나 언어가 기호론으로 모두 해결되는 것은 아니다. 랑그에서 말로 가야 한다. 그때에만 뜻을 말할 수 있다.

   그처럼 기호에서 뜻으로, 기호론에서 의미론으로 가면 환원은 어떻게 되는가? 단순히 떨어지고 물러나며 차이를 만드는 소극적인 차원에 머무를 수 없다. 적극적인 차원으로 나가야 한다. 자연적인 관계와 차이를 두면서 멀리했던 존재가 세상을 향하고 품고 잡으며 이해할 수 있게 해야 한다. 그러한 움직임은 매우 적극적인 측면이다. 여기서 귀스타브 기욤(Gustave Guillaume)의 표현대로 기호가 세상을 향한다. 무엇에 대해 무언가를 말하는 문장이 탄생하는 순간이다. 이제, 사물에 대한 자연적인 관계를 중지하는 것은 뜻하는 관계를 세우기 위한 소극적인 조건임이 밝혀졌다. 차이는 지시 원리의 뒷면이다.

그러므로 환원을 소극적으로가 아니라 적극적으로 받아들여야 한다. 기호론이 의미론을 누른 언어 모델에서 나온 차이의 실체를 한풀 꺾어야 한다.

그러나 만일 환원을 적극적으로 이해하고 세상을 가리키기 위한 조건으로 이해한다면, 주체 차원에 대해서도 생각해야 한다. 말이 나가는 순간 주체가 스스로를 가리킬 수 있게 되는 조건이 또한 환원이다. 적극성과 주체성은 함께 간다. 앞에서 우리는 세상이 드러나는 것과 주체가 등장하는 것이 같이 일어난다고 했다. 마찬가지로 세상을 지시하는 것과 자기를 지시하는 것도 함께 일어난다. 말을 하면서 주체가 끼어들어 주체의 모습이 형성되지 않는다면, 현실을 겨냥하거나 진리를 찾는 것은 불가능하다.

그러므로 기호를 기호로 만드는 차이의 기원에 주체가 없을 수는 있지만 지시의 기원은 전혀 그렇지 않다. 그런 점에서 이렇게 말할 수 있다. 기호를 매개로 현실을 가리키는 상징 기능은 차이와 지시라고 하는 두 개의 원리를 모두 생각해야 완전해진다. '무의식' 같은 범주와 '자기론'의 범주를 모두 생각해야 한다.

'상징'은 모든 교환(그것에는 기호들의 교환도 포함된다)을 어떤 법칙과 규칙 아래에서 이룰 수 있는 힘을 지닌다. 다시 말하면 주체를 초월한 익명의 원리 아래에서 이룰 수 있는 능력이다. 그러나 다른 각도에서 보면 사건 속에서 또는 교환 속에서 그 규칙을 실제로 가동하는 능력이기도 하다. 그런 교환이 일어나는 본보기가 바로 말이다. 말은 나를 주체로 끌어넣고 물음과 응답의 상호성 속에 나를 집어넣는다.

우리가 종종 잊어버리지만 상징이라는 낱말의 뜻을 생각하면 그 점을 알 수 있다. 상징은 단순히 수학 차원이 아니라 사회 형태를 띠고 있으며, 주체들끼리 서로 인정하는 법칙을 품고 있다. 오르티그(Edmond Ortigues)는 바로 그 점에서 레비-스트로스와 다르다. 레비-스트로스에게 상당히 기대고 있지만 그는 자기 책에서 이렇게 말한다. 그 법칙은 "모든 의식으로 하여금 남을 거쳐 자기에게로 돌아가게 한다. ……
모든 주체 안에서 일어나는 그런 과정 없이 사회는 존재할 수 없다."[13]
이제 환원은 '남을 거쳐 나에게로 돌아오는 것'이고, 선험은 기호의 선
험이 아니라 뜻하기(signification)의 선험이다.

　기호론의 도전이 있은 후 진짜 '주체로 돌아가는 길'이 그렇다. 언어
문제를 생각하면서 도중에 멈추지 않고 기호론에서 의미론으로 넘어가
야 한다. 그렇게 볼 때 환원에서 생기는 주체는, 뜻이 있는 삶이 시작되
는 바로 그 지점이다. 거기서, 말해진 세상과 말하는 사람의 존재가 동
시에 발생하는 것이다.

3) '나는 존재한다'의 해석학을 향해

　이 글을 구성하는 두 개의 분석을 서로 연결해야 할 때가 왔다. 비판
이 모아지지 않고 서로 맞서는 것 같아 놀랐을지 모르겠다. 한편으로는
두 개의 '실재론', 곧 '이드'의 실재론과 랑그 구조의 실재론을 포개기
가 쉽지 않다. 정신분석학에서 말하는 위상학 관점, 경제학 관점, 발생
학 관점과 기호론에서 말하는 구조와 체계에 공통점이 있는가? 충동이
이루는 무의식과 구조주의에서 말하는 범주 무의식에는 어떤 공통점이
있을까?

　두 방향의 비판이 서로 다른 전제를 바탕으로 이루어진 것이므로 주
체철학을 새롭게 하는 효과도 서로 다를 수밖에 없다. 그러므로 주체
철학에 미래가 있으려면 정신분석학과 구조주의의 비판을 하나로 받
아들여야 한다. 정신분석학과 기호론의 가르침을 함께 묶어 생각할 수
있는 틀을 마련하는 철학이라야 한다. 거기에 기여하는 방향으로 발걸
음을 내딛으려는 것이 이 글의 목적이다. 탐구와 모색의 발걸음이 될
것이다.

　(1) 말하는 주체 문제를 다루면서 우리는 정신분석학을 논의하며 결

---

13) Edmond Ortigues, *Le Discours et le Symbole*, Paris, 1962, p.199.

론으로 돌아가서 그것을 새로운 관점에서 보게 된다. 앞에서 우리는 프로이트가 인격 분석에 늘 자아를 염두에 두듯이 위상학에 의식이 늘 전제하고 있음을 보았다. 정신분석에 따르면, '나는 생각한다'의 확실성에 도달하지 못하고 오직 나는 내가 느끼는 대로의 나라는 믿음에 도달할 수 있을 뿐이다.

'나는 생각한다'의 절대 확실성과 의식의 믿음 사이에 생기는 그와 같은 괴리를, 말하는 주체 문제와 연결시켜보자. 그러면 다음과 같은 아주 중요한 결론이 나온다. '나는 생각한다'의 확실성의 핵심은 상징 기능의 선험성이다. 다른 말로 하면 의심할 수 없는 것은, 물러서서 거리를 만들어 기호를 가능하게 하는 행위이다. 그리하여 사물에 대해 원인이 아니라 뜻하는 방식으로 존재하게 하는 것, 확실성은 바로 거기에 있다.

이처럼 절대 확실성과 상징을 연결하면 어떤 이득이 있는가? 정신분석학을 생각하는 철학이 이제부터 뜻과 의미 세계 속에서 전개된다는 것이다. 주체가 말하는 주체라면, 정신분석학을 거친 반성이 기표와 기의의 세계 속에서 모험을 계속한다. 그처럼 정신분석학을 기호론의 빛에서 다시 읽는 것은, 여러 가지 인문과학의 연구 성과를 묶어보려는 철학적 인간학에 부여된 1차 과제이다.

사실 프로이트는 충동을 말하면서도 늘 밖으로 드러나는 표현 차원에서 말하고 풀어야 할 의미 효과와 연결해 말하고 있다. 그런 표현과 의미 효과는 텍스트로 여길 수 있는 것들이다. 꿈 텍스트 또는 증후 텍스트이다. 분석 역시 말하고 듣고 하는 말의 작업인 한, 기호 세계에서 펼쳐지는 것이다. 그처럼 기호 세계에 속해 있기 때문에 분석 경험의 의사소통이 가능하고 인간의 다른 경험과 같이 놓고 볼 수 있는 것이다. 철학은 바로 그런 모든 경험을 생각하고 이해하려는 것이다.

정신분석학의 특이한 점은, 풀어야 할 의미 효과가 힘의 관계를 표현한다는 것이다. 프로이트 이론의 모호함이 여기에 있다. 힘의 언어와 뜻(의미)의 언어라는 서로 다른 두 세계를 가지고 작업을 하는 것 같다. 힘의 언어는 힘의 충돌을 말하고 카덱시스와 비카덱시스 또는 반대 카덱시스 같은 경제 차원을 말한다. 의미 언어는 증상의 의미나 꿈을 생각하거나 거기서 서로 엇갈리는 말과 관련된 언어이다. 거기서 해석으로 밝히려는 것은 의미와 의미의 관계이다. 겉뜻과 속뜻 사이에는 알 수 없는 텍스트와 알 수 있는 텍스트의 관계가 있다.

그와 같은 의미관계들이 힘의 관계 안에서 서로 얽혀 있다. 꿈은 그처럼 혼합된 말로 밖으로 나온다. 의미관계가 힘관계를 표현하는 동시에 힘관계는 의미관계를 통해 드러나기도 하지만 또한 은폐된다. 이처럼 혼합된 말은 모호하지만, 그렇다고 분명하지 않아서 그런 것은 아니다. 그것은 프로이트를 읽을 때 드러나는 어떤 현실에 다가가는 말이다. 그것을 우리는 '욕망의 의미론'이라고 부르자.

욕망과 의미의 관계를 생각한 철학자들은 모두 이 문제에 부딪혔다. 플라톤은 사랑의 계층을 따라 관념의 계층을 나누었고 스피노자는 관념의 확실성을 노력의 정도에 따라 구분했다. 라이프니츠도 지각의 정도가 단자의 욕망에 따라 결정되는 것으로 보았다. "하나의 지각에서 다른 지각으로 옮겨가는 변화를 이루는 내부 원리를 우리는 욕망이라고 부를 수 있다. 물론 욕망이 늘 지각에 도달하는 것은 아니다. 그러나 욕망은 지각에서 무엇인가를 얻어내 새로운 지각에 이른다."[14]

그처럼 기호론 측면에서 다시 보면 정신분석의 주제는 리비도와 상징의 관계에 있다. 그러므로 해석학이라는 좀 더 넓은 영역으로 들어온다. 여기서 해석학이란 해석이 필요한 모든 분야를 가리킨다. 해석은 드러난 뜻에서 숨은 뜻을 가려내는 일이다. 이제 욕망의 의미론은 '이중 의미 효과'라는 좀 더 넓은 영역으로 들어온다. 언어학 쪽의 의미론에서는 의미의 전이, 은유 또는 알레고리라고 하는 영역이다.

해석학의 과제는, 언어학 쪽의 의미론이나 정신분석학 그리고 현상학과 비교종교학, 문학 비평 등 여러 가지 분야에서 일어나는 서로 다

---

14) Leibniz, *Monadologie*, §15.

른 해석의 기능과 이중 의미의 사용법을 마주 세우는 데 있다. 그때, 정신분석학이—물론 일반 해석학을 거쳐—반성철학과 연관될 수 있다는 것을 알 수 있다. 해석학을 거쳐 반성철학은 추상에서 벗어난다. 존재하려는 욕망과 노력이 나를 구성하고 있으며 그러한 욕망과 노력은 기호 해석이라는 먼 길을 지나 의식된다.

존재 욕망과 기호의 관계는 리비도와 상징의 관계와 같다. 이것은 두 가지를 뜻한다. 먼저, 기호의 세계를 이해하는 것은 나를 이해하는 수단이라는 점이다. 상징 세계는 자기 이해로 가는 길이다. 만일 기호가 자기 이해의 수단이고 길이 아니라면, 다시 말해 기호 덕분에 사람이 자기 자리를 잡고 자신을 내밀며 자신을 이해하는 것이 아니라면, 뜻 문제는 사라지고 말 것이다. 둘째, 존재 욕망과 상징이 그런 관계에 있다면 자기를 통해 자기를 이해하는 짧은 직관의 길은 폐쇄된다는 점이다. 존재하려는 욕망을 내 것으로 삼는 일은 짧은 의식의 길로는 불가능하다. 기호를 해석하는 긴 길만이 열려 있다. 그것이 내 철학 작업의 가설이다. 그것을 나는 '구체적인 반성'이라고 부른다. 다른 말로 하면 '모든 기호 세계에 의해 매개된 코기토'이다.

(2) 정신분석학의 가르침에 따라 기호론을 정리하는 일은 서둘러야 한다. 모든 것이 기호이고 모든 것이 언어라는 기호론의 결론을 확대하는 것은 매우 위험하다. 코기토를 말하는 주체로 재해석할 때 그런 위험이 따른다. 또한 현상학의 환원을, 기호와 사물을 갈라놓고 거리를 두는 것으로 볼 때도 그런 위험이 따른다. 앞에서 우리는 그런 작업을 했는데, 잘못하면 사람은 세상이 없는 언어 이상이 아니게 될 수 있다. 그러나 정신분석학에서 다시 상징을 충동과 이어줌으로써 그와 반대되는 길로 가게 한다. 기표를 존재자에 뿌리내리는 것이다.

어떻게 보면 언어가 첫째이다. 의미망이 현실을 품고 있는데, 사람이 한 말에서 그 의미망이 펼쳐지기 때문이다. 그러나 달리 보면 언어는 둘째이다. 기호가 세상에 대해 두는 거리 또는 세상이 빠진 언어는 좀 더 적극적인 관계를 위한 준비에 지나지 않는다. 언어는 말하고 싶어

한다. 가리키고 드러내며 존재로 나가려고 한다. 기호에 현실이 빠지는 것은, 기호가 현실에 다다르고 다시 만지고 접촉하면서 스스로는 사라지기 위한 준비 단계이다. 언어가 존재에 속함으로써 관계는 바뀌어버린다. 언어는 존재 안에 존재하는 방식이다.

그런데 정신분석학은 그러한 관계의 역전을 나름대로 준비한다. 욕망이 먼저 있다는 것은 주체의 고고학을 말하기에 적당하며, 거기서 의식과 상징 기능과 언어는 욕망보다 나중이다. 아리스토텔레스나 스피노자와 라이프니츠, 헤겔처럼 프로이트는 존재 행위를 욕망의 축 안에 둔다. 주체가 의식으로 의지를 가지고 스스로 등장하기 전에 충동 차원에서 이미 존재 안에 있다. 그처럼 의식이나 의지보다 충동이 앞선다는 것은 반성 차원보다 존재 차원이 앞선다는 것이고, '나는 생각한다'는 것보다 '나는 존재한다'가 앞선다는 것이다.

우리가 조금 전에 말한 충동과 의식의 관계를 이제 충동과 언어의 관계로 말해보자. '나는 존재한다'는 '나는 말한다'보다 앞선다. 그러므로 '나는 존재한다'에서 '나는 말한다'로 간다. 언어 한가운데서도 철학은 하이데거가 요구한 대로 '언어로 가는 길'에 서 있다. 철학적 인간학의 과제는 어떤 존재 구조 속에서 언어가 출현하는지를 밝히는 데 있다.

조금 전에 나는 하이데거를 거론했다. 오늘날 철학적 인간학은 언어학과 기호론과 정신분석학의 연구 결과를 가지고 『존재와 시간』이 그린 궤도를 다시 그려야 한다. 존재의 구조에서 출발해 세상으로 가고, 상황 인식과 구체적 가능성을 거치고 이해를 거쳐 해석과 언어의 문제로 가는 궤도이다.

그리하여 철학적 해석학은 해석이 어떻게 존재로 나아가는지 밝혀야 한다. 먼저 세계-내-존재가 있고, 그다음에 그것을 이해하며, 그다음에 그것을 해석하고, 그다음에 그것을 말한다. 이 궤도는 순환하지만 그렇다고 우리 발목을 붙잡는 것은 아니다. 언어 안에서 그 모든 것을 말한다. 그러나 언어는 언어가 나온 실존의 바탕을 가리키고, 언어가 말하는 존재 양식으로 스스로를 인식할 수 있게 되어 있다. '나는 말한다'와 '나는 존재한다'의 순환 때문에 상징 기능과 그 뿌리인 충동이나 존재 문제가 서로 더 중요한 것으로 떠오른다. 그것은 낡은 순환이 아니다. 표현과 표현된 존재의 살아 있는 순환이다.

그러므로 해석학은 의미 효과나 이중 의미 속에 틀어 박혀서는 안 된다. '나는 존재한다'의 해석학이 되어야 한다. 그래야만 관념론의 코기토, 주관주의와 유아주의의 환상을 없앨 수 있다. '나는 존재한다'의 해석학만이 데카르트의 '나는 생각한다'의 확실성과 직접 의식의 거짓 환상과 불확실성을 함께 품을 수 있다. 그때, '나는 존재한다'는 확신과 '나는 누구인가?' 하는 의심이 양립할 수 있다.

처음에 제기한 내 질문은 이것이었다. 장래성 있는 반성철학은 어떤 것인가? 거기에 대한 답은 이렇다. 정신분석학과 기호론의 가르침과 고침을 받아들인 반성철학, 그리하여 우리를 이루고 있는 존재 욕망과 존재 노력이 표현된 기호 해석, 곧 사적이거나 공적인 또는 심리적이거나 문화적인 기호 해석이라는 먼 길을 돌아가는 반성철학이다.

제4장 악의 상징 해석

1. 원죄: 그 의미를 생각함

개혁교회의 신앙고백 문서에, 사람의 의지가 '완전히 죄의 노예'라는 구절이 있다(「라 로셸 신앙고백」〔Confession de foi de La Rochelle〕, 9조). 노예라는 낱말에서 우리는 예언자들과 사도들의 선포를 들을 수 있다. 그러나 이 신앙고백 문서에는 뒤이어 다음과 같은 말이 나온다. "우리는 아담의 후손이 모두 거기에 감염되어 있다고 믿는다. 원죄요, 악의 유전이다. 펠라기우스주의자들은 아담의 후손이 아담과 비슷하다고 하지만 틀린 말이다. 단지 비슷한 게 아니라 아담의 죄가 후손에 그대로 유전되어 있다"(10조).

원죄 그리고 악의 유전. 이런 말들과 함께 이야기는 한 차원 높아진다. 설교와 선포에서 신학으로, 목회자의 차원에서 신학자의 차원으로 넘어간다. 그와 동시에 그 표현 방식이 달라진다. 노예라는 말은 그림 언어이자 비유였다. 그러나 유전된 죄라는 말은 개념이다. 이어서 이런 구절이 나온다. "이 악은 정말 큰 죄로, 모든 인류가 그 죄 때문에 저주받을 수밖에 없다. 어머니 배 속에 있는 아이까지도 하느님 앞에서 죄인이다"(11조). 이쯤 되면 신학박사들이 펼치는 세련된 신학을 넘어 어떤 학파의 논쟁과 주장이 강하게 깔려 있다. 원죄를 배 속의 아이에게까지 적용하는 것은 설교의 차원을 넘어 추상적인 사변으로 이루어진 신학 작업에서 나온다.

　나는 그런 추상적인 차원에서 이런저런 이론을 서로 비교하려는 것이 아니다. 나는 교리학자가 아니다. 다만 원죄 같은 개념을 만들어내는 신학 작업의 '의미'를 생각해보자는 것이다. 그래서 나는 방법론 문제를 제기한다. 사실 원죄 개념은 성서에 나오는 것이 아니다. 그러면서도 어떤 합리적인 사유 과정을 거쳐 초대교회의 고백을 담고 있다.

　우리가 그 '의미'를 생각한다는 것은 결국 그 개념의 의도를 재발견하는 것이다. 개념 이전에 선포가 있다. 그 선포는 죄를 말하면서 죄 사함을 말한다. 어쨌든 원죄라는 개념은 어떻게 그 개념 이전의 언어를 끌고 나올 수 있었을까? 그 점이 바로 우리가 살피려는 것이다. 간단히 말해서 의미를 생각한다는 것은 '개념을 해체해서' 그 동기들을 뜯어보고 일종의 지향성 분석을 통해 뜻의 방향을 재발견하는 것이다. 그리하여 결국 우리는 '케리그마'*를 보게 될 것이다.

　앞에서 개념을 해체한다는 조금 낯선 표현을 썼다. 그렇다. 뜻의 의도를 알려면 개념을 일일이 뜯어보아야 한다. 원죄론은 거짓 앎이다. 그 지식을 부수어야 한다. 그것은 허물이라고 하는 일종의 법 개념에 물들어 있으며 흠이 유전된다고 하는 일종의 생물학 개념에도 물들어 있다. 그렇게 해서 채무라는 법 범주와 유전이라는 생물학 범주를 원래 언어에 뒤집어씌웠다.

　그런데 그 거짓 앎은 상징이다. 원죄 개념으로 표현할 수밖에 없는 그 무엇을 가리키는 상징이다. 그러므로 거짓 앎이라는 비판은 비판만은 아니다. 변변치 못한 앎이라는 이야기는 곧 원뜻을 다시 찾겠다는 것이기 때문이다. 교회가 원죄라는 교리를 통해 얻고자 했던 뜻을 다시 찾아나선다. 그 뜻은 뒤에서 보는 대로 법이나 생물학과는 아무 상관이

---

*십자가에 달리신 예수 그리스도의 속죄 행위로 인류가 구원을 얻게 되었다는 복음을 가리킨다. 원죄 개념은 논리로 무장하고 있지만 교회의 복음 선포를 전하려는 것이다. 죄를 말하지만 사실은 구원을 제시하려는 것이다. 그런 케리그마와 관련해서 원죄론을 보아야 한다.

없다. 아담이 지은 허물이 유전된다는 식의 사고방식과 관계없다. 다만 교회는 원죄 개념을 '합리적 상징'으로 썼다. 죄의 '고백' 속에 들어 있는 무엇을 드러내는 상징으로 원죄라는 말을 썼다는 것이다.

그러면 기독교 신학은 왜 그런 '개념'을 만들게 되었는가? 두 가지 대답을 할 수 있다. 먼저 밖에서 그 이유를 찾을 수 있다. 영지주의(靈知主義) 때문이다.『테오도투스의 발췌문』에서 알렉산드리아의 클레멘스는 영지주의를 가리켜 이런 질문을 하는 사람들이라고 본다. "우리는 누구였는가? 지금은 무엇이 되었나? 전에 어디에 있었는가? 어떤 세상에서 나왔는가? 어디로 가고 있는가? 우리가 어디에서 옮겨졌는가? 태어남(γέννησις)이란 무엇인가? 그리고 다시 태어남(ἀναγέννησις)은 무엇인가?" 알렉산드리아의 클레멘스에 따르면 영지주의자들은 또 "죄가 어디에서 오는가?" 하고 묻는다. 그리고 그 물음을 사변적인 물음으로 만들고 해답을 준다. 그것이 사이언스(앎)이고 지식이며 그노시스(γνῶσις), 곧 영지이다.

그러므로 우리의 첫 번째 작업가설은 기독교 신학이 영지주의에 맞서 자신의 믿음을 변증할 목적으로 영지주의 사고형태를 빌려오게 되었다는 것이다. 영지주의에 맞서 악의 신학이 영지주의가 서 있는 땅에서 그와 맞먹는 개념 세계를 이룩한 것이다.

영지주의에 맞선 결과 영지주의와 비슷하게 되었다. 원죄 개념은 원래 반(反)영지주의였으나 말하는 법이 영지주의와 비슷해졌다. 이 점은 뒤에서 더 자세히 살피기로 한다.

그런데 첫 번째 답에서 두 번째 답이 나온다. 변증 목적만으로는 기독교 신학이 낯선 땅에 자리 잡은 이유를 모두 설명할 수 없다. 영지주의와 비슷하게 굴러가도록 하는 무엇이 있을 것이다. 거기서 개념 정립의 이유를 찾아야 한다. 아마도 악의 체험이나 죄의 고백에 끊임없이 영지주의와 같은 방식으로 생각하게 하는 요소가 있는 것이 아닐까? 원죄 같은 개념은 겉옷에 불과하고 그 속에 깊은 타락의 신비가 있지 않을까?

본격적인 분석에 앞서 한 가지만 더 말해두자. 우리가 예로 들고 인용하는 것은 성 아우구스티누스의 글이다. 어쩔 수 없다. 성 아우구스티누스야말로 개념이 정립되는 역사적인 순간의 증언자이기 때문이다. 마니키아니즘과 논쟁하고 이어서 펠라기우스주의자들과 논쟁한 사람이 바로 그이다. 논쟁하고 변증하는 싸움을 통해 원죄라는 개념이 생겨났다. 그렇다고 여기서 역사를 따지려는 것은 아니다. 우리가 우리들이 고백하고 있는 것(기독교의 죄의 고백을 가리킨다—옮긴이)을 한번 생각하고자 할 때 중요한 것은 마니교나 펠라기우스주의에 대항한 논쟁의 역사가 아니라 성 아우구스티누스가 원죄 개념을 이끌어낸 동기이다.

교리학자도 역사학자도 아닌 내가 하려는 것은, 말하자면 원죄 교리의 해석학이다. 그것은 지식을 뒤로 빼고 상징을 앞에 내세우는 작업으로, 내가 전에 『악의 상징』에서 시도한 것의 연장이라고 할 수 있다. 결국 신화적이고 머릿속의 그림 같은 상징—노예, 타락, 방황, 길 잃음, 거역 따위—에서 합리적 상징—신플라톤주의나 영지주의 그리고 교회 교부(教父)들의 개념—에 이르기까지 신학 언어를 뜯어보는 작업이 될 것이다.

1)

논쟁하고 변증하는 개념 언어인 '원죄'론에는 한 가지 의미가 들어 있다. 악은 존재가 아니며 자연도 아니라는 점이다. 악은 우리에게서 나온 것이고, 우리의 자유의 문제이기 때문이라는 것이다. 물론 뒤에서 보듯이 이 첫 번째 의미가 악을 충분히 밝히는 것은 아니다. 분명한 현실 악만 말하고 있기 때문이다. 나는 두 가지 측면에서 분명한 현실 악이라는 표현을 썼는데, 하나는 행위 악, 곧 저지르는 악이라는 측면이고 또 하나는 현재 일어나는 악, 곧 키르케고르가 말하는 순간의 악이라는 측면이다.

악의 현실을 충분히 밝히지 못하지만 원죄론에 들어 있는 첫 번째 의미는 매우 중요하고 틀림없는 말이라는 점을 분명히 하자. 나중에 우리가 '원죄 또는 본성의 죄'(peccatum originale ou naturale)*를 말하면서 악이 자연 같다고 함으로써 원죄라는 개념이 흔들린다 해도, 악은 자연이 아니며 실체가 아니라는 생각을 버려서는 안 된다.

원죄 개념이 성서 전통에 맞는다는 사실을 이해하려면 영지주의가 수세기 동안 교회의 신앙고백에 가한 압박을 기억해야 한다. 영지주의에서 앎이자 지식이며 사이언스인 영지(靈知)를 말하는 까닭은, 요나스(Jonas)·퀴스펠(Quispel)·푸에치(Puech)가 말하듯이, 악을 사람 밖에 있는 어떤 물리적 실체라고 보기 때문이다. 악은 바깥에 있다. 악은 실체이며 세상이다. 영혼이 그 속에 떨어져 있다. 이처럼 악을 밖에서 찾으면 그것은 접촉을 통해 감염되는 어떤 실체가 된다.

영혼은 '다른 데'서 와서 '여기로' 떨어졌으며 '그리로' 돌아가야 한다. 실존적 불안에서 출발한 영지주의가 시간과 공간 차원에 빠지게 되었다. 그리하여 우주가 길 잃음과 구원의 기계가 되고, 구원론은 곧 우주론이 되었다. 머릿속의 그림이고 상징이며 비유이던 것—방황, 길 잃음, 노예 따위—이 문자에 달라붙는 지식이 되었다. 그리하여 푸에치(Puech)가 말하는 대로 우주 공간과 뗄 수 없는 교리신화(신화를 상징이 아닌 합리적 지식으로 받아들이고 교리로 삼는 것을 가리킨다—옮긴이)가 생긴다. 「시편」의 기자는 우주를 보고 하느님의 영광을 찬양

---

*라틴어를 비롯한 서양 말에서 nature를 우리는 경우에 따라 '자연'이나 '본성'으로 번역한다. 본성은 사람 안에 들어 있는 자연이다. 영지주의나 마니키아니즘의 악의 이론을 가리킬 때는 자연이라고 해석하고, 기독교 원죄론에서 인간에게 나면서부터 들어 있는 악을 가리킬 때는 본성의 악이라고 해석한다. 자연이라고 하면 좀 더 우주론적인 개념이고 본성이라고 하면 인간론적인 개념이다. 영지주의나 마니키아니즘 같은 이원론은 악을 우주론에서 이해해 세상이 악하며 물질이 악하고 인간은 그 악 속에 있어 악을 저지르는 것으로 본다. 악의 본질은 사람 바깥에 있다. 반면 기독교에서 본성의 악을 말할 때는 어디까지나 인간의 책임을 묻는 개념이다. 같은 nature라는 개념을 써도 자연 자체에 악의 근원을 두는 영지주의와 다르다.

했고 스토아 철학자들은 그 아름다움과 신성함을 말했는데, 영지주의에서 볼 때 우주는 신성하면서도 사탄과 같은 것이다. 그리하여 악은 완전히 사람 밖의 것이고 사람과 무관한 것이며 완전한 실체가 된다. 악은 세상의 세상 됨이다. 사람의 자유 '에서' 나와 세상의 헛됨 '으로' 가는 것이 아니라 세상의 권세에서 나와 사람에게로 가는 것이 악이다.

사람이 고백하는 죄도 악한 짓을 한 것이라기보다는 세상에 있는 존재의 '상태'요 존재하는 자의 '불행'이다. 죄는 내면의 운명이다. 그래서 구원도 밖에서 오고 저쪽에서 온다. 사람의 책임이나 인격에 관계없이 순전히 마술 같은 힘으로 구원이 이루어진다. 악을 실체요 세상이라고 봄으로써 신화는 단순히 신화가 아니라 '사실'이 된다. 그것은 잘못된 앎으로 앎을 흉내 낸 것에 지나지 않는다. 악의 문제에서 영지주의는 머릿속 그림을 사실로 보고 상징을 실체로 본다. 그렇게 해서 서구 사상에서 가장 현란한 교리신화가 생긴다. '영지'라고 하는 현란한 이성이 탄생하는 것이다.

그리스 교부와 라틴 교부는 합심해서 영지에 대항했다. 악은 저절로 생긴 것이 아니며 실체가 아니라고 주장했다. 악은 세상이 아니다. 스스로 있는 것이 아니며 '우리에게서' 생겼다. 영지주의의 물음과 답에서 반대할 것은 답뿐 아니라 물음 그 자체이다. 마치 실체처럼 "악이 무엇이냐?"(*quid malum*) 하고 물을 수 없기 때문에 "악은 ~이다"(*malum esse*) 하고 답할 수도 없다. 단지 "우리가 어찌하여 악을 행하는가?"(*unde malum faciamus*) 하고 물을 수 있을 뿐이다. 악은 '존재'가 아니라 '행위'이다.

여기서 교부들은 끊어진 이스라엘과 교회의 전통을 다시 살렸다. 나는 그것을 '참회' 전통이라고 부르고자 한다. 참회 전통은 타락 설화에 상징으로 잘 그려져 있다. 아담 상징에서 전하는 것은 바로 이것이다. 곧 세상에 악이 생기는 바로 그 지점에 사람이 있다는 것이다.

사람을 통해서 죄가 세상에 들어왔다. 세상이 악이 아니라 악이 세상에 생겼다. 영지주의 이전에 야훼 기자—또는 야훼학파—는 바빌로니아의 악 이해와 맞서 싸워야 했다. 바빌로니아는 악을 사물의 바탕에 깔린 어떤 힘으로 보았다. 신은 세상을 만들기 위해 그 악을 무찌른 후 세상을 만들었다는 것이다. 그러나 야훼 기자의 눈은 다르다. 창조 세계에는 그런 싸움이 없었고 다만 사람을 통해 재앙이 생겼다는 생각에서 위대한 아담 신화가 생겨났다. 상징의 핵심은 악을 만든 사람의 이름에 요약되어 있다. 아담은 흙이니, 사람은 흙에서 나와 흙으로 돌아간다.

아담 설화는 그런 삶의 고백이며 성 아우구스티누스는 바로 그 점을 다시 끌어와 마니교도와 싸웠다. 포르투나투스와 이틀 동안 벌인 격렬한 논쟁에서 그는 영지주의 신화의 근본을 이렇게 파헤쳤다. 악에 빠진 영혼은 자기 하느님에게 아마 이렇게 말할 것이다. "당신은 나를 악에 빠뜨렸소. 당신 나라에 대항하는 어둠의 세계는 당신에게 아무것도 아니오. 그렇다면 당신 나라를 위해 나를 고생시키는 것은 잔인한 일 아닙니까?"(첫째 날 마지막 대목).

그래서 성 아우구스티누스는 매우 '윤리적인' 세계관을 정립했다. 거기서 악은 완전히 사람의 책임이다. 그럼으로써 그는 사람이 악의 주인공이 아니라 신의 희생물이라고 보는 '비극적'인 세계관을 물리쳤다. 성 아우구스티누스가 원죄 개념을 가장 확실하게 정립한 것은 아마 「펠리체스 논박」(Contra Felicem)에서일 것이다. 거기서 그는 악한 의지와 악한 본성을 대비했다. 「마태복음」 12장 33절(나무가 좋으면 그 열매도 좋고, 나무가 나쁘면 그 열매도 나쁘다)을 주석하면서 그는, 여기서 좋고 나쁨은 "그럴 수 있음을 가리키는 것이지 본래 그렇다는 말은 아니다"(potestatem indicat, non naturam)라고 본다. 그리고 악의 문제에 대한 기독교 신학의 핵심을 이렇게 밝힌다. "회개를 하는 것은 죄를 지었기 때문이다. 죄를 짓는다는 것은 의지가 있다는 것이다. 죄 속에 의지가 들었다면 그것은 처음부터 우리를 꼼짝 못하게 한 것이 아니다"(「펠리체스 논박」, §8).

이쯤 되면 죄의 개념은 악을 '우연한 것'으로 보는 쪽으로 정립해야 할 것 같다. 악은 생각을 뛰어넘는 사건이며 키르케고르가 말하는 대로 질적인 '돌출'이라고 봐야 할 것 같다. 그러나 당시 신플라톤주의에는 그런 생각을 정립할 수단이 없었다. 그러므로 존재의 정도를 따져 계층을 매기는 신플라톤주의 개념을 어떻게 잘 사용해볼 수밖에 없었다.

그래서 성 아우구스티누스는 「세쿤디누스 논박」(Contra Secundinum)에서 악을 "더 짙은 존재에서 더 엷은 존재로 가려는 경향"(같은 글, §12)이라고 했다. 또 이렇게 말했다. "잘못됨(deficere)이란 무(無)가 되는 것이 아니라 무로 기울어짐이다. 왜냐하면 더욱 충만하게 존재하는 것이 덜 존재하는 것으로 기울 때, 없어지는 것이 아니라 약해져서 전보다 덜 존재하는 것이기 때문이다. 애초에 충만하게 존재하던 것과 덜 존재하던 것은 각각 자기 자리를 지킨다. 더 충만하게 존재하던 것이 덜 존재하는 것으로 기운다고 해서 둘이 똑같은 존재가 되는 것은 아니다"(같은 글, §11).

그렇게 해서 마음이 잘못 기울어진다는 뜻으로 잘못(defectus)이라는 개념을 정립한다. 여기서 무는 존재론 개념이 아니다. 존재와 반대되는 말이 아니다. 삶의 방향을 가리킨다. 『자유의지론』(De libero arbitrio) I, 16, 35와 II, 19, 53~54에 있는 말을 빌리자면, 곧 '하느님에게로 향하지'(aversio a Deo) 않고 '피조물에게로 향하는 것'(conversio ad creaturam)이다.

이 순간에 성 아우구스티누스는 악의 고백을 완벽하게 개념으로 만들 수 없음을 깨닫는다. "우리가 어찌하여 악을 행하는가?"라는 물음에 이렇게 답할 수밖에 없다. "아무것도 아닌 것을 알 수 없다"(Sciri non potest quod nihil est, 『자유의지론』, II, 19, 54). "우리가 아는 대로 불복종이 죄를 이룬다. 그것은 뭔가가 빠진 부족한 운동이요(defectivus motus), 모든 잘못은 무에서 나온다(omnis autem defectus ex nihilo est). 죄가 어디에서 오는지 보라. 그리고 그것이 하느님에게서 오지 않음을 고백하라"(같은 곳).

「포르투나투스 논박」(contra Fortunatum)에도 똑같은 내용이 있다. "욕심이 악의 뿌리라면 다른 데서 악을 찾는 것은 헛된 일이다." 나중에 그는 율리아누스(Julien d'Eclane)에게 말한다. "악한 의지가 어디에서 왔는지 찾고 있소? 사람에게서 왔습니다"(「율리아누스 논박」〔Contra Julianum〕, ch.41).

그런데 사실 '잘못'이나 '기울어짐'(declinatio)이나 '썩음'(corruptio) (성 아우구스티누스는 '썩음'이라는 말로 결여의 본성〔natura defectus〕을 가리킨다) 같은 말을 개념이라고 보기에는 너무 약하다. 개념으로 보자면 덜 익은 것들이다. 게다가 무로 향한다(ad non esse)는 말은 피조물이 '무에서'(ex nihilo) 창조되었다고 할 때의 무와 혼동하기 쉽다. 무에서 창조되었다는 것은 피조물이 스스로 서지 못하고 창조주에 기대고 있음을 가리킨다.

성 아우구스티누스는 악을 개념으로 자리매김하려고 하지 않았다. 그래서 그는 '무에서'라는 말을 다시 쓴다. 이 말은 원래 세상이 생기기 전에 질료가 있었다는 사상에 반대하기 위해 창조론에서 사용했다. 여기서는 똑같이 무라는 말을 쓰지만 악을 실체로 보는 사상에 대항하기 위해 사용하고 있다. 무로 향하는(ad non esse) 운동이라는 표현이 그 뜻이다. 그런데 신플라톤주의 표현을 사용하고 있기 때문에 경향을 설명하는 무와 창조를 설명하는 무가 잘 구분되지 않는 것이 사실이다.

그렇지만 이 두 가지의 무가 혼돈스러워서 개념을 정립하게 된 것은 아니다. 신앙고백에 보면 '완전히 썩은 본성'이라는 개념이 있는데 이것은 악의 문제를 처음으로 개념으로 정립한 것이다. 그런데 이런 개념 정립이 창조론에서 말하는 무와 잘못된 경향인 무를 혼돈하는 것을 막기 위해 일어난 일은 아니다.

덜 된 개념들은 아담 신화에 들어 있는 특징, 곧 히브리 민족과 기독교인들의 독특한 경험을 제대로 반영하고 있지 못하다. '잘못'이나 '본성의 부패'(corruptio naturae) 같은 말에는 아담 신화에 들어 있는 뜻이 많이 빠져 있다. 펠라기우스와 싸울 때 성 아우구스티누스는 아담 신화에 나타난 독특한 악의 체험을 강조하고자 했다. 그리고 바로 그 점을 말하기 위해 원죄나 죄의 유전과 같은 아주 뚜렷한 개념을 정립하게 된 것이다. 우주 탄생 이전의 타락을 말하는 발렌티누스나 어둠의 왕의 침공을 말하는 마니교도들에 대항하기 위해 영지주의 표현 방식을 빌려와 그들처럼 일관된 개념을 정립하고 영지주의 신화만큼 교리적인 신화를 세운 것이다.

2)

그러므로 우리가 여기서 설명해야 할 부분은 원죄(原罪)에서 '원'(原)이라는 형용사이다. 성 아우구스티누스는 '본성의 죄'(*naturale peccatum*)라는 표현도 썼고 '유전으로'(*per generationem*)라는 표현도 썼다. 이런 표현들로 그는 우리가 현재 저지르는 죄가 아니라 나면서부터 속해 있는 죄의 상태를 말하려고 했다.

의미의 계보가 있다. 개념 안에는 뜻이 층층이 쌓여 있다. 그 뜻의 퇴적층을 다시 찾아보려고 할 때 우리 눈에 가장 먼저 들어오는 것이 있다. 그것은 의지의 철학 안으로 절대 들어오지 않는 해석의 틀로, 곧 '물려받은 죄'(독일 사람들이 Erbsünde라고 하는 것)라는 것이다. 이것은 개인이 어디로 기울어지는 문제와는 전혀 다르다. 악은 지금 어떤 개인의 문제가 아니라 어딘가부터 계속 흘러내려왔다. 그래서 인류의 조상이 되는 첫 사람에게서 모든 사람에게 전해졌다는 것이다.

죄를 유전으로 보면 악을 처음 행하고 퍼뜨린 첫 사람이 등장한다. 그래서 원죄에 대한 고찰은 후기 유대교의 아담론과 연결된다. 바울은 그것을 기독교로 끌어들여 아담과 그리스도를 대비시켰다. 그리스도는 두 번째 아담이다. 첫 번째 아담은 죄의 시작이고, 두 번째 아담은 구원의 시작이다.

바울은 첫 번째 아담을 '장차 오실 분의 모형'이라고 보았는데, 바로 그 아담이 문제의 핵심이다. 아담의 타락은 그리스도의 오심처럼 역사를 둘로 나눈다. 이 두 도식이 서로 반대로 포개어진다. 타락 이전에 완전한 인간의 모습이 있었다. 그것은 마지막 때의 인간상 이전에 본래의 참인간(그리스도)이 오신 것과 같다.

여기에 의미의 핵심이 있다. 여기에서 접근해 들어가야 성 아우구스티누스의 원죄 개념을 이해할 수 있다.

바울이 「로마서」 5장 12절 이하에서 말한 두 아담에 관한 이야기를 성 아우구스티누스가 얼마나 철저하게 받아들이고 있는지 강조해도 괜찮을 것이다.

먼저, 성 아우구스티누스는 아담이 역사상의 한 인물인지를 문제 삼지 않았다. 우리보다 수천 년 전에 나타난 인류의 조상인가는 중요하지 않았다. 그것은 펠라기우스나 펠라기우스주의자들에게도 마찬가지였다. 「로마서」 5장 12절과 19절에 나오는 δι' ἑνός ἀνθρώπου를 문자 그대로 해석하면 per unum, 곧 '한 사람을 통하여'이다.

그리고 12절에 나오는 ἐφ'ᾧ πάντες ἥμαρτον을 성 아우구스티누스는 in quo omnes peccaverunt, 곧 '그 안에서' 우리는 모두 죄를 지었다고 해석했다. 성 아우구스티누스의 주석은 이미 신학적 해석이다. 왜냐하면 ἐφ'ᾧ가 '그(아담) 안에서'라면, 그래서 아담 안에서 모든 사람이 죄를 지었다면 어떤 방식으로 모든 사람이 아담 안에 있는가 하는 설명이 뒤따라 나와야 하기 때문이다. 만일 ἐφ'ᾧ를 '그 때문에'나 '그로부터' 또는 '그런 사실로부터' 모든 사람이 죄를 지었다고 해석하면, 개인의 책임은 유전하는 죄의 연결고리 속에 묻히게 된다. 그러나 성 아우구스티누스는 다르게 보았다.

성 아우구스티누스는 바울이 아담의 역할에 대해서 한 말을 충실하게 받아들였다. 먼저 아담과 그리스도를 서로 나란하게 보았다. '아담이 어떻듯이 그리스도는 어떻다'는 식이다. 그다음 아담과 그리스도가 서로 대비되는 것으로 보았다. '한 사람의 죄로 어떠했으나 그리스도의 은혜로 어떻게 되었다'는 식이다. 성 아우구스티누스는 이런 도식을 모두 따른다. 그리고 죄를 첫 사람이 만든 것으로 보지 않는 점도 바울과 같다. 바울이 볼 때 죄는 첫 사람의 작품이 아니다. 죄는 물론 첫 사람을 통하지만 첫 사람 아담을 뛰어넘는 신비이다. '한 사람을 통하여'(δι ἑνός ἀνθρώπου)이다. 그러나 여기서 한 사람은 처음으로 죄를 지은 사람이라기보다는 첫 매개체이다. 죄의 크기는 한 사람을 뛰어넘는다. 첫 사람부터 우리까지 모든 사람을 물들여서 한 사람 한 사람을 모두 죄인으로 만든다. 죄는 크고 강력하다.

그러므로 죄를 단순히 유전으로 보거나 생물학 차원으로 해석해서는 안 된다. 율법이나 죄, 죽음이나 육의 문제는 개인을 뛰어넘는 신비이다. 그러면 개인의 죄를 비난할 수 없지 않은가? 사실 바울은 비난(ἐλλογεῖσθαι)이라는 개념을 가져오지만, 「로마서」 5장 13절에 보면 율법이 없었을 때는 죄를 죄로 여기지 않았다. 비난이 없었던 것이다. 이처럼 바울에게는 신화 차원이 남아 있었다. 그래서 죄가 개인을 뛰어넘는다고 보았으나, 나중에 유전이라는 생물학 개념을 가져오면서 죄를 비난하는 법 판단이 생긴 것으로 볼 수 있다.

원죄 개념을 정립한 사람은 분명히 성 아우구스티누스이다. 그는 원죄를 교회 교리에 집어넣은 사람으로, 원죄 문제를 은총론 속의 기독론과 나란히 넣었다.

여기서 펠라기우스 논쟁이 어떤 위치에 있는지 따져보자. 비록 성 아우구스티누스 사상의 발전에서 원죄 개념이 생기게 된 깊은 동기를 이 논쟁에서 다 찾을 수는 없더라도 이 논쟁은 매우 중요하다.

펠라기우스는 마니교와 반대되는 주의주의(主意主義)에 서 있었다. 그가 쓴 『바울 서신주석』에는 주의주의가 일관되게 흐르고 있다. 이를테면 사람은 각자 자기 죄가 문제이다. 하느님은 정의로우시다. 그래서 내가 짓지 않은 남의 죗값을 내게 묻는 이상한 짓은 하지 않으신다. 펠라기우스는 「로마서」 5장에 있는 '아담 안에서'를 우리가 아담을 닮은 것으로 해석했다. '아담 안에서'는 '아담처럼'이다. 한발 더 나아가 그는 교만하게도 사람이 죄짓지 않으려고 할 필요가 없을 정도로 본래 죄의 가능성이 없다고 확신했다.

그래서 결국 사람은 '죄짓지 않을 수 있음'(posse non peccare)이다. 그렇다면 죄는 '우연'이다. 물론 앞에서 본 대로 성서 역시 죄를 우연한 것으로 보기는 한다. 그런데 펠라기우스의 성서 해석은 너무 철저한 주의주의이다. "여기에 생명과 죽음 그리고 축복과 저주가 있다. 그러니 생명을 택하라." 이 본문을 그는 '죄를 지을 수도 있고 짓지 않을 수도 있는 자유'(libertas ad peccandum et ad non peccandum)로 해석했다. 죄를 철저하게 우연한 것으로 밀어붙이는 지나친 주의주의 눈으로 볼 때, 유전되었다는 '본성의 죄'라는 개념은 마니교에 빠지는 것으로 비칠 수 있다. 나중에 율리아누스는 성 아우구스티누스에게 이렇게 말한다. "당신은 마니교의 신비에서 헤어나지 못했소."

성 아우구스티누스가 원죄 개념을 끝까지 밀고 나간 것은 그런 펠라기우스의 주장에 대항하기 위해서이다. 펠라기우스는 모든 사람을 강하게 짓누르는 죄의 어두움을 그냥 지나쳤다. 그래서 성 아우구스티누스는 원죄 개념을 통해 한편으로는 죗값으로 죽을 수밖에 없는 개인의 허물을 말하고 다른 한편으로는 태어날 때부터 타고나는 흠을 말하고자 했다.

그러나 이 논쟁을 딱딱한 교리 관점에서 보면 원죄 개념이 정립된 동기를 충분히 읽어낼 수 없다. 영지주의와 달리 주의주의 전통에 서면서도 성 아우구스티누스는 펠라기우스의 자유 개념을 반대했다. 그는 회심의 경험이 있고 자신의 욕망과 습관이 선한 의지와 싸우는 경험을 많이 했다. 그러므로 어떤 나쁜 본성이나 습관, 역사가 끼어들지 않은 맨손의 자유라는 개념은, 인간이 처음 창조되어 아무것도 정해지지 않았을 때에나 해당되는 것이라고 보았다. 『고백록』 8권에 그런 생각이 잘 나와 있다. 자기 마음대로 되지 않는 의지, 다른 법에 복종하는 의지를 말하고 있다. 그것은 바울과 비슷하며 나중에 루터도 그런 이야기를 했다.

펠라기우스 논쟁 말고 다른 것도 보아야 한다. 397년에 성 아우구스티누스가 쓴 「심플리키아누스에게 보내는 글」—펠라기우스에 대항해서 처음 쓴 것(414~415년에 쓴 「죄의 획득과 해방에 대하여」(De peccatorum meritis et remissione)보다 15년 이른 글)—에서도 상당히 뚜렷한 원죄 개념을 말하고 있다. 그 이전에도 '유전된 고통'이나 '나쁜 습관'이라는 말들을 썼지만 여기서 처음으로 허물의 유전을 말한다. 개인의 잘못 이전에 나면서 물려받은 죄를 말하는 것이다.

어떤 과정을 거쳐 그렇게 되었는가? 「로마서」 9장 10절에서 29절까지를 논쟁의 중심으로 생각하면서 그렇게 되었다. 이 구절들은 「로마서」 5장과 달리 두 사람, 곧 아담과 그리스도를 대비하는 것이 아니라 하느님의 두 가지 선택을 말하고 있다. "나는 야곱을 사랑하고 에서(에돔)를 미워하였다." "하느님께서는 긍휼히 여기시고자 하는 사람을 긍휼히 여기시고, 완악하게 하시고자 하는 사람을 완악하게 하십니다." 사람과 그리스도의 대비가 아니라 하느님 행위의 대비가 나타난다. 악은 하느님의 '선택' 문제가 된다. 하느님이 어떤 사람은 택하고 어떤 사람은 버렸다.

이 문제를 정당화하기 위해서 성 아우구스티누스는 에서가 태어나기 전부터 죄가 있었다고 본다. 여기서 그 유명한 예정론을 말하는 대목이 나온다. "모든 사람은 죄의 덩어리이다. 그리하여 신성한 정의 앞에서 속죄의 빚을 지고 있다. 하느님은 그 죗값을 물을 수도 있고 덮어둘 수도 있다. 어떻게 하시든 우리는 탓할 수 없다(*supplicium debens divinae summaeque justiciae quod sive exigatur, sive donetur, nulla est iniquitias*). 빚진 자는, 누구에게는 죗값을 묻고 누구는 면해주어야 한다고 할 수 없다. 그것은 교만이다"(「심플리키아누스에게 보내는 글」 I, 2, 16).

아주 반죽을 잘한 그릇과 같은 글이다. 첫 사람의 죄가 모든 사람에게 감염되었음을 말하기 위해서 말의 그릇을 빚었다.

성 아우구스티누스는 412년부터 셀레스티우스(Celestius)와 싸웠고 415년부터는 펠라기우스와 논쟁을 벌였으며 끝으로 펠라기우스보다 더 펠라기우스주의자인 율리아누스와 싸웠다. 지금 여기서 이러한 논쟁의 역사를 따지지는 않겠다. 그러나 몇 가지 말해둘 것이 있다.

첫째, 논쟁에서 법 차원의 이야기가 계속 그 강도를 더해갔다는 것이다. 죄의 책임이 사람에게 있다면 하느님은 무죄라는 식이다. 일관된 논리를 만들려다가 그렇게 되었다. 마니교를 따르지 않으면 죄는 인간이 저지른 것이 되어야 한다. 그리고 사람은 의지를 행사하기 전에 아담의 나쁜 의지에 속해 있어야 한다. 어머니 배 속에 있는 아이도 죄가 있다고 하려면 그 본성이 처음부터 죄에 물들어 있어야 하기 때문이다.

둘째, 단순히 아담을 닮았다고 보는 펠라기우스를 물리치려면 아담의 죄가 '대물림'(per generationem)되었다고 해야 했다. 그래서 흠과 성관계를 연결짓는 아주 오래된 생각을 되살리기로 했다. 그리하여 죄의 유전이라는 개념이 정립되게 된다. 이 개념으로 법 범주——자진해서 지은 죄에 대한 처벌——와 생물학 범주——대물림을 통해 인류는 모두 한통속임——를 하나로 묶었다. 그렇게 보면 인식론 차원에서 이런 개념이 영지주의 개념과 다를 것이 없다고 할 수 있다. 논리 구조가 꽤나 합리적이라는 점에서 발렌티누스가 말하는 선험적 타락이나 마니(Mani)가 말하는 어둠의 왕국과 다를 바 없다.

악은 결국 사람이 저지른 것이라는 뜻에서 영지주의에 대항해 원죄 개념을 만들었으나 그 개념이 매우 합리적이라는 점에서 영지주의와 비슷해졌다. 그래서 인식론 차원에서 볼 때 영지주의처럼 교리 신화를 이루었다. 영지주의와 비슷하다는 것은 아주 위험한 말이지만 구조가 그렇다는 것이다. 성 아우구스티누스가 그런 논리를 쌓은 것은 하느님의 탄핵 행위——바울이 말하는 바에 따르면 하느님의 택함에서 제외됨——를 '합리화'하기 위해서이다.

물론 성 아우구스티누스에게도 하느님의 신비는 신비로 남아 있다. 그러나 그 신비는 선택의 신비이지 탄핵의 신비가 아니다. 하느님이 왜 누구에게는 은혜를 베풀고 누구에게는 은혜를 베풀지 않는지 아무도 모른다. 여기에 탄핵의 신비는 없다. 선택은 은총이고 버림받음은 당연한 것이다. 이처럼 버림받음을 정당화하기 위해 성 아우구스티누스는 본성의 죄를 말하고 첫 사람에게서 유전되었다고 한다. 그것은 인간의 행위이며 그 대가로 벌을 받아야 하는 그런 죄이다.

여기서 나는 이런 물음을 던진다. 이런 사고방식은 의인의 고난을 보고 고난의 정당성을 말하는 욥의 친구들과 같은 사고방식이 아닌가? 이것은 옛날에 에스겔과 예레미야 그리고 이스라엘 민족의 죄를 끌고 와 인류의 죄를 말하던 그런 사고방식이 아닌가? 하느님을 정당화하고 영원한 신정론(神正論)을 세우려는 의도가 너무 드러나지 않는가? 하느님을 믿는 위대한 성 아우구스티누스가 하느님을 변호하기 위해 무리한 추론을 하는 것은 아닌가?

그러나 그렇다면 어떻게 원죄 교리가 기독교의 정통 교리로 내려올 수 있었을까? 원죄 교리에 문제가 있으며 그것을 문제 삼은 펠라기우스가 옳은 면이 있다. 그러나 성 아우구스티누스는 교리 신화를 통해 펠라기우스가 모르는 무엇인가를 말하고자 했다. 원죄 신화, 특히 아담 신화에 대한 성 아우구스티누스의 해석을 반대하는 펠라기우스에게도 일리가 있다. 그러나 아담 신화를 사용한 성 아우구스티누스가 옳다.

내가 이제부터 밝히려는 점이 그것이다. 이 글 맨 앞에서 말한 생각의 방법을 적용할 때가 되었다. 개념을 깨야 한다. 지식의 실패를 거쳐야 방향을 제대로 발견할 수 있으며, 교회의 의도를 발견할 수 있다. 개념이 아니라 상징을 봐야 한다. 원죄론은 죄의 고백에 들어 있는 더 깊고 더 충실한 그 무엇의 상징이다. 합리적 상징이고, 성의 세계로 나오는 상징이다.

3)

합리적 상징은 무엇을 뜻하는가? 설명해보자. 개념은 끝까지 개념일 수 없으며 결국은 어떤 '비슷한'(analogique) 표현에 기대고 있다. 철저하지 못해서 비슷한 것이 아니라 의미가 넘쳐 비슷한 표현이다. 그러므로 불분명한 원죄 개념 뒤에 숨어 있는 풍부한 무엇을 보아야 한다.

그러기 위해 길을 거슬러 올라가야 한다. 사변 쪽으로 앞질러가지 말고 합리성 이전의 상징들이 갖고 있는 거대한 의미 세계로 되돌아가야 한다. 추상 언어가 정립되기 전에 성서에 들어 있는 상징, 예를 들어 방황이나 거역, 굽은 길 그리고 무엇보다 '노예생활' 같은 것들 말이다. 이집트와 바빌로니아에서 지낸 노예생활은 악의 지배 밑에 있는 인간을 그리는 상징이 되고 있다.

설명한다기보다는 그린다고 해야 좋을 그러한 상징들을 통해 성서 기자들은, 잘못이라는 희미한 개념으로는 잡히지 않는 야릇한 악의 체험을 말하고자 했다. 앞에서 보았듯이 죄의 고백에 들어 있는 특징은 마니교에 반대하는 주의주의 언어만으로는 드러나지 않는다. 다시 말해 개인이 자진해서 악에 기운 것이라는 말로는 설명되지 않는다. 도대체 죄의 고백에 들어 있는 특징이 무엇이기에 그럴까?

참회와 회개의 전통에서 우리는 세 가지 두드러진 특징을 본다. 먼저, 죄 '실재론'이라고 할 만한 것이다. 죄의식은 단순히 나의 의식이 아니다. 하느님 앞에서 일어나는 진짜 상황이다. 죄를 가늠하는 것은 '하느님 앞'이지 나의 의식이 아니다. 죄를 폭로하는 데 예언자가 나서는 까닭도 거기에 있다. 내가 나를 의식하는 것만으로는 부족하다. 나의 의식이 벌써 어떤 죄의 상황 속에 들어가 있어서 거짓되며 또 거짓 믿음으로 무장되어 있기 때문이다. 이러한 죄 실재론은, 악을 의지가 '의식적으로' 기운 것으로 보는 너무나 명백하고 간단한 설명으로는 해결되지 않는 측면이다. 차라리 존재의 방황이며, 개별 행위의 문제가 아니라 더 뿌리 깊은 존재의 문제이고 '존재 양식'의 문제이다. 그래서 예레미야는 죄인의 굳은 마음을 가리켜 에티오피아 사람의 피부 색깔을 바꿀 수 없으며 표범의 반점처럼 지울 수 없는 것으로 말하고 있다(「예레미야서」 13: 23). 하느님의 부름을 들을 수 없게 된 인간의 완악함을 가리켜 에스겔은 '돌 같은 마음'이라고 했다.

두 번째 특징을 보자. 그리스-로마의 법 정신은 재판을 통한 처벌을 할 수 있도록 정의의 기초를 세우기 위해 개인의 허물을 강조했다. 그러나 예언자들이 볼 때 죄를 모두 개인의 허물로 돌릴 수도 없었다. 죄에는 공동체 차원이 끼어든다. 사람들이 서로 얽혀 있다. 두로의 죄, 에돔의 죄, 유다의 죄라는 것이 그것이다. 예배 때 죄의 고백에서 '우리

죄인들'이라고 하는 것처럼 죄는 '우리의' 문제이다. 서로 연대를 이루고 인류는 형이상학적 차원에서 하나로 얽혀 있다. 죄는 제각기 작용하는 개인의 의지 문제로 풀리지 않는다.

세 번째 특징을 보자. 이미 『구약성서』에서 이스라엘의 회개 경험에 죄의 어두운 측면이 강조되어 있다. 죄는 사람이 처해 있는 상태나 상황일 뿐만 아니라 하나의 권세이다. 사람은 거기에 붙잡혀 있다. 여기서 죄는 어디로 기울어짐이라기보다는 바탕이 되는 무능력이다. 원함과 행함의 거리이다. 바야흐로 죄는 '비극'이다.

바울도 회심 체험에서 그러한 무능력과 노예 상태를 강조하는데, 마치 영지주의 어휘 같은 것을 사용한다. 그는 '우리 지체 안에 있는 죄의 법'을 말한다. 죄는 악마의 권세이고, 율법이나 죽음처럼 신비한 것이다. 사람이 죄를 짓고 저지르기보다는 죄가 사람 안에 '거한다.' 죄가 세상에 '들어왔으며' '차고 넘치며' '지배한다.'

이런 체험은 주의주의에 가득 찬 성 아우구스티누스의 초기 작품과 사뭇 다르다. 『자유의지론』에 들어 있는 공식, "의지가 없는 곳에 죄도 없다"(*nusquam nisi in voluntate esse peccatum*)는 초기에 한 말로, 나중에 이 말이 펠라기우스의 주장과 다른 점을 밝히느라 『수정본』(I, 13, 2와 I, 15, 2)에서 애를 먹는다. 어쨌든 이런 새로운 체험을 간단히 말하려면 영지주의처럼 악이 거의 처음부터 있었다는 쪽으로 흘러간다. 사로잡히고 얽혀 있고 노예상태로 있는 체험을 하다 보면 영지주의의 비극 신화처럼 악의 실체가 밖에서 밀고 들어온다는 생각을 하게 된다.

이제 원죄의 두 가지 '상징 기능'을 살펴보자. 먼저, 개념 차원이 아니라 그림 같은 신화 차원에 서 있는 타락 이야기의 상징 기능과 같다. 타락 이야기는 대단한 상징 기능을 한다. 신앙인의 절실한 경험을 '원형'(archétype) 인간 속에 압축하고 있기 때문이다. 그 이야기는 무엇을 설명하려기보다는—다른 민속담에 견주어 원인 신화에 불과하므로—인간 체험의 깊은 부분, 곧 말로 할 수 없는 부분—분명하게 직접 말할 수 없는 부분—을 말하려는 것이다. 그래서 타락 신화는 신화일 뿐이라고 할지 모르지만 그러면 그 신화의 의미를 잃어버린다. 신화가 역사 사실이 아니라고 버리지 말고, 신화에서 역사 사실일 수 없는 진리를 찾아내야 한다. 케임브리지의 신학자 도드(C.H. Dodd)는 작지만 대단한 책 『오늘의 성서』에서 그 점을 잘 말하고 있다. 그는 아담 신화의 첫 번째 기능은 유배라는 민족의 비극을 인류 전체의 '보편 사건'으로 만드는 데 있다고 본다. "이스라엘의 비극적 운명이 인류 전체로 확대되었다. 사람을 낙원에서 추방한 하느님의 말씀은, 이스라엘을 추방한 하느님의 심판의 말씀을 인류 전체로 확대한 것이다." 신화 그 자체는 하느님의 말씀이 아니다. 신화의 겉뜻은 전혀 다를 수 있기 때문이다. 인류 전체의 삶의 상황을 '드러내는' 힘, 그 힘이 신화의 '드러난' 뜻을 이룬다. 신화가 없었으면 가려졌을 무엇이 신화로 말미암아 드러난다.

이스라엘의 경험을 인류로 확대했다는 것 말고 또 있다. 아담 신화는 악의 신비를 드러낸다. 다시 말해서 우리 각자가 악을 저지르고, 악은 우리에게서 시작되지만—이것은 펠라기우스가 말하는 점이다—다른 한편으로 악은 내 속에, 내 밖에 그리고 나 이전에 보인다. 악에 대한 책임의식이 싹트는 것과 별개로 악은 '이미 있다'. 악의 기원을 먼 조상에 둠으로써 신화는 모든 인류의 상황을 말한다. 이미 일어난 일이다. 내게서 악이 시작되는 것이 아니다. 나는 다만 계속 이어갈 뿐이다. 나는 악에 묻혀서 간다. 악에는 과거가 있으며 악은 과거이다. 결국 아담이라는 조상을 세워 말하려는 것은 앞에서도 밝혔지만 의식보다 앞선 죄의 현실, 개인의 책임을 물을 수 없는 죄의 연대성 그리고 잘못을 저지르는 의지의 무능력 따위이다.

그런 문제의식에서 '옛날'을 가리키는 상징이 생기고 그러한 상징을 모아 첫 사람의 신화가 이루어졌다. 여기서 우리는 바울에서 성 아우구스티누스에 이르기까지 아담 신화의 해석에 깔려 있는 '유전'의 도식이 나온 뿌리를 본다. 그런데 그 도식의 의미를 알려면 아담을 절대로 역사 인물로 봐서는 안 되고 '모형', 곧 '옛사람의 모형'으로 봐야 한다. 신화를 사실로 받아들이면 절대 안 된다.

아담 신화를 문자 그대로 받아들이는 해석, 곧 역사 사실로 받아들인 해석 때문에 생긴 폐해는 너무나 크다. 이상한 역사를 늘어놓고 이상한 사변을 만들어냈다. 말하자면 아주 오랜 옛날 피테칸트로푸스와 네안데르탈인 중간쯤에 생긴 '남의' 잘못이 생물학적으로 대물림된다는 식이었다. 그뿐만 아니라 아담의 상징에 들어 있는 보물을 다 들어먹고 말았다. 그래서 펠라기우스부터 칸트, 포이어바흐, 마르크스 또는 니체에 이르기까지 그런 신화론에 대항해서 합리적인 이성이 승승장구했다. 사실 상징은 모든 비평을 넘어 생각을 불러일으킨다. 이로써 신화를 역사 사실로 받아들이는 근본주의와 신화에서 도덕을 찾는 합리주의 사이에 상징해석학의 길이 열린다.

원래 원죄라는 개념, 곧 합리적인 차원의 상징을 다룬다고 했으면서 신화 차원의 상징, 곧 야훼 기자의 타락 상징만 다룬다고 반박할지 모른다. 그리고 원죄 개념은 「창세기」에 있는 타락 이야기와 똑같은 상징 기능을 한다고 했는데 맞는 말인가? 절반만 맞는 말이다.

첫째, 개념의 뿌리는 신화이고 신화의 뿌리는 고대 이스라엘과 교회의 참회에 있다. 지향성 분석은 거짓 합리성(합리성 비슷한 것)에서 거짓 역사(역사 비슷한 것)로 그리고 거짓 역사에서 다시 교회의 '체험'으로 간다. 그러나 길을 거꾸로 가야 한다. 신화는 단지 거짓 역사에 그치지 않고 무엇을 드러낸다. 신화는 어떤 경험을 드러낸다. 신화가 아니었으면 그 경험은 생기자마자 시들어버렸을 텐데 신화를 통해 표현을 얻는다. 신화는 나름대로 이것저것을 드러낸다. 그렇다면 합리적 사변의 과정, 곧 바울의 아담론에서 성 아우구스티누스의 원죄론에 이르기까지 합리적 사유 과정은 본래의 방향을 잃은 것인가? 그래서 신화를 문자 그대로 해석하고 역사 사실로 보는 거짓 지식이나 별로 다를 바 없는 것일까?

아니다. 원죄 개념에는 일정한 기능이 있다. 그것은 죄는 자연이 아니라 의지라는 신념을 지키고, 그 의지는 거의 본성이 악하다는 생각을 원죄 개념으로 지키고 있다. 본성은 거의 악하지만 그렇다고 처음부터 (자연이) 악한 것이 아니라 의지가 악의 주범이다.『수정본』에도 그런 이야기가 나오는데, 여기서 그는 젊었을 때 마니교에 대항해서 한 말을 다시 하고 있다. "죄는 의지 말고 다른 데서 찾을 수 없다." 그리고 다른 한편으로는 펠라기우스주의에 대항해서 이렇게 답한다. 어린아이의 원죄 또한 "틀림없이 의지 문제이다. 첫 사람의 악한 의지가 유전되어 어린아이를 감염시켰기 때문이다"(같은 책, I, 13, 5). 게다가 첫 사람의 허물에 휩쓸리는 죄가 '의지의 산물'이다(같은 책, I, 15, 2).

이것은 개념 정립이라는 관점에서 보면 난감하지만, 형이상학적 관점에서 보면 참 의미가 깊은 이야기이다. 거의 본성이라고 할 만한 것도 의지 안에서의 문제이다. 악은 의지의 산물이고 그 가운데 비의지가 있다. 비의지는 의지와 맞서는 것이 아니고 의지 속에 있다. 그것이 바로 노예의지이다. 법 개념과 생물학 개념을 합쳐놓은 까닭이 거기에 있다. 악이 의지의 산물이라는 데서 책임을 묻는 법 개념을 가져오고, 물려받은 것이며 의지를 넘어 있는 것이라는 데서 유전이라는 생물학 개념을 가져온 것이다.

그런 죄의 깊이의 차원에서 회심이 일어난다. 악이 '나면서부터' 생기는 문제—물론 이것은 상징 표현이지 사실 표현이 아니다—라면 회심은 '거듭남'이다. 추상 개념인 원죄 개념을 만들면서 그 반대쪽에 거듭남 또는 다시 태어남이라는 대변이 생겼다고 할 수 있다. 그 대변이 생김으로써 의지는 구원과 선택의 힘 속에 수동적으로 개입하게 된다.*

---

* 위에서 본 대로 원죄 개념은 죄의 구원을 의지에 두면서 동시에 본성의 죄를 말한다. 그렇다면 죄를 주도하는 것은 의지이면서도 몹시 수동적인 의지가 된다. 「창세기」에 나오는 첫 사람의 죄에서 뱀의 유혹에 이끌렸다는 부분이 그 점을 말해준다. 이런 도식은 맞은편에 있는 구원의 도식에도 그대로 해당한다. 죄로부터 구원받는 것은 내 의지에 달린 문제이기 때문에 내 책임이지만 또 다른 면에서 구원은 하느님의 선택, 곧 은총에 달렸다. 구원 문제에서도 의지가 중요하

이제 세 가지 주의 사항을 말하고 마치자. (1) 우리는 원죄 개념이 스스로 어떤 논리를 만든다고 보지 않았다. 원죄론은 어떤 신화를 두고 생각해낸 것이며, 곧 아담 신화에 대한 생각이다. 아담 신화는 이스라엘의 죄의 고백을 말하는 것이다. 그러므로 원죄 개념에서 이스라엘과 교회의 죄의 고백으로 돌아가야 한다. (2) 우리는 우리가 저지르는 악 이전에 '이미 있는 악'을 모두 생각해내려고 하지 않았다. 죄의 신비는 결국 그 문제이다. 악은 우리에게서 시작된다. 악은 우리를 통해 세상으로 들어온다. 그러나 우리는 이미 있는 악을 기초로 악을 저지른다. 나면서부터 악하다는 것은 그 점을 상징한다. (3) 우리가 저지르는 악이건 이미 있는 악이건 악을 구원과 무관하게 생각하지 않았다. 원죄는 구원과 짝을 이루고 있다. 그 둘에는 한쪽에서 다른 쪽으로 가는 운동이 있다. 이쪽이 '더할수록' 저쪽도 '더하다'. "죄가 많은 곳에 은혜가 더욱 넘치게 되었습니다"(「로마서」 5: 20).

2. 상징 해석과 철학적 반성 1

여기서 우리는 어떤 특정한 상징을 통해 일반 상징 이론을 만들어보려고 한다. 우리가 다룰 특정한 상징은 '악의 상징'으로, 매우 복잡하게 얽혀 있다.

우리가 제기하는 문제는 이것이다. 곧, 상징으로 이룬 생각이 어떻게 철저하게 합리적인 생각으로 이어질 수 있을까? 상징을 사용한 생각이 어떻게 철학으로 이어질 수 있을까? 상징의 '드러내는' 능력에 의존해 거대한 문제의식을 말하던 생각이 어떻게 엄격한 논리로 발전할 수 있을까? 간단히 말하자면 상징 해석에 대한 철학적 반성이 어떻게 이루어질 수 있을까 하는 문제이다.

지만 매우 수동적인 자리에 서게 되는 것이다. '믿음을 통해 은총으로 구원받는다'는 교리가 뜻하는 것도 그것이다.

몇 가지 낱말을 먼저 살피고 넘어가자.

상징에 관해서 생각하다 보면 어떤 반성의 순간에 이르게 되고 철학에 대한 답을 찾게 된다. 아마도 그것은 현대 문화의 상황에 대한 답일 수 있다. 상징을 다시 찾는 것은 예전의 꿈의 세계로 돌아가는 것으로 볼 수 있다. 그것은 언어가 막 발생하는 지점에 다가가는 것으로, 처음부터 철학에서 시작할 때 생기는 문제점을 피하는 방법이기도 하다.

제1진리를 찾기 위해 생각을 넘어 그 뒤로 간다. 또는 제1진리까지는 아니더라도 처음 출발점을 찾으려고 생각의 배후를 뒤진다.

아무런 전제도 없이 철학 개념에서 출발하는 것이 얼마나 위험한지부터 말해야 할 것 같다. 처음부터 철학에서 시작하는 것과 달리, 상징을 고찰하는 것은 이미 방향이 주어졌으면서 충만한 상징 언어에서 출발한다. 이미 일어났고 이미 어떤 방식으로 말해진 상징 언어에서 출발한다. 그것은 아무런 전제 없이 생각이 되기를 원하는 것이 아니라, 여러 전제 안에서 그 전제와 함께 생각이 되고자 한다. 상징을 고찰하고 생각할 때 먼저 해야 할 일은 생각하는 일이 아니라 기억하는 일이다.

우리는 데카르트나 후설식의 사고방식과 상징의 문제의식을 서로 반대 개념으로 본다. 그러나 상징의 문제의식을 살피는 것은 결국 철학으로 가기 위한 한 단계이다. 어쩌면 더 넓게 봐야 할지도 모른다. 우리가 지금 상징 문제를 제기하는 것은 역사의 어떤 지점에서 제기하는 것이고, 그것은 우리 '현대'와 어떤 관계 속에서 일어나는 일이라고 봐야 한다. 말하자면 현대 정신에 반격하기 위한 것이다.

상징철학의 역사는 상실과 회복의 역사이다. 히에로파니와 성스러움을 잃었다. 성스러운 존재에 붙어 있던 사람 그 자체를 잃었다. 물론 그런 상실은 인간의 생존이라는 큰 과업을 완수하면서 치른 대가이다. 기술 발전으로 자연을 정복하고 인간의 필요를 충당하면서 성스러움을 잃었다. 현대인은 희미하게나마 자신들이 무엇인가를 잃었음을 알게 되었고 이어서 그 충만한 언어를 회복하려는 마음을 갖게 되었다.

오늘날 우리의 언어는 상당히 치밀해지고 뜻은 간단해져간다. 한마디로 기술(테크닉) 언어가 되어가고 있다. 그래서 전체를 아울러 묶고 체계를 세우는 데 알맞은 언어가 되고 있으며, 그것을 상징논리학(상징이라는 말이 매우 모호하다. 뒤에서 좀 더 자세히 설명한다)이라고 부른다. 바로 이런 시대 속에서 우리는 오히려 충만하고 '꽉 찬' 언어를 다시 찾으려고 하는 것이다.

그런데 그런 우리의 노력이 '현대'가 준 선물이기도 하다. 현대는 어원학과 주석, 현상학과 정신분석학 그리고 언어 분석이 활발한 시대이기 때문이다. 그것을 통해 언어를 텅 비게 했지만 다시 새롭게 채우는 작업을 하는 것도 현대의 일이다. 텅 비게 한 다음에야 새롭게 채울 수 있다. 사라진 아틀란티스를 슬퍼할 일이 아니라 언어를 재창조할 희망을 품어야 한다. 우리는 사막과 같은 비판의 시대 너머에서 들려오는 부름의 소리를 다시 듣는다.

"상징은 생각을 불러일으킨다." 내가 말하는 이 명제에는 두 가지 의미가 들어 있다. 첫째, 상징이 불러일으킨다. 의미는 내가 만드는 것이 아니라 상징이 불러준다. 둘째, 상징이 '생각을' 일으킨다. 결국 상징은 무엇인가를 불러주고 나는 생각한다. 다시 두 가지를 말하면 이렇다. 첫째, 어둠에 묻혀 있긴 하지만 모든 것이 다 이야기되어 있다. 둘째, 그러나 우리 생각으로 다시 그 이야기를 시작해야 한다. 결국 내가 하고자 하는 작업은 상징에 묻힌 생각과 그것을 생각하는 생각을 함께 이해하려는 것이다.

1) 상징의 질서

그런 문제를 탐구하는 데서 악의 상징을 표본으로 삼는 것이 괜찮을까? 악의 상징은 여러 가지 점에서 쓸모가 많다.

(1) 모든 신학과 모든 사변, 심지어 모든 신화 이전에 상징이 있다. 기초 상징이라고 할 수 있는 그 상징들은 어떤 체험을 표현하는 언어로, 다른 말로는 할 수 없다. 여기서 체험은, 말하자면 죄 '고백'의 체험이라고 할 수 있다. 당하는 악 또는 저지른 악을 상징이 아닌 직접 언어

로 표현할 수 없다. 사람은 자기가 저지른 악에 책임이 있음을 털어놓을 때 또는 자기가 저지른 악에 자기가 당하고 있음을 고백할 때 곧바로 상징을 쓴다. 종교사가들이 밝힌 여러 가지 예배 의식에 들어 있는 '고백'에서 우리는 그러한 상징을 본다.

　금기를 어긴 악을 가리키는 흠(la souillure, defilement)을 표현하기 위해 때라는 상징이 사용되며 좀 더 윤리적인 죄(le péché, sin)의 개념에는 빗나감, 굽은 길, 벗어남, 방황 같은 상징이 들어 있다. 그리고 좀 더 내면화된 허물(la culpabilité, guilt)을 말하는 데는 무게나 짐 같은 상징을 쓴다. 그 상징들은 자연 경험—길을 가거나 무엇을 접촉함—에서 생긴 1차 기표들이다. 그런 기본 언어들을 신화 상징과 구분해 1차 상징이라고 부르자. 신화는 조금 더 정립된 상징으로, 인물과 장소와 시간이 등장해 이야기를 이루고 있으며 1차 상징이 고백하는 체험을 이야기로 꾸며 말하고 있다.

　이 1차 상징은 상징이 지향하는 구조를 잘 보여준다. 기호가 어떤 것을 보이면서 그것 너머를 가리키는 것이라면 상징도 기호이다. 그렇지만 기호가 모두 상징은 아니다. 상징이 가리키는 방향은 한 방향이 아니다. 먼저 1차 지향, 곧 문자 그대로 가리키는 것이 있다. 자연 기호를 누르고 나름대로 무슨 뜻을 가지는 협약 기호의 경우에는 모두 1차 지향이 있게 마련이다. 때, 빗나감, 무게 따위도 일단 1차로 뜻하는 것이 있다. 낱말과 그 낱말이 가리키는 것은 닮지 않았다. 그러면서도 그것을 가리킬 수 있는 것은 협약 때문이다. 어쨌든 1차로 가리키는 뜻이 있다. 그러나 1차 지향 위에 2차 지향이 있다. 손에 묻은 더러운 때, 길을 빗나감, 무거운 짐 같은 것들이 성스러운 존재 앞에서는 인간의 상황을 가리킨다. 때나 길 잃음이나 무거운 짐 같은 1차 의미를 넘어 흠 있는 인간, 죄인, 허물 많은 인간의 상황을 가리킨다. 결국 문자 의미 또는 겉뜻이 자신을 넘어 때 '같은' 것, 길이 빗나감 '같은' 것 그리고 짐 '같은' 것을 가리킨다.

　무엇을 가리키는지 정확하게 드러나는 기술 기호와 달리 상징 기호는 불투명하다. '1차 의미 또는 문자 의미 안에서 엇비슷하게 2차 의미가 생겨나기 때문이다.' 닿을 수 없는 상징의 깊이가 바로 그 불투명함에 있다. 그러면 문자 의미와 상징 의미 사이의 유비관계를 살펴보자. 흔히 유비(아날로지)란 어떤 끝을 볼 수 없는 추리이기는 하지만 여하튼 추리 작용이고, 서로 비교하는 가운데 네 번째 요소에서 발생하는 것이다(A와 B의 관계는 C와 D의 관계와 같다). 상징에서 1차 의미와 2차 의미의 관계는 그처럼 밖에서 이루어지는 유비관계가 아니다. 상징에서 비롯된 1차 의미에 머무르며 그 1차 의미에 이끌려 그 너머로 간다. '상징 의미는 문자 의미 안에서 문자 의미를 통해서 형성된다. 그 문자 의미가 새로운 요소를 만들어내 유비를 이룩한다.'

흔히 말하는 유비가 '밖에서' 서로 비교하며 생각해내는 것과 달리 상징은 1차 의미 그 자체의 운동이다. 1차 의미가 우리를 숨은 의미로 끌고 가서 상징된 것에 끌려가게 한다. 비슷한 것을 우리가 일부러 생각해내는 것이 아니다. 그런 뜻에서 상징은 베푼다. 1차 의미가 2차 의미를 가져다준다.

(2) 고백의 1차 상징을 탐구해야 한다. 상징들의 삶과 움직임이 곧바로 드러나기 때문이다. 의미론을 통해 우리는 어떤 방향으로 뻗어가는 진정한 언어 혁명을 본다. 그 풍성해진 언어를 지표로 하여 체험이 흘러나온다. 잘못한 경험, 곧 죄의 경험을 따라가보면 상징의 문턱이 계속 이어져 있다. 그러므로 우리는 잘못의 경험에서 무슨 느낌을 살피려는 것이 아니다. 곧바로 그 느낌을 살피는 것은 짧은 길이지만 소득이 없다. 길지만 확실한 길로 가야 한다. 문화를 이루는 위대한 상징들의 움직임을 고찰하고 생각하는 것이 바로 그 길이다.

흠과 죄와 허물, 이 세 개의 별자리에 들어 있는 1차 상징들에는 겹뜻이 있다. 그리고 그런 겹뜻이 상징 일반의 힘찬 움직임을 잘 보여준다. 한편으로는 이 상징에서 저 상징으로 가며 깊어지는 운동이 있다. 다른 한편으로는 상징의 풍성함이 약해지는 운동이 있다.* 바로 그 때문에 상징들을 연구할 때 '역사주의' 해석이나 '진보주의' 해석은 금물이다.

어떤 면에서 얻는 것이 있으면 동시에 다른 면에서는 잃는 것이 있다. 또한 어느 '단계'에서나 앞 단계의 상징이 지닌 무게를 건네받게 마련이다. 가장 오래된 상징 단계인 흠의 상징이 세 번째 상징 단계인 허물에서도 그 바탕이 그대로 남아 있다. 부정 탄 경험이 두려움 속에서도 말로 나오려고 한다. 흠의 상징이 풍부한 덕에, 어둠 속에 있던 체험이 말이라는 빛으로 나온다. 사실 처음부터 흠은 때 이상이다. 거룩한 존재 앞에 선 인간 전체의 느낌을 가리킨다. 느낌을 주도하는 그 무엇은 몸을 씻어도 사라지지 않는다. 깨끗하게 하는 정화 의식은, 여러 가지 몸짓을 통해(파묻고, 침을 뱉고, 멀리 집어던지고) 상징 언어 말고는 어떤 언어로도 말할 수 없는 그런 온전함을 회복하려는 것이다. 흠이라는 주술 개념이 매우 오래되고 낡은 것이지만 아직도 정함과 부정함의 상징을 우리에게 전해주는 까닭도 거기에 있다. 매우 조화로운 상징의 힘을 지니고 있기 때문이다.

그런데 이 흠의 상징에는 악이 '밖에서' 들어온다는 문제가 있다. 거기서 '타락의 신비'라고 할 만한 문제가 생긴다. 악은 내가 짓는 것이다. 그러나 내 마음대로 악을 저지르지만 다른 한편으로 악의 유혹이 있다. '악이 이미 있다'는 것이다. 그런 문제가 이미 흠의 상징에 들어 있다.

그러나 옛 상징의 뒤를 이어 경험의 혁명이 일어나고 그 경험을 드러내는 언어 혁명이 일어난다. 그 혁명은 우상파괴운동이다. 생각뿐 아니라 상징에도 우상파괴 바람이 분다. 상징은 먼저 부순다. 이전 상징을 파괴한다. 따라서 우리는 죄 상징이 흠 상징과 뒤바뀐 형태로 이룩됨을 본다. 바깥 접촉 대신에 벗어남(과녁이나 똑바른 길이나 넘지 말아야 할 한계 같은 것)이 등장한다. 기본 동기에 큰 변화가 생겼기

---

* 죄(sin)에서 허물(guilt) 상징으로 옮겨가면서 잘못한 자와 잘못하지 않은 자 그리고 잘못의 경중을 가리게 된다. 이는 법 측면에서 보면 발전이지만 악의 깊이와 연대성이라는 측면에서 보면 약해지는 것이다. 현대는 허물은 말하지만 죄는 말하지 않는 시대라고 볼 수 있다.

때문이다.

종교 체험에 새로운 범주가 생겼다. '하느님 앞'이라는 것이다. 유대인들이 말하는 베리트, 곧 '계약'이 그것이다. 완전함을 향한 무한 요청이 등장한다. 그 무한 요청이 유한 요청인 옛 계명을 새롭게 한다. 무한 요청과 함께 무한한 두려움도 같이 생긴다. 두려움에 혁명이 일어난다. 금기에 대한 두려움이 아니라 분노하시는 하느님에 대한 두려움이 생긴다.

그러면 처음 상징에는 무슨 일이 생기는가? 이제 악은 더 이상 어떤 실체가 아니라 무이다. 관계 단절이 악이다. 그것은 바람이나 허깨비, 안개 또는 헛된 우상 같은 말로 그려진다. 하느님의 분노라는 상징은 관계 단절을 되돌리려는 분노이다. 그런데 거기서 악에 대한 적극적인 사고방식이 생긴다. 악은 밖에 있는 '실체'는 아니지만 실제로 힘을 행사하는 권세이다. 포로 상징에서 그 점을 볼 수 있다. 역사 사건(이집트와 바빌로니아에서 겪은 노예생활)을 실존 상황으로 바꾼 포로 상징은 이스라엘의 회개 경험을 가장 높은 차원에서 표현하고 있다. 이처럼 악을 권세로 보면서 처음 상징인 흠의 상징이 다시 들어온다. 악을 밖에서 찾는 문제가 다시 일어나는 셈인데, 물론 주술 차원이 아닌 윤리 차원에서 일어난다.

이처럼 단절과 연속 운동이 죄 상징들에서 허물 상징으로 가는 과정에도 똑같이 일어난다. 한편으로는 실재론과 비슷한 관점, 곧 죄의 존재론이라고 할 만한 것이 차츰 사라지고 잘못을 순전히 주체의 문제로 보려는 시각이 등장한다. 전에 죄를 말할 때는 주체가 알거나 모르거나 그에게 죄가 있다고 봤지만, 이제 허물은 주체가 알고 의식하는 한도에서 존재한다. 오직 내가 잘못을 저지른 장본인이다. 벗어나고 빗나가고 방황하는 상징 대신 무게와 짐이 상징으로 등장한다. '하느님 앞' 대신 '내 앞'이 의식 깊은 곳에 자리 잡는다. 이제 사람은 자기가 느끼는 만큼만 잘못이 있다.

이 새로운 혁명에서 책임 문제가 아주 분명해진다. 집단 책임에서 개인 책임으로 옮겨간다. 그리고 사람마다 정도의 차이가 생긴다. 합리적으로 잘잘못을 가리고 판단하는 세상이 등장하고 세밀한 양심이 등장한다. 그러나 오래된 흠 상징이 사라지지는 않는다. 어두운 고통이 밖에서 안으로 들어왔을 뿐 사라지지는 않았기 때문이다. 양심은 율법에 치인다. 양심은 율법을 만족시킬 수 없으며 율법 앞에서 불의의 포로 신세이다. 나름대로 자신이 정의롭다고 내세워도 거짓일 뿐이다.

그만큼 후퇴하는 지점에서 옛 상징인 흠의 상징은 다시 모습을 바꿔 등장한다. 얽매인 자유를 가리키는 노예의지라는 상징이다. 루터와 스피노자는 그 점을 간파했다. 쓰는 용어는 다르지만 그들은 모두 노예의지라는 상징을 빌려와 말하고 있다.

(3) 지금까지 신화를 빼고 이야기했다. 잘못을 가리키는 상징 중에서 1차 상징들과 거기에 기대는 일반 상징 이론을 여기까지 전개하면서 나는 상징들이 포개져 생기는 신화 구조를 짚고 넘어가지 않았다. 그런 점에서 신화는 2차 상징이라고 할 수 있다. 1차 상징들의 구조를 분명하게 살피고 신화의 특수성을 드러나게 하기 위해 2차 상징은 괄호에 넣었다.

앞에서 말했듯이 신화는 어떤 공간과 시간과 인물들을 엮어낸 큰 이야기이다. 그런 신화에는 아주 특별한 세 가지 기능이 있다. 첫째, 아담이라는 대표 인간을 가지고 인류 전체와 모든 인간사를 말한다. 아담은 사람이면 누구나 살면서 겪는 경험을 대변한다. 둘째, 아담 신화의 자리가 처음과 끝 사이에 있음으로써 이야기에 어떤 방향을 제시하고 있다. 신화에 도약이 주어진다. 태초와 종말에서 오는 긴장이 신화 전체에 흐른다. 셋째, 아담 신화는 인간 현실의 단절을 아쉬워한다. 이 점이 매우 중요하다. 흠 없는 상태에서 죄의 현실로 건너간 인간 현실을 안타까워한다. 원래 좋은 사람이 어떻게 오늘날의 모습이 되었는지를 말한다. 신화가 상징 기능을 발휘하는 데서 이야기라는 특별한 양식을 사용할 수밖에 없던 까닭도 거기에 있다. 신화에서 말하고자 하는 것은 이미 드라마이다.

그러나 동시에 신화로 할 수 있는 이야기는 그 종류가 셀 수 없이 다양하다. 신화에서 우리는 성스러운 존재를 표현하는 말들처럼 한없이 다양한 상징체계들을 만난다. 특별히 악의 상징을 볼 때 신화를 해석하는 데는 다음과 같은 두 가지 어려움이 따른다. 하나는 한없이 다양한 신화들을 유형별로 나누어야 한다는 것이다. 그래야 생각의 방향을 찾을 수 있다. 그런데 그때 언어로 표현된 신화들에 들어 있는 다양한 문화의 특성을 없애면 안 된다. 그 점이 어렵다. 또 하나 어려운 점은 단순한 분류에서 벗어나야 한다는 것이다. 신화를 서 있는 상태로 보지 말고 움직이는 상태로 봐야 한다. 신화들끼리 비밀스럽게 어긋나고 어울리는 점을 이해해야 한다. 그것은 신화를 철학으로 끌고 오기 위한 준비도 된다.

신화의 세계는 결코 조용하거나 잠잠하지 않다. 1차 상징도 그렇지만 신화는 더욱 그렇다. 신화들은 끊임없이 서로 투쟁한다. 한 신화는 다른 신화와의 관계에서 우상파괴를 일으킨다. 상징은 원래 자기 혼자 고립되면 우둔해져서 우상숭배에 빠진다. 그러므로 그 싸움에 참여해야 한다. 그 운동에 참여해야 한다. 그래야 상징은 스스로를 극복한다.

그 운동은 대립에서 시작된다. 한쪽에는 악의 기원을 사람 이전의 어떤 재앙이나 갈등에 두는 신화들이 있다. 다른 쪽에는 악의 기원을 사람에서 찾는 신화들이 있다.

바빌로니아의 창조 드라마가 앞에 속하는 신화이다. 바빌로니아의 창조시(創造詩) 「에누마 엘리시」(Enuma Elish)에는 최초 전쟁과 거기서 살아남은 신들에 관한 이야기가 있다. 그 전쟁에서 우주가 생기고 사람이 생긴다. 한편 영웅을 운명의 희생자로 그리는 비극 신화도 같은 부류에 속한다. 비극 구도에서는 사람은 생기면서부터 잘못에 빠지게 되어 있다. 신은 사람을 유혹하고 함정에 빠뜨리는데, 거기에는 선악의 구분이 없다. 프로메테우스를 결박한 제우스에게 신은 생각하기조차 끔찍한 무서운 존재가 된다. 육체로 추방된 영혼을 이야기하는 오르페우스 신화도 같은 부류에 속한다. 사람이 책임질 만한 악이 생기기 전에 추방당했다. 오르페우스 신화는 나중에 기원 신화로 발전한다. 기원 신화는 다시 신들의 전쟁을 이야기하는데, 우주발생 신화나 비극 신화와 아주 가깝다.

이 세 신화에 맞서, 아담의 타락을 그리는 성서 이야기가 있다. 정말로 인간론이 들어 있다고 할 수 있는 신화이다. 거기에는 고대 이스라엘의 회개 체험이 신화로 표현되어 있다. 예언자가 사람을 고발하고 사람이 악의 주인공이다. 그런데 사람은 나쁜 행위 말고 나쁜 구조가 있다는 것을 알아챈다. 그것은 사람이 마음을 정하고 행위를 하기 이전의 것이다. 좋게 창조된 세계에서 갑자기 이해할 수 없는 사건이 일어났고 그 사건에는 나쁜 구조가 개입하고 있음을 아담 신화는 말하고 있다. 순결이 끝나고 저주가 시작되는 어떤 계기, 그것을 상징으로 표현하며 악의 기원을 그 상징적인 계기에서 찾는다. 그리하여 첫 사람의 연대기를 빌려 인류 역사의 방향을 밝힌다.

이렇게 볼 때 신화 세계는 두 가지 경향으로 갈라진다. 하나는 악을 사람 바깥에 두는 경향이고, 또 하나는 악을 사람의 잘못된 선택에 두어 사람의 고통도 거기에서 비롯되었다고 보는 경향이다. 앞에서 우리는 1차 상징 역시 서로 다른 두 가지 경향이 양극을 이루는 것을 보았다. 악을 주술적으로 이해하는 흠의 차원에서 악은 바깥의 문제였다. 그리고 세밀한 양심이 생기는 허물의 차원에서 악은 완전히 내면의 문제였다. 이제 1차 상징에서 보았던 양극 현상을 신화에서 다시 보게 된다.

그러나 더 놀라운 점은 다른 곳에도 있다. 갈등은 두 신화 집단 사이에만 있는 것이 아니라 아담 신화 안에도 있는 것이다. 사실 아담 신화는 두 얼굴을 하고 있다. 한편으로는 앞에서 본 대로 타락의 순간을 그리고 있다. 그러면서 다른 한편으로는 일정한 기간 계속되는 유혹 이야기가 있다. 거기에는 몇 명의 인물이 등장한다. 금지 명령을 내리는 하느님이 등장하고 유혹받는 여인이 등장하며 유혹하는 뱀이 등장한다.

타락 사건을 한 사람, 한순간, 한 행동에서 찾던 신화가 이번에는 몇

명의 인물과 몇 개의 이야기로 타락 사건을 벌이고 있다. 이 두 번째 관점에 따르면 인간이 순결을 잃는 놀라운 변화는 눈에 띄지 않게 점차 진행된다. 순간의 신화에 이동 신화가 붙어 있다. 잘못된 선택을 말하는 신화와 유혹으로 자기도 모르게 악에 빠짐을 말하는 신화가 섞여 있다. 연약함의 상징인 여인이 나쁜 결정의 상징인 남자와 얽혀 있다. 신화들의 갈등이 아담 신화 하나에 모두 들어 있다.

원래 아담 신화는 악의 기원과 관련된 다른 모든 신화들을 강하게 비신화론화(démythologisation)하는 것으로 볼 수 있다. 그런데도 뱀이라는 신화적 형상을 다시 등장시키는 것은 바로 그 안에 다른 신화 전통이 숨어 있기 때문이다. 아담 신화 한가운데서 뱀은 악의 다른 측면을 말한다. 다른 신화들이 하는 이야기를 하는 셈이다. 이미 있는 악, 이미 있어 사람을 끌고 유혹하는 악을 말한다. 결국 뱀의 존재가 말하는 것은 사람이 악을 시작하지 않았다는 점이다. 악이 눈에 띄었다. 사람은 악을 시작한 것이 아니라, 이미 있던 악을 계속했을 뿐이다. 그렇게 해서 뱀은 사람의 탐욕보다 더 오래된 악의 전통을 상징한다. 뱀은 인간이 저지르는 악과 다른 '타자'(他者)이다.

이제 비로소 우리는 신화들의 운동이 왜 일어나는지 알게 된다. 악을 사람 바깥에서 찾는 관점은 사라지지 않는다. 육체를 무덤으로 보는 오르페우스 신화나 프로메테우스의 잔인한 신이나 전쟁 드라마를 담은 창조 신화에 들어 있는 바깥 구조는 결코 사라지지 않는다. 그래서 아담 신화에 다시 등장한다. 인간을 말하는 아담 신화에 뱀의 형상으로 슬그머니 들어와 있다. 아담 형상은 현재 존재하는 어떤 악 개념보다 한수 위이다. 아담은 첫 사람으로서 다른 모든 사람보다 앞선다. 그리하여 현재의 악보다 앞선 악을 상징한다. 아담은 다른 모든 사람보다 앞서고, 뱀은 아담보다 앞선다.

그리하여 비극 신화가 다시 모습을 드러낸다. 아담 신화는 비극 신화를 파괴하며 생겼지만 다시 그것을 품고 있다. 그리스 철학과 기독교가 거듭 무찔렀지만 비극이 아직도 살아남은 까닭도 거기에 있다. 비극의 신학이 생각으로 풀리지 않고 말이 될 수는 없지만, 그것이 말하고자 하는 바는 결백하면서 슬픈 최후를 맞는 영웅담 속에 계속 살아 있다.

2) 상징에서 반성하는 생각으로

이제 우리의 임무는 생각하는 일이다. 상징으로부터 생각하고 상징의 풍부함을 따라 생각해야 한다. 결국 생각하는 일이 중요하다. 나는 그리스 이래 철학을 만들어온 합리성 전통을 결코 포기하지 않는다. 알 수 없는 상상력에 맡겨서는 안 된다. 이해하고 이해시키기 위한 개념들을 만들고 그것을 체계 있게 엮어나가야 한다. 잘 갖추어진 체계는 아니더라도 체계를 세워 생각해야 한다.

그러나 그러한 가운데서도 이성의 작업 이전에 이미 있던 풍부한 뜻을 전달할 수 있어야 한다. 한편으로는 철학 '이전'에 기호나 어떤 신비한 것을 통해 모든 것을 말했다. 헤라클레이토스의 말도 그런 이야기로 볼 수 있다. "델포스 신전의 신탁의 주인공은 말하지 않고 숨기지도 않는다. 그러나 그는 뜻한다(ἀλλὰ σημαίνει)." 그렇지만 다른 한편으로 우리는 신탁을 해석해서 분명하게 말해야 할 의무가 있다. 그러나 해석하면서 어떤 것이 숨을 위험도 있다.

철학은 스스로 시작한다. 철학은 시작이다. 그러므로 철학에서 나오는 말은 그 말보다 앞서 말이 생겨나게 하는 신비한 무엇을 해석한 것이면서 동시에 첫 번째 디딤돌을 놓으려는 것이고, 질서를 찾는 것이며, 체계를 세우려는 것이다. 어떤 철학에 풍부한 기호의 신비와 동시에 완벽한 논리가 들어 있다면 행운이겠지만 그것은 드문 일이다.

해결의 열쇠는 가장 까다로운 문제이기도 한 해석과 반성의 관계에 있다. 해석을 통한 이해를 불러일으키지 않는 상징은 없다. 그러나 그 이해가 어떻게 상징 '속에' 있으면서 동시에 상징 '너머에' 있는가?

'이해'에는 세 단계가 있다. '삶'이 상징으로 들어가고, 상징은 상징에서 생각되는 '생각'으로 간다. 곧 이 운동을 이해하는 데는 세 단계가 있다는 것이다.

처음은 단순한 '현상학'의 단계이다. 상징을 통해 상징을 이해하는 단계, 다시 말해서 상징 전체를 통해 상징을 이해하는 작업이다. 그것도 이미 지성의 작업이다. 왜냐하면 이리저리 상징을 찾아 서로 연결해 상징 세계에 일관된 질서를 만들기 때문이다. 그러나 그것은 여전히 상징에 주어진 삶을 벗어나지 못한다. 종교현상학은 대체로 거기서 머무른다. 거기서 상징을 이해한다는 것은 상징을 어떤 큰 상징 부류에 집어넣는 것을 가리킨다. 그것도 나름대로 체계를 세우는 일이기는 하다.

이제 종교현상학에서 사용하는 방법을 몇 가지 살펴보자. 첫째, 종교현상학은 어떤 특정한 상징만 따로 떼어놓고 보기에는 그 상징이 다양한 가치를 지니고 있음을 안다. 그리하여 서로 교환되는 여러 가치를 한통속으로 묶음으로써 상징을 이해한다. 둘째, 종교현상학은 다른 상징을 통해 어떤 상징을 이해하려고 하기도 한다. 이때 어떤 상징을 연구하고 이해한 뒤, 지향성 분석을 널리 확대해서 그와 비슷한 다른 상징들도 이해한 것으로 생각한다. 셋째, 제의나 신화처럼 상징과 다른 형태로 성스러운 존재를 표현하는 것들을 통해 상징을 이해하는 방법이다. 종교현상학에서 이해를 이루는 네 번째 방법은, 똑같은 상징이 어떻게 여러 가지 차원의 경험과 표상—밖과 안, 삶과 생각 같은—을 하나로 묶는지를 보이는 것이다. 그런 여러 가지 방식으로 상징현상학은 나름대로 일관된 무엇을 보여준다. 상징의 체계 같은 것을 밝힌다. 거기서 해석은 일관성을 밝히는 것이다.

이상이, 상징으로부터 생각하는 첫 단계이다. 그러나 우리는 거기에 머무를 수 없다. 아직 '진리' 물음이 제기되지 않았기 때문이다. 현상학에서 상징 세계의 일관된 체계를 진리라고 한다면 그것은 믿음이 없는 진리이고, 거리를 둔 진리이며, 환원된 진리이다. 내가 그 진리를 믿는 것인지 또는 그런저런 상징의 뜻을 가지고 내가 무엇을 하는지에 대한 물음이 빠져 있다. 비교하는 차원, 곧 자신이 어디에 속하지 않고 이 상징에서 저 상징으로 옮겨다니는 차원에서는 그런 물음이 생길 수 없다.

현상학은 한 단계일 뿐이다. 점점 넓어지는 지성의 단계이다. 호기심 어린 눈으로 널어놓는 단계이고, 널어놓는 사람이 아직 그 속으로 끼어들지 않은 단계이다. 그러나 상징을 비판하는 관계도 필요하지만, 이제 상징과 가까운 관계로 접어들어야 한다. 그러려면 비교하는 관점을 떠나서 해석의 눈을 가지고 상징과 신화의 삶 속으로 나 자신을 끼워넣어야 한다.

'제대로 해석학이라고 할 만한 영역', 곧 개별 텍스트에 적용되는 해석의 지평은 지성을 넓히는 차원—비교현상학—너머에 펼쳐진다. 사실 현대 해석학에 이르러 비로소 상징이 의미를 띠게 되었다. 인간은 지성으로 상징을 풀면서 의미를 얻는다. 상징은 격렬한 움직임과 전투를 통해 스스로를 넘어선다. 해석학은 바로 그 싸움에 참여한다. 그 싸움에 참여할 때 비로소 이해는 비판적 주석에 다가가고 해석학이 된다. 상징의 힘을 얻으려면 멀리서 방관하는 자세를 벗어나야 한다.

단순히 신화를 즐기는 자세에서 벗어날 때 비로소 해석의 순환이 열린다. 해석의 순환을 한마디로 표현하면, "믿으려면 이해해야 한다. 그러나 이해하려면 믿어야 한다"이다. 이 순환은 고리타분한 것도 아니고 죽은 것은 더더욱 아니다. 이해하려면 믿어야 한다. 다시 말해 해석하는 사람은 자신이 밝히려고 하는 텍스트가 지닌 뜻의 '후광'을 입지 않고는 그 뜻에 다가갈 수 없다. 그 뜻의 기운 속에 살고 있어야 한다. 그러나 다른 한편으로 이해해야만 믿을 수 있지 않겠는가?

그렇게 해서 해석은 순환운동 속에서 일어난다. 우리가 찾는 것은 2차 직접성이요 2차 원시성인데 그것은 해석학에서만 가능하다. 해석을 통해서만 믿을 수 있다. '근대'의 믿음의 모습이다. 상징에서 일어나는 믿음은 근대의 문제를 드러내고 치유한다. 그래서 순환은 이렇게 이루어진다. 전(前)이해가 있다. 그 전이해를 가지고 이해하는 것이 해석이다. 이처럼 이해에 활기를 불어넣는 것이 전이해라면, 해석의 순환에서 우리는 오늘날 다시 한 번 성스러운 존재와 교통할 수 있게 된다. 따라서 해석학은 '근대'의 산물이지만 거룩함을 잊은 근대를 극복하는 것이기도 하다.

여전히 존재가 내게 말한다. 물론 비판 이성 이전의 원시 신앙의 형태가 아니라, 해석학을 통한 2차 직접성의 형태로 말한다. 2차 직접성, 곧 2차 원시성은 비판 이성 이후의 히에로파니라고 할 수 있다.

여기까지 말했을 때 해석학은 아직 반성이 아니다. 해석하려는 본문과 딱 붙어 있기 때문이다. 상징을 밝히는 세 번째 단계는 정말 철학적으로 보이는 단계, 곧 '상징으로부터 생각하는' 단계이다.

그런데 상징과 그 상징을 해석하는 철학 담론 사이의 해석학적 관계에는 두 가지 위험이 있다. 하나는 단순히 우의(알레고리)에 빠지는 것이다. 스토아학파에서 호메로스나 헤시오도스의 이야기를 그렇게 다루었다. 거기서는 상상의 껍데기를 벗어던지고 철학적 의미가 너무 쉽게 나온다. 유피테르 머릿속의 미네르바처럼 이미 준비되어 있다. 이야기는 겉옷에 불과하다. 벗어던지면 그만이다. 속뜻, 곧 철학적 의미가 이야기에 앞서 이미 있고, 이야기는 진리가 단순하게 보이지 않도록 진리를 덮고 있는 보자기에 지나지 않아서 공연히 진리를 가리고 있는 셈이다. 그러나 내 신념은 이렇다. 상징 '뒤'를 생각할 것이 아니라 상징으로부터 생각하고 상징에 '따라' 생각해야 한다. 그래야 상징의 실체가 파괴되지 않는다. 상징은 사람들 사이의 말을 '드러내는' 바탕을 이루기 때문이다. 간단히 말해서 상징은 생각을 '불러일으킨다'.

또 다른 위험은 상징을 합리성 영역으로 그대로 끌고 들어오는 것이다. 상징 그 자체를 합리적인 것으로 봄으로써, 상징이 탄생하고 펼쳐지는 그림 단계에 상징을 그대로 묶어둔다. 신화를 그대로 교리로 삼는 것으로 영지주의가 그러했다. 물론 세 대륙을 수세기 동안 지배한 영지주의를 무시할 수는 없다. 영지주의는 지식과 앎의 차원을 강조하고 앎으로 구원을 받는다고 함으로써 사변을 크게 일으켰다. 그런데 영지주의는 악의 문제와 끈끈하게 연결되어 있다. 영지주의자들은 열성을 다해(πόθεν τὰ χαχά), 곧 "악이 어디에서 오는가?" 하는 물음으로 문제를 파고들었다. 내가 볼 때 피해야 할 질문 방식이다.

왜 영지주의를 피해야 하는가? 먼저 그 내용이 문제이다. 악을 바깥에서 찾기 때문에 완전히 비극이다. 영지주의자들이 볼 때 악은 밖에 있다. 사람 밖에서 사람을 누르는 어떤 물리적 실체 같은 것이다. 그러므로 악의 모습이 실재하는 무엇으로 자리를 잡는다. 그리하여 푸에치가 말하듯이 공간과 우주의 형상과 분리되지 않는 교리신화가 생겼다.[1]

결국 우리의 물음은 이것이다. 어떻게 하면 옛날의 알레고리 해석으로 돌아가지 않고 상징으로부터 생각하면서 동시에 영지주의 함정에도 빠지지 않을 수 있을까? 상징에서 생각을 불러일으키는 의미를 끌어내지만 이미 있는 의미를 찾지 않으면서 교리 신화의 거짓 앎에 빠지지 않으려면 어떻게 해야 하는가?

여기서 나는 창조적 해석의 길을 제시하고자 한다. 상징의 본래 깊이를 존중할 것이며 그래서 상징이 우리를 이끌 것이다. 그와 동시에 생각이 책임지고 자유롭게 의미를 이끌어내고 이룩한다. 그것이 내가 말하는 창조적 해석이다. 그러나 생각이 어떻게 상징에 '매여 있으면서 동시에 자유로울 수' 있단 말인가? 상징을 직접 만나면서 어떻게 생각이 끼어든단 말인가?

내가 지금 예로 들어 밝히려는 악의 문제가 바로 그것이다. 생각과 상징의 투쟁이다. 거기서 생각은 '반성'과 '사변'을 오가야 한다.

'반성'인 생각은 기본적으로 '비신화론화를 일으키게 되어 있다.' 그래서 신화를 곧이곧대로 받아들이기를 거부하는 정도에서 그치지 않고 신화를 통해 새로운 세계를 열고 발견하는 능력까지도 거부한다. 그리하여 반성이 이루는 신화 해석은 기껏해야 알레고리이다. 그 대표적인 예로 악의 문제를 들 수 있다. '악의 상징에 대한 반성은 윤리 관점에서 매듭지어진다.' 악을 철학적으로 해석하려면 1차 상징과 신화의 넉넉함을 살려야 한다. 그런데 반성은 비신화론화를 주도한다. 무엇보다 먼

---

1) 이 문제에 대해서는 Puech, *le Péché originel étude de signification*, p.265 참조.

저, 흠과 죄의 차원을 전부 개인 내면의 허물 문제로 바꿔버린다. 다른 신화를 비신화론화하는 운동으로 밀고 나가 아담 신화 역시 노예의지의 알레고리로 본다.

이어서 반성하는 생각은 '사변하는' 생각과 싸운다. 사변하는 생각은 악을 윤리적 관점에서만 볼 때 놓치는 것들을 건져내려고 한다. 건져낼 뿐만 아니라 그것이 우리에게 꼭 '필요함'을 보여주려고 한다. 그런데 사변하는 생각이 빠지는 함정은 '영지주의'임을 염두에 두자.

먼저 악을 윤리로 보려는 관점을 알아보자. 그것은 꼭 거쳐야 하는 관점이다. 그러나 거기에 머물러서는 안 된다. 그 차원을 넘어서야 한다. 다만 내면에서 넘어서야 한다. 그러기 위해서는 어느 정도는 악을 순전히 윤리 문제로 풀 줄도 알아야 한다.

악을 윤리 문제로 본다는 것은 되도록 철저하게 인간의 자유 속에서 악을 생각한다는 것이다. 그때 악은 자유의 산물이다. 한편 거기서 자유는 무엇이든 할 수 있고 무엇이든 될 수 있는 자유이므로 악을 저지를 수도 있어야 한다. 멀어지고 빗나가고 뒤집고 방황할 수 있는 자유이다. 이처럼 자유를 통한 악과, 악을 통한 자유를 서로 연결시켜 '설명'하는 것이 세상과 악을 도덕 관점에서 보는 세계관의 특징이다.

그 같은 세계관은 상징이나 신화의 세계와 어떤 관계일까? 두 가지이다. 먼저 비극 신화나 오르페우스 신화 같은 이원론 신화를 철저하게 비신화론화한다. 그다음 아담 신화를 지성 세계의 철학 요소로 끌어들인다. 결국 모든 것을 윤리로 푸는 세계관은 악이 실체라는 것을 부정하면서 첫 사람의 타락에 초점을 맞추어 생각한다.

사상사에서 볼 때 그런 윤리적 세계관은 위대한 이름을 가진 두 사람이 대표하고 있다고 볼 수 있다. 성 아우구스티누스와 칸트이다. 흔히 이 두 사람을 같이 보지는 않지만 내가 볼 때 매우 비슷하다. 성 아우구스티누스의 경우에는 마니교와 싸울 때를 가리킨다. 사실 로트마이어 (Rottmayer) 같은 사람이 가리키는 좁은 뜻의 성 아우구스티누스주의는 마니교뿐만 아니라 펠라기우스주의에도 대항해 도덕적 세계관을 띠어넘으며, 어떤 점에서는 도덕적 세계관을 무찌르기도 한다. 그 점에 대해서는 나중에 다시 보기로 하고, 어쨌든 여기서는 마니교와 싸울 때 윤리 세계관이 깔려 있음을 살펴보자.

 펠라기우스와 싸우기 전에 비신화론화를 주도한 성 아우구스티누스의 주장은 이런 것이다. 악은 본래 없다. 악은 어떤 실체가 아니며, 세상이 악은 아니다. 악을 바깥에서 찾는 도식을 철저하게 물리친다. 악은 없을 뿐 아니라 "악이 무엇이냐?"(*quid malum*)고 묻지도 말아야 한다. 그 대신 "우리가 어찌하여 악을 행하는가?" 하고 물어야 한다. 그러므로 그 실체로 볼 때 악은 '아무것도 아니다.'

 '아무것도 아님'은 플라톤의 비존재나 플로티노스의 무에서 나온 개념이지만 같은 그리스 철학이면서도 다른 전통인 『니코마코스 윤리학』과도 관련이 있는 개념이다. 이 책에서 의지와 비의지의 철학이 처음 정립되었다(같은 책, III권). 그러나 아리스토텔레스는 자유의 철학을 끝까지 밀고 가지 않았다. 그는 '더 좋아하고 싫어함'(προαίρεσις), 신중한 선택, 합리적 욕구 같은 개념을 세우면서 자유라는 개념은 세우지 않았다. 오히려 성 아우구스티누스야말로 악에 들어 있는 '무'의 권세와 의지 속에서 활동하는 자유를 직접 말한 사람이다. 그는 자유 문제를 깊이 파고들었다. 그래서 자유는 인간의 바탕에서 존재에 저항하는 힘이요, '잘못됨'(*deficere*)이요, '기울고(*declinare*) 무로 향하는(*ad non esse*)' 힘이라고 보았다.

 그러나 앞에서 말한 대로 성 아우구스티누스는 그의 발견을 통합해서 엮을 개념 장치를 만들지 않았다.[2] 「펠리체스 논박」에서 그는 나쁜 의지와 나쁜 본성을 반대되는 개념으로 쓰고 있다. 그러나 그의 생각은 신플라톤주의의 틀 속에 있었기 때문에 '의지와 본성'이 서로 반대된다

---

[2] '하느님을 향함'(*aversio a Deo*)이나 서로 대립하는 두 개념 '능력'(*potestas*)과 '본성'(*natura*), 또 서로 구분되지 않는 무 개념 두 가지, 곧 창조론에서 말하는 '무로부터'(*ex nihilo*)와 악을 가리키는 '무로 향함'(*ad non esse*) 같은 것들을 세밀하게 따지지 않았다.

는 것을 일관성 있게 이야기하지 못했다.* 행위의 철학 또는 우연의 철학이 필요하다. 다시 말해 악을 우연히 발생한 사건으로 보고 뜻하지 않은 돌출로 볼 철학이 필요하다는 것이다.

게다가 '잘못됨'이나 '기울어짐' 같은 개념이 그런 측면을 부각하기에 합당한지도 의심스럽다. 악을 뜻하지 않은 돌출과 사건으로 보는 데까지 나갔어야 했다. 그러나 그렇게 되면 성 아우구스티누스는 더 이상 성 아우구스티누스가 아니라 키르케고르이다.

여기서 칸트의 의미는 어디에 있는가? 특별히 마니교에 대항한 성 아우구스티누스의 글과 비교할 때 칸트의 논문 「근본악에 대하여」는 어떤 의미가 있는가? 그런 문제를 하나하나 풀어보자.

먼저, 칸트는 성 아우구스티누스에게 없는 개념 틀을 세운다. '실천' 개념을 밀어붙여 '의지'(Wille) · '자의'(Willkür) · '준칙'(Maxim) 같은 개념을 세운다. 그와 같은 개념 정립은 『도덕형이상학원론』(*Grundlegung zur Metaphysik der Sitten*)과 『실천이성비판』(*Kritik der praktischen Vernunft*)에서 완성된다. 거기서 칸트는 성 아우구스티누스가 「펠리체스 논박」에서 한 것처럼 의지와 자연(본성)을 서로 반대되는 것으로 쓴다.

그러나 무엇보다도 칸트는 악을 뿌리깊은 것으로 생각하는 기본 조건을 세운다. 형식주의가 바로 그것이다. 근본악과 형식주의의 관계는 「근본악에 대하여」를 『실천이성비판』과 연결해서 읽어야만 볼 수 있다. 형식주의를 통해 칸트는 이미 플라톤에게서 시작된 운동을 완성한다. 플라톤은 이렇게 보았다. 만일 근본악의 형상이 '불의'라면, '정의'는 여러 덕 가운데 하나가 아니라 덕의 형식이며 여러 덕을 하나로 묶는

---

* 신플라톤주의에 따르면 악은 존재 계층에 의해 존재 본성에 이미 주어진 것이지 특별히 의지의 문제가 될 수 없다. 그러나 성 아우구스티누스는 악을 의지의 문제로 보면서 나중에 의지와 모순되지 않는 범위에서 본성의 문제를 들고 나온다. 악을 의지 문제로 봄으로써 운명론(이원론)을 피하고, 본성을 들고 나옴으로써 지나친 주의주의(펠라기우스나 근대 주체철학)를 피한다.

원리가 된다(『국가』, IV권).

아리스토텔레스도 『니코마코스 윤리학』에서 선과 악을 형식으로 만들어가고 있다. 그에 따르면 모든 덕은 그 목적이나 매개되는 (μεσότης) 형식의 특징에 따라 덕으로 결정된다. 악은 매개물 없이 멀리 동떨어져 있는 것이다. 플라톤의 아디키아(ἀδιχία)나 아리스토텔레스의 아크라시아(ἀχρασία)는 완전한 형식주의까지는 아니더라도 도덕의 원리를 통째로 형식화하는 개념이다. 물론 나도 우리 윤리가 형식주의에 머물러서는 안 된다는 점은 안다. 그러나 형식주의를 넘어서려면 먼저 거기에 닿아야 한다.

아무튼 형식화하는 데 따르는 이점은 나쁜 준칙이라는 개념을 세우는 데 있다. 자의대로 만든 원칙이 나쁜 준칙이다. 이제 악은 더 이상 감각에 있지 않다. 악과 감정의 혼동은 더 이상 없다. 그런데 악을 감각에서 완전히 떼어놓은 윤리는 매우 비관주의에 빠질 수 있음을 염두에 두자. 아무튼 악과 감각이 분리된 것은 형식주의의 열매이며, 선한 의지를 규명하면서 욕망의 문제를 빼버린 결과이다. 칸트는 말한다. "감각에서 나온 자연스러운 경향은 악과 직접 관련이 없다."

그렇다고 악을 이성의 역전에서 찾을 수도 없다. 아예 철저하게 법 밖에 있는 존재는 악마적인 존재의 힘에 더 이상 저항하지도 않을 것이기 때문이다. 그래서 악은 관계에 있다. 또는 관계의 역전에 있다. 칸트는 존중이라는 순수 동기를 감각적 동기가 누를 때 그런 관계의 역전이 일어난다고 보았다. "준칙에 받아들이는 동기들의 질서를 뒤집는다."

여기서 악을 밖에서 찾는 오르페우스 신화에 대립되는 성서의 세계관이 합리적인 언어로 다시 살아난다. 준칙의 역전에서 악을 찾는 칸트의 생각은, 악을 떨어짐에서 찾는 성서의 생각이 다시 살아난 것이다. 좀 더 나아가면 이렇다. 최고 악은 무슨 의무의 위반이 아니라 덕이 아닌 것을 덕으로 보는 것이라는 점, 그 점을 철학 언어로 완벽하게 말한 사람이 칸트라고 나는 본다. 악 중의 악은 겉으로만 법에 일치하는 준칙을 정당화하는 것으로, 그것은 도덕의 흉내만 내는 것이다. 내가 볼 때 칸트야말로 처음으로 악을 나쁜 믿음, 곧 속임수에서 찾은 사람이다.

악을 윤리적 관점에서 풀면 어디에 도달하는지 이제 뚜렷하게 보인다. 자유란 떨어질 수 있음이며 순서를 뒤집을 수 있음이다. 악은 어떤 실체가 아니라 관계의 역전이다. 아주 명확하다. 그러나 그렇게 말하면서도 뭔가 허전하지 않은가? 승리했지만 손에 쥔 것은 아무것도 없지 않은가? 분명한 결론은 내렸지만 깊이를 잃었다.

3) 반성의 어두움 그리고 비극으로 돌아감

악을 윤리 문제로 풀 때 놓치는 것은 무엇일까? 악의 상징에 여러 가지 방식으로 들어 있는 어둠침침한 악의 체험을 놓친다. 말하자면 '비극적인' 요소를 빠뜨린다.

가장 바탕이 되는 상징, 곧 1차 상징이 죄의 고백에 들어 있는데 거기서 악은 '이미 있는' 것이고, 내가 태어날 때 나를 둘러싸고 있는 것이며, 내가 의식하기 전에 내 안에 들어 있는 것이고, 개인이 저지르는 허물로 다 풀 수 없는 것이다. '포로'와 노예 상징은 바로 그처럼 나를 둘러싸고 지배하는 어떤 힘으로 악을 보는 것이다.

아담 신화를 뺀 다른 모든 신화들, 곧 악을 밖에서 찾는 신화들은 한결같이 악을 이미 있는 것으로 그리고 무력한 나를 누르는 어떤 권세로 체험한 데서 생긴 것이다. 그리고 그런 신화들의 기운은 아담 신화에서 간단히 제거되지 않는다. 억눌려 있는 상태이지만 결코 무시할 수 없을 정도로 아담 신화에 들어와 있다. 아담은 단지 하나의 표본이 아니라 모든 사람의 조상이다. 그리고 아담보다도 먼저 있던 존재가 있으니 그것이 바로 뱀이다.

그런데 악을 윤리 문제로만 풀려고 할 때는 지금 저지르는 악, 곧 '떨어짐'이나 '빗나감' 같은 상징만 끌고 들어온다. 거기서 아담은 '지금' 일어나는 악의 표본이고 우리가 악을 저지르는 것은 아담을 되풀이하고 따라 하는 것이다. 따라서 각자가 매 순간 악을 시작한다. 그러나 이제 다른 면을 살펴보자. 각 사람은 악을 시작하지만 또한 악을 잇고 있기도 하다. 이제 우리는 그 점을 말해야 한다. 악은 전통이고 역사를 따라 연결되어 있으며 이미 군림하고 있다.

그러나 그 점을 말하는 데는 큰 위험이 따른다. 한순간에 일어난 '떨어짐'에다가 '유산'을 연결시켜 말할 때 다시 영지주의에 빠질 수 있다. 여기서 영지주의에 빠진다는 것은 교리신화에 빠지거나 악을 '자연'에서 찾는 것을 가리킨다. 물론 우리도 '우연'을 보충할 개념으로 '자연'을 끌어들인다. 그러나 우리가 말하는 자연은 자연 사물이 아니라 사람의 본래 모습, 곧 본성이다. 그것은 결국 자유의 본성이고 자유의 본래 모습과 존재 방식의 문제이다.

여기서 우리는 다시 성 아우구스티누스와 칸트를 만난다. 여기서 만나는 성 아우구스티누스는 지금 일어나는 악에서 원죄 문제로 옮겨간 성 아우구스티누스이고, 여기서 만나는 칸트는 자의로 행하는 나쁜 준칙에서 나쁜 준칙의 '근거'로 옮겨가는 칸트이다.

여기서 한 가지만 짚고 넘어가자. 흔히 현재의 악은 철학 문제이고 원죄는 신학 문제라고 생각하며 성 아우구스티누스의 작품도 둘로 나누어서 이야기한다. 그러나 나는 그런 식으로 철학과 신학을 나누는 것에 반대한다. 무엇을 '드러낸다'는 점에서 아담 신화는 다른 신화처럼 철학적 인간학에 속한다. 다만 아담 신화가 신학이 되는 것은 그 구조 때문이 아니라 참사람 예수 그리스도의 '오심'과 '사건'을 말하는 기독론과의 관련 때문이다.

나로서는 사람의 진실을 밝혀주고 열어주는 상징은 무엇이든 철학적 반성으로 들어올 수 있다고 생각한다. 그러므로 나는 원죄 개념을 철학 바깥의 문제로 보지 않는다. 오히려 지향성 분석이나 합리적인 상징의 해석학, 곧 개념 속에 침전되어 있는 의미 지층을 들추어내는 해석학과 관련된다고 본다.

그런데 지향성 분석을 통해 나타나는 것은 무엇인가? 이것이다. 이른바 합리적 개념인 원죄 개념이 거짓 지식이며, 인식의 틀로 볼 때 영지주의의 개념들과 비슷하다는 점이다. 발렌티누스가 말하는 선험적 타락이나 마니가 말하는 어둠의 나라의 침공 같은 영지주의 개념들과 비슷하다. 원죄 개념은 원래 영지주의와 싸우기 위해 생겼는데 그 형식이 서로 비슷해졌다. 여기서 우리가 반성을 통해 해야 할 일은 첫째, 원죄가 지식으로는 거짓이라는 점을 밝히는 것이다. 그다음, 이미 있는 악을 말하려는 의도를 찾아내는 것이다. 원죄는 이미 있는 악을 말하기 위한 합리적 상징이라는 것이다.

이 두 가지 방향으로 반성해보자.

먼저, 그 개념이 거짓 지식임을 밝혀야 한다. 사실 좁은 뜻에서 '성 아우구스티누스주의'에는 서로 다른 두 개념이 엉켜 있다. 비난받을 허물을 말하는 법 개념과 유전을 말하는 생물학 개념이 엉켜 있다. 한편으로는 죄가 되려면 잘못이 의지의 산물이어야 한다는 생각이 있다. 역사의 처음에 정말로 존재했다고 보는 첫 사람의 잘못이 그것이다. 다른 한편으로 우리 모두가 '아담 안에서' 죄를 짓는다고 하려면 아담의 죄가 '유전되어' 내려와야 한다.

펠라기우스 그리고 펠라기우스주의자들과 논쟁하면서 성 아우구스티누스는 일관되게 악을 개인의 허물로 이해하는 동시에 나면서부터 유전되는 것으로 보고 있다. 성 아우구스티누스가 왜 그랬는지 그 동기에 주목할 필요가 있다.[3] 그 동기라는 것은 결국 바울의 이야기에서 가장 신비한 부분을 '합리적으로 풀려는 것'이었다. 그것은 하느님의 탄핵, 곧 하느님이 누구를 버리는 문제였다. "나는 야곱을 사랑하고 에서를 미워하였다"(「로마서」9: 13. 이 구절은 「말라기」1: 2~3을 인용한 것이다).

하느님은 의롭기 때문에, 어린아이가 태내에서부터 버림받아도 정당

---

3) 「심플리키아누스에게 보내는 글」은 매우 흥미롭다. 397년에 썼으므로 펠라기우스에게 대항해서 쓴 글보다 14년 앞서기 때문이다. 그런데 성 아우구스티누스의 기본 주장은 이미 그 글에서부터 보인다.

한 일이다. 사람이 버림받는 것은 정당한 일이고, 구원받는 것은 은혜이다. 여기서 본성의 죄라는 개념이 나온다. 본성의 죄는 나쁜 행위와 같은 효과가 있고 범죄처럼 벌 받기에 마땅하면서도 유전병처럼 유전되는 것이다.

그것은 법과 윤리의 세계와 생물학의 세계를 섞어놓아 혼란스럽다고 할지 모른다. 또 에스겔이나 예레미야처럼 죄의 책임을 집단에게 지우는 옛 사고방식으로 돌아감으로써 문제가 있다고 할 수도 있다. 그런가 하면 영원한 신정론(神正論)을 들여오고 하느님을 끝까지 정당화한다는 점에서 우습게 여길지도 모른다.

그러나 우리가 원죄 개념에서 봐야 할 것은 그런 것이 아니라 은밀하게 빗대어 하는 말(아날로지)의 풍요로움이다. 그 유비의 힘으로 죄의 고백에 들어 있는 좀 더 뿌리깊은 무엇인가를 가리키고 있다. 내가 의식하기 이전에 악이 내게 있으며, 그것은 개인의 잘못으로 돌릴 수 없는 무엇이며, 내가 어떻게 할 수 없는 것이라는 점, 바로 그것을 원죄 개념은 은밀한 유비라고 말하고 있다. 악과 자유의 관계는 나의 '태어남'과 현재의 의식의 관계와 같다. 다시 말해서 악은 (태어나면서부터) 이미 있다. 여기서 태어남이나 자연(본성)은 유비 개념이다. 그러므로 원죄는 개념 같지만 개념이 아니며, 개념 아닌 개념의 의도는 이것이다. 곧 마니와 영지주의에 대항해서 악을 나쁜 의지로 보면서도 다른 한편으로 악을 거의 자연 같은 것으로 보려는 것이다. 원죄는 불가피하게 개념이지만 "그 개념의 기능은 우연의 구도에 유전의 구도를 집어넣는 데 있다." 그것은 빼놓을 수 없는 형이상학의 문제인데 개념 언어로는 표현할 수 없다.

자연 비슷한 것이 의지에 들어 있다.* 악은 의지 한가운데에 있는 비의지이다. 의지와 맞서는 것이 아니라 의지 안에 있다. 그것이 바로 노

---

*이것을 우리는 본성이라고 보았다. 본성은 내가 어떻게 할 수 없는 비의지적인 것이다.

예지라는 것이다. 이렇게 되면 죄의 고백은 단순히 행위를 뉘우치는 것과는 차원이 다른 깊이가 생긴다. 악이 그 깊이에서 '태어남'의 차원이라면—물론 태어남은 상징이지 사실 문제가 아니다—회심은 '거듭남'이다. 그리하여 개념 아닌 개념을 통해서 '거듭남이라는 대칭항'이 생기게 되었다. 그 대칭항에서 의지는 사려 깊은 선택을 하지만 수동적인 것으로 등장한다.

바로 그 거듭남을 칸트는 도덕 생활의 '아프리오리'로 삼으려고 했다. 「근본악에 대하여」에 들어 있는 철학적 관심은, 내가 앞에서 거짓 지식이라고 부른 원죄 개념을 비판하고 근본악을 '연역'하려는 것이었다. 여기서 연역이라는 것은 이런 뜻이다. 범주의 선험적 연역에서는 객관적 영역을 보고 그것을 가능하게 하는 어떤 법칙을 인정한다. 그렇게 보면 자연 악 또는 본성의 악은 나쁜 준칙이 가능하기 위한 조건으로 볼 수 있다. 나쁜 준칙의 '근거'라고 할 수 있는 것이다.

그리하여 악에 대한 성향은 '예지의 세계에 속한다.' 칸트는 이렇게 말한다. "인간 본성 안에 악의 성향이 존재한다는 것을 경험적 증명을 통해 시간 안에서 실제로 일어나고 있는 인간의지의 반법칙적 반항에 관해 확증할 수 있다고 해도, 이 경험적 증명은 이 성향의 고유한 성격(Beschaffenheit)과 이 반항의 근거(Grund)를 가르쳐주지 못한다. 악을 향한 성향의 성질들은 자유로운 선택의지와 동기로서의 도덕법칙 사이의 관계와 관련되어 있으므로, 악은 자유의 법칙에 따라서 가능한 악의 개념으로부터 선험적으로 인식되는 것이 아니면 안 된다"(『이성의 한계 안에서의 종교』).

경험으로 우리 판단을 '확인한다.' 그러나 "경험은 법칙에 관계하는 선택의지의 최고 준칙 안에 있는 악의 근거를 제시할 수 없다. 왜냐하면 악의 근거는 예지적 행위로서 모든 경험에 앞서는 것이기 때문이다"(같은 책, 51쪽, 주 11). '타고난' 성향 또는 '자연적' 성향이라는 개념을 쓰면서도 악의 문제에서 자연주의는 완전히 배척된다. '나면서부터'

악이 주어졌다고 말할 수는 있지만 태어남이 악의 원인은 아니다. 차라리 악은 '자유로부터 온 자유의 존재양식'이다. 노예의지가 습관으로 굳은 것이다. 그런 식의 이야기는 악의 우연성과 선재성이 조화를 이루는 상징을 만든다.[4]

그러나 근원을 '안다'고 한 영지주의와 달리 철학자 칸트는 악이 풀 수 없고 알 수 없는 것임을 인정한다. "악을 향한 성향으로 말하자면 그것은 자연적 성향으로서 인간의 힘으로는 근절시킬 수 없는 것이다. 왜냐하면 그의 근절은 선한 준칙들을 통해서만 일어날 수 있는 것인데 모든 준칙들의 최고의 주관적 근거가 부패한 것으로 전제된다면 그런 일은 일어날 수 없기 때문이다"(같은 책, 48쪽). 한발 더 나아가 이렇게 말한다. "그러므로 도덕적인 악의 최초 근거로서 파악될 수 있는 어떤 근거도 우리에게는 존재하지 않는다"(같은 책, 57쪽).

결국 불가사의한 것은 이것이다. 곧, 악은 자유'로부터' 시작되지만 이미 자유 '속에' 들어 있다. 악은 행위이면서도 습관이고, 그때그때 생기면서도 동시에 이미 있다. 철학자 칸트가 악의 수수께끼를 말하려고 신화에 나오는 뱀의 형상을 끌어들인 까닭도 거기에 있다. 내가 볼 때 결국 뱀은, 악이 자유로운 결정의 산물이고 인간의 행위에서 시작되지만 어떤 면에서는 '이미 있는' 것이라는 점을 말하는 것이다.

그래서 칸트는 성 아우구스티누스를 완성한다. 먼저, 원죄 개념에 들어 있는 영지주의의 껍데기를 걷어버린다는 점에서 그렇다. 둘째로, 나쁜 준칙의 기초를 선험적으로 연역한 점에서 그렇다. 끝으로, 근거의 근거를 알 수 없다고 뒤로 물러선 점에서 그렇다. 여기서 생각은 등장했다가 뒤로 물러난다. 선험의 확실성으로 등장했다가 무지(無知)의

---

[4] "나는 성향(*propensio*)이라는 것을 인간에 대해 우연적인 것으로서 경향성(습관적 욕망, *concupiscentia*)을 가능하게 하는 주관적 근거라고 이해한다"(같은 책, p.37).

어둠으로 퇴장한다.

그러나 아마도 철학은 앎에 한계를 주는 데에도 책임이 있지만 어떤 한계를 설정하는가 하는 문제에서도 중요하다. 여기서 한계는 이미 주어진 경계선이 아니라 신중하게 스스로 자신을 추스르는 것이다. 칸트의 말을 다시 들어보자. "악을 향한 성향으로 말하자면 그것은 자연적 성향으로서 인간의 힘으로는 근절시킬 수 없는 것이다."

이쯤 되면, 반성이 상징으로부터 배워야 할 텐데 왜 상징의 넉넉함을 없애버렸을까 하는 생각이 들 만하다. 처음 상황으로 돌아가야 할 것 같다. 인간의 마음과 주체로움을 말하는 상징 세계는 처음부터 우상파괴를 일으킨다. 왜냐하면 그것은 상징의 여러 기능 가운데 인간의 '마음'을 다루는 기능을 다른 기능들에서 떼어놓기 때문이다. 다른 기능이란 우주와 밤과 꿈과 시를 다루는 기능을 가리킨다. 주체의 상징은 온전한 상징 세계 전체에서 떨어져나오면서 이룩된다. 그런데 상징은 우주와 실존의 차원을 모두 아우르지 못할 때 건조해지기 시작한다.

'사람의 마음' 문제를 따로 떼어놓는 것은 큰 것을 잊기 시작하는 것이다. 그리하여 순전히 인간론만을 말하는 상징은 이미 알레고리의 길에 들어선 것이고, 악과 인생에 관해서 윤리적 세계관을 세우는 것이다. 그러므로 알레고리 해석에 대한 상징의 저항은 비윤리적인 세계관에서 나오는 것이다. 다시 말해서 아담 상징이 도덕 차원으로 환원하지 못하도록 보호하는 것은 다른 신화들이다. 바로 뱀이 아담 상징의 한가운데 있어서 아담 신화가 도덕으로 환원되는 것을 막는다. 악의 신화들을 모두 고려해야 하는 까닭이 거기에 있다. 아담 신화와 다른 신화들의 변증법에서 배울 것이 많다.

아담 신화 안에서 뱀의 형상이 바빌로니아 신화의 비신화론화에 일격을 가하듯이 원죄론은 윤리적 세계관 속에서 윤리에 저항하는 비극의 힘을 보여준다. 그러나 윤리에 저항하는 것이 정말 비극인가? 비극이 윤리에 저항한다기보다는, 윤리로 풀 수 없는 요소를 비극의 형태를 빌려 표현한다고 보는 편이 낫다. 앞에서 보았듯이 비극의 인간론은 비극의 신론과 뗄 수 없는데, 이 비극의 신론이란 결국 말로 되는 것이 아니고 다만 말의 형태를 빌리는 것이다. 다시 말해서 비극 신화의 형태를 빌리는 것이다. 철학도 마찬가지이다. 비극을 제대로 말하려면 철학은 죽는다.

비극의 기능은 든든함과 자기 확신과 비판 정신을 의문에 부치는 데 있으며, 악의 책임을 통째로 짊어지려는 도덕의식을 문제시하는 데 있다. 악의 무게를 홀로 짊어지려는 도덕의식은 매우 겸손한 것 같지만 거기에는 큰 교만이 숨어 있을지 모른다. 그래서 비극의 상징에는 겸손의 윤리가 들어 있다. 사람이 다 짊어질 수 없는 '죄의 신비'를 말한다. 자유 안에 이미 죄가 들어 있으므로 죄의 책임을 인간의 자유로 돌릴 수 없다는 점을 말한다. 여기서는 알레고리 방식의 환원이 없다. 오히려 악의 문제에 '신'이 개입되어 있음을 말한다. 윤리적 세계관에서는 신을 심판자로 보지만 여기서는 신에게 악의 혐의를 둔다. 고발하고 심판하는 법률주의에 맞서 욥의 하느님은 '폭풍 가운데서' 말씀하신다.

그 깊이에서 볼 때 악의 상징은 단순히 주체 문제를 가리키는 상징일 수만은 없다. 악을 주체적인 인간이 멋대로 떨어져나간 것으로, 인간 양심이 빗나간 것으로만 볼 수는 없다. 악의 상징은 악이 인간의 존재 구조라는 점 역시 말하고 있다. 더 나아가서 악은 존재의 모험이며 존재의 역사를 이루고 있다고도 할 수 있다.

4) 사변하는 생각과 그 실패

나쁜 준칙의 기원을 알지 못한다면 이제 더 이상 생각할 수 없다는 것인가? 타락의 신화로 돌아감으로써 엄밀한 반성과 넉넉한 상징 사이의 투쟁은 끝났는가? 나는 그렇게 생각하지 않는다. 인간의 본성에 대한 이해와 불가사의한 악의 우연성에 대한 고백 사이에는 괴리가 생긴다. 타락의 필연성과 악의 우연성이 같이 있을 수 있는가?

그런데 우리는 신화라고 하는 상징 세계에서 잊은 것이 있다. 그것은, '처음' 상징은 '나중' 상징과의 관계에서만 그 뜻이 분명해진다는 점이다. 종말에는 흠을 정화하고 죄를 용서하고 허물 있는 자를 의롭다고 봐준다. 위대한 신화들은 모두 처음(태초)과 함께 나중(종말)을 말한다. 바빌로니아 신화에서 마르두크의 승리, 비극 신화에서 화해, 추방된 영혼이 앎으로 구원을 받는다는 이야기, 성서에서 말하는 종말의 구원이 모두 그렇다. 성서에서 말하는 구원자는 마지막 시대의 왕이고 고난받는 종이며, 인자(人子, 곧 사람의 아들)이고 둘째 아담이며 참사람이다.

그런데 그런 상징들을 볼 때 주목할 점은 방향이 끝에서 처음으로 향한다는 것이다. 종말에서 태초로 향하고 있다. 따라서 이런 물음이 생긴다. 그 상징들의 연결고리는 무엇일까? 거꾸로 가는 운동은 '어떤 생각을 불러일으키는가?'

그 운동은 악의 우연성으로부터 악의 '필연성' 같은 것으로 눈을 돌리게 하지 않는가? 그 점을 밝히는 것이 상징의 가르침을 받는 철학이 맡은 가장 큰 임무이기는 하지만 또 매우 위험한 임무이다. 앞에서 보았듯이 우리 생각은 도덕으로 환원하는 알레고리와 영지주의의 중간을 가야 한다. 앞의 것은 반성하는 생각이 만든 웅덩이고, 뒤의 것은 사변하는 생각이 만든 웅덩이이다. 우리는 그 사이를 건너야 한다. 그것은 까다롭지만 매우 중요한 과제이다. 사실 악의 처음과 끝을 본다는 것은 악의 문제에서 이미 어떤 방향을 찾고 있는 것이다. 그것은 악의 우연성 너머로 어떤 의미 있는 그림이 그려진다는 것이다. 다시 말해서 악이 현실의 덩어리 전체에 속한다는 것이다.

필연성…… 그리고 현실 전체…… 그러나 아직 어떤 필연성인지 또 어떤 전체인지는 모른다. 우리가 이제부터 따져볼 필연성의 도식은 이상한 요구를 만족시키는 것이어야 한다. 곧 필연성은 나중에 드러나야 한다는 점이다. 다시 말해서 종말에서 보아야 악의 필연성이 보인다는 것이다. 그리고 악의 필연성은 악의 우연성에도 '불구하고' 인정되어야 한다.

내가 볼 때 성 바울도 그런 관점을 취한 것 같다. 첫째 아담과 둘째 아담, 옛 사람과 장차 올 사람을 서로 대비시킨 것이 그렇다. 그는 둘을 비교하고 대비하는 데 그치지 않았다. "한 사람의 범죄 때문에 모든 사람이 유죄 판결을 받았는데, 이제는 한 사람의 의로운 행동 때문에 모든 사람이 의롭다는 인정을 받아서, 생명을 얻게 되었습니다"(「로마서」 5: 18). 첫째 아담에서 둘째 아담으로 가면서 발전과 상승이 있다. "한 사람의 범죄로 많은 사람이 죽었지만, 하느님의 은혜와 예수 그리스도 한 사람의 은혜로 말미암은 선물은, 더 많은 사람에게 넘쳤기 때문입니다"(같은 곳, 5: 15). "죄가 많은 곳에 은혜가 더욱 넘치게 되었습니다"(같은 곳, 5: 20). 이 '더욱 넘침'을 생각해야 한다. 우리가 여기서 해결할 과제가 그것이다.

그런데 우리가 인정하고 넘어가야 할 것이 있다. '전체'를 말하는 철학에는 악의 우연성을 의미 있게 짚고 넘어가는 철학이 없다는 점이다.

사실 필연성을 말하는 사상은 우연성을 아예 처음부터 팽개치거나, 아니면 너무 끌어들여 삭혀서 결국 악이 '돌출'하는 것이라는 점을 잊고 '비극적인' 점도 잊어버린다.

첫 번째 경우로는 플로티노스나 스피노자의 사상처럼 변증법이 없는 사상체계를 들 수 있다. 그들은 모두 우연성 문제를 알고 있었으나 그 문제를 체계 안으로 끌어들이는 방법을 몰랐다. 그래서 마지막까지도 플로티노스는 영이 육에 '기울어지게' 되어 있다고 봤으며 그것을 필연적인 과정으로 보았다. 그는 사람이 자신의 육체에 빨려드는 나르시시즘의 유혹을 하나의 법칙으로 보고 있다(IV, 3, §12~18에서). "마술적 힘을 지닌 거부할 수 없는 유혹에 영혼이 끌려간다"(같은 글, §12). 그리하여 악은 우리에게서 나오지 않고 우리보다 앞서 있으며 사람을 사로잡는다(κατέχει οὐχ ἑκόντας).

그러나 섭리(πρόνοια)를 다룬 마지막 논문들(III, 2~3) 속에서 플로티노스는 헤라클레이토스에서 스토아학파와 필론을 거쳐온 로고스(λόγος) 개념을 들고 주장하기를, 부조화에서 질서가 생기고 질서가 무질서의 원인(ὅτι τάξις ἀταξία)이라고 한다. 그리하여 섭리는 악을 낳지 않았고, 악을 낳지 않은 섭리는 악을 부린다. 방해가 있음에도 조화가 이루어진다. 악에도 불구하고 선이 이긴다.

그러나 신정론밖에 보지 못하면 수사학의 수준을 넘지 못하지 않을까? 힘은 없고 양은 많은 그런 논설로 가득할 수밖에 없다. 도대체 무슨 생각으로 "질서가 있기 때문에 무질서가 있다"고 할 수 있을까? 그런 식으로 말한다면 역사의 고통도 빛과 어둠의 놀이에서 나온 짓궂은 장난에 불과하지 않을까? 불일치의 미학까지는 아니더라도 말이다("불일치도 나름대로 아름다움을 지니고 있다." …… "도시에 살인자도 필요하다. 그가 거기에 있는 것이 좋다. 그는 자기 자리를 찾아 거기에 있는 것이다"). 신정론만 의지하면 그렇게 된다. 그것은 현실의 악을 물리친 것이 아니라 심미적인 환영을 물리친 것이다.

스피노자는 신정론을 철저하게 거부했다. 그의 철학 역시 변증법 없는 필연성의 철학이므로 꽉 막힌 부분이 있다. 그러나 전체를 무시한 채 악을 환상으로 보지는 않는다. 그러면서도 역시 스피노자에게는 풀리지 않은 문제가 남아 있는데, 『에티카』 제4부에 잘 표현되어 있다. "자연에 주어진 어떤 개별 사물이 있을 때 그보다 더 강하고 센 다른 사물이 반드시 있다. 그것이 무엇이건 간에 한 사물을 깰 수 있는 다른 사물이 있게 마련이다."

존재가 드러나고 팽창하는 운동 속에 어떤 상반(相反) 법칙이 있다. 플로티노스의 마지막 글들에서 볼 수 있는 것과 같은 이야기이다. 그런데 그 상반성은 필연적이다. 윤리적 관점에서 말하는 악의 우연성은 설 자리가 없고 환상에 지나지 않는 것이 된다.

필연성을 말하면서도 변증법이 들어 있는 철학은 비극적 세계관을 정당하게 다룰까? 두말할 나위 없다. 헤겔 철학이 역사의 비극을 아우르는 거대한 시도인 까닭이 거기에 있고, 가장 매력적인 것도 바로 그 때문이다. 추상에서 생긴 윤리적 세계관은 사라진다. 정신의 역사가 시작되면서 악도 자리를 잡는다. 악을 인정하면서 극복한다. 그 투쟁은 의식을 인식하는 도구이다. 모든 것에는 방향이 있다. 투쟁을 거쳐야 하고 불행한 의식을 거처야 하며, 아름다운 영혼을 거쳐야 하고 칸트의 도덕을 거쳐야 하며, 죄의식과 정죄 의식의 분리를 거쳐야 한다(『정신현상학』).

그러나 다시 살펴보자. 『정신현상학』에서 악을 인정하고 끌어안고 있지만, 거기서 악은 악이라기보다는 모순이다. 그것은 보편 기능을 지니고 있는데, 곧 키르케고르가 헤겔주의의 핵심이라고 본 '부정성'(否定性, négativité)이다. 부정성이란 힘과 죽음과 투쟁과 잘못에서 개체와 보편이 역전되는 것을 가리키기도 하고 속과 겉이 바뀌는 것을 가리키기도 한다.

모든 부정성들은 하나의 부정성으로 모인다. 『정신현상학』에서 '악과 용서'라는 제목이 붙은 부분을 보라. 죄의 사면은 이미 반대되는 것이 다른 쪽으로 건너감으로써 이룬 절대지(絶對知) 안에서 이루어지는 화해이다. 개체가 보편으로 또는 보편이 개체로, 죄의식이 죄를 심판하는 의식으로 또는 심판하는 의식이 죄의식으로 감으로써 이룬 화해이다. '용서'는 '심판'을 부순다. 심판은 구원의 범주가 아니라 악의 범주이기 때문이다. 바울의 이야기와 매우 비슷하다. 바울도 그렇게 보았다. 율법 자체가 정죄된다. 그러나 헤겔에게서는 죄 사면의 상징이 상실되었다. 악이 '용서되기'보다는 '극복된다'고 보기 때문이다. 화해에서 상징이 사라졌다. 동시에 비극적인 요소가 정신의 소외(Entfremdung) 또는 외화(Entäußerung) 운동으로 대체되었다.

인간의 역사가 곧 하느님의 계시이므로 무한은 유한의 악을 품는다. 그래서 헤겔은 이렇게 말한다. "인간의 역사는 긴 잘못의 역사이며 타락의 역사라고 히폴리투스는 말했지만 그 타락은 절대자의 한 부분임을 알아야 한다. 전체 진리의 한 지점인 것이다." 여기서 윤리적 세계관이 무너지고 범(汎)비극론이 들어선다. 죄의 사면 문제를 철학적 조화와 화해로 바꿈으로써 절대지로 끝난다. 그리하여 정당하지 않은 악이 없으며, 화해에서 은총의 문제도 사라진다.

변증법 없는 필연성을 말하는 플로티노스나 스피노자도 실패하고,

변증법 있는 필연성을 말하는 헤겔도 답을 내릴 수 없다면 다른 데서 찾아야 하지 않을까? '존재의 논리'보다는 속깊은 '이야기'에서 앎을 구해야 하지 않을까? 타락에서 구원으로 가는 운동은, 변증법 논리이거나 비변증법 논리이거나 여하튼 그런 '논리' 바깥에 있지 않을까? 그렇다면 악의 우연성과 주체적 회개를 아우르는 그런 깊은 이야기를 생각하는 것이 가능할까? 비극적인 악—이미 있는 악—을 인정하면서 동시에 극복할 수 있는 '생성되는 존재'(devenir de l'être)*를 생각할 수 있을까?

지금 그 물음에 답할 처지는 아니다. 다만 생각의 방향을 잡아볼 수는 있다. 내가 깨달은 것을 밝히고 마치겠다. 악과 화해가 서로 이어지는 체험을 담은 속 깊은 이야기에는 세 가지 범주가 있어 그 체험을 표현한다.

먼저, 악에도 '불구하고' 화해가 일어난다. 이 '불구하고'는 죄를 덮어두는 범주이며, 그래서 참으로 희망을 주는 범주이다. 그것은 입증되는 것이 아니라 다만 징표들이 있다. 그런 생각을 펼 수 있는 마당은 논리가 아니라 이야기이며, 체계가 아니라 종말론이다.

둘째, 이 '불구하고'는 '은총으로'이다. 악이 있지만 사물의 근본은 선이다. 마지막 때에 죄를 덮어준다는 생각에는 어떤 교훈이 숨어 있다. 성 아우구스티누스가 분명하게 말한 대로 '우리는 여전히 죄인이다'(*etiam peccata*)라는 생각이 숨어 있다. 그리고 클로델(Claudel)이 부드럽게 말한 대로 '최악의 상태는 오지 않을 수 있다'는 생각도 숨어 있다. 거기에 절대지는 없다. '불구하고'나 '은총으로'에 절대지는 없다.

끝으로, 속 깊은 이야기의 셋째 범주는 '더욱더'(πολλῷ μᾶλλον)이다. 이 넘침의 법이 '은총으로'와 '불구하고'를 아우른다. 그것이 '로고

---

* 이 말은 이렇게 생각할 수 있다. 악은 '존재'의 구조이다. 그 점에서 필연성이다. 내가 어떻게 할 수 없다. 그러나 그 존재는 '생성되고' 있다. 과정에 있다. 그것은 내 자유의 영역이다. 내가 하기에 따라 악에서 탈출할 수 있다. 그런데도 악이 존재의 구조가 된 것은 내 책임이다.

스'*의 기적이다. 로고스에서부터 되짚어 참다운 것을 얻는다. 로고스의 놀라운 신비에서 되짚어볼 때 존재의 빛 속에서 악의 필연성을 말하게 된다. 낡은 신정론에서는 거짓 논설을 펴기 위한 방편이던 필연성 문제가 희망의 앎으로 들어온다. 우리가 찾는 필연성은 그 희망의 앎에서 생기는 가장 높은 차원의 합리적 상징을 이룬다.

3. 상징 해석과 철학적 반성 2

앞에서 우리는 여러 가지 악의 상징을 보았다. 특히 회개 문서와 신화에 들어 있는 상징들과 고대 근동, 이스라엘과 그리스의 지혜에 들어 있는 악의 상징들을 살펴보았다. 그 점을 바탕으로 이야기를 펼쳐가겠다.

이 연구는 악이라는 특정한 문제를 대상으로 하며, 유대와 그리스라는 특정한 문화를 배경으로 한다. 그럼에도 상당히 일반적인 문제를 추구하고 있다. 철학적 반성에서 상징 해석이 차지하는 기능은 무엇인가? 바로 이 문제이다. 좀 더 크게 보아 해석에 관한 학문이 해석학이라고 할 때, 이 문제는 해석학의 문제라고 할 수 있다.

방법론 문제를 좀 더 세밀하게 짚고 넘어가자. 그러기 위해 악의 상징에 들어 있는 여러 가지 모습을 표본으로 삼아 그것이 어떻게 종교 상징 일반에 적용될 수 있는지를 살펴보자.

악의 상징들을 의미론 차원, 다시 말해 흠과 죄, 허물 같은 언어 표현의 해석이라는 차원에서 볼 때 놀라운 것이 있다. 그것은, 악의 경험에 다가가는 것은 상징적인 표현밖에 없다는 점이다. 당하는 악이든 저지른 악이든, 고통이든 도덕 악이든 마찬가지이다.** 상징 표현이란 어떤

---

* 여기서 로고스는 그리스도를 가리킨다. 성서에서 그리스도는 사람이 되신 로고스이다.
** 악에는 두 가지가 있다. 자연 재앙이나 죽음 또는 질병 같은 물리적 악(malum physicum)이 있으며 사람이 저지르는 도덕 악(malum morale)이 있다. 근대 합

문자 의미(때, 빗나가고 방황함, 무게와 짐, 노예, 타락 따위)를 통해 다른 의미, 곧 어떤 실존적 의미(흠 있는 존재, 죄인, 허물 많은 존재 따위)라고 할 만한 것을 가리킨다.

현대에는 이 낱말들을 추상적으로 보겠지만, 처음 악의 고백이 있었을 때의 언어와 문화 속에서는 상징적인 구조를 가지고 있었다. 실존적 의미는 문자 의미를 통해 유비 형식으로 간접적으로 주어진다. 악을 경험한다는 것은 곧 그 악을 언어로 표현하는 것이라는 까닭이 거기에 있다. 그러나 표현한다는 것은 이미 상징을 해석하는 것이다.

이제, 의미론은 상징들이 이루는 신화론과 떼려야 뗄 수 없다(합리적 상징이 이루는 교리 차원과도 뗄 수 없지만 그 점에 대해서는 여기서 말하지 않겠다). 새로 발생한 악의 경험이 신화를 통해 표현되고 드러난다. 그 점은 프로메테우스나 안트로포스 또는 아담 같은 인물들을 통해 우리 경험을 말하는 바빌론 신화나 비극 신화 또는 오르페우스 신화나 성서의 타락 이야기에서 볼 수 있었다. 게다가 그 이야기들은 '옛날 어느 때에' 일어난 일이므로 우리의 악의 경험에도 시간성이 주어진다. 그래서 처음에서 나중으로, 기억에서 희망으로 향한다. 또한 이 신화들은 초역사적 사건 방식을 빌려 어떤 알 수 없는 단절과 비약이 있었음을 말한다. 그것은 우리가 죄인임을 고백하면서도 원래는 깨끗하게 태어났다는 것 역시 인정하게 한다.

이때 상징은 흠이나 죄, 허물 같은 악의 표현들에 보편성과 시간성 그리고 존재론적 차원을 제공하게 된다. 그리하여 상징은 의미론 차원에서 무엇을 표현하는 것일 뿐만 아니라 무엇을 개척해가는 것이기도 하다.

여기서 이런 문제가 생긴다. 상징 해석과 철학적 반성 사이에 필연적인 관계가 있는가? 악의 상징이 종교 상징의 한 경우라는 점을 고려할

리주의에서는 두 악을 서로 관계없는 것으로 보지만, 종교에서는 둘을 관련해서 본다.

때 이 질문은 매우 중요하다. 이렇게 말할 수 있다. 악의 상징은 구원의 상징과 짝을 이루어 발생한다. 부정함은 순결과 짝을 이루고 죄는 용서와 짝을 이루며 허물과 노예는 해방과 짝을 이루고 있다. 마찬가지로 처음 이야기는 끝, 곧 종말 이야기와 연결되어 있다고 보아야 한다. 마지막에 마르두크의 즉위, 아폴론의 정화 의식, 새 사람, 메시아, 고난받는 종, 인자, 주님, 로고스가 등장한다.

이런 형상들이 그리스도 사건에서 '완성'된다는 복음 선포에 대해 철학자는 할 말이 없다. 철학자로서는 할 말이 없다. 그러나 그 상징들이 악의 종말을 표상하고 있다는 점에서 그 상징들의 의미를 반성해봐야 한다. 우리가 도달하는 일반론 차원에서 악의 해석학은 일반 종교 상징의 해석 가운데 하나이다. 그럼에도 당분간 우리는 악의 상징만 다룰 것이다. 그러나 결국 악의 해석학은 동떨어진 특정한 경우가 아니라 해석의 문제가 발생하는 가장 중요한 곳이라는 점을 알게 될 것이다.

철학자로서 그런 문제들이 자꾸 신경 쓰이는 것은 무슨 까닭일까? 상징으로 돌아간다는 것이 조금 놀랍고 복잡한 문제를 일으키는 일이기 때문이다.

(1) 상징은 문자 의미에 바탕을 두고 유비로 말하기 때문에 불투명하다. 문자 의미는 상징이 나온 뿌리가 되는 동시에 내용에서는 그 불투명함 때문에 짐이 된다.

(2) 상징은 여러 가지 언어와 문화의 산물이므로 우연한 것이다. 처음부터 어떤 상징이 무엇을 가리키라는 법은 없다.

(3) 상징이 생각을 불러일으키는 것은 해석을 통해서인데 그 해석이 문제이다. 신화에는 해석이 따르고, 그 해석에는 꼭 반대되는 해석이 있다.

수수께끼 같은 신비를 밝혀내는 것은 사이언스가 아니다. 적어도 플라톤이 말한 사이언스도 아니고 헤겔이 말한 사이언스도 아니며 현대인이 말하는 사이언스도 아니다. 불투명함, 문화에 의존하고 있음, 어떻게 해석하는가에 달려 있다는 점이 반성이 지향하는 명확성과 필연성과 과학성에서 볼 때 상징이 지닌 세 가지 결점이다.

더욱이 일반 해석학이란 없다. 주석을 하는 데 필요한 일반 규범은 없으며 따라서 일반 해석 이론은 없다. 다른 것과 다른 해석 이론이 있을 뿐이다. 그러므로 우리는 이중의 문제에 부딪힌다. 반성에 왜 해석이 필요한가? 더욱이 왜 서로 해석이 다른가?

이 글의 첫 부분은 서로 다른 해석 이론을 다룰 것이다. 종교현상학과 종교 정신분석에서 하는 해석이 서로 부딪치고 있음을 볼 것이다. 그리고 이어서 우리는 반성의 철학 안에 그러한 해석의 갈등이 필요하다는 점을 밝힐 것이다.

1) 해석들끼리의 갈등

먼저 종교현상학에 들어 있는 세 가지 특징을 강조하는 것이 좋겠다. 거기에 맞서는 정신분석학의 세 가지 가설은 그 뒤에 이야기한다.

첫째 특징: 종교현상학은 설명하려 하지 않고 다만 기술하려고 한다. 설명한다는 것은 종교 현상을 심리학적이거나 사회학적인 원인, 기원이나 기능과 연결시키는 것이다. 기술한다는 것은 종교 현상을 그것이 지향하는 것과 연결시키는 것이다. 예배나 믿음, 의식이나 신화에 들어 있는 지향 대상을 찾는 것이다.

이것은 상징 문제와 관련해서 어떤 의미를 지니는가? 이렇게 말할 수 있다. 종교현상학의 주제는 예배 행위나 신화, 신비한 경험에서 노리는 '그 무엇'이다. 무슨 행위와 이야기와 감정에서 여러 가지로 지향하는 '그 무엇'을 밝히는 것이 종교현상학의 과제이다. 우리는 그 지향 대상을 '거룩한 것'이라고 부르자. 그 존재의 성질에 대해서는 아무 말도 하지 말자. 그처럼 지향 대상을 강조해서 보면 종교현상학은 모두 '거룩'의 현상학이라고 할 수 있다.

프로이트 해석은 그와 반대되는 것으로 볼 수 있다. 그것은 종교 현상을 지향 대상이 아니라 그 활동 기능에 따라 보기 때문이다.

둘째 특징: 종교현상학에 따르면 상징의 '진리'가 있다. 여기서 진리

란 후설이 『논리 연구』에서 말한 대로 뜻하는 지향성(의미 지향)의 충만(Erfüllung)을 가리킨다.

거룩의 상징들에게 이것은 무엇을 뜻하는가? 대상을 통한 이해와 원인을 통한 설명을 서로 반대되는 것으로 보았듯이, 상징의 넉넉한 특성을 밝히기 위해 상징과 기호를 서로 반대되는 것으로 보자. 기호 기능—또는 기호론적 기능—의 첫 번째 특성은 자의적인 협약에 따라 기표가 기의에 가서 붙는다는 점이다. 그러나 상징의 경우에는 그처럼 철저한 자의성이 없다. 마치 앞서 본 대로 인간 실존의 처지를 말하는 흠과 물리적인 때가 유비를 이루듯이 기표와 기의 사이의 자연스러운 관계가 기초를 이루고 있다.

엘리아데의 책에 나온 예를 든다면, 우주 상징의 힘은 눈에 보이는 하늘과 인간 세상의 질서가 자연스럽게 연결되는 데 있다. 그리하여 하늘은 지혜자, 공의로운 자, 거인 따위를 가리킨다. 1차 의미가 유비를 만들어내는 힘을 통해서 그런 작용을 한다. 텅 빈 기호에 견주어 상징의 충만은 거기에 있다.

프로이트가 「환상의 미래」에서 말하는 '환상'(illusion)은 그와 반대의 해석 방식이라 할 수 있다.

이렇게 해서 우리는 세 번째 특징에 도달한다. 거룩한 상징의 존재론적 차원이다. 첫 번째 말한 대상 지향과 두 번째 말한 상징의 충만은 이미 존재론적 이해를 암시하고 있다. 존재론적 이해는 하이데거의 언어 철학에서 정점에 달하는데, 거기에 따르면 상징은 존재의 말이다.

마지막으로, 종교현상학에 함축되어 있는 것이 바로 그 언어철학이다. 거기서 언어는 사람이 말하는 것이 아니라 사람에게 말하는 것이며, 사람은 언어 가운데서 태어난다. 또는 '세상으로 오는 모든 사람을 비추는' 로고스의 빛 가운데서 태어난다. 그런 면에서 종교현상학에 들어 있는 철학은 새롭게 고친 회상 이론인 셈이다. 상징에 대한 현대인의 관심은 존재 망각을 넘어 거룩한 존재를 다시 만나려는 데 있다. 현대인들이 존재를 잊고 있었음은 텅 빈 기호나 형식화된 언어에서 잘 드러난다.

　이 세 번째와 네 번째 특징과 대비되는 것으로 프로이트가 말하는 '억압된 것의 회귀'를 들 수 있다.

　정신분석의 상징론과 현상학의 상징론 사이에 넘을 수 없는 장벽이 있는 것 같지만 그것을 건너뛰어보자. 나는 갈등을 감추거나 대수롭지 않게 여기는 마음이 조금도 없다. 첫 번째 해석체계에 함축되어 있는 철학을 끝까지 밀고 나갔지만, 그 거룩의 존재론에 가장 반대되는 것과도 치열하게 부딪혀보겠다. 정신분석에서 여러 학파가 제시하는 종교해석 가운데는 강력한 것이 많지만, 그중에서도 가장 강력하고 예리한 프로이트의 해석과 부딪혀보려 한다. 사실 프로이트는 스승이다. 그와 함께해야만 우리는 우리를 '설명할' 수 있다.

　가장 먼저 정신분석에서 하는 종교 기능적 해석과 현상학에서 하는 대상 해석을 대비할 것이다. 그리고 현상학에서 상징의 충만을 가리키는 '진리'와 프로이트가 말하는 '환상'을 비교할 것이다. 그리고 끝으로 '거룩한 것의 회상'과 '억압된 것의 회귀'를 비교할 것이다.

　대상 접근과 반대되는 기능적 접근은 무슨 뜻인가? 종교에 대한 해석은 일반 문화 이론의 틀 속에서 일어난다. 그런데 프로이트 역시 문명 전체, 더욱이 정신분석의 한계를 넘지 않고 해석했다. 오히려 그는 정신분석학을 가지고 일반 문화해석학을 만들려는 의도를 분명히 했다. 정신분석학이 다른 해석학과 똑같은 위치에 설 수 있는 까닭이 거기에 있다. 여러 해석학을 영역별로 구분해서는 안 된다. 어떤 해석학이든 사람에 관한 모든 것을 보고 사람에 관한 모든 것을 해석하고 이해하려는 목표를 지니고 있다.

　정신분석의 해석에 한계가 있다면, 그 한계를 목표에서 찾을 것이 아니라 관점에서 찾아야 한다. 정신분석의 관점은 충동의 '경제학'이다. 다시 말해서 포기와 만족의 균형이다. 현실일 수도 있고, 미룰 수도 있으며, 대체될 수도 있고 가상일 수도 있는 그런 포기와 만족의 균형을 통해 '모든 것'을 본다.

그러므로 먼저 가장 큰 현상인 '문명'에서 출발하고 종교 현상을 그 속에 집어넣어야 한다. 프로이트는 「환상의 미래」 앞부분에서 문명 전체를 한눈에 파악하려고 하면서 세 가지 질문을 던진다. 사람은 본능의 희생이라는 짐을 지고 있는데, 그 짐을 어느 정도나 줄일 수 있을까? 포기는 피할 수 없는데, 사람은 그것을 어떻게 받아들일 수 있을까? 어떻게 그 희생에 대해 만족할 만한 보상을 제공할 수 있을까?

이 질문은 단순히 질문이 아니라는 것을 알아야 한다. 문명의 핵심을 질문으로 말하고 있다. 이 질문에서 이미 문명의 의도와 노림수를 암시하고 있다. 그렇다면 이제 경제 관점에서 문명을 바라보아야 한다. 이 세 가지 물음과 관련해서 볼 때 종교도 먼저 이렇게 말할 수 있다. 종교는 대체 희생물이라는 관념을 가지고 개인의 죄의식을 덜어주어 신경 증세를 줄인다(그 대신 집단 신경증이 생긴다). 그런가 하면 종교는 희생 제물과 화해를 인도해 위로의 기능을 담당한다. 끝으로 종교는 기쁨을 주는데, 그것은 에로스라고 하는 근본 충동이 승화한 쾌락이라고 할 수 있다.

바로 여기서 우리는 정신분석학에서 말하는 '환상'과, 현상학 이론에서 꽉 차고 충만함을 가리키는 '진리'를 대비해야 한다. 프로이트에게 환상은 기능적이고 초심리학적인 의미를 지니는 것으로 주의해야 할 개념이다. 종교를 환상으로 보는 것은 에피쿠로스학파나 18세기 합리주의자들의 '불신앙'을 물려받은 현대 과학주의의 산물이라고 쉽게 단정하고 끝내서는 안 된다. 프로이트에게는 새로운 것이 있다. '환상'을 '경제적으로' 해석하는 것이다. 이것은 현상학에서 말하는 진리의 문제가 아니다. 삶은 포기와 보상 만족의 균형으로 이루어지는데 거기서 종교 표상이 어떤 기능을 하는가 하는 문제이다.

'환상'을 푸는 열쇠는 삶의 고단함에 있다. 사람은 고통을 받아들이고 겪지만, 타고난 나르시시즘 때문에 위로를 갈망한다. 그런데 앞에서 본 대로 문명은 본능을 누르는 임무를 띠고 있을 뿐만 아니라 강력한 자연으로부터 사람을 보호하는 임무도 띠고 있다. 그 자연에 대한 투쟁이 실패했을 때 문명이 취하는 수단이 '환상'이다. 그리하여 신을 만들어 두려움을 내쫓고 잔인한 운명과 더불어 살 수 있게 하며 '불안'을 보상한다.

이제 우리는 정신분석과 현상학이 가장 크게 부딪치는 지점에 와 있다. 우리는 현상학에 존재론적 이해론의 빛을 비추었다. 존재론적 이해는 모든 이해에 존재의 전이해가 들어 있다는 생각이다. 그렇게 해서 거룩의 상징 해석은 옛 회상 이론을 새롭게 들고 나오게 된다. 그런데 정신분석에도 회상이 있다. 그러나 그것은 종교적 '환상'이 만들어지는 길을 따라 생겨나는 회상이다. 종교 환상은 원시인들이나 어린아이의 최초 갈등을 표현하는 상징과 환상(fantasme)에서 시작된다. 방법론으로 볼 때 우리는 지금 중요한 지점에 와 있다. 바로 여기서 발생에 따른 설명이 경제와 장소에 따른 설명에 흡수되기 때문이다.

사실 종교 표상이 오직 환상이고 진리를 담고 있지 않다고 할 때, 종교를 이해하는 방법은 그 기원을 알아보는 것밖에 없다. 그리하여 「토템과 타부」와 「모세와 유일신교」에서 '종교의 진실'을 이루는 역사의 기억을 더듬고 있다. 여기서 모세는 관념 왜곡의 뿌리를 이루는 최초 표상을 대표하는 이름이다. 프로이트가 말하는 종교는 부친 살해, 형제 공동체에서 근친상간과 족외 결혼법 제정, 토템 동물을 통해 아버지 형태를 복원, 토템 축제에서 부친 살해 의식 반복, 신들의 형상에서 아버지 형태가 재현되는 과정을 거쳐 탄생한다.

그러나 여기서 이 문제를 계속 다루려는 것은 아니다. 다만 이 같은 발생에 따른 설명 방식의 근본적인 특징 하나를 강조하고자 한다. 종교는 인류와 개인의 잊혀진 과거가 환상으로 다시 등장하는 것이라고 보는 점이다. 잊혀진 것이 종교의 모습으로 회귀하는 것은 강박증 속에 억압된 것의 회귀에 견줄 수 있다. 종교 상징의 회생과 억압된 것의 회귀를 같이 놓고 볼 때, 이제 우리는 단절된 두 해석학으로 눈을 돌리게 된다. 상징의 존재론이라고 할 수 있는 거룩한 것의 회상 그리고 환상의 원인론이라고 할 수 있는 억압된 것의 회귀, 이 둘이 긴장을 이루고 있다.

2) 서로 잡아끄는 두 해석학

이것이 바로 내가 중요하게 생각하는 것이다. 어떻게 이 두 개의 해석학이 서로 반대되는 것이면서 모두 가능한 것일까? 각각 자기 영역에서 타당하다는 것이 나의 가설이다. 그런데 두 개의 해석 방법을 나란히 늘어놓는 것만으로는 만족할 수 없다. 서로 연관 지어서 서로 돕는 기능을 밝혀야 하겠다. 그러기 위해 먼저 의식과 무의식의 관계에서 답을 찾아보자. 물론 그러한 방법으로 접근하면 두 가지 해석체계 가운데 정신분석 쪽으로 너무 치우친다고 반론을 제기할 수 있다. 나도 동의한다.

그러나 나는 프로이트 이후 의식에 대해 말하려면 그 이전처럼 말할 수 없으며 어차피 새로운 개념을 찾아야 한다고 생각한다. 그렇다면 그처럼 새로운 의식 개념과 앞에서 거룩한 존재의 회상이라고 한 것 사이에도 새로운 관계를 찾을 수 있다. 프로이트 이후, 의식은 마지막에 알아내는 것이지 처음부터 알 수 있는 것이 아니다. 의식에서 출발하는 것이 아니라 의식에 도달해야 한다. 그리고 서로 다른 상징 해석이 의식에서 교차하는데, 그렇다면 의식을 양쪽에서 접근해봐야 한다. 그렇게 하면 상징들끼리 서로 잡아당기는 성질을 볼 수 있다.

프로이트가 비신비화(démystification)하는 분석을 끝까지 밀고 나갈 수 있던 것은 의식의 특권을 깨야 한다는 신념 때문이었다.[5] 의식을 기술하는 대신 심리 장치의 지형도를 작성하는 쪽으로 방법론을 바꾼

---

5) 「정신분석학과 현대 문화」에서 나는 이와 관련된 프로이트의 본문을 주석했다. 그 본문을 통해 정신분석은 코페르니쿠스와 다윈의 혁명을 잇는 혁명으로 자리 잡았다.

것 또한 '의식의 환상'을 깨는 데 있었음을 이해할 수 있다. 철학자들은 바로 그 점을 인정해야 한다. 다시 말해서 프로이트가 그처럼 자연주의적인 방법을 취한 것은, 나르시시즘에 뿌리를 박고 있는 의식의 환상을 부수고 뿌리 뽑으려는 전략에서 나온 것임을 알아야 한다.

그와 동시에 의미의 기원은 새로운 방식으로 자리를 옮겼다는 것을 이해해야 한다. 지형학의 관점과 경제 관점이 문제를 없앤 것이 아니라 문제를 새롭게 했다. '무의식'이라는 이름 자체가 의식과의 관련을 일러준다. 의식은 이론이나 실천에서 폐지되지 않았다.

1차로 의식의 관점을 배제했지만, 사실은 의식의 의미를 아주 새롭게 만들었다. 정말로 배제된 것은 의식이 아니라, 처음부터 의식이 의식을 안다는 착각, 곧 나르시시즘이다. 이제 우리는 애석하지만 의식이 뜻하는 것을 알 수 없음을 인정해야 한다. 그리고 무의식이라는 타자와 함께하는 모습으로 의식을 받아들여야 한다. 이것은 아주 중요한 문제의식의 전환이다. 왜냐하면 우리가 시도하는 두 해석학의 만남은 의식과 무의식의 변증법적 관계에서 가능하기 때문이다.

그처럼 새로운 방식으로 의식에 다가가보자. 프로이트 이후 우리는 의식을 이런 공식으로 말할 수 있다. "의식은 직접이 아니라 간접이다. 의식은 기원이 아니라 과제이다. 늘 더 의식해야 하는 과제가 되었다." 프로이트가 환상을 해석하면서 밝힌 의식의 반복과 퇴행 기능을 이해하면 위의 공식을 이해할 수 있을 것이다. 특히 프로이트의 말기 작품을 보면 억압된 것의 회귀와 옛날에 있던 부친 살해의 재현 문제를 강조하고 있다. 그리하여 종교를 인류 역사에서 벌어지는 퇴행으로 해석하는 경향이 점점 더 강해진다.

그렇다면 내가 볼 때 의식의 문제는 결국 이런 물음이 된다. 사람은 어떻게 어린아이에서 벗어나 어른이 될까? 이 문제는 언뜻 보면 순전히 심리학의 문제 같다. 왜냐하면 발생심리학이나 인격 형성 이론이 모두 그런 문제를 다루기 때문이다. 그러나 우리가 이 물음을 통해 살피려는 것은, 어떤 상징이나 그림·형태가 개인의 성장과 성숙을 어떻게 인도

하는가 하는 점이다. 내 생각에는 그런 간접적인 방식이 직접적인 성장 심리학보다 더 설득력이 있다고 본다. 성장은 두 개의 해석체계가 만나는 지점에서 이루어진다.

바로 여기서 또 하나의 해석학이 요구된다. 정신분석과는 또 다른 방식으로 의미의 창고를 옮기는 해석학이 필요한 것이다. 이해의 자리는 의식에 있지 않다. 그래서 리비도에 뿌리내린 것들과 다른 상징과 형태들을 찾아야 하며, 그 상징들은 의식을 유아 상태에서 끌어내는 것이어야 한다. 그런데 프로이트 이후에도 통하는 의식철학은 오직 헤겔의 정신현상학이다. 헤겔의 현상학에서는 의식이 직접 스스로를 알 수 없다. 앞에서 쓴 표현을 빌리자면 헤겔이 말하는 '정신'을 이룩하는 새로운 형태(Gestalt)들을 지닐 수 있을 때, 비로소 한 사람은 어른이 되고 '의식적이다'고 말할 수 있다.

의식의 해석은 의식이 만나 자기 것으로 삼는 의미 영역을 조금씩 이루어내는 데 있다. 그때 의식은 사람답고 성숙하고 윤리적인 '나'로 비쳐진다. 이 과정은 자기 안을 들여다보는 직접 의식이 결코 아니다. 또한 나르시시즘 형태도 아니다. 왜냐하면 여기서 '나'의 집은 심리학에서 말하는 '에고'가 아니라 정신이기 때문이다. 정신은 형태들이 지닌 변증법의 산물이다. 여러 제도나 예술작품이나 문화의 객관 구조에서 그러한 변증법운동을 볼 수 있어야 하며, '의식'은 변증법운동을 내면화한 것일 뿐이다.

잠시 멈추고 이러한 분석에서 생기는 결과에 대해 생각해보자. 우리는 임시 결론에 도달했다. 의식의 의미는 의식의 심리에 주어지지 않고, 초심리학적인 중심 이동을 거친다는 점이다. 프로이트 초심리학에서는 중심 이동이 무의식 쪽으로 이루어지고 헤겔의 초심리학에서는 정신 쪽으로 이루어진다.

이렇게 해서 지금까지 우리는 양극을 이루는 두 개의 '초심리학'을 바탕으로 두 종류의 해석학을 말했다. '무의식'과 '정신'의 대립은 해석의 대립을 가져온다. 그리고 두 개의 해석학은 서로 반대되는 두 운동을 보여준다. 무의식을 향해 뒤로 가며 분석하는 운동과 정신을 향해 앞으로 가며 종합하는 운동이다. 또 다른 한편에 헤겔의 정신현상학이 있다. 여기서는 각각의 형태가 그 뒤에 오는 것에서 의미를 얻는다. 스토아주의는 주인과 노예의 상호인정을 말한 점에서 진리이지만, 주인과 노예의 차이를 완전히 없앤 회의주의가 스토아 사상의 진리를 보여준다. 모든 것이 그렇다. 어떤 순간이 진리인지 진리가 아닌지는 다음 순간에 달려 있다. 앎은 항상 끝에서 처음으로 생겨난다.

 의식을 과제라고 할 수 있는 이유도 거기에 있다. 의식은 오직 끝에서 뚜렷하게 확립된다. 한편, 다른 쪽에는 무의식이 있다. 무의식이 뜻하는 것은, 이해가 이전 형태에서 생겨난다는 점이다. 사람은 아주 오랫동안 유아기에 갇혀 있는 유일한 존재이다. 유아 시절이 자꾸 뒤로 잡아당긴다. 사람은 그런 존재이다. 그리하여 무의식은 모든 퇴행과 정체의 원인이다. 아주 일반 용어로 말하자면 결국 정신은 맨 끝이고 무의식은 맨 처음이라고 할 수 있다. 똑같은 상징을 놓고 두 가지 해석이 가능한 까닭이 여기에 있다. 하나는 '뒤'에 있는 형태들을 자꾸 끌어올리는 쪽으로 해석하고, 다른 하나는 '앞'에 있는 형태들을 자꾸 등장시키는 쪽으로 해석한다. 똑같은 상징이 이 두 차원을 모두 품고 있으면서 서로 반대되는 두 가지 해석을 한다.

3) 반성과 해석

 우리가 이제까지 미뤄온 근본 물음을 제기할 때가 되었다. 철학이 반성이라면 왜 반성은 상징 언어에 기대야 하는가? 왜 반성은 해석이 되어야 하는가? 조금 뒤로 물러서서 지금까지 단순하게 생각하고 넘어갔던 반성의 개념을 정립해보자.

 철학이 반성이라고 할 때 보통 '나 자신'에 대한 반성을 생각해왔다. 그러나 '나'는 무엇인가? 사람마다 조금씩 차이는 있지만 적어도 데카르트에서 시작해 칸트와 피히테로 발전해 대륙 철학의 주류를 이루는 거대한 철학 전통에서 볼 때, '나'를 세우는 것(la position du Soi)이 제1진리였다.

거기서 내가 서는 것은 당연한 진리이다. 당연한 진리이므로 증명할 수도 연역할 수도 없다. 나를 세우는 것은 내 존재를 세우고 동시에 내 행위를 세우는 것이다. 여기서 행위는 생각하는 것이다. 나는 존재하고, 나는 생각한다. 내가 존재한다는 것은 생각한다는 것이다. 이 진리는 어떤 사실로 증명될 수 없으며 어떤 결론으로 연역될 수도 없고 반성 속으로 당연하게 들어온다. 그처럼 자동으로 세움(autoposition)이 반성이다. 피히테는 이 제1진리를 일컬어 단정적 판단이라고 했다. 우리 철학의 시작이 그렇다.

그러나 그처럼 존재하며 생각하는 나를 세우는 것만으로는 반성의 특징을 제대로 알 수 없다. 특히, 왜 반성에 무엇을 푸는 작업, 곧 주석이나 해석이 들어가야 하는지 알 수 없으며, 그 푸는 작업이 왜 정신분석이나 거룩의 현상학이 되어야 하는지는 더욱 알 수 없다. 반성이 직접 의식의 당연한 명증성으로 돌아가야 한다면 그럴 수밖에 없다. 그러나 반성의 또 다른 특징을 알아보자. '반성은 직관이 아니다.' 반성은 '나는 생각한다'(ego Cogito)의 '나'를 찾으려는 노력이며, 나의 대상과 나의 작품과 나의 행위에 비추어 나를 찾으려는 노력이다.

그런데 왜 나의 행위를 거쳐 '나'를 찾아야 하는 것인가? 그것은 나의 자리가 심리학적인 명증성 속에 있는 것도 아니고, 지적인 직관 속에 있는 것도, 신비주의에서 말하는 봄(vision) 속에 있는 것도 아니기 때문이다. 반성철학은 직접철학의 반대이다. 제1진리—나는 존재하고 나는 생각한다—는 거스를 수는 없지만 추상적이고 텅 비어 있다. 제1진리는 그것을 객관화하는 표상과 행위, 작품과 제도 그리고 기념물을 '거쳐야' 한다. 그 대상들—넓은 의미에서—속에서 '나'는 나를 잃고 다시 찾는다.

그래서 의식이 자신의 직접 의식을 뜻한다면 반성철학은 의식철학이 아니라고 할 수 있다. 앞에서 말한 대로 의식은 과제이다. 아직 정해지지 않았기 때문에 과제이다. 물론 나는 자기를 느끼고 내 행위를 느끼고 안다. 그리고 그 앎은 명확하다. 데카르트는 이 명확한 명제를 멀리할 수 없었다. 내가 의심한다는 것을 알지 않고는 나를 의심할 수도 없다.

그러나 여기서 앎이란 도대체 무엇인가? 물론 확실하지만 거기에는 진리가 없다. 말브랑슈의 말이 옳다. 그는, 데카르트가 말하는 직접 인식은 감각(sentiment)일 뿐이지 관념(ide)은 아니라고 했다. 만일 관념이 빛이고 봄이라고 한다면 〔데카르트의〕 직접 인식에는 나를 봄도 없고 앎의 빛도 없는 셈이다. 단지 내가 있고 생각함을 느낄 뿐이다. 나는 내가 깨어 있음을 느낀다. 느껴서 안다는 것은 그런 것이다. 칸트의 언어로 말하자면 나의 통각에는 나의 표상들이 동원되는데 그것은 나를 안 것이 아니다. 정신적 실체에서 생기는 직관이 될 수 없기 때문이다.* 결국 '합리적 심리학'에 대한 칸트의 비판과 함께 반성은 인간의 자아인식과 거리가 멀어진다.

반성은 직관이 아니다. 이 두 번째 명제에서 우리는 나의 인식 속에 '해석'이 들어갈 자리를 본다. 이 자리는 '반성'과 '직관'의 차이에서 보이는 것이다.

---

*여기서 리쾨르가 칸트를 인용해서 말하는 정신적 실체는 신을 생각하면 된다. 물론 데카르트는 인간 자아가 실체라고 보았다. "여기서 나는 내가 생각하는 것을 본질과 본성으로 지니고 있는 실체임을 알았다⋯⋯. 그래서 내 정신(mens) 속에서 나는 나이며(je suis ce que je suis), 그러므로 내 정신은 신체와는 전혀 다르다"(Decartes, *Discours de la Methode*, IV). 여기서 '나는 나이다'라는 것은 성서에서 신이 자신을 가리킬 때 쓴 말이다(「출애굽기」 3장). 말하자면 인간의 자아인식에 신적인 직관을 인정한 셈이다. 그러나 칸트는 『순수이성비판』에서 신에 속하는 근원적 직관(*intuitus originarius*)과 사람에 속하는 파생적 직관(*intuitus derivativus*)을 구분했다. 느낌은 직관이다. 그러나 인간의 직관은 감성적인 것이므로 아직 인식이 아니다. 사람은 자기를 직접 느낄 수는 있지만 직접 알 수는 없다. 그런데 근대 철학은 느낌 정도를 말하려는 것이 아니었다. 앎을 통해 인간이 자기와 세상을 손에 쥐고 주체로 서려는 것이었다. 그러나 데카르트가 말하는 자아인식은 그 느낌 정도라는 것이 리쾨르의 판단이다.

목표를 먼저 보고 새로운 발걸음을 내딛자. 데카르트에 반대하고 칸트를 따라 반성과 직관을 다르게 보았지만 한 걸음 더 나아가 나는 반성을 단순한 인식 비판으로 보지 않는다. 여기서 우리는 칸트에게서 멀어져 다시 피히테에게 가까워진다. 비판철학의 한계는 근본적으로 오직 인식론에만 관심을 둔 데 있다. 거기서 반성은 오직 한 가지 차원으로 돌아간다. 규칙에 따른 사고 작용이 우리 표상들의 '객관성'의 기초이다.

이처럼 인식론을 우위에 두었기 때문에 언뜻 보기와 달리 칸트에게서도 실천철학이 이론철학에 종속되어 있다. 칸트의 두 번째 비판서는 첫 번째 책의 구조를 그대로 따르고 있다. 인식에서 무엇이 선험적(*a priori*)이고 무엇이 경험적인가? 이 물음이 비판철학 전체를 떠받치고 있다. 선험과 경험의 구분이 객관성 이론을 푸는 열쇠이다. 그리고 그 물음은 그대로 두 번째 비판서로 옮겨간다. 그래서 의지의 준칙의 객관성은 그것이 의무에서 나온 것인가 아니면 욕망의 내용에서 나온 것인가에 달렸다. 앞의 것은 아프리오리이고 뒤의 것은 경험적인 것이다.

나는 그처럼 반성이 단순히 비판으로 환원되는 것에 반대한다. 피히테 그리고 그의 후계자로 볼 수 있는 장 나베르와 함께 나는 이렇게 본다. 반성은 앎과 의무의 올바른 자리를 잡아주는 것(justification)이라기보다는 존재하고자 하는 우리의 노력을 내 것으로 삼는 것이다. 인식론은 이 큰 과제의 일부분이다. 우리는 우리의 존재 행위와 나의 자리를 나의 많은 작품들 속에서 다시 찾아야 한다. 그것은 내 것으로 삼음, 또는 다시 내 것으로 삼음*이다.

한 번 잃은 것을 다시 찾는다. 내 것이기를 그쳤던 것을 '나름대로' '내 것으로 삼는다.' 시간과 공간으로 말미암아 떨어져 있거나 아니면 방심이나 잘못된 망각으로 떨어져 있는 것을 내 것으로 삼는다. 결국

---

* appropriation은 리쾨르가 중요하게 쓰는 용어이다. 여러 가지로 번역할 수 있지만, 우리는 '내 것으로 삼음'으로 번역하기로 한다.

반성을 시작하는 최초 상황은 '망각'이다. 나는 대상들 속에서 길을 잃고 헤매고 있으며 나의 존재 중심에서 떨어져 있다. 마치 다른 사람들과 떨어져 있듯이 말이다.

거기에 무슨 비밀이 있든 간에 결국 흩어짐(디아스포라)과 떨어짐 때문에 나는 나를 소유하지 못한다. 피히테가 '단정적 판단'이라고 부른 그 진리는 내가 없는 사막 속에 놓여 있다. 따라서 반성은 과제(Aufgabe)이다. 나의 구체적인 경험을 바탕으로 '나는 있다'의 자리를 매겨야 한다. 반성은 직관이 아니라고 할 때 우리가 노린 것은 결국 그것이다. 이제 이렇게 말하자. 나의 자리는 정해져 있는 것이 아니고 '과제로 남아 있다.' 그것은 아직 '주어져 있지(gegeben)' 않고 '과제로 주어져 있다'(aufgegeben).

우리가 반성의 실천적이고 윤리적인 측면을 너무 강조한 것 아니냐고 반문할 수도 있다. 그러면 칸트 철학이 인식론에 치우친 것처럼 또다시 치우치는 것이 아닌가? 더욱이 해석의 문제에서 너무 멀어져 있는 것은 아닌가? 나는 그렇게 생각하지 않는다. 윤리를 스피노자처럼 큰 뜻으로 본다면 윤리를 강조한 것은 치우친 것이 아니다. 스피노자는 철학의 완성을 '윤리'라고 불렀다.

철학은 소외로부터 자유와 행복으로 인도한다는 점에서 윤리이다. 스피노자가 볼 때 그런 전환은 '나'의 인식이 유일한 '실체'의 인식에 맞추어질 때 이루어진다. 그리고 이러한 사변 과정이 윤리적 의미를 지니는데, 그것은 소외된 개인이 전체를 인식함에 따라 변화되기 때문이다. 철학은 윤리이다. 그러나 윤리는 단순히 도덕*이 아니다. 윤리를 스피노자처럼 본다면 반성은 도덕 비판이기에 앞서 윤리라고 해야 할 것이다. 그 목표는 존재하려는 노력에서 그리고 존재하려는 욕망에서

---

* 여기서 도덕(morale)은 칸트적인 개념으로서, 지켜야 할 도덕 의무를 가리킨다. 그러나 윤리(ethics)는 아리스토텔레스적인 개념으로서, 자유와 행복을 향한 노력을 가리킨다.

'나'를 찾는 데 있다.

바로 여기서 반성철학은 플라톤과 함께 스피노자를 다시 발견하고 어쩌면 그들을 구원한다고도 할 수 있다. 플라톤은 인식의 원천을 에로스(*Eros*), 곧 욕망과 사랑에서 찾았고 스피노자는 코나투스(*conatus*), 곧 노력에서 찾았다. 노력은 욕망이다. 왜냐하면 노력은 끝나지 않기 때문이다. 한편 욕망은 노력이다. 왜냐하면 욕망은 단순히 존재 결핍이 아니라 개별 존재자의 적극적인 자리매김이기 때문이다. 노력과 욕망은 나는 있다고 하는 제1진리 속에 자리 잡아 나의 양면을 이룬다.

이제, 반성은 직관이 아니라고 하는 부정 명제를 긍정 명제로 바꿀 때가 되었다. '반성은 존재하려는 노력과 존재 욕망을 증언하는 작품들을 통해 그 노력과 욕망을 내 것으로 삼는다.' 반성이 단순히 도덕적 판단과 비판에 그치지 않는 까닭이 거기에 있다. 판단과 비판에 앞서 반성은 노력과 욕망 속에서 일어나는 존재 행위를 반성한다.

세 번째 작업으로 우리는 해석의 문턱에 도달했다. 여기서 우리는 노력과 욕망은 직관으로 찾을 수 있는 것이 아님은 물론이고, 오직 복잡다단한 작품을 통해서만 확인할 수 있는 것이 아닐까 하는 생각을 하게 된다. 여기서 반성은 해석을 요청하고 해석학으로 바뀐다. 우리 문제의 궁극적인 뿌리는 거기에 있다. 존재 행위와, 우리가 작품으로 펼쳐놓은 기호의 관계에 문제의 뿌리가 있다. 세상에 흩어진 기호 말고 다른 곳에서 존재 행위를 파악할 수는 없다. 그렇기 때문에 반성철학은 사람의 기호들을 풀고 해석하는 모든 학문 방법의 결과물을 받아들여야 한다.

4) 해석의 갈등을 인정함

아주 큰 어려움이 남아 있다. 반성은 불투명한 언어를 이루는 상징들 속에서 자기 길을 찾아야 한다. 그 상징들은 개별 문화 속에서 우연히 이루어진 것이어서 해석도 다양하다. 그렇다면 왜 그러한 기호들이 거룩의 상징이나 무의식의 증상으로 해석되어야 하는가? 더욱이 정신분석에서 말하는 무의식 실재론이나 종교현상학에서 말하는 거룩의 초월성은 반성의 방법과 맞지 않는 것처럼 보인다. 반성은 내재(immanence)의 방법이 아닌가? 그렇다면 밑의 초월〔정신분석학〕이나 위의 초월〔종교현상학〕을 모두 거부해야 하지 않는가? 이 이중 초월을 반성은 어떻게 받아들일 수 있단 말인가?

앞에서 비교한 두 가지 해석 방법에는 적어도 한 가지 공통점이 있다. 둘 다 의식의 콧대를 낮추고 의미의 원천을 중심에서 쫓아낸다는 점이다. 반성철학은 이 분산을 받아들일 뿐만 아니라 바라기까지 한다. '왜 반성이 의식의 고고학과 의식의 종말론을 끌어오는지'를 이해하면 문제가 풀릴 것이다.

두 가지 측면을 하나하나 따져보자.

반성은 무너뜨리고 부수는 해석을 바란다. 왜냐하면 의식은 먼저 거짓 의식이고 '스스로를 아는 체'하기 때문이다. 여기서 의식해야 하는 과제와 정신분석이 개발한 거짓 의식의 비신비화가 바로 연결된다. 그런데 그 비신비화를 제대로 이해하려면 프로이트를 로슈푸코(Rochefoucauld)에서 니체와 마르크스에 이르는 '의심'의 천재들 속에 놓고 보아야 한다.

프로이트와 니체는 아주 가깝다. 두 사람이 볼 때, 이미 주어진 것은 의식이 아니라 거짓 의식이고 편견이며 환상이다. 의식을 해석해야 하는 이유가 거기에 있다. 니체는 처음으로 의심과 해석을 연결한 사람이다. 그는 해석이라는 뜻을 지닌 독일어 Deutung을 끌고 와서 '힘을 향한 의지'를 철학적으로 인식하는 데 사용했다. 프로이트가 위대한 저서 『꿈의 해석』(*Die Traumdeutung*)에 Deutung이라는 말을 쓴 것도 우연한 일이 아니다. 두 경우 모두 의심하는 기술을 가지고 수수께끼를 풀듯이 힘을 향한 의지나 리비도를 보았다.

나의 '의식'은 나의 '인식'이 되어야 한다. 다시 말해서 나를 의심하며 간접적으로 안다. 그런 식으로 반성은 모든 직접 의식과 멀어진다. 직접 의식은 오직 증상일 뿐이며 그래서 바깥의 증언에 따라 해석해야 한다. 의식이 우선 거짓 의식이라면 반성은 의식의 중심 분산을 받아들여야 한다. 성서의 말을 빌리자면, 살기 위해서 죽어야 한다.

또 다른 해석인 종교현상학을 보자. 종교현상학이 왜 거룩의 회복이 되는지를 보자. 앞에서 우리는 정신의 질서를 무의식의 질서와 대비했다. 헤겔의 생각을 깊이 풀어가다 보면 정신의 운동은 앞으로 나아가는 종합운동이고, 거기에서 어느 순간의 진리는 다음 순간의 진리에 달렸다고 했다. 의식은 언제나 과제로 남아 있고 종말─그것이 무엇이든─이전에는 의식이 확실하게 서지 못하는 까닭도 거기에 있다고 했다. 정신은 궁극적인 것이고 무의식은 원초적인 것이다. 그래서 의식의 의미는 그 자체에 있지 않고 정신에 있다. 다시 말해 의식을 앞으로 끌고 가는 형태들의 계승에 있다.

여기서 어려운 문제가 생긴다. 형태의 전개, 곧 우리가 '정신'이라고 부른 그것이 종교현상학 차원에 이르지 못한다는 점이다. 정신의 형태들과 거룩의 상징들 사이에 아직 풀리지 않은 것이 많다. 나도 그 점을 부인하지 않는다. 종교현상학과 정신현상학, 거룩의 상징들과 역사 속의 형태들, 나는 헤겔이 이 둘을 잇는 데 실패했다고 본다. 이미 헤겔은 형태들의 전개에 끝을 정해놓고 그 끝을 절대지라고 보았다.

그러나 끝이 절대지가 아니라고 할 수는 없을까? 다시 말해서 모든 매개물이 남김 없이 전체 덩어리 속에서 완성되는 것이 아니라고 할 수 없을까? 끝은 그런 것이 아니라 다만 '약속된 것', 곧 거룩의 상징들을 통해 약속된 것이라고 할 수는 없을까? 나는 절대지의 자리에 '거룩'을 놓겠다. 그렇다고 거룩이 단순한 대체물은 아니다. 거룩의 의미는 종말론적이라서 결코 앎(知)이나 영지가 될 수 없다. 이것이 적당히 둘러대는 이야기가 아님을 보이겠다.

절대지가 불가능하다고 보는 이유 가운데 하나는 악의 문제 때문이다. 우리는 악의 문제를 출발점으로 삼았으며 거기서 상징과 해석학의 문제가 생겨나는 것으로 보았다. 그 여정의 끝에 서서 이제 우리는 악의 본질과 기원, 종말과 관련된 큰 상징들이 평범한 상징이 아니라 특별한 것들임을 본다. 상징 문제를 확대하기 위해서는, 악이 구원의 대변이고 악의 상징은 구원 상징의 대변이라는 말로는 충분하지 않다. 악의 상징은 우리에게 좀 더 결정적인 것을 가르쳐주는데, 그것은 정신현상학에서 거룩의 현상학으로 옮겨가는 것과 관련이 있다.

악의 상징은 합리적인 앎으로 끝나는 것을 거부한다. 모든 신정론의 실패와 체계를 세워 악의 문제를 풀려는 작업의 실패는 곧 헤겔이 말하는 절대지의 실패이다. 모든 상징은 생각을 불러일으킨다. 그러나 악의 상징에서 잘 알 수 있듯이 철학보다는 신화와 상징이 더 풍성하다. 그러므로 상징의 철학적 해석은 결코 절대지가 될 수 없다. 우리는 악의 상징에서 우리 실존의 좌절을 맛보고, 동시에 상징을 '절대지'에 집어넣으려는 잘 짜인 사고체계의 좌절도 분명하게 본다.

그래서 절대지는 없으며, 정신의 형태들 너머로 '거룩의 상징들'이 있다. 정신의 형태들은 기호를 매개로 거룩한 무엇의 부름을 받는다고 할 수 있다. 부름의 기호들은 역사 속에 주어지겠지만 그 부름은 역사와 다른 무엇을 가리킨다. 이 상징들을 의식의 예언자라고 부를 수도 있다. 그것들은 나의 존재와 의미가 어떤 강력한 뿌리에 기대고 있음을 보여준다. 그 뿌리는 에스카톤(*eschaton*), 곧 끝이며 정신의 형태들이 향하는 궁극이다.

이제 결론을 내릴 수 있겠다. '내'가 무의식과 거룩한 무엇에 이중으로 기대고 있음을 안다면 해석의 문제를 잘 이해할 수 있다. 이 이중 의존은 상징으로만 드러나기 때문이다. 그 이중 의존을 밝히려면 반성은 의식의 콧대를 낮추고, 뒤에서 오고 앞에서 오는 또는 밑에서 오고 위에서 오는 상징의 뜻을 통해 의식을 해석해야 한다. 간단히 말해서 반성은 고고학과 종말론을 함께 붙들어야 한다.

철학적 깊이를 가지고 다시 볼 때, 맨 앞에서 나온 종교에 대한 두 가지 상반된 해석이 현대에 일어난 사고(事故)가 아니라 반성에 꼭 필요한 두 축임을 알 수 있다. 베르그송을 비롯한 여러 사람이 지적했듯이 도덕과 종교에는 두 가지 원천이 있다. 한편으로 종교는 우상이고 거짓 예배이며 우화이고 환상이다. 어떤 두려움 때문에 신을 만들어내고 주문을 왼다. 그러므로 종교가 조상과 유아기의 원초적 운명의 투사인 한, 의식의 고고학과 연관되어 있다는 주장을 이해할 수 있다. 그래서 종교를 해석하는 것은 먼저 비신비화하는 것이다.

프로이트는 한 분 하느님이 아니라 신들에 대해 말한다. 그리고 그 신들과의 관계를 결코 끊을 수 없다고 한다. 그러나 나는 이 비신비화가 의식의 예언자인 거룩의 기호를 복원하는 것이라고 본다. 이제 이 의식의 예언자는 여러 가지로 모호하고 야릇하다. 그 거룩의 상징이 '억압된 것의 복귀'가 아니라고 분명하게 말할 수 없다. 아니, 거룩의 상징은 동시에 억압된 것의 복귀이고 유아기적인 원초 상징이 불거져 나온 것임이 틀림없다.

두 상징 세계가 엉켜 있다. 거룩의 예언자적 의미들은 원초 신화의 흔적 위에서 뭉치고 활동한다. 앞으로 가는 상징은 뒤로 가는 환상과 별개가 아니다. 무의식의 원초 신화 속에서 새로운 거룩의 상징들이 몸을 일으킨다. 의식의 종말론은 언제나 의식의 고고학의 창조적 반복이다.

프로이트 자신이 이렇게 말하지 않았던가? 그것이 있던 곳에서 내가 되어야 한다(*Wo es war, soll ich werden*).

4. 정죄를 비신화화함

앞에서는 악을 '고백'의 관점에서, 다시 말하면 '정죄된'(jugée) 의식의 각도에서 다루었다. 그러나 여기서는 '정죄하는'(jugeante) 의식의 각도에서 악의 문제를 다루어보겠다.

이처럼 새로운 접근 방법을 통해 『악의 상징』 끝부분에서 남겨둔 허물의 문제를 다시 꺼내고, 최근에 프로이트를 읽으면서 발견한 새로운 관점을 도입하고자 한다.

내가 볼 때 정죄 문제는 비신화화의 두 가지 기능을 드러내는 데 적합한 것 같다. 한편으로 비신화화는 신화를 신화로 보면서 결국 신화를 버리는 것으로, 이런 의미에서 특별히 비신비화라고 해야 할 것이다. 해방된 생각과 의지가 당당하게 신화를 거부한다. 그와 같은 파괴 작업은 사람을 자기 실존의 생산자로 등장시킨다는 점에서 긍정적인 측면이 있다. 인간 탄생이다.

  비신화화의 또 다른 면이 있다. 역시 신화를 신화로 보는데 거기서 상징 세계를 끌어낸다. 이것은 특별히 비신화론화*라고 해야 할 것이다. 여기서는 신화를 부수는 것이 아니라 신화를 옭아매는 거짓 합리성을 부순다. 신화는 객관적인 것처럼 가면을 쓰고 있는데, 그 뒤에는 무엇인가를 계시하고 숨겨진 힘이 있으며 비신화론화는 바로 그 힘을 찾아내는 것이다. 여기서 일어나는 파괴에도 긍정적인 면이 있다. 그것은 사람이 잡을 수 없는 바탕, 어떤 근원적인 말 속에 상징으로 전해지는 그 바탕의 빛에서 인간 실존을 본다는 점이다.

  이제 이 두 가지 비신화화를 정죄 문제에 적용해보려고 한다.

  그런데 철학자로서는 그 둘을 같은 차원에 나란히 늘어놓는 것만으로 만족할 수는 없다. 무엇인가 관계를 세워야 한다. 그래서 어떤 문제의식을 가지고 그 위에 비신비화와 비신화론화 또는 신화 거부와 신화의 상징성 존중이라는 두 태도를 엮어야 할 것이다.

  생각하는 작업의 길을 열어줄 철학적 문제의식은 무엇일까? 적어도 칸트 전통에서 도덕 의무라고 부르는 것은 아닐 듯하다. 칸트의 도덕

---

* 이런 말들은 우리말로 그다지 좋은 표현이 아니고 특히 비신화론화라는 말은 잘못 이해될 여지가 있지만 대개 관례를 따르고자 한다. 신화를 문제 삼는 것을 일단 '비신화화'(démythisation)라고 한다. 비신화화에는 두 가지 태도가 있다. 먼저, 신화는 사실이 아니므로 쓸모가 없다고 보는 태도이다. 이것은 신비를 인정하지 않고 이성 안에 들어오는 것만을 인정하는 것이므로 '비신비화'(démystification)라고 하며, 근대 합리주의에서 취한 태도이다. 둘째, 신화(mythos)를 논리(logos)로 그대로 받아들이는 태도(mythologie)를 문제 삼는 것으로 '비신화론화'(démythologisation)라고 한다. 신화를 그대로 사실이나 교리로 받아들이는 태도는 버리지만, 삶을 전달하는 어떤 상징으로 받아들여 신화를 중시한다. 결국 리쾨르가 주장하는 것은 비신화론화로, 근대를 거쳐 근대를 넘어서는 태도이다.

의무는 형식주의와 제약이라는 두 가지 관점에서 욕망을 배척하기 때문이다. 욕망은 순수한 의무 형식과 어울리지 않고 계명에 대한 거역이라는 것이다. 나는 그것이 칸트 윤리의 중대한 환상이라고 생각한다. 나는 비신화화의 이중운동——우화*를 버리고 상징을 찾음——을 '윤리의 근본 물음'을 찾는 반성 작업으로 연결해나가고자 한다. 그런 반성 작업을 통해 비신화화의 두 운동도 서로 연결할 수 있을 것이다.

먼저, 정죄 문제에 대한 신화 해석의 파괴적 측면에 들어 있는 철학적 의미가 무엇인가를 찾아볼 것이며, 이어서 비신비화할 것은 계명의 거짓 초월성임을 밝힐 것이다. 그렇게 하면 좀 더 근본적인 물음의 지평이 열림으로써, 우리의 존재 욕망과 존재하려는 노력 속에서 윤리의 본질을 발견할 것이다.

그다음에 나는 신화 해석의 긍정적 측면에 들어 있는 철학적 의미가 무엇인지 찾을 것이며, 철학자는 구원의 케리그마에서 우리를 억압하는 계명보다는 우리를 구성하는 욕망을 이해하게 된다는 점을 밝히겠다. 그리하여 비신화화의 이중운동에 걸맞은 철학적 실마리와 기반을 통해 욕망의 윤리가 생겨날 것이다.

그런 다음에 비로소 세 번째로 우리는 악의 고백이 무엇인지 물어볼 수 있다. 정죄 행위가 비신비화를 거치고, 또한 정죄하지 않고 생명으로 이끄는 케리그마의 빛에서 윤리 문제를 새롭게 볼 때, 악의 고백이 새로운 모습으로 다가올 것이다.

1) 정죄의 비신비화

헤겔의 도덕 비판이 있은 후, 정죄 행위를 정죄한다고 할 만한 일들

---

* la fable 또는 la fabulation은 베르그송의 용어이다. 『도덕과 종교의 두 원천』에서 그는 우화를 '환상적인 표상을 일으키는 작용'으로 정의한다. 자연이 종을 보존하기 위해, 종교를 통해 지성의 위험(지성의 이기주의)을 막으려고 마련한 장치이다. 이것은 지성의 상상력(imagination)과는 구분되며 결국 창조적인 사유를 막는다.

이 벌어졌다. 포이어바흐와 마르크스, 니체 그리고 프로이트가 그런 일을 벌였다.

앞의 이야기에 이어서 나는 프로이트 쪽만 보도록 하겠다. 프로이트의 도덕론을 장황하게 설명하기보다는 칸트의 의무론을 비판하는 데 필요한 정도로 이야기를 전개하겠다. 「토템과 타부」부터 『문명 속의 불만』에 이르는 방대한 문서에서 내가 보려는 것은 초자아의 정신분석이 의무론에 가하는 충격이다. 결국 칸트와 프로이트 사이에 놓인 방법론적 단절에서 이야기를 시작하겠다.

도덕 원리의 계보를 찾는 것을 보통 불가능하다고 여기는데, 정신분석 덕택에 그것을 시도할 수 있게 되었다. 참으로 중요한 공헌을 한 것이다. 칸트가 근원적이고 틀림없는 구조라고 하는 것이 프로이트가 볼 때는 파생되고 획득된 것이다. 선한 의지의 형식 조건을 분석할 때 근원—원리라는 말이 가리키는 것이 바로 이것이다—으로 보인 것도 다른 방법으로 분석하면 그렇지 않다. 우리가 말하려는 이 다른 방법 역시 분석이라고 하지만, 그것은 가능성의 조건을 반성하는 것이 아니라 해석이다. 정죄하는 의식 속에서 활동하는 형태들을 해석하는 것이다.

우리는 이 점을 잘 이해해야 한다. 정죄 문제는 의무의 다른 측면이라든지, 이미 의무 속에 정죄 문제가 들어 있다든지 하는 것은 직접 분석으로는 결코 접근할 수 없다. 그것은 해석이며 해석학 문제이다. 분명한 자연(본성) 인식에서 생긴 형식적 방법 대신 문헌과 주석에서 생긴 해독 방법이 필요하다.

칸트주의는 범주 분석에서 나온 것이고 프로이트 사상은 문헌 분석에서 나온 것이다. 그렇기 때문에 한쪽에서 볼 때 근원적인 것이 다른 쪽에서 볼 때는 파생적인 것이고, 한쪽에서 원리라고 본 것이 다른 쪽에서는 계보가 있는 것으로 보인다. 프로이트의 계보학—그 모델이 된 니체의 계보학은 말할 것도 없고—은 해석학 방법과 별개가 아니다. 자명한 의지를 살피는 작업이 오직 일반 도덕의 형식을 찾아내는 바로 그곳에서 해석학 방법은 구조를 끌어낸다.

계보 방법과 형식 방법의 차이는 더 심해진다. 문헌에 기대는 것은 의심을 불러일으켜 겉뜻 뒤에 숨어 있는 텍스트로 눈을 돌리게 한다. 선한 양심 속에 숨어 있는 무엇을 끄집어낸다는 것은 매우 결정적인 전환이 된다. 정죄하는 의식이 정죄된 의식이 된다. 그리고 2차 비판을 통해 재판정을 걷어치우고 정죄하는 의식을 욕망의 영역에 집어넣는다. 칸트의 형식 분석이 멀리하려고 한 것이 바로 그 욕망 문제 아닌가? 그런데 프로이트에게 도덕 의무는 정죄와 관련해서 욕망과 두려움의 기능이 된다.

이처럼 칸트와 상반된 방법은 정죄 해석에서 어떤 결과를 가져올까? 분석을 위해 피상적인 것에서 깊은 것으로 네 가지를 열거해보겠다.

첫째, 몇 가지 '치료' 차원의 유비를 통해 정죄의 비신비화를 이루어낸다. 양심의 두려움과 터부의 두려움, 양심의 가책과 강박 신경증, 도덕적 경계심과 정신착란, 후회와 우울, 도덕적 엄격함과 마조히즘. 여기 나열한 것들은 의무의 병리학이라고 할 만하다. 칸트는 같은 것을 보고 욕망의 병리학이라고 했다. 프로이트의 새로운 병리학에 따르면 인간은 숭고함의 병을 앓고 있는 존재이다.

둘째, 그와 같은 유사성 나열을 개인이나 종(種)의 역사를 예로 들어 생각하면 '발생' 계통이 될 수도 있다. 그러나 프로이트의 발생학은 환상 차원에서 형성된다는 점에서 다른 것들과 다르다. 형태의 대체를 통해 이루어진다는 것이다. 그렇게 되면 도덕 명령은 형태와 관련되고 의무 발생이 말의 의미 구조 속에 자리를 잡는다.

이 상징체계 한가운데에는 오이디푸스 콤플렉스의 아버지 형태가 지배하고 있다. 프로이트는 종종 그것을 아버지 콤플렉스라고 부른다. 따라서 법과 제도는 '최초 장면'이라고 할 수 있는 잘 짜인 형태와 짝을 이루는데, 곧 부친 살해이다. 칸트는 형태를 경험에서 생기는 것이라고 하여 중요하게 보지 않았다. 그러나 칸트의 방법론에서는 그처럼 우연한 것이 해석 방법론에서는 마치 소포클레스의 비극처럼 근본 구조이자 돌이킬 수 없는 운명처럼 주어진다.

따라서 칸트가 법이라고 한 것이 프로이트에게는 아버지이다. 형식주의와 해석학의 차이가 여기서 매우 분명해진다. 정죄의 해석학에서 볼 때 형식 법칙은 2차 산물이다. 나중에 합리화한 것으로 결국 추상적인 대체물이다. 그 속에는 구체적인 드라마가 숨어 있다. 출생·아버지·어머니·남근·죽음 등과 같은 몇 가지 핵심 기표들이 그 드라마를 드러내고 있다.

셋째, 정죄 행위의 '경제' 효과를 보아야 한다. 그것은 초자아 문제로, 거기서 내면세계의 이동을 볼 수 있다. 프로이트는 초자아는 나보다는 어둠침침한 억압의 세계에 더 가깝다고 즐겨 말했다. 초자아의 양심은 매우 피상적인 것으로서 바깥 세계를 대변한다. 우리는 '나'와 '그것'의 분석을 잘 알고 있다. 리비도 에너지가 그것과 초자아 사이에 분배되는데 그러한 경제 효과는 매우 중요하다. 포기에는 욕망이 들어 있다. 그런 점에서 도덕 양심과 우울증 구조의 닮은 점이 분명해진다. 그처럼 경제 관점에서 보면 나의 내면에 자리 잡고 있는 잃어버린 원초적 대상의 각도에서 도덕 행위를 볼 수 있다.

끝으로, 아버지 형상 속에는 두 가지 기능, 즉 억압의 기능과 '위로'의 기능이 교차한다. 같은 형상이 위협도 하고 보호도 한다. 벌을 받는 데 대한 두려움과 위로받고 싶은 욕망이 똑같은 형상에 모인다. 그래서 고통을 겪는 인간 그리고 아이로 남아 있는 어른에게 신이라는 우주적 형상이 생겨난다. 몇 번의 대체와 균형을 거쳐 신이 위로의 대행자로 등장한다. 그처럼 아버지 형상은 위로의 기능을 담당한다. '아버지 포기'가 위로에 대한 포기인 까닭도 거기에 있다. 이 포기는 아주 대단한 것이다. 보호받지 못하고 위로받지 못하기보다 차라리 도덕적 비난을 받기 원할 정도로 위로가 우리에게 중요하기 때문이다.

이런 특징들—특히 맨 나중 특징—로 볼 때, 정죄의 비신비화는 우리 작업이 통과할 첫 번째 관문이 된다.

프로이트의 정죄 비판에는 '철학적 의미'가 들어 있으며 이제 우리가 그것을 끄집어내야겠다. 나는 그 점을 이렇게 요약한다. '의무 윤리에서 존재 욕망의 윤리로 또는 존재 노력의 윤리로.'

그런데 프로이트가 행한 비판에서 저절로 철학적 의미가 생기는 것은 아니다. 욕망의 윤리 관점에서 프로이트를 봐야 그 의미가 살아난다. 프로이트의 비판이 해결하는 것은 아무것도 없다. 그다음에 어떻게 할 것인지, 문제는 그대로 남아 있다. 도덕의식과 병리 구조―치료 대상인―가 닮았다. 그래서 어떻다는 것인가? 도덕의 원천으로 오이디푸스 환상의 아버지를 가리켰지만, 만일 그것이 욕망의 문제와 무관하다면 발생 계통은 무슨 의미가 있을까? 동일시(identification)에 두 가지가 있어서 하나는 소유 욕망이고 또 하나는 누구를 닮아 그 사람처럼 되려는 욕망이라면, 아버지와 동일시하는 것은 무엇을 뜻하는가? 고백해야 한다. 계보학이 의무의 절대성을 무너뜨리지만 그것이 가리키는 기원은 근본이 아니라는 점을 고백해야 한다.

정죄의 비신비화를 '윤리의 근본'에 관한 문제와 연결시키는 것은 철학의 과제이다. 그리고 윤리의 근본은 거짓 초월을 무너뜨릴 때에만 그 지평이 열린다.

나로서는 반성철학, 특히 장 나베르의 반성철학을 따라 윤리의 근본을 찾으려고 한다. 반성철학은 분명히 주체철학이지만 꼭 의식철학은 아니다. 반성철학은 주체 문제가 핵심인 철학이다. "말하는 자가 누구인가?" 하는 물음으로 자꾸 돌아가는 철학이다. 그리하여 내 작업가설은, 오직 반성철학만이 두 가지 비신화화를 함께 합칠 수 있다는 것이다. 두 가지 비신화화는 의무의 거짓 초월성인 신화를 부수는 것과 신화에서 케리그마의 상징력을 끌어내는 것이다.

그러므로 윤리의 근본은 우리 생각의 두 가지 운동, 곧 신화를 부수고 상징에서 배우는 두 가지 운동의 접점에 있다.

의무가 윤리의 근본 구조는 아니라는 것은 스피노자의 『에티카』만 보아도 알 수 있다. 윤리는 삶 전체를 통해 노예 상태에서 벗어나 행복한 상태로 존재하려는 우리의 노력을 내 것으로 삼는 것이다. 그런데 의무에 대해 반성할 때 먼저 그 점을 숨긴다. 인식 비판을 통해 객관성의 구조를 찾은 후, 거기에서 파생된 형식 범주를 강조하면서 인간 행위의 본래적 차원은 그 아래에 숨긴다.

칸트의 두 비판서가 그렇다. 실제의 행위 구조와는 다르게, 두 비판서 모두 '선험'과 '경험'을 나눈다. 그렇게 해서 도덕의 원리가 욕망의 힘과 따로 논다. 그처럼 욕망의 힘을 제쳐두면, 행복을 의지 결정의 '내용' 원리로 보고 배제하면서 추상적으로 의무의 '형식' 원리를 따로 떼어낼 수 있다. 정죄의 비신비화를 통해 우리는, 그와 같은 형식주의를 윤리의 '최초' 모습으로 보는 것을 의문에 부치는 철학적 효과를 얻는다.

앞에서 말했듯이 형식주의는 2차 합리화이다. 인식 비판에서 선험과 경험을 구분한 뒤 그것을 그대로 실천 차원에 적용한 것이다. 그것은 '행위'가 인식과 다른 특수성을 지니고 있음을 완전히 간과한 것이다. 그러므로 진리 구성에서 형식과 내용의 대립을 피하고 행위 변증법에 접근해야 한다. 행위 변증법의 중심 주제는 활동과 작품의 관계 또는 존재 욕망과 그것의 구현의 관계이다.

나는 노력이라고도 하고 욕망이라고도 했다. 반성의 기원에서 볼 때 스피노자가 말한 코나투스와 플라톤이나 프로이트가 말한 에로스가 같은 것이라고 생각하기 때문이다.

노력은 스피노자가 『에티카』에서 말하듯이 자리매김—자리 잡고 있으나 튀지는 않는다(*ponit sed non tollit*)—또는 존재의 긍정(*affirmation d'être*)을 가리킨다. 노력은 불특정의 시간, 곧 존재가 계속되는 지속의 시간을 감싸는 것이기 때문이다. 피히테가 단정적 명제라고 부른 가장 근본적인 긍정, 곧 '나는 있다'는 것의 밑바탕에 그 노력이 있다. 그 근본 확인이 우리를 이룩하는데, 우리는 여러 가지 방식으로 그것을 잃었다. 우리는 그 확인을 다시 찾고 또 찾아야 한다. 그것은 사실 처음부터 잃을 수 없는 것이고 떨어질 수 없으며 매우 근본적인 것이기 때문이다.

그러나 그 노력은 나의 확인이기도 하지만 동시에 나와 다름이고 결핍이며 다른 것(타자)을 바라고 욕망함이다. 여기서 이해해야 할 것은 코나투스가 동시에 에로스라는 점이다. 『향연』에서 플라톤은 말하기를 사랑은 무엇에 대한 사랑이므로 곧 지니지 못한 것, 빼앗기고 없는 것에 대한 사랑이라고 했다. '존재 결핍 속에서 존재를 확인함', 노력의 근본 구조가 그렇다. 그렇다면 어떤 점에서 근본 확인이 윤리의 바탕이 되는가?

'나는 있다' 자체가 하나의 요청이라는 점에서 그렇다. 나는 나대로 있어야 한다. 여기서 의무는 요청이면서 어떤 갈망이다. 나베르의 말대로이다. "존재의 자리매김이나 의식은 욕망이 최초 확실성과 관계를 맺고 있는 데서 비롯된다. 최초 확실성과 욕망이 서로 관계한다는 점에서 최초 확실성의 법은 형태*이다. 의무의 질서는 내게 존재 욕망을 드러내는 데 기여한다. 존재 욕망의 깊이를 더하는 것, 그것이 윤리이다."[6]

2) 윤리의 케리그마

윤리를 순수 의무에서 보지 않고 존재 욕망에서 보면 윤리의 종교적인 측면이 새롭게 제기된다.

만일 도덕 계명이 신의 의지가 역사 속에 드러나서 생긴 것이라면, 윤리와 종교의 문턱을 넘었다고 볼 수 있을까? 도덕 의무가 '한 번 명령한 것은 영원히 따라야 한다'(semel jussit semper paret)고 할 정도로 보편성을 띠고 있다면 종교가 되었다고 할 수 있을까? 또는 그 계명의 시작이 하팍스 레고메논(ἅπαξ λεγόμνον)이라면 종교라고 볼 수 있을까? 내가 여기서 부인하려는 것이 그것이다. 정죄의 비신비화는 금

---

* 형태(figure, Gestalt)인 점에서 "나는 있다"고 하는 최초 확신은 그 형식성을 버리고 내용을 찾게 된다. 프로이트와도 교차점이 생긴다. 나는 있지만(je suis), 더욱 중요한 것은 있는 "내가 누구인가"(ce que je suis) 하는 물음이다. 여기서 형식적 의식철학은 구체적인 반성철학으로 가며 또한 해석학으로 간다.

[6] J. Nabert, *Eléments pour une éthique*, p.141.

지가 신성해지는 바로 그 지점에서 의심을 품는다.

윤리의 근거를 존재 욕망에 두면 전혀 다른 각도에서 문제를 제기하게 된다. 거기서 우리는 복음 사건과 우리의 도덕 사이에 새로운 영역이 생기는 것을 보게 된다. 바울을 따라가보자. 그는 법과 은혜의 갈등에서 자신의 도덕 신학을 정립했다. 「히브리서」의 저자는 『구약성서』의 의미를 법의 각도가 아니라 믿음의 각도에서 재정립했다. "믿음으로 아브라함은 부르심을 받았을 때에 순종해 장차 분깃으로 받을 땅으로 나갔습니다. …… 믿음으로 아브라함은 시험받았을 때에 이삭을 바쳤습니다"(「히브리서」 11 : 8, 17).

윤리의 종교적 기초를 신적인 사건에서 생긴 계명에서 찾는 것은 도덕 종교의 신화이다. 그것을 비신비화해야 한다. 그 비신비화를 거쳐야 케리그마 '사건'이 드러나고 우리의 존재 욕망과 어떤 관계에 있는지도 볼 수 있을 것이다.

나로서는 윤리의 인간학적 요소를 보겠다. 그리고 가치 문제를 무제한의 원리와 제한 원리의 변증법과 관련해서 보겠다. 무제한의 원리는 존재 욕망에서 생긴 것이고, 제한의 원리는 작품이나 제도 또는 경제와 정치 그리고 문화의 구조에서 생긴 것이다. 가치를 하늘에 두어 가치의 우상을 만드는 일은 하지 않겠다.

가치는 '사건'이고, '시작'이 있으며, '증언'을 통해서만 전해지고 확인되는 '역사적 신비'이다. 그래서 가치는 케리그마이다. 사람—사람과 법, 사람과 윤리—을 구원의 역사 속에 두는 케리그마이다. 모두가 그 구원을 잃을 수도 있고 얻을 수도 있다. 끊임없이 일어나는 사건, 곧 타락의 사건으로 이미 모두 잃었고, 끊임없이 기억되고 의미를 주는 사건, 곧 한 의인의 죽음이라는 사건으로 벌써 모두가 구원을 받았다. 윤리를 그러한 복음의 부름과 연결시킬 때 윤리의 케리그마가 이룩된다.

그때부터 도덕 신학은 케리그마를 먼저 의무와 관련해서 보지 말고 욕망과 관련해서 생각해야 한다. 의무는 욕망의 2차 기능이다. 그렇다고 해서 무슨 '복종' 같은 것을 다시는 찾지 않겠다는 것은 아니다. 아브라함은 두 번 복종했다. 떠나라고 할 때도, 이삭을 바치라고 할 때도 복종했다. 복종을 없애겠다는 것이 아니라 도덕 의무를 신성화하는 것과 전혀 다른 것을 하겠다는 것이다. 내가 찾는 것은 키르케고르가 말한 윤리 너머의 복종이며, '모순된' 복종이다. 그 부름과 요청이 특이하다. 그것은 성도를 이 땅에 낯선 자로 만들고 방랑자로 만들며 결과적으로 욕망의 입을 크게 벌어지게 한다. 영지주의와 비슷한 말로「히브리서」저자가 한 말, '더 좋은 나라에 대한 갈망'(「히브리서」11 : 16)이 그것이다.

  윤리에 들어 있는 케리그마 요소를 찾아야 하는 곳이 바로 욕망의 긴장이 있는 곳이다. 그것은 욕망의 기원이고, 욕망이 텅 빈 곳이며, 욕망의 긴장이 있는 곳이다. 그런데 케리그마는 어떤 특정 사건이 역사성을 띤 우리 욕망과 독특하게 관계를 맺은 것이다. 아브라함 이야기에서처럼 케리그마가 '떠남'과 '바침'을 요구하는 까닭이 거기에 있다. 어떤 일반 법칙과 연결되는 것이 아니라서 오직 '증언'을 통해서만 접근할 수 있다.

  그렇다면 종교의 철학 또는 믿음의 철학이 할 수 있는 것은 무엇인가? 내가 볼 때 철학과 신학에는 다음과 같은 차이가 있다. 신학은 증언을 통해 알려진 관계에 바탕을 둔다. 그것은 구원 사건을 기독론으로 해석한다. 이 점에서 나는 안셀무스와 바르트에 서 있다. 신학은 '믿음의 지성'(*intellectus fidei*)이다. 그러나 믿음의 철학 또는 종교철학은 다르다. 신학이 증언에 따라 기독론에 두는 것을 종교철학은 인간의 존재 욕망에 둔다. 여기서 우리는 칸트의 분석을 다시 볼 필요가 있다.『이성의 한계 안에서의 종교』를 보자. 특히 형식주의와 일치하지 않는 부분을 잘 들여다보자.

  두 가지 측면에서 칸트의 분석을 따라가보자. 하나는 종교의 윤리적 '기능'에 관한 문제이고, 또 하나는 종교의 '표상' 내용에 관한 문제이다.

  칸트에게 종교는『실천이성비판』으로 환원할 수 없는—그렇다고『실천이성비판』과 전혀 별개는 아니다—윤리 기능을 지니고 있다. 종교의 주제는 '전적인 의지의 대상'이다. 그것은 대상을 '분석'해서 산출하는 '도덕 원리'와는 다르다. 종교의 자리는 분석론이 아니라 '변증론'이다. 실천에서 이성의 요청, 다시 말해서 '순수 실천이성 대상의 무조건적 전체성'과 관계가 있는 것은 변증론이기 때문이다. 그러한 요청의 모순이 일어나는 곳, 바로 거기가 종교의 자리이며 잠시 뒤에 보는 바대로 악의 자리도 거기이다.

우리에게 중요한 것은, 칸트가 의지의 전적인 대상을 덕과 행복의 종합으로 생각했다는 것이 아니다. 그보다는 전체성의 문제가 더욱 중요하다. 전체성 문제는 우리를 어떤 물음으로 몰고 간다. 칸트가 말한 대로, "내가 무엇을 바랄 수 있는가?" 하는 물음은 "내가 무엇을 해야 하는가?" 하는 물음과는 전혀 다르다.

종교가 바로 그 물음의 장소이고, 그래서 종교란 의무를 신의 명령으로 선언하고 끝내는 것이 아니다. 그렇다면 종교는 도덕의 되풀이가 아니다. 의무를 신의 명령으로 보고 끝나는 종교는 일종의 교육자이다. '마치 무엇 무엇처럼'(comme si)을 가리키는 교육자이다. 마치 하느님이 네게 명령하는 것처럼 복종하라. 그런데 만일 그렇지 않고 종교의 계명이 하느님 나라에 참여하고 화해의 나라에 들어가는 희망이 된다면, 전혀 새로운 구도에서 계명을 보게 된다.

칸트 자신에게도, '분석론'의 주제인 의무를 '변증론'에서 나오는 희망의 운동 속에 집어넣는 것은 도덕에서 종교로 옮겨가는 일이다. 따라서 종교 대상의 특이함은 칸트의 『실천이성비판』에 이미 나와 있다. 그것은 덕과 행복 사이에서 이루어지는 종합의 간접성과 관련이 있다. 그것은 '사실'(Faktum)인 도덕법과 비교해서 새로운 대상이며 그것이 이루는 종합과 관련해서 특별한 바깥*을 지닌다.

---

* '바깥'은 extériorité를 번역한 말이다. 원래 칸트는 보편 도덕법을 만들어내기 위해 바깥 요소를 제외하려고 했다. 경험 세계를 배제하고 인간 내면의 선험적 영역에서 법을 찾으려고 했다. 그러나 행복의 문제와 관련해서 종교는 특이한

종교적 소외의 특이성이 거기에 있으며 그래서 칸트는 뿌리 깊은 악의 문제를 해결하기 위해 종교의 문제와 예배의 문제, 교회의 문제를 다룰 수밖에 없었다. 『이성의 한계 안에서의 종교』 III·IV권이 그것이다. 사실 "내가 무엇을 바랄 수 있는가?" 하는 물음이 "내가 무엇을 해야 하는가?" 하는 물음과 다르고 그래서 희망의 문제가 의무 문제에 덧붙여진다면, 약속의 완성은 인간의 행위와 도덕성을 뚫고 들어온 은총이다. 그렇다면 종교의 소외는 약속에서 생기는 소외이다. 칸트가 신비주의와 열광주의(Schwärmerei)라고 해서 싫어한 것은 전체성·완성과 관련된 것으로, 그것이 바로 종교의 특성이다.

그런데 그 점은 그리 강조되지 않았다. 칸트에게 악의 문제는 단지 '분석론'하고만 연관이 있는 것은 아니다. 다시 말해서 도덕의 형식 원리를 추적해 드러내는 문제가 아니라 이성과 자연을 아우르고 화해시키는 '변증론'의 문제이다. 악은 설익은 종합, 폭력적 종합, 전체성의 단절이다. 그것이 정말 인간의 악이다. 그 악은 신정론의 '편견'과 함께 이른바 고상하다는 것에서 절정에 이른다. 현대 정치에도 그러한 신정론의 후계자들이 많다.

그런데 그런 악이 생기는 이유가 있다. 전체성이라는 목표는 바꿀 수 없는 목표로 주어진 것인데, 그것이 우리에게 '선한' 의지의 분석론에 그치지 않고 '전체' 의지의 변증론을 열어놓기 때문이다. 잘못된 종합이 많다. 종합에 항상 따라다니는 전체성 차원이 빠졌을 때 그것은 잘못된 종합이다. 그 전체성을 가리켜 칸트는 의지의 전적 대상이라고 일컬었다.

다른 측면에서 칸트를 따라가보자. 종교의 '표상' 내용에 관한 것이다. 다시 말하지만, 종교의 가능성은 "내가 무엇을 바랄 수 있는가?"

의지의 대상을 제공한다. 예를 들어 하느님 나라는 단순히 선험적 영역에서 도출되는 것이 아니며 그렇다고 시공간과 감성이 들어가는 경험이라고도 할 수 없다. 선험적 영역이 아니라는 점에서 바깥이지만, 경험도 아니라는 점에서 특이한 바깥이다.

하는 물음과 함께 생긴다. '요청된' 신은 아직 진짜 종교가 아니다. 종교는 '원형'(archétype) 속에서 '선한 원리'의 '표상'과 함께 생겨난다. 신학자들이 앎의 영역에 두는 기독론이 종교철학에서 말하는 의지와 연결되는 부분이 이곳이다.

　종교철학의 중심 물음은 이것이다. 하느님께 용납되는 인간의 원형, 곧 하느님의 아들이라고 불린 그분의 표상이 의지에 어떤 영향을 주는가? 그것은 내면의 욕망과 어떤 관련이 있는가? 종교 문제가 발생하는 곳은—이 점에서 헤겔도 칸트를 따른다고 볼 수 있다—전체성 욕망의 선험적 도식 차원이다. 그것은 기본적으로 '실천이성'의 변증론과 관련된 '표상'의 문제이다. 바꾸어 말하면 원형 인간 속에서 선한 원리의 도식을 만드는 문제이다.

　알다시피 칸트의 기독론은 스피노자의 기독론을 연상하게 한다. 그래서 종교'철학'이 원하는 것을 만족시킬 것 같다. 스피노자처럼 칸트는, 만인을 위해 자기 목숨을 바치는 고난받는 의인이라는 관념을 사람이 자기 스스로 만들어낼 수 없다고 본다. 물론 신학자들은 사건을 관념으로 보는 데 반대할 것이다. 그러나 칸트의 형식주의에는 맞다. 추상적 칸트 사상에는 관념이 중요하다. 칸트 철학은 증언의 차원을 무시하는데 결국 역사 차원을 무시하는 셈이다. 철학자는 하느님의 아들이라는 관념을 인간의 의지에 집어넣어 그려보는데, 그때 이미 하느님의 아들은 사건이 아니라 사건 비슷한 것이다.

　그러나 칸트가 명확하지 않다고 신학자들은 거부할지 몰라도 종교철학으로서는 그 정도로 충분하다. 종교철학은 선의 원리가 만들어내는 그 원형이 인간 의지에 끼치는 영향에 관심이 있기 때문이다. 그런데 그 점에서 칸트는 매우 분명하다. 칸트는 이렇게 말한다. "그 관념은 사람 속에 이미 자리해 있다. 그러나 우리는 우리가 그것을 어떻게 받아들일 수 있는지 알지 못한다."

　그렇게 해서 칸트의 그리스도는 우리 작업과 연관된다. 그리스도는 의무의 영웅이 아니라 완성의 상징이기 때문이다. 그는 의무의 표본이 아니라 최고선의 표본이다. 내 표현에 따르면 그리스도는 희망의 도식이다. 존재 욕망의 '완성'은 결국 신화적이고 시와 같은 상상력의 문제이며, 그리스도는 우리에게 바로 그런 분이다.

그것은 신학자들에게는 충분치 않다. 그들은 이스라엘의 역사 증언 속에 뿌리내리고 있는 도식을 보기 원하고 또한 사도들이 '육신이 되신 말씀' 속에서 그 도식을 어떻게 인식했는지를 보려고 하기 때문이다. 그러나 철학자들에게는 충분하다. 철학자의 관심은 금지 계명을 신성화하지 않은 상태에서 윤리의 케리그마를 찾는 것이기 때문이다. 종교―또는 종교에 들어 있는 믿음―의 본질은 저주가 아니라 좋은 소식, 곧 '복음'이다. 그리스도 사건을 증언함으로써 종교는 우리 생각과 철학적 사유에 최고선의 '유비'(*analogon*)를 제공하고 전체성의 도식을 제공한다.

간단히 말해서 믿음은 의무와는 다른 것을 생각하게 하고, 철학자에게 '약속'의 표상을 제공한다. 동시에 그것은 새로운 문제를 제기한다. 그런 도식들의 생산적 상상력과 우리 욕망의 비약이 어떤 관계를 이루는가 하는 문제이다. 그리하여 형식주의라는 추상적인 물음의 자리에 욕망의 탄생이라는 구체적인 물음이 들어선다. 믿음은 욕망의 탄생 또는 의지의 시학을 제기하면서 그것을 새사람과 거듭남의 상징들 속에서 이해하게 한다. 우리는 상징의 재건력에 이끌려 그 상징들을 다시 붙잡고 도덕주의를 넘어서야 한다.

3) 케리그마에서 본 악의 문제

정죄의 대상―허물―을 케리그마의 약속의 빛에서 다시 볼 때, 우리는 정죄를 비신비화하는 데 성공하고 윤리의 케리그마 차원을 찾아낼 수 있게 된다.

종교가 정죄를 되풀이하고 금지를 신성화하는 것에 그친다면, 악은 신의 계명을 위반하고 불복종하는 것에 머무른다. 그러나 정죄의 비신비화는 그러한 계명 위반까지도 비신비화해야 한다. 악의 종교적 차원은 계명 위반이 아니다. 이 문제에서도 바울이 중요한 이야기를 했다. 죄는 계명 위반이 아니며 법과 탐욕이 짝을 이루어 생기는 것이다. 죄는 케케묵은 법의 체제 안에 머물러 있는 것이다. 법의 체제 밑에서 계명이 탐욕을 일으키는 것이다. 계명 위반은 그다음 문제이다. 그러므로 죄의 반대는 도덕이 아니라 믿음이다.

따라서 문제를 뒤집어 생각해야 한다. 악은 우리가 이해할 첫 번째 것이 아니라 마지막 것이다. 믿음의 첫 번째 문제가 아니라 마지막 문제이다. 앞에서 악의 기원을 반성했지만 그것은 종교와는 다른 차원이다. 왜냐하면 나쁜 준칙 뒤에 있는 근본악의 문제가 여전히 남아 있기 때문이다. 거기서 신화로밖에 설명할 수 없는 어려운 문제에 부딪힌다. 악의 기원에 대한 반성에서 종교적이라고 할 만한 것은 악과 허물을 케리그마로부터 재해석하려는 노력에 있다. 내가 악을 케리그마 쪽에서 해석하려는 까닭도 거기에 있다.

악을 재해석해보자. 다시 말해 악을 복음의 케리그마 쪽에서 다시 해석해보자는 것이다. 그것은 종말론에서 「창세기」로 거슬러 올라가는 운동이 될 것이다. 그렇게 하려면 세 가지 기본 조건이 필요하다.

(1) 먼저 정죄를 비신비화한 힘이 계속 압력을 행사해야 한다.

(2) 정죄의 비신비화가 위로의 비신비화와 짝을 이루어야 한다.

(3) 믿음의 케리그마, 곧 하느님이 사랑이라는 복음에서 출발해야 한다.

(1) 정죄가 비신비화된 후 악은 무엇을 뜻하는가? 이 첫 번째 물음은 허물 의식의 후성설(後成說)*이라고 부를 수 있는 문제이다. 이 문제는

---

* 허물이 있다고 하는 의식, 곧 정죄 의식 또는 도덕 양심은 나중에 생긴 문제이다. 도덕과 법에서 말하는 악인 허물(guilt) 이전에 종교 차원의 악이 있다. 바로 흠(defilement)과 죄(sin)이다. 특히 죄는 관계 단절을 가리키는 것으로 근본악의 핵심이다. 케리그마가 이루는 구원 선포와 의식의 예언은 죄의식과 함께 간다. 프로이트가 말하는 최초 장면(부친 살해) 표상도 그 빛에서 봐야 한다

단순하지 않다. 단순히 심리학으로 다룰 수 있는 문제가 아니다. 심리학이나 초자아 정신분석을 응용하면 된다는 생각은 너무 경솔하다. 프로이트를 보충해서 될 문제가 아니다. 허물 후성설은 딜타이가 말하는 주석이라는 간접 방법을 통해서만 도달할 수 있다. 회개 문서의 본문을 해석함으로써 도달할 수 있다. 거기서 허물 역사의 표본을 찾을 수 있다. 그러한 역사의 형태들을 따라 자신을 이해할 때 사람은 허물 문제에 성숙하게 접근할 수 있다.

그처럼 허물 의식의 후성설은 직접 얻어낼 수 있는 것이 아니다. 표상 후성설을 거쳐야 한다. 표상 후성설은 가상에서 돌이켜 상징으로 가고, 최초 장면의 자취를 그리는 환상에서 돌이켜 기원의 시(詩) 세계로 들어가는 것이다. 프로이트가 원초적 범죄에서 본 것은 집단 오이디푸스 콤플렉스의 장면이고, 그것은 기초 표상이 될 수 있다. 단, 참된 '의미 창조'를 거친다는 조건이 붙어야 한다.

그러므로 악의 비신화화에서 제기된 물음은 이런 것이다. 정죄의 비신비화를 넘어 '최초 장면'의 환상이 기원의 상징으로 '재해석'될 수 있는가? 좀 더 기술적인 말로 한다면, 그런 환상이 기원의 상상력을 향한 첫 번째 의미 지층이 될 수 있는가? 그렇게 하려면 그것이 점차 유아기적이고 신경증적인 반복의 기능에서 벗어나 인간 운명의 근본 의미를 탐구하는 데 도움을 주어야 하는데 그럴 수 있는가?

환상을 바탕으로 이루어진 문화 창조에서 이룩된 것을 나는 상징 기능이라고 부르겠다. 그렇게 해서 최초 장면의 환상은 기원을 탐구하고 무엇인가를 발견하는 도구로 바뀐다.

그와 같이 무엇을 '탐지하는' 표상 덕분에 사람은 사람이 됨을 '말한다.' 바빌로니아나 헤시오도스 문학에 나오는 투쟁 이야기나 오르페우

(표상 후성설). 근본악의 문제는 최초 장면(아르케) 그 자체에서 찾기보다는 의식의 예언(텔로스)에서 찾아야 한다. 이때 최초 장면 표상은 판타지가 아닌 상징 그리고 구원을 향한 의미 지층이 된다.

스 문학의 타락 이야기, 히브리 문학에 나오는 최초 잘못과 유배 이야기를, 오토 랑크 식으로 말하자면, 집단 꿈으로 볼 수 있다. 그러나 그 꿈은 선사시대를 기념하는 것이 아니다. 상징에는 이전의 흔적을 담고 있는 기능이 있지만, 그러한 기능을 넘어 기원의 상상력이 발동한다. 그 상상력은 무엇의 도래, 곧 존재로 나옴을 말한다는 점에서 '실존사'라고 할 수 있다. 그러나 거기에 무슨 연대기적 의미가 있는 것은 아니므로 '역사'라고는 할 수 없다. 후설의 용어를 사용한다면, 프로이트가 탐구한 환상은 그처럼 신화적이고 시(詩)적인 상상력의 질료를 이룬다고 할 수 있다.

결국 새로운 지향성을 통해 환상을 상징으로 해석하게 되는데, 그것은 환상의 특징에서 우러나오는 일로 볼 수 있다. 환상은 원래 잃어버린 기원을 말하고 잃어버린 원초 대상을 말하며 욕망 속에 새겨진 결핍을 말하기 때문이다. 끊임없이 해석운동을 일으키는 것은 충만한 기억이 아니라, 속이 빈 채 입을 벌리고 있는 기억이다. 인류학이나 비교신화학이나 성서 주석에서 그 점을 분명히 알 수 있다. 신화 하나하나가 옛이야기들을 재해석한 것이다. 해석의 해석이다. 결국 여러 시대와 여러 단계에 걸친 리비도의 환상들에 대해 해석의 해석이 일어나는 것이다.

그러나 중요한 것은 '새겨진 내용'이 아니라 의미를 찾아 새로운 지향성을 이루는 해석운동 그 자체이다. 그렇게 해서 성서의 기원 설화에서 보듯이 신화는 조리 있고 체계 있는 방식으로 계속 고쳐나가는 방법을 통해 신학적 의미를 지닐 수 있게 된다.

따라서 내가 볼 때 두 가지 방법을 합쳐야 할 것 같다. 정신분석에 가까운 것과 본문 주석에 가까운 것을 하나로 모아야 한다. 정신분석은 환상을 상징으로 재해석하는 데 필요한 조건을 보여주고, 본문 주석 방법은 신화 본문 속에서 활동하는 의미 세계를 보여준다. 이 두 가지 방법론을 따로 갈라놓으면 무력해진다. 환상에서 상징으로 가는 운동은 문화 문서, 곧 본문을 매개로 해야 하는데, 딜타이의 말대로 본문은 곧바로 해석의 대상이기 때문이다.

「모세와 유일신교」에서 프로이트가 저지른 잘못이 있다. 그는 성서 주석을 건너뛰었다. 다시 말하면 치료 과정에서 얻은 몇 가지 유비에 만족한 채, 성서의 사람들이 이룬 믿음의 본문들을 건너뛰고 직접 종교 표상의 심리적 탄생을 탐구해 들어갔다. 믿음의 주제가 펼쳐진 큰 본문의 주석과 상징의 정신분석을 같이 엮지 않았기 때문에, 그의 작업은 전에 알고 있던 것을 다시 발견하는 정도에 그치고 말았다. 그에 따르면 인격신은 레오나르드(Léonard)의 이야기대로 모습을 바꾼 아버지에 지나지 않는다.

한편 '본문' 주석도 마찬가지이다. '형태들'을 해석하면서 정서와 표상의 흐름을 놓치면 공허하다. 우리에게 의미가 없다. 여기서 우리가 해야 할 일은, 어떻게 문화 생산이 한편으로는 잃어버린 원초 대상을 연장하면서 다른 한편으로는 단순히 억압된 것의 회귀 기능을 넘어서고 있는지를 밝히는 것이다. 의식의 예언자는 의식의 고고학 바깥에 있지 않다. 상징은, 극복되었지만 폐지되지 않은 환상이다. 반성하는 해석을 통해 내 것으로 삼는 상징의 의미는 언제나 원초 신화의 흔적 위에 있다.

끝으로, 의미가 쏟아져나오는 것은 말이라는 요소 안에서이다. 환상이나 정서의 전환은 가상과 충동에 드리운 의미 전환의 그림자이다. 정서와 이미지의 후성설이 가능하다면, 그것은 말이 해석의 도구이기 때문이다. 환상과 관련해서 상징은 그 자체로 '헤르메네이아'(*herménéia*), 곧 해석이며 그 해석의 도구가 말이기 때문에, 우리는 정서나 이미지가 나중에 생겼다고 할 수 있다.

어쨌든 간접 방법인 주석을 거쳐야 하고, 문서 주석을 통해 우리는 허물 의식의 발전에서 두 단계를 본다. 첫째 단계는 '불의'(不義)—플라톤이 말하는 $\alpha\delta\iota\chi\iota\alpha$—이고, 또 하나는 유대 예언자들이 말하는 '정의'이다. 불의한 자가 되는 데 대한 두려움이나 불의했던 데 대한 후회는 더 이상 터부의 두려움이나 터부의 후회가 아니다. 인간관계의 훼손이나 남의 인격 침해가 거세 공포보다 더 중요하다. 불의에 대한 의식이 복수에 대한 두려움 또는 벌 받는 데 대한 두려움과의 관계에서 처음으로 의미를 창조한다. 둘째 단계는 의인의 죄 또는 정의의 악이라는 문제이다. 치밀한 양심은 정직한 사람에게서 근본악을 본다. 이것은 좀 더 깊은 악의 문제이다. 칸트식으로 말하자면 경험적 양심에 주어진 전체성의 문제이다. 또는 경험 차원을 다른 차원에 갖다 붙이려고 하는 것을 가리켜 지적한 문제이다.

허물을 주석하는 데 성 문제가 중심인 것 같지는 않다. 성적인 죄를 재해석해야 한다. 남과의 관계를 중심으로 해석을 진행해가야 할 것이다. 삶을 저주하는 흔적을 간직한 것들은 그 해석에서 제거해야 한다.

성 문제가 중심이 아닌 까닭은, 판단을 내리는 곳이 아버지와 관계된 것이 아니고, 아버지 형상에서 파생된 것이 아니기 때문이다. 심판의 장소에 있는 것은 예언자 형상이고, 그래서 가족 바깥의 형상이며, 정치 바깥의 형상이고, 문화 바깥의 형상이며, 철저하게 종말론적인 형상이다.

(2) 그러나 철저한 금욕을 거친 위로가 없으면 허물 문제를 바로잡을 수 없다. 사실 바빌로니아의 현자들이 논의한 옛 분배법에서 볼 수 있듯이 도덕적 신은 섭리의 신이다. 그 신은 인간의 도덕적 관심과 어긋나지 않게 물질의 흐름을 규제하고 해결한다. 그러나 우리는 위로의 금욕이 벌과 응보의 비애를 이끄는 허물의 금욕을 앞지르는 그 지점에 도달해야 한다.

그런데 그러한 금욕을 담고 있는 것 역시 문헌이다. '지혜'의 문서이다. 아주 오래전부터 '지혜'란 악한 이들의 번영과 의로운 이들의 불행에 대한 긴 명상이었다. 반성하는 생각으로 다시 들여다보면 그 문서들이 정죄 행위를 바로잡는 데 매우 중요한 것임을 알 수 있다. 거기에도 비애와 슬픔이 들어 있는데 그것은 항변의 슬픔이다. 그러나 그 항변을 그치는 지점, 바로 거기서 정죄 비판은 막바지에 이른다. 거기서 '정죄하는 의식'은 불순한 의식으로 등장한다. 정죄하는 의식은 항변하지만 그 항변 뒤에는 원한의 권세가 감추어져 있다. 그 원한은 교묘한 미움이면서 동시에 음흉한 쾌락주의이다.

이처럼 정죄하는 의식을 비판하다 보면 새로운 형태의 문제에 부딪히는데 그것은 신앙과 종교의 갈등이다. 욥의 친구들은 종교이고, 욥은 믿음이라고 할 수 있다. 믿음은 우상파괴를 일으킨다. 믿음은 정죄하는 의식을 비판하면서 정죄 비판을 새롭게 생각한다. 프로이트가 '부친 포기'라고 부른 과제를 완수하는 것은 믿음이다. 사실 욥은 고통의 의미에 대해서는 아무런 설명도 얻지 못했다. 다만 그는 믿음으로 도덕적 세계관을 빠져나왔다. 그에게는 위대한 전체만 보일 뿐이며, 유한한 욕망의 관점은 그 위대한 전체에서 곧바로 의미를 얻는다. 그리하여 새로운 길이 열렸다. 나르시시즘이 아닌 화해의 길이다. 나는 내 관점을 포기하고 전체를 '있는 그대로' 사랑한다.

(3) 악을 케리그마의 빛에서 재해석할 때 세 번째 조건이 있다. 그것은 하느님의 상징 형상이 분노의 신학 가운데서 사랑의 신학으로 들어오는 것만 보존한다는 조건이다.

무슨 뜻인가? 엄격함이 사라져야 한다는 것은 아니다. 사실 '좋으신 하느님'을 말할 만한 때는 얼마 안 되고 숨어 계신 분노의 하느님에 맞는 경우가 더 많다. 그러나 하느님의 분노는 나중에 생긴 것이다. 사랑의 분노란 무엇인가? 바울이 성령을 슬프게 하는 것이라고 말한 바로 그것이다. 사랑의 슬픔은 위대한 아버지의 분노보다 받아들이기가 어렵다. 그것은 벌에 대한 두려움—프로이트에 따르면 거세 공포—이 아니라 충분히 사랑하지 못하고 바르게 사랑하지 못하는 데 대한 두려움이다. 두려움, 곧 신에 대한 두려움의 마지막 단계가 여기 있다. 동시에 니체의 말이 여기서 이루어진다. "도덕 신은 논박되었다."

이 세 번째 주제에 문제가 있음을 감추지 않겠다. 이 문제는 아주 강한 힘을 지녔지만 약점이 있다. 두 개의 승화가 수렴하는 곳이기 때문이다. 정죄 행위의 승화와 위로의 승화이다. 그런데 이 두 가지 승화는 서로 다른 두 가지 방향으로 윤리를 밀어낸다. 정죄의 승화는 키르케고르 쪽으로, 위로의 승화는 스피노자 쪽으로 윤리를 밀어낸다.

사랑의 신학은 그 둘이 똑같은 것임을 보여야 할 것이다. 내가 사랑의 하느님이라는 주제가 모든 변증법의 정점이어야 한다고 말한 까닭이 거기에 있다. 사랑의 신학이라고 해서 어떤 감정에 사로잡히거나 감상에 젖는 것이 아니라, 윤리를 밀어내는 두 가지 양태가 결국 같은 것임을 보여야 한다. '최고의 당신'과 '하느님이냐 자연이냐'가 깊은 곳에서는 같은 것임을 보여야 한다. 바로 거기서 아버지 형태가 상징으로 부활한다. 환상이라고 해서 극복되고 우상이라고 해서 폐기된 아버지 형태가 상징으로 부활한다. 그 부활은 스피노자의 『에티카』 5부에 나오는 다음 정리(定理)에서 노리는 뜻의 넘침 바로 그것이다. "하느님을 향한 영혼의 지적 사랑은 하느님이 자기 자신(하느님)을 사랑한 무한한 사랑(quo Deus seipsum amat)의 일부분이다."

아버지 형태의 마지막 단계는 스피노자의 '자기 자신을'(seipsum)이다. 아버지 상징에서 아버지는 내가 소유할 수 있는 아버지가 결코 아니다. 그 점에서 아버지는 아버지가 아니다. 아버지 같을 뿐이다. 마찬가지로 욕망의 포기는 죽음이 아니라 사랑이다. 다시 한 번 스피노자의 말을 인용해보자. "사람을 향한 하느님의 사랑과 하느님을 향한 영혼의 지적 사랑은 하나이고 같은 것이다."

윤리를 밀어내는 두 가지 양태, 곧 정죄의 양태와 위로의 양태가 어떻게 같은 것인가? 그것을 이해하는 것이 지적 사랑의 과제이다. 여기서 나는 이렇게 말하겠다. 그 이해는 믿음으로 아는 것이다. 끊임없이 그 상징을 바로잡아가는 믿음으로 안다. 앎이다. 모순된 것과는 싸워야 하기 때문이다. 믿음──사랑이라고 하는 편이 더 낫겠지만──이다. 그 이해를 움직이는 것은 욕망과 두려움을 쉴 새 없이 정화하는 작업이기 때문이다.

사람은 하느님에 대한 지적 사랑의 빛에서만 죄를 올바로 알고 진리 안에서 위로받을 수 있다.

5. 형벌 신화를 해석함

형벌 신화*는 매우 복잡하기 때문에 신중하게 분석해야 한다. 그러므로 나는 형벌법의 핵심을 찾아내기 위해, 먼저 형벌 관념의 난해함과 그 속에 들어 있는 역설을 하나하나 따져보려고 한다. 그리고 이어서 신화를 해부하는 데 형벌법보다 '더 강한' 법이 있는지 찾아보겠다.

1) 난해함과 역설

가장 큰 역설은 형벌이라는 관념을 신화의 범주 밑에 두는 것이다. 그러나 형벌 관념 속에 신화를 만드는 것이 무엇인지를 알려면 그보다 앞선 역설을 검토해야 한다. 그 역설은 꼭 신화 말고 다른 길로 우리를 안내할 것처럼 보인다.

나는 그 역설, 곧 첫 번째 어려움을 합리성의 어려움이라고 부르겠다. 형벌 개념만큼 합리적인 것은 없다. 아니, 그만큼 합리성을 내세우는 것도 없다. 범죄가 있으면 벌을 받아야 한다는 것이 일반적인 양심이다. 사도도 말한다. 죄의 삯은 사망이라고 말이다. 그러나 그와 같은 합리성, 곧 형벌의 논리가 그 무엇보다도 강하다는 데 역설이 있다. 그 논리 안에 완전히 다른 요소들이 섞여 있는데 그것들이 당연히 서로 연관되어 있는 것처럼 생각한다. 리트레(Littré)가 내린 정의를 통해 그 점을 살펴보자. "형벌이란 비난받을 만한 일 때문에 당하게 하는 것." 이 구절에 들어 있는 요소들을 잘 들여다보자.

첫째, 형벌에는 고통이 들어 있다. 그 고통은 마음의 문제이지만 결국 육에 속한 것이다. 이 첫 번째 요소에서 형벌은 도덕 악에 가해지는 물리적인 악이 된다.

---

*이 글에서 형벌 신화는 어떤 특정한 신화를 가리키는 것이 아니다. 잘못했으면 마땅히 벌을 받아야 한다는 형벌 관념 속에 어떤 신화적인 요소가 들어 있다는 것이다. 그것을 가리켜 속죄의 신화라고도 한다. 형벌로 죄를 속(贖)한다는 것으로, 크게 보면 악의 상징에 속하는 문제이다.

둘째, 그처럼 수난을 당하는 일이 삶과 역사 속에 우연히 일어나지는 않는다. 한 의지에 영향을 주는 다른 의지의 명령이 있다. '당하기' 전에 '당하게 함'이 있다. 형벌을 내린 후에 형벌을 당한다. 고통의 기원에 벌 내림이 있다.

셋째, 당하는 것과 당하게 하는 것이 연관되어 있다면 형벌의 의미는 당하는 악과 저지른 악 사이에서 균형을 찾는 데 있다. 그러나 이때 형벌은 법에 따른 판단으로 내려진 것이라야 한다. 이 균형은 '합리적'인 것이다. 우리는 바로 그 점을 중심으로 논의할 것이다. 범죄 행위는 마땅히 벌을 받아야 한다. 앞에서 '…… 때문에 당하게 하는 것'이라는 말도 그것이다. 여기서 '때문에'는 '값으로' 또는 '대가로'를 가리킨다. 흔히 이렇게 말한다. 형벌로 대가를 치르게 하라. 벌은 범죄의 대가이다.

넷째, 범죄자의 마음속에도 범죄와 형벌의 균형 감각이 들어 있다. 잘못이라는 저지른 악과 형벌이라는 당하는 악은 하나이며, 똑같은 것으로 생각한다. 그런 심리를 통해 형벌은 저지른 잘못을 지우고 없앤다.

이런 몇 가지 요소 속에서 형벌을 분석해보자.

문제는 우리가 대가라고 일컬은 그 '합리성'에 있다. 형벌의 합리성은 우리 생각으로는 정체가 불분명하다. 거기에는 두 가지 이유가 있다. 먼저, 형벌을 당하는 것과 잘못을 저지르는 것 사이에 공통된 것이 무엇인가? 어떻게 물리적인 악이 도덕 악을 보상해 지워 없앨 수 있는가? 범죄는 악을 행하는 것이고 형벌은 괴로움을 당하는 것이다. 서로 자리가 다르다. 그런데 그 둘이 범죄자의 의지 속에서 하나가 되어야 형벌이 범죄를 보상하게 된다. 둘째, 당하는 것과 당하게 하는 것은 범죄자와 정죄하는 자의 문제로 서로 다른 두 개의 의지이다. 악을 저지르는 것과 악을 감수하는 것이 같은 주체 안에서 일어나지만—그 경우에도 같은 자리는 아님을 앞에서 보았다—당하게 하는 것과 당하는 것은 주체가 서로 다르다. 하나는 정죄하는 의식이고 다른 하나는 정죄된 의식이다. 그런데도 형벌의 합리성에 따르면 심판자와 범죄자가 똑같은 단 하나의 의지만 가진 것처럼 생각해야 한다.

그러나 한 사람의 의지 속에서 행함과 당함이 갈라지고, 감수함과 감수하게 함이 서로 다른 의지이므로 형벌의 합리성은 깨지는 것 같다. 그런데도 균형 감각 때문에 합리성이 성립된다. 범죄와 형벌의 균형을 잡는다. 그런 균형 감각은 범죄자 자신에게도 들어 있다. 범죄로 저질러놓은 것을 벌로 없애야 한다는 생각이다. 형벌의 근거(raison)가 바로 거기에 있다. 그러나 우리 오성에서 볼 때 형벌은 이중성을 띠고 있다. 저지른 범죄와 당하는 형벌의 이중성, 정죄하는 의식과 정죄된 의식의 이중성이다. 형벌의 근거가 분명하게 하나인 것 같지만 형벌의 이중성 뒤에 숨어 있다.

여기서 두 번째 어려운 점을 살펴보자. 두 번째 어려운 점에서 신화 문제도 나온다. 오성에서는 갈라지는 것이 신화에서는 신성한 무엇 속에서 하나로 생각된다.

신성한 세계에서 흠과 정화 의식의 관계를 생각해보자. 흠이란 무엇인가? 얽히고설킨 금기로 이루어진 질서에 때가 묻은 것이다. 정화 의식은 그 때를 지우는 행위이다. 정화 의식 역시 제의 법에 따라 정해진 여러 가지 행위로 이루어졌는데, 그러한 정화 행위는 흠 있는 행위를 없애기 위한 것이다. 형벌은 그처럼 지우고 없애는 행위 가운데 하나이다. 신성한 질서 속에 생긴 흠을 없애고 또한 그 흠의 결과를 없애는 것이 형벌이고, 그때 그 형벌을 속죄라고 부른다. 그렇게 보면 신성한 세계에서 속죄는 매우 '합리적'인 것이다. 앞에서 우리가 오성의 차원에서 분석할 때 형벌의 합리성을 찾을 수 없었는데 신성한 세계에서는 형벌이 합리적인 것으로 받아들여진다.

그런데 속죄는 참으로 어려운 문제이다. 어떤 점에서 그런가? 신화와 이성이 같이 붙어 있기 때문이다. 정말로 어려운 이야기이다. 신화가 이야기 형식이 아니라 법 형식으로 다가온다. 설화 중에는 처음에 법이 어떻게 주어졌는지, 제의가 어떻게 세워졌는지 그리고 왜 벌이 흠을 없애는지, 희생 제물이 어떻게 벌을 대신하고 정화하는지 따위를 말하는 건립 설화가 있다. 그런 제도 설화에서 형벌 신화는 문학으로 볼 때—이야기 형식을 말한다—다른 신화, 곧 우주 건립 신화, 왕의 즉위 신화, 도시 건설 신화, 제의 형성 신화 따위와 같다.

그러나 형벌 신화에서 이야기 형식은 껍데기에 지나지 않는다. 내부는 법 형식으로 되어 있다. 형벌 신화는 정말 이상한 신화이다. 신화가 곧 이성이기 때문이다. 모든 건립 설화 한가운데 박혀 있는 법을 보여준다. 그 법은 모든 역사 시간을 태초의 시간에 묶어둔다. 그런데 형벌 신화의 이성 역시 이상한 이성이다. 생각의 논리가 아닌 힘의 논리와 연결되어 있는 법으로 우리의 오성을 누르고 있다. 형벌을 거치면서 정화의 힘이 흠의 힘을 없애버린다.

두 번째 어려운 점이 그렇다. 오성에서 볼 때 범죄와 형벌은 이중적인데 그 이중성 밑에 일관된 이성이 있음을 우리는 보았다. 그런데 그 일관된 이성이 법의 신화로 다가오고 길과 도(道)와 호도스(Hodos)의 신화로 우리에게 다가온다. 속죄의 위력을 이루는 것도 그러한 신화적 이성이다. 그렇게 해서 우리는 신화-론의 문제에 부딪히게 된다. 형벌 문제에서 신화와 합리성이 공동 전선을 편다.

나는 이제 이 난점을 두 방향으로 끌고 가겠다. 하나는 형법이고 다른 하나는 종교이다. 이 두 가지 문화 영역에서 형벌 문제가 제기되어 왔기 때문이다. 그러나 알고 보면 앞에서 말한 난점이 바로 이 두 영역의 밀접한 관계에서 비롯된 것이다. 형벌의 논리에서 신화와 이성이 짝을 이루고, 그것이 문화 속에서 잘 표현된 것이 바로 종교와 법 심판의 친밀함이다. 신성한 무엇이 끊임없이 법 심판을 성스럽게 만든다. 이것이 우리의 세 번째 난점이다. 다른 편에서 보자면 법 심판이 신성한 종교 차원을 법 차원으로 만든다. 이것이 네 번째 난점이다.

신성한 세계가 법 심판을 신성하게 만드는 것은 쉽게 볼 수 있다. 가장 세속화한 사회에서도 종교적 시각이 법 행위를 둘러싸고 있다. 놀라운 일이다. 사실, 형법 영역에서만큼 합리적인 노력을 기울인 곳도 드물다. 지은 잘못에 맞게 형벌을 재고, 허물과 형벌 사이에 벌어진 거리를 좁혀 균형을 맞추는 것은 오성의 일이다. 오성은 계산한다. 다음과 같은 비례식에 따라 추리해서 잰다. 형벌 A와 형벌 B의 관계는 범죄 A′와 범죄 B′의 관계와 같다. 형벌을 정하는 법 판단은 결국 이런 식으로 정밀하게 따져나가는 것이다. 거기서 가장 중대한 것은 범죄자의 권리 측면에서 형벌을 생각하는 것이다. 범죄자는 자신의 범죄에 따른 형벌을 요구할 권리가 있다는 것이다.*

그러나 여기서 앞서 이야기한 세 번째 난점이 생긴다. 범죄에 맞는 형벌을 재는 오성의 합리성이 발전해왔지만, 그 밑에 신화의 합리성이 깔려 있음을 볼 수 있다. 범죄에 가해지는 벌이 합당하려면 '바깥 현존에서 오성에 똑같은 것으로 비치는 내부 동일성'(왜 여기서 헤겔의 말을 인용했는지 뒤에서 보게 될 것이다)** 이 있어야 한다. 평등을 확보하려는 오성 작용에는 결국 벌을 범죄의 대가로 보고, 당하는 악으로 저지른 악을 제거한다는 전제가 깔려 있다. "범죄와 그 범죄를 폐지하는 행위의 내부 연관을 전제로 하지 않으면⋯⋯ 형벌은 당한 악과 방어

---

* 리쾨르는 여기서 헤겔의 추상법 논리를 앞당겨서 말하고 있다. 범죄자 역시 보편이성을 가진 자로서, 인격(권리)은 존중되어야 하고 그것에 대한 부정은 다시 부정되어야 한다는 의지를 지니고 있다. 그러므로 형벌은 인격인 범죄자의 의지이고 그의 권리이기도 하다. 이는 형벌의 근거를 복수에 두지 않고 인간의 보편의지에 두려고 하는 헤겔의 법철학이다. "범죄자에게 가해지는 침해(형벌)는 즉자적으로 정당할 뿐만 아니라 그의 현존재하는 의지 안에, 그의 행위 안에 정립되어 있는 것." "형벌은 범죄자 자신의 권리 또는 법을 포함하는 것으로 간주된다. 그리고 이 점에서 범죄자는 이성적 존재로서 존경을 받게 되는 것이다." "범죄자로부터 생기는 침해가 폐기된다는 것은 범죄의 본성이 동시에 범죄자 자신의 의지이기도 하다"(헤겔, 『법철학』, §100).
** 범죄자에게 가할 형벌을 재는 오성의 판단은 겉에서 벌어지는 일이다. 계산해서 둘의 균형을 맞춰 평등을 찾으려는 것이다. 그러므로 오성이 보는 내부 동일성은 겉에서 보기 때문에 동일하게 보이는 것이다. 그러나 오성이 동일하다고 보는 것을 자세히 보면 동일하지 않다. 죄와 형벌은 다른 것이다. 그런데도 범죄와 형벌이라는 전혀 다른 두 행위를 연결시키는 것은, 범죄와 형벌은 똑같은 것이 서로 방향만 다르므로 상쇄된다는 믿음과 또한 벌을 가하면 범죄 행위가 지워진다고 믿는 신화적 합리성이 작용하기 때문이다. 물론 헤겔은 철저하게 개념으로 형벌 문제를 푼다고 생각한다.

행위를 멋대로 연결시킨 것에 지나지 않는다."

그러므로 정의를 확립해서 나온 법 판단에 들어 있는 형벌의 원리를 새로운 눈으로 보아야 한다. 엄밀히 따지면, 범죄에 권리 침해가 들어 있고 형벌은 그 침해의 제거라는 생각이 깔려 있다. 형벌의 원리는 모두 그런 생각에서 나온다. 그런 기능을 생각하지 않는다면 형벌의 크기를 범죄의 크기에 맞추는 일이 무슨 소용이 있겠는가? 사회적 방어가 복수보다 낫고, 벌을 집행하는 것보다 위협이 나으며, 교정이 제거보다 낫지만, 형벌의 핵심은 거기에 있지 않다. 만일 남을 침해한 행위 안에 권리 침해가 들어 있는데 형벌로 그것을 제거한다는 생각이 없다면, 형벌도 사라지게 될 것이다. 그렇게 되면 범죄와 범죄인은 단순히 해로운 것일 뿐이고, "이미 악이 있다는 이유로 거기에 악을 더하는 것은 합당치 않은 것으로 볼 수 있다"(헤겔).

형법의 난점이 거기에 있다. 오성 판단에 따라 형벌을 합리화한다고 속죄의 신화를 제거하면 형벌의 근거를 없애는 것이 된다. 좀 역설적인 표현을 쓰자면 형벌에서 가장 합리적이라고 생각되는 것이 가장 비합리적이다. 범죄에 맞춰 형벌을 줌으로써 가장 합리적이기를 바라지만, 그런 형벌이 범죄를 지워버린다는 것은 상당히 비합리적이다.

이제 완전히 종교 쪽으로 눈을 돌리면 네 번째 난점이 보이는데, 그것은 참으로 어려운 문제이다. 여기서 우리가 따지려는 것은 법을 신성하게 만드는 문제가 아니라 신성한 것을 법으로 만드는 문제이다. 신성한 것과 법 판단의 친밀성은 앞에서 보았고, 여기서는 그 방향이 반대가 되어 신학 차원으로 간다. 그리하여 형벌 신학이라고 부를 만한 것이 생긴다.

형벌 신화가 매우 어려운 문제라고 한 것은 바로 형벌 신학 때문이다. 좀 더 자세히 말하면 기독교와 우리 문화 전반에 걸쳐서 이 형벌 신학이 죽어 있기 때문이다. 원죄는 법적 책임을 물을 수 있다는 것, 그리고 인류 전체가 거기에 개입되어 있다는 것을 현대인은 이해하지 못한다. 인류 전체가 '타락한 집단'(*massa perdita*)이라는 것, 법에 따라 처벌받을 범죄자라는 것, 그것을 우리는 이해하지 못한다.

그런데 이 형벌 신학은 기독교와 뗄 수 없는 것이다. 기독론 전체가 속죄와 정당화(justification, 또는 의롭게 여김)*를 통해서 형벌 신학의 틀 속에 들어 있다. 기독교 전통에서 이 두 가지는 형벌과 연관되어 왔으며, 거기에 상당히 합리적인 연결고리를 마련했다. 한 의인의 죽음은 대속물, 곧 대신 치른 희생이라고 보았다. 그 희생은 형벌법을 만족시키는 것이었다. "그가 우리를 위해 고난을 당하셨다"는 것은 그가 우리가 저지른 범죄의 대가를 치렀다는 뜻이다.

그러나 그처럼 순전히 형벌 측면에서 해석하는 것은 십자가의 신비를 다 말해주고 있지 못하다. 다시 말해서 만족설**은 나중에 합리적으로 설명한 것에 지나지 않으며, 십자가 신비의 핵심은 벌이 아니라 은혜이다. 그런데 그 신비를 형벌과 다른 차원에서 재해석하기가 쉽지 않다. 바울이 말한 '의롭게 여김'이라는 주제 역시 형벌 차원의 해석을 뒷받침하고 있기 때문이다. 그래서 문제는 더욱 어려워진다. 잘 아는 대로 바울은 새로운 역사(役事)의 신비를 재판과 관련해서 말했다. 그가 말한 의롭게 여김(διχαιοσύνη)은 사람이 고소되고(χαταχρίνειν) 유죄 판결을 받는(χατάχριμα) 과정을 염두에 두고 있다. 은혜는 그런 재판 상황에서 무죄 석방하는 것과 같다. 의롭게 여긴다는 것은 내려진

---

* 신학에서 흔히 '칭의'(稱義), 곧 '의롭게 여김'이라고 부르는 것으로, 성서 전체의 중요한 주제이며 바울 신학의 핵심이다. 바울은 '믿음으로 말미암아 하느님이 은총으로 우리를 의롭게 해주심'(justification through the faith by the grace)이라는 명제를 세움으로써, 정당화의 주체를 사람에서 하느님으로 돌렸다. 그리하여 인간의 악과 심판의 문제에서 법적이고 윤리적인 차원을 넘어 새로운 신학의 차원을 열었다.
** 기독교 신앙의 중요한 요소인 그리스도의 속죄를 설명하는 하나의 신학적 작품이다. 캔터베리 대주교를 지낸 안셀무스(1033~1109)의 이론으로, 교회에서 대체로 설득력 있게 받아들여졌다. 인류가 자신의 잘못에 대해서 대가를 치러야 하는데, 신의 아들이자 인간인 그리스도가 십자가의 희생으로 대신 대가를 치름으로써 하나님을 만족시켜 인류가 형벌을 면하게 되었다는 주장이다. 이 이론에는 죄에 대해서는 형벌이 있어야 한다는 응보의 법이 살아 있다.

벌을 면제받는 것이다. 의롭게 여김 받은 사람은 그 믿음이 의로 여겨진(λογίζεσθαι) 것이다.

우리는 이 본문의 중요성을 놓고 개신교와 가톨릭 사이에 큰 논쟁이 벌어졌다는 것을 알고 있다. 그 논쟁의 핵심은 의롭게 여김에서 사람의 역할에 관한 것인데 내 관심은 거기서 비롯된 것이 아니다. 내가 바울의 말에 관심을 두는 데에는 좀 더 근본적인 이유가 있다. 그 본문을 보면, 형벌법이 무너지는 그 순간에도 그 법이 다시 등장한다는 것이다. 마치 형벌법을 떠나서는 은혜와 용서와 자비를 생각할 수 없다는 것과 같다. 그 법을 물리치는 것 같으면서 다시 끌어들인다. 무죄 석방이란 여전히 형벌법과 연관된 문제가 아닌가? 은혜를 재판과 관련해 말하고 있지 않은가? 무죄 석방은 죄를 묻지 않겠다는 것이지만 여전히 판결이다. 그 놀라움은 여전히 재판 차원의 놀라움이 아닌가? 가장 어려운 문제이다. 거저 주는 은혜는 형벌의 논리에 가장 반대되는 것으로 보이는데 그 밑을 보면 결코 그렇지 않은 듯하다.

2) 신화를 해체함

이 마지막 난점을 통해서 우리는 실마리를 찾았다. 형벌의 신화는 매우 특이해서 비신화론화 문제를 조금 특별하게 다시 다루어야 한다.

결국 형벌을 비신화론화하는 것은 무엇을 뜻하는가?

먼저 신화를 해체하는 것이다. 그러나 논리적으로 보이는 신화를 해체한다는 것이 무엇인가? 내가 볼 때 무엇보다도 형벌 논리가 타당한가를 따져서 결국 거기에 붙어 있는 존재신학(onto-théologique) 차원을 제거하는 것이다. 그것이 첫 작업이다. 그런데 헤겔이 『법철학』(*Grundlinien der Philosophie des Rechts*, §§90~99)에서 그 작업을 완벽하게 해냈다. 거기서 그는 형벌법은 추상법 안에서만 타당하다는 것을 분명히 했다. 그는 형벌을 오직 추상법 속에 두고 거기서만 보는데, 우리가 형벌 신화를 해체하는 목적도 바로 거기에 있다.

헤겔은 형벌을 분석했다. 앞에서 내가 강조해 인용한 글귀도 헤겔에서 따온 것이다. 이제 문제는 내부 동일성을 개념에 따라 생각하는 일이다. 사실 오성은 동일성을 밖에서 찾는다. 함(범죄)과 당함(형벌) 사이 그리고 재판관과 범죄자 사이를 종합적으로 연결시켜 동일성을 찾는다.* 그러나 우리가 여기서 중요하게 보는 것은 내부 동일성이다. 헤겔은 묻는다. '바깥 현존에서 오성에게 똑같은 것으로 비치는 그 내부 동일성'(같은 책, §101)은 무엇인가?

답변은 우선 '법철학이라는 학문'이 무엇인지 생각해볼 때, '자유의지' 또는 '실현된 자유'에 관한 분야로 본다(헤겔은 법철학을 가리켜 또한 이렇게 말한다. '정신 자체로부터 산출된 제2의 자연으로서의 정신세계', 「서론」, §4). '공허한 자유'(같은 책, §5)에 등을 돌리는 것에도 같은 말을 할 수 있다. 자유가 단순히 추상적인 표상이기를 멈추고 또한 '광포한 파괴'를 통해 실현되기를 멈출 때(같은 곳), 그리하여 자유가 다시 질서를 갖추고 무엇을 결정하며 반성된 개별화를 수행할 수 있을 때 비로소 범죄와 형벌의 변증법이 발동한다.

즉자 및 대자적인 자유의지 이념이 거치는 가장 직접적인 첫 번째 단계가 이 변증법에 의해서 완성된다. 이 단계는 추상법의 단계이고 형식법의 단계이다. 왜 추상이고 형식인가? 왜냐하면 자유의지를 규정하는 데 아직 현실이 포함되지 않고, 내용 없이 자신의 의식관계에서만 자유의지가 주체이자 인격으로 인정되기 때문이다. 거기서 인정되는 주체는 오직 법 주체이다. 거기서 나온 법 명령은 오직 이렇게 말한다. "인격이 되라. 그리고 타자도 인격으로 존중하라"(같은 책, §36).

범죄와 형벌의 변증법이 어떻게 그러한 형식적인 틀에 들어가는가? 거기에는 두 가지 조건이 있다. 먼저, 무엇을 자기 것으로 삼음으로써 법 인격은 자신의 의지를 사물에 둔다. 그때부터 나는 그것을 밖으로 뻗친 나의 힘 밑에 두어 가진다. 그리하여 나는 바깥에 존재한다. 이것

---

* 사실 오성이 찾은 동일성은 동일성(identity)이라기보다 평등성(equality)이다. 범죄와 형벌의 양을 맞추는 것이다.

이 첫 번째 조건이다. 여기서 우리는 형벌법이 밖에서 전개된다는 것을 이해할 수 있게 된다. 그다음, 계약을 통해 누구 것이 된 사물에는 여러 의지들이 관계를 이루고 있다. 원래 특수 의지로 어떤 사물을 자기 것으로 삼으면 남을 배제하게 되지만, 그 경우에도 교환의 길이 예비되어 있다. 교환 법칙은 대개 직접적이고 독립적인 인격들 사이의 상호성관계를 가리킨다. 이것이 두 번째 조건이다. 첫째 조건은 자유가 바깥 사물에 존재한다는 것이고, 두 번째 조건은 바깥 의지들 사이에 계약관계가 있다는 것이다. 이 두 가지가 충족될 때 불법(불의)이 가능하다. 추상적이고 형식적인 차원에서 법(권리) 침해는 다름 아니라 '바깥 사물 속에 나의 자유가 현존하는 것을 막는 강압'(같은 책, §94)이다.

그리하여 불법으로부터 형벌을 생각할 수 있게 된다. 결국 남의 의지에 대한 침해는 '그 개념에서 바로 그 자신을 파괴하는 것'(같은 책, §92)이다. 왜냐하면 그 침해는 '의지의 외화(外化)와 현존을 지양'(같은 책, §92)하는데, 그것은 자체 모순이기 때문이다. 의지는 바깥에서 구현되어야만 이념이 되고 현실적으로 자유롭다. 결국 모든 이야기는 불법의 내부 모순을 중심으로 펼쳐진다. 강제 법은 불법 행위의 내부 모순에서 저절로 생겨난다. 그렇게 해서 형벌 문제가 『법철학』 §97에서 이렇게 정리된다. "권리로서의 권리를 침해했을 때 그 침해는 실정적이고 현실로 존재하지만 그 자체로 부정을 안고 있다. 그러한 부정성을 분명히 밝힘으로써, 침해에 대한 부정을 현실화하는 것이다. 권리 침해를 지양함으로써 권리가 스스로 자신을 이어간다는 필연성, 바로 그것이 법(권리)의 현실성이다."

마지막으로 형벌 '개념'을 생각해보자. 형벌 개념은 범죄의 부정성 자체에서 나온다. 형벌의 개념은 "그 자체로 부정을 안고 있는 의지인 범죄가 반드시 자신을 부정하도록 하는 관계, 바로 그것이다. 그것이 바깥 현존에서 오성에게 똑같은 것으로 비치도록 하는 내부 동일성"(같은 책, §101)이다.

더 나아가 우리는 대가를 치러야 하는 자가 범죄자 자신인 까닭도 여기서 알 수 있다. 범죄를 낳은 범죄자의 의지가 존재하고 있으며 그것은 제거해야 한다. "그 존재야말로 제거해야 할 진짜 해악이므로, 그것이 존재하는 바로 그 지점에 문제의 본질이 있다"(같은 책, §99). 좀 더 나가보자. "범죄자에게 가해지는 침해란 그 자체가 정당할 뿐만 아니라 …… 또한 이 침해는 범죄자 스스로에게 주어진 하나의 권리라고 할 수 있다"(같은 책, §100). 따라서 범죄자를 처벌할 때, 범죄자는 법을 침해했다가 다시 법을 세우는 자가 되므로 이성을 가진 존재가 된다. 헤겔은 이렇게까지 말한다. "범죄자의 행위 속에 이미 형벌이 범죄자 자신의 권리로 포함되어 있는 것으로 간주된다는 바로 이 점에서는 범죄자도 이성적인 존재로서 존경받을 수 있는 것이다"(같은 곳).

이렇게 해서 형벌의 수수께끼가 풀렸다. 그러나 형벌 논리가 아직 법철학의 테두리 안에 머물러 있으면서 해결된 것이다. 이제 그 논리에 들어 있는 몇 가지 조건을 모아보자. (1) 의지철학, 곧 자유의 실현, (2) 추상법 차원, 곧 아직 주관이 끼어들지 않은 의지, (3) 의지가 사물을 지배함. 여기서 사물은 자기 것으로 삼은 소유물이다. (4) 바깥 의지들을 서로 연결할 계약법. 형벌이 가능하기 위한 조건이 그렇다면 형벌권은 그러한 물권과 계약법과 동시에 발생하는 것으로 보아야 한다. 그렇다면 형법은 '주관 도덕'(『법철학』, 2부)보다 앞서고—시간으로 앞서는 것이 아니라 논리로 앞선다—가족과 시민사회와 국가를 이루는 '객관 도덕'(『법철학』, 3부)보다는 훨씬 앞선다.

그런 바탕에서 우리는 비신화화를 합리적으로 이해할 수 있게 된다. 비신화화는 다름 아니라 형벌을 추상법 문제로 돌리는 것이다. 추상법을 그 개념에서 생각하면 형벌 문제가 풀린다.

이것이 무엇을 뜻하는가? 형벌을 '도덕'으로 볼 수도 없고, '신성한 것'으로 볼 수도 없다는 이야기이다.

형벌은 도덕이 될 수 없다. 왜냐하면 형벌에서 나타나는 주관 의지는 무엇보다도 먼저 복수심이기 때문이다. 형벌을 그런 주관 의지의 작용으로 보는 순간 그 의지가 특수하고 우연한 것임을 쉽게 알 수 있다. 복수는 정의 문제에 우연이 끼어드는 것이다. 그때에는 상대를 응징하는 것이 불순해지며, 형벌은 무한한 범죄의 고리 속에서 폭력(침해)을 지속시키는 것이 되어버린다. '나쁜 무한'이 판을 치고 정의를 왜곡한다. 다음 말에서 헤겔은 아마 아이스킬로스와 오레스테스를 생각한 것 같다. "복수는 이렇듯 특수 의지의 적극 행위라는 점에서 하나의 새로운 침해가 된다. 결국 복수는 이러한 모순을 빚는 가운데 무한으로 진전되어 대를 이어가면서 무한히 이어져나간다"(같은 책, §102).

그렇게 되면 잘못을 고친다는 것이 정의와 응징 사이에 모순을 빚고, 법과 우연한 힘 사이에 모순을 빚는다. 벌이 복수가 되지 않으려면 '특수하고 주관적인 의지가 동시에 보편적인 것 그 자체를 의욕'(같은 책, §103)해야 한다. 우연성 문제를 놓고 자신을 돌이켜 무한이 즉자(卽自)에 그치지 않고 대자(對自)로 존재하도록 하는 것은 주관 도덕의 과제이다.

헤겔은 바로 여기서 우리가 고대를 떠나 그리스도교와 근대에 이른다고 말한다. "스스로 충족된 상태에 이르고자 하는 주관의 특수성의 권리나 이와 마찬가지 뜻에서의 주관적 자유의 법이야말로, 고대와 근대를 구별짓는 전환점이며 또 중심점이다. 즉 자기 무한성을 지닌 이러한 법은 그리스도교에서 명백해진 다음에 세계의 새로운 형식을 위한 보편적이며 현실적인 원리가 되었다"(같은 책, §124).

그러나 주관 도덕 차원에서 복수심을 극복하고 형벌을 도덕으로 끌고 가려는 노력은 실패하고 객관 도덕으로 가야 한다. 객관 도덕이라는 것은 구체적이고 역사적인 공동체(가족·시민사회·국가)를 가리킨다. 왜 주관 도덕에 머무르는 것이 불가능한가? 그 이유를 이렇게 말한다. "추상적인 반성은 이 계기를 보편적인 것과의 구별과 대립이라는 모습으로 고정시킨다.* 그리하여 추상적 반성은, 도덕은 오직 자기만족

---

* 주관의 특수성 원리가 꼭 보편과 반대되는 것은 아니다. 특수가 보편과 만나면 즉자 및 대자로 존재하는 것이요, 객관 도덕(Sittlichkeit)의 세계이다. 거기서

에 대한 적대적 투쟁으로서만 영속하는 것이라는 도덕관을 낳는다"(같은 곳).

그러므로 법철학에서 주관 도덕의 도덕적 확실성 ─ 양심(Gewissen) ─ 개념을 끌어안으면, 『정신현상학』 4장에 펼쳐진 이율배반의 행렬에 빠질 수밖에 없다. 『정신현상학』에서 밝힌 것은 이것이다. 곧, 형벌 논리를 추상법 밖으로 끌고 가서 도덕적 의도와 관련이 있는 것으로 보면 큰 문제가 발생한다는 것이다. 악을 권리 침해로 보지 않고 불순한 의도로 보아 그것을 제거하려고 하면 '정죄하는 의식'과 '정죄된 의식' 사이에 엄청난 충돌이 일어난다. 그런데 그 충돌을 막는 탈출구는 징벌이 아니라 '용서', 곧 화해에 있음을 우리는 모두 기억하고 있다. 충돌이 생길 때 '양심'은 동일성 논리에 따라 범죄에서 징벌로 가는 것이 아니라, 내부 분열로 간다.

그렇게 되면 정죄하는 의식이 나서서 형벌의 지옥을 벗겨야 한다. 그러나 그때 정죄하는 의식은 스스로 위선이며 완고하다는 것이 드러난다. 위선인 까닭은 자기가 범죄하지 않았기 때문이다. 완고하다는 것은 불법 행위를 행한 의식과 똑같아지기를 거절하기 때문이다. 그러므로 정죄하는 의식에게 남은 길은 하나뿐이다. 정죄에서 비롯된 형벌을 주지 않고 용서하는 것이다. 용서를 통해 정죄하는 의식은 자기 판단의 특수성과 일방성을 포기한다. "이 보편적인 의식이 전자에게 안겨주는 용서란 곧 일반적인 의식이 그 자신에 대해서, 즉 자기의 비현실적인 본질에 대해 취하는 단념, 포기를 뜻하는 것이 된다. 그도 그럴 것이 보편적인 의식은 여기서 현실적인 행동의 영위자라고 할 전자를 바로 그자신의 비현실적인 본질과 동일시함으로써 이제 사상 속에서 행동하는 것에 대해서 주어진 바 있는 규정에서 다만 악한 것으로 호칭되었던 것

자유가 현실로 실현된다. 그런데 주관 도덕(Moralität) 차원에서는 아직 주관 내면에서 추상적 반성이 있을 뿐이고, 거기서 특수한 의지는 보편 의지와 대립해 개인의 주체성을 세우는 데 전력을 다한다.

이 도리어 선한 것임을 시인한다. 그런가 하면 더 나아가서는 마치 타자로서도 그 자신의 독자적인 안목에 따라서 행동을 임의로 결정하는 일을 중단했듯이 이제 보편적인 의식의 편에서도 대자적인 한정적 판단이 뒷받침된 선악에 관한 구별을 행하는 규정적 사유를 포기하게 된 것이다. 결국 이상과 같은 맥락에서 볼 때 화해라고 하는 낱말은 곧 객관적으로 현존하는 정신일 뿐이니 이것은 바로 '일반적' 본질로서의 자기 자신에 대한 순수지를 오히려 그 반대되는 상태에서, 다시 말하면 절대적으로 그 자체 내에 존재하는 '개별자'로서의 자기에 대한 순수지 속에서 직관함을 뜻하는 것이며, 더 나아가서는 다름 아닌 절대 정신의 존재 양식이라고도 할 상호인정을 뜻하는 것이기도 하다"(『정신현상학』, 806쪽).

『정신현상학』이 화해 문제를 문화 이론과 종교 이론으로 넘어가는 지점에서 제기하고 있다는 점은 대단히 의미심장하다. 『법철학』에서 같은 문제를 다루는 대목을 봐도 형벌 문제는 주관 도덕과 전혀 상관없다.[7] 범죄와 형벌의 논리는 법의 문제일 뿐 도덕 문제가 아니다. 범죄에 대해서 말하지 않고 악에 대해서 말하는 순간 무한한 주관성의 모순에 빠져들게 된다. 추상법과 관련이 없고 아직 객관 도덕, 곧 구체적 공동체와도 관련이 없는 악의 의식은 너무 '주관적'이라 객관 논리를 펼치기

---

[7] 헤겔이 범죄에 대해 말하지만, 범죄 책임을 물을 때 범죄자의 심리학이 들어가서는 안 된다는 점을 강조한다. "범죄자가 스스로 행위하는 순간에 바로 그 행위가 불법이거나 처벌 대상이 된다는 사실을 명료하게 생각하고 있지 않았을 경우에는 그 행위가 책임 귀속성을 지닌 범죄 내용을 구성하지 않는다는 것, 바로 이와 같이 범죄자에게 그의 도덕적 주관성의 권리를 보존해 주는 듯이 보이는 요구란 실은 오히려 그로부터 인간에 내재하는 지적 본성을 박탈하는 것이 된다"(『법철학』, §132). 그러므로 주관성은 추상법의 영역에 끼어들면 안 된다. "그런 여러 가지 정황이 형벌 경감의 사유로 고려될 수 있는 영역은 법의 영역과는 다른 사면(赦免)의 영역에 속한다"(같은 곳). 이런 이야기는 『정신현상학』에 있는 악과 용서의 변증법의 문제로 볼 수 있지 않을까? 주관 도덕을 추상법에 연결할 수 있는 유일한 방법은 형벌을 도덕으로 만드는 것이 아니라 용서이다. 그러나 그렇게 되면 우리는 순수한 법에서는 벗어나게 된다.

어렵다.

그런 점에서 도덕 악을 다룬 『법철학』 §139는 『정신현상학』에 못지않다. 추상법 영역에서 길잡이가 된 불법과 형벌의 논리는 주관 의식에 적용할 수 없는데, 그것은 반성과 악의 문제가 모두 주관성과 보편성의 분리에 그 뿌리를 두고 있기 때문이다. 도덕적 확신이 "악으로 돌변할 찰나에 있다"(같은 곳)고 하는 까닭이 거기에 있다. 정말로 이상한 역설이다. 악 '의' 의식과 악 '인' 의식이 구분되지 않아 반성은 헤맨다.* 그것은 도덕 확신이 '대자로 존재하며 대자로 알고 결정하기' 때문이다(같은 곳).

거기서 우리는 바울이나 루터 그리고 칸트와 같은 결론을 내릴 수 있다. "사람은 즉자로나 본성으로 악할 뿐 아니라 내면의 반성을 통해서도 악하다"(같은 곳). 그러나 그 악은 법에 객관성을 두고 있지 않기 때문에 어떤 형벌 논리도 낳을 수 없다. 그래서 악의 의식은 잘못에 상응하는 형벌로 해결되지 않는다. '분열의 단계'에 머무르지 않으려는 결심이 필요하다. 문제의 극복은, 악의 책임을 묻는 데 있지 않고 주관적인 관점을 포기하는 데 있다.

『정신현상학』이 정죄하는 의식과 정죄된 의식의 변증법을 통해 용서 문제를 다루는 반면에 『법철학』은 객관 도덕, 곧 국가 이론을 통해 주관적 확신의 궁지를 벗어난다. 그러나 깊은 뜻은 똑같다. 악의 책임을 물어 벌을 주는 것은 정죄하는 의식과 정죄된 의식 사이에 거리를 벌려놓는다. 그때에는 벌을 주는 대신 두 의식을 동일하게 하는 것, 곧 화해가 필요하다. 그것을 종교 언어로는 '용서'라고 하고 객관 도덕, 곧 정치

---

*범죄자의 악을 심판하는 의식이 있다. 그러나 그 자신 역시 악하다. 그렇게 되면 누가 누구를 심판할 수 있겠는가? 주관 도덕 차원에서 또는 종교 차원에서는 형벌이 불가능하고 용서의 문제가 제기된다. 그런 차원이 있다. 그러나 그럼에도 사회를 유지하기 위해 형벌을 주어야 한다면, 그 근거는 추상법 차원에서 찾아야 한다. 불법 행위를 도덕적 악으로 보지 말고 권리 침해로 봐야 한다. 내면의 문제가 아니라 밖에서 일어나는 문제로 봐야 한다.

용어로는 '공동체'라고 한다.[8]

지금까지 우리는 형벌을 비신화화하기 위해 헤겔을 안내자로 삼았다. 비신화화에서 해야 할 과제는 단순하고 분명하다. 형벌 신화가 범죄와 형벌의 신화-론인 한, 형벌을 비신화화한다는 것은 그 논리를 최초 자리로 끌고 가 신화 없는 논리를 보자는 것이다. 그 최초 자리는 추상법이다. 형법이 바로 그것이다. 거기서는 신화 없이 형벌의 근거가 있다. 합리적 의지라는 개념에 바탕을 두고 있기 때문이다. 그래서 이렇게 말할 수 있다. 형벌의 논리는 신화 없는 논리이다. 의지의 논리, 곧 자유의 역사적 규정의 논리로 가기 때문이다.

순전히 법 문제인 형벌 논리를 도덕 양심이 내면 세계로 끌고 들어갈 때 신화가 시작된다. 순전히 법 문제로 볼 때 형벌 논리는 두 가지 전제 위에 서 있다. 하나는 자유가 사물에 외화되었다는 것이고 또 하나는 계약을 통해 의지들이 밖에서 연결되어 있다는 것이다. 형벌의 '합리적 측면'이 그렇다. 형벌을 도덕으로 만들려는 시도는 하나같이 정죄하는 의식과 정죄된 의식 사이의 이율배반에 빠진다. 형벌을 도덕으로 보면 안 된다. '신성한 것'으로 만들어서는 더욱 안 된다. 분열과 거리를 만드는 '불행한 의식'으로 되돌아가기 때문이다. 그러면 파괴적인 종교 세

---

[8] 이런 비교를 통해 『법철학』은 『정신현상학』의 분석을 안고 들어간다. "어느 정도까지 이와 같은 절대적 자기도취가 고독한 자기 예배에 그치지 않고 어떤 공동체 같은 것을 이룩할 수 있는가? 그리하여 이 공동체의 유대와 실체는 그 나름대로 서로가 양심적이고 선한 의도라는 것을 상대방에게 확인시켜주면서 서로의 순결을 즐기는 가운데 특히 이렇듯 자기를 알고 표명하는 데 대한 상쾌함과 또한 이와 같은 보호, 육성에서 느끼는 상쾌함을 느끼면서 원기를 북돋우나 갈 수 있는 것인가? 그리고 또 어느 정도로까지 아름다운 혼이라 일컬어진 것이 모든 객관성의 공허함 속으로, 따라서 또 자기 자신의 비현실성 속으로 사그라져 들어가는 고귀한 주관성일 수 있으며 더 나아가서는 그 밖의 주관성의 여러 형태들이 여기서 고찰된 단계와 흡사한 어법을 띠고 있는 것인가? 이에 대해서는 이미 내가 『정신현상학』에서 다룬 바 있거니와 양심을 다룬 부분 전체가 여기서는 좀 더 높은 단계로 이행해간다는 점을 고려하면서 참조하면 될 것이다"(§140).

계가 되고 만다. 카프카의 『심판』이 바로 그런 세계를 그리고 있다. '갚지 않은 빚'의 세계이다.

그런데 신화 없는 형벌의 논리가 추상법으로 복귀하면서, 속죄 신화가 큰 지평을 이룬 채 떠오른다. 신화 없는 이성과 함께 이번에는 이성 없는 신화인가? 형벌의 비신화론화는 신화의 해체에 그치고 마는가? 나는 그렇게 생각하지 않는다. 법이 아니고 법을 넘어서는 형벌에 대해 여러 가지를 생각해볼 수 있다. 그러므로 비신화론화에 새로운 의미를 주어야 한다. 신화 해체에 그치지 말고 재해석으로 가야 한다.

셋째 부분의 주제가 거기에 있다.

3) 법 심판의 '형태'에서 형벌 '기억'으로

형벌을 재해석한다는 것은 무엇인가? 이 물음으로 우리는 매우 어려운 문제에 부딪혔다. 앞에서 네 번째 난점이라고 한 것, 곧 신성한 것을 법으로 만드는 문제이다. 형벌을 형법에서 말하는 문자 의미에서 신성한 차원의 상징 의미로 끌고 가는 데 그친다면 문제를 완전히 푸는 것이 아니다. 물론 그 작업도 해야 한다. 그러나 형벌 신화는 매우 합리적인 색깔을 띠고 있기 때문에 특별하게 다루어야 한다. 신화를 해체할 때뿐 아니라 재해석할 때도 마찬가지이다. 생각 없이 상징을 들이대며 법과 형벌의 논리를 함부로 무찌르려고 하면 안 된다. 그래서는 어떤 그림이나 표상의 차원에 머무를 수밖에 없다. 새로운 논리만이 낡은 논리를 무찌를 수 있다.

형벌을 생각해온 하나의 사고방식을 좀 더 발전된 사고방식으로 극복해야 한다. 그럴 때, 형벌을 유비적으로 설명하는 것은 다른 논리로 가기 위한 첫 번째 계기에 불과하다. 이 다른 논리 — '동일성'의 논리와 다른 논리 — 를 나는 바울의 '의롭게 여김'(justification) 교리에서 찾으려고 한다. 여기서 변증법 없는 네 번째 난점에 대한 답을 찾을 수 있을 것이다. 키르케고르가 '부조리한' 논리라고 하는 이 새로운 논리는 '넘침'의 법이다. 이 넘침의 법에서 형벌의 경제학이나 '동일성'의 논리는 낡은 것이 된다. 그래서 남는 것은, 형벌 신화를 어떻게 잘 사용할 수 있겠는가 하는 문제이다. 형벌 신화에서 우리가 한 가지 생각할 수 있는 것이 있다면, 그것은 무슨 벼락을 맞아 혼비백산하는 그런 기억이다. 우리 속에 그런 기억이 있다. 우리가 여기서 생각해볼 것은 바로 그런 '형벌 기억'이다. 형벌의 '형태', 넘침의 '논리', 형벌 '기억' ― 우리 이야기는 그런 순서를 밟아 전개된다.

내가 형벌의 '형태'라고 하는 것은 이런 것이다.

형벌에는 어떤 표상들이 뭉쳐 있다. 법정이나 심판, 고발 같은 표현들이 표상을 이루고 그 표상들은 한 차원을 이루어 그 안에서 다른 질서의 관계들이 생겨 나온다.

법 언어는 말하자면 '조문으로 만드는'(codifier) 언어라고 할 수 있다. 인격 대 인격의 관계에 빗대어 표상될 수 있는 존재론적 관계를 법 조문으로 만드는 것이다. 헤겔은 분명히 지적하기를, 의지의 '논리' 속에서 형벌은 인격들끼리의 권리 형성과 동시에 생긴다고 했다. 우리가 의지의 '시학'에서 빗대어 다시 보려는 것도 바로 그 인격 대 인격의 관계이다. 의지의 '논리'가 아니라 의지의 '시학'에서이다.* 어쨌든 사람과 사람의 관계와 함께 그와 같은 차원에서 빚·몸값·대속(代贖) 같은 다른 관계들이 나온다.

의지의 시학은 법관계의 유비에 빠지지 않는다. 다른 유비로 법관계의 유비를 해방하고 고친다. 두 가지만 들어보겠는데, 그 두 개의 유비는 서로 반대되면서도 모두 법적인 은유와 반대된다. 첫째는 '부부'관계의 은유로서 정이 넘친다. 둘째는 '하느님의 노여움'이라는 것인데

---

* 헤겔이 말한 의지의 논리에 따라 인격관계를 보면 법이 발생한다. 헤겔이 말한 인격관계는 사람 바깥에서 작용하는 배타적 의지들이 만나 타협하는 관계이기 때문이다. 그것은 중립적 관계를 이룬다. 그러나 지금 리쾨르가 말하는 의지의 시학에서는 법이 아닌 용서와 은총이 발생한다. 여기서 인격관계는 배타적 의지가 아닌 내면과 내면의 만남이다. 논리와 합리성 너머이기 때문에 '시'라는 이름을 붙였다.

재앙과 관련된 것이다. 둘 모두 인격관계를 법관계에서 벗어나게 한다. 옛 이스라엘이 언약*이라는 관념을 통해서 이룩한 것이 바로 그런 인격관계이며 그것은 법보다 더 근본적인 관계이다.

물론 이 언약이라는 주제가 법으로 바뀔 수도 있다. 야훼 종교는 윤리 성격이 매우 강하기 때문에 얼마든지 법 심판의 '형태'로 변신할 수 있다. 실제로 언약이라는 초법적인 차원이 법적인 '유비'로 옮겨가 생긴 것이 '토라'(Thora)이다. 토라는 매우 폭넓은 삶의 가르침인데, 70인 역**에서 '노모스'(Nomos)라고 하고, 이윽고 라틴 교회에서 '렉스'(lex)라고 함으로써 로마법의 냄새가 강하게 풍기게 되었다. 그러나 어쨌든 랍비들이 토라 같은 법을 만들고 그것이 개념으로 굳어지면서, 언약이라는 주제에 들어 있던 관계가 통째로 법관계로 바뀔 준비는 되었다고 봐야 할 것이다.

그러나 법 개념이 언약의 의미를 전부 없애지는 못했다. 언약의 차원은 끊임없이 생생한 약속을 지향하고 운명 공동체를 가리키며 창조적인 관계를 가리킴으로써 법관계를 넘어선다. 언약의 의미가 호세아나 이사야에서 부부관계 같은 다른 '형태'에 빗대어 살아나는 까닭도 거기에 있다. 부부관계에 빗대어 뜻이 넘쳐난다. 법 형태에 빠지지 않는다. 구체적인 신뢰관계나 창조와 사랑의 관계, 다시 말해 은총의 차원에 다가가는 데는 법 형태보다 부부 형태가 더 낫다. 은총의 관계는 법조문으로 만들 수 없으며 제도로도 만들 수 없다. 은총의 질서와 법질서의 관계를 파스칼이 말한 세 가지 질서로 말하자면, 자비의 질서와 정신 질서의 관계와 같다고 할 수 있을지 모르겠다.

우리가 말하는 의지의 시학은 은총의 질서에 속한다. 형벌 신화를 은

---

* 하느님과 이스라엘이 맺은 계약(Alliance)을 가리키는데, 법적인 계약(contrat)과 구분하기 위해 언약이라고 번역한다.
** 기원전 3세기에 알렉산드리아의 유대 학자들이 성서 문서(『구약성서』)를 당시 헬레니즘 문명 세대에 맞게 그리스어로 번역해 만든 성서. 70인이 번역했다고 해서 70인 역이라고 한다.

총의 질서로 끌고 가야 한다. 그런 시학 속에서 죄와 형벌은 무엇을 뜻할 수 있을까? 법 차원에서 벗어나서 보면 죄란 권리를 침해하거나 법을 어긴 것이 아니라 분리이다. 죄는 분리이자 뿌리 뽑힘이다.

분리의 관점에서 볼 때 법 차원은 2차적이고 파생된 것이다. 앞에서 말한 '하느님의 노여움'이라는 상징이 그 점을 분명히 보여준다. 언뜻 재앙을 암시하는 이 상징은 서정적인 부부 상징과 잘 어울리지 않는 것처럼 보인다. 그 어두운 측면을 볼 때 무시무시한 환란을 연상하게 되고 그래서 형벌의 논리와 같은 계열인 것처럼 보인다. 그러나 그 상징은 '신의 현현'이라는 점에서 형벌 논리와 전혀 다르다. 형벌법이 질서를 회복하려고 구체적인 인간을 배제한 '익명'의 법이라면, '하느님의 노여움'이라는 상징은 살아 계신 하느님의 현존이다. 그렇기 때문에 부부 상징과 같은 계열에 속하고 의지의 시학에 들어온다. 겉보기와 달리 은총의 질서는 부드럽기만 하지 않다. '무시무시함'이 있다. 무서운 '노여움'과 정다운 '부부관계'는 살아 계신 하느님과 만날 때 생기는 두 측면이다. 무시무시함과 정다움은 모두 법과 계명 그리고 범죄와 형벌이라는 윤리 차원을 초월한다.

물론 옛 이스라엘에서 이 하느님의 노여움이 율법과 계명을 만나 도덕 차원으로 바뀌었음을 나는 알고 있다. 그러나 그것의 비합리적인 측면이 다시 등장했다. 바빌로니아와 이스라엘의 '지혜'로 신정론의 실패를 극복할 때이다. 그것은 법을 어기고 말고 하는 문제가 아니다. 역사의 흐름과 개인 운명의 흐름에서 보상이 제대로 이루어지지 않으면 도덕적 세계관은 흔들린다. 그때는 윤리로 풀리지 않는 어떤 질서를 인정해야 한다. 물러나서 신뢰와 경배를 올려야 한다. 보상의 법이 무너졌을 때 재앙의 하느님이 다시 등장한다. 윤리적인 하느님은 무수한 율법과 계명을 바탕으로 법 차원에 있기 때문이다. 그러므로 하느님의 노여움이라는 주제로 되돌아오는 것은 거룩한 존재의 법 차원을 벗겨버리는 것이다. 우리가 여러 가지 방법으로 모색한 것이 바로 그 점이 아닌가! 여기서 '노여움'의 상징과 '부부' 관계의 상징이 같이 간다. 만일 언약이 계약 이상의 무엇이고 창조적 관계의 징표라면 그리고 죄는 범법 이상이며 존재론적 분열을 가리킨다면, 하느님의 노여움은 그 분열의 한 측면일 수 있다. 분열에서 오는 위협과 파괴를 가리킨다.

그처럼 죄가 법적 심판 너머의 차원이라면 죄 자체가 바로 형벌이라고 해야 할 것이다. 악에 악을 더하는 것이 아니다. 거역한 의지가 그대로가 처러야 할 무엇은 아니다. 의지 대 의지의 관계, 곧 법적 심판의 관계는 좀 더 근본적인 상황의 그림자에 지나지 않는다. 형벌의 근본은, 죄가 분열이기 때문에 죄 자체가 곧 형벌이라는 데 있다. 그런 뜻에서 법 차원을 비신성화하듯이 형벌을 비법화해야 한다고 말하자. 창조적 연대에서 죄와 벌은 같다고 하는, 이 뿌리 깊은 차원을 다시 찾아야 한다. 형벌을 추상법 쪽으로 끌고 가야 하지만 동시에 법이 아닌 차원으로 몰고 가서 깊이를 더해야 한다. 그리하여 분열이라는 근본악과 형벌이 똑같아지는 지점까지 가야 한다.

형벌 '형태'가 그렇다. 이제 우리는 그것이 파생된 것임을 알게 되었고, 동시에 상당히 함축된 내용을 담고 있으며 유혹적인 것임을 알게 되었다. 그것은 2차 신화이다. 그보다 앞선 상징, 곧 하느님의 노여움과 부부관계라는 원시 상징의 뒤를 이으며 그 상징들보다 좀 더 합리화된 것이다. 그렇기 때문에 형벌 신화를 포함해서 법과 관련된 상징 세계는 모두 우주론 계열의 신화들과 같은 대열에 놓아야 한다. 그러나 무슨 물활론적 신화들과는 다르다. 그것들보다 뛰어나다. 먼저 법 신화에는 추상법을 '인격주의' 관점에서 보면서 창조관계를 인격화하려는 의도가 들어 있다. 물활론적 신화들에는 오직 우주적 관점이 있을 뿐 인격적 관점은 없다. 둘째로, 유대-그리스도교의 창조론을 이루는 다른 은유와 달리 법적인 심판의 은유는 매우 합리적이다. 계약과 형벌이라는 이중 형식 속에서 심판의 경험은 그 어떤 경험보다 분명하고 엄격하며 역사적 연속성을 지닌다. 그렇기 때문에 법 심판 신화는 다른 어떤 것보다도 곧바로 '신화-론'이 될 능력이 있다. 그리고 마지막으로 법적 합리성이 신화 속에서 무시무시한 재앙을 만나면서—여기서 신은 절

제4장 악의 상징 해석 415

대 위협이 된다—합리성과 위기가 결합되어 신화론 중에서도 가장 독점적이고 거짓스러운 '신화-론'을 이룬다. 그래서 해체하기 어려울 뿐만 아니라 재해석을 완강하게 거부하는 그런 신화론이 된다.

우리는 형벌이 하나의 '형태'이고, 형벌 신화는 '신화-론'이라는 것을 밝혔다. 거기에 만족할 것인가? 반대되는 은유와 부딪치게 해서 법적 은유의 껍질을 깬 셈인데 거기에 만족할 것인가? 분명한 것은, 그런 작업이 표상 차원에서 이루어지는 것이므로 개념 차원에서 형벌법을 깬 것은 아니라는 점이다. 그러므로 '유비'를 통해 새로운 논리에 접근하지만 그 새로운 논리는 먼저 반(反)논리이며 '부조리한' 논리의 특징을 띤다. 바울의 역설이 거기에 있다. 앞에서 우리는 바울이 '의롭게 여김'에 관해 말한 본문을 한 번 보았는데, 그때는 형벌의 논리를 따라 읽었다. 지금 여기서는 일종의 '정(正)이 반(反)으로 역전됨'을 통해 형벌 신화를 터져나오게 하겠다. 그러한 역전은 여전히 법 차원에서 법 언어에 기대어 일어나는 것이다. 결국 바울의 '의롭게 여김' 문제를 앞에서는 문자 그대로 읽었는데 여기서는 좀 다르게 읽어보려는 것이다.

위대한 책 「로마서」(1: 16; 5: 21)에서 바울이 말하는 하느님의 의 (διχαιοσύνη Θεού)는 법을 넘어서는 개념임이 분명하다. 그 유명한 문구를 보자. "나는 복음을 부끄러워하지 않습니다. 이 복음은 유대 사람을 비롯해 그리스 사람에게 이르기까지, 모든 믿는 사람을 구원하는 하느님의 능력입니다. 하느님의 의가 복음에 나타나 있으며, 믿음으로 믿음에 이르게 합니다. 이것은 성서에 기록된바 '의인은 믿음으로 살 것이다' 한 것과 같습니다"(「로마서」1: 16). 모든 주석가들이 이 본문에 들어 있는 복잡한 주제를 다루면서 서로 다른 두 요소를 연결하려 했다. 법적 정의와 은총, 벌과 언약의 신실함, 속죄와 자비를 서로 묶어 주석했다. 그러나 법이 법이기를 포기하지 않은 채 자비로 연결될 수 있을까? 사람을 살리는 살아 있는 정의에 어떻게 심판의 요소가 그대로 남아 있는 것인가?

「로마서」 본문을 따라가보자.

앞에서 본 대로 바울은 처음에 '하느님의 노여움'을 통해 정당화 문제로 들어간다. "하느님의 진노가 불의한 행동으로 진리를 가로막는 사람의 온갖 불경건함과 불의함을 겨냥하여, 하늘로부터 나타납니다"(「로마서」 1: 18). 생생한 정의는 여기서 심판을 행한다. "……하느님께서 진노를 터뜨려 의로운 심판을 하실 그날…… 하느님께서는 '각 사람에게 그가 한 대로 갚아주실 것입니다.' 참으면서 선한 일을 하여 영광과 존귀와 불멸의 것을 구하는 사람에게는 영원한 생명을 주시고, 이기심에 얽매여서 진리를 거스르고 불의를 따르는 사람에게는 진노와 분을 내리실 것입니다"(「로마서」 2: 5~8). 선한 자와 악한 자를 나누는 심판의 논리는 복음에서 벗어나는데 어떻게 앞에서 말한 복음의 원리와 양립하는가? 살리는 정의 안에 심판하는 정의가 어떻게 남아 있는가? 은총의 복음 속에 '복음이 아닌 것'이 변화를 거부한 채 섬처럼 떠 있는 것인가?

바울의 논리에는 강한 역설이 있다. 헤겔이 찾은 동일성의 논리에 따른 법 정신을 통해서 보는 것보다 더욱 역설적이다.

바울이야말로 '정이 반으로 역전'되는 논리의 창시자이다. 나중에 루터와 파스칼, 키르케고르가 그런 논리를 이용해서 신앙의 논리를 펴나갔다.

바울로서는 먼저 심판의 극(極)으로 간 뒤에 자비의 극으로 가야 했다. "죄의 삯은 죽음이요, 하느님의 선물은 우리 주 예수 그리스도 안에서 누리는 영원한 생명입니다"(「로마서」 6: 23). 이 부조리한 논리가 법의 논리를 그 내부 모순을 통해 터뜨린다. 법은 생명을 주려고 생겼으나 죽음만 주고 말았다. 동일성의 논리로 보이는 것 — '죄의 삯은 죽음이요' — 에 모순이 들어 있으며, 그 모순에서 법의 경제학이 드러난다. 이 '부조리한' 논리를 통해 법 개념이 무너지고, 거기에 속한 관념의 사슬이 함께 무너진다. 재판, 심판, 정죄, 형벌 같은 것들이다. 법의 경제학은 이제 통째로 죽음의 기호 밑에 들어간다.

그러므로 형벌의 논리는 복음 선포를 위해 끌고 들어온 대변이요, 복음과 대비되어 복음을 알리는 역할을 한다. "그러나 이제는 율법과는 상관없이 하느님의 의가 나타났습니다"(「로마서」 3: 21). 여전히 정의이다. 그러나 살리는 정의이다. '율법의 행위와는 상관없이 믿음으로 의롭게 하여 주심'인데, 여기서 우리 생각에 이상한 문제가 생긴다. 의롭게 하여 주심이 그리스도의 속죄를 통한 것이라면 결국 형벌의 논리로 돌아가는 것인가? 앞에서 이 점을 지적했다. 무죄 석방이라는 것은 그 문자 그대로 보면 여전히 재판정에서 생기는 법 사건이 아닌가? 그렇다면 의롭게 하여 주심도 법 테두리 안에 있는 것인가?

문자나 어떤 장면에 너무 얽매일 필요는 없다. 그러나 의롭게 여김 문제에 등장하는 법 장치는, 무의식의 고고학이 발견한 최초 '장면'에 버금가는 무시무시하고 어마어마한 장면을 제공하는 역할을 하고 있다. 우리는 그것을 '종말론적 장면'이라고 할 수 있을 것이다. 피고인을 재판정에 세운다. 검사가 그의 범죄를 열거한다. 그는 죽어야 마땅하다. 그런데 여기 놀라운 일이 벌어졌다. 그는 의인으로 선포된다! 다른 사람이 죗값을 지불했다. 그 다른 사람의 의가 그에게 돌아갔다. 그러나 그런 상상을 어떻게 문자 그대로 받아들일 수 있는가? 분명하게 범죄한 죄인이 무죄 석방되는 법정이 어디에 있단 말인가? 그것은 법정이 아니지 않은가? 무죄 판결은 판결이 아니지 않을까?

그러므로 우리는 형벌의 논리를 제 힘으로만 움직이는 논리로 볼 수 없다. 반대되는 것이 드러나면서 형벌 논리는 머리를 숙인다. 일관성이 없다. 그래서 하느님의 노여움이나 정죄나 죽음 같은 것들을 통해서 우리가 알 수 있는 것은 오직 하나이다. 예수 그리스도 안에서 우리가 구원을 받았다는 것이다. 우리가 무엇을 면제받았는지 조금이라도 보려면 은총을 되새겨야 한다.

바울이 노리는 것은 그런 해석이다. 이윽고 부조리한 논리는 이른바 '넘침'의 논리 안에서 극복된다. 「로마서」 5장에는 아담과 그리스도가 나란히 나온다. "한 사람의 범죄 행위 때문에 모든 사람이 유죄 판결을 받았는데, 이제는 한 사람의 의로운 행위 때문에 모든 사람이 의롭게 하여 주심을 받아서, 생명을 얻었습니다. 한 사람이 순종하지 않음으로 말미암아 많은 사람이 죄인으로 판정을 받았는데, 이제는 한 사람이 순종함으로 말미암아 많은 사람이 의인으로 판정을 받을 것입니다"(「로마서」 5: 18~19).

 이 병행 구는 다른 논리를 집어넣기 위한 수사학적 틀이다. 슬그머니 병행 구를 끌고 들어와서 평행선을 팽팽하게 유지하더니 갑자기 그 틀을 부순다. "그러므로 한 사람을 통해 죄가 세상에 들어오고, 또 그 죄를 통해 죽음이 들어온 것같이, 모든 사람이 죄를 지었으므로, 죽음이 모든 사람에게 이르게 되었습니다"에 뒤이어 율법과 죽음 이야기가 나오더니 갑자기 논리가 뒤집어진다. "그러나 하느님께서 은혜를 베푸실 때에 생긴 일은, 한 사람이 죄를 지었을 때에 생긴 일과 같지 않습니다"(「로마서」 5: 12~15).

 구문이 끊기고 수사학적으로 새로운 표현이 등장한다. "한 사람의 범죄로 많은 사람이 죽었으나, 하느님의 은혜와 예수 그리스도 한 사람의 은혜로 말미암은 선물은, 많은 사람에게 '더욱더' 넘쳤습니다. 또한, 하느님께서 주시는 선물은 한 사람의 범죄의 결과와 같지 않습니다. 한 범죄에서는 심판이 뒤따라와서 유죄 판결이 내려졌습니다마는, 많은 범죄에서는 은혜가 뒤따라와서 무죄 선언이 내려졌습니다. 아담 한 사람이 범죄함으로 그 한 사람으로 말미암아 죽음이 지배하게 되었다면, ('더욱더') 넘치는 은혜와 의의 선물을 받은 사람들은, 예수 그리스도 한 분으로 말미암아, 생명으로 지배할 것이 아닙니까?"(「로마서」 5: 15~17).

 또 다음 구절에서는 '정이 반으로 역전되어' 비교 형식을 뛰어넘는데, 이것을 가리켜 논리라고 할 수 있을까? "율법은 범죄를 증가시키려고 들어왔습니다. 그러나 죄가 많은 곳에, 은혜가 넘치게 되었습니다"(「로마서」 5: 20~21). 형벌 논리는 균형의 논리였다(죄의 삯은 죽음이다). 은총의 논리는 넘침의 논리이다. 그것이 바로 십자가의 어리석음이다.

 결과는 대단하다. 의인과 죄인을 나누어 의인은 천국에 보내고 죄인은 지옥에 보내는 심판의 논리가 극복되었다. 심판의 논리에는 변증법이 없고 넘침의 논리를 모른다. 최후의 역설은 이것이다. 모든 사람이 정죄된 그곳에 모든 사람을 의롭게 보는 것이 겹치는데, 정죄보다는 의롭게 보는 것이 한 걸음 더 나아간다. 죽음의 역사에 넘침의 경제학이 파고든다. 똑같이 '모든 사람에게' 일어난 일이다. 하느님의 의가 '더욱더' 크고 그 은총이 '넘침'을 아는 사람은 형벌의 신화나 그럴듯한 형벌 논리에서 손을 뗀다.

그러나 형벌 논리에서 손을 뗀다는 것은 무슨 뜻인가? 환상의 곳간으로 밀어낸다는 것인가? 나는 여기서, 앞에서 제기한 난제들에 대한 답을 제시하려고 한다. 헤겔의 비신화론화나 바울의 부조리한 논리를 모두 만족시키는 해답을 제시한다. 내가 볼 때 형벌 논리는 이 새로운 논리, 곧 십자가의 어리석음 안에서 파괴되고 폐허가 된 신화로 존속한다. 그러한 신화의 위상은 '기억'의 위상과 같다. 신화의 경제학은 이미 과거의 허허벌판에 묻힌 채 기억된다. 바울이 볼 때 형벌은 그가 노모스, 곧 율법이라고 부르는 것에 속한다. 거기에는 내부 논리가 있다. 율법은 탐심을 낳고 탐심은 죄를 낳으며 죄는 죽음을 부른다. 이 같은 법의 경제학이 '그러나 이제는' 밀려나 과거에 묻힌다. "그러나 이제는 율법과는 상관없이 하느님의 의가 나타났습니다……"(「로마서」 3: 21).

그러므로 법은 극복된 과거로서 기억 속에 존재한다. 그렇다고 쉽게 떨쳐버릴 수 있는 환상으로 보면 안 된다. 비신화론화 또한 생각해야 한다. 그렇다고 영원한 진리의 법도 물론 아니다. 한 의인(예수 그리스도)의 죽음을 두고 끝까지 법이 지켜진 것으로 보면 안 된다. 형벌법은 부수어야 할 우상은 아니지만, 그렇다고 영원히 숭배해야 할 법도 아니다.

형벌의 경제학은 새로운 시대를 부른다. 거기에 복음이 선포된다. 형벌법을 '기억하면서' 복음이 선포된다. 만일 하느님의 진노가 내게 아무런 의미도 없다면 용서와 은총 역시 아무것도 아니게 된다. 그렇다고 해서 형벌 논리에 고유한 의미가 있고 홀로 완전하다면 존재의 법이 되어 결코 무너지지 않을 것이다. 그렇게 되면 그리스도의 속죄도 형벌 논리 안으로 빨려들어가게 된다. 최후 승리는 형벌 논리의 몫이고, 결국 십자가는 '대리 만족'의 신학이 되는데 그것은 은총이 아닌 형벌의 신학이 되고 만다.

이제 우리는 형벌이 기억 속으로 물러나는 것을 머리로 '생각'할 수 있을까? 이 문제는 여기서 우리가 다루어야 할 마지막 난제이다. 이 난제는 무너진 형벌 논리의 특이함과 관계가 있다. 다시 말해 형벌 논리는 단순히 인간이 만든 표상이나 환상은 아니지만 그렇다고 영원 법이라고 볼 수도 없는 그런 특성 때문에 생긴 것이다.* 한 경제학에서 다른 것으로 옮겨가는 것은 어떤 신성한 사건이며, 거룩한 분 앞에 나아가는 문제인데 그것을 머리로 '생각'할 수 있을까? 철학자들은 아직 그런 생각을 펼칠 만한 논리를 가지고 있지 않다. 그러나 적어도 시인은 그런 존재의 시대를 노래하는 언어를 늘 지니고 있다. 아이스킬로스(Aeschylus)는 『오레스테이아』(*Oresteia*)에서 이렇게 묻는다. "또다시 그가 우리에게 왔다. 세 번째이다. 그것을 죽음이라고 해야 하나 아니면 구원이라고 해야 하나? 복수자의 분노가 언제나 끝나 조용해질까?"(Choéphores, 1073~5). 아모스가 아이스킬로스에게 답한다. "하느님의 분노는 순간이고 그 자비는 평생이다."

---

* 형법은 사람이 만든 것이지만 그 안에 들어 있는 형벌 논리는 신화적 성격을 띠고 있다. 좋은 의미로 신화적이라는 것은 언어로 다 표현할 수 없는 어떤 신성한 체험과 관련이 있다는 것이다. 그런 신성한 체험은 원시 종교의 '흠' 차원에서는 형벌을 정당화해 형벌법을 영원한 법처럼 만든다. 때가 묻은 것은 반드시 지워야 공동체가 산다는 믿음이다. 그러나 기독교의 '죄' 차원에서 신성한 체험은 하느님의 진노와 함께 용서의 은총으로 연결된다. 여기서 형벌법은 영원법의 효력을 잃고 무너진다. 형벌 논리는 종교로 무장해 몹시 끈질기고 강한 생명력을 지니지만 복음 앞에서는 구원을 위한 대변(카운터파트)의 역할을 담당할 뿐이다.

제5장 종교와 믿음

1. 불트만 서론

루돌프 불트만(Rudolf Bultmann)은 1926년에 『예수』를, 1951년에 『예수 그리스도와 신화론』을 발표하였다. 여기서 책 내용을 다시 요약할 필요는 없을 것이다. 오히려 불트만을 움직인 물음으로 독자를 안내하는 것이 더 필요할 듯하다. 그 물음은 그리스도교의 해석학 문제이다. 여기서는 그 문제를 다루어보겠다.

또한 불트만의 작품과 독자 사이에 끼어들어 참된 이해를 방해하는 잘못된 오해들을 지적하는 것도 유익할 텐데, 그것은 주로 신화와 비신화론화에 관한 것이다. 그리고 현대 해석학의 경향을 끌어들여, 불트만의 의도를 이해하는 데 도움을 줄 것이다. 불트만의 작품을 읽고 생각하는 데 도움이 된다면 이 글은 제 역할을 다하는 것이다.

1) 해석학 물음

그리스도교에는 늘 해석학 문제가 있었다. 그런데도 해석학 물음은 우리에게 새로워 보인다. 이런 모순은 어디서 생긴 것이며 무엇을 뜻하는 것일까?

그리스도교에는 늘 해석학 문제가 있었다. 왜냐하면 그리스도교는 예수 안에서 하느님 나라가 우리에게 임했다고 하는 선포에서 시작했기 때문이다. 또한 그 선포, 곧 그 말은 글을 통해 우리에게 전달되었기 때문에 항상 살아 있는 말로 되살려야 했다. 그리스도 사건을 증언하는 그 처음의 말을 지금의 말로 해야 했다. 딜타이의 말대로 해석학이 글로 써놓은 삶의 표현을 해석하는 것이라면, 그리스도교의 해석학은 결국 글로 된 성서와 그 글을 낳은 '케리그마' 사이의 독특한 관계에 관한 문제이다.

글과 말의 관계 그리고 말과 사건과 그 의미의 관계, 그것이 해석학 문제의 핵심이다. 그런데 그 관계는 계속된 해석을 통해서만 드러난다. 사실 그리스도교 역사는 계속된 해석의 역사이자, 곧 해석학 문제의 역사라고 할 수 있다. 왜냐하면 그리스도교는 성서를 읽으며 그 글을 살아 있는 말로 바꾸면서 형성된 것이기 때문이다. 그처럼 그리스도교 해석학이라고 할 만한 것은 오늘날에 와서야 인식되었다. 해석학 문제를 현대의 문제로 만든 것도 바로 그리스도교 해석학이다.

그런 해석학의 상황을 살펴보기로 하자. 세 시기로 구분할 수 있는데 그 세 시기가 이어져 현대까지 왔다.

최초의 해석학 문제는 초대 교인들이 제기한 물음에서 비롯되었으며, 종교개혁에 이를 때까지 그리스도교 무대 전면을 장식했다. 그것은 두 개의 언약, 곧 『구약성서』와 『신약성서』의 관계에 관한 문제였다. 거기서 그리스도교 신학에서 말하는 알레고리 문제가 생겼다. 그리스도 사건은 유대인들의 문서, 곧 『구약성서』 전체와 해석학관계에 있다. 그리스도 사건은 『구약성서』를 해석하기 때문이다. 그리스도 사건은 해석될 것이기 이전에—우리의 해석학 문제는 이것이다—옛 문서를 해석하는 해석자이다.

상황을 잘 이해해야 한다. 처음에 성서는 둘이 아니었다. 하나의 성서와 하나의 사건이었다. 그리고 그 사건은 유대 문서 전체를 옛것으로 만들었다. 그런데 거기서 해석학 문제가 발생한다. 그 새로운 사건이 옛 문서를 내버리지 않고 복잡한 관계에 들어갔기 때문이다. 옛 문서를 폐하면서 완성한다. 그 사건은 마치 물을 포도주로 만들듯이 옛 문서의 문자를 정신으로 바꾸었다.

　결국 옛 문서의 의미 전환을 이루면서 그리스도교의 자기 이해가 일어난다. 그 전환이 바로 그리스도교 해석학이다. 그것은 결국 문자와 그 문자의 정신 사이의 관계 문제이다. 옛 언약의 이야기와 그 이야기의 영적 의미—복음서가 밝히는—의 관계 문제이다. 그 관계를 알레고리 형태로 드러낼 수도 있으므로 스토아학파나 필론의 알레고리 방식을 따를 수도 있고, 육과 영 또는 어둠과 현실을 나누어 본 플라톤 방식을 따를 수도 있다. 그러나 그렇게 하지 않았다. 옛날의 사건과 일과 인물과 제도들을 새로운 사건에 비추어 유형을 만들었다.

　그 같은 그리스도교 알레고리의 창시자가 성 바울이다. 그가 아브라함의 두 여인인 하갈과 사라를 어떻게 해석했는지 우리는 잘 알고 있다. 「갈라디아서」에서 그는 이렇게 말한다. "이것은 비유(알레고리)로 표현한 것입니다." 여기서 알레고리는 문법의 알레고리와 글자만 같을 뿐이다. 키케로는 이렇게 말했다. "알레고리란 어떤 것을 이해시키기 위해 그와 다른 것을 말함이다." 바울이 말한 알레고리는 키케로가 말한 알레고리와는 다르다. 이방인들이 사용하는 알레고리는 신화를 철학으로 끌고 가는 데 이바지하여 결국 신화를 없애고 만다. 그러나 바울이 말하는 알레고리는—테르툴리아누스와 오리게네스의 알레고리도 거기에 의존하고 있다—그리스도의 신비를 그대로 간직하고 있다. 스토아와 플라톤 사상은 하나의 언어만을 제시할 뿐이며, 그 하나의 언어에서 타협과 평준화가 일어난다.

　따라서 그리스도교에는 처음부터 해석학이 있다. 케리그마 자체가 옛 문서를 다시 읽은 것이기 때문이다. 복음과 『구약성서』의 해석학관계를 부인한 마르키온이나 영지주의에 대해 교회 정통은 단호하게 맞서 싸웠다. 왜 그랬을까? 그리스도 사건을 단순하게 선포하는 것이 낫지 않았을까? 그렇게 되면 『구약성서』를 이런저런 방식으로 복잡하게 해석하지 않아도 되었을 것이다. 왜 그리스도교의 선포는 『구약성서』를 다시 읽음으로써 스스로 해석학이 되고자 했을까?

그것은 그리스도 사건을 갑자기 생긴 비합리적 사건으로 보지 않고, 예부터 감추어져 있던 뜻이 이루어진 것으로 보았기 때문이다. 그 사건은 '언약'과 '성취'의 관계 속에 들어감으로써 시간의 두께를 지닌다. 그처럼 역사와 관련을 맺으면서 사건은 앎의 세계로 들어온다.『구약성서』와『신약성서』는 서로 대비되는데, 동시에 그 대비는 전이를 통해 조화를 이룬다.

그처럼 옛글을 재해석하면서 케리그마는 인식의 세계로 들어온다. 일어날 사건이 일어난 것이다. 시간을 취하면서 뜻을 취한다. 옛것을 새것으로 옮기는 간접적인 방식으로 그리스도 사건은 관계 인식의 문제가 된다. 예수 그리스도는 성서의 해석자이자 성서의 해석이다. 그는 성서를 이해할 수 있게 하는 로고스로 등장한다.

그리스도교 해석학의 본래 모습이 그렇다. 그것은『구약성서』를 영으로 이해하는 문제이다. 물론 영적인 뜻은『신약성서』그 자체이다. 그러나『구약성서』풀이를 거쳐가기 때문에 '믿음은 부르짖음이 아니라' 인식과 지성의 문제가 된다.

그리스도교 속에 뿌리내리고 있는 두 번째 해석학 문제 역시 바울과 관련이 있다. 그런데 그 문제를 제대로 제기한 사람은 현대에 이르러 불트만이다. 그것은 성서 해석과 삶의 해석이 서로 일치한다는 점이다. 그 둘은 서로 입을 맞춘다고 할 수 있다. 바울은 청중에게 삶을 그리스도의 수난과 부활에 비추어보도록 했다. 그 점에서 바울은 두 번째 그리스도교 해석학의 창시자이다. 이제 십자가와 부활의 표지 밑에서 옛사람은 죽고 새사람이 탄생한다. 그런데 그 해석학관계는 쌍방향으로 되어 있다. 인간 실존이 십자가와 부활에 비추어 새롭게 해석되듯이, 그리스도의 죽음과 부활 역시 인간 실존의 해석을 거쳐 새로운 해석을 받아들인다. 그리스도와 인간 실존 사이에 '해석의 순환'이 있다. 서로 상대방을 밝힌다.

뤼바크(Lubac) 신부는 성서의 '네 가지 뜻—역사 · 알레고리 · 도덕·유비—을 말했는데, 그 덕분에 성서와 인간 실존의 상호 해석관계를 알아볼 수 있게 되었다. 단순히 『구약성서』를 재해석하거나 두 성서 사이의 유형을 따지는 것을 넘어, 중세 해석학이 원한 것은 믿음의 지성과 현실 지성의 일치였다. 그리하여 교리와 실천 그리고 신비로운 명상의 각도에서 텍스트를 이해하는 것이 해석학의 과제였다. 결국 뜻을 찾는 지성을 그리스도교 체제 현실의 해석에 맞추는 일이었다. 그런 식의 해석학이 그리스도교 전체를 끌어들였다. 그때 성서는 마르지 않는 보물창고와 같아서 모든 것에 대한 인식을 가져다주고 세상 전체의 해석을 이끌어내는 것이었다.

  그것은 해석학이다. 왜냐하면 문자가 바탕이 되고 주석은 문자의 도구가 되기 때문이다. 또 문자의 첫 번째 뜻과 두 번째 뜻이 숨겨진 뜻과 드러난 뜻의 관계에 있기 때문이다. 그리하여 성서의 지성이 문학과 철학, 수사학과 신비 같은 모든 문화 도구들을 품는다. 성서를 해석한다는 것은 그 거룩한 뜻을 드러내는 동시에 세속 문화 전체를 그 안으로 끌어들이는 것이다. 그 덕분에 성서는 특정한 문화의 산물에 그치지 않게 된다. 텍스트 설명과 신비 탐구가 일치한다. 그 같은 해석학이 노리는 것은, 결국 신비로운 큰 뜻과 이런저런 방식으로 뜻을 찾는 개별 분야를 짝짓는 일이다. '다양한 지성'을 '그리스도 신비의 지성'에 일치시키는 일이다.

  그런데 '네 가지 뜻' 가운데 중세에는 '도덕'에 중점을 두었다. 알레고리로 푼 뜻을 우리 자신이나 우리의 관습에 적용하는 것이었다. '도덕 의미'에 중점을 두었다는 것은 해석학이 좁은 의미의 주석 이상임을 말해준다. 그것은 삶을 텍스트라는 거울에 비추어보는 일이다. 알레고리는 성서를 새롭게 밝혀주지만, 만일 그 새로움이 일상생활의 새로움이 아니라면, 다시 말해 '지금 여기서' 발생하는 것이 아니라면 사라져버리고 말 것이다.

  네 가지 방향 중에서 도덕 의미의 기능이 바로 거기에 있다. 그것은 성서에서 여러 가지 도덕규범을 찾아내는 것도, 역사를 전부 도덕으로 덧칠하는 것도 아니다. 그리스도 사건과 사람의 내면이 만나게 하는 것이다. 정신적인 뜻을 내면으로 끌어들여 현실로 만들어, 성 베르나르가 말하듯 성서의 말씀이 '오늘 우리에게까지'(*hodie usque ad nos*) 미친다는 것을 보이려는 것이다. 도덕 의미의 자리가 알레고리 다음에 오는 까닭도 거기에 있다.

알레고리 의미와 우리 실존의 일치는 거울이라는 은유로 표현할 수 있다. 그리스도에 맞추어 우리 실존을 밝히는 일이다. 다시 말하지만 그것은 해석이다. 먼저 성서에 들어 있는 신비가 우리 경험 안에서 모습을 드러내고 현실이 된다는 점에서 그렇고, 둘째로는 우리가 말씀의 거울 속에서 우리 자신을 이해한다는 점에서 그렇다. 텍스트와 거울의 관계가 해석학의 핵심이다.

그리스도교 해석학의 두 번째 차원이 그렇다.

그리스도교 해석학에서 세 번째 문제는 현대에 이르러 비로소 인식되었다. 역사학이나 철학에서 빌려온 비판 방법론을 성서 전체에 적용하면서 드러났다. 여기서 우리가 처음 제기한 물음으로 돌아가보자. 해석학 문제는 왜 오래된 것이면서 동시에 현대적인 것인가? 사실 이 세 번째 문제는 케리그마가 처음 형성될 때와 관련이 있다. 그리스도교의 해석학적 상황이라는 것이 바로 그것이다. 복음이 증언이라는 점을 되새겨야 한다.

원래 케리그마는 텍스트 해석이라기보다는 한 사람에 대한 선포이다. 그런 점에서 하느님의 말씀은 성서가 아니라 예수 그리스도이다. 그런데 그 케리그마가 증언과 이야기와 텍스트를 통해 표현된다는 점에서 문제가 발생한다. 그 텍스트에는 초대 신앙 공동체의 고백이 들어가기 때문에 첫 해석이 들어간다. 우리는 그리스도를 봤던 증언자가 아니며, 그 증언을 듣는 사람들이다. "믿음은 듣는 데서 생긴다"(*fides ex auditu*). 우리는 들으며 믿고, 그 자체가 해석인 텍스트를 다시 해석하면서 믿는다. 간단히 말해 우리는 『구약성서』뿐 아니라 『신약성서』와도 해석학관계에 있다.

그러한 해석학 상황은 앞에서 말한 두 가지 문제만큼이나 뿌리 깊은 것이다. 2세대부터 복음은 글이었고 옛것에 덧붙여진 새로운 글자, 새로운 문서였으며, 장차 여러 문서가 모여 '정경'(canon des Ecritures)이 될 것이었다. 오늘날 해석학 문제의 근원이 거기에 있다. 케리그마 역시 문서가 되었다. 그것은 새로운 언약이지만 글로 된 언약이다. 그렇기 때문에 『신약성서』도 해석해야 한다. 『신약성서』는 『구약성서』를 해석하고 삶과 현실을 해석하지만, 그 자신도 해석되어야 할 텍스트이다.

그런데 이 세 번째 해석학 문제가 앞에서 말한 다른 두 가지 해석학 기능 때문에 감추어져 있었다. 『신약성서』가 『구약성서』를 밝히고 해석한다면, 『신약성서』를 절대 규범처럼 생각해야 했다. 그리고 다른 단계의 의미들, 곧 알레고리와 도덕과 아날로지를 형성하는 기반으로서 문자 의미는 흔들리지 말아야 했고, 그런 점에서도 『신약성서』는 절대 규범이 되어야 했다. 그러나 이미 보았듯이 문자 의미는 풀어야 할 텍스트이고 해석해야 할 글자가 아니던가?

그 같은 발견에 대해 생각해보자. 먼저, 그것은 현대의 산물처럼 보인다. 뒤늦게 발견된 것이다. 그것은 사실이다. 뒤에서 말하겠지만 몇 가지 이유가 있다. 그러나 그 이유로 보더라도, 비록 나중에 발견되었지만 처음부터 있던 구조로 생각할 수밖에 없다. 성서라는 성스러운 문서에 어원학이나 역사학 그리고 비평학 같은 것을 적용했을 때 생기는 충격을 반영하고 있다는 점에서 그 발견은 물론 현대의 산물이다.

성서를 『일리아드』나 소크라테스 이전의 문서들처럼 다룰 때 문자는 비신성화하고 인간의 말이 된다. 그러면서 '사람의 말 대(對) 하느님의 말'의 관계가 단순히 『신약성서』와 나머지 성서 또는 『신약성서』와 다른 문화 사이에 형성되지 않고 『신약성서』 자체에서 형성된다. 『신약성서』 안에서 하느님의 말처럼 보이는 부분과 사람의 말로 들리는 부분 사이의 관계를 밝혀야 했다.

그런 것은 과학 정신의 산물이며, 그런 점에서 최근에 얻은 것이다. 그러나 생각해보면 그처럼 뒤늦게 발견된 이유가 아주 오래전부터 있었다. 그것은 복음에 들어 있는 최초의 해석학적 상황에서 비롯된다. 그 상황이란 앞에서 말했듯이 복음이 글자가 되고 텍스트가 되었다는 점이다. 텍스트라는 점에서 그 텍스트가 전하는 사건과는 거리와 차이가 생긴다. 그 거리는 시간이 가면서 더 커지고 첫 증언자들과 그 증언을 듣는 후대 사람들의 거리도 커진다. 현대에 이르러 우리가 속한 문화의 자리와 첫 증언자들의 자리 사이에 상당한 거리가 있음을 발견했다. 그 거리는 공간의 거리라기보다 시간의 거리이다. 그런데 그 거리는 처음부터 있었다. 사건을 증언하는 자와 그 증언을 듣는 자 사이의 거리이다.

과학과 역사학이 득세하는 전혀 다른 문화를 지닌 20세기의 사람들이 성서 본문과 거리를 느끼면서, 처음부터 초대교회의 믿음 속에 들어 있던 거리를 찾아내는 역할을 하게 되었다. 처음부터 있었지만 현대에 이르러 드러나기 전까지는 감추어져 있던 것이다. 그러한 거리는 특별히 양식사학파가 활동하면서 분명하게 드러났다. 이 학파에서 밝힌 것은, 『신약성서』가 단순히 개인의 자유로운 증언이 아니라 이미 어떤 고백 공동체가 자신들의 믿음을 표현하고 선포한 것이라는 점이다. 성서를 푼다는 것은 사도 공동체의 증언을 푸는 것이다. 우리는 그러한 믿음의 고백을 거쳐야만 믿음의 대상에 이른다. 먼저 증언을 이해하면서 그 증언 속에 들어 있는 케리그마, 곧 '복음'을 받아들인다.

내가 말하려는 것은 우리 현대인에게 해석학은 특별한 의미가 있다는 것이다. 그것은 그리스나 라틴 교부들도 몰랐고 중세 사람들이나 심지어 종교개혁가들도 몰랐다. 해석학에는 '현대적인' 의미가 있다. 해석학의 현대적인 의미는 처음부터 복음에 들어 있었지만 감추어져 있던 해석학 상황이 겉으로 드러나고 발견된 것이다. 그것은 그리스도교에서 가장 중요하고 뿌리 깊은 해석학 문제이다. 그것을 숨기는 역할을, 맨 앞에서 말한 두 가지 해석학 문제가 담당했다. 우리 문화와 옛 문화를 갈라놓는 거리를 이용해서 처음부터 있던 특별한 해석학 상황을 드러내는 일, 그것이 현대에 해야 할 일이다.

2) 비신화론화

조금 전에 말한 세 번째 형태의 해석학 문제에, 불트만이 말하는 비신화론화 또는 비신화화의 원리가 들어 있다. 그런데 불트만에게도 비슷한 두 가지 문제가 있는데, 하나는 비신화론화이고 다른 하나는 해석의 순환이다. 해석학 문제를 제대로 이해하는 사람이라면 그 둘을 구분하지 않을 것이다. 그 둘을 따로따로 다루어서는 안 된다. 동전의 양면과 같기 때문이다.

비신화론화는 언뜻 소극적인 시도처럼 보인다. "예수 그리스도 안에서 하느님의 나라가 가까워졌다"는 선포를 신화가 둘러싸고 있음을 아는 것이 비신화론화이다. 하느님 나라의 도래가 신화적 우주관에 담겨 표현되었다는 사실에 주목한다. 위와 아래, 하늘과 땅, 천상의 존재가 위에서 이리로 왔다가 다시 위로 돌아간다는 우주관이다. 그러한 신화적 껍데기를 포기하는 것은 우리 문화나 우리의 개념 장치와 복음이 선포된 문화의 거리를 확인하는 것이다.

그런 점에서 비신화론화는 문자에도 영향을 끼친다. 새로운 해석학 용법이 사용되는데, 그것은 문자 의미에 영(靈)의 의미를 세우는 것이 아니라 문자 의미를 파괴하는 것이다. 다시 말해서 문자를 해체하는 것이다. 그러한 시도는 나중에 말할 비신비화와 관계가 있다. 그러한 작업은 비판의 시대에 생긴 것이라는 점에서 역시 현대적이다.

그러나 비신화론화는 비신비화와는 다르다. 비신화론화는 어떤 사건을 말하려는 본문의 의도를 잘 이해하려는 것이기 때문이다. 그런 점에서 비신화론화는 케리그마를 찾는 해석의 반대가 아니라, 그 첫걸음이다. 그것은 첫 상황으로 돌아가는 것이며, 그때 복음은 주석을 달아야 하는 텍스트가 아니라 그것이 말하고자 하는 것 앞에서 죽는 텍스트이다. 그것이 말하고자 하는 것은 참 하느님의 말씀인 예수 그리스도이다.

그리하여 비신화론화는 케리그마를 찾는 작업이다. 말하자면 신화적 세계관을 따라 이루어진 거짓 소동을 가라앉히고, 예수 그리스도 안에서 하느님이 일으킨 진짜 소동을 드러내는 일이다. 그것은 모든 세대, 모든 사람을 위한 소동이다.

바로 여기서 비신화론화는 또 다른 문제에 부딪힌다. 내가 말한 해석의 순환이라는 것이다. 해석의 순환은 일단 이렇게 볼 수 있다. 이해하려면 먼저 믿어야 하고, 믿으려면 먼저 이해해야 한다. 이 말은 매우 심리적이다. 왜냐하면 믿음에 앞서 믿음의 대상이 먼저 있고, 본문 이해에 앞서 이해의 방법 문제가 먼저 오기 때문이다. 그러므로 진짜 해석의 순환은 심리 문제가 아니라 방법론 문제이다. 믿음을 결정짓는 믿음의 대상과 이해를 결정짓는 이해의 방법이 만드는 순환이다.

그것이 순환인 까닭은 해석자가 해석을 주도하지 않기 때문이다. 해석자가 이해하려는 것은 텍스트가 말하는 것이다. 그러므로 텍스트가 다루고 있는 것이 이해의 과제를 결정한다. 그리스도교 해석학은 본문에서 선포된 것을 찾는 것이다. 그러므로 이해한다는 것은 믿음의 대상이 말하고자 하는 것에 굽히고 들어가는 것이다.

여기서 불트만은 딜타이와 다르다. 딜타이는 텍스트에서 삶의 표현을 잡아내는 것을 이해라고 보았다. 그래서 텍스트 이해를 텍스트에서 찾기보다는 텍스트의 저자를 이해해야 한다고 보았다. 그러나 불트만은 그렇게 생각하지 않았다. 이해의 핵심은 저자의 삶이 아니라, 텍스트가 표현한 의미 세계라고 보았다. 그 점에서 불트만은 카를 바르트(Karl Barth)와 똑같다. 바르트는『로마서 강해』에서 이해를 믿음의 대상 밑으로 들어가는 것이라고 했다. 물론 불트만은 바르트와 다른 점이 있다. 그는 대상과 의미가 이해보다 앞서지만 이해를 거쳐서 드러난다는 것, 다시 말하면 해석 작업을 거쳐서 드러난다는 것을 분명히 알고 있었다.

여기서 해석의 순환이 생긴다. 믿음의 대상은 텍스트 이해를 통해서만 알 수 있다. 텍스트의 중심인물에 대한 믿음은 그에 대해 말하는 텍스트 안에서 생겨난다. 또는 텍스트로 표현된 초대교회의 신앙고백 안에서 생겨난다. 그래서 순환이다. 텍스트를 이해하려면 그 텍스트가 내게 전하는 그분을 먼저 믿어야 한다. 그러나 텍스트가 내게 전하는 그분은 텍스트 안에 있다. 다른 데서 찾을 수 없다. 그러므로 믿으려면 먼저 텍스트를 이해해야 한다.

비신화론화와 해석의 순환, 이 두 문제는 나눌 수 없다. 겉을 싸고 있는 신화를 걷어내면서 텍스트의 1차 의미가 새로운 설명을 요구한다. 신화에서 케리그마를 가려내는 것, 그것이 비신화론화의 적극적 기능이다. 그러나 그것은 해석운동 안에서 일어나는 일이다. 해석의 과정을 배제한 객관적인 주장으로는 케리그마를 찾을 수 없다.

이제 불트만의 비신화론화가 일으킨 오해와 잘못을 따져보자. 오해와 실수들은 대개 비신화론화가 여러 단계를 거쳐 이루어진다는 점을 고려하지 않은 데서 비롯되는 것 같다.

불트만의 비신화론화에는 여러 단계가 있고 거기에 따라 방식도 다르다. 단계마다 신화의 개념도 다르다.

가장 바깥에서 일어나기 때문에 가장 눈에 잘 띄는 첫 단계에서 비신화론화를 주도하는 것은 현대인이다. 거기서는 처음 설교의 우주론을 비신화론화한다. 현대 과학은 땅과 하늘과 지옥을 나누어 생각하고 위에서 밑으로 내려오는 천상의 백성을 생각하는 세계관을 제거했다. 사람의 윤리 책임이나 정치 책임을 내세우는 인간관도 그런 세계관을 제거했다.

구원 사건을 표상하는 것들 가운데 그런 세계관과 관련된 것은 한결같이 무너졌다. 그런 점에서, 비신화론화를 예외 없이 철저하게 수행해야 한다는 불트만의 말은 옳다. 거기서 말하는 신화는 현대인으로서는 받아들일 수 없는 비과학적인 우주론이나 종말론이다. 그렇기 때문에 신화를 '십자가의 어리석음'이라고 하는 진짜 소동을 덮고 있는 소동으로 본다.

그러나 신화는 세상을 설명한다거나 역사나 종말을 설명하는 것과는 다르다. 신화란 사람이 근원과 관련된 자기 이해를 세상 용어로 표현한 것이다. 그러므로 비신화론화란 신화의 사물 표상들을 인간의 자기 이해와 관련시키는 작업이다. 사물 표상은 인간의 자기 이해를 드러냄과 동시에 감춘다. 거기서 비신화론화를 수행하는 것은 분명히 우리이다. 그러나 신화의 의도를 따라야 한다.

신화는 자기가 말하는 것과 다른 것을 말한다. 그러므로 신화를 단순히 비과학적인 것이라고 할 수는 없다. 신화는 우리가 만지고 아는 세상 현실 너머의 세계를 이 세상처럼 그리는 것이다. 그것은 이 세상의 처음이나 끝에 대한 사람의 의존 상황을 객관적 사물 언어로 표현한다. 신화를 그렇게 본다는 점에서 불트만은 포이어바흐와 다르다. 신화는 인간의 힘을 저 너머의 가공 세계에 투사한 것이 아니다. 오히려 객관적이고 세상적인 방식으로 사람의 기원과 종말을 다룬 것이다. 물론 신화를 표상 차원에서 볼 때 투사라고 할 수 있다면, 그것은 저 너머 세상을 이 세상으로 환원한 점에서 그렇다. 상상에서 나온 투사는 저 너머 세상을 이 세상으로 바꾼 그 한 단계에만 해당된다.

둘째 단계에서 비신화론화는 더 이상 현대 정신만의 일이 아니다. 객관적으로 나가려는 움직임을 거슬러 신화의 의도를 재건하려면 하이데거의 『존재와 시간』에서 말하는 실존론적 해석이 필요하다. 실존론적 해석은 과학이 요구하는 것과 다르다. 현실의 의미를 과학이나 기술로 모두 해명하려는 시도와 정면으로 부딪힌다. 무게중심을 대상화에 두는 신화(현대의 기술과학 신화―옮긴이)를 비판하는 데 철학적 전제를 제공하는 것이 하이데거의 철학이다.

그러나 두 번째 단계에서 끝나지는 않는다. 두 번째 단계가 그리스도교 해석학에서 가장 중요한 부분도 아니다. 실존론적 해석학은 모든 신화에 적용할 수 있다. 1930년 한스 요나스(Hans Jonas)가 처음으로 실존론적 해석학을 신화 해석에 적용하여 『영지주의와 후기 고대 정신』(*Gnosis und spätantiker Geist*)이라는 책을 냈고, 불트만이 이 책의 중요한 서문을 썼다. 그런데 한스 요나스는 복음을 해석한 것이 아니라 영지주의 신화를 해석했다. 첫 단계에서 신화는 특별히 그리스도교와 관계가 없었다. 그것은 두 번째 단계에서도 마찬가지였다. 불트만의 주장은 케리그마 스스로 비신화론화되기를 바란다는 것이다.

그렇다면 그런 일을 이끌 사람은 과학 교육을 받은 현대인이 아니다. 신화 세계에 실존론적 해석을 적용할 철학자도 아니다. 처음 선포된 케리그마 자체가 비신화화 과정을 바랄 뿐만 아니라 그 과정을 시작한다. 이미 『구약성서』의 「창세기」 이야기가 바빌로니아의 우주관을 철저하게 비신화론화하였다. 그리고 '야훼라는 이름'은 바알 신이나 다른 신들의 표상에 철퇴를 가했다. 『신약성서』도 마찬가지이다. 비록 새로운 신화 표상을 많이 끌어들이고 특별히 유대인의 종말론과 신비한 예식의 표상을 사용했지만 그런 그림 표상들을 배제하기 시작했다. 믿음이 없는 사람을 묘사할 때 '세상'이니 '육'이니 '죄' 같은 우주 신화의 개념들을 사용하는데 벌써 그것을 인간학으로 해석하고 있다.

그런 식으로 비신화론화 운동을 시작한 사람이 성 바울이다. 종말론의 비신화론화는 요한이 많이 진전시켰다. 미래는 이미 예수 그리스도 안에서 시작되었다는 것이다. 새 시대는 지금의 그리스도 안에 뿌리를 내리고 있다는 것이다. 그리하여 그리스도인의 희망에서 비신화론화가 시작된다. 하느님의 미래와 현재의 관계에서 비신화론화가 시작된다.

그처럼 비신화론화의 여러 단계를 알아야 불트만을 제대로 읽을 수 있다. 그런 단계를 구분하지 않으면 불트만을 과소평가하거나 본문을 훼손했다고 생각할 수도 있다. 한편으로는 철저하게 비신화론화를 주장하면서 어떻게 케리그마를 구할 수 있느냐고 비난할 것이다. 다른 한편으로는 성서 본문에 이상한 편견을 끌고 들어왔다고 비난할 것이다. 과학이라고 하는 현대인의 편견과 하이데거에게서 가져온 실존철학이라는 편견을 끌고 들어왔다고 할 것이다.

그러나 불트만은 과학하는 사람으로서도 말했고 실존철학자로서도 말했으며 말씀을 듣는 자로서도 말했다. 그 셋을 번갈아 말했다. 말씀을 듣는 자로서 그는 설교한다. 그렇다, 그는 설교한다. 복음을 전한다. 그리하여 바울과 루터의 제자로서 그는 믿음으로 의로워짐을 행위로 구원받음과 반대에 놓는다. 행함을 통해 사람은 스스로 의로워지고 스스로 영광을 받는다. 다시 말해서 자기 실존의 의미를 자기 손에 넣고 마음대로 한다. 그러나 믿음 안에서 사람은 자기 자신을 자기 마음대로 하려는 의도를 버린다. 그러므로 불트만은 설교자로서, 신화를 이렇게 정의한다. 신화란 하느님으로부터 의롭게 여김 받지 않고 오히려 하느님을 부리려고 하는 인간의 업적과 행위이다.

여기서 설교자 불트만은 신화시대를 거스를 뿐만 아니라 과학도 거스르고 철학도 거스른다. 철학에서 말하는 참된 실존이, 『신약성서』에 나오는 대로 형식적이고 텅 빈 내용이 아니라면 철학자 역시 정죄받아야 한다. 어떻게 참된 실존이 되는지 안다면, 그 역시 자기 자신을 자기 마음대로 할 수 있는 것이기 때문이다.

실존론적 해석학의 한계가 거기에 있다. 일반적으로 철학의 한계가 거기에 있다. 그 한계는 뚜렷하다. 그것은 두 번째 단계의 신화 해석이 세 번째 단계로 옮겨가면서 드러나는 한계이다. 케리그마에서 해석을 시작할 때, 다시 말해 바울과 루터의 전통에 따라 믿음으로 의롭게 여김 받는다는 신학의 핵심에서 해석을 시작할 때, 철학은 한계를 드러낸다.

그러므로 만일 불트만이 그리스도 사건과 하느님의 역사를 신화가 아닌 언어로 말할 수 있다면, 그것은 믿음 안에서 사람은 하느님의 역사에 자신을 내맡길 수 있기 때문이다. 그런 믿음의 결단을 중심으로, 앞에서 몇 가지로 정의한 신화나 비신화론화를 다시 생각할 수 있다. 모든 형태의 비신화론화가 순환관계를 이룬다. 과학이 일으킨 비신화론화, 철학이 일으킨 비신화론화 그리고 믿음에서 생기는 비신화론화가 순환을 이룬다. 현대인과 실존철학자와 신앙인이 각각 비신화론화를 수행한다. 과학적 세계관의 해석과 실존론적 해석, 바울과 루터의 선포가 서로 역할을 바꾼다. 그러한 거대한 순환 궤도를 세우는 것이 루돌프 불트만의 신학이요 해석학이다.

3) 해석의 과제

불트만을 좀 더 자세히 알아볼 필요가 있다. 때로는 그에게 동조하고 때로는 그를 거스를 것이다. 불트만이 충분히 다루지 않은 것이 있다. 성서에서 신화가 아닌 말씀의 핵심이 무엇인가 하는 것이다. 거꾸로 말하면 신화적인 말씀이 도대체 무엇인가 하는 것이다.

루돌프 불트만은 '신화적인 말씀'의 '뜻'이 신화적이지 않다고 못을 박는다. 그에 따르면, 하느님의 높은 권세 앞에서 사람과 세상의 한계를 신화적이지 않은 말로 표현할 수 있다. 종말론 신화의 뜻이 바로 그것이라고 한다. '하느님의 역사(役事)' '역사하시는 하느님' 같은 개념은 신화적이지 않다고 한다. '하느님의 말씀'이라는 개념도 그렇다. '하느님 말씀의 부르심'도 그렇다고 한다. 하느님의 말씀은 사람을 불러 자신을 우상파괴하도록 한다고 한다. 하느님의 말씀은 사람을 참된 자아로 이끈다는 것이다. 간단히 말해 하느님의 역사, 곧 우리를 향한 하느님의 활동은 부르심과 결단의 사건 속에서 신화적이지 않은 요소이다. 그것이 신화의 뜻이며, 그 뜻은 신화적이지 않다.

그 뜻, 그것을 우리는 '생각하는가'?

먼저 칸트 철학의 용어를 빌려 말하자면, 초월자 또는 전적 타자를 우리는 '생각하지만' 대상화해 세상 사물의 모습으로 '표상한다.' 거기서 신화에 대한 두 번째 정의를 내릴 수 있다. 저 너머의 것을 이쪽 것으로, 세상적으로 만드는 것은 한계와 바탕으로 남아 있어야 할 것을 대상화하는 것이다.

불트만과 포이어바흐가 반대되는 점 —철저하게 다르다는 점을 나는 강조한다—에서 불트만과 칸트가 가까워진다. 불트만이 말하는 '신화'는 칸트가 말하는 '선험적 환상'과 같다. 우리는 초월자를 생각할 때 그 생각에 '이 세상의 영상(이미지)'을 채워넣어 환상을 만드는데, 그런 '이 세상의 영상'을 가리켜 '표상'(Vorstellung)이라는 말을 쓰는 것을 봐도 불트만의 신화와 칸트의 선험적 환상이 같다는 것을 알 수 있다. 또 불트만도 하느님을 알 수 없다는 것이 이론 차원의 문제가 아니라 개인 실존의 차원, 곧 반역하고 우상을 만드는 의지 차원의 문제라고 하지 않았는가?

그런데 그처럼 비신화 요소를 한계에 대한 생각 쪽으로 해석하는 작업이, 불트만이 더 중요하게 생각하는 다른 관점 앞에서 벽에 부딪힌다. 그에게 '하느님의 역사'나 '하느님의 말씀'이나 '하느님의 미래' 같은 개념들은 순수한 믿음의 말들이며, 우리의 의지를 우리 손에서 놓을 때 의미를 갖는 말들이다. 내가 나를 놓는 사건으로만 나는 '하느님의 역사'가 뜻하는 것을 경험한다. 하느님의 역사는 '명령'이면서 '은총'이고 명령법과 직설법이 함께 있는 것이다(성령이 '인도하시니', 성령을 따라 '걸어라').

그의 스승 헤르만(Wilhelm Hermann)처럼 불트만에게도 믿음의 대상과 믿음의 근거는 같다. 내가 믿는 분, 그분을 통해 나는 믿고, 그분이 나를 믿게 한다. 결국 비신화화의 핵심은 복음 중에서도 복음인 믿음으로 의로워짐으로써 형성된다. 그 점에서 불트만은 완벽하게 루터·키르케고르·바르트를 따른다.

그러나 동시에 우리는 전적 타자, 초월자, 저 너머 같은 말이 무슨 뜻인지 의문을 품지 않을 수 없다. 역사·말씀·사건 같은 표현도 마찬가지이다. 불트만이 신화 언어에 대해서는 그토록 의심을 품으면서, 믿음의 언어들에 대해서는 그냥 지나치는 것이 이상하다. 언어가 대상화하기를 그치는 순간부터, 세상적인 '표상'이기를 그치는 순간부터, Daß―만남의 사건―의 의미에 대한 물음을 그냥 지나친다. 일반 언어이고 대상화한 표상 언어인 Was는 문제 삼으면서, 믿음의 언어로 되어 있는 Daß는 그냥 지나친다.*

그렇다면 불트만은 '대상화' 문제만 따지고 언어 일반에 대해서는 아

---

*불트만은 어떤 사건을 서술하는 절을 이끄는 접속사 Daß(that)와 내용을 물어 묘사를 요구하는 의문대명사 Was(What)를 구분한다. 앞의 것은 믿음으로 하느님과 만나는 사건을 가리키고, 뒤의 것은 그것을 사물적 표상으로 표현한 것을 가리킨다.

무 생각도 하지 않은 셈이다. 다른 언어도 신화 언어와 연관이 있으며 따라서 새로운 해석이 필요하다는 점을 불트만은 심각하게 생각하지 않았다. 예를 들어 그는 믿음의 언어가 신화를 상징이나 영상으로 다시 취할 수 있다고 서슴없이 말한다. 또한 믿음의 언어는 상징 말고도 유비(아날로지)에 의존할 수도 있다고 한다. '만남'이라는 '인격주의' 표현들이 모두 그렇다는 것이다. 하느님이 나를 인격체로 부르시고 친구처럼 만나주시고 아버지처럼 내게 명령하시는 것, 이런 것들은 상징이나 영상이 아니라 유비로 말하는 것이다.

개신교 신학은 '나와 너' 형태의 '인격관계'에 바탕을 두고 신 중심적인 인격주의를 전개해서, 우주론에 바탕을 둔 가톨릭의 자연신학에서 생기는 어려움을 피할 수 있다고 보았다. 그러나 사람의 너가 하느님의 너로 옮겨가는 유비 용법에 대한 비판을 피할 수 있을까? 유비는 상징인 신화와 어떤 관계에 있으며, 전적 타자 같은 한계 개념과 어떤 관계에 있는가? 그것은 어떤 점에서 여전히 언어인가? 그것은 무엇을 뜻하는가?

문제가 더 이상 없다고 할 수 있을까? 대상화하는 사고방식은 '일반 언어' 속에서 Was의 안정을 찾고 믿음의 결단에서 오는 Daß의 불안정을 피한다고 해서, 여전히 대상화하는 사고방식만 문제인가? 만일 그렇다면, 처음부터 연구를 하게 한 물음, 곧 신화적 표상의 '뜻' 문제를 피하고 마는 것이다. 그렇게 되면 신화의 비신화적인 뜻이 결코 의미 문제가 아니게 되고, 믿음과 함께 더 이상 생각하고 말하는 일이 사라지게 된다. '지성의 희생'(*sacrificium intellectus*)을 거부해서 신화를 문제 삼았는데, 믿음과 함께 다시 지성이 희생되는 셈이다.

그리하여 케리그마는 더 이상 비신화론화의 기원 역할을 하지 못한다. 케리그마가 생각을 불러일으키는 것이 아니요, 믿음의 지성을 낳는 것이 아니게 되기 때문이다. 케리그마가 사건이면서 또한 뜻이고 그래서 무언가 '객관적인' 것이 아니라면 어떻게 비신화론화를 수행하겠는가? 물론 여기서 객관적이라는 것은 신화 표상이 일으키는 대상화와 다른 뜻으로 쓴 말이다.

그런 문제가 불트만 이후 해석학의 중심 문제이다. 딜타이가 설명과 이해를 나누고 하이데거를 인간학 쪽에서 보아 대상과 실존을 나눈 것이 해석학 첫 단계에서는 아주 쓸모가 있었지만, 믿음의 지성 문제를 다루고 그와 함께 언어 문제를 다루고자 할 때는 진부한 것이 되어버렸다. 오늘날 그들이 말한 '이해'(Verstehen)는 너무 실존적 결단에 치우쳤기 때문에, 넓은 시각에서 언어의 문제 그리고 해석의 문제를 다루어야 한다.

그러한 문제로 내가 불트만을 부정한다기보다 그가 소홀히 한 것을 잘 생각해본다는 쪽이 옳다. 불트만으로서도 실존적 결단의 측면 말고 다른 측면도 봐야 하는 까닭이 두 가지 있다.

먼저, 불트만은 무엇보다도 주석학자이다. 『신약성서 신학』과 『요한복음 주석』의 저자이다. 그의 『신약성서』 주석은 그의 해석 철학에 바탕을 두고 있지 않다. 그의 주석은 그의 해석학보다 딜타이에 대해 훨씬 더 대립해 있다. 기본부터 딜타이와 다르다. 어떤 텍스트를 해석한다는 것은, '저자보다도 저자를 더 잘 이해하는 것'이 아니라 텍스트가 말하는 것 또는 텍스트가 말하려고 하는 것에 끌려가는 것이다.

그런데 이 같은 텍스트의 독립성, 텍스트의 객관성은 딜타이보다는 후설의 의미 이론에 가깝다. '역사 속의' 결단에 따라 개인이 자기 것으로 삼을 때 비로소 텍스트의 의미가 밝혀진다. 나는 분명히 그렇게 믿으며 그것은 요즈음 유행하는 주체 없는 언어철학과 반대된다. 불트만도 나와 같은 생각이라고 본다 해도, 그처럼 자기 것으로 삼는 것은 마지막 단계이다. 지성의 마지막 문턱이다.

주석하는 순간은 실존적 결단의 순간이 아니라, 프레게나 후설이 말하는 대로 객관적이고 '관념적' '의미'의 순간이다. 그러므로 이해에 두 가지 문턱이 있다. 말하고자 하는 그 무엇인 '의미'가 있고, 독자가 그것을 자기 실존 속에서 받아들이는 '의미'가 있다. 이해의 길은 관념적 의미에서 실존적 의미 쪽으로 뻗어 있다. 곧장 결단의 순간으로 가는 해석 이론은 너무 급하다. 말이 아직 이 세상에 받아들여지지 않은 객관적인 뜻의 순간을 건너뛴다. 텍스트의 저자가 아니라 텍스트 자체에 붙어 있는 뜻 없이는 주석도 없다.

그러므로 객관적인 것과 실존적인 것은 서로 반대가 아니다. 그러나 신화와 케리그마를 너무 반대로 놓으면 그렇게 될 수도 있다. 텍스트의 뜻은 객관과 실존 둘 모두에 이어져 있다. 자기 것으로 삼는 실존운동을 일으키는 것은 텍스트의 객관성이다. 흔히 내용이라고도 하는, 뜻을 품고 있는 텍스트이다. 그런 식의 뜻이 없고, 그런 객관과 관념 측면이 없으면 본문 비평은 불가능하다.

따라서 의미론의 순간—객관적인 뜻의 순간—이 실존적 순간—개인 결단의 순간—보다 앞서야 한다. 뜻의 객관성과 개인 결단의 역사성을 모두 정당하게 평가하는 해석학이라면 그렇게 된다. 그런 점에서 불트만에 의해 생긴 문제는 오늘날 구조주의 이론이 제기한 문제와 완전히 반대이다. 구조주의는 '랑그'를 택했고 불트만은 '말'(파롤)을 택한 셈이다.

그런데 지금 우리는 랑그와 말을 연결할 사고방식, 곧 체계를 사건으로 전환할 사고방식이 필요하다. 주석은 '기호'를 다루는 다른 분야에 견주어 더욱 그런 사고방식이 필요하다. 객관적인 의미 없이 텍스트는 아무 말도 하지 않는다. 그러므로 실존적으로 자기 것을 삼지 않으면 텍스트가 하는 말은 살아 있는 말이 아니다. 그 두 가지 계기를 하나의 과정에 통합하는 것이 해석 이론의 과제이다.

이제 두 번째 이유를 살펴보자. 불트만은 주석가일 뿐만 아니라 신학자이기 때문에도 텍스트의 뜻과 실존적 결단의 관계를 잘 생각해봐야 한다. 오직 텍스트의 '관념적 의미'—물리적이지도 않고 심리적이지도 않음을 가리킨다—만이 하느님의 말씀이 우리에게 오는 것을 다리 놓을 수 있다. 불트만의 말로 하자면, "예수 그리스도 안에서 일어난 하느님의 역사"를 중개할 수 있다. 물론 하느님의 말씀 또는 하느님의 역사가 뜻의 객관성만 있으면 된다는 말은 아니다. 그러나 뜻의 객관성이 하느님의 역사를 위한 필요조건은 된다.

하느님의 역사는 우리에게 전하는 말뜻의 객관성 속에서 첫 번째 초월성을 지닌다. 케리그마를 전한다든지 선포한다든지 하는 개념은 뜻의 역사(役事), 곧 뜻이 우리에게 다가오는 것을 표현한다고 볼 수 있을 듯하다. 그렇게 해서 말씀이 실존적 결단과 마주 서는 것이다. 먼저 텍스트의 뜻이 있고 그것이 독자와 마주치는 것이다. 만일 그렇지 않다면, 텍스트가 전하는 하느님의 역사는 옛사람에서 새사람으로 가는 내면의 전환을 나타내는 상징에 그치고 말 것이다.

불트만에게서 하느님은 참된 실존을 다른 말로 표현한 것이라고 할 수는 없을 것이다. 그리스도를 타자를 향한 실존의 상징으로 보는 '그리스도교 무신론'이 불트만의 생각이라고 할 수는 없다. 루터처럼 불트만에게도 믿음으로 의로워짐은 나 말고 다른 분에게서 오는 것이다. 내게 명한 것을 내게 주는 그런 분이다. 그렇지 않다면 내 '업적으로' 내 실존을 주무르는 방식으로 돌아간다.

내게 '요구하는' 그 무엇이 내게서 나가는 것이 아니다. 저쪽에서 내게로 온다.

그런데 불트만의 의도는 그처럼 의심할 수 없다고 해도, 그런 다른 기원을 생각할 방법이 그에게 있는가? 그의 작업은 모두 신앙 절대주의에 빠져 있는데, 과연 내게 닥치는 뜻을 말할 여지가 있는가? 여기서 후설의 의미 이론으로는 충분하지 않다. 우리가 하느님이 말씀으로 내게 내미는 요구(Anspruch)를 생각할 수 있으려면, 텍스트의 뜻이 내 실존과 맞서는 관념적인 것이어야 할 뿐만 아니라, 말씀 그 자체가 내 실존에게 전달되는 존재에 속해야 한다. 존재가 말씀으로 내게 요구한다. 다시 말해 언어의 존재론 문제이다. 그래야 '하느님의 말씀'이라는 표현이 뜻있는 표현이 되고 불트만의 말대로 그 표현이 비신화적 뜻을 지닌다.

그런데 그 점은 불트만에게 미완의 과제로 남아 있다. 하이데거의 도움을 받지만 부족하다. 그가 하이데거에게서 받는 도움은 철학적 인간학의 측면이다. 성서인간학을 마련할 때 그리고 성서의 우주론과 신화론을 인간 실존의 측면에서 해석할 때 도움을 받는다. 그처럼 하이데거의 도움을 얻어 '전이해'를 고려한 것은 원칙적으로 잘못된 것이 아니다. 전이해 없이 해석할 수 없다는 불트만의 말은 옳다.

다만 내가 불트만을 비판하는 것은 하이데거의 길을 충실하게 따르지 않았다는 데 있다. 불트만은 하이데거의 '실존론' 부분만을 취하고 존재 물음으로 가는 긴 길을 따르지 않았다. 존재 물음 없이 실존론적인 것—상황, 투사, 고독, 염려, 죽음을 향한 존재 등—은 살아 있는 경험을 추상한 것에 지나지 않는다. 다시 말해서 형식화한 실존에 지나지 않는다는 것이다.

하이데거의 실존론적 서술은 사람에 관한 것이 아니고 존재 물음의 자리— '현존재'—에 관한 것임을 잊지 말아야 한다. 거기서 1차로 삼는 것은 인간학이나 휴머니즘이나 인격주의가 아니다. 사람이나 인격에 대해서는 나중에 생각하도록 하는 것이며, 하느님을 인격체로 보는 유비 역시 나중에 오는 것이다. 우리 역시 그 존재의 자리가 되는, 그런 존재 물음을 불트만은 그냥 스쳐 지나간다. 그래서 그런 쪽의 생각이 빠져 있다.

그런데 그가 지나쳐버린 쪽의 생각에 두 가지 중요한 것이 연결되어 있다. 그것은 불트만의 작업을 위해서도 중요한 것이다.

먼저, 존재 물음의 망각의 자리인 형이상학의 죽음이다. 형이상학의 죽음은 '나와 너'의 형이상학에까지 뻗친다. 그리고 '형이상학의 근거를 찾아 올라가는' 시도를 할 때마다 겪는 경험이다. 우리가 앞에서 신화를 놓고 '한계'와 '근거'에 대해서 한 말은, 그와 같은 형이상학의 위기와 관련이 있다. 둘째로, 언어와 관련된 것이다. '하느님의 말씀'이라는 표현을 생각해보려는 우리의 노력과 연관이 있는 문제이다. 하이데거의 기초인간학으로 너무 빨리 가버려서 그 인간학이 붙어 있는 존재 물음을 빠뜨리면, 존재 물음에서 생기는 언어에 대한 새로운 고찰 역시 빠지게 된다. 신학자는 직접 '언어를 언어로 옮겨놓는 데' 관심이 있다.

그런데 알고 보면, 우리가 말하는 언어를 존재의 말인 언어로 옮겨놓는 것이다. 존재의 말인 언어는 존재가 언어로 나온 것이다.

신학이 반드시 하이데거를 거쳐야 한다는 것은 아니다. 만일 하이데거를 거치려면 끝까지 따라가라는 것이다. 그 길은 먼 길이다. 인내가 필요하다. 너무 급하게 서둘러서 될 문제가 아니다. 그 길에 들어선 신학자는 하이데거의 존재가 성서에서 말하는 하느님이라고 섣불리 단정을 지어서는 안 된다. 그 문제를 뒤로 미루고 나면, 나중에 가서 '하느님의 역사'나 '말씀으로 역사하시는 하느님'을 새롭게 생각할 수 있을 것이다. '하느님의 말씀'을 생각한다는 것은 길을 잃을 수도 있는 길에 들어선다는 것이다. 하이데거의 말에 따르면 이렇다. "오직 존재 진리로부터 생각해야 거룩한 것의 본질을 생각할 수 있다. 신성한 것의 본질의 빛에서만 하느님이라는 말이 무엇을 가리키는지 생각할 수 있다."*

이 모든 것을 생각해야 한다. 철학에서 말하는 중립적인 실존론적 인간학과 성서에서 말하는 하느님 앞에서의 실존적 결단을 연결하는 데 더 짧은 길은 없다. 존재 물음을 묻고, 말이 존재에 속하는 긴 길이 있을 뿐이다. 그런 긴 길에서 볼 때, 후설이 말하는 텍스트 뜻의 객관성이 아직도 '형이상학적' 추상이라는 점을 이해할 수 있다. 물론 필요한 추상이다. 텍스트의 뜻을 심리적이고 실존적인 차원으로 바꿔버리지 못하게 하는 데 필요하다. 그러나 근원적인 존재의 말의 요구에서 볼 때 역시 추상이다.

이 모든 것을 생각해봐야 한다. 불트만을 거슬러서 생각하는 것이 아니다. 그의 작업과 별도로 또는 그의 작업을 뛰어넘어 생각하는 것도 아니다. 어떻게 보면 그를 거쳐 생각할 일이다.

---

* 마르틴 하이데거, 최재희 옮김, 『휴머니즘론』, 박영사, 1961, 78~79쪽.

2. 희망에서 오는 자유

자유를 종교에서 생각할 때는 여러 각도에서 접근할 수 있다. 내가 볼 때는 세 가지 차원이 있는 것 같다. 먼저 신앙 행위의 자유를 말할 수 있다. 그 문제는 심리학과 인간학 영역이 된다. 그러나 거기서 신앙은 특별한 신학과 관련된 것이 아니라 그저 믿음의 문제이다. 그러므로 신앙의 자유란 일반적인 선택 능력 가운데 한 가지로 보게 된다. 말하자면 마음속에서 어떤 의견을 가질 자유이다.

둘째, 어떤 특정한 종교를 고백할 권리를 가리킬 수 있다. 이것은 주관적인 확신이 아니라 생각을 밖으로 드러내는 문제이다. 그러므로 종교 자유란 공권력의 제재를 받지 않고 자기 생각을 말할 수 있는 권리 가운데 하나이다. 이 권리는 한 사람의 권리를 다른 사람의 권리와 상호관계에 두는 정치 차원에 속한다. 결국 이러한 자유는 마음대로 선택하는 것이라기보다는 정치 공동체 안에서 의지의 자유를 서로 인정하는 데 바탕을 두고 있다. 이처럼 자유를 정치적인 측면에서 볼 때 종교는 문화의 산물로 모두가 인정하는 공공의 힘이다. 그리고 배타적으로 누리는 것이라기보다는 적법한 자유이다.

종교 자유의 세 번째 측면은 종교에 들어 있는 자유 문제이다. 내가 다루려고 하는 것이 바로 이 문제이다. 이 문제는 해석학의 문제이다. 종교 현상은, 거기서 생긴 말을 해석하고 재해석한 역사 안에서만 존재하기 때문이다. 그래서 종교적인 자유의 해석학이란 결국 자유의 의미를 드러내는 것인데, 그것은 바탕 되는 말, 곧 선포된 케리그마를 드러내는 것이다.

세 번째 방식의 문제제기에는 앞의 문제들도 들어 있다. 선포와 해석을 통해 생긴 자유는 다른 차원의 자유를 새롭게 할 것이기 때문이다. 그것은 자유에 대한 모든 이야기를 완성할 것이다. 이처럼 새롭게 하는 능력이 내가 줄곧 노리는 것이다. 사실 철학의 과제는 신학과 구별되어야 한다고 본다. 성서 신학의 기능은 케리그마를 그대로 잘 펼치는 데 있다. 본문 비평을 통해 처음 말을 찾아가고 그 말들을 모아 일관되게 엮어 케리그마가 되도록 한다.

그러나 철학자는 기독교인이라 할지라도 그 임무가 다르다. 그렇다고 자신이 믿는 것이나 알고 있는 것을 괄호 안에 넣는다는 것은 아니다. 그런 추상 상태에서 어떻게 철학을 하겠는가? 그렇다고 철학을 신학 밑으로 넣는다는 것도 아니다. 기권과 굴복 사이에 자율적인 길이 있다. 내가 '철학으로 접근한다'는 것은 바로 그것을 가리킨다.

'접근'이란, 말 그대로 가까이 간다는 뜻으로 쓴 말이다. 철학 이야기가 끊임없이 케리그마와 신학 이야기에 가까운 관계로 다가서는 움직임을 가리킨다. 그러한 사고 활동은 듣는 데서부터 시작한다. 그러나 그 생각에는 책임과 자율이 있다. 생각이 끊임없이 새로워지지만 그러한 개혁은 이성의 한계 안에서 일어난다. 철학자의 '회심'은 내면의 요청에 따라 철학 안에서 철학 쪽으로 일어난다. 만일 '로고스'가 단 하나이고 곧 그리스도라면, 그 그리스도는 철학자인 나에게 다른 것을 요구하지 않을 것이다. 즉 이성을 좀 더 온전하게 그리고 좀 더 완전하게 사용하라는 것 이상을 요구하지 않을 것이다. 이성 이상이 아니라 '온전한' 이성이다. 다시 한 번 말하지만, 온전한 이성이다. 왜냐하면 모든 문제를 푸는 실마리는 결국 생각의 온전함에 달렸기 때문이다.

우리 이야기가 어떻게 펼쳐질지는 여기서 분명해진다. 먼저 자유의 케리그마라고 생각되는 것을 요약해보겠다. 내가 말씀을 듣는 자로서 하는 말이다. 그다음에 심리학이나 정치학 말고 철학이 자유에 대해 할 수 있는 말이 무엇인지 말해보겠다. 또한 그 이야기는 종교적인 자유에 관한 것도 되어야 한다. 그것은 결국 이성의 한계 안에서의 종교 이야기가 될 것이다.

1) 자유의 케리그마

복음이 하는 말이 처음부터 자유에 대한 것은 아니다. 다른 것을 말하면서 또한 자유에 대해서도 말한다. 요한은 "진리가 너희를 자유케

하리라"고 말한다.

그것이 자유에 대한 것이 아니라면 어디서부터 시작해야 하는가? 사실 나는 위르겐 몰트만(Jürgen Moltmann)이 쓴 『희망의 신학』(Theologie der Hoffnung)을 보고 깜짝 놀랐다. 그가 그리스도교 케리그마를 종말론으로 해석하는 데 놀랐다. 다 알다시피 원래 요하네스 바이스(Johannes Weiss)나 알베르트 슈바이처(Albert Schweitzer)가 하느님 나라의 선포나 마지막 일들의 관점에서 『신약성서』를 재해석했다. 그리하여 그리스도를 도덕으로 바꾸는 자유주의 학자들과 다른 길을 걸었다. 그런데 예수와 초대교회의 선포가 그처럼 종말론 관점에서 나왔다면, 모든 신학을 종말론에 맞추어 다시 짜야 한다. 그리고 마지막 것들에 대한 이야기를, 로고스와 계시에 바탕을 둔 계시 신학의 부록 정도로 취급하는 일은 그만두어야 한다. 종말에 대한 희망에서 볼 때 로고스는 별것 아닌 것이 된다.

그리고 이처럼 하느님 나라의 선포를 중심으로 『신약성서』를 해석하면서 신학의 틀을 바꾸는 작업과 함께 『구약성서』 신학에서도 비슷한 일이 벌어진다. 마르틴 부버(Martin Buber)의 영향이 있었는데 그는 약속의 하느님—광야의 하느님, 순례의 하느님—과 '나타나는' 신들을 서로 반대되는 것으로 보았다.

그 차이는 매우 크게 벌어진다. '이름'의 종교가 '우상'의 종교와 다르고, 오실 하느님의 종교와 지금 나타난 하느님의 종교는 다르다. 앞의 것은 역사를 낳지만 뒤의 것은 신들로 가득 찬 자연이 있을 뿐이다. 그 역사로 말하자면 모든 것을 바꾸는 경험이라기보다는 완성을 기다리는 데서 오는 긴장이다. 역사는 곧 희망의 역사이다. 뭔가 여기서 이루어지는 것이 다시 약속을 확인하고 보증하기 때문이다. 약속은 넘침과 '아직 아님'을 낳고 거기서 역사의 긴장이 생긴다.[1]

---

1) 나는 여기서 약속의 종교가 역사의식을 낳는다는 측면만을 말하려고 한다. 사실 약속이라는 틀 안에서도 역사의 희망을 말하는 예언 전통과 나중에 올 종말

이처럼 이 세상에서 이루어지는 약속의 관점에서 『신약성서』를 해석하려고 한다. 언뜻 그리스도교 케리그마의 핵심인 부활이 약속의 범주를 잡아먹은 것처럼 보이기도 한다.

　그 문제를 보자. 몰트만의 기독론에서 가장 흥미로운 것은 부활 선포를 종말론 관점에서 보았다는 점이다. 이 점은 우리가 탐구하려는 희망에서 오는 자유를 위해 매우 중요하다. 흔히 부활을 과거 사건으로 본다. 빈 무덤에 대한 헤겔의 해석을 떠올린다. 노스탤지어라는 것이다. 그렇지 않으면 기껏해야 부활을 현재와 연결시킨다. 우리 자신과 연결시켜 새로운 사람이 되는 것으로 본다. 불트만의 실존론적 해석이 그것이다.

　부활을 어떻게 희망과 약속 그리고 미래의 관점에서 해석할 수 있을까? 몰트만은 부활을 철저하게 유대의 약속의 신학에서 보고, 헬라의 영원한 나타남의 도식과 대비했다. 약속의 신학에서 볼 때 부활은 예언을 성취한 닫힌 사건이 아니라 열린 사건이다. 약속을 더욱 강화하기

을 말하는 전통은 구분해야 한다. 그중에서도 흔히 말하는 묵시 전통과 구분해야 하는데, 거기서는 모든 두려움과 모든 기다림의 끝을 역사 너머에 둔다. 그러나 그 같은 구분—특히 세상 내 종말과 초월적 종말의 구분—이 구약성서학에서는 중요할지 모르지만 철학에서는 그리 중요하지 않다. 다시 말해서 역사 지평의 구조를 말하는 데 그리 중요하지 않다. 지평은 기다림을 제한하면서 동시에 여행자가 들어선다. 역사 안에서의 희망과 역사 밖의 희망을 구분하는 것이 상상력을 위해서는 중요하기 때문이다. 또 있다. 게르하르트 폰 라트(Gerhard von Rad)는 『전통의 신학』에서 예언자 전통과 종말론 전통의 구분선을 다른 곳으로 옮기도록 권면한다. 예언자들의 예언이 과거부터 내려온 구원 역사의 전통을 별것 아닌 것으로 취급하는 한, 그들도 종말론자들이라고 봐야 한다는 것이다. 그러므로 우리는 미래에 대한 믿음의 표현이라고 해서 아무것이나 종말론이라고 하지 않을 것이다. 설사 성스러운 제도의 미래에 관한 것이라도 말이다. 예언자들의 경우도, 그들이 과거 구원 역사에 안주하는 이스라엘을 일깨우고 구원의 기초를 하느님의 미래의 행위에 맞출 때에만 종말론이라고 할 만하다(허혁 옮김, 『구약성서 신학』, 성광문화사, 127~128쪽―옮긴이). 더욱이 새롭게 선포된 예를 들어 새 땅이라든지, 새 다윗이라든지, 새 시온이라든지, 새로운 출애굽이라든지, 새 언약이라든지 하는 구원 행위가 과거 구원자의 행위에 빗대어 표현된다면 구분하기는 더욱 어렵다.

때문이다. 이제부터 부활은 모든 사람을 위한 징표이다. 부활의 의미는 미래에 있다. 죽음의 죽음이고 모든 죽은 자들의 부활이다.

거기서 하느님은 지금 계신 하느님이 아니고 장차 오실 하느님이다. '이미' 부활했지만 '아직 아니다.' 마지막에 새롭게 한다. 그러나 그러한 의미는 그리스 기독론 때문에 가려져 있다. 거기서는 그리스도의 성육신을 영원한 존재, 곧 영원히 현재인 존재가 땅에 나타난 것이라고 보았다. 그럼으로써 진짜 중요한 의미를 가렸다. 약속의 하느님, 아브라함과 이삭과 야곱의 하느님이 모든 사람을 위해 오시는 하느님이라는 점이다. 그처럼 나타남의 종교에 의해 가려져서 부활은 현 세상에 하느님이 현존하는 보증이 된다. 문화로 현존하고, 신비스러운 현존이다. 이때 부활 해석학의 임무는 희망의 잠재력을 복원하고 부활의 미래를 말하는 데 있다.

'부활'의 의미는 아직 채워지지 않았다. 새로운 창조로 존재 전체가 새로워질 때 채워질 것이다. 예수 그리스도의 부활을 아는 것은 죽은 자들 가운데서 부활의 희망운동 속으로 들어가는 것이고, 그것은 무로부터(*ex nihilo*), 곧 죽음으로부터 새로운 창조를 기다리는 것이다.

부활의 해석학에서 희망의 의미가 그렇다면 어차피 희망으로 풀어야 한다는 자유에서 희망이 차지하는 의미는 무엇일까? 희망에 '따른' 자유, 희망에서 오는 자유란 무엇일까? 내가 말하려는 것은 부활에 비추어진 내 실존의 의미이다. 다시 말하면 앞에서 말한 그리스도 부활의 미래에 비추어진 나의 의미이다. 이렇게 말할 수 있다. '종교적 자유의 해석학은, 약속과 희망의 관점에서 해석한 부활에 맞추어 자유를 해석하는 것이다.'

무슨 말인가?

위의 공식에는 심리학이나 윤리, 정치 측면까지도 모두 들어 있다. 그러나 그런 측면은 그리 독창적이지 않다. 바탕이 되는 문제가 아니기 때문이다. 해석학이 할 일은 심리학이나 윤리나 정치 쪽의 표현들 속에서 그 바탕을 밝히는 것이다. 그리하여 희망에서 오는 자유의 핵심, 곧 케리그마로 들어간다.

사실 사느냐 죽느냐를 택하는 절박한 선택 문제를 심리학 쪽으로 말할 수도 있다. 그러나 우리는 그것을 철학으로 푼다. 철학으로 본 선택의 자유 문제를 다루는 것이다. 예를 들어「신명기」에 이런 본문이 있다. "나는 오늘 하늘과 땅을 증인으로 세우고, 생명과 사망, 복과 저주를 너희 앞에 내놓았다. 너희와 너희의 자손이 살려거든, 생명을 택하여라. 주 너희의 하느님을 사랑하여라. 그의 말씀을 들으며 그를 따르라……"(「신명기」30：19∼20).

세례 요한의 선포나 더욱이 예수의 선포는 결단을 촉구하는 것이고, 그것은 이것이냐 저것이냐 가운데 양자택일로 볼 수 있다. 실존의 결단을 두고 키르케고르부터 불트만까지 그런 방식으로 말했다. 그러나 성서를 실존론으로 해석하면 그 선택에 들어 있는 특별한 무엇이 약해진다. 종말론 차원이 사라지고 영원한 현재의 철학으로 되돌아갈 가능성이 많다. 종말론에 들어 있는 풍부함을 현재의 결단만 강조하는 순간주의로 바꿀 위험이 크다. 그렇게 되면 부활 희망에 들어 있는 세상과 역사와 공동체와 우주적인 관점이 사라진다.

희망에서 오는 자유에 알맞은 심리 표현을 쓴다면, 키르케고르가 말한 '가능에 대한 열정'이다. 이 말에는 약속이 자유에 내미는 미래가 들어 있다. 사실 우리가 자유를 생각하려면 약속의 종교와 현재의 종교를 대비한 몰트만의 작업을 받아들여야 한다. 그리하여 동방의 신(神) 현현의 종교들을 헬레니즘 전체의 이야기로 끌고 가야 한다. 헬레니즘은 파르메니데스의 찬미, 곧 '지금 계신 그분'에게서 나온 것이기 때문이다. 단순히 이름과 우상을 대비할 뿐 아니라 성서의 '장차 오실 그분'과 파르메니데스 시에 있는 '지금 계신 그분'을 대비해야 한다. 여기서 두 개의 시간 개념과 두 개의 자유 개념이 갈라진다.

파르메니데스의 '지금 계신 그분'은 영원한 현재의 윤리를 부른다. 거기에는 모순이 있다. 한쪽에서는 무상한 것들로부터 떨어지고 거리를 두고 영원한 것으로 탈출함이 있으면서, 다른 편에서는 모든 질서를 그대로 따른다. 그 같은 현재의 윤리를 가장 잘 보여주는 것이 스토아주의이다. 스토아주의에서는 현재야말로 유일한 구원의 시기이다. 과거와 미래는 똑같이 믿을 수 없다. 두려움을 버려야 하지만 희망도 버려야 한다. 둘은 다를 바 없다. 모두 마음을 확고히 정하지 못하고 주저하게 만든다. 당장 무슨 악이 닥칠까를 또는 장차 무슨 좋은 것이 오지 않을까를 염려한다. 희망도 근심도 버리라는 스피노자의 경구도 있지 않은가.

아마 현대 철학에 스피노자 전통이 스며들어 현재를 강조하고, 의심을 거쳐 비신비화와 탈환상을 이끌었을지도 모른다. 니체는 운명을 사랑하라고 하고 실존을 영원히 긍정하라고 한다. 프로이트는 현실의 원칙에 비극적인 아낭케를 다시 집어넣었다. 그런데 보라. 그런 필연과 희망은 정반대이다. 희망은 가능에 대한 열정이기 때문이다. 희망은 상상력과 연관된다. 상상력은 가능의 힘이며 존재를 전혀 새롭게 하는 것이기 때문이다. 희망에 따른 자유란, 심리학적으로 표현하자면 창조적 가능의 상상력 바로 그것이다.

그러나 윤리로도 말해야 한다. 그 자유에 듣고 복종하는 면이 있음을 강조해야 한다. 자유는 '따름'이다. 고대 이스라엘에서 율법은 약속을 이행하도록 이끄는 길이었다. 계약과 율법과 자유는 모두 따르고 복종하는 것으로 약속에서 파생된 것이다. 약속이 제공한 것을 율법은 명한다. 그래서 계명은 약속이 윤리 쪽으로 나온 것이다. 물론 어느 지점부터는 더 이상 복종이 법의 눈으로 보이지 않는다. 바울이 말한 대로이다. 더 이상 법에 복종하는 것이, 곧 약속이 이루어질 징조가 되는 것은 아니게 된다.

새로운 윤리가 생기는데 거기서 자유와 희망의 연관이 보인다. 몰트만이 '보냄'의 윤리라고 부르는 것이다. 약속(*promissio*)에는 보냄(*missio*)이 들어 있다. 보냄 안에서, 현재 나에게 주어진 의무가 약속으로부터 나오고 미래를 연다. 좀 더 분명하게 말하자면 보냄은 의무 윤리와 다르다. 가능의 열정이 자의와 다른 것과 마찬가지이다. '보냄'을 실천으로 인식하는 것과 새 창조의 징조, 곧 몰트만이 말한 부활의 경향성을 드러내는 것은 뗄 수 없는 관계에 있다.

희망에 걸맞은 윤리는 결국 보냄이다. 희망과 맞아떨어지는 심리가 가능의 열정이듯이 말이다.

그 같은 두 번째 특징으로 희망에 따른 자유는 우리를 멀리 내보낸다. 너무 현재의 결단에 쏠려 있는 실존론적 해석과 달리, 우리를 멀리 보게 한다. 실존의 결단이 개인 내면에 치우친 반면, 보냄의 윤리에는 공동체와 정치, 우주까지도 들어가기 때문이다. 새 창조를 향해 열려 있는 자유는 개인의 주체성보다는 사회 정의와 정치 정의를 강조한다. 모든 것을 새롭게 할 화해를 부른다.

우리는 희망에 따른 자유의 심리 측면과 윤리-정치 측면을 살펴보았다. 그러나 이 두 측면은 2차 표현이고 원래의 의미 중심은 자유의 '케리그마'에 있다. 우리는 이미 앞에서 거기에 철학으로 접근하겠다고 말했다.

내가 말하려는 것은 이것이다. '그리스도인의 자유'—루터의 책 제목을 빌려 말하자면—는 실존으로 부활 질서에 속하는 것이다. 여기에 특별한 점이 있다. 그것은 자유와 희망을 잇는 두 개의 범주로 표현할 수 있다. 내가 여러 번 이야기한 그 두 범주는, 하나는 '~에도 불구하고'이고 또 하나는 '더욱 넘침'이다. 그 둘은 루터에게서 '~에서 자유함'과 '~을 향하여 자유함'처럼 동전의 양면을 이룬다.

'~에도 불구하고'는 희망에서 오는 '~에서 자유함'이고, '더욱 넘침'은 역시 희망에서 오는 '~을 향하여 자유함'이다.

'~에도 불구하고'는 무엇에도 불구하고인가? 부활이 죽은 자들 가운데서 부활이라면 모든 희망과 자유는 죽음에도 불구하고이다. 그래서 새 창조는 무로부터의 창조(*creatio ex nihilo*)이다. 그리하여 부활한 그리스도와 십자가에 달린 그리스도가 똑같은 분임이 『신약성서』의 가장 큰 주제이다.

그 똑같음은 분명하지 않다. 겉으로 봐서 알 수 있는 것이 아니고 오직 부활하신 분의 말이 그렇다. "그가 바로 나다." 케리그마는 그것을 복음으로 전하며 이렇게 말한다. "교회의 살아 계신 주님은 십자가에 달리신 예수 바로 그분이다." 그 일치의 문제가 공관 복음에는 어떻게 부활을 말할 것인가 하는 물음으로 있다. 그런데 보라. 엄밀히 그 문제에 대해 아무 이야기가 없다. 선포에서 그렇듯이 이야기에 불연속이 있다. 그리고 선포에서처럼 이야기에도 십자가와 부활의 일치가 있다. 빈 무덤이 그 일치를 말한다.

그런 문제가 자유와 무슨 상관이 있는가? 희망도 마찬가지이다. 죽으러 가는 것과 죽음을 부인하는 것 사이에 불연속이 있다. 현재의 현실과 모순되는 까닭이 거기에 있다. 희망이 부활의 희망이라면 희망이 생긴 자리, 곧 십자가나 죽음의 징조와 완전히 모순된다. 그 점을 종교개혁가들이 멋지게 설명했다. "하느님의 나라는 그 반대에 숨어 있다." 여기서 그 반대란 십자가이다. 십자가와 부활이 논리로 서로 이어지지 않고 역설관계에 있다면, 희망에 따른 자유는 단지 가능으로 나아가는 자유일 뿐만 아니라 근본적으로 죽음을 이기는 자유요, 죽음 뒤에서 부활의 징조를 드러내는 자유이다.

한편 죽음에 도전하는 것은 생명의 도약에 따라붙는 것이고 성장의 또 다른 측면이다. 바울이 말한 '더욱 넘침'이다. 앞에서 말한 형벌 신화 해석을 다시 꺼내보자. 거기서 나는 형벌 논리인 동등 논리와 넘침의 논리를 서로 대비했다. "은혜를 베푸실 때 생긴 일은 죄를 지었을 때 생긴 일과 같지 않습니다. 한 사람의 범죄로 많은 사람이 죽었으나, 하느님의 은혜와 예수 그리스도 한 사람의 은혜로 말미암은 선물은 많은 사람에게 더욱 넘쳤습니다. …… 한 사람이 범죄함으로써 그 한 사람으로 말미암아 죽음이 지배하게 되었다면, 넘치는 은혜와 의의 선물을 받은 사람들은, 예수 그리스도 한 사람으로 말미암아, 생명으로 지배할 것이 아닙니까? …… 율법은 범죄를 증가시키려고 들어왔습니다. 그러나 죄가 많은 곳에, 은혜가 더욱 넘치게 되었습니다"(「로마서」 5: 12~20).

이 넘침의 논리는 부활의 지혜이면서 또한 십자가의 어리석음이다. 그 지혜는 '넘침의 경제학'으로 표현되는데, 그 넘침의 경제학은 일상생활과 노동, 여가와 정치 그리고 전체 역사 속에서 볼 수 있다. 자유한다는 것은 그 넘침의 경제학에 속함을 느끼고 아는 것이며, 그 경제학 안에서 '스스로에게' 거하는 것이다. '~에도 불구하고'는 '더욱 넘침'의 뒷면이고 그늘진 부분이다. 그것을 통해 자유는 새로운 창조의 기운을 가지고 구원을 향해 숨을 쉰다.

그 같은 세 번째 특징으로 종말론적 해석과 실존론적 해석 사이의 거리가 더욱 벌어진다. 물론 부활의 희망에 따른 자유에도 개인 차원이 있다. 그러나 세상 전체의 부활을 기다리기 때문에 공동체와 역사, 정치가 더욱 강조된다.

그것이 자유와 희망의 핵심이요, 곧 케리그마 측면이다. 철학으로 접근하려는 우리는 이제 거기에서 출발하면 된다.

2) 희망에서 오는 자유를 철학으로 접근함

철학자가 할 일로 들어가면서 나는 앞에서 한 이야기를 다시 꺼내겠다. 희망의 케리그마를 철학으로 접근하는 문제이다. 나는 이렇게 말했다. 가까이 가는 것은 듣는 일이면서 또한 자율적인 일이라고. 그렇다. '~에 따라' 생각하면서 또한 자유롭게 생각한다.

어떻게 그것이 가능한가?

내가 볼 때는 희망의 케리그마에는 의미의 혁신이 있으며 또한 지성의 요청이 있다. 그래서 거리가 생기면서 동시에 접근해야 하는 과제가 생긴다.

의미의 혁신. 몰트만이 약속과 그리스의 로고스를 대비하며 강조한 것이다. 희망은 '비논리'로 시작한다. 그것은 닫힌 질서로 파고들어 실존과 역사의 구도를 연다. 가능의 열정이요, 보냄과 출애굽이요, 죽음의 현실에 대한 도전이요, 넘치는 의미가 무의미에 대해 반격함이요, 새 창조의 징조이다. 그 새로움이 궁핍한 우리를 휘어잡는다. 솟아나는 희망을 무엇이라고 풀기는 어렵다. 뜻이 없어서가 아니라 뜻이 넘치기 때문이다. 부활은 놀라움이다. 버려진 하느님의 현실에 비해 넘침이기 때문이다.

그러나 그 새로움이 생각을 불러일으키지 않는다면, 희망은 단지 소리를 한 번 질러보는 것이요 한 번 번쩍했다 끝나는 것에 지나지 않는다. 그 새로움이 계속 기호로 표현되지 않고 진지한 해석—해석에는 유토피아의 희망이 들어 있다—으로 검토되지 않는다면, 어떤 종말론도 마지막 것에 대한 교리도 생기지 않을 것이다. 앞에서 우리는 자유를 매개로 희망을 해석했는데 그것은 이미 희망에 따라 '생각하는' 것이다. 가능에 대한 열정은 현실과 맞물려야 하고, 보냄은 모두가 겪는 현실 역사와 맞물려야 하며, 넘침은 부활의 징조와 맞물리지만 밝힐 수 있는 징조와 맞물려야 한다. 그러므로 부활도 자기 나름의 논리를 펼친다. 물론 반복의 논리로는 따라갈 수 없는 논리이다.

따라서 약속과 그리스의 '로고스'를 서로 반대되는 것으로 보려면, 변증법이 있는 반대로 보아야 한다. 적어도 '알기 위해 희망한다'(*spero ut intelligam*)고 해야 한다. 신학자들도 마찬가지이다.

그러나 어떤 지성인가?

나는 그 답의 방향을 앞에서 제시했다고 본다. 철학자가 케리그마에 접근하며 자유에 대해 하는 말은 결국 이성의 한계 안에서의 종교 이야기가 된다.

칸트를 떠올리게 하는 말이다. 물론 나도 칸트 이야기를 하려고 한다. 그러나 그대로 반복하지 않고 오히려 새롭게 만들어보려고 한다. 에릭 베유(Eric Weil)의 표현을 빌리자면 헤겔 이후의 칸트이다.

내가 보기에도 거기에는 역설이 있다. 철학 쪽인 이유도 있고 신학 쪽인 이유도 있다.

먼저 철학 쪽 이유를 보자. 연대기로 보면 헤겔이 칸트 이후에 활동했다. 그러나 우리는 그 둘 사이를 왔다 갔다 하려 한다. 우리 안에서 헤겔 쪽이 칸트 쪽을 눌러 이긴다. 그러나 칸트가 헤겔을 눌러 이기기도 한다. 우리는 칸트 이후이면서 동시에 헤겔 이후이기 때문이다. 내가 볼 때는 그처럼 서로 교환하고 뒤섞여 오늘 우리가 하려는 철학 이야기를 만들 것 같다. 그러므로 그 두 사람을 더 잘 생각해야 한다. 그렇게 하려면 두 사람을 서로 반대로 놓든지 아니면 서로 거치게 하든지 아무튼 같이 놓고 생각해야 한다. 그리고 '칸트와 헤겔을 더 잘 생각하는 것'은 어떤 방식으로든 '칸트나 헤겔과 다르게 생각하는 것'이다.

철학 안에서 일어나는 이런 문제는 다른 문제, 곧 내가 접근이라고 이름붙인 문제와 연결된다. 내가 볼 때 케리그마 쪽 생각에 다가가는 것은 철학 쪽에도 '의미 효과'가 있다. 철학도 종종 체계를 해체했다가 다시 만들기도 한다. 자세히 말하자면 희망이라는 주제는 닫힌 체계에 금이 가게 하고 의미를 재조직하는 힘이 있으며, 그렇게 해서 조금 전에 말한 상호 교환과 침투를 일으킨다.

그래서 스스로 철학을 재구성하려는 작업과, 희망의 케리그마가 철학의 문제제기와 그 구조에 미친 충격에서 나오는 재구성 작업이 헤겔 이후의 칸트주의로 수렴한다. 내가 볼 때는 그렇다.

칸트는 오성과 이성을 구분했는데 이것은 매우 중요한 구분이다. 내가 개척하려는 길도 그러한 구분에서 시작한다. 그러한 구분에는 어떤 뜻이 들어 있는데, 뒤에서 나는 그것이 '믿음과 희망의 지성'(intellctus fidei et spei)에 들어맞음을 보일 것이다. 어떻게 그런가? 이성이 인식과 의지를 이룩하면서 품는 지평이 있는데, 그 지평이 그것을 보일 것이다.

여기서 나는 칸트의 두 비판서의 변증론, 곧 이론이성의 변증론과 실천이성의 변증론으로 바로 들어가려는 것이다. 그것은 한계의 철학이고 동시에 실천으로 통합하려는 바람이다. 희망의 케리그마에 대한 철학 쪽의 응답이 바로 거기에 있다. 희망에서 오는 자유를 철학 쪽에서 가장 철저하게 접근한 것이 바로 거기에 있다. 내가 볼 때 칸트가 말하는 변증론은 헤겔의 비판에도 살아남을 뿐만 아니라 헤겔 사상 전체를 뛰어넘는 것이다.

의무 윤리는 헤겔이 비판한 것처럼 나도 제쳐놓겠다. 헤겔의 지적이 옳다. 내가 볼 때도 의무 윤리는 추상적인 생각이고 오성의 생각이다. 헤겔이 『엔치클로페디』와 『법철학』에서 말한 것처럼 나도 칸트의 형식 '도덕'은 자유의 실현이라는 좀 더 큰 운동의 한 부분이라고 본다(『법철학』, 「서문」, §4).

그처럼 칸트보다 헤겔을 따라 보면, 의지의 철학은 의무 형식에서 시작하는 것도 아니고 의무 형식에서 끝나는 것도 아니다. 의지의 철학은 자기 것으로 삼을 수 있는 사물을 두고 의지와 의지가 맞서는 데서 시작된다. 그러므로 첫 단계는 의무가 아니라, 계약이고 추상법이다. 도덕 단계는 무한히 반성하는 단계이고, 도덕 주체를 낳는 내면의 순간이다. 그러나 그 주체의 의미는 동떨어진 형식에 있지 않고 나중에 구체적인 공동체를 이룩하는 데 있다. 거기에 가족과 경제 집단과 정치 공동체가 있다.

여기서 우리는 『엔치클로페디』와 『법철학』에서 말하는 운동을 인정한다. 추상법 영역에서 주관적이고 추상적인 도덕으로 가고 다시 객관적이고 구체적인 도덕으로 가는 운동이다. 이처럼 모든 차원을 거쳐 객관화하고 보편화하고 현실화하는 의지의 철학이야말로 명령 형식으로 '의지'(Wille)를 규정하는 칸트 철학보다도 더 분명하게 의지의 철학이라는 이름을 붙일 만하다. 헤겔 철학의 위대함은 다양한 문제를 거쳐서 풀어간다는 데 있다. 욕망과 문화가 통합되고 심리학과 정치학이 통합되고 주관과 보편이 통합된다. 아리스토텔레스부터 칸트에 이르기까지 모든 의지의 철학이 그 속에 흡수된다. 내가 볼 때 그처럼 거대한 의지의 철학은 우리에게 계속해서 생각할 그 무엇을 남긴다. 우리는 아직 그것을 다 밝히지 못했다. 희망의 신학은 그것과 대화하지 않을 수 없다. 자유를 '이루는' 문제가 그 문제와 가깝기 때문이다.

그러나 칸트는 여전히 건재하다. 게다가 희망의 신학과 이성의 철학을 잇는 관점에서는 헤겔을 넘어선다. 나는 헤겔이 회상의 철학자인 점을 싫어한다. 회상의 철학자는 정신의 변증법을 말할 뿐 아니라 모든 이성을 이미 일어난 것에 흡수시킨다. '믿음과 희망의 지성'과 헤겔이 서로 맞지 않음은 『법철학』 서문을 끝맺는 유명한 글귀를 읽을 때 잘 느낄 수 있다. "세계가 어떠해야 하는가를 가르치고자 한마디 하려고 할 때 철학은 언제나 너무 늦다. 세계에 대한 생각인 철학은 항상 현실의 모양이 다 갖추어지고 완전해진 다음에야 모습을 드러낸다. 개념이 가르치고 또한 역사도 뚜렷하게 보여주는 것이 있다. 곧, 세상이 성숙한 다음에야 그 현실에 대해 관념이 등장하고, 관념이 세상을 그 현실에서 파악하고 난 후에야 지성의 왕국을 만들어낸다는 것이다. 철학이 자신의 회색을 회색에 덧칠할 때 삶의 형태는 노후하게 된다. 회색과 회색이 겹쳤을 때 삶은 젊어지는 것이 아니라 오직 인식된다. 미네르바의 부엉이는 황혼이 짙었을 때 첫 날개를 편다."

"철학은 늘 늦다." 물론 철학은 그렇다. 그렇다면 이성은 어떨까?

바로 이 물음에서 나는 헤겔에게서 칸트에게로 돌아간다. 명령의 윤리를 말하는 칸트가 아니라 이번에는 헤겔을 품는 칸트이다. 앞에서 말한 대로 변증론의 칸트이다. 두 가지 '변증론'을 말하는 칸트이다.

두 개의 변증론은 긴장을 이루어 같은 운동을 완성하고 같은 차이를 만들어낸다. 그 긴장이 칸트 철학을 체계의 철학이 아닌 한계의 철학으로 만든다. 그 차이는 아주 중요한 첫 구분인 '생각'(Denken)과 '앎'(Erkennen)의 구분에서부터 볼 수 있다. 생각은 무조건적인 것에 대한 인식이고, 앎은 사물을 통한 인식이자 조건지어진 것에서 조건지어진 것으로 가는 인식이다. 두 개의 변증론은 이 같은 생각과 앎의 차이에서 나온다. 그리고 두 변증론에서 종교철학을 일으키는 물음이 나온다. 나는 무엇을 희망할 수 있는가? 이렇게 연결된다. '순수이성의 변증론' – '실천이성의 변증론' – '종교철학'. 살펴보자.

첫째 것이 둘째와 셋째에 모두 필요하다. 왜냐하면 무조건적인 것에 대한 생각을 말하면서 선험적 환상을 비판하는데, 그 비판이 '믿음의 지성'에 필요하기 때문이다. 희망의 영역은 선험적 환상 영역과 그 범위가 꼭 일치한다.

나는 나와 자유와 하느님 같은 절대자를 그리면서 착오를 일으키는데, 바로 그 지점에서 나는 희망한다. 거기서 자유의 이율배반 비판이나 신 존재증명 비판 못지않게 주체의 착오 비판도 중요한데 지금까지는 별로 강조하지 않았다. '자기'의 실체성을 궤변으로 보는 시각은 오늘날에는 특히 니체나 프로이트의 주체 비판으로 이어진다. 그 뿌리를 칸트의 변증론에서 찾는 것도 매우 중요한 일이다. 이미 칸트는 개인의 실존, 곧 인격체에 대해 어떤 독단의 의견을 세우려는 시도들을 거부하고 있다. 어떤 사람을 수단이 아닌 목적으로 대할 때만 그 사람이 제대로 드러난다.

칸트의 선험적 환상 비판을 특별히 종교에 적용했을 때 철학 쪽에 상당히 깊은 의미를 던진다. 포이어바흐나 니체의 비판과는 전혀 다른 비판의 기초를 세우고 있다. 선험적 환상이 가능한 것은 무조건적인 것에 대해 합당한 생각이 있기 때문이다. 선험적 환상이 생기는 것은 인간적인 것을 신에게 투사해서가 아니라 무조건적인 것을 경험할 수 있는 사물의 형태로 생각하기 때문이다. 그래서 칸트는 이렇게 말할 수 있었다. 경험이 이성을 제한하는 것이 아니다. 오히려 우리의 경험 인식, 곧 시간과 공간 안에 갇힌 현상 인식을 본체 세계로 확장하려는 것을 이성이 제한한다.

무조건적인 것에 대한 생각, 선험적 환상, 절대자 비판, 이 운동 전체가 희망의 지성에 필요하다. 그것이 기초 구조를 만들며 그 틀 안에서 헤겔 이후를 말할 수 있다. 거기서 칸트 철학은 더 풍부해진다. 한편 무신론은, 칸트 철학의 선험적 환상 비판을 받아들일 때 또 다른 환상, 곧 인간학 쪽의 환상을 벗어버리게 된다.

'실천이성의 변증론'이 새롭게 덧붙이는 것은 무엇인가? 순수이성의 구조라고 할 만한 것을 의지 영역으로 옮겨놓는 것이다. 이 두 번째 단계가 희망의 지성을 생각하는 우리에게 더욱 중요하다. 사실 '실천이성의 변증론'이 형식 명령에서 나오는 도덕 원리에 새롭게 더하는 것은 아무것도 없다. '순수이성의 변증론'이 세상을 아는 데 보탬을 주는 것이 없듯 실천이성의 변증론 또한 의무를 아는 데 전혀 보탬을 주는 것이 없다.

그것이 새롭게 우리 의지에 주는 것은 '바라봄'이다. '최고선을 바라봄'(die Absicht aufs höchste Gut)이다. 그 바라봄은 사변하거나 실천할 때 순수이성을 구성하는 바람이나 요구(Verlangen)를 의무 차원에서 표현한 것이다. 이성은 "조건지어지기 위해서 조건들의 절대적 전체성을 요청한다"(『실천이성비판』의 변증론 시작 부분).

그와 동시에 의지의 철학은 정말 중요해진다. 준칙과 법칙, 자의와 의지의 관계 문제로 끝나지 않는다. 세 번째 차원이 나타난다. 자의-법-전체를 바라봄. 그래서 의지가 요청하는 것을 칸트는 '순수 실천이성의 전체 대상'이라고 부른다. 또는 '순수 실천이성, 곧 순수 의지 대상의 무조건적인 온전함'이라고 부른다. 그가 거기에 '최고선'이라는 오래된 이름을 붙였지만 그 생각은 새롭다. 최고선 개념은 선험적 환상 비판을 통해 사변을 떨어내고 완전히 실천이성, 곧 의지의 문제가 된다. '의지의 완성'이 생각되는 것도 그 개념을 통해서이다.

그러므로 그것은 정확히 헤겔이 말하는 절대지의 자리를 차지한다. 좀 더 자세히 말하면 그것은 결코 지(知)가 아니라 요청이다. 그 요청은 희망과 관련이 있다. 그 점은 뒤에서 보겠다. 그러나 절대적 전체성이라는 관념이 하는 역할을 통해 이미 무엇인가를 느낄 수 있다. 최고선이라고 할 때 최고는, 최고로 뛰어나다기보다는 온전하고 완성되었다(ganz und vollendete)는 뜻이다. 그러나 그러한 전체성은 주어진 것이 아니라 요청된다. 그것은 주어질 수 없다. 선험적 환상에 대한 비판이 따라다녀서뿐만 아니라 실천이성이 변증론에서 새로운 이율배반을 만들기 때문이다. 실천이성이 요청하는 것은 도덕에 행복이 따라붙는 것이다. 그래서 실천이성은 순수해지기 위해서 버린 것을 온전해지기 위해서 바라보는 대상으로 다시 끌어오는 것이다.

이렇게 해서 새로운 환상이 생기기도 하는데, 이론이 아닌 실천에서 생긴 환상이다. 행복을 찾으려고 도덕에 이득을 집어넣는 쾌락주의 환상이다. 나는 이 실천이성의 이율배반에서 종교 비판을 위한 두 번째 토대를 본다. 프로이트에게서처럼 충동 문제가 나오기 때문이다. 칸트는 종교에 들어 있는 쾌락주의—보상·위로 따위—를 비판할 수 있는 방법을 준다. 쾌락과 즐거움 그리고 만족과 축복이 서로 충돌하는 변증법을 통해 비판하는 것이다.

그리하여 도덕과 행복의 연관관계(Zusammenhang)는 서로 다른 것들의 통합 문제이자, 초월적 종합으로 남는다. 그래서 지복(至福)을 철학으로 이해하려면, 사람의 행위와 그의 욕망을 충족하는 만족이 서로 이루는 관계는 분석적이지 않음을 보아야 한다. 그러한 관계가 철학자의 의지대로 형성되는 것은 아니지만 전혀 느껴지지 않는 것도 아니다. 이렇게 말할 수 있다. "의지의 자유는 선천적으로 최고선을 낳을 수밖에 없다. 그러므로 최고선이 가능할 조건은 오로지 선천적인 인식 원리에 바탕을 두고 있다"(『실천이성비판』 변증론).

이성으로 희망에 접근한 두 번째 방식이 그렇다. 도덕과 행복의 연관에 희망이 있다. 그 연관은 필연이지만 이미 주어진 것은 아니며 오직 요청되고 기다려지는 것이다. 그 연관은 초월적인 것이고, 그 뜻을 칸트만큼 분명히 파악한 사람은 없다. 그는 에피쿠로스학파나 스토아학파 같은 그리스 철학과 반대에 서서 이렇게 보았다. 행복은 우리 일이 아니다. 그것은 덤으로 이루어지는 것이다.

희망을 이성으로 접근하는 세 번째 방식은 종교 그 자체를 다루는 것이다. 물론 이성의 한계 안에서의 종교이다. 칸트는 드러내놓고 "나는 무엇을 희망할 수 있는가?" 하는 물음으로 종교에 접근한다. 철학자 가운데 칸트 말고 누가 종교를 그런 식으로 정의했는지 모르겠다. 그런데 그러한 물음은 비판 '안'과 '밖'에서 일어난다.

비판 안에서 보면 유명한 '요청'(*postulat*)을 통해서이다. 비판 밖에서는 근본악에 대한 반성을 통해서이다. 이 둘의 관계를 이해하도록 하자. 그 관계가 너무 희미해 보여 마지막에 가서야 희망 속의 자유를 암시한다. 그 암시는 앞에서 우리의 작업에 매우 필요한 것이다.

먼저 '요청'을 보자. 알다시피 이것은 이론 성격을 띤 믿음인데—신 존재의 문제를 다루는—불가피하게 실천이성에 기대어 있다. 우리가 앞에서 실천이성을 변증론에서 다루지 않았다면 이런 모호함이 문제가 될 수도 있다. 이론이성은 그 자체로 하나의 요청(postulation)이다. 완성의 요구이다. 그러므로 요청은 전체화 과정에 참여한다. 그런데 그 전체화는 의지가 무엇인가를 겨냥하고 일으키는 것이다. 전체화 과정에 참여함으로써 요청은 우리가 앞으로 속할 질서를 그린다. 그런데 전체화 또는 통합은 늘 미완성이고 그래서 요청 하나하나는 그 전체를 붙잡아놓는 순간을 그린다.

여기서 잘못 판단하면 『순수이성비판』에서 환상이라고 비판한 초월적인 사물들이 슬쩍 복귀하는 것으로 보일 수도 있는데, 그것은 사태의 본질을 이해하지 못한 때문이다. 물론 요청들은 이론의 산물이다. 그러나 실천 요청과 함께 생긴다. 전체를 바라보는 순수이성을 구성하는 것이 바로 그 실천이성이다. 요청이라는 표현에 주목해야 한다. 그것은 완성과 전체—실천이성을 정말 순수하게 하는—를 바라는 어떤 믿음의 '가언적인'(hypothétique) 특징을 인식론 차원에서 보여준다.

그러므로 거기서 발생하는 요청에 선험적 환상 비판을 적용하여 환각이나 종교적인 열광이라고 몰아붙일 수는 없다. 선험적 환상 비판은 사변 쪽에서 '신의 죽음' 역할을 한다. 요청들은 다른 방식으로 '죽음에서 부활한' 하느님을 말한다. 그러나 그 방식은 이성의 한계 안에 있는 종교이다. 그리고 그러한 요청들에서 우리는 지성의 직관으로 바꿔놓을 수 없는 실천적 목표, 곧 '겨냥'(Absicht)이 실존 안에 어느 정도 들어와 있음을 본다. 그러한 겨냥은 지성의 직관으로 바꿔놓을 수 없는 것이다. 그래서 요청에서 볼 수 있는 '넓힘'(Erweiterung)과 '불어남'(Zuwachs)은 앎과 지의 확장이 아니라 '열어놓음', 곧 개방(Eröffnung)이다(『실천이성비판』*). 이 개방은 희망을 철학 언어로 표

---

* 이마누엘 칸트, 최재희 옮김, 『실천이성비판』, 박영사, 1981(1975), 120쪽.

현한 것이다.

요청에 들어 있는 그런 특징들은 영혼 불멸이나 신의 존재로부터가 아닌 자유로부터 살펴보면 뚜렷하게 드러난다. 자유야말로 요청 문제의 축이다. 나머지 둘은 자유 문제의 보조나 설명이다. 자유가 변증론을 통해 요청된다는 데 놀랄지 모른다. 이미 '실천이성의 분석론'에서 자유를 의무 문제로 보았고 그래서 자율로 모양을 잡지 않았던가. 그러나 요청된 자유는 의무 분석으로 증명된 자유와는 다르다. 우리가 여기서 살피려는 것은 요청된 자유로, 그것은 뒤에서 보는 것처럼 희망과 관련이 있다.

실천이성의 요청의 대상인 자유에 대해 칸트는 무엇이라고 했나? "(한 존재가 예지의 세계에 속할 때, 그 존재의 바탕으로) 적극적으로 생각하는 자유"(같은 책)라고 했다. 여기서 두 가지 특징을 볼 수 있다. 먼저, 요청된 자유는 무엇을 하는 자유요, 할 수 있는 자유요, "전능한 어떤 존재의 완전한 의지"에 걸맞은 자유이다. 선한 의지가 될 수 있는 자유이다. 그러므로 그것은 '객관 실체'를 지닌 자유이다. 거기에 대해 이론이성은 생각만 할 수 있었으나 실천이성은 그 존재를 요청한다. 현실에 바탕을 이루는 현실 존재임을 요청한다.

뒤에서 우리는 악의 문제가 그처럼 현실로서 무엇인가를 일으키는 관점에서 정립되는 과정을 보게 될 것이다. 더욱이 그것은 어디에 속하는 자유요 구성원이 되는 자유요 참여하는 자유이다. 우리는 이 요청된 자유의 두 번째 측면을 『도덕형이상학원론』에서 정언 명령을 다루는 세 번째 방식과 연결할 것이다. '목적의 왕국'을 말하면서 칸트는, 이 세 번째 방식이 생각하는 과정의 절정을 이루고 있음을 밝히고 있다. 원리 하나, 곧 하나의 보편 법칙에서 다수인 대상, 곧 목적인 인격체들로 옮겨가더니 드디어 '체계의 전체성 또는 통합'에 이른다.

거기서 요청되는 것은 자유의 체계에 속하면서 그처럼 존재하는 능력이다. 그리하여 그 '관점'(Aussicht)이 구체적이 된다. "즉 사람의 더욱더 높은 '불변적 질서'에 대한 전망을 밝히는 것이다. 이런 질서 가운데서 우리는 현재 이미 살고 있으며, 이런 질서 가운데서 최고의 이성 사명에 적합한 생활을 해나가도록, 우리는 일정한 훈계들의 지시를 받고 있다"(『실천이성비판』).

우리가 바라는 것은 결국 이것이다. 우리가 원하는 만큼 할 수도 있고, 바라는 대로 존재할 수 있기를 바란다. 그것은 오직 요청될 수 있을 뿐이다. 요청된 자유는 결국 여러 자유 중에서도, 자유롭게 존재하는 자유를 가리킨다.

나는 이 요청된 자유가 바로 희망에 따른 자유라고 생각한다. 다른 두 개의 요청('순수이성의 변증론'은 합리적 심리론과 합리적 우주론, 합리적인 신학, 이렇게 세 부분으로 되어 있는데 실천이성 변증론에서 말하는 세 가지 요청도 거기에 맞춘 것 같다)도 그 점을 뜻하고 있다. 내가 볼 때 다른 두 개의 요청은, 존재 자유 요청이 하나의 희망이라는 것을 보여준다.

요청된 영혼불멸은 영혼과 육의 분리 같은 이원론 문제가 아니다. 우리가 위에서 말한 본문, 곧 우리의 존재를 계속할 수 있게 하는 어떤 질서로 요청되는 자유의 시간을 말하는 것이 바로 영혼불멸이다. 그러므로 칸트가 말하는 영혼불멸은 최고선이 현실이 되기를 바라는 우리의 바람을 말한다. 그런데 그 시간, 곧 '무한자를 향한 전진'은 우리의 능력 밖이다. 우리는 그것을 우리에게 줄 수 없다. 우리는 그것을 '만날'(antreffen) 수밖에 없다.

바로 이 점에서 영혼불멸은 요청된 자유가 희망임을 표현하고 있다. 무한히 계속 존재하는 것을 세우는 이론은 부활 희망을 철학으로 표현해본 것이라 할 수 있다. 그러한 믿음에 칸트가 '기다림'(Erwartung)이라는 이름을 붙인 것도 우연이 아니다. 실천이성은 완성을 요청한다. 그러나 그런 완성이 현실로 이루어지는 질서를 희망과 기다림 속에서 믿는다. 그리하여 케리그마 쪽의 희망이 다시 다가온다. 그것은 실천 요청에서 이론 요청으로 가는 운동 또는 요청에서 기다림으로 가는 운동을 통해서 일어난다. 이 운동으로 말미암아 윤리에서 종교로 간다.

그런데 이 요청은 앞의 것과 다르지 않다. 왜냐하면 '최고선에 참여하는 희망'(같은 책, 135쪽)이 바로 자유 그 자체이며 구체적인 자유이고 스스로 존재하는 자유이기 때문이다. 두 번째 요청은 자유 요청을 시간 쪽으로 펼친 것이다. 나는 그것은 자유 그 자체의 희망 차원이라고 말하고 싶다. 자유 그 자체가 목적이 되고 최고선에 속하려면 "이승 생활 너머까지 그 과정이 끊임없이 계속된다는 희망"(같은 곳)이 있어야 한다. 그렇게 보면 칸트가 그런 실천적 시간 차원을 말한다는 것이 놀랍다. 왜냐하면 그의 철학에서 시간은 '선험적 미학'에 속한 표상의 시간, 곧 세상 시간 말고는 다른 여지를 두지 않기 때문이다.

세 번째 요청, 곧 신 존재 문제 역시 첫 번째 요청과 연관지으면 요청의 특성을 지니고 있다는 점을 알 수 있다. 곧 실천 요구에 기대어 있는 이론이다. 영혼불멸의 요청이 자유의 시간 측면을 보여주고 있다면, 신 존재 요청은 실제로 존재하는 자유를 말하고 있다. 곧 은총을 철학으로 말한 것이라고 할 수 있다. 칸트에게는 거룩의 범주인 은총 개념이 없다.

그러나 우리 능력 바깥에 있는 종합의 기원을 가리키는 개념이 있다. 하느님은 "의지의 온전한 목적, 곧 최고선으로 드러나기에 합당한 기원"이다. 요청되는 것은, 최고선을 구성하는 두 가지 요소의 '연관관계'(Zusammenhang)인데, 그 연결 원리를 지닌 하나의 존재가 또한 요청된다. 그러나 우리가 우리 의지 깊은 곳에서 그 최고선이 실현되기를 바라야만 요청이 생긴다.

여기서 다시 한 번 기다림은 바람과 연관되어 있다. '이론적인' 기다림의 터는 '실천적인' 바람이다. 그 매듭은 실천과 종교의 연결점이고, 의무와 믿음의 연결점이며, 도덕의 필연성과 신 존재 가설의 연결점이다. 그리고 여기서 다시 한 번 칸트는 그리스인이 아니라 그리스도교인이다. 칸트에 따르면, 그리스 철학자들은 최고선의 실천 가능성 문제를 풀지 못했다. 그들은 지혜의 분석된 통일성 안에 정의로운 삶과 행복한 삶이 들어 있다고 보았다. 그와 달리 칸트가 전개한 최고선의 초월적인 종합은 철학이지만 복음서에서 말하는 하느님의 나라에 아주 가깝다.

더군다나 몰트만이 희망을 가리켜 '온통 새로움'이라고 부른 것과 비슷한 말을 칸트도 하고 있다. "도덕은 계명을 주는데 너무 순수하고 철저해서 적어도 이 세상에서 그 계명에 맞추어 살 수 있다는 생각을 버리게 된다. 그러나 그 도덕은 다시 우리에게 용기를 주고, 이런 희망을 가지게 한다. 우리는 우리가 할 수 있는 만큼 하지만 우리 능력 밖의 것은 언젠가 다른 곳에서 이루어질 것이다. 다만 그런 일이 어떻게 일어나는지 모른다. 아리스토텔레스와 플라톤은 도덕의 기원 바로 거기서 우리와 차이가 있다"(같은 책, 140쪽).

그래서 처음 물음으로 돌아간다. 나는 무엇을 희망할 수 있는가? "나는 무엇을 해야 하는가?" 하는 물음으로 이루어진 도덕철학의 한가운데에도 희망의 물음이 있다. 의무 인식에 완성의 희망이 덧붙여질 때 도덕철학은 종교철학을 낳는다. "도덕법은 세상에서 가능한 최고선을 내 행위의 궁극 대상으로 삼을 것을 명한다. 그러나 나는, 내 의지가 오로지 신성하고도 인자하신 세계 창조자의 의지와 일치하지 않는다면, 최고선의 실현을 바랄 수가 없다……. 그렇기에 도덕도 원래는 어떻게 해서 우리가 우리를 행복하도록 해야 하는가 하는 문제가 아니라, 어떻게 해서 우리가 행복을 누릴 만한 값이 있겠는가에 관한 이론이다. 종교가 도덕에 보태질 때에만, 비로소 우리가 행복을 누릴 만한 값이 없지 않도록 노력한 정도에 비례해서, 어느 때든지 행복에 참여한다는 희망도 나타나는 터이다"(같은 책, 142쪽).

그런데 여기서 종교의 철학적 의미가 윤리 밖에서 형성되는 까닭은 무엇인가? 그에 대한 답을 하면서 우리는 새로운 길로 접어든다. 우리가 지금까지 희망 또는 자유를 철학으로 접근한다고 했는데, 그러한 노력의 마지막 단계이다.

우리를 새로운 단계로 들어갈 수밖에 없게 만드는 것은 악의 문제이다. 그런데 악의 문제를 다루면서 자유의 문제가 다시 튀어나온다. 실천이성의 요청에서 나온 참자유이다. 악의 문제를 통해 자유는 희망의 내용인 새 사람이 되는 것과 더욱 끈끈하게 이어진다.

「근본악에 대하여」에서 자유에 대해 가르치는 것은, 의무에서 나오는 힘이 곧 무능이라는 점이다. 악이란 자유에서 나오는 자유의 존재 방식 가운데 하나인데도 '악에 기우는 성향'이 '악한 본성'이 되었다. 처음부터 자유에는 사람이 선택한 악이 들어 있다. 악한 준칙은 우연이지만 그것은 자유의 악한 본성, 곧 필연인 그 본성의 표현이다. 근본악이 바로 그것이다.

그런데 주관에 들어 있는 악의 필연성은 동시에 희망의 원인이기도 하다. 우리 준칙을 고치는 것, 그것을 우리는 할 수 있다. 해야 하기 때문이다. 그러나 우리 본성, 곧 자유의 본성을 거듭나게 하는 것은 할 수 없다. 깊은 심연에 빠진다. 그것은 야스퍼스가 잘 보았듯이 한계의 사상을 끝까지 밀어붙인 것이다. 칸트는 선구자요, 그 이래로 사람의 한계는 앎의 한계에서 능력(힘)의 한계로까지 넓어졌다. 근본악이 뜻하는 무능은 우리의 유능함이 나오는 바로 그 지점에서 보인다.

그리하여 실천이성이 변증론에서 요청했던 물음, 곧 우리 자유의 근원적 물음이 제기된다. 그것은 아주 근본적인 형태이다. 이제 자유의 '요청'은 선험적 환상에서 생긴 앎의 어둠을 넘어야 할 뿐만 아니라, 근본악 때문에 생긴 능력의 어둠도 넘어야 한다. '참'자유는 사변과 실천에서 성 금요일을 넘어서는 희망으로서만 솟아오른다. 그리스도교 케리그마에 이보다 더 가까이 다가갈 수는 없을 것이다. 희망은 부활의 희망이고 죽은 자들 가운데서 부활하는 희망이다.

물론 괴테와 헤겔 이래로 칸트의 근본악에 대해 철학자들이 반감을 품고 있다는 것을 나 역시 알고 있다. 그러나 그들이 정말 근본악과 윤리의 관계, 다시 말해 근본악 문제가 의무론인 분석론뿐 아니라 최고선을 다루는 변증론과 이루는 관계를 알고 있었을까? 사람들은 거기서 악한 양심의 문제나 엄격주의 또는 청교도주의를 보았다. 실제로 그 안에는 그런 것이 들어 있다. 헤겔 이후 관점에서 칸트를 해석하려면 그런 논점을 거쳐야 한다.

그러나 근본악의 문제에는 우리가 변증론을 읽을 때 본 것과는 다른 문제가 있다. 근본악은 처음뿐만 아니라 자유가 전체를 향해 가는 과정에도 끼어든다. 칸트 윤리를 들여다볼 때, 악의 철학을 그냥 지나칠 수 없고 정말 악이 무엇을 뜻하는지 악의 문제를 다시 제대로 제기하게 되는 까닭이 거기에 있다.

악이 무엇을 뜻하는지에 관해서는 『이성의 한계 안에서의 종교』에 나온다. 「근본악에 대하여」는 종교철학의 문을 열기는 했지만 악의 문제를 완전히 끝내지 않고 있다. 진짜 악, 악의 악은 금지를 어기거나 법을 뒤집는 것, 불복종이 아니다. 통합하려는 노력 안에 들어 있는 기만이 진짜 악이다. 그런 뜻에서 진짜 악은 종교가 생겨 나오는 지점, 곧 갈등과 모순의 영역에서 마침내 드러난다. 그 모순과 갈등은 한편으로는 이성에 들어 있는 전체 통합 욕구, 곧 이론이면서 실천인 그 욕구에서 생기고 다른 한편으로는 앎을 흐리는 환상, 도덕 동기를 흩뜨려놓는 쾌락주의에서 생긴다. 또 다른 한편으로는 전체 통합을 이루려는 인간의 위대한 노력을 좌절시키는 악에서 생긴다. 의지가 좇는 온전한 대상은 원래 이율배반이다. 악의 악은 그 이율배반의 자리에 생겨난다.

동시에, 악과 희망은 우리가 생각하는 것보다 훨씬 가깝다. 만일 악의 악이 전체를 통합하려는 가운데 생기는 것이라면, 악의 악은 희망의 병리학 안에서만 그 모습을 드러내는 셈이다. 완성과 통합의 추구 속에 처음부터 왜곡이 들어 있기 때문에 희망의 병리학이다. 간단히 말해 사람의 진짜 악은 사람들을 모으고 전체를 통합하는 제도인 국가와 교회 안에서만 나타난다.

그렇게 보면 악의 문제는 새로운 소외로 들어가는 문이다. 그 소외는 사변 환상과는 다르고 위로를 얻으려는 욕망과도 다른 소외, 곧 교회나 국가 같은 문화 능력에 들어 있는 소외이다. 핵심을 들여다볼 때 그 문화 능력은 거짓 종합의 표현일 수도 있다. '맹목 신앙'이나 '거짓 예배'나 '거짓 교회'를 들먹이면서 칸트는 근본악 이론을 매듭짓는 셈이다. 말하자면 근본악은 범함이 아니라 정치나 종교 차원에서 이루어지는 어설픈 종합에서 절정에 이른다. 참된 종교가 거짓 종교, 곧 굳어 있는 종교와 끊임없이 마찰을 일으키는 까닭도 거기에 있다.

그리하여 자유의 거듭남은, 희망[2]이 베이컨이 말한 광장의 우상에서 벗어나는 운동과 떨어뜨릴 수 없다.

이러한 과정 전체가 이성의 한계 안에서 종교철학을 구성한다. 그 과정을 통해 부활의 케리그마가 철학 쪽에서 비슷하게 짜여진다. 온전한 자유의 모험을 이루는 것도 그 과정이고, '종교 자유'라는 표현에 한 가지 방향을 제시하는 것도 그 과정이다.

---

[2] 『이성의 한계 안에서의 종교』(신옥희 옮김, 이화여대출판부, 1984 – 옮긴이)를 역사를 짚어가며 연구하면 거듭남의 근본 표상에서 철학자가 어디까지 나갈 수 있는지를 밝힐 수 있다. 칸트의 도식은 여기서 마지막 자료를 제공한다. 흔히 우리 안에서 '선한 원리'가 '나쁜 원리'와 싸우고 있다고 하는데, 그 선한 원리를 하느님—하느님 역시 보편 선의 실현을 위해 애쓰신다—에게 합당한 어떤 사람으로 구체적으로 표현할 수도 있다. 물론 칸트는 그리스도의 역사성에는 관심이 없었다. '하느님께 유일하게 합당한 이 사람'은 이상일 뿐이다. 적어도 그러한 원형 인간은 내가 멋대로 내게 적용할 수 있는 그런 것이 아니다. 그것은 이상이므로 도덕으로 바꿀 수 없다. "우리는 그 이념의 창시자가 아니다"(77쪽). 그것은 "이미 인간 안에 자리 잡고 있으며, 우리는 인간 본성이 어떻게 그를 받아들일 수 있었는지를 파악할 수조차 없다"(78쪽). "선의 원리의 거룩함이 도덕적 소질 안에서 인간의 감각적 본성과 결합하는 불가사의함"(107쪽). 그런데 그런 이상은 이성이 바라는 종합, 좀 더 정확히 말해서 그런 종합을 일으키는 무슨 초월자(초월적 대상)와 꼭 들어맞는다. 그 초월자는 '분석론'을 넘지 않는 의무의 표본일 뿐 아니라 최고선의 표본이다. 거기서 이상은 '변증론'의 해법을 비춘다. 그리스도는 원형이다. 단지 의무의 표본이기 때문이 아니라 완성을 상징하기 때문이다. 그는 마지막의 형상이다. 그래서 그 선 원리의 '표상'은 "우리 앞을 감각 세계 너머로 끌고 가는 것이 아니라…… 우리로서는 생각할 수 없는 것을 실천을 위해 형상으로 생각하게 한다"(84쪽). 그것은 "우리의 인식을 감성계를 넘어서 확장하기 위한 것이 아니라 다만 우리에게 있어서 불가능한 개념을 실천적인 사용을 위해서 구상화하기 위해 마련된 것"이다(76쪽). "그것은 우리에게 없어서는 안 될 유비 도식이다"(83쪽 주). 도식과 유비라는 좁은 울타리 안에서, 다시 말하면 선험적 상상 이론 안에서만 철학자는 희망의 의미에 다가가고, 그 의미들이 모이는 그리스도의 형상에 접근한다.

3. 허물, 윤리 그리고 종교

허물 문제를 놓고 종교 쪽과 윤리 쪽 이야기가 어떻게 다른지를 밝혀보자.

그러나 양쪽 주장을 차근히 들어보기 전에 그 둘의 차이와 관계를 이해하기 위해 먼저 말의 의미를 생각해보기로 하자. 허물이라는 낱말을 의미론으로 분석해보자.

1) 허물: 의미론 분석

심리학이나 정신분석학에서 허물이라는 낱말을 어떻게 사용하는지, 나는 그것을 보려는 것이 아니다. 그 낱말 역시 텍스트 속에서 생겨나고 텍스트 속에서 어떤 뜻을 지닌 말로 확정되었는데, 바로 그 텍스트를 보려는 것이다. 그 텍스트는 믿음의 공동체가 악을 고백한 회개 문학이다. 거기서 쓰는 언어는 '죄 고백'의 언어라고 이름을 붙일 수 있을 만큼 특별하다. 물론 어떤 특정한 고백문이 아니고, 특별히 유대-그리스도교 전통을 가리키는 것도 아니다.

로마의 페타초니(Pettazzoni) 교수는 여러 종교를 비교·종합한 책을 쓰고 『죄의 고백』이라는 제목을 붙였다. 그러나 나는 비교종교학을 하려는 것이 아니다. 나의 출발점은 '고백의 현상학'이다. 여기서 현상학이란 '경험에 들어 있는 뜻을 기술하는 것'이다. 그 경험은 사물 경험일 수도 있고 가치나 인간에 대한 경험일 수도 있다. 아무튼 일반적인 모든 경험을 가리킨다. 그러므로 고백의 현상학이란 '고백이라는 언어 행위'에 들어 있는 뜻, 뜻하고자 하는 의도(intention signifiée)를 기술하는 것이다.

현상학을 그렇게 이해할 때, 우리가 할 일은 우리 안에서 그 악의 고백을 되살려 그것이 노리는 것을 찾아내는 것이다. 철학자는 감정이입과 상상력을 통해, 옛사람이 악을 고백한 의도와 동기를 이끌어낸다. 그들과 똑같은 상황에서 떠나 있기 때문에 중립 상태에서 '비슷하게 그리고 '나름대로' 느껴보는 것이다.

악의 고백에도 여러 형태가 있는데 어디에서 시작해야 할까? 가장 잘 짜이고 합리적인 것에서 시작하면 안 된다. 예를 들어 철학자들은 흔히 원죄 개념을 다루는데, 우리는 그것을 출발점으로 삼으면 안 된다. 철학이성이 살펴봐야 할 것은 오히려 가장 엉성하게 짜인 고백문이다.

원죄론처럼 합리적인 사변 뒤에 신화가 있다. 신화는 예부터 전해 내려온 이야기로 태초에 일어난 사건을 말하는 것이며, 제의 행위를 언어로 뒷받침하는 것이다. 오늘날 신화가 실제로 있던 현실을 설명한다고 믿는 사람은 없다. 그러나 바로 그렇기 때문에, 달리 말해서 실제로 일어난 일을 이야기하는 것이 아니기 때문에 무엇인가 새로운 것을 보여줄 수 있다. 신화는 상징이다. 사람과 거룩한 존재의 관계를 간접으로 보여준다.

물리학과 우주학, 역사과학에 의해 비신화론화한 신화가 오늘날 현대인의 생각에 상징으로서 들어온다. 어떤 이야기, 어떤 사변보다도 더 근본이 되는 표현의 세계로 현대인을 인도한다. 예를 들어 성서에 나오는 타락 이야기는 어떤 공동체의 삶에 뿌리박고 있는 죄 경험을 보여준다. 그 신화에서는 '정의'와 '자비'를 구하는 예언자의 호소가 의미의 하부 구조를 이루고 있다.

바로 그러한 체험, 그 체험의 언어로 돌아가야 한다. 또는 그러한 언어에 '들어 있는' 체험으로 돌아가야 한다. 근심과 두려움에 싸여 있는 경험을 우리 말로 바꾸어 이야기할 수 있는 것은 고백의 언어가 있기 때문이다. 회개 문학은 잘못을 의식하는 실존의 푯대를 세우는 언어를 창조한다.

그러므로 그 고백의 언어를 살펴보자.

신화는 상징 표현에서 나오며, 상징 표현보다 더 앞선 표현은 없다. 그것이 고백 문학의 가장 두드러진 특징이다. 고백의 언어는 상징이다. 직접 가리키는 것과 다른 것을 간접으로 가리키는 언어, 그것이 여기서 말하는 상징이다. 어떤 대단한 생각, 어떤 느낌, 어떤 이상이나 지혜의 빛 또는 하늘나라에 대해 나는 상징으로 말한다. 앞에서 우리는 악의 표현을 되살리자고 했는데, 그것은 결국 상징 안에 엉켜 있는 직접 의미와 간접 의미의 층들을 드러내는 것이다.

우리가 출발점으로 삼을 가장 오래된 악의 상징은 흠이다. 밖에서 묻힌 때와 같다. 그리고 좀 더 발전된 바빌로니아나 히브리 문학에서는 죄 관념이 등장한다. 그것은 여러 가지 상징으로 표현되는데, 과녁이 빗나갔다, 길을 잘못 들었다, 반역한다, 목이 뻣뻣하다, 간음을 했다, 길을 잃었다, 텅 비었다, 먼지처럼 헛되다는 표현이 등장한다.

그런 언어 상황은 놀라운 것이다. 악을 느끼는 의식은 매우 날카롭고 뚜렷한데, 그것을 추상 언어로 표현하지 않고 매우 구체적인 언어를 쓰며 거기에 대한 해석도 저절로 일어난다.

고백 언어의 두 번째 특징은, 그것이 상징이므로 철학과 신학보다 앞서 무엇인가를 드러낸다는 점이다. 그것은 생각을 불러일으킨다. 뮈토스는 로고스로 가는 길에 있다. 가장 오래된 관념인 '흠'도 마찬가지이다. 밖에서 묻힌 때 같은 어떤 물리적인 것을 가리키는데, 그것은 풍부한 상징력을 지니고 있다. 오늘날 그 표현이 그대로 남아 있는 것도 그 때문이다. 사리사욕이나 인종 차별주의에 물든 사람을 가리켜 때가 묻었다는 표현을 쓴다. 부정(不淨)함과 정(淨)함을 나타내는 상징을 아직 버리지 않은 것이다.

그것은 흠을 가리키는 물리적 표상이 이미 다른 것을 상징하기 때문이다. 처음부터 상징력을 지니고 있다. 흠은 문자 그대로의 때를 뜻하는 것이 아니며, 부정하다는 것도 물리적인 더러움을 뜻하지 않는다. 어느 정도 물리적인 것과 어느 정도 도덕적인 것이 왔다 갔다 한다. 정화 의식을 보면 그 점을 알 수 있다. 정화 의식은 단순한 세탁이 아니다. 목욕 재계는 어느 정도 가짜이며 단순히 육체의 문제가 아니다. 공동체 모두의 어떤 분에게 온 정성을 다해 나간다는 뜻을 지닌 행위이다.

바빌로니아나 히브리 문학, 그리스 비극 그리고 오르페우스 신화를 보면 '죄'의 상징이 나오는데, 그것은 흠과 뚜렷하게 구분되면서 흠보다 더욱 풍부하다. 부정한 접촉을 머릿속에 그리는 흠과 달리 죄는 끊어진 관계를 그린다. 하느님과 사람, 사람과 사람 그리고 나와 나의 관계 단절이다. 그러나 그 관계를 관계로 생각하는 것은 철학자이고, 철학 이전에는 그 관계가 일상생활에서 일어나는 여러 가지 사태를 빌려 상징으로 표현되었다.

죄 관념 역시 단순히 관계의 단절만을 뜻하지는 않는다. 사람을 지배하는 어떤 힘에 대한 관념도 들어 있고, 그 점에서 흠의 상징과 이어지는 부분이 있다. 그 힘은 사람의 무력과 헛됨을 가리키기도 하는데, 바람이나 먼지 같은 표현으로 그 점을 나타낸다. 그리하여 죄의 상징에는 소극적인 것(단절·멀어짐·결핍·헛됨)도 있고 적극적인 것(권세·붙잡힘·포로·소외)도 있다.

흠이나 죄의 상징, 그 그림과 해석을 바탕으로 이제 '허물'이라는 말을 살펴보자.

허물이라는 낱말의 의도를 살펴보면, 그것이 '고백'의 영역 전체를 차지하는 표현이 아니라는 것을 알 수 있다. 허물 관념은 흠에서 죄로 가는 내면화의 맨 마지막 형태를 보여준다. 흠은 바깥에서 벌어지는 오염이고 죄는 관계 단절이다. 그리고 그 관계 단절은 내가 몰라도 이미 벌어진 일이다. 죄는 현실의 조건이요, 객관 상황이요, 말하자면 실존의 존재론 차원이라고 할 수 있다.

그와 달리 허물은 주체를 매우 강조한다. 그 상징은 훨씬 내면적이다. 그것은 어떤 무게에 짓눌리는 의식을 말한다. 잘못을 곱씹을 때 내면에서 솟아나는 가책으로 물어뜯긴 상처를 말한다. 그 같은 무게나 물어뜯김은 실존 차원을 가리킨다.

그러나 허물에서 가장 중요한 상징은 법정 상징이다. 법정은 도시국가의 제도이다. 법정이라는 은유를 사용하여 양심을 표현하는데, 우리가 '도덕의식'이라고 하는 것이 바로 그것이다. 그리하여 허물은 일종의 법정 앞에 서는 것과 같다. 잘못을 재고 죄를 선포하고 벌을 내리는 법정 앞에 서는 것과 같다. 도덕의식은 내면 끝까지 들어가 깨어 판단하고 정죄하는 눈이다. 허물을 느끼는 의식은 그처럼 내면의 법정에서 범죄자로 정죄되는 의식이다. 그리고 마침내 그것은 벌을 기다리는 의식이 된다. 간단히 말해서 라틴어 *culpa*는 '갈라진 의식'이 일으키는 자기 관찰이요 자기 고발이요 자기 정죄이다.

허물의 내면화로 두 가지 결과가 생긴다. 한편으로 허물 의식은 우리가 '죄'라고 부른 것보다 발전이라고 할 수 있다. 죄는 공동체 전체가 연루되어 있는 집단 현실인 반면에 허물은 개인화한다. 이스라엘에서 바빌론 유폐 당시의 예언자들은 그러한 발전을 이끈 사람들이다(「에스겔」 31·34장). 그들의 선포는 해방을 이끈다. 이집트에서 탈출하던 때와 달리 바빌론에서 집단으로 귀환하는 것이 불가능해지자 개인이 각자 회개하는 길이 열렸다. 고대 그리스에서는 비극시인들이 길을 열어 물려받은 죄와 달리, 운명은 영웅들 개인의 허물에 달린 것이 되었다.

그 밖에도 허물은 개인화되면서 등급이 생겼다. 죄 경험은 누구에나 '똑같은' 것이었지만 허물 경험에는 '정도의 차이'가 생겼다. 사람은 철저하게 그리고 완전히 죄인이다. 그러나 허물은 사람에 따라 크고 작은 차이가 있다. 그러한 허물 관념은 도덕과 연결되어 다른 곳보다도 특히 그리스와 로마에서 형법의 발전을 가져왔다. 형법은 잘못의 크기에 따라 형을 정하는 것이다. 법정 상징과 함께 생긴 도덕의식은 결국 법의 발전을 가져온다. 그러면서 도덕의식은 사람에 따라 정도의 차이를 인정하는 허물 의식이다.

그처럼 개인화하고 정도를 따지는 허물 의식은 집단 전체를 통틀어 평가하는 죄의식보다 발전한 것이다. 그러나 다른 결과도 있다. 허물 의식과 함께 세심한 요청이 생겨나고 거기서 모호한 경향이 생긴다. 세심한 양심은 꼼꼼하고 정제된 것이고, 완벽해지려는 욕망이 깃든다. 모든 계명을 철저하게 지키려 하고 모든 점에서 율법을 준수하려고 한다. 인간의 실존 상황을 고려하지 않고 박해 같은 외부 장애물에도 아랑곳하지 않는다. 작은 것이나 큰 것이나 모든 규범을 똑같이 중요시한다.

그런데 그처럼 꼼꼼하고 세심한 정신 상태로 말미암아 도덕의식에

병이 든다. 세심한 양심은 풀리지 않는 미로에 갇힌다. 의무는 점점 쌓여 수없이 많아진다. 하느님을 사랑하고 이웃을 사랑하라는 계명의 단순함과 청순함이 사라진다. 계속 새로운 계명이 쌓여가는데, 그처럼 율법이 세분화되면 사람의 행위를 끊임없이 판단하고 일상생활을 제의로 덮는다. 세심한 의식은 아무리 많은 계명에도 만족하지 못한다.

그러면서 복종이라는 관념 자체가 변한다. 이웃을 사랑하는 것보다, 하느님을 사랑하는 것보다, 계명에 복종하는 것이 더 중요해진다. 그처럼 정확하게 율법을 준수하는 것이 바로 율법주의이다. 율법주의에서 우리는 허물 의식이 만든 지옥을 본다. 바울이 말한 대로이다. 율법이 바로 죄의 원천이다. 악을 알려줌으로써 범죄 욕망을 일으키고, 끊임없이 정죄하고 벌을 주게 한다. 바울은 이렇게 말한다. "계명이 들어오니까 죄는 살아나고 나는 죽었습니다"(「로마서」 7: 9~10). 율법과 죄는 순환을 이루는데 그것은 진부한 죽음의 순환이다.

그리하여 허물 의식은 삶을 율법 아래 두는 저주임이 드러났다. 만일 호세아 같은 예언자가 아내에 빗대어 말한 것 같은 신뢰와 부드러움이 없다면, 허물은 고발인 없이 고발을 일삼고 재판관 없이 심판을 일삼게 된다. 그때 허물 의식은 돌이킬 수 없는 불행에 빠진다. 카프카가 말한 대로 정죄는 지옥이다.

허물 관념을 의미론으로 분석한 결과 허물 의식이 악의 경험 전체를 대변하는 것은 아님을 알았다. 상징 표현들을 연구해보면 허물 경험에서 독특한 지점이 눈에 띄는데, 가장 모호한 지점이기도 하다. 한편으로 그것은 악의 경험이 내면화하고 책임적인 도덕 주체가 등장하는 진보를 보이지만, 다른 한편으로 보면 꼼꼼함이 불러오는 특이한 병이 들어서는 지점이기도 하다.

문제는 이것이다. 그처럼 모호한 경험 그리고 그것을 표현하는 상징 언어에서 윤리나 종교철학은 무엇을 건질 것인가?

2) 윤리 차원

어떤 점에서 악의 문제는 윤리 문제인가? 내가 볼 때는 두 가지 점 때문이다. 하나는 자유 문제와 관련해서이고 다른 하나는 의무 문제와 관련해서이다. 악과 자유와 의무는 매우 복잡하게 얽혀 있다. 이제 우리는 그것을 차근차근 풀어보자. 분석을 자유 문제에서 시작해 자유 문제로 끝내려고 한다. 가장 핵심이기 때문이다.

먼저 이렇게 말하자. 자유가 있다는 것은 악의 기원을 자기에게 두는 것이다. 이 명제에서 나는 자유와 악이 서로 얽혀 긴밀한 관계를 이루고 있음을 말한다. 악은 자유의 산물이기 때문에 악이 된다. 내가 악을 만든다.

여기서 나는 악을 실체나 자연으로 보는 견해에 반대한다. 악은 밖에서 관찰할 수 있는 사물 상태가 아니다. 악을 실체로 보는 견해는 성 아우구스티누스가 무찌른 잘 짜인 형이상학들—마니교나 악 존재론—에만 있는 것이 아니다. 심리학이나 사회학에서도 과학과 실증의 이름으로 그런 결정론에 빠지는 경우가 있다. 악의 기원을 내게 둔다는 것은 그런 견해들을 신통치 않게 보는 것이다. 악을 어떤 존재로 보든지, 눈에 보이는 사물 세계 속에 들어 있는 권세로 보든지, 물리적이거나 심리적이거나 사회적인 실체로 보든지, 그 모든 견해를 우리는 받아들이지 않는다.

문제는 나다. "내가 저질렀다"(*Ego sum qui feci*). 악의 존재는 없다. 내가 악을 저지름만이 있다. 악을 나에게 둔다는 말은 무엇인가를 수행하는 점에서 수행 언어에 견줄 수 있다. '내 탓'인 행위를 말한다.

상호관계라고 했다. 실제로 자유가 악을 '행위'로 본다면, 악은 자유를 알린다. 자유가 있기 때문에 악이 있다는 것이다. 내 행위를 내 탓으로 돌린다는 것은 무엇인가? 첫째, 장차 그 결과를 감당하겠다는 것이다. 일을 저지른 자가 고통을 겪을 것이고 어려움을 당할 것이며 징계를 받을 것이다. 내가 벌 받을 자임을 인정한다는 것이고, 찬양과 징계의 변증법에 들어갈 것을 받아들인다는 것이다.

그러나 행위의 결과 '앞에' 서면서 동시에 행위 '뒤를' 본다. 내가 저질렀지만 그렇게 하지 않을 수도 있었다. 그처럼 자유로운 상태에서 행했다는 것은 단순히 확인하는 말이 아니다. 수행 언어이다. 저지른 '다음에야' 나는 그렇게 하지 '않을 수 있던' 자임을 선언한다. 그러면서 결과를 받아들인다. 결과를 받아들이는 것은 잘못을 저지를 때 있던 자유를 확인한다. 그래야 내가 '저질렀다'고 할 수 있다.

책임 뒤에서 벌어지는 그런 운동은 매우 중요하다. 거기서 과거와 미래를 연결하는 '동일한' 도덕 주체가 형성된다. 장차 벌을 받을 자는, 지금 자유롭게 행하고 있으며 과거에 자유롭게 행한 그 사람이다. 일을 저지른 자와 그 결과 앞에 스스로 서는 자가 동일하다. 그리고 미래와 과거가 지금 여기서 연결된다. 장차 받을 징계와 과거에 저지른 행위가 현재의 고백 안에서 연결된다.

악의 경험을 생각할 때 첫 단계가 그렇다. '고백'이라는 수행 언어에서 '자유'와 '악'의 뜻이 교차 성립한다. 두 번째로 생각해야 할 것은 악과 '의무'의 관계이다.

"너는 해야 한다"는 말의 뜻을 생각하려는 것이 아니다. 그 말과 '좋다' '나쁘다' 같은 술어의 관계를 논하려는 것도 아니다. 그런 문제는 영국 철학에서 잘 다루고 있다. 나는 악의 경험을 생각하려는 것이다.

"나는 그렇게 하지 않을 수도 있었다"는 표현에서 출발해보자. 이 표현은 앞에서도 보았듯이 과거 행위의 책임을 내게 돌리는 말이다. 그런데 그렇게 하지 않을 수도 있었다는 것은 그렇게 하지 말았어야 한다는 것과 밀접하게 이어져 있다. 의무를 인정하기 때문에 가능성을 인정하는 것이다. 의무를 느끼는 존재는 해야 할 것을 할 수 있다고 느끼는 존재이다. "나는 해야 한다, 그러므로 할 수 있다"는 말로 칸트가 뜻하는 것도 그것이었다.

의무로부터 가능을 연역해낼 수 있다고 따지려는 것은 아니다. 다만 의무가 지표 역할을 할 수 있음을 밝히려는 것이다. 내가 의무를 느끼고 해야 한다고 믿는 것은, 내가 욕망이나 겁에 묶여 행하는 존재가 아니라 내가 떠올리는 하나의 법에 따라 행할 수 있는 존재이기 때문이다. 그런 점에서 칸트가 옳다. 하나의 법을 떠올려 그에 따라 행하는 것은 이런저런 여러 규범에 따라 행하는 것과 다르다. 하나의 법에 따라 행할 수 있는 능력이 의지이다.

더 나가보자. 법을 따를 수 있는 능력과 함께 거기에 '거스를' 수 있는 '두려운' 능력도 발견된다. 후회에는 자유와 의무가 관계되어 있는데, 그것은 이중 경험이다. 한편으로 나는 의무를 인정하고 그 의무에 맞는 능력을 인정한다. 그러나 다른 한편으로는 내게 의무로 다가오는 법을 거슬러 행했음을 고백한다. 그것을 가리켜 흔히 범죄라고 한다. 자유는 법의 표상에 따라 행하고 의무를 이행할 수 있는 능력이다. 한편에는 내가 해야 했고 할 수 있었던 것이 있으며 다른 편에는 내가 행한 것이 있다. 그처럼 의무와 가능의 관계에서 비난과 책임이 도덕적으로 매겨진다.

앞에서 말한 대로 악과 자유의 상호성을 인정하면 악과 자유에 대해 새로운 정의를 내릴 수 있다. 악에 대한 새로운 정의는 칸트 식으로 표현할 수 있다. 내 행위의 준칙 안에서 법과 동기의 관계가 역전되는 것, 그것이 악이다. 준칙이란 내가 하려고 하는 것의 실천 원칙이다. 칸트의 정의에 따를 때, 악은 내 안에 또는 자연(본성) 안에 있는 것이 아니라 관계의 역전이다. 관계의 문제이지 실체가 아니다. 선호와 (의무에 대한) 복종의 관계가 역전된 것이다. 여기서도 우리는 악을 '비실체화'했다. 악이란 그 기원을 내게서 찾아야 하는 것일 뿐 아니라, 도덕 주체가 준칙을 다루는 질서에서도 악의 특징을 찾을 수 있다. 있어서는 안 될 선호, 그것이 악이다. 관계의 역전이 바로 그것이다.

자유도 새롭게 정의해볼 수 있다. 앞에서, 거슬러 행할 수 있는 '두려운' 능력에 대해 말했다. 악의 고백 속에서 나는 의지가 넘어질 가능성을 발견한다. 그것을 가리켜 '자의'(自意)라고 하는데 독일어로는 Willkür이다. 그것은 거꾸로 할 수 있는 능력, 곧 올바른 의무를 이행하지 않을 수 있는 가능성이다.

윤리와 관련해서 악의 문제를 그 정도 생각하면 될까? 그렇지 않다. 『이성의 한계 안에서의 종교』 맨 처음에 나오는 「근본악에 대하여」에서 칸트는 모든 악한 준칙에 공통된 기원의 문제를 제기한다. 나쁜 의도 하나하나를 떼어놓고 생각하는 것은 아직 악의 문제를 제대로 생각하지 않은 것이다. 칸트는 이렇게 말한다. "따라서 어떤 행위자가 악한 인간이라고 하는 것은 경험을 근거로 해서는 확실히 판단할 수 없다. 결국 어떤 사람을 악하다고 하려면 그가 고의적으로 행한 한 가지 또는 몇 가지 행위에서 선험적으로 그 행위들의 근거에 놓여 있는 준칙을 추론해낼 수 있어야 한다. 그리고 더 나아가서 이 준칙으로부터 행위의 주관 안에서 도덕적으로 악한 모든 특수한 준칙의 보편적인 근거(그 자체가 또한 준칙)를 추론해낼 수 있어야 한다"(같은 책, 25쪽).

여러 가지 악한 준칙으로부터 바탕이 되는 악한 준칙으로 가는 것은 철학에서 하는 것이고 그와 비슷한 것을 우리는 앞에서 말했다. 여러 죄로부터 어떤 바탕이 되는 죄로 옮겨가는 일이다. 상징 표현, 특히 신화 차원에서 볼 수 있다고 했다. 아담 신화가 특별히 뜻하는 것은 모든 죄에는 하나의 뿌리가 있다는 것이다. 그 뿌리는 여러 가지 개별적인 악의 표현보다 앞선다. 만인을 누르고 있는 악을 신앙 공동체가 고백하면서 그런 신화가 생겨났다. 단 한 번의 악이 출현한 것으로 신화에 나오는 것은 신앙 공동체가 매우 근본적인 잘못을 고백했기 때문이다. 칸트의 근본악 이론은 그 같은 경험과 신화를 철학에서 되살린 것이다.

칸트 이론은 어떤 점에서 철학인가? 근본악을 여러 가지 악한 준칙의 근거로 본다는 점에서 칸트 이론은 철학이라고 할 수 있다. 그러므로 그 근거라는 개념을 잘 생각해봐야 한다.

악한 준칙의 근거라는 것은 여기서 무엇을 뜻할까? 그것은 증명할 수 있는 사실도 아니요 되짚어볼 수 있는 과거의 어떤 사건도 아니다. 그래서 인간의 선천적인 조건이라고 할 수도 있다. 그것은 사람의 악함을 통째로 묶어 이야기할 때 생각하게 되는 자유의 체질이다. 어떤 경험된 사실을 증명하는 것과는 다르다.

악이 '자유에서 비롯된 자유의 존재 방식'이 아니라면, 악은 더 이상 악이 아니다. 그리고 근거라고 해서 시간으로 따져 맨 처음을 가리키는 것도 아니다. "모든 악한 행위가 어디서 비롯되었는지 따져본다면, 마치 깨끗한 상태에서 곧바로 그런 악한 행위를 저지른 것처럼 생각해야 한다." '마치……처럼', 바로 그것이 타락의 신화를 철학으로 풀이한 것이다. 깨끗한 상태에서 죄로 가는 악의 출현을 표현하는 합리적인 신화이다. 아담'처럼'(아담 '안에서'가 아니라), 우리가 늘 악을 시작한다.

그렇다면 모든 악한 준칙을 하나가 되게 하는 그 근거, 곧 매번 일어나는 악의 출현은 무엇인가? 더 이상 생각할 수 있는 개념이 없다. 악한 의지를 생각할 개념이 우리에게는 없음을 고백해야 한다.

왜냐하면 그 악의 출현은 내가 내 뜻대로 이리저리 할 수 있는 것이 아니기 때문이다. 자유를 처음부터 잘못 사용한다. 생각해봐야 그런 수수께끼 같은 사실을 발견하는 것 말고 다른 방도가 없다. 악의 사태는 언제나 '이미 와 있다.' 그래서 근본악이다. 악한 행위를 할 때마다, 악한 의도가 발생할 때마다 그 행위와 의도에 앞서는 악이다. 물론 시간으로 앞선다는 것은 아니다.

그러므로 생각과 반성에 한계가 있다. 반성의 한계를 정하는 것이 쓸모없는 짓은 아니다. 바로 거기서 한계의 철학의 특성이 드러나고, 헤겔 같은 사람의 체계의 철학과 뚜렷하게 구분되기 때문이다.

두 방향으로 한계가 있다. 내 앎의 한계요, 능력의 한계이다. 첫째, 내 악한 자유의 기원을 '나는 모른다.' 그 같은 기원에 대한 무지는, 내가 자유를 철저하게 잘못 쓰고 있다는 고백의 기본을 이룬다. 악의 문제에서 나를 확인하고 나를 나로 인정하는데, 그 무지가 일부분을 이룬다.*

---

* 왜 그런지 모르지만〔무지〕 악의 한가운데 분명히 내가 있다는 것이다. 악이 내

둘째, 나는 내 자유의 '무능'을 발견한다. 할 수 있다고 하면서 책임을 말했기 때문에 여기서 다시 무능을 말하는 것은 이상하다.** 앞에서 우리는 밖에서 주어지는 한계를 부인했는데, 여기서 무능력을 말한다는 것은 이상하지 않은가?

내 자유는 이미 부자유임을 고백한다. 윤리에서 가장 큰 역설이다. 그것은 우리의 출발점과 어긋나는 것으로 보인다. 우리는 처음에 이렇게 말했다. 악은 그렇게 하지 '않을 수 있었던' 것이다. 여전히 옳은 이야기이다. 그러나 동시에 나는 악을 저지르지 '않을 수 없도록' 이미 붙잡혀 있다. 그렇게 붙잡혀 있는 것이 악이다. 자유 안에 그런 모순이 들어 있다. 능력의 무능이고, 자유의 부자유이다.

절망해야 하는가? 아니다. 오히려 그런 고백에서 모든 것이 새로 출발한다. 악의 근거로 돌아가면 바로 그 지점에서 자유가 구원을 기다리고 있음을 안다. 자유는 구원의 '희망'을 가질 수 있다.

3) 종교 차원

앞에서 우리는 칸트 철학을 빌려 악의 문제를 윤리 문제로 보았다. 악을 자유와 연결시키고 의무와 연결 지어 생각할 때 윤리 문제가 된다.

의지 문제이고 내 책임임을 고백하지만, 그 근거에 내가 설명할 수 없는[무지] 어떤 힘이 있음을 느끼면서 그런 고백을 한다. 악은 내가 저지르는 것이지만, 내 안에 '이미 들어 있는' 것이다. 앞의 것은 철학적 반성을 통해 밝힐 수 있는 부분이고, 뒤의 것은 무지의 부분이며 결국 종교로 넘어가는 부분이다. 물론 여기서 '이미'가 시간적인 과거를 말하는 것이라면 악의 존재론에 빠질 위험이 있다. 칸트나 리쾨르나 성 아우구스티누스는 악의 존재론을 철저하게 부정한다. 그러므로 우리가 '이미 들어 있는 악'이라고 할 때, 그것은 철저한 무능력을 말한다. 리쾨르가 말한 대로 타락 신화를 철학적으로 풀이한 것이다. '이미'는 '언제나 이미'이다. 매번 발생하는 '이미'이다. 시간 개념이 아니라 실존 개념이다.

** 내가 악하게 하지 않을 수 있는데 악하게 행동했기 때문에 악은 내 책임이다. 그런데 어떻게 여기서 다시 무능, 곧 악하게 하지 않을 수 없음을 말하는가? 악하게 하지 않을 수 없음, 곧 선에 대한 무능력은 성 아우구스티누스의 *non posse non peccare*, 곧 죄짓지 않을 수 없음으로 돌아가는 말이다.

악의 문제를 놓고 종교에서 하는 이야기는, 결국 '희망'이다. 그 문제를 설명해보자. 악의 문제는 뒤에서 다루기로 하고, 먼저 희망 문제를 다루자. 나는 희망 문제가 신학의 중심을 차지한다고 본다.[3] 그런데 정작 신학에서는 희망을 중심 개념으로 다루는 경우가 드물다. 그러나 내가 볼 때 예수의 선포는 하느님 나라에 관한 것이다. 하느님 나라가 다가왔다, 하느님 나라가 너희 가까이 있다, 하느님 나라는 너희 가운데에 있다. 예수와 초대교회의 선포가 그런 종말론에서 나왔다면 신학을 종말론에 비추어 생각해야 한다. 오실 하느님은 하느님이요, 보이는 하느님은 우상이다. 약속의 하느님은 역사의식을 주지만, 사물에 현현하는 하느님은 자연을 경배하게 한다.

그렇다면 희망은 자유나 악의 문제와 어떤 관련이 있는가? 자유 문제부터 보자. 종교가 윤리와 다른 점은, 자유를 희망의 빛에서 생각하게 한다는 점이다.

성서 용어로 말해보자. 희망을 따라 자유를 생각한다는 것은, 몰트만이 말하는 대로 나를 장차 있을 그리스도의 부활운동 속에 두는 것이다. 이런 '케리그마' 형태의 말은 여러 가지 현대 언어로 표현할 수 있다. 먼저 키르케고르와 함께 희망에서 오는 자유 또는 가능을 향한 열정이라고 할 수 있다. 이런 표현은 현재의 지혜나 필연에 귀속되는 것과 정반대로 자유의 약속을 가리킨다. 오실 하느님에게 기대하는 자유는 철저히 새로운 것을 향해 있다. 그것은 창조력 넘치는 가능의 상상력이다.

그러나 좀 더 깊이 들어가면 희망에 따른 자유는 죽음에도 '불구하고' 자유요, 죽음의 징후에도 불구하고 죽음을 부정하는 것이다.

한편 '~에도 불구하고'는 생명의 비약과 짝을 이룬다. 성 바울이 말하는 유명한 '더욱 넘침'이다. '~에도 불구하고'보다 더 깊은 이 범주

---

[3] 이 문제는 앞 글 「희망에서 오는 자유」에서도 다루었다. 거기서는 신구약 성서 주석과 성서 신학의 종말론 해석을 바탕으로 희망 문제를 다루었다.

를 가리켜 넘침의 논리라고 일컬을 수 있으며, 그것이 곧 희망의 논리이다.

이 넘침의 논리를 일상생활에서 찾아야 하고, 노동과 여가 그리고 정치와 세계 역사 속에서 찾아야 한다. 부정의 논리인 '~에도 불구하고'는 즐거운 긍정 논리인 '더욱 넘침'의 다른 면이고, 그 그늘이다. '더욱 넘침'에서 자유는 넘침의 경제학을 느끼고 바라며 속한다.

넘침의 경제학은 우리를 다시 악의 문제로 돌아가게 한다. 거기에서 출발해야 악의 문제를 종교와 신학에서 다룰 수 있다. 윤리에서 보는 악은 앞에서 본 대로 이렇게 요약할 수 있다. (1) 악은 자유의 산물이다. (2) 악은 준칙과 법의 관계의 역전이다. (3) 악은 자유를 자유롭게 다루지 못하는 알지 못할 자유의 체질이다. 이것으로서 윤리는 할 말을 다했다.

이제 종교는 악에 대해 다른 이야기를 전개한다. 그리고 그 이야기는 약속과 희망 안에 있다. 그 이야기는 먼저 악을 하느님 '앞에' 세운다. "당신께만 오직 당신께만 저는 죄를 지었습니다, 당신 눈앞에서 나는 악한 짓을 저질렀습니다"(「시편」 51 : 4). 도덕적 고백을 죄의 고백으로 바꾸는 이 기도는 먼저 악을 더 깊이 의식하는 것이다. 그런데 거기에 그리스도교를 도덕화하는 환상이 있다. 하느님 앞에서 악은 약속의 운동 속으로 들어간다. 기도는 이미 관계 회복의 시작이고 재창조의 시작이다. '가능을 향한 열정'이 이미 악의 고백을 사로잡았다. 회개한다는 것은 미래를 향한 것이고, 과거의 회한에서 벗어나 있는 것이다.

그리고 종교에서는 악의 내용을 크게 바꾼다. 도덕에서 말하는 악은 기본적으로 범함이요 규범을 위반하는 것이다. 경건한 사람들이 죄를 생각할 때 대개 그런 식으로 생각한다. 그러나 하느님 앞에 서면 악의 질이 바뀐다. 악이란 율법을 위반하는 것이 아니다. 사람이 스스로 자기 삶의 주인인 체하는 것이 악이다. 율법에 따라 살려고 하는 것이 악이요, 악이 아닌 것처럼 은폐하는 만큼 가장 큰 악은 없다. 스스로 의로움을 말하지만 그것은 불의보다 더 나쁘다. 윤리 의식은 그것을 모른다. 종교 의식(意識)만이 그것을 안다. 그리고 이 두 번째 관점 역시 약속과 희망으로 표현할 수 있다.

사실 의지란 자의와 법의 관계(칸트 용어로 말하자면 자기 멋대로 하는 의지인 Willkür와 이성의 법을 따르는 의지인 Wille의 관계)에서 형성되는 것만은 아니다. 완성하고 이루려는 욕망이 의지를 형성하기도 하는데, 그 부분이 더 근본적이다. 앞 글에서 이미 그 점을 다루었다. 칸트 자신도 『실천이성비판』의 변증론에서 통합의 목표를 인정했다. 법과의 관계가 분석론을 이루고 있다면, 통합의 목표는 변증론을 이루고 있다. 그런데 칸트에 따르면 통합을 이루려면 그전에 갈라놓았던 두 순간이 다시 만나야 한다. 순수한 의무에 대한 복종인 덕과 욕망의 만족인 행복, 이 둘이 화해한다. 칸트가 말하는 이 화해가 바로 희망에 해당한다.

의지의 철학이 새롭게 전개되면서 악의 철학도 새롭게 펼쳐진다. 의지가 통합을 겨냥하고 있다면, 자의와 법의 관계만 생각해서는 악의 근본 문제에 도달하지 못한다. 진짜 악, 악 중의 악은 거짓의 종합이다. 현대에 이르러 정치제도 속에서 문화 경험을 통합하려고 하는 노력 또는 교회제도 안에서 통합을 이루려는 노력, 그런 거짓들이 진짜 악이다. 거기서 악이 진짜 얼굴을 내민다. 악 중의 악은 설익은 종합을 종합이라고 내세우는 것이요, 억지로 만든 통합을 내세우는 것이다.

그런데 그처럼 깊어진 악은 희망을 저버린다. 전체 통합을 목표로 하고 완성을 바라기 때문에 사람은 전체주의에 빠진다. 전체주의는 '희망'에서 생긴 병이다. 옛 잠언에서 마귀는 성전 뜰을 드나든다고 말하지 않던가. 그러나 동시에 우리는 악이 넘침의 경제학에 속한다는 것을 느끼게 된다. 바울에 따르면 악이 '많은 곳에' 희망이 '넘친다'. 그러므로 악을 희망의 서사시에 집어넣을 용기를 가져야 한다. 우리가 알지 못하는 방식으로 악은 하느님 나라의 도래에 힘을 보탠다. 악을 보는 믿음의 시각이 그렇다.

그것은 도덕주의 시각과 다르다. 도덕은 악하다는 술어와 선하다는 술어를 대립해서 놓는다. 그리고 악을 정죄한다. 그리고 악을 자유의 탓으로 돌린다. 그리고 알 수 없는 한계에 부딪힌다. 어떻게 자유가 노예가 되었는지 알 수 없기 때문이다. 그러나 믿음은 그런 식으로 보지 않는다. 악의 시초가 문제가 아니라 악의 '끝'이 문제이다. 악의 문제는 악의 종말 문제이다. 악의 종말 문제는 예언자들에게서 볼 수 있듯이 약속의 문제로 이어진다. 예수와 함께 오실 하느님의 선포와 이어지며, 바울과 같이 넘침의 법으로 이어진다.

세상에서 벌어지는 사건이나 사람들을 보는 믿음의 눈이 기본적으로 '너그러운' 까닭은 거기에 있다. 믿음의 눈으로 볼 때, 악을 인류의 교육 문제로 보는 계몽주의가 청교도보다 낫다. 청교도는 정죄에서 자비로 가는 문턱을 넘지 못하기 때문이다. 윤리 차원에 갇혀서, 다가오는 하느님 나라를 보지 못하기 때문이다.

4. 종교 · 무신론 · 믿음

이 주제는 나 자신을 몹시 압박하는 주제이다. 이 문제를 놓고 나는 니체나 프로이트의 무신론이 제기한 종교 비판을 어느 정도 받아들일 수 있는지, 또한 그런 비판을 무릅쓰고 나는 왜 스스로 그리스도인이라고 생각하는지를 말하지 않을 수 없다. '무신론이 종교에 주는 의미'라는 말이 있듯이, 무신론은 종교를 부인하거나 부수는 역할을 한다기보다는 조금 다른 지평을 연다. 무신론이 여는 다른 지평이란 종교 이후의 믿음 또는 종교시대 이후의 믿음이라고 할 수 있다. 여기서 내가 살피고 두둔하려고 하는 것이 바로 그것이다.

이 글의 제목 '종교 · 무신론 · 믿음'에도 그런 의도가 숨어 있다. '무신론'이라는 낱말은 연결점을 이룬다. 종교와 믿음 사이를 끊으면서 잇는다. 그것은 그가 부인한 것을 다시 돌아보며 새로운 길을 연다. 나는 그런 일이 얼마나 어려운지 잘 알고 있다. 너무 쉬우면서 너무 어렵다. 종교와 믿음을 처음부터 구분한다거나, 무신론이 알게 모르게 '믿음을 구출하는' 도구라고 단정한다면, 그 일은 너무나 쉽다. 또는 한 손에서 놓은 것을 다른 손으로 받는 과정이 바로 무신론이라고 생각한다면, 무신론이 종교와 믿음을 잇는다는 것은 너무 쉽고 당연한 일일 수 있다. 그러나 그렇게 정해진 길은 없다. 그 과정은 생각으로 이루어야 할 어려운 과제이다.

그래서 나는 위험을 감수하는 길을 가기로 했다. 목표를 정해놓지 않고 길 없는 길을 가련다. 뒤에서 두 가지 문제를 다루겠는데, 그러한 연구로 뭔가 시작하겠지만 끝내는 것은 없으며, 뭔가를 향해서 가지만 정해놓은 어떤 목표는 없다. 내가 가려는 길은 그런 길이며 그래서 어려운 길이다.

그러나 나는 그 길이 철학자가 종교와 무신론, 믿음의 변증법에 맞닥뜨릴 때 가야 할 길이라고 생각한다. 철학자는 설교자가 아니다. 물론 설교를 들을 수는 있다. 그러나 전문가로서 그리고 책임 있게 생각하는 사람으로서 그는 언제나 초보자이다. 철학자들의 말은 늘 예비 단계요 무엇인가를 준비하고 있다. 그 점을 애석하게 생각할 필요는 없다. 종교의 죽음 뒤에 진짜 무언가가 감추어져 있는데, 그런 혼란의 시대에는 철학자가 긴 호흡으로 그리고 간접으로 무언가를 준비해야 한다.

모든 문제를 다룰 수 없으므로 나는 '정죄'와 '위로', 이 두 문제를 다루려고 한다. 그것이 종교의 두 가지 핵심 측면을 이루기 때문이다. 종교에서 중요한 두 가지 측면이란 터부와 위로이다. 이러한 기본 의미가 종교 감정의 두 개의 기본 축을 이룬다. 벌에 대한 두려움 그리고 보호받으려는 욕망이다. 그것은 신의 모습이기도 한데, 똑같은 신이 위협하기도 하고 위로하기도 한다.

그러므로 나는, 벌에 대한 두려움과 보호받으려는 욕망으로 이루어진 인간 삶의 가장 오래된 구조, 그것을 종교라고 본다. 물론 그것은 믿음으로 극복해야 한다. 정죄와 보호는 말하자면 '종교의 썩은 부위'라고 할 수 있다. 마르크스는 앞서 철학의 썩은 부위를 가리켜 종교라고 했다. 무신론의 존재 근거가 거기에 있다. 파괴와 해방이라는 이중 의미를 지닌다. 그리고 바로 거기서 무신론은 정죄와 보호 너머에 있는 믿음의 길을 연다. 내가 개척하려는 변증법이 그렇다. 먼저 정죄를 다루고 그다음에 위로 문제를 다루겠다.

1) 정죄

(1) 내가 살피려는 무신론은 니체와 프로이트의 무신론이다. 그들은 종교가 금지와 정죄와 벌이라는 점에서 강하게 비판했다. 그러나 어떻게 그들이 종교의 그런 측면을 비판할 수 있었는가? 우리가 알아야 할 점은 그것이다. 그들은 영국의 경험주의나 프랑스의 실증주의 전통에 뿌리박은 종교 비판과는 다른 해석학을 만들어냈다. 그들이 다룬 문제는 신 존재 증명과 관계된 것이 아니다. 의미 없는 신의 개념을 따지고 들지도 않았다. 그들은 새로운 종류의 비판을 만들어냈는데, 곧 문화 표상 비판이다. 문화 표상들은 위장하고 있지만 그 속에 욕망과 두려움을 감추고 있다고 보았다.

윤리와 종교도 모두 문화 표상에 속하는데, 그들은 문화에 감추어진 뜻이 있다고 보았다. 감추어진 뜻을 벗겨내려면 특별한 풀이 방식이 필요하다. 종교에도 알려지지 않은 의미가 있다. 신자의 의식을 들여다보아도 그 속을 특별한 방식으로 감추고 있다. 따라서 그러한 은폐 방식에 맞는 해석 기술이 필요하다. 그것이 환상 해석이다. 여기서 환상이라는 것은, 인식 차원의 잘못이나 윤리 차원의 거짓과는 다르다. 환상은 문화를 이룬다. 우리의 대중 의식은 무엇을 위장하고 있으며 진짜 의미를 감추고 있다는 것이다. 그래서 비판과 의심의 눈으로 봐야 그 진짜 의미에 다가갈 수 있다고 한다.

니체나 프로이트는 일종의 문헌학이면서 동시에 계보학인 일종의 환원해석학을 발전시켰다. 그것은 문헌학이고, 주석이며 해석이다. 그런데 우리 의식을, 어떤 텍스트가 지워지고 위에 새로운 텍스트가 쓰여진 양피지 같은 것으로 보고 있다. 원래의 텍스트를 찾아내는 것, 그것이 특별한 주석 작업이 해야 할 일이다.

동시에 그 해석학은 계보학이다. 텍스트의 왜곡은 힘의 충돌에서 생긴 것이고, 충동과 거기에 맞서는 충동의 갈등에서 비롯되었으므로 그 기원을 가려내야 한다는 점에서 계보학이다. 물론 연대기를 따지는 계보학은 아니다. 설사 어떤 역사적인 단계를 들먹인다 해도 어떤 시간상의 기원을 말하는 것이 아니다. 윤리나 종교의 가치들이 생겨 나오는 힘을 지닌 자리를 찾는 것이고, 그래서 텅 빈 자리이다. 그 텅 빈 자리를 찾는 것, 그것이 계보학의 과제이다.

그것을 가리켜 니체는 '힘을 향한 의지'라고 했고 프로이트는 '리비도'라고 각각 다르게 불렀다는 사실은 지금 우리에게 중요하지 않다. 오히려 그들의 배경과 관심, 의도가 서로 달랐음에도, 종교를 금지의 원천으로 보는 그들의 분석은 서로 협력관계에 있다. 우리가 그 둘을 같이 놓고 보면 오히려 각각을 이해하기가 쉽다고 할 수 있을 정도이다.

한편에서 니체는 이른바 이상 속에서, 세상 의지 밖이며 세상 의지보다 높은 '자리'를 본다. 그처럼 밖이며 높은 환상에서 금지와 정죄가 나온다. 그러나 그 '자리'는 아무것도 아니다. 그것은 자신을 하늘에 투사하는 노예의지에서 생긴 것이다. 그처럼 이상이 아무것도 아님을 밝히는 것이 문헌학과 계보학의 과제이다. 금지를 내는 금지의 하느님은 아무것도 아닌 이상의 자리이다.

그처럼 아무것도 아닌 것을 전통 형이상학에서는 예지의 세계라든지 절대 선이라든지 가치의 초월적인 근거라고 불렀다. 그러나 그것은 텅 빈 것이기 때문에 형이상학의 파괴는 우리 시대에 허무주의 형태를 띤다. 니체가 허무주의를 만든 것도 아니고 허무주의가 무를 만든 것도 아니다. 허무주의는 역사의 과정이며, 니체는 그것을 증언할 뿐이다. 허무주의는 환상이므로 무인 것을 역사 속에서 드러내는 것일 뿐이다. 그러므로 무는 허무주의에서 나온 것도 아니고, 허무주의가 니체에서 비롯된 것은 더욱 아니다.

허무주의는 형이상학 안에 들어 있다. 형이상학이 이상을 제시하고 어떤 초자연적인 기원을 제시해서, 삶을 무시하고 이 땅을 우습게보며 본능을 미워하고 약한 것을 취하기 때문이다. 그래서 환원해석학은 그리스도교를 노린다. 그리스도교는 '백성에게 플라톤주의'이고, 윤리로 볼 때 초자연주의에 속하기 때문이다. 그러므로 '가치의 전도'(Umwertung)는 뒤집어진 것을 다시 뒤집는 것이고, 가치의 기원인 힘을 향한 의지를 회복하는 것이다.

그 같은 종교 비판을 우리는 『선악을 넘어서』나 『도덕의 계보』에서 볼 수 있다. 그런데 그러한 니체의 종교 비판은 우리를 프로이트가 초자아라고 부른 것으로 안내하는 좋은 길잡이가 된다. 초자아 역시 이상이 만든 것으로, 금지와 정죄가 초자아에서 생긴다. 그리하여 정신분석 역시 하나의 주석이고 해석 작업이다. 그 해석을 통해 우리는, 도덕의식이라는 겉으로 드러난 텍스트 뒤에서 오이디푸스 드라마를 본다. 정신분석은 또한 계보학이다. 억압에 투자된 힘의 기원을 생명 깊은 곳, 곧 '이드'에서 찾는다.

그렇게 볼 때 초자아는 자아 너머에 있는 법정이고, 거기서 판단하고 정죄하는 '단계'에 불과하다. 이제 초자아는 그 절대성을 잃는다. 파생된 것이고 나중에 생긴 제도이다. 물론 프로이트에게는 니체에게 없는 것이 있다. 한편으로는 편집 신경증이나 우울증 그리고 도덕적인 마조히즘을 다룬 임상 경험이 있고, 다른 한편으로는 문화의 사회학이 있는데, 두 가지 연구 결과를 통합해서 프로이트는 윤리를 초자아 문제로 바꿔버릴 수 있었다. 말하자면 프로이트는 그렇게 의식의 병리학 또는 의무의 병리학을 세울 수 있었다.

게다가 신경증의 발생을 연구하면서 그는 문화인류학에서 말하는 토템과 터부 현상을 발생학 관점에서 해석할 수 있었다. 프로이트가 윤리와 종교의 기원이라고 믿은 토템과 터부는, 오이디푸스 콤플렉스에서 비롯된 숨어 있는 아버지 형상 때문에 생긴 대체 과정의 열매이다. 개인 오이디푸스를 보면 인류고고학에 속하는 집단 오이디푸스를 알 수 있다. 그리하여 규범과 법 제도는 부친 살해라는 옛 드라마로 돌아간다. 그러나 그것이 정신분석에만 통하는 '프로이트의 신화'인지 아니면 프로이트가 정말 신의 기원에 도달한 것인지는 말하기 어렵다. 아무튼 그것이 프로이트 개인의 신화라고 할지라도 니체가 『도덕의 계보』에서 말하는 제도와 매우 비슷하다. 다시 말해서 선과 악은, 약하고 의존적인 상황으로 투사해서 생긴 것이라는 점이다.

그러나 프로이트에게는 독특한 것이 있다. 뒤집어진 것을 다시 뒤집는 것이라고 한 '가치 전도'는 니체가 허무주의라고 일컬은 문화 비판을 거칠 뿐만 아니라, 프로이트가 「레오나르도 다 빈치의 유년의 기억」에서 '부친 거부'라고 한 개인적인 거부 행위도 거친다. 부친 거부는 장례식에 견줄 수 있다. 그리하여 허무주의와 장례식은 나란히 뻗어 있는 두 길이며, 그 길 위에서 가치의 근거가 드러난다. 하나는 힘을 향한 의지요 다른 하나는 영원히 타나토스와 충돌하는 에로스이다.

그러한 무신론이 신학에 주는 의미를 묻는다면 먼저 그것이 어떤 종류의 무신론인지를 보아야 한다. 우리는 『즐거운 학문』에 나오는 "신은 죽었다"는 유명한 말을 안다. 그러나 어떤 신이 죽었는지 물어야 한다. 그리고 그 죽음이 살인에서 비롯된 것이라면 누가 그를 죽였는지도 물어야 한다. 또 신의 죽음을 선언하는 그 말에 어떤 권위가 주어지는지 물어야 한다. 이 세 가지를 물을 때, 니체와 프로이트의 무신론은 우리가 말한 주석도 아니고 계보학도 아니며, 영국의 경험주의나 프랑스의 실증주의와 분명히 구분된다.

어떤 신이 죽었는가? 우리는 이렇게 답할 수 있다. 형이상학의 신이 죽었다. 그리고 신학이 제일 원인이나 필연 존재, 제일 능동인을 가치 근거와 절대 선으로 삼는 형이상학에 바탕을 두는 한, 신학의 하느님은 죽었다. 칸트 이후 하이데거가 쓴 말을 사용해서 말하자면 존재 신학의 신이 죽었다.

존재 신학은 칸트 철학에서 적어도 윤리학과 관련해 철학으로 가장 정교하게 다듬어졌다. 다 알고 있듯이 칸트는 종교를 윤리와 밀접하게 연결해서 보았다. 양심의 명령을 하느님의 명령처럼 보는 것, 그것이 칸트가 말하는 종교의 첫째 기능이다. 물론 칸트 역시 종교의 다른 기능을 보았다. 악의 문제와 관련해서, 자유의 실현과 관련해서 그리고 윤리 세계에서 의지와 자연의 통합을 이루려는 문제와 관련해서 종교의 기능이 있다. 그러나 최고 입법자인 하느님과 이성의 법과의 최초 관계를 말하는 칸트는, 여전히 형이상학의 시대에 속해 있다. 여전히 예지의 세계와 감각의 세계를 나누는 이분법을 따르고 있다.

니체와 프로이트의 역할은, 칸트 철학의 도덕 신이 자리 잡고 있는 의무의 원리를 분석해 그 원리로부터 선험적인 것($a\ priori$)을 벗겨버리는 것이다. 환원해석학은 이른바 '아프리오리'라는 것의 계보를 따져 올라간다. 그러면 주어진 것이라고 생각한 의무의 형식 원리도 어떤 과정의 결과에 지나지 않게 된다. 그 과정은 감추어져 있는데, 그것은 다름 아닌 의지의 정죄 행위이다.

그러므로 형식 원리의 진실은 정죄에 있다. 선험적인 것과 경험적인 것을 나누어 생각하는 반성철학은 그 문제에 도달할 수 없다. 오직 해석학 작업을 통해서만 의무의 뿌리에 정죄가 있다는 것을 알 수 있다. 환원해석학은, 칸트의 범주 분석 같은 단순하고 추상적인 방법 대신 문헌학과 계보학 방법을 사용해 실천이성 뒤에서 본능을 발견하고 두려움과 욕망을 본다. 이른바 의지의 자율 뒤에 연약한 의지의 애처로움이 있다. 그러한 주석과 계보학 덕분에 도덕 신—니체의 표현이지만—은 정죄와 저주의 신이라는 사실이 드러난다. 바로 그런 신이 죽은 것이다.

이제 우리는 두 번째 물음에 이르렀다. 누가 죽였는가? 이상의 핵심에 들어 있는 무 그리고 초자아의 절대성 결여이다. 도덕 신을 죽인 자는 다름 아니라 니체가 문화 과정 또는 허무주의 과정이라고 부른 바로 그것이다. 또는 프로이트의 정신분석학 용어로 말하자면 부친에 대한 장례식, 바로 그것이 신을 죽였다.

그러나 이제 세 번째 물음으로 가보자. 도덕 신의 죽음을 선포한 이야기를 우리는 어느 정도나 신뢰할 수 있는가? 이 물음에 이르면 갑자기 문제가 다시 복잡해진다. 우리는 어떤 신이 죽었는지 알아냈다. 도덕 신이라고 했다. 그 죽음의 원인이 무엇인지도 알아냈다. 허무주의를 통한 형이상학의 자기 파괴라고 했다. 그러나 누가 그런 말을 했는가? 엄청난 사람인가? 차라투스트라인가? 엄청난 차라투스트라인가? 그럴 지도 모른다.

적어도 우리는 이렇게 말할 수 있다. 그 문제는 생각으로 밝힐 수 있는 문제가 아니다. '망치를 쥔 사람'만이 자기 말의 권위를 가지고 힘을 향한 의지가 최고라고 선포할 수 있다. 아무도 그것을 증명하지 못한다. 그 말이 열어놓는 새로운 삶의 운명만이 그것을 증명한다. 또는 디오니소스를 긍정하고, 운명을 사랑하고, '동일한 것의 영원한 회귀'를 받아들일 때에만 그것을 증명할 수 있다.

니체의 그런 긍정적인 철학이 그의 부정적 해석학에 권위를 부여한다. 그런데 니체의 긍정적 철학은 니체 자신에 의해 붕괴될 조짐을 보인다. 아무도 차라투스트라처럼 살 수 없다. 망치를 쥔 사람인 니체 자신도 그가 말한 초인이 아니다. 그리스도교에 대한 그의 공격은 원한에 차 있다. 그 반역이 예언자의 차원에 이르지 못했고 그럴 수도 없다. 그의 주된 글들은 정죄를 다시 정죄하는 데 머무르고 있다. 삶을 순수하게 긍정하는 데까지는 이르지 못하고 있다.

그래서 나는, 니체 이후에 아무것도 결정되지 않은 채 모든 길이 열려 있다고 생각한다. 단, 니체가 한 가지 길은 막아놓았다. 도덕 신에서 절정에 이르는 존재 신학이다. 금지와 정죄 윤리의 기반이 된 존재 신학은 이제 더 이상 통하지 않게 되었다. 그래서 이제 우리는 바깥에서 주어지는 최고 의지, 곧 신의 의지이자 신의 계명이라고 할지라도 무조건 복종하는 식의 도덕 형태를 되살릴 수는 없다. 회의학파가 이룬 윤리 및 종교 비판은 훌륭한 것이다. 그들 때문에 우리는, 우리의 약함을 규범과 율법에 투사해서 결국 죽음에 이르렀음을 알게 되었다.

(2) 이제 문제는 더욱 급해졌다. 무신론이 종교에 어떤 의미가 있다고 볼 수 있는가? 만일 종교를 좁게 생각해서, 사람과 힘 있는 신성한

존재와의 관계로 이해하면 무신론은 아무 의미가 없다. 그러나 '오직 도덕 신만 거부한 것'이라면 하나의 길이 열려 있다. 불확실하고 위험한 길이지만 우리는 지금 그 길을 찾으려고 한다.

어떻게 그 길로 들어갈 것인가? 곧바로 믿음이라는 말을 떠올릴 것이다. 앞에서부터 밟아온 길의 마지막 단계에 걸맞은 이름은 믿음이다. 아주 오래된 말이지만 새로운 뜻이 될 수 있다. 그 점에 대해서는 이 글 앞에서 무신론을 매개로 한 종교와 믿음의 변증법을 다루면서 말했다. 그러나 철학자는 그렇게 멀리 또는 그렇게 빨리 갈 수 없다고도 했다. 오직 예언자만이, 다시 말해서 니체의 차라투스트라 같은 힘과 자유를 지닌 자만이, 유대-그리스도교 믿음의 기원으로 돌아가면서 동시에 그것을 우리 시대의 사건으로 만들 수 있다.

철학자는 그런 예언자가 아니다. 기껏해야 키르케고르의 별명처럼 '종교시인'이다. 모든 법에 앞서 출애굽 선포가 있다. "나는 너희를 노예의 땅 이집트에서 구할 너희의 주 하느님이다." 철학자는 그 선포를 오늘의 말로 되살리는 예언자를 그린다. 금지와 정죄가 아닌 자유의 말씀을 전할 선포자를 상상한다. 그리스도의 십자가와 부활을 창조적인 삶의 시작으로 선포하고, 율법과 복음을 반대로 본 바울의 이야기에서 오늘날 필요한 말씀을 만들어내는 예언자를 기대한다. 바울의 반율법주의에 따르면 죄는 금기를 범하는 것이라기보다 삶을 은총 아래 두지 않는 것이다. 그러므로 죄는 율법 아래 있는 삶이다. 율법과 범죄 그리고 허물과 반역의 악순환에 갇혀 있는 인간의 생존 방식이 죄이다.

그러나 철학자는 그런 선포자가 아니다. 거기에는 몇 가지 이유가 있다. 첫째, 철학자는 목마름과 굶주림의 시대를 산다. 제도인 그리스도교는 아직도 '백성에게 플라톤주의'요, 바울이 말하는 율법으로 남아 있기 때문이다. 둘째, 허무주의는 끝나지 않았고 아직 그 절정에 이르지도 못했다. 죽은 신의 장례식은 아직 끝나지 않았다. 그런 중간에 서서 철학자는 생각한다. 셋째, 책임 있는 생각을 하는 사람으로서 철학자는 무신론과 믿음의 중간에 있다. 죽은 신의 우상을 부수는 환원해석학과 그리스도교 초대 공동체와 예언자의 케리그마를 다시 모으고 되풀이하는 해석학을 따로따로 놓는 데 만족할 수 없다.

철학자의 책임은, 무신론을 지나 종교와 믿음을 매개할 수 있는 문제 제기 차원까지 파고드는 것이다. 그 매개는 긴 길이다. 길을 잃은 것처럼 보일 수도 있다. 하이데거는 자기 글을 묶어 '숲길'(Holzwege)이라는 제목을 붙였는데, 이는 숲에 난 길로서 어디로 갈지 모르는 길이다.

하이데거가 말하는 숲길이 될지도 모르는 그 기나긴 길로 발걸음을 내디뎌보자.

먼저 말과 나의 관계를 생각해보겠다. 존재자나 존재에 대해 뭔가를 말하고 밝히는 시인이나 사상가의 말을 생각해보자. 윤리 냄새가 전혀 나지 않는 어떤 복종이 말과의 관계 속에 들어 있다. 그 같은 탈윤리적 복종이 우리를 가치 이론의 미궁에서 구출할 수 있다.

솔직히 고백하건대, 가치의 기원 문제에만 들어가면 철학은 곤경에 빠진다. 가치를 창조하는 것도 불가능하고 가치를 직관하는 것도 불가능하다. 그 같은 이론의 실패가 실천에서는 복종과 반역을 되풀이하는 상황으로 전개된다. 일상의 교육과 정치 그리고 윤리가 모두 그렇게 얼룩져 있다. 따라서 만일 그 차원에서 아무 결정도 내릴 수 없다면 길을 되돌아가 곤경을 벗어나야 한다. 결국 탈윤리적인 방법을 통해 자율과 복종의 문제에 접근해야 한다.

윤리적으로 생각하는 유일한 길은 먼저 탈윤리적으로 생각하는 데 있다. 그러기 위해서 우리는, 우리 의지의 자율이 어딘가에 의존하는 곳으로 가야 한다. 또 복종은 하지만 정죄나 금지와 무관하게 복종하는 그런 곳이다. 그곳은 윤리 이전이고 '들음'의 장소이다. 아직 무엇을 하는 존재 방식이 아니며, 그래서 복종과 반역 가운데 하나를 선택해야 하는 것도 아니다. 헤라클레이토스는 말했다. "내 말을 듣지 말고 로고스를 들어라."

말이 무엇인가를 말할 때, 존재자들의 의미에 대해서뿐 아니라 시인처럼 존재 자체에 대해 무엇인가를 말할 때, 그때 말씀의 사건이라고 일컬을 만한 것이 우리 앞에 닥친다. 무엇인가 말해지는데, 나는 그 무엇의 기원도 아니고 주인도 아니다. 말은 작업 도구나 생산 도구가 아니며 써서 없앨 소비품도 아니다. 내 마음대로 어떻게 할 수 있는 것이 아니다. 말의 사건 속에서 내가 마음대로 할 수 있는 것은 없고, 나 자신을 마음대로 추스르지도 못하며, 더 이상 나는 주인이 아니고 내 관심을 넘어선 어딘가로 끌려간다. 그처럼 스스로 자신의 주인이기를 멈추는 바로 그 지점에서 복종과 자유가 만난다.

하이데거는 『존재와 시간』에서 이렇게 말한다. "말은 이해 및 이해 가능성과 관련이 있다. 그것은 말 자체에 속하는 하나의 실존론적 가능성으로 분명하게 알 수 있다. 말 자체에 속하는 실존론적 가능성이란 '들음'이다. 우리가 '옳게' 듣지 못했을 때 이해하지 못했다고 말하는 것도 우연이 아니다. 들음이 말을 구성한다. 현존재는 이해하기 때문에 듣는다. 타자와 함께 이해하고 있는 세계 내 존재로서, 현존재는 공동 현존재 및 자기 자신에게 '귀를 기울이고'(hörig), 그처럼 귀를 기울이면서 공동 현존재와 자기 자신에게 귀속된다(zugehörig)"(『존재와 시간』, 236쪽*).

대부분의 언어에서 복종이라는 말과 들음이라는 말은 의미론으로 볼 때 비슷하게 쓰인다. 말을 듣는다(독일어로 horchen)는 것은 복종하고 따른다(gehorchen)는 것이다. 그러므로 말과 말을 들음과 복종(따름)은 의미의 순환관계를 이룬다. "먼저 실존론적으로 '들을 수 있음'이 있다. 그것을 바탕으로 해서 '말을 듣는 것'(Horchen)이 가능해진다. 말을 듣는 것은, 심리학에서 우선 지적하는 '듣기'(Hören)보다 더 근원적이다. 그냥 음향을 느끼고 음성을 인식하는 것보다 더 근원적이라고 할 수 있다. 말을 듣는 것은 이해하면서 듣는 존재양식을 지니고 있다"(같은 곳). 이해하는 들음이 우리 문제의 핵심이다.

물론 하느님의 말씀 같은 말은, 아무 말도 하지 않는다. 그럴 수 있다.

---

* 소광희 옮김, 『존재와 시간』, 경문사, 1998.

그 점에서 철학자가, 하느님의 말씀이라고 이름 붙일 만한 말을 가려내는 일을 하지는 않는다. 다만 실존적으로 무언가를 하느님의 말씀으로 알아들을 수 있는 존재 방식을 가려낼 수는 있다. "서로 귀를 기울이면서 공동 존재가 생긴다. 그리하여 따름(말을 들음)과 협력이 가능하다. 또는 그것이 빠지면 말을 잘 안 듣고 저항하고 불손하고 떨어져나간다"(같은 곳). 이렇게 해서 우리는 처음으로, 새로운 방식의 '이해'가 들음에 있음을 본다. 따름이다. 그러한 들음(hören)에 어디에 속함(zugehören)이 있고, 그 속함에서 윤리 이전의 복종과 따름이 나온다. 내가 찾는 것이 바로 그것이다.

또 있다. '들음'이 실존론적으로 따름에 앞설 뿐만 아니라 '침묵을 지킴'이 말보다 앞선다. 침묵이라고 했는가? 그렇다. 물론 여기서 침묵은 아무 말도 없다는 뜻은 아니다. 침묵을 지키는 것은 듣는 것이요 뭔가 말이 나오게 하는 것이다.

침묵은 들음의 길을 연다. "말의 또 다른 하나의 본질적 가능성, 즉 침묵도 동일한 실존론적 기초를 가지고 있다. 서로 말하는 가운데 침묵하는 자는 끝없이 지껄이는 자보다 더 본래적으로 '이해하고 있다'고 볼 수 있다. 이해가 드러나도록 하는 데 침묵이 기여한다는 것이다. 말이 많다고 해서 이해가 잘된다는 법은 없다. 오히려 계속 떠들면 이해를 덮어버리고 흐릿하게 만들며 오해를 불러온다. …… 오직 참된 말만이 참된 침묵을 가능하게 한다. 침묵할 수 있으려면 현존재는 할 말이 있어야 한다. 자기 자신을 정말로 완전히 드러내야 한다는 것이다. 그때 침묵은 무엇인가를 드러내고(계시하고) 빈말을 억제한다. 말의 방식인 침묵은 현존재의 이해를 근원적으로 규정하고 있다. 그리하여 진짜 '들을 수 있음'과 투명한 상호공존이 거기에서 나온다"(『존재와 시간』, 237~239쪽).

그러한 분석 그리고 그것을 담고 있는 '현존재 분석'에서 길이 열린다. 모든 금지와 정죄에 앞서는 말씀인 하느님과의 관계에 접근할 수 있는 길이 열린다. 그렇다고 해서 내가 단순히 실천이성의 범주를 확장해서 말씀의 사건인 복음을 만나려고 하는 것은 아니다. 우리가 찾는 하느님은 도덕 의무나 계명을 내리는 분이 아니요, 인간의 윤리 체험에 절대성을 부여하는 분도 아니다. 케리그마를 의무와 책임의 미로에 빠뜨려서는 안 된다.

이제 두 번째 발걸음을 내디뎌보자. 말과의 그러한 실존적 관계에서 어떤 윤리가 가능한가? 무신론에 의한 장례식 그리고 들음과 침묵에 들어 있는 탈윤리적 이해 방식을 받아들일 때, 우리는 금지와 다른 방식으로 그리고 정죄에 대해서는 중립적인 방식으로 윤리 문제를 제기할 수 있다. 독특하게 윤리 문제를 제기해보자. 도덕 신을 부수고, 말씀으로 탈윤리를 세우는 윤리이다.

의무의 윤리에 앞서는 그런 윤리를 나는 '존재 욕망의 윤리 또는 존재하려는 노력의 윤리'라고 부르겠다. 철학사에서 보면 그 선구자는 스피노자이다. 그는 사람이 노예 상태에서 벗어나 행복과 자유의 상태로 가는 과정 전체를 윤리라고 일컬었다. 그런 과정은 형식적인 의무 원리로 해결되는 것도 아니고, 목적과 가치를 직관해서 되는 것도 아니다. 코나투스, 곧 노력으로 이루어진다. 여기서 노력은 우리 자신을 존재의 유한한 존재 방식인 실존 안에 두는 것이다.

노력이라고 했지만 욕망도 말해야 하겠다. 스피노자가 말한 코나투스, 곧 노력과 플라톤과 프로이트가 말한 에로스(프로이트는 자기가 리비도나 에로스라고 부른 것은 『향연』에 나오는 에로스와 같은 것이라고 했다), 곧 욕망은 처음부터 똑같은 것이다. 노력이라고 할 때 나는 실존에 서는 것 또는 존재하기를 긍정하는 힘을 말한다. 그 노력은 계속되며 그러한 노력이 이어지면서 실존이 이어진다. 그처럼 실존에 서면서 가장 최초의 긍정 '나는 있다'가 나온다.

그런데 그 긍정을 다시 확인해야 한다. 바로 여기에 악의 문제가 있기 때문이다. 나의 존재는 여러 가지로 소외되어 있다. 그래서 재건해야 한다. 그러므로 '존재하려는 나의 노력을 다시 내 것으로 삼는 것', 그것이 윤리의 과제이다. 그런데 우리의 존재하는 힘이 소외되어 있기 때문에 그러한 노력은 욕망의 형태로 남아 있다. 존재 욕망이다. 욕망은 늘 그렇듯이 여기서도 결핍과 필요 또는 욕구이다. 우리 실존 한가운데 텅 빈 무가 있다. 그래서 노력은 욕망이 되고, 스피노자의 코나투스가 플라톤이나 프로이트의 에로스와 같은 것이 된다. 존재 결핍 속에서 존재를 긍정하고 확인하는 것, 그것이 윤리의 뿌리에 있는 기본 구조이다.

그런 점에서 윤리는, 존재하려는 노력을 점차 내 것으로 삼는 데 있다. 의무를 실천이성의 기본 원리로 보면 그런 뿌리 깊은 차원이 은폐된다. 윤리에서 형식주의는 인간 행위의 변증법을 은폐한다. 좀 더 분명히 말하면 인간의 실존 행위의 변증법을 은폐한다. 실천이성의 선험적 원리는 근본 문제가 아니라 파생된 문제이고, 그런 파생된 문제가 근본 문제를 덮어버린다. 내가 실천이성의 선험적 원리를 파생된 문제라고 한 까닭은 그것이 순수이성 비판에서 온 것이기 때문이다. 따라서 실천이성의 선험적 원리는, 인식 행위를 가능하게 하는 범주 구조를 찾아 거슬러 올라가는 분석의 틀 안에서만 그 의미가 있다.

그러나 그처럼 경험과 아프리오리를 나누는 이분법이 인간 행위의 내부 구조에까지 영향을 끼치는가? 다시 말하면 내가 실존 행위의 변증법이라고 부른 것에까지 영향을 끼칠 것인가? 그렇지 않다고 본다. 첫 번째 비판에서 사용한 이분법을 실천이성에 그대로 적용한 결과, 칸트는 의무와 욕망을 나누어, 의무는 의지의 아프리오리로 보고 욕망은 경험 요소로 보았다. 내가 볼 때는 그렇다. 그처럼 욕망 문제를 윤리에서 빼버린 결과는 참담하였다. 행복을 찾는 것은 물질 요소라고 보고 생각 밖으로 내몰았다. 의무의 형식 원리는 그런 식으로 행위 과정에서 멀어졌다. 스피노자가 말한 행복과 자유 대신 엄격주의 윤리가 들어섰다. 프로이트나 니체의 해석학은 그처럼 형식주의가 윤리의 바탕이 되는 데 반기를 들었다. 다시 말하지만 형식주의는 이론이성의 영역에서나 타당한 이분법을 실천이성에 그대로 옮겨옴으로써 생긴 것이다.

그러면 의무 문제는 윤리에서 중요하지 않은가? 그렇지 않다. 금지도 자기 역할이 있다. 다만 그것은 기원이나 바탕을 이루는 것이 아니다. 선한 의지의 객관 기준이 될 뿐이다. 가치 개념에 대해서도 똑같이 말할 수 있다. 가치에도 역할이 있지만, 가치가 맨 앞에 있는 것은 아니다. 윤리가 어느 단계에 이르렀을 때 가치를 생각하게 되는 것이다. 우리 능력을 상황이나 제도 그리고 정치·경제·문화에 맞추어야 할 때 가치 개념이 생기는 것이다. 우리의 무한한 존재 욕망과 유한한 현실이 교차하면서 가치가 등장한다. 가치의 기능이 그렇기 때문에, 어떤 절대 가치를 찾는다거나 가치를 섬기는 일은 있을 수 없다. 가치에는 어떤 과정이 있다. 그것을 행위의 변증법에 연결시켜보고, 윤리 경험이 발생한 여러 가지 역사 상황과 연결시켜보는 것으로 충분하다.

우리는 지금 니체와 프로이트의 해석학을 빌려, 형식주의 윤리와 가치의 형성 과정을 실존 바탕인 우리의 노력과 욕망 문제로 끌고 가고 있다. 그런데 니체와 프로이트에게만 그런 면이 있는 것은 아니다. 앞서 살핀 말의 철학도 우리를 같은 길로 안내한다. 우리는 말을 살아 있고 힘 있는 현실로 보는데, 그것은 말이 저 밑에서 실존 행위와 연결되어 있음을 암시한다. 말에는, 우리가 지니고 있는 우리 자신에 대한 이해를 바꾸는 힘이 있다.

그 힘은 명령에서 나오는 것이 아니다. 말은 따라야 할 명령 형태로 의지에게 말하기 전에, 내가 실존이라고 부른 것, 곧 노력과 욕망에게 말을 한다. 말은 우리를 바꾸는데, 그것은 의지가 의지를 눌러서 되는 것이 아니라 '이해하는 들음'에 의해 되는 것이다. 그러한 말은 우리 실존의 상징 틀에서 우리에게 다다른다. 상징은 상황을 이해하는 이해 방식의 표현이면서, 그 상황에 우리의 힘을 쓰는 방식의 표현이다.

결국 칸트가 의지의 선험적 구조라고 부른 의무 원리를 앞서는 것이 있다. 그것은 우리의 실존, 말씀으로 변화될 수 있는 실존 그 자체이다. 우리의 존재 욕망과 말씀의 능력이 서로 깊은 연관을 맺는 것은, 우리가 듣고 귀를 기울이고 복종할 때이다. 그 점에 대해서는 앞에서 보았다. 흔히 말하는 의지나 가치 평가 그리고 결단과 선택은 그다음에 오는 것이다. 그러한 의지의 심리학은 좀 더 깊은 곳에서 일어나는 일이 겉으로 흘러나온 것에 지나지 않는다. 깊은 곳에서 일어나는 일이란, 하이데거의 현존재 분석에 나오는 용어에 따르면 이해와 말씀의 깊은 연관이다.

무신론에서 믿음으로 가는 길고 긴 길에서 내가 내디딘 두 번째 발길이 그렇다. 더 멀리 가지는 않겠다. 물론 목표는 아직 멀었고, 다음에 살필 위로와 체념에 관한 이야기가 목표를 향한 새로운 발걸음이 될 수 있다. 그러나 조금 진전이 있다 해도 철학자의 탐구는 끝이 없으며, 강력한 예언자의 선포와는 차이가 많다. 둘 사이에는 건널 수 없는 강이 있다. 그럼에도 신학과 철학 사이에 일치점이 있을 수 있다. 무신론으로 종교를 비판하는 철학이라도 말이다. 이제 나는 그 일치점을 찾아보겠다.

2) 위로에 대하여

(1) 정죄와 위로가 서로 연결되어 있다는 것은 종교에서 가장 놀라운 점이다. 신은 위협하면서 동시에 보호한다. 그는 가장 위험스러운 존재이면서 가장 큰 보호자이다. 『구약성서』에 그 흔적이 남은 오래된 신학에 보면 신의 두 얼굴이 어울려 합리적인 모양새를 하고 있는데, 그것이 보상의 법칙이다. 보호하는 신이 도덕적인 신이다. 그는 악인에게 고통을 주고 의인에게는 복을 주어, 삶의 무질서를 정리한다. 위협하는 신이 곧 보호하는 신인 것도 그런 보상의 법칙과 일치한다. 그러면서 그 신은 도덕적인 신이다.

저 밑바탕에 깔린 그런 오래된 합리화 작업 덕분에 종교는 도덕의 절대 근거가 되었다. 그뿐 아니라 하나의 세계관(Weltanschauung), 곧 도덕적 세계관이 사변적 우주론에 끼어든다. 도덕적인 신은 보상의 법칙을 따라 세상의 질서를 잡는다. 그것이 신의 섭리(그리스어로는 *pronoia*, 라틴어로는 *providentia*)이다. 종교의 구조를 가장 밑바탕에서 크게 보면 그렇다.

그러나 그런 종교적 세계관으로는 사람과 하느님의 관계를 다 설명할 수 없기 때문에, 믿음의 사람들은 언제나 그런 도식을 불경건한 것이라고 거절했다. 이미 바빌로니아 문서나 지혜 문학으로 알려진 성서 문서(무엇보다도 「욥기」)를 보면, 참믿음은 그런 보상 법칙과 크게 대립하고 있다. 어떤 면에서 참믿음은 보장과 보호를 넘어선 비극적 믿음으로 보인다.

거기서 내 작업가설이 나온다. 무신론은 앞에서 말한 대로 도덕 신의 파괴를 뜻한다. 정죄의 근원인 도덕 신뿐만 아니라 섭리로 보호하는 도덕적 신까지도 파괴해야 한다.

그러나 만일 무신론이 종교적으로 의미가 있다면, 섭리하는 신의 죽음은 새로운 믿음, 곧 비극적 믿음을 향해 갈 수도 있다. 비극적 믿음과 전통 형이상학은, 욥의 믿음과 오래된 보상 법칙의 관계와 같다. 욥의 친구들은 그 보상 법칙에 묶여 있었다. 여기서 '형이상학'이라는 것은, 악의 존재에 부딪혀 신의 전능과 선함을 옹호하는 신정론(神正論) 신학과 철학의 결합체를 가리킨다. 라이프니츠의 신정론은 이 세상을 섭리로 이해하려는 모든 시도의 모범이다. 거기서는 하느님의 정의라는 이름 아래 모든 물리 법칙이 윤리 법칙에 복종한다.

신정론 논쟁에 끼어들면 인식론 차원에서 비판해야 하는데, 나는 그럴 마음이 없다. 그런데 칸트는 라이프니츠와 그 이후의 신정론에 대항하는 글을 썼다. 모두 알다시피 칸트의 비판은 신학의 일반 개념을 공격하는데, 특히 목적인 개념을 공격한다. 그것은 나름대로 깊이 살펴볼 필요가 있다.

그러나 나는 앞에서 말한 대로 니체와 프로이트의 무신론을 더 좋아하는데, 거기에는 두 가지 이유가 있다. 먼저, 도덕 신 비판은 결국 보호하고 피난처가 되는 종교에 대한 비판에서 절정에 이르기 때문이다. 그리고 프로이트와 니체가 이룩한 비판은 인식론 차원의 비판보다 멀리 나아가기 때문이다. 그들은 밑으로 들어가 신정론의 동기를 들춘다. 인식론 대신 해석학이다. 그들의 해석학은 라이프니츠의 신정론을 건드리는 데 그치지 않는다. 신정론을 공격하면서도 어떻게든 자연 법칙과 사람의 운명을 합리적으로 엮으려고 하는 철학들까지 공격한다.

사실 칸트도 라이프니츠를 비판한 뒤에, 실천이성의 요청이라는 이름으로 도덕 신의 규율 아래 자연과 자유의 조화를 꾀했다. 헤겔은 칸트의 도덕적 세계관을 비판했지만, 그 역시 모든 모순이 조화를 이루는 합리적인 체계를 세웠다. 거기서는 이상이 현실과 대립하지 않는다. 이상은 내재 법칙이 되어버렸다. 니체가 볼 때 헤겔 철학은 모든 도덕철학의 핵심을 다 구현하고 있다. 물론 철학사가로서는 라이프니츠와 칸트, 헤겔의 철학을 모두 도덕으로 바꿔 생각하는 것을 받아들이기 어렵다. 철학사가는 고전시대의 철학을 한꺼번에 뒤섞어 도덕으로 몰아붙이는 데 반대해서 각 철학자들의 독특한 점을 부각시켜야 했다. 그러나 니체는 그들의 차이를 무시하는 폭력적인 수단을 써서 하나의 해석학을 열어놓았다. 겉으로 드러난 철학자들의 차이 뒤에 공통된 동기가 있음을 가려내는 해석학이다.

그러한 해석학은 라이프니츠의 신정론이나 칸트의 실천이성의 요청, 헤겔의 절대지처럼 합리적인 조화를 찾는 작업 뒤에 있는 의지를 가려낸다. 니체가 볼 때 그런 합리화 작업 뒤에 숨어 있는 의지는 언제나 약한 의지이다. 그런 연약함은, 니체가 이상이라고 부른 도덕 원리가 현실을 지배한다는 세계관에서 나온다. 이것이 니체식 접근의 이점이다. 목적론에 대한 인식론적 비판이 힘을 향한 의지의 해석학으로 흡수되고, 힘을 향한 의지의 해석학은 과거의 학설들을 의지의 강함이나 약함의 정도에 비추어본다. 의지를 긍정하는지 부정하는지, 의지의 추진력이 있는지 없는지에 비추어본다.

앞에서 우리는 니체의 해석학이 '정죄를 정죄하는' 지점까지 보았다. 금지 문제를 다루는 데에는 그런 측면을 볼 필요가 있었다. 더욱이 니체의 철학 방식 때문에 그의 비판력을 강조하지 않을 수 없었다. 그의 비판은 주로 정죄를 정죄하는 것이었다. 그리하여 도덕주의자들에게 많은 원망을 들었다.

　이제 우리는 좀 더 멀리 가야 한다. 우리는 형이상학이 합리적인 조화를 찾는 것을 비판하면서, 원망과 정죄를 넘어 적극적인 존재론으로 나아가야 한다. 그런 적극적인 존재론은 철저하게 탈윤리적 세계관에 있다. 니체가 '생성의 순결'(die Unschuld des Werdens)이라고 부른 것이다. 그것은 '선악을 넘어'와 같은 것이다. 물론 그런 존재론은 독단일 수 없다. 그렇지 않으면 자기가 비판한 것에 자기가 빠진다. 그것은 모든 해석에 대한 해석과 뗄 수 없는 하나의 해석으로 남아 있어야 한다. 또한 그런 철학이 자기 파괴를 면할 수 있는지도 확실하지 않다.

　물론 그런 존재론은 불가피하게 신화론의 그물 안에 들어와 있다. 디오니소스 신화처럼 그리스적인 의미의 신화론일 수도 있고, 동일한 것의 영원한 회귀 신화처럼 현대 우주론의 언어로 표현된 신화론일 수도 있다. 또는 초인 신화처럼 역사철학의 언어로 된 신화론일 수도 있고, 앞서 말한 세 가지 신화론 너머의 신화론, 곧 세상을 놀이로 보는 신화 같은 신화론일 수도 있다. 그런 신화들은, 허물과 죄는 없다는 것을 선언한다. 존재에서 윤리적 성격을 빼버리는 것이다.

　그런 대담한 주장을 세밀하게 검토하여 증명할 생각도 없고 반대할 생각도 없다. 그 주장을 뒤엎어 그리스도교 신앙 쪽으로 끌고 갈 생각은 더더욱 없다. 나는 그것을 그 자리에 그냥 두겠다. 그것은 손에 닿지 않는 곳에서 홀로 있을 것이다. 그것은 가장 훌륭한 적수로 남고, 나는 거기에 비추어 나를 살필 것이다. 내가 무엇을 생각하고 무엇을 믿든지 그만한 가치는 있어야 한다고 본다.

　그러나 앞에서 말한 방식대로 무신론에서 신앙으로 가는 길을 걷기 전에, 프로이트의 종교 비판을 통해서 본 니체의 종교 비판에 대해 몇 가지 짚고 넘어가야겠다. 니체의 생성의 순결이 만드는 신화론의 맞수는 프로이트에게 있다. 현실의 원칙이다. 프로이트는 그것에 아난케라는 다른 이름을 붙였다. 니체가 말한 운명에 대한 사랑을 연상시키는 이름이다. 아난케는 그리스 비극에서 따온 이름으로 필연이라는 뜻이다. 모두 알고 있듯이 프로이트는 늘 현실의 원칙이 쾌락 원칙과 맞서는 것으로 보았다. 그리고 쾌락 원칙에서 나오는 모든 생각, 곧 모든 형태의 환상과도 맞서는 것으로 보았다.

프로이트에서 종교 비판이 자리를 잡는 것도 바로 이 지점이다. 나는 그 점을 여러 번 강조했다. 프로이트에게 종교는 도덕의식의 요청을 인준하는 자리가 절대 아니다. 종교는 고통을 보상하는 것이다. 그런 점에서 종교는 가장 높은 문화 기능을 수행한다. 자연(본성)이 커지는 것에서 사람을 보호하는 것인 한편, 사회생활을 위해 본능이 희생된 것을 보상하는 것이다. 종교가 개인에게 새롭게 준 것은 금지가 아니라 보호이다. 그러면서 종교는 두려움에 호소하기보다는 욕망에 호소한다.

그처럼 뒤로 가며 환원하는 분석에서 다시 한 번 집단적 아버지상이 등장한다. 그러나 아버지 형태는 이제 전보다 모호하고 양면적(ambivalente)이다. 단지 정죄만 하는 아버지가 아니라 보호하는 아버지이기도 하다. 벌에 대한 두려움뿐만 아니라, 보호받고 위로받고자 하는 욕망까지도 돌본다. 그 욕망의 이름은 아버지 향수이다. 따라서 종교는 쾌락의 원칙에 충실한 것이다. 쾌락의 원칙이 매우 교묘하게 위장된 것이다. 그렇다면 현실의 원칙은, 두려움과 욕망에서 일어나는 아버지 향수를 거부한다. 아버지 형태를 없애는 대가를 치르면서 욕망의 금욕이 일어난다.

바로 거기서 프로이트는 니체와 만난다. 쾌락 원칙을 현실의 원칙으로 뒤집는 것은 니체가 도덕적 세계관을 생성의 순결로 뒤집는 것과 같다. 또는 세상을 '놀이'로 보면서 도덕적 세계관을 뒤집는 것과 같다. 다만 프로이트가 니체보다 정열이 적을 뿐이다. 그는 환희에 들뜨기보다는 조금 뒤로 물러서서 신중한 편이었다. 그는 인간의 고뇌를 너무 잘 알고 있었기 때문에, 냉엄한 자연 질서를 그냥 받아들이고 이를 넘는 모험을 감행하는 데까지 가지 못했다. 또 차디찬 과학적 세계관을 너무 옹호했기 때문에 제약 없는 환희에 들뜰 수 없었다.

그렇지만 그의 후기 작품에는 니체에 접근하는 주제가 나와 아난케를 약하게 하고 균형을 잡는다. 그것은 '에로스'이다. 거기서 프로이트는 청년 파우스트 같은 모습에 다가가는데, 그것은 과학적 관심 때문에 멀어졌던 부분이다. 그래서 철학자가 볼 때 프로이트에게는 조금 흥미로운 점이 있는데, 그것은 현실을 실증적으로 보는 태도와 삶을 낭만적으로 생각하는 태도가 묘하게 다투고 있기 때문인 것 같다.

후자가 득세할 때 우리는 프로이트에게서 니체의 소리를 듣는다. "이제 우리는, 하늘의 힘을 지닌 두 가지 권세 가운데 하나인 영원한 에로스가 그만큼이나 영원한 또 하나의 권세에 맞서 싸워 이길 것을 기대해 볼 수 있다"―거기서 에로스의 맞수는 물론 죽음이다. 냉엄한 자연 질서 아래에 있는 그 에로스와 타나토스의 드라마는, 프로이트에게서 듣는 니체의 소리이다. 물론 프로이트의 신화론은 매우 조심스럽기 때문에, 니체의 신화론만큼 정열적이거나 철학 냄새가 나지는 않는다. 그러나 프로이트는 니체를 우리에게 더 가깝게 만든다. 프로이트를 거쳐 실스마리아에서의 가파른 가르침이 우리에게 다가온다.

(2) 프로이트와 니체의 비판에도 살아남을 신앙은 어떤 것인가?

앞에서 나는 유대-그리스도교의 기원으로 돌아가는 예언자적 선포에 대해 말했고 그것이 우리 시대의 출발점이 될 수 있다고 했다. 정죄 문제와 관련해서 볼 때, 그러한 선포에서 두드러지는 것은 해방이라는 낱말이다. 그리고 율법과 복음을 대비한 바울의 가르침이 우리 시대에 필요한 교훈을 건네줄 것이다. 위로와 관련해서 보면 그러한 예언자적 선포는 욥의 비극 신앙의 계승자가 될 것이다. 서양 철학의 목적론적 형이상학에 대해서는, 욥이 친구들에게 보인 태도와 같은 태도를 취할 것이다. 욥의 친구들은 경건했지만 보상의 법칙에 충실한 자들이었다.

어쨌든 그 예언 선포는 하나의 새로운 신앙이 될 텐데, 그것은 '오성의 어둠' 속에서 신비한 언어를 취하며 하느님 앞에 나갈 것이다. 그 하느님은 '섭리'라는 꼬리표를 떼어버리고, 우리를 보호하지 않고 삶의 위험 속에 놔두는 하느님일 것이다. 위험하지만 인간적인(사람다운) 삶을 살도록 놔둘 것이다. 사실 성서의 하느님은 십자가에 달리지 않았는가? 본회퍼가 말한 대로 약한 하느님만이 우리를 도울 수 있지 않은가?

오성에 어둠인 것은 두려움과 욕망에도 어둠이고 보호하는 아버지 향수에도 어둠이다. 그 어둠을 넘어, 오직 그것을 넘어서야만 진정한 위로의 하느님의 의미가 드러날 것이다. 부활의 하느님이자 비잔틴과 로마네스크의 주재자(*Pantocrator*) 하느님이다.

나는 그 예언의 선포를 머릿속에 그려볼 수 있다. 때로는 그 소리를 듣는다. 그러나 철학자는 결국 예언을 선포하는 사람이 아니다. 그는 허무주의와 정화된 신앙을 잇는 중간 지점에서 생각한다. 그러나 옛 우상을 부수는 해석학과 케리그마를 재건하는 해석학을 화해시켜 어정쩡한 절충주의에 서는 것은, 그가 할 일이 아니다.

생각한다는 것, 그것은 더 깊이 내려가 물음의 밑바닥을 보는 것이다. 무신론을 매개로 종교와 신앙을 잇는다고 할 때, 그것을 가능하게 했던 물음을 들여다보는 것이다. 그 둘을 잇는 길은 있지만, 매우 멀리 돌아가는 길이다. 아마 우리는 한 방향으로 꽤 멀리 나갈 것이다. 벌에 대한 두려움과 보호받으려는 욕망을 정화하는 것은 하나의 과정이기 때문이다. 그것은 니체가 '복수 정신'이라고 부른 것 너머에서 벌어지는 일이다.

첫걸음을 내디뎌보자. 앞에서 우리는 말—시인의 말, 사상가의 말 또는 존재 안에 있는 우리 상황을 말해주는 모든 말—에서 어떤 출발점을 보았다. 어떤 두려움이나 금지, 저주와 무관한 상태에서 '존재에 복종하는' 삶의 모델을 말에서 보았다. 아마 우리는 그와 같은 복종에서 '위로'의 원천을 찾을 수 있을지 모른다. 그 복종이 두려움에서 나온 것이 아닌 것처럼, 그 위로도 또한 보호받고 싶은 욕망에서 나온 것이 아니다.

뜻이 가득 찬 그런 말과 만날 때, 모든 정죄를 중립화하면서 두려움도 중립화할 뿐 아니라 보호받으려는 욕망도 괄호 안에 넣는다. 말하자면 내 욕망의 나르시시즘을 궤도 밖으로 던져버린다. 나는 어떤 뜻의 나라로 들어가는데, 거기서는 더 이상 내가 문제가 아니라 존재 자체가 문제이다. 내 욕망과 이득을 잊은 채, 존재 전체가 뚜렷해진다.

「욥기」는 그런 차원에서 쓴 책이다. 꽉 찬 말을 통해 개인의 염려가 사라지고 존재가 전개되는 차원, 욥은 바로 그런 계시 앞에 선다. "그때에 주께서 욥에게, 폭풍이 몰아치는 가운데서 대답하셨다……"(「욥기」 38: 1). 그런데 무엇이라고 말했는가? 고통과 죽음의 문제에 대한 답이라고 생각할 만한 말은 하나도 없다. 신정론으로 하느님을 정당화하는 데 쓸 만한 말도 없다. 오히려 사람에게 걸맞지 않은 낯선 이야기만 한다. "내가 땅의 기초를 놓을 때에, 네가 거기에 있기라도 하였느냐? 네가 그처럼 많이 알면, 내 물음에 대답해보아라"(「욥기」 38: 4).

신정론의 길은 막혔다. 거기에 나오는 베헤모트와 리바이어던 이야기도 욥의 개인 문제와는 상관이 없다. 폭풍 속에서는 목적론이 나올 수 없다. 물리와 윤리 사이를 잇는 이론도 나올 수 없다. 꽉 찬 말 가운데서 모든 것이 펼쳐질 뿐이다. 오직 그것을 받아들일 가능성만 있다. 보호받으려는 욕망을 넘어선 위로의 첫 단계가 거기에 있을 것이다.

나는 그 첫 단계를 '물러섬'이라 부르겠다.

탈윤리 쪽으로 물러서는 것이 왜 위로의 첫 단계가 되는가? 그 탈윤리 질서가 나의 나르시시즘에는 낯설지만 언어에는 낯설지 않기 때문이다. 존재는 말로 나올 수 있다.

욥에게 계시된 것은 장면이 아니라 소리였다. 주께서 말씀하신다. 그것은 매우 중요한 것이다. 욥에 대해서 말하지 않고 욥에게 말한다. 그것으로 충분하다. 말 사건은 존재가 말이 되는 것이다. 말을 들으면서 세상 질서가 눈에 보인다. "지금까지는 제가 귀로만 들었습니다. 그러나 이제는 제가 제 눈으로 주님을 뵙습니다"(「욥기」 42: 5). 그러나 그때까지도 욥은 자기 문제에 대한 답을 얻은 것이 아니다. 다만 말(말씀)이 하는 대로 중심이 이동하면서 문제가 사라지는 것이다.

  그 점에서 우리는 소크라테스 이전으로 돌아간다. 소크라테스 이전 사상가들은 말에 의한 중심 이동을 경험했다. "존재와 생각된 존재는 하나이다." 거기에 근본적인 위로의 가능성이 있다. "존재와 로고스(말)가 일치한다면 말하는 존재자인 사람은 전체에 귀속할 수 있다. 내 말이 말에 속하기 때문에, 내 언어로 말하는 것이 존재의 말(말함)에 속하기 때문에, 내 욕망이 자연 질서와 조화를 이루기를 더는 요구하지 않는다. 두려움 너머의 복종 그리고 욕망 너머의 동의(consentement)가 그러한 귀속에서 나온다.

  '동의'라는 개념을 살펴보자. 그것이 두 번째 걸음이 될 것이다. 심리학 관점에서 보려는 것이 아니다. 철학자는 심리 치료자가 아니다. 철학자는 관념을 바꿈으로써 욕망을 치료한다. 그렇기 때문에, 보호받으려는 욕망에서 동의로 가려면 형이상학에 가해졌던 비판의 길을 걸어야 한다. 보호받으려는 욕망 안에 형이상학이 들어 있기 때문이다.

  여기서 말하는 형이상학은, 우리가 흔히 우주의 방향 또는 삶의 방향이라고 하는 어떤 체계 안에서 가치와 사실을 이어보려는 시도를 가리킨다. 그런 체계에서는 자연 질서와 윤리 질서가 더 높은 수준에서 하나가 된다. 그런데 문제는 그런 시도가, 소크라테스 이전 학자들이 존재와 로고스의 일치라고 부른 것을 잊은 데서 나온 것이 아니냐는 점이다. 하이데거가 형이상학에 제기한 물음도 바로 거기에 있다.

  현실의 세계를 가치와 사실로 나누어 생각하는데, 그것은 이미 본래의 일치와 통일을 잃었다. 본래의 통일에서는 가치도 없고 사실도 없으며, 윤리도 없고 물리도 없다. 그렇다면, 그 통일에서 떨어져 나온 조각들을 다시 잇는 것이 불가능하다고 해도 놀랄 만한 일은 아니다. 나로서는 하이데거의 물음을 중요하게 본다. 모든 인과관계를 궁극 목적의 법칙 안에 묶어두려는 고전 형이상학은 통일을 되찾으려는 것인데, 그것은 존재 물음을 잊은 차원에서 벌이는 작업이므로 절망적이다.

하이데거는 형이상학의 시대를 이런 일이 벌어지는 시대로 본다. "자연과 역사(존재자)는 설명하는 표상의 대상이 된다." "데카르트의 형이상학에서 처음으로 존재자는 표상의 대상성으로, 진리는 표상의 확실성으로 규정된다"(『세계상의 시대』*, 37쪽).그러면서 세계는 어떤 모양을 갖춘다. "세계가 상이 되는 것에서 존재자 전체는 이렇게 된다. 인간은 존재자 전체를 향해서 서며, 거기에 맞춰 존재자 전체를 자신 앞으로 끌어와 자기 앞에 두며, 말 그대로 존재자 전체를 자기 앞에 세운다"(같은 책, 43쪽).

그리하여 존재자가 표상이 되는 동시에 사람은 주체가 된다. 사람은 모양을 갖춘 세계 가운데 선다. 존재자 전체는 사람 앞에 대상으로 서고, 사람은 그것을 손에 넣고 주무른다. 나중에 칸트와 피히테 그리고 니체에 이르기까지 주체인 사람은 의지의 인간이 된다. 의지가 가치의 기원이며, 세상은 가치를 잃고 뒤로 물러나 단순한 사실이 된다. 허무주의가 멀지 않다. 가치의 기원으로서 스스로 서는 주체와 가치 없이 겉모양만 지닌 세계 사이에는 넘을 수 없는 거리가 생긴다. 우리가 세계를 표상의 대상으로 보고 사람의 의지를 가치의 근거로 본다면, 화해와 통합은 불가능하다.

허무주의가 그 점을 잘 말해준다. 허무주의에서는 특히 화해를 시도하는 형이상학의 하느님의 실패를 볼 수 있다. 그리고 인과관계를 목적론으로 채우려고 하는 시도의 실패를 본다. 하느님의 문제를 그런 식으로 생각한다면 하느님 물음 자체가 망각에서 나온 것이다. 무엇인가를 망각한 상태에서, 세계를 표상의 대상으로 보며 사람을 가치 주체로 보는 것이다.

우리가 주체와 객체의 이분법을 넘는 지점까지 길을 되돌아와야 하는 까닭이 거기에 있다. 그래야 가치와 사실의 대립을 넘고, 목적론과 인과론의 대립을 넘으며, 사람과 세상의 대립을 넘는다. 그처럼 길을

---

* 최상욱 옮김, 『세계상의 시대』, 서광사, 1995.

되돌아가면, 동일성의 철학의 어둠을 볼 것이다. 그리고 모든 것을 합치는 로고스인 존재가 드러날 것이다.

그렇다면 니체에 대한 응답의 시작은, 힘을 향한 의지의 출현보다는 아우르는 로고스를 생각하는 일이 될 것이다. 힘을 향한 의지는, 사람을 의지로 규정했던 형이상학의 시대에 속한 것일 수 있다. 하이데거에서 로고스는 존재 물음과 연관된 우리 언어의 차원이다. 로고스를 매개로 존재 물음은 언어로 나온다. 로고스 덕분에 사람은 단순히 힘을 향한 의지가 아니라 존재를 묻는 존재자가 된다.

이것이 새로운 위로를 향한 지평을 여는 사고방식이다. 그제야 무신론이 종교와 신앙을 잇는 참다운 매개체가 될 것이다. 모든 것을 합치는 로고스가 사람을 아우를 때 비로소 사람은 사람이 된다. 그렇다면 거기서 어떤 위로가 가능한데, 그 위로는 로고스에 속하는 복 또는 로고스인 존재에 속하는 복이다. 그러한 행복은 본래의 시심(詩心, Urdichtung)에서 출현하고 그다음에는 그것을 생각하는 데서 생긴다. 하이데거는 시인은 거룩한 것을 보고 사상가는 존재를 본다고 말한 적이 있다. 시인이나 사상가는 각기 다른 산에 올라 거기에서 들리는 존재의 소리와 거룩의 소리를 듣는다고 했다.

로고스가 위로의 역할을 하는 문제를 더 살펴보자.

하이데거는 표현을 달리하여 그 문제를 이야기했다. 그에 따르면 소크라테스 이전의 로고스는 '피지스'(*physis*)와 같은 것이었는데, 이때 피지스는 역사나 정신에 반대되는 자연을 가리키는 것이 아니라, 아우르면서 지배하는 무엇이다. 능가하는 무엇이다. 다시 한 번, 우리는 욥과 소크라테스 이전 사상가의 연관을 본다. 이미 「욥기」에, 능가하는 무엇에 관한 표현이 있으며 그것에 합류하는 체험이 나온다. 그런데 그런 것은 물리적으로 생기는 것도 아니고 영적으로 생기는 것도 아니며 신비스럽게 생기는 것도 아니고, 오직 투명한 '말'(말함) 속에서 생기는 것이다.

로고스는 밝히고 한데 묶는 힘에 그치지 않는다. 능가하는 것의 영향 아래 시인을 함께 묶어두는 일도 한다. 언어를 통해 사물을 아우르는 힘은, 말하는 주체인 우리에게 속한 것이 아니다. 아우르고 드러내 밝히는 것은, 능가하여 지배하는 그 무엇에 속한 것이다. 초기 그리스에서 피지스로 상징된 그 무엇이다. 언어는 사람의 작품이 아니다. 말하는 능력은 우리가 마음대로 부릴 수 있는 것이 아니고, 그 능력이 우리를 부린다. 우리가 우리 언어의 주인이 아니기 때문에, 우리는 아우르는 그 무엇에 합류해 통합된다.

그때에 우리 언어는 단순히 다른 사람과 서로 의사를 소통하는 수단이 아니며, 단순히 자연을 지배하는 수단이 아니다. 지껄임이 말함(dire)이 될 때 또는 우리의 말에 말함이 있을 때, 우리는 언어가 은총인 것을 느낀다. 또는 그 은총을 아는 생각이라고 느낀다. 생각해보면 언어의 은총에 감사하게 되고, 거기서 새로운 위로가 생긴다. 언어 안에서 사물이 존재하도록 놔둘 때 또는 사물이 드러나도록 놔둘 때, 그때 사람은 위로를 얻는다. 욥은 아우르는 말을 들었기 때문에, 세상이 통합되는 것을 보았다.

키르케고르는 그 위로를 '반복'이라고 불렀다. 그는 그 반복이 재건이라는 신화 형태로 표현된 것을 본다. "야훼는 욥의 상황을 회복한다. 왜냐하면 욥이 친구들을 위해 중재에 나섰기 때문이다. 그리고 그 야훼가 욥의 재산을 두 배로 늘려주었다." 그런데 키르케고르가 말하는 '반복'이 욥이 거부한 보상의 법칙이 아니려면 그리고 주님이 나무란 욥의 친구들의 정당화 논리가 아니려면, 딱 한 가지가 되어야 한다. 지금까지는 듣다가 이제 보는 것이 되어야 한다. 그렇게 되면 그 반복 개념은 소크라테스 이전 사상과 맞아떨어지는 것일 수 있다. 소크라테스 이전 시대에 말했던 아우르는 로고스와 능가하고 지배하는 피지스와도 비슷해진다. 다시 말하지만, 「욥기」와 헤라클레이토스 단편은 같은 이야기를 하고 있다.

그 점을 이해하기 위해 마지막으로 니체로 돌아가보자. 니체도 사람이 자기를 넘어서는 위대한 욕망 또는 '위대한 희망'에 '위로'(Trost)라는 이름을 붙였다. 왜 그 희망을 위로라고 불렀는가? 복수(Rache)에서 구제되기 때문이다. "인간이 복수로부터 구제된다는 것, 그것은 나에게는 최고의 희망에 이르는 다리이며 오랜 폭풍우 뒤의 무지개이다"(『차라투스투라는 이렇게 말했다』*). 복수로부터 구제받는 것은 위로 문제에서 핵심이다. 왜냐하면 복수라는 것은 '고통이 있는 곳에, 반드시 벌이 있어야 한다'는 것을 뜻하기 때문이다.

하이데거는 이런 식으로 풀었다. 복수는 자신에게 대적하는 것이요 추락이다. 복수는 근본적으로 도덕 문제가 아니다. 복수를 비판하는 것은 도덕 차원이 아니다. 복수 정신은 시간에 맞서고 일어나는 일에 맞선다. 차라투스트라는 이렇게 말한다. "이것이다, 그래 이것이야말로 복수이다. 시간에 대해 그리고 지나간 것에 대해 의지를 원망하는 것이다." 복수는 의지의 반의지(Widerwille des Willens)요 그래서 시간을 원망한다. 시간이 지나가는 것, 바로 거기에 의지를 괴롭히는 적수가 있다. 의지는, 일어났다가 지나가는 일들을 헐뜯어 그 적수에 복수한다. 따라서 복수를 극복하는 것은 긍정으로 부정을 극복하는 것이다.

차라투스트라의 '되새김'은 키르케고르가 「욥기」에서 본 '반복'과 비슷하고 또한 하이데거가 소크라테스 이전 사람들에게서 본 '아우름'과도 비슷하지 않은가? 물론 비슷하다. 그러나 만일 니체의 작품이 정죄의 정죄에 머물러 복수 정신에 속하지 않았다면, 비슷함은 훨씬 더 클 것이다. 『이 사람을 보라』 마지막 대목에 이런 말이 있다. "잘 알아듣지 못하겠는가? 디오니소스는 십자가에 달린 분과 반대이다."

니체는 거기서 멈춘다. 왜 차라투스트라에게 복수를 극복할 것을 요청하는 일에는 그만큼의 힘을 쏟지 않았는가? 니체로서는 복수를 극복하는 초인을 만드는 것이 의지에 달린 것이지, 말(말씀)에 달린 것이 아니기 때문이 아닐까? 그러므로 니체의 힘을 향한 의지는 받아들임이

---

* 황문수 옮김, 『차라투스투라는 이렇게 말했다』, 문예출판사, 1975, 132쪽.

면서 동시에 복수가 아닐까? 개인 언어를 말(말씀) 밑에 두는 '내맡김'(Gelassenheit) 같은 것만이 복수를 넘어선다. 승인은 시를 짓는 마음과 만나야 하는 것이다.

하이데거는 횔덜린의 시를 푸는데, 그 시에 이런 구절이 있다. "사람은 시인으로 이 땅에 산다"(dichterisch wohnt der Mensch). 시를 짓는 것이 단순히 헤매는 것이 아니고 건설을 통해 방황을 끝내는 것인 한, 시는 사람이 이 땅에 살 수 있게 해준다. 그러려면 언어와 나의 관계가 바뀌어야 한다. 언어가 말한다. 그때 사람은 언어가 자기에게 말하는 것을 들으면서 언어에게 답한다. 그때 우리가 산다는 것은 '시와 비슷하다.' '산다'는 것은 키르케고르의 '반복'과 같은 것이다. 사는 것은 도망가는 것의 반대이다.

그래서 횔덜린은 이렇게 말한다. "사람은 시인으로 이 땅에 산다." 하늘과 신을 향한 마음과 이 땅에 뿌리를 내린 실존 사이에 긴장이 유지될 때, 사람은 비로소 산다는 것이다. 그 긴장이 삶의 자리를 마련하는 것이다. 이해의 넓이와 깊이를 가지고 시는 사람을 하늘과 땅 사이에 둔다. 하늘 밑이지만 땅 위이다. 말의 능력 안에서.

시는 시를 짓는 재주 이상이다. 포이에시스(*poiesis*), 곧 창조이다. 가장 넓은 의미의 창조이다. 그런 뜻에서 시는 본래의 삶이다. 사람은 시인일 때만 산다.

우리는 무신론의 의미를 살펴보았다. 물러섬에서 동의로 가고 다시 시와 생각이 이끄는 지상의 삶의 방식으로 갔다. 그러한 존재 방식은 '운명에 대한 사랑'이 아니며 창조에 대한 사랑이다. 거기에는 무신론에서 신앙으로 가는 운동이 들어 있다. 창조에 대한 사랑은, 어떤 보상과도 무관하고 복수와도 거리가 먼 위로이다. 사랑은 그 자체 안에 보상이 있으며, 사랑 자체가 위로이다.

그렇게 해서 우리는 철학적 분석과 유대-그리스도교의 기원에 충실하고 우리 시대에 적합한 케리그마 사이의 합일점을 찾았다. 성서는 하느님을 아버지로 그린다. 예언자들의 하느님 그리고 삼위일체 하느님은 아버지이다. 무신론은 아버지 형상을 거부하라고 이른다. 그런데 우상이라고 거부한 아버지 형상을 상징으로 다시 찾을 수 있다. 그 상징은 사랑의 바탕에 관한 비유이다. 아버지 상징이 펼치는 사랑의 신학은, 단순한 물러섬에서 시가 있는 삶으로 나아가는 운동과 같은 궤도에 있다. 나는 그것이 무신론의 의미라고 생각한다. 우상이 죽어야 존재 상징이 말을 시작한다.

5. 아버지: 환상에서 상징으로

먼저 내가 하려는 작업의 가설을 소개하겠다. 그것은 세 가지로 말할 수 있다.

(1) 아버지 형태는 사람들이 잘 알고 있는 것이 아니다. 그 뜻이 변하지 않는다거나, 여러 가지 얼굴을 하고 나타났다 사라지는 것을 추적할 수 있다면 모르지만 대개 그렇지 못하다. 아버지 형태는, 아주 문제가 많고 미완성이어서 긴장감이 흐른다. 그 이름에는 여러 가지 의미론의 차원이 섞여 있다. 거세하는 아버지, 그래서 살해의 대상이 되는 아버지 '환상'부터, 죽을 때까지 자비를 베푸는 아버지 '상징'에 이르기까지 다양하다.

(2) 그런 변화를 이해하려면 아버지 형태를 인간관계 속에서 봐야 한다. 내 가설에 따르면, 아버지 형태는 바깥에서 다른 형태들이 아버지 형태의 원시성을 걷어내면서 진화한다. 아버지 형태는 부자관계 안에 있으면서도 처음부터 한계와 무기력을 안고 있다. 그런 무기력은 상징이 되는 것을 거부하는 데서 비롯된다. 그러나 그러한 거부는 친족관계와 무관한 다른 형태들에 의해 무너진다. 친족관계와 무관한 형태들은 처음부터 잠재되어 있는데, 아버지 형태가 문자에 얽매이지 않도록 깨부수고 그것이 상징이 되도록 길을 연다.

(3) 아버지 상징은 첫 형태의 변화에 따라 생긴 것이다. 그런데 그처럼 처음 형태를 장례 치르면서 아버지 상징이 생긴 것이지만, 상징에

쓰이는 용어나 표현은 이전 모습을 그대로 띠고 있다. 이전 표현을 한 차원 높여 다시 취한 것이라고 할 수 있다. 내가 볼 때 아버지 형태가 상징이 되는 과정에서 가장 큰 문제인, 죽었던 처음 형태가 다시 돌아오는 문제도 거기에 있다. 그것은 여러 가지 효과를 내기 때문에 아버지를 지칭하는 데 여러 가지 해석의 가능성을 연다.

내 작업가설이 그렇다. 부성은 '구조'라기보다는 '과정'이다. 역동적으로 그리고 변증법적으로 이룩된다.

그것을 증명해보자. 부성의 형성 과정이 비슷한 세 가지 영역을 꼽을 수 있다.

첫째 영역은 '욕망의 경제학'을 말하는 '정신분석학'이다.

둘째 영역은 '정신현상학'이다. 기반을 이루는 문화 형태의 역사를 보여준다.

셋째 영역은 '종교철학'이다. 신을 지칭하는 신 이름들에 대한 해석이 있다.

세 영역이 놓여 있는 서로 다른 시각을 하나하나 말하지는 않겠다. 다만 그 방법론이 서로 다르고 나름대로의 과정과 사고방식을 지니고 있다는 것을 알면 된다. 그처럼 내 작업의 가설을 정당화하는 데는 여러 가지 접근 방법이 있음을 강조하고자 한다. 그것은 결코 여러 가지 현실을 여러 가지 방식으로 이해하는 것이 아니다. 어쨌든 서로 다른 세 영역에서 동일한 부성 형성을 볼 수 있다면, 그리고 다른 형태들을 거쳐 처음 형태가 되돌아오는 것을 볼 수 있다면, 부성 형성에 하나의 도식이 있다고 해도 될 것이다.

1) 욕망의 경제학에서 아버지 형태

나는 첫째 영역을 프로이트의 표현을 빌려 충동의 변화라고 정의하겠다. 충동의 변화라는 이름에는 모든 문제를 '경제 문제'로 푼다는 뜻이 들어 있다. 여기서 그 이론을 하나하나 따질 수는 없다. 다만, 프로이트의 근본 의도가 그처럼 모든 문제를 경제로 푸는 데 있는 것 같다는 점만 말해두자. 그것은 프로이트의 이론 중에서 철학자에게 가장 흥미로운 부분이다. 의식의 영역을 옮기는 효과가 있기 때문이다. 삶의 충동과 죽음의 충동 그리고 그 흐름에 따라 일어나는 형태들, 바로 거기에 정신분석의 특징과 장점이 있다.

아버지 형태와 관련해 나는 프로이트의 작품에서 세 가지 주제를 끌어낼 수 있다고 봤으며, 그것은 나의 세 가지 작업가설과 일치한다. 이 세 가지 주제는, 나중에 우리가 다른 철학 영역의 아버지 형태들을 검토한 뒤 부성의 도식을 만들 때 도움이 된다. 세 가지 주제는 이렇게 이름 붙일 수 있다.

- 오이디푸스의 '등장'
- 오이디푸스의 '파괴'
- 오이디푸스의 '부활'

먼저 오이디푸스의 등장을 보자. 프로이트가 여러 차례 강조했듯이, 정신분석학이 죽느냐 사느냐는 오이디푸스에게 달렸다. 그것을 취하든지 버리든지 해야 한다. 오이디푸스는 정신분석학이 대중에게 신뢰를 주느냐 주지 못하느냐를 결정하는 문제이다. 오이디푸스 콤플렉스 이론의 기본은 모두 아는 것으로 하겠다.

내가 여기서 제기하려는 것은 오이디푸스의 핵심은 첫 욕망 형성, 곧 과대망상에서 찾아야 한다는 것이다. 그것은 아이의 전능감이다. 아이가 자신의 존재를 위해 지녀야 할 특권을 아버지가 뺏으려 한다는, 그런 아버지 환상도 거기서 나온다. 아이의 힘을 빼앗고 아이를 거부하는 아버지 환상은 거세 콤플렉스를 이루고 다시 거기서 살해 욕망을 불러일으킨다. 그런데 살해당한 아버지를 영화롭게 하고, 내면화한 아버지 형태와 화해하고 속죄하는 행위도 모두 그 과대망상에서 나온다. 또한 허물 의식도 거기서 비롯된다. 그리하여 역사의 처음에 아버지의 죽음과 아들의 형벌이 있다. 그것은 표상으로 보면 비현실이지만 충동으로 보면 엄연한 현실이다.

오이디푸스의 등장 그리고 이어서 그 파괴.

우리는 오이디푸스에게서 벗어나는 몇 가지 방법이 있음을 프로이트에게 배웠다. 우리가 어떻게 오이디푸스에게 들어갔는지를 아는 것도 중요하지만 어떻게 거기서 나올 것인지를 아는 것도 중요하다. 인간의 정신과 문화 전체의 미래를 위해 가장 큰 문제가 그것이다. 비교적 후기 글인「오이디푸스의 해소」(1924)에서 프로이트는 오이디푸스의 파괴를 말하는데, 그와 비슷한 것이 다른 두 영역에도 있다. 프로이트에게서 오이디푸스 파괴는, 억압이나 동일시 또는 승화처럼 경제 개념이다. 그것은 충동의 변화와 관계된 것이고, 심층의 흐름을 바꾸는 문제이다.

파괴를 잘 이해해보자. 심리의 구조를 만들면서, 오이디푸스 콤플렉스는 파괴된다. 콤플렉스의 파괴와 심리의 구조 형성의 관계를 다음과 같이 이해할 수 있다. 오이디푸스의 해소는 상호 인정을 통해 아버지와 동일시하는 것이다. 그리하여 이중 살인이 발생하는 셈이다. 살인으로 아버지를 죽였고, 이제 다시 양심의 가책이 아들을 죽인다. 어쨌든 상호 인정을 통해 아버지와 동일시하면서 오이디푸스는 해소된다. 물론 상호 인정에는 서로의 차이와 유사함이 공존한다.

아버지를 인정함. 이것이 문제이다. 우리가 뒤에서 살필 다른 두 영역에서도 다르지 않다. 그처럼 구조 형성을 낳는 파괴를 이룩하는 매개물―소유, 권력, 가치 평가, 앎―을 열거하는 것은 형태의 역사학에서 다룰 과제이다. 정신분석의 과제가 아니다. 그러나 욕망과 쾌락의 역사 차원에서, 충동이 개조되면서 생기는 매개물의 흔적을 찾는 것은 분명히 정신분석의 과제이다. 그런 표현을 쓸 수 있다면 성공한 오이디푸스에게서는 심층에서 욕망의 교정이 일어난다. 욕망의 전능감과 불멸감의 교정이 일어난다. 그리하여 전부냐 또는 아무것도 아니냐 하는 경제학이 사라진다.

그것을 증명하는 것이 있다. 아버지를 죽은 사람으로 받아들일 수 있고 그래서 마침내 아버지의 죽음을 받아들일 수 있다는 점이다. 그의 불멸이란 욕망의 전능감을 투사한 환상에 지나지 않았던 것이다. 그처럼 죽음을 받아들이면서, 혈육과는 다른 아버지 표상이 생긴다. 발생은 자연이지만 부성은 사람이 지칭한 것이다. 죽음 같은 것을 통해 혈연관계가 느슨해지면서 진짜 부성이 세워진다. 아버지가 아버지인 까닭은, 그가 아버지로 지칭되고 불리기 때문이다.

상호 인정이므로 상호 지칭이다. 이 문제에서 우리는 정신분석과 문화 이론이 맞닿아 있는 공동전선을 건드리려고 한다. 우리는 충동이라는 개념을 통해 정신분석학으로 들어가는데, 그것은 생물학과 심리학의 공동전선이다. 그리고 이제 다른 개념을 통해 정신분석학에서 나오는데, 심리학과 문화사회학의 공동전선으로 나오게 된다. 바로 동일시라는 개념이다. 그런데 프로이트 자신은 그 개념이 끌고 들어온 문제를 해결하지 못했다고 거듭 말하고 있다. 그 문제를 해결하려면 영역을 바꾸어야 한다.

그러나 영역을 바꾸기 전에 세 번째 주제를 생각해야 한다. 그래야 앞의 두 주제도 무게를 받는다. 세 번째 주제는 '어떤 면에서 오이디푸스는 극복할 수 없다'는 것이다. 몇 가지 뜻에서 그렇다.

먼저 반복된다는 점에서 오이디푸스를 극복할 수 없다고 한다. 정신분석학에서 주목하는 퇴행을 보자. 새로운 '대상 선택'에서 처음의 콤플렉스가 부활하고 오이디푸스 갈등을 다시 거친다는 것이다. 프로이트의 글을 보면, 새로운 성 '대상 선택'은 첫 고착 모델을 따라 이루어진다. 승화에 관한 한 프로이트주의는 비관론에 기우는 경향이 있다. 마치 오이디푸스 콤플렉스가 삶을 쥐고 흔들며 영원히 군림하는 것 같다.

그런 점에서 오이디푸스는 운명이다. 프로이트 학설의 중심이 그쪽으로 쏠린 것은 확실하다. 잠재된 억압이나 억압된 것의 복귀 같은 개념도 그 같은 오이디푸스의 반복에서 비롯되는 것이다. 억압된 것의 복귀는 종교 해석에서 결정적인 역할을 하는 것임을 기억하자. 「토템과 타부」에서 「모세와 유일신교」에 이르기까지 프로이트는 그것에 집착했다.

그러나 만일 오이디푸스를 극복할 수 없다는 것이 그런 점에 그치는 것이라면, 종교뿐 아니라 승화의 표현인 모든 문화 현실을 이해하기 위해서라도 결과는 한 가지밖에 없다. 종교나 문화를 평가절하하거나, 그렇지 않으면 오이디푸스 영역 밖에 두어 리비도나 갈등과 무관한 것으로 봐야 한다.

그런데 앞에서 우리는 오이디푸스가 구조를 형성하는 기능을 지니고 있음을 보았다. 거기서, 오이디푸스가 극복되지 않고 반복된다는 것을 다른 면으로 이해할 수도 있게 된다. 똑같은 에로스, 똑같은 충동에서 새로운 대상 성좌와 새로운 충동 조직이 나온다는 것이다. 그러므로 정신분석학은 우리는 우리 욕망을 부인할 필요가 없으며, 그것을 인정하고 속을 드러내야 한다고 말한다. 아가페는 에로스와 다른 것이 아니다. 우리가 첫 대상을 사랑하든 욕망을 교육해서 찾은 새로운 대상을 사랑하든, 모두 똑같은 사랑에서 나온 것이다.

욕망의 경제학은 하나뿐이며, 반복은 그 경제학의 대법칙이다. 그러므로 신경증으로 뭉친 욕망과 다르게 뭉친 욕망이 같은가 다른가는 그 반복의 경제학 안에서 따져야 한다. 아버지 형태가 문화나 종교로 바뀌는 것은 억압된 것의 복귀와 같으면서 다르다. 같다면 여전히 모든 것이 오이디푸스 안에 있기 때문이다. 그러나 다르다면 우리 욕망이 힘겨루기를 포기하고 죽을 아버지의 표상에 다가가기 때문이다. 그 아버지는 더 이상 죽일 필요가 없고 오히려 인정할 수 있는 아버지이다.

오이디푸스 콤플렉스의 장래가 그렇다면 인간의 정신을 모두 오이디푸스 각도에서 분석할 수 있다. 그리고 포이에(Pohier) 신부가 말한 대로 "종교를 오이디푸스 콤플렉스 바깥에 둘 필요"가 없다.

비슷한 반복의 변증법을 우리는 정신현상학에서도 볼 수 있다. 그러나 정신현상학으로 넘어가기 전에 명심해야 할 것은, 정신분석이나 정신현상학이나 똑같은 인간 현실을 다른 방법으로 탐구했다는 것이다. 정신분석학이 현실의 반이나 3분의 2를 놓쳤다고 보면 안 된다. 인간 현실의 어떤 부분도 정신분석의 대상에서 벗어나지 않으며, 정신분석학이 삶 전체를 보고 있다고 우리는 믿는다. 다만 그 방법과 이론 나름의 시각에서 보는 것이다. 라이프니츠가 단자를 보는 문제를 말했듯이, 정신분석학도 전체를 보는데 한 가지 관점에서 보는 것이다. 그러므로 뒤에서 살필 다른 영역에도 관점이 다르지만 정신분석학과 똑같은 구조와 과정이 등장한다.

2) 정신현상학에서 아버지 형태

두 번째 영역을 보자. 이 두 번째 영역은 내가 여러 번 구체적인 반성이라고 부른 방법이 펼쳐지는 영역이며 또 그러한 방법이 만들어낸 영역이다. 먼저 그것은 반성 방법이다. 인간의 자의식이 형성되는 모든 활동과 행위를 다시 취하고 있다는 점에서 반성이다. 그러나 구체적인 반성이다. 주체에 이르되, 주체가 문화 활동으로 생산한 기호들을 거쳐 주체에 이른다는 점에서 구체적인 반성이다. 개인의 의식보다는 문화의 역사가, 기호들의 거대한 모태가 된다.

그러나 철학은 기호 생산의 연대기에 만족하지 않는다. 알 수 있도록 줄을 세워 배열하고 의식의 여정을 그려본다. 그리하여 자의식이 전진해가는 길을 그려본다. 그런 작업은 심리학도 아니고 역사학도 아니다. 짧은 길을 가는 심리학 의식과 달리, 그것은 인간의 자아가 문서화한 문화 텍스트를 거쳐간다. 사건을 나열하는 역사학과 달리 그것은 방향을 제시하는데, 그것이 개념의 작업이다. 반성과 그 반성이 이루는 해석이 철학이 되는 까닭은 바로 그 의미를 제시하는 데 있다.

이제 우리는 구체적인 반성이 욕망의 경제학과 다른 점을 조금이나마 알게 되었다. 그러나 방법의 차이보다 더 염두에 두어야 할 것은, 그 둘의 구조와 과정이 똑같다는 점이다.

아버지 문제가 그 본보기이다.

그러면 이제 플라톤이 말한 대로 '두 번째 항해'에 나서보자.

『해석에 대하여』에서처럼 내가 여기서도 헤겔의 정신철학을 안내자로 삼는 것은 그리 놀랍지 않을 것이다. 그러나 나는 좀 더 멀리 가려고 한다. 특히 현상학을 넘어서려고 한다. 헤겔도 『엔치클로페디』에서 그 현상학의 불충분함을 밝혔다. 그래서 나는 『정신현상학』에서 작업의 실마리를 찾는 정도에 그치려고 한다.

어쨌든 의식에서 자기의식으로 가는 운동, 곧 혼란스럽고 무한한 삶의 경험을 거치면서 일어나는 그 운동을 따라가보면 모든 것이 프로이트의 주장과 비슷하다. 프로이트에게서처럼 자기의식이 삶과 욕망에 뿌리를 내리고 있다. 그리고 자기의식의 역사는 욕망을 교육한 역사이다. 프로이트에서처럼 욕망은 무한하고 엉뚱하다. "자기의식은 바로 자기에 대하여 자립적인 생으로 나타나는 이 구별자로서의 타자를 지양함으로써만 자기 자신에 대한 확신을 얻게 되는바, 여기서 자기의식은 욕구가 된다. 이러한 타자의 무의미함을 확신하는 자의식은 대자적인 입장에서 바로 그 무의미함을 이 타자의 진리로 정립함으로써 자립적인 대상을 말살할뿐더러 여기서 그는 바로 그 자신의 확신만을 참된 확신으로 받아들이게 된다"(『정신현상학』, 252쪽).

또한 이중 반성이나 이중으로 된 자의식을 오이디푸스 방식으로 해석할 수 있다. 아버지와 아들, 그것이 두 겹으로 이루어진 자의식의 역사 아닌가? 또 그것은 죽음을 향한 투쟁이 아닌가? 그렇다. 그러나 어느 정도까지만이다. 왜냐하면 교육하는 변증법이 헤겔에게서는 아들과 아버지의 변증법이 아니라 주인과 노예의 변증법이기 때문이다.

거기에 미래가 있다. 뒤에서 보겠지만, 성 문제의 미래는 거기서 나온다. 인정의 문제는 부자관계가 아닌 영역에서 생긴다. 내가 볼 때 매우 중요한 문제로 아버지와 아들이 서로 인정하는 운동에 들어가려면 주종관계의 빛을 받아야 한다고 말할 수 있다. 그 문제는 내가 이 글 맨 앞에서 밝힌 바 있다. 아버지 형태는 다른 문화 영역의 형태에서 힘을 얻어야 상징이 될 수 있다는 것이 그것을 가리킨다.

주종관계가 왜 중요한가? 먼저, 처음으로 역할 교환을 염두에 두고 있기 때문이다. 헤겔은 이렇게 말한다. 한쪽 활동은 "일자의 행위이자 또한 타자의 행위"(같은 책, 258쪽)이다. 그 역할이 다르지만 상호 교환도 일어난다.

그러나 무엇보다도, 주인이 되려면 자기 목숨을 걸어야 한다. 주인은 목숨을 내맡기고 스스로 목숨과는 다른 존재가 된다. "목숨을 걸어야만 자유를 보존한다." 돌이켜 생각해보면, 낳고 생기는 자연적인 부자관계에는 재생산과 죽음의 순환이 있는데 그 순환은 자기 안에 갇혀 있다. 아이들의 성장은 부모의 죽음이다. 그런 점에서 자연적인 부자관계는 눈앞의 삶에 갇혀 있다. 예나 시절의 헤겔이 한 말에 따르면 "아직 자기를 모르는 삶"에서 벗어나지 못하고 있다. 그런 삶에는 "무가 무로 존재하지 않는다." 주인은 목숨을 걸고 그것을 시작한다.

그런데 앞에서 프로이트와 함께 우리는 이렇게 말했다. 욕망의 목숨이 불멸이라는 것을 부인하고 아버지와 자신의 죽음을 받아들이는 것이 중요하다고 했다. 주인이 하는 일이 바로 그것이다. 헤겔은 그것을 죽음으로 이룬 최고의 증거라고 불렀다. 눈앞의 삶 또는 삶의 즉각성에 대해 정신이 독립을 쟁취하는 것이다. 그러므로 헤겔이 여기서 묘사한 것은 프로이트가 승화 또는 탈성화(désexualisation)라고 한 것과 똑같다.

끝으로 노예 쪽으로 넘어가보면, 무엇보다도 주인과 노예의 변증법은 노동을 만나게 된다. 만일 주인이 죽음을 무릅쓰고 목숨보다 높은 수준으로 올라간다면, 노예는 사물이 엉켜 형태 없는 욕망보다 높은 수준, 곧 프로이트의 용어에 따르면 현실 원칙 수준으로 올라간다. 욕망이 무한하여 사물을 배제하는 반면 노예는 현실에 접근한다. "노예는 사물에 대해 부정적인 관계를 취함으로써 오히려 이 사물을 지양한다. 그러나 동시에 이 사물은 노예에 대해서 자립적인 측면을 지니기도 하므로 노예는 결코 자기의 부정행위에 의해서 사물을 절멸시킬 정도의 극단적인 상태로까지 몰고 가지는 못한다. 말하자면 노예는 여기서 단지 사물을 가공하는 데 그칠 뿐이다"(같은 책, 265쪽). 형성(Bildung)이 태동한다. 사물을 형성하면서 사람 자신이 형성된다. 헤겔은 말한다. "노동은 저지당한 욕망이며 동시에 만류되고 억제된 소멸인가 하면 더 나아가 그것은 사물을 형성하는 것이다"(같은 책, 269쪽).

그리하여 『정신현상학』에는 욕망과 노동의 변증법이 생긴다. 그것은 프로이트가 오이디푸스 콤플렉스의 해소를 말하면서 암시한 문제이다. 그러한 변증법 때문에 부성은 인정하는 과정으로 들어갈 수 있다. 그러나 아버지와 아들의 인정은, 사람과 사물을 극복하고 노동으로 자연을 정복하는 이중 매개를 거친다. 그래서 『정신현상학』은 아버지고 아들이고, 목숨에서 자의식으로 돌아서는 것 너머로는 더 이상 정신분석과 일치하지 않는다. 왜냐하면 이제부터 정신현상학은, 오이디푸스 해소와 억압된 것의 회귀―차원 높은 문화에서 억압된 것은 회귀한다―사이에 난 긴 거리를 걸어가기 때문이다. 욕망의 경제학에서 볼 때 그 큰 간격은 밑에 잠재하는 시간이다.

『정신현상학』에서 볼 때 그 시간은 인류의 문화를 이룩하는 형태로 채워지며, 그것은 부자관계 형태와는 관계가 없다. 우리는 그 간격을 엄청나게 확대해서 생각해야 하며 중간 중간에 매개하는 문턱도 여러 개 만들어야 한다. 나는 그 첫 문턱이 인정을 향한 투쟁이라고 했다. 거기에 대해 한 가지만 말하자면, 소유를 위해 투쟁하는 두 개의 의지가 계약관계에 들어가는 것을 들 수 있다. 그 문제는 『정신현상학』에는 없고 『법철학』을 여는 문제인데, 나는 여기서 그것을 다시 취하겠다. 왜냐하면 그것은 부자관계와 무관한 관계를 이루며, 그래서 부자관계를 다시 생각해볼 수 있는 계기가 되기 때문이다.

계약은 주인과 노예의 변증법을 반복하지만 조금 차원이 다르다. 거기서도 욕망은 여전히 소유에 쏠려 있다. 거기에서 말하는 자의는 생명 욕망만큼이나 무한하다. 원칙적으로 자기 것으로 삼고 자기 것을 만드는 것은 아무 문제가 안 된다. "사람이 무엇을 자기 것으로 삼을 권리는 모든 것에 미친다"(『법철학』, §44). 그런데 다른 자의에 부딪히면 내 의지를 고쳐야 한다. 그것이 계약이다. 계약에서 특이한 것은, 내 의지와 사물 사이를 다른 의지가 매개하고, 사물이 두 의지를 매개한다는 점이다. 그처럼 의지가 교환되면서 사물에 대한 법관계가 생긴다. 그것이 소유권이다. 인격체에 대한 법관계는 계약이다. 이렇게 해서 우리는 짧게나마 법인격, 곧 권리 주체가 무엇인지 보았다.

그런데 우리는 이렇게 말할 수 있다. 주인과 노예의 변증법에서 말하는 두 개의 자의식뿐 아니라, 사물과의 관계와 계약관계에서 객관화되는 두 개의 의지가 서로 강화되지 않으면, 아버지와 아들은 자연적인 출생관계를 넘어서지 못한다. 나는 두 개의 의지라고 했다. 의지라는 낱말이 우리를 붙잡는다. 프로이트에게는 없는 말이기 때문이다. 의지는 프로이트 '영역'의 범주가 아니다. 욕망의 경제학과 관계가 없다. 의지는 욕망의 경제학에서 찾을 수 없을 뿐 아니라 찾으려고 해서도 안 된다. '범주 오류'를 범하는 셈이 되기 때문이다. 의지는 정신철학의 범주이다.

의지는 넓은 의미의 법에서 구체화된다. 헤겔이 법이라고 할 때는 실정법뿐 아니라 도덕의식과 정치까지도 가리킨다. 형식법 이전에는 인격체도 없으며 인격에 대한 존중도 없다. 그런 추상법은 계약이라는 관념에서나 소유권이라는 현실에서 있는 그대로 받아들여야 한다. 물권(Sachenrecht)이 아닌 인격권(Personenrecht)은 아직 없다. 주인과 노예의 변증법에서처럼 여기서도 사물은 중개자이다. 그리하여 여기서도 현실 원칙이 쾌락 원칙을 교육한다.

헤겔은 심지어 이렇게까지 말했다. 내 몸은 법관계 이후에야 내 것이다. 다시 말하면 계약과 소유권 관계 후에 나는 내 몸을 내 것으로 소유한다. "인격체로서 나는 내 목숨과 내 몸 역시 낯선 사물로 소유한다. 그것이 바로 소유권이기 때문이다." 그리고 이렇게 덧붙인다. "나는 내가 원하는 한에서 내 몸의 지체와 목숨을 소유한다. 동물은 자살할 수 없으나 사람은 자살도 한다"(같은 책, §47). 내 목숨을 버릴 수 있는 한도에서, 내 목숨은 내 것이다. 그때 육체는 정신에 의해 소유 상태로 들어온다.

이제 결론에 도달한다. 만일 인격이 계약과 소유권 이후라면, 그리고 육체 소유도 계약과 소유권 이후라면, 아버지와 아들의 상호 인정 역시 그렇다. 그것들은 이제 자유 의지로서 서로 부딪친다. 배타적인 동일시에서 뭔가 여지가 있는 동일시로의 이행—욕망의 변증법에서는 풀리지 않은 수수께끼—은 의지의 변증법 안에서 일어난다(같은 책, §73~74).

여기서 멈추자. 우리가 도달한 지점은 헤겔이 독립이라고 이름 붙인 곳이다. 욕망과 목숨으로부터의 독립이고 다른 것으로부터의 독립이다. 욕망으로부터의 독립을 헤겔은 자의식이라고 부르며, 다른 것으로부터의 독립은 인격이라고 부른다. 이 지점에서 부성은 부성 아닌 것에서 녹아 없어진 듯하다.

그러나 그렇지 않다.

다시 한 번 우리는 진짜 부성이 되살아나는 것을 본다. 단순한 발생을 넘고, 또한 부성 아닌 것을 넘어 진짜 부성이 돌아온다.

실제로 어느 차원에서 진짜 가족 '관계'가 세워질까? 의지의 변증법 이전이 아니라 그 이후이다. 의지의 변증법에서는 서로 동맹을 이루고 있는 소유권들, 독립한 법 주체들 그리고 구체적인 관계를 맺지 않은 인격체들만이 서로 부딪친다.

헤겔은 거기에 대해 두 마디로 경고한다. 먼저 인격체들의 권리에 대해서이다(같은 책, §40). "칸트에게서 가족관계는 외부 모형을 따라 개인의 권리를 이루고 있지만" 헤겔은 가족관계를 추상법 영역에서 뺀다. "더 나아가, 가족관계는 개인 인격의 포기를 그 실체이자 바탕으로 삼는다." 두 번째를 보자. "즉각적으로 독립적인 두 인격이" 계약의 양편을 이루고 있다고 선언한 후(같은 책, §75) 이렇게 말한다. "그러므로 결혼은 계약으로 볼 수 없다. 칸트는 결혼을 계약으로 이해했는데, 분명히 말하지만 끔찍스러운 일이다."

칸트에 대한 언급에서도 보았듯이 두 지적은 일치한다. 실제로 상승하는 변증법에서 볼 때 가족관계는 추상법보다 위이고 '도덕'(Moralität)도 뛰어넘는다. 도덕에서는 주체적이고 도덕적인 의지가 등장한다. 다시 말하면 자기 자신 앞에서 책임을 질 수 있는(schuldig)

주체요, 어떤 행위가 자기 의지의 잘못이라고 스스로 떠맡을 수 있는 주체이다. 가족관계는 그런 도덕도 넘어선다. 그렇다. 추상법과 도덕이라는 두꺼운 매개물을 거쳐야 인류(Sittlichkeit)라는 정신의 왕국에 도달한다.

그런데 이 왕국의 문턱이 바로 가족이다. 잘 이해해보자. 가족이 있기 때문에 아버지가 있다. 그 반대가 아니다. 그리고 인류이 있기 때문에 가족이 있다. 그 반대가 아니다. 그러므로 아버지를 다시 찾기 위해서는 정신적이고 생생한 그 인류관계를 제기해야 한다. 그 관계의 특징은, 그 구성원들이 귀속관계에 있다는 점이다. 자유 의지가 아니며, 그런 점에서 무슨 눈앞의 목숨 같은 것이 되살아난다. 그 같은 되살아남, 곧 반복은 프로이트에게도 있었다. 헤겔은 실체라는 한 낱말로 그것을 표시한다. 조금 전에 보았듯이 가족관계는 "개인 인격의 포기를 그 실체이자 바탕으로 삼는다." 다른 말로 하면(같은 책, §144) 가족은 구체적 통합체이고 유기적 통합체라고 할 수 있다. 그러나 추상법과 도덕의 매개를 거친 다음이다.

가족은 '개인 인격의 포기'를 요구하며, 개인은 합리적으로 정해져 있는 체계의 그물 안에서 그 요구에 얽매인다. 헤겔은 말한다. "그런 진짜 자의식 안에서 실체가 드러나며, 그 실체야말로 앎의 대상이 된다"(같은 책, §146). 또 이렇게 말한다. "그리하여 세상의 실체가 처음으로 정신의 이름으로 존재한다. 주어진 정신 그리고 생생한 정신이 세상이다"(같은 책, §151). 인류은 구체적인 공동체 안에서 개인이 극복된 것이다. 그러므로 가족은 계약으로 생기는 것이 아니다.

그런 인류을 바탕으로 아버지 형태가 복귀한다. 헤겔이 "정신의 즉각적 실체"(같은 책, §158)라고 표현한 그 구체적인 공동체를 거쳐 아버지 형태가 복귀한다. 물론 우두머리로 복귀하지만 먼저 하나의 구성원으로 복귀한다. 구성원이기 때문에 "자기를 위한 인격체가 아니다"(같은 곳). 게다가 가족 공동체의 '인류'을 거쳐 인정받으려면, 아버지는 배우자의 배우자로서 인정받을 수밖에 없다. 가족 공동체라는 실체에서 내가 가장 먼저 인정하는 것은 결혼이다. 결혼이 가족을 만든다.

여기서 프로이트에게로 돌아가보자. 아버지를 인정하려면 어머니도 함께 인정해야 한다. 한쪽을 죽이면서 다른 한쪽을 소유할 수는 없다. 결국 아버지를 인정한다는 것은 아버지가 어머니에게 속하고 어머니는 아버지에게 속한다는 것을 받아들이는 것이다. 거기서 성이 다시 인정된다. 나를 낳은 부부의 성이다. 그러나 그것은 제도에 들어 있는 육체 차원이다. 이렇게 해서 욕망과 정신이 다시 통합되고, 그리하여 아버지를 인정할 수 있게 된다.

또는 부성을 인정하게 된다고 봐야 할지 모른다. 가족에 관한 본문에서 딱 부러지게 아버지를 들먹이지는 않으니 말이다. 헤겔이 본문에서 거론하는 것은 수호신이다. 아버지는 죽고 없으므로 부성의 표상을 말하는 것이다. 인륜 정신, 곧 구체적인 공동체 정신은 외부의 다양한 모습들, 곧 개인의 이해관계 같은 것들을 떨쳐버려야 한다. 윤리 공동체 정신은 "수호신 같은 표상을 향한 구체적인 형태로 등장한다. 그 수호신은 섬김을 받고, 가족과 결혼에 종교성을 부여하며, 가족들의 경외심의 대상이 된다"(같은 책, §163).

그런 점에서 가족은 종교적이다. 그러나 아직 그리스도교는 아니다. 수호신들을 믿는 종교이다. 그러면 수호신이란 무엇인가? 죽은 아버지가 표상으로 떠오른 것이다. 죽고 없는 자로서만 부성의 상징이 된다. 이중으로 상징이다. 먼저 윤리적 실체의 기의(시니피에)로서 상징이다. 그리고 구성원들을 묶어주는 연결로서 상징이다. 상징에 그런 뜻도 있다. 수호신 앞에서 새로운 연합체가 형성된다. "우발적으로 행하거나 감각에 이끌려 멋대로 행하기를 삼가면서 의식은 자의대로 행하는 능력을 제거하여 그 힘을 실체로 돌린다. 수호신 앞에 나아가면서"(같은 책, §164).

두 번째 항해를 여기서 멈추자. 거기서 어떤 결론이 났는가? 분석 결과는 앞의 것과 비슷하다. 비슷할 뿐이다. 왜냐하면 서로 다른 이야기이기 때문이다. 형태가 처음에는 욕망의 경제학에 나타났고 두 번째로는 정신사 속에 나타났다. 두 영역이 조목조목 들어맞는 관계는 아니다. 욕망의 세계에서 되살아나는 형태와 구체적인 공동체에서 되살아나는 형태가 다른 것은, 프로이트가 잠재기라고 한 것, 곧 충동이 침묵하는 시기와 일치한다.

그러나 그 두 영역은 꽤 비슷한 구조를 보여주었다. 그중에서도 으뜸은 처음 형태가 마지막에 되살아나는 것이다. 법과 도덕의 매개를 거쳐 수호신으로 되살아난다. 우리는 이제 이렇게 말할 수 있다. 환상에서 상징으로이다. 달리 말하면, 인정되지 않은 아버지 또는 욕망 때문에 죽어야 할 아버지에서 인정된 아버지 또는 사랑과 목숨을 연결하는 아버지로 바뀌었다.

3) 거룩한 아버지의 변증법

부성의 구조를 찾으면서 우리가 들어갈 세 번째 영역은 '종교 표상' 영역이다.

나는 헤겔을 따라 '표상'이라는 말을 썼다. 헤겔은 『정신현상학』에서나 『엔치클로페디』 『종교철학 강의』에서 종교를 말할 때 줄곧 표상이라는 낱말을 썼다. 거기서 '표상'은 절대자의 자기 현현이 형태를 갖춘 것이다. 그러므로 내가 종교 표상을 탐구한다고 할 때는, 자의식의 형태를 추적하는 현상학과는 거리가 멀다는 점에 동의한다. 내가 여기서 보려는 것은 자의식이 아니다. 신성한 존재에 대한 생각이 전개된 표상을 보려는 것이다.

한편, 개념철학과 절대지 안에서 표상의 지배는 끝난다고 하는 헤겔의 말에 나는 동의할 수 없다. 절대지는 표상이 추구하는 목표이지 현실은 아니다. 그 문제는 종교의 정체를 밝히는 문제와 뗄 수 없다. 나는 헤겔보다는 칸트―『이성의 한계 안에서의 종교』―에 가깝다. 그래서 칸트처럼 다음과 같은 물음으로 종교를 말할 수 있다고 본다. 무엇을 희망할 수 있는가? 무엇을 바랄 수 있는가?

여기서 희망의 위치는 '표상' 일반의 위치 또는 특별히 아버지 형태의 위치와 관계가 있다. 표상이 없어질 수 없는 까닭은 종교가 믿음보다는 희망으로 이루어지기 때문이다. 왜냐하면 믿음은 봄(앎)과 비교해서 부족하고 표상은 개념과 비교해서 부족하지만, 희망은 앎과 행위에 견주어 넘치기 때문이다. 그 넘침 때문에 개념이 없다. 그 대신 늘 표상으로 있다. 문제는 부성의 도식 역시 희망의 신학에 다시 연결되지 않느냐는 것이다. 이제 세 번째 길을 가보자.

나는 포이에 신부처럼, 유대-그리스도교에서 하느님을 가리켜 '아버지'라고 부르는 것을 살피고자 한다. 그러나 내 방법은 포이에 신부의 방법과 조금 다르다. 나는 신학보다는 주석학을 안내자로 삼으려고 한다. 왜냐하면 주석학은 표상 대열에 머무를 뿐만 아니라 표상이 점차 형성되는 과정을 시작하기도 하는 장점이 있기 때문이다. 주석은 신학을 해체해 원래의 표상 요소들을 밝히면서 우리를 직접 하느님의 명칭으로 끌고 간다. 그리고 그 명칭들에 들어 있는 원래 의도를 우리가 찾도록 하기도 한다. 나는 철학자가 종교에 대해 생각하려면 신학보다는 주석학을 봐야 한다고 생각한다.

내가 신학보다 주석학에 기대는 까닭이 또 있다. 주석학에서는 하느님의 형태와 그 형태에서 나온 여러 가지 이야기 형태가 분리되지 않는다. 여러 가지 이야기 형태란 설화나 '사가'·신화·예언서·찬양이나 「시편」·지혜서 등을 가리킨다. 왜 그런 이야기 형태들을 주목해야 하는가? 경우에 따라 하느님 이름이 달라지기 때문이다. 이집트 탈출을 이끄는 하느님을 3인칭으로 지칭하는 경우도 있고, 예언자들은 하느님을 1인칭으로 끌어내어 말씀을 선포하기도 하며 예배 의식의 기도문에서는 성도들이 2인칭으로 하느님을 부르기도 한다.

그런데 신학, 곧 성서신학은 그 모든 텍스트에서 똑같은 하느님, 똑같은 사람, 똑같은 관계를 추출해내곤 한다. 그래서 서로 다른 이야기 형태에 들어 있는 특징들이 사라진다. 그러므로 우리는, 신학으로 추상하여 성서가 하느님에 대해 말하는 것을 찾지 않겠다. 성서를 이루는 여러 가지 이야기에 하느님이 어떻게 다가오는지를 묻겠다.

그런 방법을 취할 때 지침은 무엇인가?

좀 당황스러울지 모르지만 가장 중요한 것은 이것이다. 『구약성서』(『신약성서』는 제쳐놓자)에 하느님을 아버지라고 부르는 경우가 몇 번 나오는가는 중요하지 않다. 성서학자들도 『구약성서』에 아버지라는 부가어가 드물게 등장한다는 사실을 알면서 그 점에 동의한다. 마르셀[4]과 예레미아스[5]는 20번 이하라고 밝히고 있다.

먼저 그 점을 염두에 두어야 한다. 그 문제는 지금까지 우리 작업을 이끌어온 가설과 관련이 있다고 생각한다. 그 가설에 따르면 아버지 형태는 다시 복귀하기 전에 먼저 사라졌다가 다른 형태를 매개로 재해석된 후에야 복귀한다. 환상에서 상징으로 가는 데에는 세 영역에서 모두 처음 형태가 다른 형태에 의해 변화되는 과정을 겪는다. 세 영역이란 앞에서 살핀 대로 충동 차원과 문화 형태의 차원, 종교 표상의 차원을 가리킨다.

처음 형태부터 보자. 그것은 잘 알려져 있다. 중동 지방에서는 자신의 신들을 아버지라고 불렀고 그런 이름을 붙였다. 그런데 그런 호칭은 셈족에게만 있는 것이 아니다. 비교종교학을 보면, 아버지라는 이름이 인도와 중국·오스트레일리아·아프리카·그리스·로마에서도 쓰였다는 사실을 알 수 있다. 모든 사람들이 하느님을 아버지라고 불렀으며, 아버지는 처음부터 주어진 이름이다. 너무 당연해서 별 의미가 없다고도 할 수 있다.

충동 차원의 오이디푸스와 같다. 오이디푸스에 들어가는 것은 처음부터 누구에게나 주어진 것이다. 중요한 것은 거기서 나오는 것이다. 신경증으로 나오느냐 아니냐 하는 것이다. 그것은 오이디푸스의 해소이면서 오이디푸스의 복귀이다. 여기서도 마찬가지이다. 하느님을 아

---

4) W. Marchel, *Dieu-Père dans le Nouveau Testament*, Cerf, 1966.
5) J. Jeremias, *Abba*, Untersuchungen zur neutestamentlichen Theologie und Zeitgeschichte, Göttingen, 1965.

버지라고 부르는 것은 아무것도 아니다. 문제는 그러한 명칭에 들어 있는 뜻이다. 아니, 그 뜻이 형성되는 과정이다. 그것은 부성의 도식을 감추는 과정이다.

그런데 『구약성서』 주석학을 보면 히브리인들이 하느님을 아버지로 부르는 경우가 적었다. 그것은 그들이 야훼를 특별한 역사의 주관자요 구원자요 해방자이며 이스라엘은 그 은총을 입은 자로 보는 과정에서 생긴 일이다. 여러 범주의 이야기가 끼어든 것도 바로 거기이다. 그리고 바로 거기서 하느님을 어떻게 부르는지가 중요해진다. 성서 기자들이 하느님에 대해 말한 첫 번째 문학 형태는 설화이다. 야훼께서 이스라엘에 베푼 구원과 해방의 역사가 '사가'(saga) 형태로 고백되었다.

그 설화의 무게중심은 이집트 탈출의 고백에 있다. 이스라엘 백성이 하나의 백성이 된 것은 해방 사건 때문이다. 모세 오경을 쓴 학파의 신학 작업은 출처가 다른 여러 개의 토막 설화를 정리해서 큰 이야기로 만드는 것이었다. 그리고 그 큰 이야기를 위대한 조상들과 창조 신화에까지 연결시켜, 조상과 창조 이야기에 이스라엘의 역사에서 생긴 신앙 고백이 들어가 특별한 역사성을 띠게 했다. 그처럼 케리그마적 고백과 설화 형태의 이야기를 결합함으로써 모세 오경의 신학 관점이 생기게 되었다. 그것을 게르하르트 폰 라트는 '역사 전통의 신학'이라고 해서 '예언 전통의 신학'과 맞서는 것으로 보았다. 우리가 뒤에서 살피겠지만, 예언 전통의 신학은 아버지 형태의 복귀와 관련이 있다. 어쨌든 역사 전통의 신학에서, 성서에 나오는 하느님의 첫 표상을 볼 수 있다.

그런데 첫 번째 구조—설화 구조—에서는 야훼가 아버지 위치에 있지 않다. 프로프(Propp)와 러시아 형태론자들 그리고 프랑스의 그레마스와 바르트의 구조 분석으로 폰 라트의 주석학을 보완해서 말하자면, 이 설화 구조에서 중요한 범주는 행위와 행위자이다. 행위자는 설화에서 영웅의 역할을 담당하는 자를 가리킨다. 좀 더 정확히 말하면, 행위를 계층별로 분석하면 인물들의 역할이 드러난다. 전통의 신학은 하나같이 궁극 행위자와 으뜸 행위자 그리고 여러 개별 행위자를 변증법 속에 두는데, 반성된 변증법이 아니라 이야기된 변증법이다. 궁극 행위자는 야훼이고 으뜸 행위자는 이스라엘인데 한 인물처럼 그려지고 있으며, 개별 행위자는 예컨대 모세 같은 사람이다. 어쨌든 모세 오경의 신학을 지탱하는 것은 행위와 행위자의 변증법이다.

행위와 행위자의 변증법에서는 아버지와 아들의 관계가 중요하지 않다. 아버지가 있다면 그것은 이스라엘이다. "내 조상(아버지)은 떠돌아다니면서 사는 아람 사람으로서……"(「신명기」26: 5). 야훼는 아버지라기보다는 '아버지(조상)의 하느님'이다. 또한 행위의 변증법은 백성과 역사의 사다리를 타고 전개된다. 나중에 가면 행위자들의 관계가 아버지와 아들의 범주에 들어갈지 모른다. 그러나 먼저 다른 범주를 거쳐야 한다. 어떤 범주인가?

모두 아는 바와 같이 모세 오경의 신학은, 야훼와 이스라엘의 행위에 관한 이야기들을 계약관계에서 재해석한 것이다. 그러므로 여러 가지 계약에 관해 살펴보아야 한다. 그 계약들은 1차로 부성의 계약은 아니다. 오히려 부성이 무엇인지 그 의미를 주는 계약이다. 그러므로 계약을 부성의 관점에서가 아니라, 그 계약이 수행하는 역할이 무엇인가 하는 데서 출발해야 한다. 그리고 그 계약은 부성의 범주로뿐만 아니라 법 범주로도 해석할 수 없다.

모세 오경을 연구한 폰 라트는 최초의 계약 신학, 예를 들어 노아의 계약이나 아브라함의 계약 그리고 시나이 산 계약 같은 것들이 여러 계약을 거쳐 조금씩 형성된 것임을 알았다. 그리고 그런 계약들에 대한 여러 가지 해석, 즉 일방 계약, 불평등 계약, 상호 계약 같은 해석들도 계약의 신학을 형성하는 데 중요한 역할을 했음을 알았다. 제사장 문서(P 문서)는 그 신학을 세 가지 주제로 정립한다. 이스라엘은 백성이 되고, 땅의 은총을 받을 것이며, 하느님과 특별한 관계에 들어갈 것이다. 그리하여 계약의 신학은 동시에 약속의 신학이다. 이것은 부성을 위하여 무척 중요하다. 부성은 세 번째 주제 "나는 너희의 하느님이 될 것이다"로 재해석될 것이다.

그러나 다시 부성을 거론하기 전에 몇 가지를 더 생각해야 한다. 먼저 '토라'와 율법의 역할을 살펴보자. 이스라엘이 야훼와 특별한 관계에 들어간다면, 그것은 이스라엘에 율법이 있기 때문이다. 최고 행위자인 야훼는 법을 주는 분이다. 그리고 이스라엘 전체가 다시 한 번 그 앞에 선다. "이스라엘아 들어라. 나는 영원한 너의 하느님이다……."

아버지 형태로 들어가기 전에 한 가지만 더 살펴보자. 야훼가 아버지로 불리기 전에 한 가지 이름이 있었다. 그것은 매우 중요한 사실이다. 정신분석학 쪽에서는 아버지의 이름을 말하기 좋아한다. 그러나 구분해야 한다. 이름은 고유명사이다. 아버지는 별명이다. 이름은 내포이다. 아버지는 묘사이다. 야훼의 계시는 놀랄 만한 수준까지 올라갔는데, 그 이름이 외연 없이 내포만 있는 수준까지 올라갔다. 그것은 이스라엘의 믿음에 매우 기본이 되는 것이다.

불타는 떨기나무의 이야기를 다시 읽어보자(「출애굽기」 3: 13~15). "'그들이 저에게 그의 이름이 무엇이냐고 물을 터인데, 제가 그들에게 무엇이라고 대답해야 합니까?' 하느님이 모세에게 대답하셨다. '나는 스스로 있는 나다'(éhyéh hasher éhyéh)." 이어진 문장에서 '나는 스스로 있다'는 것이 주어가 된다. "너는 이스라엘 자손에게 이르기를 '스스로 계신 분이 나를 너희에게 보내셨다'고 하라."

이런 식의 이름 계시는 우리 작업에 아주 중요하다. 모든 신인동형론(神人同形論)을 배제하고, 아버지 형상을 비롯해서 어떤 형상을 만드는 것도 배제하기 때문이다. 우상에 맞서는 이름이다. 부자관계는 은유면 몰라도 문자 그대로의 뜻은 없다. 이름 신학에 들어 있는 그런 특성이 오랫동안 감추어져 있었다. 그리스 존재론과 종합하려는 노력들 때문이다. '나는 스스로 있는 나다'를 마치 존재론의 표현인 것처럼 받아들였다. 오히려 아주 역설적인 의미로 받아들여야 하지 않을까? "내가 나인 것은 나에 대해 나이다. 그러나 너는 나의 신뢰를 얻고 있다." "너는 이스라엘 자손에게 이르기를 '스스로 계신 분이 나를 너희에게 보내셨다'고 하라"를 그렇게 이해해야 하지 않을까?

이름의 신학은 우상과 아버지 형태를 배제하는데, 그런 현상은 창조 설화에서도 볼 수 있다. 창조 설화에서도 하느님은 아버지로 지칭되지 않는다. 그리고 창조 행위를 표현하는 데 특이한 말―바라(bara)― 이 쓰이고 있다. 그래서 탄생과 관련된 악취가 없다. 창조―나중에 주변 민족에게서 들여온 신화인데, 아주 신중하게 들여왔다―는 아버지 신학의 한 부분이 아니다. 오히려 역사 전통의 신학 관점에서 재해석되어 구원 역사 앞으로 들어간 것이다. 그러므로 하느님은 아버지라서 창조자가 되는 것은 아니다. 오히려 창조 신학은 나중에 아버지 형태가 재해석되면서 복귀할 때 중요한 역할을 한다.

여기서 짚고 넘어가야 할 것은, 제사장학파의 창조 설화에 인간에 대한 평가가 많다는 점이다(「창세기」 1~2장). 사람이 하느님의 형상대로 그 모양을 따라 지어졌다고 되어 있다. 창조자가 아버지라고 불리지 않듯이 사람을 가리켜 아들이라고도 하지 않는다. 오히려 사람이 하느님과 닮은꼴관계(물론 모양을 따라 지어졌다는 것은 하느님과 사람 사이에 거리를 두는 측면이 있으며, 그것이 빠지면 안 된다)에 있다는 것은 부자관계를 재해석한다. 하느님과 닮았기 때문에 사람은 모든 피조물 위에 서고 주인이 되며 자연의 지배자가 된다. 그것은 이름의 신학과 반대되는 것이 아니다. 하느님의 형상이라고 했지만 그것은 형상이나 우상 없는 이름이요, 사람을 초월하는 것이다.

결국 더 높은 상징을 향한 아버지 형태의 진화는 아버지 형태에 속하지 않는 다른 상징들에 달렸다. 원시 히브리 '사가' 문서에서 말하는 해방자, 시나이 산의 율법 수여자, 형태 없는 이름을 가진 분, 창조 신화에 나오는 창조주 등 아버지와 무관한 지칭들이 많다. 이렇게 말할 수 있다. 야훼는 일단 아버지가 아니다. 그러나 그는 역시 아버지이다.

그 모든 과정을 밟아야 한다. 하느님을 아버지로 부르기 위해서는 형태가 전혀 없는―일반 형태는 물론이고 아버지 형태조차―곳까지 가야 한다.

이제, 오직 이제야 우리는 아버지 형태의 복귀를 말할 수 있다. 성서에서는 꺼리지만 매우 중요한 지칭, 곧 하느님 아버지를 해석할 때가 되었다. 하느님의 표상을 두고 성서에서 일어나는 이와 같은 과정은 충동 차원에서 보면 억압된 것의 회귀이고, 정신현상학에서 보면 추상법과 도덕 이후에 가족 범주가 형성되는 것과 같다.

아버지 형태의 반복과 복귀에도 나름대로 진행 과정이 있다. 이렇게 도식으로 만들 수 있을 것 같다. 먼저 하느님을 '아버지로' 지칭한다. 이것은 언어 분석에서 말하는 묘사 단계이다. 그다음에 '아버지의' 선언이 있다. 그리고 끝으로 '아버지에게' 나아가 기도하는 것이다. 이 운동은 예수의 기도에서 마감되는데, 거기서 아버지 형태의 복귀와 아버지 인정이 완성된다.

계약관계에서는 하느님을 달리 불렀는데, 거기에서 아버지라는 지칭이 나왔다. 어떻게 그렇게 되었는지를 우리는 안다. 선택 때문이다. 여러 민족 중에서 이스라엘이 선택되었다. 야훼가 이스라엘을 받아들이니, 야훼는 이스라엘의 몫이다. 그것은 양자를 삼는 것 같은 선택이다. 그래서 이스라엘은 아들이다. 그러나 그가 아들이 되려면 지명하는 말이 있어야 한다. 또한 거기서의 부성은 낳는 것과는 완전히 다르다.

부성 표상이 그동안의 역사 범주에 일으키는 변화는 무엇인가? 『구약성서』에서 하느님을 아버지로 지칭하는 경우는 얼마 안 되지만, 그것들을 살펴보면 언제나 관계가 내면화할 때 나타난다. 내가 내면화라는 말을 쓴 것은 회상(Erinnerung)의 뜻으로 쓴 것이다. 기억이면서 내면이다. 그러므로 내면화한다는 것은 느껴본다는 것이다. 거기에 함축된 것은 매우 복잡하다. 절대 권위에서 부드러움과 자비에까지 이르면 마치 아버지가 어머니이기도 한 것 같다.

그래서 부성의 범위는 매우 광범위하다. "의존과 필연, 보호, 신뢰, 은총, 친근함"(Marchel, p.33). "무지하고 우둔한 백성들아, 너희를 내고 너희를 받아들이고 너희를 지키는 분이 너희 아버지가 아니냐?"(「예레미야서」 32: 6). 이름밖에 없는 하느님, 하나의 이름뿐인 하느님이 여기서 얼굴, 곧 형태를 가진다. 그 순간 그 형태는 환상이 아니라 상징이 된다.

　이제 '아버지로' 지칭한 단계에서 '아버지에게' 기도하는 쪽으로 발길을 옮긴다. 그러나 아직 넘어야 할 문턱이 있다. "그는 나를 이렇게 부르리라. 당신은 나의 아버지시요 나의 하느님이요 나의 구원의 반석이십니다라고." 이것은 아직 아버지에게 기도하는 것이 아니다. 『구약성서』 어디에도 야훼를 아버지라고 부르며 그 앞에 나가는 구절이 없다. 「예레미야서」 3장 4절과 19절은 뒤에서 보는 바와 같이 기도가 아니라, 예언자의 목소리를 빌려 하느님이 자신에 대해 선언하는 것이다.

　아직 하느님 아버지에게 기도하는 것이 아닌 말, 내가 하느님 아버지의 선언이라고 한 그것은 무엇인가? 여기서 앞에서 말한 대로 두 가지 형태의 이야기와 그 이야기에 따르는 신학을 구분해야 한다. 두 가지 이야기란 설화와 예언이고, 두 가지 신학은 폰 라트의 표현을 빌리자면 역사 전통의 신학과 예언 전통의 신학이다. 사실 하느님을 아버지로 부른 본문을 검토해보면 예언 문서들이다. 「호세아서」와 「예레미야서」 그리고 「제3이사야서」이고, 거기에다 「신명기」를 덧붙일 수 있는데 그것 역시 예언 상황에서 나온 문서이다.

　아버지 명칭과 예언서 사이의 관계는 무엇을 뜻하는가? 예언서는 이야기 형태나 신학 의도에서 단절을 노린다. 설화는 이스라엘이 과거에 얻은 해방 사건을 이야기한다. 그러나 예언서는 이야기하지 않고 선포한다. 신탁 형태로 선포한다. 예언자는 하느님을 1인칭으로 해서 선포한다. 무엇을 선포하는가? 대설화에서 고백한 것과는 다른 것을 선포한다. 먼저, 그때까지의 역사가 황폐화되고 끝나며 그 후에 새로운 계약을 맺고 새로운 시온과 새로운 다윗 왕조가 오리라고 선포한다. 그때 예언서 문서를 보면, 하느님이 아버지로 불릴 뿐 아니라 하느님이 스스로를 아버지라고 선언하고 나선다(Marchel, p.41). 그처럼 하느님이 아버지가 되는 것은, 예언서 저자들이 내다보는 미래와 깊은 관계가 있다.

　예레미아는 세 번이나 거듭 말한다. "나는 이스라엘의 아버지이다.

너는 나를 아버지로 부를 것이며, 나에게서 떨어질 수 없을 것이다." 만약 예언자들이 장차 이루어질 완성을 내다보고 종말의 향연을 내다본다면, 그들이 말하는 아버지 형태도 그런 종말과 관련이 있는 것 아닐까? 아버지 형태는 단순히 기원이나 뿌리 형태 ─ 우리 아버지(조상)의 하느님 ─ 일 뿐 아니라 새 창조의 형태이지 않을까?

단지 그런 각도에서 아버지는 다시 인정된다.

아버지는 더 이상 조상에 그치지 않고 배우자이기도 하다. 아버지 형태들이 교차하고 교환된다. 예언자 호세아는 계약을 재해석하면서 하느님을 아버지보다는 남편으로 보았다. 신뢰나 불신 또는 죄악을 부부 관계에 빗대어 표현한다. 질투심이나 마음의 상처나 돌아오라는 애원 같은 것들이 모두 그런 은유 표현이다. 다시 예레미야가 말한다. "나는 스스로 이렇게 생각하였다. 내가 너희를 나의 자녀로 삼고, 너희에게 아름다운 땅을 주어서, 뭇 민족 가운데서 가장 아름다운 유산을 받게 하면, 너희가 나를 '아버지!'라고 부르며 나만을 따르고, 나를 떠나가지 않을 것이라고 생각하였다. 그런데, 이스라엘 백성아! 마치 남편에게 정절을 지키지 않은 여인처럼, 너희는 나를 배신하였다. 주님의 말씀이다"(「예레미야서」 3: 19~20).

그처럼 서로 다른 부성 형태가 뒤섞이면서, 형태의 껍질이 깨지고 상징이 생겨난다. 남편인 아버지는 자식을 낳은 자도 아니고 그 적수도 아니다. 싸늘한 다툼과 지배보다는 사랑과 자비의 분위기이다. 「제3이사야서」는 그와 같은 분위기 반전을 증언하고 있다. "주께서는 우리의 아버지이십니다"(「이사야서」 63: 16).

여기서 조금만 더 나가면 하느님 아버지에게 나아가는 기도가 나온다. 그러나 아직은 약간의 주저함과 부끄러움이 남아 있다. 「시편」 89편 27절에도 그래서 간접 언어가 쓰이고 있다. "그는 나를 일컬어 '내 아버지, 내 하느님, 내 구원의 반석'이라고 할 것이다."

『신약성서』에 이르면 아바(*Abba*)를 부르는 예수의 기도에서 아버지 형태가 완전히 복귀한다. 그러나 『신약성서』 전체를 놓고 볼 때 그 표현은 아주 대담하면서도 괴상한 것이다. 몇 군데만 인용하지 않고 복음서 전체를 보면, 『신약성서』에는 『구약성서』에 있던 그 부끄러움과 주저함이 어느 정도 남아 있음을 알 수 있다. 하느님을 아버지로 부르는 것이 「요한복음」에는 100번 이상 나오지만 「마가복음」에는 4번밖에 없고, 「누가복음」에는 15번 그리고 「마태복음」에는 42번 나온다. 여러모로 볼 때 하느님을 아버지로 부른 것이 처음에는 드물었다가 나중에 확대된 것 같다.

여기서 우리는, 복음서의 기본 범주가 부성은 아니었음을 인정해야 한다. 「마가복음」에서 볼 수 있는 대로 복음서의 기본 범주는 하느님 나라이고 종말론이다. 『구약성서』에서처럼 먼저 계약이 있고, 아버지는 그다음이다. 좀 더 정확히 말해서 복음서 케리그마가 강조하는 하느님 나라의 도래는 예언자들이 선포한 새로운 경륜의 유산이다. 하느님 나라의 범주에서 부성의 범주를 해석해야 한다.

종말의 하느님 나라와 하느님 아버지는 뗄 수 없는 관계이다. 주의 기도에서도 그렇다. 주기도문을 보면, 먼저 아버지를 부르고 그에게 나가는 기도로 시작하여 이름과 관련된 요청이 이어지고 그다음에 나라와 뜻이 이루어지기를 바란다. 그것은 종말의 완성을 가리키는 것이다. 그러므로 부성의 자리는 희망의 신학 안에 있다. 기도의 아버지는, 어린아이와 같지 않으면 들어갈 수 없는 나라를 선포하는 하느님과 똑같은 분이다. 하느님 나라의 선포와 뗄 수 없는 아버지 형태는 예레미아스의 말대로 '실현될 종말론'과 관련이 있다.

종말 선포의 각도에서 볼 때 아버지라는 명칭은 특별한 의미를 담고 있다. 물론 예수께서 내 아버지라는 표현을 쓰면서 아들이라는 명칭도 새로운 뜻을 지니게 된다. 요한 신학의 핵심이 들어 있는 「마태복음」 11장 27절을 보자. "내 아버지께서 모든 것을 내게 맡겨두셨습니다. 아버지밖에는 아들을 아는 이가 없으며, 아들과 또 아들이 계시하여 주고자 하는 사람밖에는 아버지를 아는 이가 없습니다." 서로 알아주고 인정하는 관계, 거기서 진짜 아버지와 아들이 생긴다.

그런 각도에서만 예수의 기도, 곧 친애하는 아버지라는 뜻의 '아바'를 제대로 이해할 수 있다. '아버지로' 지칭하는 데서 '아버지에게' 기도하는 데까지 가는 운동이 여기서 완성된다. 예수는 아바라는 말로 하느님에게 나아갔던 것 같다. 그런 기도는 유대의 기도 문학에서 볼 때 낯설고 괴상한 것이다. 예수는 과감한 방식으로 아버지에게 나아갔다. 마치 어린아이가 아버지에게 나아가듯 했다. 성서에 나타나는 주저함과 부끄러움이 사라졌다. 과감히 시도할 만하다. 새로운 시대가 되었기 때문이다.

그처럼 아버지에게 나가는 것은 옛 아버지에게로 돌아가는 것이 아니다. 그래서 쉬운 일이 아니다. 옛 기원보다는 종말의 완성을 향한 것이므로 어렵고 용기가 필요하다. 옛 조상 쪽으로 뒤를 돌아보는 것이 아니라 자식을 아는 새로운 친근감 쪽으로 눈을 돌린다. 바울의 주석에 따르면 우리가 아바 아버지를 부를 수 있는 것은 우리가 하느님의 자녀라는 것을 성령이 증거하기 때문이다(「로마서」 8: 16). 그러므로 아버지 종교는 사람에게 적대적으로 멀리 초월해 있는 종교가 아니다. 자녀가 있으므로 아버지가 있고 성령의 공동체가 있으므로 자녀가 있다.

그처럼 성령이 이끄는 아버지 구도를 완성하려면 아직 죽음 문제가 남았다. 죽음—자녀의 죽음, 때로는 아버지의 죽음—을 어떻게 보는지를 봐야 한다. 프로이트의 정신분석학에서 말하는 죽음을 떠올려보자. 환상 차원에서 아버지의 죽음이 있는데, 그것은 살인이다. 그 살인은 영원하리라고 여기는 전능한 욕망이 일으킨 것이다. 그것은 아버지 형태를 내면화해서 또 다른 환상을 만들어내는데, 죽음을 넘어 영원해진 아버지이다.

예언자들은 그 아버지 환상을 살해했지만 히브리 종교에서 다시 살아났다. 그리스도교는 아들의 종교요 아들에게는 두 가지 역할이 있다. 먼저 하느님을 죽인 우리의 죄를 대속한다. 둘째, 그처럼 우리 허물에 책임을 짐으로써 아들은 아버지와 나란히 하느님이 되고 아버지를 대신한다. 그리하여 아버지에 대한 원한에서 탈출할 길을 연다. 프로이트는 이렇게 결론을 내린다. 그리스도교는 아버지의 종교에서 나와 아들의 종교가 된다.

그리스도의 죽음은 부친 살해의 환상을 떨쳐버리는 것이다. 그리고 부친 살해의 환상에서는 아버지에 대한 복종과 반역이 동시에 일어난다는 것을 분명히 보여준다. 우리는 그런 사실에 동의한다. 오이디푸스의 구조는 나름대로 충동의 차원에서 인간의 삶 전체를 비추어보는 것이기 때문이다. 그러나 문제는, 그리스도교에서 한 의인(예수 그리스도)의 죽음에서 아버지 형태가 어떤 식으로 되살아나는가 하는 것이다. 사실 프로이트는 모르고 있지만, 그리스도교 이전 예언서에 나오는 '고난 받는 종'에도 그런 문제가 있다.

그런데 정신분석학은 우리에게 두 번째 길을 제공할 수 있을 것 같다. 아버지의 죽음에 또 다른 의미가 있는데, 그것은 신경증이 아닌 방법으로 오이디푸스 콤플렉스에서 벗어나는 것이다. 아버지와 아들의 상호 인정으로 오이디푸스 콤플렉스가 슬그머니 사라질 수 있다. 만일 욕망의 전능감 때문에 죽지 않는 아버지가 투사되는 것이라면, 욕망을 교정하면서 아버지의 죽음도 받아들이게 될 것이다.

문화 형태의 철학은 그런 방향으로 한 걸음 더 나아간다. 헤겔의 『법철학』에서, 진짜 부자관계는 구체적인 인륜 차원(Sittlichkeit)에서 이룩된다. 그 점을 우리는 앞에서 보았다. 그런데 그런 아버지는 개인을 넘어 수호신들의 표상으로 표현된다. 그리하여 아버지의 죽음은 세대를 이어 힘을 발휘하는 아버지 표상으로 편입된다. 그 죽음은 더 이상 살해일 필요가 없다. 그것은 단지 개별성을 제거하는 것이고, "여러 가지 다양한 겉모습"(같은 책, §163)을 제거하는 것이다. 정신관계가 탄생하는 것이다.

그러므로 살인 아닌 아버지의 죽음이 있다. 거기서 환상은 상징이 된다.

내 가설은 이렇다. 고난 받는 의인의 죽음은 하느님의 죽음이라는 의미를 지니는데, 하느님의 죽음은 두 가지 상징 차원에 나타나기 시작한 것과 맞물린다. 하느님의 죽음은 살인이 아닌 아버지의 죽음 연장선에 있으며, 상징의 진화를 완성해서 결국 우리를 위해 죽는 아버지가 될 것이다. 누구에 의한 죽음 대신 누구를 위한 죽음이 들어설 것이다.

다 아는 이야기지만 목숨을 내주는 의인 상징은 유대교의 예언에 뿌리를 두고 있으며 「제2이사야서」에 나오는 '고난 받는 종'의 노래에 가장 아름답게 표현되어 있다. 물론 이사야의 '고난 받는 종'은 하느님이 아니다. 그러나 프로이트 말대로 예언자의 죽음—먼저 모세 그리고 그의 역할을 한 모든 예언자들—이 아버지 살해의 반복이라면, 고난 받는 종의 죽음은 아버지의 죽음의 순환 궤도에 속한다고 할 수 있다.

의인이 죽음을 당했다. 그래서 아버지에 대한 공격 충동이 충족되었다. 옛 아버지 형태는 이미 거부한 상태에서 말이다. 그러나 여기서 중요한 점이 있다. 죽음의 의미가 바뀌었다는 것이다. 남을 위한 죽음이 되면서 의인의 죽음은 아버지 형태의 변화를 완성한다. 좋고 자비로운 아버지가 등장한다. 그리스도의 죽음은 그런 여정의 끝에 있다. 「빌립보서」는 그 죽음을 찬양한다. "그분은…… 자기를 비워서…… 죽기까지 순종하셨으니……"(「빌립보서」 2: 6~11).

여기서 죽음의 역전이 완성된다. 살해에 의한 죽음이 아니라 봉헌되는 죽음이다. 그 의미를 자연인으로서는 파악하기 힘들다. 그래서 신학의 역사를 보면 그리스도의 희생을 순전히 형벌로 해석한 경우가 너무 많다. 그런 해석은 프로이트의 손을 들어주는 것이다. 부친 살해 그리고 벌 받는 아들의 환상이 지독하게 끈질긴 셈이다. 그러나 내가 볼 때는 「요한복음」에 있는 그리스도의 다음 말씀을 중요하게 취급하는 그리스도론만이 진짜 복음적이라고 생각한다. "아무도 내게서 내 목숨을 빼앗아가지 못한다. 내가 스스로 원해서 내 목숨을 버린다"(「요한복음」 10: 17).

그 아들의 죽음이야말로 우리가 찾는 최후의 아버지가 아닐까? 거기서는 아들이 아버지이다. 그런 아버지가 성서에 처음 등장하지만—특히 앞에서 본 「마태복음」의 구절—, 다 알다시피 삼위일체 신학의 산물이다. 내가 앞에서도 강조한 주석학에 따르면 그 점이 밝혀진다. 그런데 프로이트와 헤겔 때문에 그 문제에 대해 두 마디만 하겠다.

프로이트는 이렇게 말했다. 예수는 "잘못을 자신에게 돌림으로써 아버지와 나란히 하느님이 되었고, 아버지의 자리를 대신했다." 그 말은 옳다. 그러나 만일 그리스도가 고난 받는 종이라면, 아버지를 대신하며 새로운 차원의 아버지를 보여주지 않을까? 자비로 죽으시는 아버지 말이다. 그런 뜻에서만 하느님의 죽음을 아버지의 죽음이라고 할 수 있다. 그리고 그 죽음은 환상의 죽음이고, 억압된 것의 회귀의 죽음이면서 동시에 더 높은 상징 차원에서 자아를 손에서 놓는 것이다.

헤겔도 그것은 분명하게 알고 있다. 헤겔은 현대 철학자로서는 처음으로 '하느님은 죽었다'는 명제를 종교철학의 근본 명제로 삼은 사람이다. 헤겔이 볼 때 하느님의 죽음은 분리된 초월의 죽음이다. 전적 타자로서의 신 관념을 잃어버려야 공동체에 내재한 정신으로서의 신 관념을 얻을 수 있다. 헤겔이 말한 대로 '하느님은 죽었다'는 이 엄청난 말은 무신론의 선언이 아니라 참종교의 선언이다. 저 높은 하느님이 아니라 우리 가운데 정신으로 계신 하느님이다.

그러나 그 명제는 여러 가지 차원에서 볼 수 있고 그때마다 의미도 달라진다. 헤겔만 하더라도 두 가지 차원이 있다. 먼저, 절대 확실성을 찾고 흔들리지 않는 자아를 찾아나섰다가 모든 것을 저 너머로 넘긴 '불행한 의식'을 뜻할 수도 있다. 계시 종교에 관한 부분 맨 앞에서 헤겔은 옛 형태들을 되살리며 그런 절망 문제를 말하고 있다. "……여기서 우리는 이러한 불행의 의식이 그 자체로서 전적인 행복에 도달한 희극적 의식과는 반대되는 측면에서 완성에 도달한 것임을 알 수가 있다. ……이것은 곧 실체의 상실과 함께 자기의 상실을 의식하는 것이니 마침내 이 의식은 신은 죽었다라는 힘겨운 한마디를 토해내는 고뇌의 표시이기도 한 것이다"(『정신현상학』, 889쪽).

그러나 불행한 의식은 또한 비극 의식이다. 불행한 의식은 계시 종교에 속하는 것이며, 옛 세상이 모두 끝나면서 생긴다. 보이는 종교에서는 불행한 의식이 없으며, 정신은 정신의 형식에서 스스로를 인식한다. 그러나 계시 개념에서는 정신 자체가 소외된다. "……이렇게 볼 때 여기서 실체의 형식을 이탈하여 자기의식의 형태를 띠면서 현존재의 영역으로 들어서는 이상과 같은 정신에 대해서 말할 수 있는 것은 즉—만약 자연적인 생식의 경우를 이 문제에 적용시켜본다면—이러한 정신이 하나의 현실적인 어머니를 갖기는 하지만 아버지의 경우는 다만 즉자적인 아버지로 봐야만 한다는 것이다. 왜냐하면 한쪽의 현실성이나 자기의식 그리고 다른 한편에 있는 실체로서의 즉자적 본체란 오직 정신이 지닌 두 개의 계기일뿐더러 모름지기 이들 두 계기는 서로가 외화작용을 빚음으로써 각기 상대되는 타자가 되는 가운데 마침내 정신이 이들 양자의 통일적인 현존재로 나타나는 까닭이다"(같은 책, 893~894쪽).

조금 뒤에 보면 이런 말이 나온다. "이제 정신은 자의식으로 파악되고 있을 뿐 아니라 또한 정신은 이러한 자의식에게 직접적으로 현현된다고도 하겠으니, 왜냐하면 정신이란 바로 자의식 그 자체일 뿐이기 때문이다. 여기서 모름지기 신적 본성은 다름 아닌 인간적 본성과 동일해지는 신인 일치가 이루어지거니와 이러한 통일이야말로 그리스도에 의해서 직관되는 것이다"(같은 책, 899쪽).

계시가 소외가 되는 그런 운동 안에서 죽음은 그 궁극 의미를 지닌다. 아들의 죽음뿐 아니라 아버지의 죽음도 포함한다. 먼저 아들의 죽음을 보자. "신적 인간의 죽음은 추상적인 부정성이며 또한 자연적인 보편성 속에서 끝맺음하는 데 지나지 않는 운동의 직접적인 결과일 뿐이다. ……여기서 마침내 죽음은 그 자신이 직접적으로 의미했던 것, 즉 이 특정한 개별자가 존재하지 않는다는 것으로부터 변용하여 정신의 보편성으로 되거니와 이때의 정신은 스스로의 교단 속에서 생존하면서 바로 그 속에서 나날이 죽어가며 동시에 나날이 부활하는 것이라고 하겠다"(같은 책, 926쪽).*

그리하여 죽음은 정신이 발휘되는 수준에 따라서 그 의미가 변한다. 프로이트처럼 헤겔도 형태의 변화를 말하지만, 프로이트와 달리 여러 수준을 거치는 변증법의 각도에서 말한다. 그리고 아들의 죽음에는 또 다른 의미가 있는데 그것은 아버지의 죽음에도 새로운 의미를 준다. 아들 때문에 아버지가 새로운 모습을 띠는 셈이다. "중개자의 죽음이란 다만 그의 자연적인 측면에서의 죽음, 또 달리 말하면 그의 특수적인 대자적 존재의 죽음으로서만 그치는 것은 아니므로 결국 여기서는 실재로부터 탈각되어버린 이미 죽어 있는 표피만이 아니라 신적 존재라고 하는 추상성마저도 죽음에 이르고 만 것이다. …… 이와 같은 표상의 죽음은 동시에 그 자신이 자기로서 정립되어 있지 않은 신적 존재라는 추상의 죽음을 내포하는 것이기도 하다. 이러한 죽음은 결국 신 자체가 죽었다고 하는 불행한 의식이 지녔던 비통한 감정과 같은 것이다"(같은 책, 927~928쪽).

불행한 의식이 다시 등장하는데 더 이상 불행한 의식이 아니라 공동체 정신에 속한 의식이다. 헤겔의 이야기를 통해 우리는 본회퍼가 말한 연약한 하느님의 신학을 생각할 수 있다. 본회퍼는 이렇게 말했다. "연약한 하느님만이 도움을 줄 수 있다." 우리가 검토한 세 가지 영역, 곧 정신분석학과 정신현상학과 종교철학은 그런 신학에서 완벽하게 만날 수 있다. 결국 그 세 영역의 궁극 주제는 아버지의 죽음을 부성의 상징으로 이루어내는 것이라 하겠다. 그때 그 죽음은 더 이상 살인이 아니라 철저하게 자기를 부인하는 것이다.

결론 삼아서, 우리가 해결한 문제와 해결하지 못한 문제를 훑어보

---

* 또는 이렇게 번역할 수 있다. "이제 죽음은 그 말이 뜻하는 것과 달리 무슨 개체가 사라지는 것이 아니다. 그 죽음은 공동체에 살아 있는 보편 정신으로 형태가 바뀐다. 보편 정신은 공동체 안에서 매일 죽고 매일 부활한다."

겠다.

먼저 해결된 문제들을 보자.

(1) 욕망 영역의 분석과 종교 상징 영역의 분석을 비교할 때, 충동 조직과 믿음의 상징이 비슷하다는 것을 알았다. 구조보다는 그 과정이 그렇다. 그 같은 발견을 바탕으로, 흔히 말하듯 정신분석과 종교를 똑같이 놓고 볼 수 있게 되었다. 그렇지만 자세하게 결정된 것은 아무것도 없다. 반성의 단계에서 보면 모든 것이 열려 있고 확정되지 않았다. 적어도 종교현상학을 다루는 정신분석학의 권리는 온전하게 남아 있다. 세 번째 분석은 모두 충동 형성의 문제로 바꿔놓고 생각할 수 있다. 신 이름의 역사 또한 리비도의 여정에 속한다고 볼 수 있다.

그런 결론이 그리 놀라운 일은 아니다. 오이디푸스 위기를 탈출할 방법이 많고, 신경증이 따르는 탈출과 신경증 없는 탈출 사이에는 불연속 같은 연속이 있다는 것을 앞에서 봤기 때문이다. 그런 까닭에 억압의 복귀 문제도 열려 있고 생각할 과제로 남아 있다. 거꾸로 말하면, 정신분석학이 종교의 의미를 떨쳐버릴 수는 없다는 것이다. 종교에 들어 있는 리비도 카텍시스가 어느 정도이든, 종교 나름의 의미를 제거할 수는 없다. 그런 점에서 프로이트를 비판할 수 있다. 특히 「모세와 유일신교」에서 그는 믿음을 직접 정신분석했지만, 그러기 전에 믿음의 문서를 해석하는 작업을 거쳐야 했다.

그러나 다음에 말하는 두 번째 결론이 더 흥미롭다. 첫 번째 결론은 해석의 전쟁에서 중재에 나서는 외교관 정도의 역할을 하는 데 그친다. 두 번째, 세 번째 결론이 더 중요하다.

(2) 두 번째 결론은 다음과 같다. 우리 연구의 무게중심과 중심축은 두 번째 영역인 정신현상학에 있다. 그것을 중심으로 양쪽에 날개 두 개가 붙은 셈인데, 하나는 앞에서 고고학이라고 부른 쪽으로 난 날개이고, 다른 하나는 희망의 신학을 향한 목적론 쪽으로 난 날개이다. 중심축을 제거하면 모든 분석은 풀리지 않는 갈등 속에서 실패하고 만다. 정신현상학은 구체적인 반성이며, 그러한 철학 도구의 매개가 없으면

정신분석과 종교의 갈등을 제대로 생각할 수도 없고 풀 수도 없다.

(3) 내가 볼 때는 세 번째 결론이 더 중요하다. 우리의 연구 결과, 곧 부성의 도식에서 세 번째 결론을 이끌어보자. 이 글 앞에서 말한 대로 부성의 도식이 풍요로워졌다고 할 수 있다. 앞에서 나는 세 가지 가설을 세웠다. 아버지 환상에서 아버지 상징으로 간다는 것과, 상징이 등장하는 데는 아버지와 다른 형태들이 필요하다는 것 그리고 처음 환상이 나중의 상징에 복귀한다는 것이었다.

상징이 이룩되는 과정을 그처럼 세 가지 각도에서 분석했을 때 몇 가지 특징이 드러나며 생각할 거리를 준다. 첫째, 아버지를 지칭하는 말에서 물리적인 낳음은 퇴색한다는 점이다. 둘째, 이중으로 파괴를 일으키는 동일시 대신 아버지와 아들의 상호 인정이 들어선다는 점이다. 마지막으로, 아버지 개체와는 거리가 먼 부성 상징이 탄생한다는 점이다. 이 마지막 특징에 생각할 여지가 많은 것 같다. 상징 형성에 죽음이 들어오기 때문이다. 거기에 대해서는 앞에서 몇 가지 배운 것이 있다. 충동 영역에서는 아버지의 죽음과 욕망의 죽음을 받아들이고, 헤겔이 말하는 기초 문화 형태의 영역에서는 수호신을 중심으로 한 가족 공동체를 봤으며, 신학 영역에서는 '신의 죽음'을 보았다. 죽음과 상징의 관계, 이 문제는 아직도 생각할 거리가 많다.

여기서 우리는 풀리지 않은 문제에 다다랐다. 그 문제는 그냥 놔두려고 한다. 다만, 한 가지 기본적인 문제를 짚고 글을 마치자. 세 영역으로 나누어 분석한 것은 무슨 의미가 있는가? 물론 방법론이 서로 다른 분석이었다. 하나는 경제학이고 하나는 현상학이며 다른 하나는 해석학이다. 그렇다면 분석 대상인 현실이 그처럼 세 영역으로 나뉘는 것인가? 경제학이란 욕망의 경제학이고, 현상학은 정신현상학이며, 해석학은 종교 형태의 주석학이니 말이다. 그러면 욕망과 정신과 하느님은 어떻게 연결되는가? 다시 말해 그 세 영역에서 상징의 구조와 과정이 비슷한 까닭은 무엇인가?

그런 물음 앞에서 철학자는 지난 세기에 헤겔이 생각했던 과제를 다시 받아들일 수밖에 없다. 그것은 다양한 경험과 현실을 하나의 체계 안에 통합하는 변증법 철학이다. 그러나 그런 변증법 철학을 과제로 삼으려면 새로운 시각을 지녀야 한다. 반성철학이 생각하지 못한 자리에 무의식을 두어야 하고, 체계가 가두어놓으려는 것을 희망으로 열어놓아야 한다. 철학자의 과제는 거기에 있다. 누가 그 일을 감당할 것인가?

참고문헌

서론: 해석학과 실존

Aristotle, *Traité de l'interprétation*, Organon II, trad. fr. Vrin, 1946.

Augustin, *De Doctrina christina*, trad. fr. Bibliothèque augustienne, t. XI.

Dilthey W., "Die Entstehung der Hermeneutik," *Gesamelte Schriften*, Vol.V.

Ebeling G., "Hermeneutik," in *Religion in Geschichte und Gegenwart*, 1959, t. III.

Eliade M., *Traité d'histoire comparée des religions*, Payot, 1959(이은봉 옮김, 『종교형태론』, 한길사, 1996).

Leenhardt M., *Do Kamo. La Personne et le mythe dans le monde mélanésian*, Gallimard, 1947.

Leuuw van der, *La Religion dans son essence et ses manifestations*, trad. fr., Payot, 1948.

Pépin J., *Mythe et allégorie, les origines grecques et les contestations judéo-chrétiennes*, Aubier, 1958.

Schleiermacher F., *Hermeneutik*, ed. Heinz Kimmerle, Abh. der Heidelberger Akademie de Wissenschaften, 1959(최신한 옮김, 『해석학과 비평』, 철학과현실사, 2000).

제1장 해석학과 구조주의

Actes du 1 Congrès international de linguistique(La Haye 1928), Leyde, 1929.

Bastide R., Wolff E., Benveniste E., Lévi-Strauss C., etc., *Sens et usage du terme structure dans les sciences humaines et sociales*, La Haye, Mouton, 1962.

Benveniste E., *Problèmes de linguistique générale*, Gallimard, 1966(황경자 옮김, 『일반 언어학의 제문제』, 민음사, 2000).

_____, "La Forme et le sens dans le langage," in *le Langage*(Actes du XIII

Congrès des sociétés de philosophie de langue française), Heuchate l, La baconnière, 1967.

Carroll J.B., *The study of language*, Cambridge, 1955.

Cassier E., *Philosophie der symbolischen Formen*(1923), Darmstadt, 1964.

Chenu M.D., *La théologie du XII siècle*, Vrin, 1957.

Chomsky N., *Current issues in linguistic theory*, La Haye, Mouton, 1964.

_____, *Syntactic structures*, La Haye, Mouton, 1965.

_____, *Cartesian Linguistics*, Harper and Row, 1966.

Communications n. 8, *l'Analyse structurale du récit*, éd. du Seuil, 1966.

Dufrenne M., *Le Poétique*, P.U.F., 1963.

Frege G., "Über Sinn und Bedeutung," *Ztschft f. Phil. u phil. Kritik 100* (1892).

Gadiner Sir A., *The Theory of speech and language*, Oxford, 1932, 1951.

Godel R., *Les Sources manuscrites du cours de linguistique générale de F. de Saussure*, 1957.

Greimas A.J., *Sémantique structurale*, Larousse, 1966.

Guillaume G., *Temps et Verbe*, Champion, 1965.

_____, *Langage et sciences du langage*, Nizet, 1964.

Guiraud P., *La Sémantique*, P.U.F., 'Que sais je?', 1962(유제호 옮김, 『의미론』, 탐구당, 1986).

Heidegger M., *Unterwegs zur Sprache*, 1959.

Hjelmslev L., *Prolegomena to a theory of language*, 1943, tr. angl., 1961.

_____, *Essais linguistiques* TCLC XII, 1959.

_____, *Le Langage*, 1953, tr. fr., 1966.

Humboldt W. von, *Über die Verschiedenheit des menschlichen Sprachbaues und ihren Einfluß auf die geistige Entwicklung des Menschengeschlechts* (1836), Bonn, 1967.

Jakobson R., *Essais de linguistique générale*, éd. de Minuit, 1963(권재일 옮김, 『일반언어학 이론』, 민음사, 1989).

_____, "Principes de phonologie historique," in *Troubetzkoy*.

Lévi-Strauss C., *Les Structures élémentaires de la parenté*, P.U.F., 1949.

_____, *Anthropologie structurale*, Plon, 1958(김진욱 옮김, 『구조인류학』, 종로서적, 1983).

_____, *Le Totémisme aujourd'hui*, P.U.F., 1962.

_____, *La Pensée sauvage*, Plon, 1962(안정남 옮김, 『야생의 사고』, 한길사, 1996).

_____, "Introduction à l'Œvre de Marcel Mauss," dans Mauss M., *Sociologie et Anthropolgie*, P.U.F., 1950.

Matinet A., *Eléments de linguistique générale*, A. Colin, 1960(김방한 옮김, 『일반언어학개요』, 일조각, 1978).

Ogden E.K. and Richards I.A., *The meaning of meaning*, Routledge and Kegan, 1923, 1946(김영수 옮김, 『의미의 의미』, 현암사, 1987).

Ortigues E., *Le Discours et le symbole*, Aubier, 1962.

Peirce Ch.S., *Collected Papers*, Cambridge, 5 vol., 1931-5.

Problèmes du langage par E. Benveniste, N. Chomsky, R. Jakobson, A. Martinet, etc. Coll. 'Diogène', Gallimard, 1966.

Rad G. von, *Theologie des Alten Testaments*, Münich, chr. Kaiser Verlag, 1957(허혁 옮김, 『구약성서신학 I·II·III』, 분도출판사, 1980~90).

Saussure F. de, *Cours de linguistique générale*, Payot, 1916, 1949(최승언 옮김, 『일반언어학 강의』, 민음사, 1990).

Troubetskoy, *Principes de Phonologie*, tr. fr., Klincksieck, 1949, 1957.

Ullmann S., *The principles of semantics*, Oxford, Blackwell(남성우 옮김, 『의미론의 원리』, 탑출판사, 1979).

Urban W.M., *Language and Reality*, London, 1939, 1961.

제2장 해석학과 정신분석학

Freud S., *Gesammelte Werke*, 18 vol., Londres, S. Fischer Verlag. *Standard edition*, dir. James Strachey, 24 vol., Londres, the Hogarth Press(『프로이트 전집』, 열린책들, 2004).

Hesnard A., *L'Œvre de Freud*, Maurice Merleau-Ponty의 서문, Payot, 1960.

Kris, Loewenstein, Hartmann, in Rapaport D., *Organization and Pathology of Thought*, 1956.

Lacan J., *Ecrits*, éd. du Seuil, 1966.

제3장 해석학과 현상학

Fichte J.G., *Sämmtliche Werke*, ed. I.H. Fichte, Berlin, 1845.

_____, *La Théorie de la science*, exposé de 1804, trad. fr. Aubier, 1967(한자경 옮김, 『전체 지식론의 기초』, 서광사, 1996).

Hegel G.W.F., *Phnomnologie de l'esprit*, trad. fr. Aubier, 1939(임석진 옮김, 『정신현상학』, 한길사, 2004).

_____, *Précis de l'Encyclopédie des Sciences philosophiques*, trad. fr. Vrin, 1952(박병기 옮김, 『헤겔의 자연철학: 철학적 학문의 백과사전 강요 제2부』, 나남, 2008).

_____, *Principes de la philosophie du droit*, trad. fr. Gallimard, 1949(임석진

옮김,『법철학』, 한길사, 2008).

_____, *Leçons sur la philosophie de la religion*, trad. fr. Vrin, 1959(최신한 옮김,『종교철학』, 지식산업사, 1999).

Heidegger M., *L'Etre et le Temps(Sein und Zeit)*, trad. fr. Gallimard, 1964(이기상 옮김,『존재와 시간』, 까치글방, 1998; 소광희 옮김,『존재와 시간』, 경문사, 1998).

_____, *Chemins qui ne mènent nulle part(Holzwege)*, trad. fr. Gallimard, 1962(신상희 옮김,『숲길』, 나남, 2008).

_____, *Introduction à la métaphysique*, trad. fr. P.U.F. 1958, Gallimard, 1967(박휘근 옮김,『형이상학입문: 1935년 프라이부르크 대학에서의 강의』, 문예출판사, 1994)

_____, *Approche de Hölderlin*, trad. fr. Gallimard, 1962(신상희 옮김,『횔덜린 시의 해명』, 아카넷, 2009).

_____, *Unterwegs zur Sprache*, Pfullingen, Neske, 1959.

_____, *Gelassenheit*, Pufllingen, Neske, 1962.

Husserl E., *Logische Untersuchungen*, I, II, III. trad. fr. P.U.F. 1958~1963.

_____, *Idées I*, trad. fr. Gallimard, 1950(이종훈 옮김,『순수현상학과 현상학적 철학의 이념들』, 한길사, 2009).

_____, *Méditations cartésiennes*, trad. fr. Vrin, 1947(이종훈 옮김,『데카르트적 성찰』, 한길사, 2002).

_____, *Logique formelle et Logique transcendentale*, trad. fr. P.U.F., 1957(이종훈·하종학 옮김,『형식논리학과 선험논리학: 논리적 이성비판 시론』, 나남, 2010).

_____, *L'Origine de la géométie*, trad. fr. intro. Derrida J., P.U.F., 1962.

_____, *Krisis der europäischen Wissenschaften*, Husserliana, t. VI, Nijoff, 1954(이종훈 옮김,『유럽학문의 위기와 선험적 현상학』, 한길사, 1997).

Hyppolite J., *Genèse et structure de la phénoménologie de l'esprit de Hegel* (이종철·김상환 옮김,『헤겔의 정신현상학』, 문예출판사, 1989).

Merleau-Ponty M., *Phénoménologie de la perception*, Gallimard, 1945(류의근 옮김,『지각의 현상학』, 문학과지성사, 2002).

_____, *Signes*, Gallimard, 1950.

_____, *Le visible et l'invisible*, Gallimard, 1961(남수인·최의영 옮김,『보이는 것과 보이지 않는 것』, 동문선, 2004).

Nabert J., *L'Expérience intérieure de la liberté*, P.U.F., 1923.

_____, *Eléments pour une Ethique*, P.U.F., 1943, 1962.

_____, *Les Philosophies de la réflexion*, Encyclopédie française, t. XIX.

_____, *Essai sur le mal*, P.U.F., 1955.

Richardson W. J., *Heidegger, Through phenomenology to thought*, La Haye, Nijhoff, 1963.

제4장 악의 상징 해석

Aristoteles, *Ethique à Nicomaque*, trad. fr. Vrin, 1959(이창우·김재홍·강상진 옮김, 『니코마코스 윤리학』, 이제이북스, 2007).

Augustine, *de libero arbitrio*, Bibliothèque Augustiennee, Desclée de Brouwer, t. VI(성염 옮김, 『자유의지론』, 분도출판사, 1998).

_____, *quaestiones VII ad Simplicianum*, t. X.

_____, *écrits antimanichéens*, t. XVII et XVIII.

_____, *Retractationes*, t. XII.

_____, *de peccatorum meritis et remissione*, Patr. Lat. (Migne), t. XLIV.

_____, *contra Julianum*, t. XLIV.

Clement d'Alexandrie, *Extraits de Théodote*, texte grec et trad. fr., 'Sources chrétiennes,' éd. du Cerf.

Confession de foi de la Rochelle, expliquée par R. Mehl, coll. 'les Bergers et les Mages,' 1959.

Dodd C.H., *La Bible aujourd'hui*, Casterman, 1957.

Eliade M., *Traité d'histoire des religions*, Payot, 1949(이재실 옮김, 『종교사개론』, 까치, 1993).

Enuma Elish, v. Pritchard.

Feuerbach L., *Manifestes philosophiques*, trad. fr. P.U.F., 1960(강대석 옮김, 『미래철학의 근본원칙』, 이문출판사, 1984).

Jonas H., *Gnosis als spätantiker Geist*, t. I, 1934.

Kant I., *Critique de la raison pure*, P.U.F., 1963(백종현 옮김, 『순수이성비판』, 아카넷, 2006).

_____, *Critique de la raison pratique*(백종현 옮김, 『실천이성비판』, 아카넷, 2009).

_____, *La Religion dans les limites de la simple raison*, Vrin, 1932(신옥희 옮김, 『이성의 한계 안에서의 종교』, 이화여자대학교 출판부, 1984).

Kierkegarrd S., *Le Concept d'angoisse*, Gallimard, 1935(임규정 옮김, 『불안의 개념』, 한길사, 1999).

_____, *Crainte et tremblement*, Aubier, 1935(임춘갑 옮김, 『공포와 전율: 코펜하겐 1843년』, 치우, 2011).

_____, *Traité de désespoir*, Gallimard, 1932.

_____, *La Répétition*, éd. Tisseay, Bazoges-en-Pareds, 1933.

_____, *Post-scriptum aux miettes philosphiques*, Gallimard, 1938.

Nietzsche F., *La Gai-savoir*, Mercure de France(안성찬 · 홍사현 옮김, 『즐거운 학문』, 니체 전집 12, 책세상, 2005).

_____, *Généalogie de la morale, ibid.*(김정현 옮김, 『도덕의 계보』, 니체 전집 14, 책세상, 2002).

_____, *Par-delà le Bien et le Mal, ibid.*(김정현 옮김, 『선악의 저편』, 니체 전집 14, 책세상, 2002)

_____, *Ainsi parlait Zarathoustra, ibid.*(정동호 옮김, 『차라투스트라는 이렇게 말했다』, 니체 전집 13, 책세상, 2000).

_____, *La volonté de la puissance*, 2 vol., Gallimard(강수남 옮김, 『권력에의 의지』, 청하, 1988).

Pelage, *Commentaire sur les XIII épitres de saint Paul*, éd. Souter, Cambridge.

Plinval G. de, *Pélage, ses écrits, sa vie et sa réforme*, Payot, 1943.

Plotin, *Les Ennéades*, trad. fr., éd. Budé(조규홍 옮김, 『플로티노스의 엔네아데스 선집』, 누멘, 2009).

Pritchard J.B., *Ancient Near Eastern Texts relating to the Old Testament*, Princeton, 1950.

Puech M.C., *Der Begriff der Erlösung im Manichaeismus*, Eranos Jahrbuch, 1936(IV).

_____, *Le Manichéisme*, Civilisations du sud, S.A.E.P., 1949

_____, *Les Nouveaux écrits gnostiques*, Coptic Studies, 1950.

Quispel, *La Conception de l'homme dans la gnose valentienne*, Eranos Jahrbuch, 1947(XV).

_____, *L'homme gnostique(la doctrine de Basilide)*, Eranos Jahrbuch, 1958(XVI).

_____, *The original doctrine of Valentine*, Vigiliae christianae. Gnosis als Weltreligion, Orego Verlag, 1951.

Rottmayer Dom O., *L'Augustinisme*(1908), tr. fr., Mélanges de Sciences religieuses, 1949.

제5장 종교와 믿음

Barthes R., "Introduction l'analyse structurale des récits," dans *Communications*, n. 8, 1966.

Bonhoeffer D., *Résistance et Soumission*, trad. fr. Genève, Labor et Fides, 1963(고범서 옮김, 『옥중서간: 반항과 복종』, 대한기독교서회, 2003).

Bultmann R., *Jésus, mythologie et démythologisation*, trad. fr. éd. du Seuil, 1968(이동영 옮김, 『예수 그리스도와 신화론』, 한국로고스연구원, 1994).

_____, *Foi et Compréhension: eschatologie et démythologisation*, trad. fr., éd. du Seuil, 1969(허혁 옮김, 『학문과 실존』, 성광문화사, 1980).

_____, *Die Theologie des Neuen Testaments*, Tübingen, 1953(허혁 옮김, 『신약성서신학』, 성광문화사, 1976).

_____, *Das Evangelium des Johannes*, Göttingen, 1941(허혁 옮김, 『요한복음 연구』, 성광문화사, 1979).

Greimas A.J., "Eléments pour une théorie de l'interprétation du récit mythique," dans *Communications*, n. 8, 1968.

de Lubac M., *Exégèse médiévale: Les Quatres sens de l'Ecriture*, 4 vol. Aubier, 1959~1964.

Marchel W., *Dieu-Père dans le Nouveau-Testament*, Cerf, 1966.

Moltmann J., *Theologie der Hoffnung*, Münich, chr. Kaiser Verlag, 1965(전경연 · 박봉랑 옮김, 『희망의 신학』, 대한기독교서회, 1984).

Pohier J.M., "La Paternité de Dieu," dans *l'inconscient*, n. 5, P.U.F., 1968.

Von Rad G., *Theologie des Alten Testaments, vol. I: die Theologie der geschichtlichen Überlieferungen Israels*, Münich, chr. Kaiser Verlag, 1957 (허혁 옮김, 『구약성서신학 I』, 분도출판사, 1980).

_____, *Gesammelte Studien zum Alten Testament, ibid.*, 1958(김정준 옮김, 『폰 라드 논문집』, 대한기독교출판사, 1978).

원문 출처

서론: 실존과 해석학
Interpretation der Welt. Festschrift für Romano Guardini zum achtzigsten Geburtstag, Würzburg, Echter-Verlag, 1965, pp.32~51에 수록.

제1장 해석학과 구조주의

1. 구조와 해석학
원래 '상징과 시간성'(Symbolique et temporalité)이라는 제목으로, *Ermeneutica e Tradizione*(1963년 1월에 열린 로마 국제학술대회), Archivio di Filosofia, direction E. Castelli, 3, 1963, pp.12~31에 수록. *Esprit*, 11, 1963, pp.596~627에 재수록.

2. 겹뜻의 문제
Cahiers internationaux du symbolism, 1966, n°12, pp.59~71에 수록. 그리고 *Myths and Symbols. Studies in honor of Mircea Eliade*, ed. by Kitagawa and Ch. Long, University of Chicago Press, 1969, pp.63~81에 수록.

3. 구조·낱말·사건
Esprit, mai 1967, pp.801~821에 '구조주의, 이데올로기 그리고 방법'(Structuralisme, idéologie et méthode)이라는 제목으로 수록.

제2장 해석학과 정신분석학

1. 의식과 무의식
L'inconscient(본느발 6차 학술대회), Bibliothèque neuro-psychiatrique de langue française, sous la direction de H. Ey, Paris, Desclée de Brouwer, 1966, pp.409~422에 수록.

2. 정신분석학과 현대문화

Traité de psychanalyse, sous la direction de S. Nacht, t. I, Histoire, Paris, P.U.F., 1965, pp.79~109에 수록.

3. 철학으로 본 프로이트

Bulletin de la Société française de philosophie, séance du 22 janvier 1966, Paris, Armand Colin, 1966, n°3, pp.73~89에 수록.

4. 해석에서 기술과 반(反)기술

Tecnica e casistica(1963년 1월에 열린 로마 국제학술대회), Archivio di filosofia, direction E. Castelli, 34, 1964, pp.23~37에 수록.

5. 예술과 프로이트의 체계

L'Art et la Psychanalyse, Décades du Centre culturel international de Cerisy-la-Salle(1962년 9월 6일부터 11일까지 열린 대담), Paris-La Haye, Mouton 1968, pp.24~37, 361~368에 수록.

제3장 해석학과 현상학

1. 장 나베르의 행위와 기호

Etudes philosophiques, Paris, P.U.F., 1962, n°3, pp.339~349에 수록.

2. 하이데거와 주체 물음

원래 '하이데거 철학에서 주관성과 코기토 비판'(The Critique of subjectivity and Cogito in the Philosophie of Heidegger)이라는 제목으로 *Heidegger and the Quest for Truth*, éd. Manfred S. Frings, Chicago, Quadrangle Books, 1968, pp.62~75에 수록.

3. 주체 물음: 기호론의 도전

부분적으로 '철학의 미래와 주체 물음'(die Zukunft der Philosophie und die Frage nach dem Subject)이라는 제목으로 *Die Zukunft der Philosophie*, Olten u. Freiburg i.B., Walter-Verlag, 1968, pp.128~165에 수록. 그리고 '프랑스에서의 현상학의 새로운 전개―언어현상학'(New developments in Phenomenology in France―the Phenomenology of language)이라는 제목으로 *Social Research*, New York, éd. New School for Social Research, vol.34, n°1, 1967, pp.1~30에 수록.

제4장 악의 상징 해석

1. 원죄
Eglise et Théologie, Bulletin trimestriel de la faculté de Théologie protestante de Paris, 23, 1960, pp.11~30에 수록.

2. 상징 해석과 철학적 반성 1
Il Problema della Dimitizzazione(1963년 1월에 열린 로마 국제학술대회), Archivio di Filosofia, direction E. Castelli, 31, 1961, pp.51~73에 수록.

3. 상징 해석과 철학적 반성 2
원래 '해석학과 반성'(Herméneutique et réflexion)이라는 제목으로 *Demitizzazione e imagine*(1962년 1월에 열린 로마 국제학술대회), Archivio di Filosofia, direction E. Castelli, 35, 1965, et Paris, Aubier, 1965, pp.49~65에 수록.

4. 정죄를 비신화화함
Démythisation et Morale(1965년 1월에 열린 로마 국제학술대회), Archivio di Filosofia, direction E. Castelli, 35, 1965, et Paris, Aubier, 1965, pp.49~65에 수록.

5. 형벌 신화를 해석함
Le Mythe de la peine(1967년 1월에 열린 로마 국제학술대회), Archivio di Filosofia, direction E. Castelli, 37, 1967 et Paris, Aubier, 1967, pp.13~42에 수록.

제5장 종교와 믿음

1. 불트만 서론
Jésus, mythologie et démythologisation, Paris, éd. du Seuil, 1968에 수록.

2. 희망에서 오는 자유
원래 '종교적 자유에 대한 철학적 접근'(Approche philosophique du concept de liberté religieuse)이라는 제목으로 *Herméneutique de la liberté religieuse*(1968년 1월에 열린 로마 국제학술대회), Archivio de Filosofia, direction E. Castelli, 38, 1968, et Paris, Aubier, 1968, pp.215~234에 수록.

3. 허물, 윤리 그리고 종교

원래 'Guilt, Ethics and Religion'이라는 제목으로 *Talk of God*, Royal Institute of Philosophy, Lectures, vol.II, 1967~68: London, Macmillan, 1969, pp.100~117에 수록.

4. 종교 · 무신론 · 믿음

원래 'Religion, Atheism and Faith: I on Accusation, II on Consolation'이라는 제목으로 *the Religious significance of atheism*, by Alasdair MacIntyre and Paul Ricoeur, XVIII Series of Bampton Lectures in America, delivered at Columbia University(1966), New York et London, Columbia University Press, 1969, pp.57~98에 수록.

5. 아버지: 환상에서 상징으로

L'Analyse du langage théologique: le nom de Dieu(1969년 1월에 열린 로마 국제학술대회), Archivio di Filosofia, direction E. Castelli, 39, 1969 et Paris, Aubier, 1969, pp.221~246에 수록.

폴 리쾨르 연보

1913년 2월 27일 프랑스 발랑스에서 태어남. 어머니는 출산 후 사망하고 아버지는 1915년 전쟁에서 사망. 조부모 밑에서 성장.

1929년 렌(Rennes) 고등학교에서 철학자 달비에즈(Roland Dalbiez)에게 큰 영향을 받음. 데카르트의 코기토에 도전하는 단초를 얻음.

1932년 젊은 가톨릭 철학자 에마뉘엘 무니에(E. Mounier)가 『에스프리』(Esprit) 창간. 리쾨르는 이 잡지를 통해 신앙과 정치의 연관관계를 배우고 평생 깊은 관계를 맺음.

1934년 렌 대학에서 석사학위 논문 「라슐리에와 라그노에게서 하느님의 문제」(Problème de Dieu chez Lachelier et Lagneau) 통과. 파리 라탱 구역에 있던 가브리엘 마르셀(G. Marcel)의 집에서 열리는 '금요모임'에 정기적으로 참석. 가톨릭 신자인 마르셀에게서 신토미즘(neo-Thomism)과 존재론을 배움. 마르셀과의 관계는 1973년 마르셀이 죽기 전까지 지속됨.

기독교 사회주의 운동 여름 캠프에 참가. 기독교와 사회주의가 혼동되지 않고 양립할 가능성을 봄. 청년 사회주의 운동의 열성 멤버로 활약. '바르멘 선언'으로 히틀러에게 대항한 카를 바르트(K. Barth) 신학이 리쾨르에게 영향을 줌.

1935년 고등학교 교수 자격시험 통과.

7월부터 극좌 잡지인 『새 땅』(Terre Nouvelle: 그리스도와 노동자의 연합을 꿈꾸던 혁명적 기독교 잡지)에 첫 글을 기고.

어릴 때부터 친구이자 같은 개신교도인 시몬 레자와 결혼.

알자스 지방의 작은 도시 콜마에 있는 고등학교에 부임. 스트라스부르에 가까운 이곳에서 독일 철학을 강의하고 하이데거를 읽기 시작.

1937~39년 로리앙(Lorient) 고등학교에서 가르침.

1938년 잡지 『존재』(ÊTRE)에 「마르크스의 필연성」(Nécessité de Marx) 기고. 교조적인 마르크스주의가 아닌 비판적 마르크주의는 기독교와 연

	합할 수 있다고 봄.
1940년	예비역 장교로 갑작스레 전쟁에 참여했으나 독일군에게 체포됨. 종전까지 폴란드에 있는 포로수용소에서 지냄.
1947년	개신교 교육자 연합에서 회장으로 선출된 후 국가 교육제도에 관심을 두고 『신앙과 교육』(Foi Éducation) 창간.
	개신교 신문 『개혁』(Réformé)에 알제리 전쟁의 부당성을 주장.
1948~57년	35세에 스트라스부르 대학 철학교수로 부임. 아내, 다섯 자녀와 함께 행복한 가정생활을 꾸림. 철학부와 신학부 그리고 다른 학문 분야의 학제간 연구가 활발했던 이곳에서 학문적 발전을 이룸. 악의 문제와 그리스 비극, 플라톤과 아리스토텔레스를 가르치고 칸트를 체계적으로 공부함.
	고등학교 철학교수 자격시험을 같이 준비했던 로제 멜(R. Mehl)이 설교하던 생 폴 교회에 주말마다 참석. 『에스프리』를 중심으로 활발한 그룹 활동(R. Rontchevsky, A. Dumas 등). 가톨릭교도·개신교도·유대교도·무신론자와 불가지론자들이 모인 성경 공부에 매달 참석.
1949년	논문 「후설과 역사의 의미」(Husserl et le sens de l'histoire)를 철학잡지 『형이상학과 도덕』(Revue de métaphysique et de morale)에 기고.
	평화주의에 관한 특별호로 꾸민 『에스프리』에 무니에와 함께 기고. 참된 정치의 중심에 들어갈 예언자 정신은 산상수훈에 기초를 둔 비폭력주의라고 주장.
1950년	박사학위 논문 『의지의 철학 1권: 의지적인 것과 비의지적인 것』(Philosophie de la volonté t.1 Le Volontaire et l'Involontaire, Aubier, Paris) 통과 및 출간(심사위원: J. Wahl, J. Hyppolite, R. Le Senne, M. Colleville, M. Souriou). 가브리엘 마르셀과 루터의 노예의지 문제에 영향을 받고 후설의 의식의 지향성을 의지에 적용한 책.
	에마뉘엘 무니에 사망. 『에스프리』에 추도사 기고.
	후설의 『현상학의 이념』 번역 출간.
1951년	브뤼셀에서 열린 국제현상학대회에 초빙되어 「의지의 현상학의 방법과 과제」(Méthode et tâches d'une phénoménologie de la volonté) 발표.
	사회기독교(Christianisme sociale) 그룹에서 중요한 역할을 하던 리쾨르는 평화주의 원칙에 따라 유럽방위협력체(CED) 창설 반대.
1953년	『에스프리』에 「노동과 말」(Travail et parole) 기고. 당시 기독교 지성인들이 노동운동을 지원하고 노동을 통한 문명화 과정을 추진하는 분위기에서 리쾨르는 노동 자체를 신성화하는 것을 경계.
1954년	후설이 1929년 소르본에서 행한 강연집 『데카르트적 성찰』을 주석함.

주체를 희생시키지 않으면서 유아론을 피할 가능성 발견.

논문 「개인과 이웃」(Le socius et le prochain)을 발표. 기독교의 사랑과 이웃의 사회학의 관계를 연구, 사회 윤리에 큰 영향을 줌. 그러나 엘륄(J. Ellul)은 근대성을 비판하고 리쾨르의 견해에 반대하며, 제도를 통해 그리스도의 사랑을 실현할 수 없다고 봄.

미국 필라델피아 근처의 퀘이커계 대학인 하버포드(Haverford) 대학에 초청받음.

1955년 『역사와 진리』(Histoire et vérité, Seuil, Paris) 출간.

8월. 스리지(Cerisy)에서 하이데거가 참석한 가운데 마르셀·들뢰즈·골드만 등과 함께 대화 모임을 가짐. 사르트르와 메를로-퐁티는 나치에 참여했던 하이데거에 대한 반대 의사 표시로 불참. 그 자리에서 리쾨르는 하이데거가 소크라테스 이전 그리스 철학에 집착하고 기독교 정신을 도외시함으로써 윤리가 없어 결국 나치에 빠졌다고 생각함. 그러나 1987년, 나치즘에 연루된 하이데거를 비판하는 파리아스(V. Farias)의 책이 나왔을 때 그는 하이데거 사상을 존중하는 마음으로 침묵함.

1956년 장 이폴리트(J. Hypollite)의 추천으로 소르본 대학에 부임. 당시 소르본 대학 철학부에는 아롱(R. Aron)·귀르비치(G. Gurvitch)·장켈레비치(V. Jankélévitch)·발(J. Wahl)·구이에(H. Gouhier)·코기에(G. Cauguiher)·바슐라르(G. Bachelard) 등이 있었음. 데리다는 1965년 고등사범학교(ENS)에 조교수로 갈 때까지 4년 동안 소르본에서 조교생활을 했는데, 특히 리쾨르의 조교를 많이 했음. 리쾨르는 자기 강의에 데리다를 불러 같이 토론함. 리쾨르가 데리다에게 레비나스의 중요성을 인식시킴.

마르셀의 영향을 받은 리쾨르는 사르트르 사상과 일정한 거리를 두는 논문 「부정성과 원초적 긍정」(Négativité et affirmation originaire)을 발표.

1950년대 소련의 헝가리 침공, 프랑스의 알제리 전쟁 등 정치적 절망기에 「정치의 역설」(Le paradoxe politique)이라는 논문을 발표한 뒤 한나 아렌트(H. Arendt)와 교우하며, 권력과 폭력을 구분하는 그녀의 견해에 동의함.

1957년 「에릭 베유의 철학」(La philosophie politique d'Eric Weil)을 『에스프리』에 기고.

3월 12일. 알제리 전쟁을 반대하는 공개서한에 365명이 서명하여 대통령에게 보냄.

파리 중심에서 약 10킬로미터 떨어진 샤트네-말라브리(Châtenay-Malabry)에 있는 레 뮈르 블랑(les Murs blancs: 하얀 담장이라는 뜻. 무니에의 희망에 따라 인격주의자들이 모여 산 집)에 정착.
사회기독교 운동의 의장으로 선출되어 1970년까지 재임. 개신교 좌파의 위상을 정립하고, 시민으로서의 기독교인의 책임 문제, 불평등 문제, 도시 문제, 근대성의 문제를 중심으로 논쟁하고 활동.

1960년　잡지 『사회기독교』(Christianisme sociale)를 통해 식민통치와 알제리 전쟁에 반대.
『의지의 철학』 2권. 『유한과 허물 1. 연약한 인간 2. 악의 상징』(Finitude et culpabilité 1. L'homme faillible 2. La symbolique du mal, Aubier, Paris) 출간. 이 책에서 "상징은 생각을 불러일으킨다"는 유명한 말을 통해 관념론적 나르시시즘을 넘어설 매개체로 상징에 주목. 1950년대에 구조주의에서 시작된 '언어로의 전환'에 구조주의와는 다른 방식으로 합류. 본느발에서 열린 학술대회에서 베어고트(A. Vergote)·라캉(J. Lacan)과 함께 프로이트에 대한 철학적 관점을 발표. 라캉이 리쾨르를 주목하고 자기 세미나에 초청. 라캉은 리쾨르의 철학 작업에 큰 기대를 걸었으나, 견해 차이와 라캉의 괴팍한 성격 때문에 결별.

1961년　6월 9일, 알제리 전쟁에 반대하여 반정부 혐의로 가택 연금. 나중에 수상이 되는 로카르(M. Rocard, 개신교인이자 사회당원)는 리쾨르의 견해에 찬성.
카스텔리(E. Castelli)의 초청으로 로마 국제학술대회에 참석. 이 대회는 이후 매년 1월 5일~11일에 주로 종교철학과 비신화화를 주제로 열림. 리쾨르는 고정적으로 초청받음.
소르본의 후설 센터 책임자가 됨. 구조주의가 휩쓸던 프랑스에서 현상학 연구를 계속함.
미국 예일 대학의 테리 강좌(Terry Lectures)를 통해 프로이트에 관한 책 준비.

1963년　레비-스트로스와 논쟁.
알튀세르·라캉·바르트·푸코·부르디외 등 구조주의자들이 활발하게 활동하는 가운데 부르디외 같은 사람은 리쾨르를 정신주의자로 공격. 리쾨르는 레비-스트로스와의 논쟁을 통해 구조주의가 해석학을 위한 한 단계가 되지만 구조 이상의 말(파롤)에 주목해야 메시지가 있는 철학이 가능하다고 주장.
시카고 북쪽에 있는 제수이트 마켓 대학에서 강연.
피츠버그의 듀케인(Duquesne) 대학에서 의지의 철학을 주제로 4번 강연.

1964년　낭테르 대학이 파리 교외에 개교하자 리쾨르는 새로운 교육 체제와 학문의 장을 마련할 계획으로 이전함. 조교인 료타르(J.F. Lyotard)와

	앙드레 자콥(A. Jacob)도 같이 데려가고, 푸아티에 대학에 있던 레비나스와 뒤프렌(M. Dufrenne) 그리고 뒤메리(H. Duméry)를 초청. 자신과 레비나스 그리고 뒤메리가 어우러져 종교철학 분야의 중심지로 만들 생각을 함.
1965년	『해석에 관하여』(*De l'interprétation Essai sur Freud*, Seuil, Paris) 출간. 이 책은 1961년 예일 대학에서 행한 3번의 강연과 1962년 벨기에 뤼뱅 대학에서 행한 8번의 강연 내용을 바탕으로 구성됨. 이 책에 대해 라캉은 혹평을 했고 그의 제자들도 지면을 통해 공격. 라캉은 장 발의 권유로 『에크리』(*Ecrits*)를 출간하여 큰 성공을 거둠. 그 뒤 1986년까지 리쾨르는 정신분석에 관한 글을 쓰지 않았고, 『해석에 관하여』를 문고판으로 내자는 요청도 1995년에야 수락.
	예일 대학에서 한 학기 강의하고, 유니온 신학교에서도 강의함.
1966년	시카고 대학 신학대학원에 초빙교수로 감.
1967년	'도시화와 세속화'라는 주제로 강연.
	미국 클리블랜드에 있는 존-캐롤(John-Carroll) 대학에서 언어철학 강연.
1968년	『백과사전』(*Encyclopaedia Universalis*)의 '소외'(aliénation)라는 항목을 집필하면서 구조주의 마르크스주의를 비판.
	그레마스(Gremas) 세미나에 초청받아 기호학과 해석학 사이의 관계를 놓고 토론.
	5월 26일, 학생사태로 낭테르 대학이 문을 닫음. 리쾨르는 학생들과 똑같은 길을 가지 않았지만 기본적으로 그들의 생각에 동조.
	7월 9·11·12일, 『르몽드』(*Le Monde*)에 학생운동에 대한 견해를 발표. 68사태를 기점으로 종교일치 운동에 관심을 기울임. 테제 공동체에서 가능성을 발견.
	시카고 대학에서 정규강좌를 열면서 엘리아데와 공동강좌 개최. 신약학자 페린(N. Perrin), 조직신학자 트레이시(D. Tracy)와도 공동강좌 개최.
1969년	『해석의 갈등』(*Le conflit des interprétations. Essais d'herméneutique*, Seuil, Paris) 출간.
	4월 18일, 낭테르 대학 학장으로 선출되고 조건부로 수락.
	콜레주 드 프랑스(Collège de France)에서 푸코를 비판하는 강연이 성공을 거두지 못함.
	11월 30일, 장 이폴리트의 뒤를 잇는 교수 선출에서 미셸 푸코에게 뒤짐.
1970년	1월, 마오주의 학생들이 리쾨르의 사상을 종교적·신비적이라고 공격하며 학교 책임자인 리쾨르에게 몰려가 뺨을 때리고 머리에 쓰레기통

을 씌움(그 학생은 1991년 리쾨르에게 자신을 밝히고 사과).
3월 16일, 학장직 사임.
파리의 교수직에 있으면서, 폴 틸리히의 뒤를 이어 시카고 대학 신학대학원의 철학적 신학에 관한 석좌교수직(John-Nuveen) 수락. 1992년까지 석좌교수로 재직. 한나 아렌트의 소개로 철학부에서도 가르침. 시카고의 록펠러 교회에서 주일마다 성서에 관해 강연. 마이애미 대학에서 명예박사학위를 받았으며, 미국·캐나다의 여러 대학에서도 명예박사학위를 받음.
프로이트에 관한 책이 미국에서 『프로이트와 철학』(*Freud and Philosophy*)으로 출간되어 큰 성공을 거둠.

1971년 몬트리올 대학에서 열린 제5회 프랑스어권 철학연합회에서 리쾨르는 「담론과 의사소통」, 데리다는 「기호, 사건, 콘텍스트」라는 제목으로 논문 발표. 은유 문제를 놓고 데리다와 논쟁을 벌임. 데리다의 은유이론에는 하이데거처럼 사회참여 문제가 빠져 있다고 비판.
프린스턴 대학에서 해석학에 관한 강연을 함.

1974년 철학 잡지 『형이상학과 도덕』(*Reuve de métaphysique et de morale*)의 책임을 맡고 세계적인 학술지로 키움.

1975년 『살아 있는 은유』(*La métaphore vive*, Seuil, Paris) 출간.
1971년 가을 토론토 대학에서 열렸던 세미나 이후 뤼뱅 대학과 낭테르 대학 그리고 시카고 대학에서 수업했던 내용(살아 있는 은유는 상상력을 발동시켜 개념 차원에서 더 풍부한 생각을 이끈다)에 기초함.
시카고 대학에서 '이데올로기와 유토피아'라는 제목으로 18번 강연. 3번에 걸쳐 알튀세르 이론을 소개하고, 그의 사상의 기본 개념이 라캉과 프로이트에 바탕을 두고 있음을 밝힘.

1976년 가다머의 『진리와 방법』을 출판사 요청으로 리쾨르가 줄이고 사크르(E. Sacre)가 번역해 출간(1996년에 완역). 리쾨르는 이 책이 하이데거 이후 가장 중요한 독일 책이라고 평가.
브뤼셀의 생루이 대학에서 레비나스·주프레(C. Geffré) 등과 신학문제를 토론. 논문 「계시의 해석학」(Herméneutique de l'idée de révélation) 발표. 그 뒤 신학에 관한 논문 다수 발표.

1978년 제네바 대학 학술대회에서 데리다가 「철학과 은유」라는 제목의 글을 발표하며, 하이데거와 자신의 생각을 같이 놓고 보는 리쾨르의 비판에 응답.

1980년 아일랜드 대학에서 리처드 커니(R. Kearney)가 '하이데거와 신의 물음'(Heidegger et la question de Dieu)이라는 주제로 개최한 학술대회에 참석. 하이데거 쪽에는 보프레(J. Beaufret)·페디에(Fédier) 등이 있고, 반대편에는 레비나스·마리옹(J.L. Marion)·브르통·장 그

	레이시 등이 있었음. 리쾨르가 개최 연설에서 하이데거를 비판.
1982년	두르당에서 '인격주의의 어제와 오늘'이라는 주제로 열린 학술회의에 참가. 인격주의의 한계를 지적. 그 뒤 올리비에 몽젠(O. Mongin) 등 『에스프리』의 새 편집진과 가까워짐.
1983년	『시간과 이야기』(Temps et Récit) 1권(Seuil, Paris) 출간. 이 작품에서 구조주의와 거리를 두고 하이데거의 시간 이해와도 거리를 둠. 아우구스티누스의 시간론과 아리스토텔레스의 이야기론을 연결해서, 이야기를 통해 자기 정체성을 형성하는 과정에 경험되는 시간론을 마련. 이 책은 구조주의가 쇠퇴할 무렵인 1980년대에 프랑스와 미국에서 큰 반향을 불러일으킴. 이 책이 출판되자 『르몽드』와 『누벨 옵세르바퇴르』 등 수많은 언론이 리쾨르의 사상을 소개하고 인터뷰. 12월 2일, 미셸 드 세르토(M. De Certo), 장 그레이시, 피에르 라드리에르(P. Ladrière) 등이 『시간과 이야기』를 중심으로 리쾨르가 참석한 가운데 큰 토론을 벌임. 그 밖에 많은 논쟁과 토론이 벌어짐. 로마에 있는 교황의 별장에서 교황이 참석하는 인간학연구소 모임에 레비나스 등과 함께 참석. 그 뒤 2년에 한 번씩 정기적으로 초청받아 참석. 서부지역 개신교 센터에서 '윤리와 정치'로 강연. 윤리 문제에서 레비나스와 문제의식이 거의 일치함.
1985년	『시간과 이야기』 2권 · 3권(Seuil, Paris) 출간. 3권에서 헤겔의 시간관을 거부함. 헤겔의 사상은 악을 정당화할 가능성이 있다고 봄. 헤겔의 절대지보다는 믿음과 희망의 지성을 옹호. 앎의 완성이 아니라 앎의 개방을 주장. 윤리사회학센터와 사회운동연구센터가 주최한 사회학자들의 모임에서 설명(expliquer)과 이해(comprendre)의 일치에 대해 강연. 프랑스 사회기독교운동에서 100년 동안의 주요 인물 3인 가운데 한 사람으로 리쾨르를 뽑고, 그의 사상을 다룬 학술대회 개최.
1986년	『텍스트에서 행위로. 해석학 2집』(Du texte à l'action. Essais d'herméneutique II, Seuil, Paris) 출간. 행위와 실천의 문제를 다룸. 『르몽드』는 1면에 실은 미셸 콩타(M. Contat)의 인터뷰를 통해 유럽 지성계의 위기를 돌파할 수 있는 책으로 평가. 많은 언론기관에서 리쾨르의 사상 여정에 경의를 표시. 『악. 신학과 철학에 대한 도전』(Le Mal. Un défi à la philosophie et à la théologie, Labor et Fides, Genève) 출간. 폴 지젤(P. Gisel)의 초청을 받아 1985년 가을 스위스 로잔에서 행한 강연집. 체코의 장 후스(Jan-Hus)에게 초청받아 프라하로 떠나는 리쾨르를

	공항까지 배웅한 아들 올리비에 리쾨르가 자살. 리쾨르는 큰 충격과 슬픔에 잠긴 채『텍스트에서 행위로』를 아들에게 헌정. 악과 고통의 문제에 대한 통찰이 더욱 깊어짐.
	프랑스 심리치료협회의 크레스(J.J. Kress)가 초청. '인식론에 직면한 정신분석'이라는 제목으로 강연.
1987년	세브르센터와 퐁피두센터에서 리쾨르에게 경의를 표하는 학술대회 개최. 리쾨르 해석학의 정치철학적인 의미에 집중. 1988년 8월호『에스프리』는 전체를 이 학술대회 내용으로 꾸밈.
1988년	장 그레이시와 리처드 커니가 스리지에서 '해석학적 이성의 발전'(Les métamorphose de la raison heméneutique)이라는 주제로 학술대회를 개최해 리쾨르 사상의 주요 개념을 검토.
1989년	『해석학과 인문학』(Hermeneutics and the human sciences, Maison des sciences de l'homme, Paris) 출간.
1990년	『남 같은 나』(Soi-même comme un autre, Seuil, Paris) 출간. 아이덴티티 문제를 타자성이 없는 동일성(idem)과 타자성이 있는 동일성(ipse)으로 나누어 생각함으로써 낯선 자아를 거쳐 성립되는 자아를 성찰한 책. 영국 분석철학의 성과를 거치고 가브리엘 마르셀과 장 나베르의 영감을 다시 살려,『시간과 이야기』의 맨 끝에 남겨두었던 문제 '나는 할 수 있다'(je peux)를 해결. 이 책은 1990년대에 큰 논쟁과 토론을 불러일으킴. 『르몽드 디플로마티크』를 통해 들라캄파뉴(Delacampagne)는 "데카르트 이후 유럽 지성계의 주된 주제인 인간의 행위에 대한 모든 견해를 포괄하려는" 노력이라고 경의를 표함. 올리비에 몽젠은 그의 책『폴 리쾨르』(Paul Ricœur)에서 리쾨르의 모든 생각을 총괄하는 책으로 평가.
	시카고 대학 석좌교수의 후임으로 마리옹(J.L. Marion)이 선택됨.
1991년	『책임의 시간: 윤리에 관한 대화』(Le temps de la responsabilité: entretiens sur l'éthique, Fayard, Paris) 출간(F. Lenoir와 공저).
	『강의 1: 정치를 중심으로』(Lectures 1: au tour du politique, Seuil, Paris) 출간.
	정치인이자 수상인 미셸 로카르와 '정의와 시장'이라는 주제로 공개 대담.『에스프리』 1월호에 실림.
	로카르 정부에서 사회복지와 정의에 대한 논란이 한창인 가운데 고등정의연구소(IHEJ)의 가라퐁(A. Garapon)이 주최한 '철학과 법학' 세미나에 참석해 기조 강연.
1992년	『강의 2: 철학자들의 세계』(Lectures 2: La contrée des philosophes, Seuil, Paris) 출간.
1993년	정부에서 국가의 책임과 조직에 관한 연구 의뢰를 받고 '프랑스에서의

국가』(L'Etat en France)라는 연구 결과를 수상에게 제출. 시민들의 의식 속에 국가의 존재가 뚜렷하지 않다고 봄. 리쾨르는 공동체의 삶을 꾸리는 정치 문제에 관심을 기울이고, 신학의 정신이 정치에 반영되지 않는 것을 걱정함.

1994년 『강의 3: 철학의 경계에서』(Lectures 3: aux frontières de la philosophie, Seuil, Paris) 출간.
『레비나스의 문제들』(Lévinas en contrastes, De Boeck Université, M. Dupuis와 공저) 출간.
사회당 쪽의 강력한 대통령 후보로 자크 들로르(J. Delors)를 추천했으나 들로르는 불출마 선언.

1995년 『정의』(Le Juste, Esprit, Paris) 출간.
『21세기의 도전에 직면한 개신교』(Les protestants face aux défies du 21 siècle, B. Chenu, F. Quere와 공저, Labor et Fides, Genève) 출간.
『회고』(Réflexion faite, Esprit, Paris) 출간.
덴마크의 오르후스에서 스웨덴·덴마크 학자들이 리쾨르에 관한 학술대회를 개최.
서구와의 관계 개선을 모색하던 이란의 지성인 자한베글루(R. Jahanbegloo)의 초청으로 이란의 학술대회에서 '기억·망각·역사'(Mémoire Oubli·Histoire)라는 제목으로 강연해 큰 성공을 거둠.
개인의 정체성 문제를 놓고 릴 대학에서 「정체성의 역설」 발표.
찰스 테일러(C. Taylor)의 사상을 중심으로 스리지라살에서 열린 학술대회에 참석. 테일러는 리쾨르의 중요성을 강조하고, 자신의 책 『자아의 근원』(Sources of the self)이 리쾨르의 『남 같은 나』보다 먼저 나와 참조하지 못한 것을 아쉬워함.
12월 25일, 레비나스 사망. 데리다의 고별사에 리쾨르가 감동을 표시.

1997년 『이데올로기와 유토피아』(L'idéologie et l'utopie, Seuil, Paris) 출간.
유전학자 코헨(D. Cohen), 생물학자 테스타르(J. Testart)와 함께 유전공학의 문제 토론.

1998년 『현상학 학파』(A l'école de la phénoménologie, Vrin, Paris) 출간.
라코크(A. Lacocque)와 함께 프랑스와 미국 시카고에서 『성서의 이해』(Penser la Bible, Seuil, Paris) 동시 출간. 같은 성서 본문을 두고 라코크는 주석을 하고 이어서 리쾨르가 철학적으로 해석함.

1999년 『성서해석학』(Herméneutique biblique, Cerf, Paris) 출간.
『우리를 생각하게 하는 것: 자연과 규범』(Ce qui nous fait penser: la Nature et la Règle, J.-P. Changeux와 공저, Odile Jacob) 출간.

2000년 『사랑의 약속』(Le rendez-vous d'amour, H. Tisot와 공저, Cerf,

Paris) 출간.

『인격주의에 관하여』(*Ecrits sur le personnalism*, E. Mounier와 공저, Seuil, Paris) 출간.

『정의 2』(*Le Juste II*, Esprit, Paris) 출간.

『기억, 역사, 망각』(*La Mémoire, L'Histoire, L'Oubli*, Seuil, Paris) 출간.

『달리: '존재와 달리 또는 본질을 넘어' 강의』(*Autrement: Lecture d'Autrement qu'être ou au dela de l'essence*, P.U.F., Paris) 출간.

2005년   5월 20일, 92세로 별세.

찾아보기

| ㄱ |

갈릴레이 35
객관주의 34, 35
거짓 의식 92, 142, 370, 371
게루 192
겹뜻 86, 88, 90, 91, 93, 94, 99, 101, 120
경험심리학 217
공시언어학 58, 107
관념론 35, 132, 274, 288
괴테 169, 227
교리신화 303, 335, 341
구조의미론 100
구조인류학 78
구조주의 55~57, 59, 64~68, 71, 75, 76, 78~84, 105, 106, 109, 111, 115, 267, 276, 280, 281, 288, 293, 441
그레마스 100, 105, 121, 531
근본악 338, 388, 415, 461, 467, 468, 479
기독교 55, 166
기욤, 귀스타브 117, 118, 291
기호 30, 38, 39, 44, 58, 69, 78, 85, 88, 92, 95~99, 108, 110, 112, 114, 117~119, 185, 194, 241, 243, 245, 247~250, 252, 267, 274, 280~ 282, 284, 286, 289, 291, 292, 294, 296, 323, 357, 369, 441, 520
기호론 119~121, 267, 276, 280, 281, 283, 284, 287, 290, 291, 293~297
기호체계 114
기호학 199
꿈 39, 41, 91, 93, 94, 151, 167~172, 180, 190, 198, 199, 209, 210, 214, 215, 229, 230, 232, 238, 267, 268, 273, 294, 321
꿈의 상징 40, 92
꿈의 해석 195, 230, 370

| ㄴ |

나르시시즘 129, 156, 159, 182, 183, 190, 203, 205, 219, 236, 239, 272, 349, 359, 362, 507
나베르, 장 45, 200, 241, 243, 246, 248, 249, 251, 266, 367, 379
노예의지 319, 327, 343, 345, 488
니체 38, 125, 172, 178, 179, 181, 188, 222, 225, 269, 318, 370, 376, 393, 485~487, 501, 503~505, 509, 511

| ㄷ |

다 빈치, 레오나르도 223, 224, 229,

찾아보기 571

232~234, 236, 237, 239, 240, 490
다윈, 찰스 161, 219
데카르트 45, 116, 127, 178, 190, 193, 203, 222, 254, 255, 257~259, 266, 267, 283, 288, 298, 321, 364, 366, 367, 509
도덕 비판 375
도덕 신학 382
도덕 의무 383
독재자 138
뒤프렌 123
디오니소스 180
딜타이 31, 34, 38, 45, 218, 389, 424, 432, 440

| ㄹ |

라이프니츠 48, 103, 198, 200, 241, 273, 295, 297, 501, 502, 520
라캉 218
라트, 게르하르트 폰 72, 74, 531, 532, 536
라파포트 216
라플랑슈 130
랑그 57, 58, 62, 64, 81, 95, 98, 103~108, 110, 112, 114, 117, 119, 199, 278~280, 282, 283, 285~288, 290, 291, 293, 441
랑크, 오토 162
레비-스트로스 56, 59~61, 63, 65, 66, 69, 71, 77, 118, 130, 289~292
로슈푸코 370
로트마이어 336
루터 311, 327, 409, 436, 438
뤼에 104
리비도 141, 144, 152, 154, 156, 165, 168, 183, 187, 194, 196, 225, 233, 235, 236, 269, 272, 296, 363, 370,

497, 518, 519, 545
리트레 395
린하르트, 모리스 40
립스, 테오도르 232

| ㅁ |

마니교 302, 305, 310, 313, 315, 336~338, 476
마니키아니즘 302
마르크스 80, 125, 137, 172, 178, 179, 181, 190, 318, 370, 376, 486
마르크스주의 80
말브랑슈 247, 366
메를로-퐁티 205, 273, 277, 279, 283
메이예 110
멘 드 비랑 242, 243, 250
모스 60
몰트만, 위르겐 447
무신론 485~487, 490, 492~494, 500, 501, 503, 506, 510, 513, 542
무의식 59, 61, 67, 78~82, 125~127, 129~135, 139, 140, 142, 146, 147, 163, 191, 194, 201, 204, 210, 227, 229, 230, 235, 268, 281, 290, 292, 293, 361, 362, 364, 369, 370, 418
민담 199, 267

| ㅂ |

바르트, 카를 383, 432, 438, 531
바슐라르 103
반성철학 33, 44, 46, 78, 125, 173, 191, 192, 201, 202, 241~243, 247, 266, 267, 272, 296, 298, 365, 370, 379, 547
발렌티누스 342
법철학 403, 405, 407, 408, 458

572

베르고트 214
베르그송 192, 206, 372
베르나르 428
베버, 막스 218
베유, 에릭 455
벤베니스트, 에밀 199, 113, 283, 285, 286
변증법 50, 52, 55, 73, 79, 135, 140, 142, 146, 147, 157, 191, 194, 202, 204, 206, 207, 265, 275, 350~352, 394, 403, 411, 420, 486, 487, 519, 521, 522, 524, 525, 532, 544, 547
본회퍼 506, 544
부버, 마르틴 447
불트만, 루돌프 43, 218, 423, 426, 431~443, 448, 450
블랙 113
비교신화학 390
비극 142, 143, 182, 186~189, 328, 335, 340, 347, 349, 472, 543
비극 신화 316, 330, 336 347, 348, 354
비신비화 92, 112, 361, 370, 373, 375, 377, 379, 381, 382, 387
비신화론화 216, 330, 335~337, 402, 411, 423, 431~436
비신화화 89, 160, 208, 220, 379, 389, 405, 410, 431, 435, 438
비트겐슈타인 33, 43

| ㅅ |

사르트르 291
상징 38~41, 46, 48, 51, 52, 54~56, 63, 64, 74, 77, 82, 83, 86~90, 92, 93, 95~97, 101, 103~105, 121, 145, 147, 163, 175, 198, 200, 204, 207, 239, 240, 251, 289, 290, 292, 296~298, 300, 302~304, 314, 317, 319~324, 327, 336, 340, 341, 344, 346, 347, 351, 357, 369, 373, 377, 393, 411, 414, 415, 475, 514, 527, 534, 541, 545, 546
상징철학 321
상징현상학 176
생철학 32
선험철학 80
셰익스피어 227
셸링 169, 175
소쉬르, 페르디낭 드 57, 58, 94~96, 99, 107, 109, 112, 199, 278
소외 215, 351, 368, 385, 468, 497
소크라테스 266, 429, 508, 510~512
소포클레스 142, 227, 239, 377
소피스트 138
쇼펜하우어 241
수사학 39, 55
슈바이처, 알베르트 447
슐라이어마허 31, 38, 46, 218
스미스, 로버트슨 161
스토아학파 293, 343, 425, 461
스피노자 48, 149, 175, 198, 206, 222, 223, 225, 241, 250, 273, 274, 295, 297, 327, 349, 351, 368, 369, 394, 451, 497
신경증 171, 215, 222, 223, 228, 229, 235, 268, 273, 359, 489, 519, 530, 540, 545
신정론 343, 350, 353, 372, 385, 414, 501, 502, 507
신칸트학파 33, 35
신플라톤주의 39, 251, 302, 306, 307, 337
신화 39~41, 46, 48~50, 54, 55, 68, 69, 74, 77, 82, 83, 93, 160, 163,

찾아보기 573

175, 177, 199, 223, 267, 304, 307, 310, 313, 316~318, 320, 322, 327~329, 347, 355, 374, 379, 395, 398, 399, 402, 410, 411, 415, 423, 433, 434, 436~438, 479, 503, 511
실재론 131, 132, 134, 140
실존 37, 38, 44, 47, 49~52, 78, 90, 250, 251, 261, 357, 372, 374, 426, 428, 434, 436, 440, 441, 452, 513
실존철학 125
실증주의 175, 176
실천이성 459
심리학 41, 43, 48, 148, 150, 153, 156, 157, 243, 247, 279, 356, 362, 445, 457, 495, 518

| ㅇ |

아리스토텔레스 30, 169, 273, 297, 339, 457, 466
아우구스티누스 38, 85, 88, 266, 302, 305~307, 309~313, 316, 318, 336~338, 341, 342, 345, 352, 476
악 138, 299, 301, 304, 316, 317, 320, 325, 329, 330, 339, 341, 343, 344, 346, 350, 352, 354, 373, 375, 385, 389, 395, 396, 407~409, 415, 466, 468, 475, 476, 480, 482, 483, 491, 501
악의 상징 39, 55, 74, 302, 320, 322, 329, 353, 355, 472
안셀무스 383
알랭 138, 169
앳킨슨 161
야스퍼스 467
야콥슨 59, 97, 98, 100, 199
양심 157, 158, 200
언어철학 33, 43, 51, 255, 263, 265, 289, 357
언어학 32, 44, 57, 59, 60, 62, 66, 70, 76, 78~81, 89, 92, 98, 99, 105, 125, 276, 278, 280, 282, 283, 286, 290, 295
에피쿠로스학파 359, 461
엘리아데, 미르치아 40, 50, 91
역사과학 31
역사인식 31
역사주의 324
영지주의 55, 301~304, 308, 311, 313, 316, 334, 336, 341~343, 345, 348, 383, 425, 434
옐름슬레우 107, 119, 199, 284
오르티그 87, 292
오르페우스 신화 329, 336, 354, 472
오리게네스 425
오이디푸스 142~144, 169, 170, 186, 187, 194, 216, 220, 239, 379, 516~519, 530, 540, 545
오이디푸스 신화 77, 82
오이디푸스 콤플렉스 158, 269, 377, 389, 489, 516, 517, 523, 540
요나스, 한스 435
욕망 40~42, 45, 46, 48, 49, 51, 52, 59, 92, 160, 164, 172, 173, 187, 188, 191, 194, 195, 197, 198, 201, 202, 205, 207, 215, 217, 220, 221, 225, 226, 230, 231, 235, 237, 240, 248, 250, 252, 269, 272, 273, 275, 295, 311, 339, 367~369, 375, 377~380, 393, 394, 457, 475, 478, 486, 487, 491, 506~508, 512, 515~517, 519, 521, 522, 527, 539, 545, 546
욕망의 의미론 92, 198, 224, 295
우상파괴 325, 328, 393, 437

우주 상징 40
원죄 165, 299, 303, 308~312, 314, 316, 318, 320, 341, 400
원죄론 55, 302, 320, 346
위상학 147, 151, 152, 166, 195, 204, 214, 227, 268, 269, 280, 294
유비 30, 39, 84, 86, 324, 343, 355, 357, 387, 412, 416, 427, 443
유아주의 298
유토피아 455
윤리적 세계관 350, 351
융 91, 240
은유 30, 41, 84, 97~99, 104, 120, 122, 209, 214, 295, 412, 415, 428
은총론 310
음성학 199
음운론 58
의무의 병리학 377
의미론 32, 35, 37~44, 46, 47, 58, 64, 67, 75, 83, 85, 88, 89, 93, 94, 98, 106, 112, 115, 119~121, 191, 196, 199, 218, 283, 284, 290, 291, 295, 324, 353, 354, 441
의식 140, 146~148, 178, 180~182, 186, 187, 201, 203, 211, 222, 223, 241~245, 247, 248, 250~253, 267~270, 272, 273, 275, 276, 279, 291, 297, 343, 350, 361, 362, 364, 370, 377, 408, 516
의식철학 46, 128, 203, 365
의지의 철학 308, 457, 460
이폴리트, 장 206
이해 존재론 32, 33, 35, 36 38, 47
인류학 390
인식론 31, 33, 34, 63, 107, 126, 129, 132, 134, 204, 313, 367

| ㅈ |

자아의식 127, 143, 170, 178, 190, 206, 250
자연과학 36
자유의지 222
자유의지론 306, 316
잠언 199
잠재의식 201
절대지 127, 351, 352, 371, 460, 502, 528
정신과학 36
정신분석 45, 93, 134, 149, 150, 172, 177, 184, 197, 211, 212, 216, 221, 225, 228, 233, 234, 236, 295, 356, 361, 365, 376
정신분석학 39~42, 46, 48, 49, 51, 91, 125, 150, 171, 181, 186, 188, 206, 208, 213, 216, 233, 236, 251, 262, 267, 268, 271, 272, 275, 276, 280, 293~297, 322, 351, 364, 408, 409, 491, 515, 516, 518, 533, 539, 544
정신현상학 49, 50, 141, 145, 148, 515, 523, 544, 545
정죄 188, 376~378, 381, 387, 393, 396, 409, 417, 418, 474, 485~487, 489, 491, 492, 494, 500, 502, 512
정치권력 173
정치학 446
존재 욕망 200, 296, 298, 381, 382, 387, 497, 499
존재론 32~34, 44, 48, 51, 52, 93, 257, 274, 306, 354, 357, 360, 503, 533
존재신학 402
존재이해 56
종교철학 383, 386, 458, 466, 468,

475, 515, 544
종교현상학 33, 41, 50, 51, 91, 332, 356, 357, 371
종말론 52, 216, 352, 371, 373, 392, 418, 433, 435, 437, 447, 482, 538
죄 226, 300, 301, 303~305, 308~312, 315, 316, 319, 320, 324, 326, 336, 348, 352, 354, 388, 394, 395, 402, 414, 415, 417, 435, 471, 472, 474, 479
죄의식 162, 164, 196, 205, 315, 359, 474
죄책감 157, 158
주관주의 298
주석학 31, 38, 39, 43
주의주의 310, 311, 315, 316
주체철학 191, 203, 266, 268, 272, 273, 280, 281, 288
진리 물음 36

| ㅊ |

초심리학 227
초월자 437, 438
촘스키 106, 115, 116, 118
최고선 460, 461, 464, 465, 467
충동 194
친족체계 78

| ㅋ |

카스텔리 208, 209, 216, 220
카시러 39
카프카 411
칸트 31, 34, 36, 45, 79, 126, 129, 161, 169, 190, 193, 239, 242~244, 247, 251, 252, 266, 270, 272, 283, 288, 318, 336, 338, 339, 341, 344, 345, 351, 364, 366, 367, 376, 377,

380, 384, 385, 409, 437, 457, 464~466, 479, 501, 502, 509, 525, 528
칸트주의 376
케리그마 72, 82, 300, 375, 379, 382, 387, 424~426, 428~431, 433, 436, 445, 447, 448, 452, 456, 482, 506, 513, 531, 538
코기토 38, 44~46, 48, 49, 80, 191, 201, 203, 204, 242, 243, 246, 254, 256~261, 265, 266, 268, 271~274, 287, 288, 296, 298
코페르니쿠스 183, 219
키르케고르 302, 306, 383, 411, 417, 425, 438, 482, 493, 511, 512

| ㅌ |

테르툴리아누스 425
토테미즘 67, 70, 72, 75, 76, 161, 162, 165
토템 82, 152, 160~162, 164, 220, 226, 360, 376, 518
통시 언어학 58, 107
트루베츠코이 57, 61

| ㅍ |

파롤 57, 80, 95, 98, 107, 108, 112, 119, 286
파스칼 413, 417
퍼스 92, 99
페타초니 470
페히너 232
펠라기우스 299, 307, 309~312, 316, 318, 319, 337, 342
펠라기우스주의 302, 336
포이어바흐 225, 318, 376, 434, 437, 459
폴리체르 129

표상 42, 83, 93, 130, 135, 160, 162, 173~175, 177, 179, 199, 200, 238, 241, 244~246, 254, 258, 267, 268, 283, 359, 367, 383, 385, 412, 416, 434, 435, 437, 438, 487, 509, 528, 535, 544

프레게 113, 283

프로이트 39, 41, 42, 48, 50, 59, 91, 92, 125, 126, 128, 129, 134, 139, 140, 142, 146~153, 156, 158~160, 162~164, 166, 167 173, 174, 176, 178~181, 183, 186~191, 194, 196~199, 201~203, 205~207, 209~214, 222, 224, 225, 227, 232~236, 238, 240, 262, 267~271, 273, 275, 280, 281, 294, 297, 356~358, 360~362, 370, 376, 377, 389, 391, 459, 461, 485, 486, 489, 497, 501, 503~505, 515~518, 522, 523, 526, 539~542, 544

프로프 531

플라톤 35, 125, 138, 190, 193, 201, 247, 295, 337, 338, 355, 369, 425, 489, 520

플로티노스 337, 349, 351

피히테 201, 266, 271, 288, 364, 365, 367, 368, 509

필론 349

| ㅎ |

하르트만 216

하이데거 32~37, 44, 47, 52, 123, 254, 255, 259, 265, 297, 434, 440, 443, 495, 500, 508, 510, 512, 513

한계의 철학 456

해석의 순환 33, 47, 56, 82, 333, 426, 432, 433

해석학 44, 59, 145, 146, 176, 181, 210, 506

허무주의 490

허위의식 46, 137, 172, 178, 180, 202

헤겔 50, 78, 125, 127, 136, 138, 140, 146, 148, 169, 175, 188, 191, 206, 240, 269, 270, 273, 275, 276, 283, 297, 350, 351, 355, 363, 371, 375, 400, 402, 405, 406, 412, 417, 420, 448, 455~458, 460, 480, 502, 521, 525, 527, 528, 542, 544

헤라클레이토스 331, 349, 511

헤르만 438

헤시오도스 389

현상학 32~34, 43, 44, 112, 125~129, 208, 211, 213, 227, 240, 276~278, 281, 282, 286, 287, 289, 291, 295, 322, 332, 360, 521, 546

현존재 32, 34, 36, 44, 255~257, 260, 262~264

형벌 신화 395, 398, 400, 402, 410~413, 415, 416, 420, 453

형식주의 79, 338, 339, 375, 380, 383, 387, 498

형이상학 254, 258, 260, 264, 316, 319, 343, 443, 488, 492, 501, 508

환유 97

횔덜린 513

후설 33~36, 42, 128, 148, 208, 222, 266, 272, 275~277, 283, 285, 288, 291, 321, 357

훔볼트 110, 116, 122

휴머니즘 260, 443

희망의 신학 457, 538, 545

지은이 폴 리쾨르

리쾨르(1913~2005)는 프랑스 동남부 발랑스에서 태어났다. 스트라스부르 대학에서 철학교수를 시작한 이후, 소르본 대학과 낭테르 대학(파리 10대학)에서 가르쳤고, 1970년부터는 파리와 미국을 오가면서 시카고 대학에서도 가르쳤다. 2004년에는 인문학의 노벨상이라고 불리는 클러지(Kluge) 상을 받았다. 그는 프랑스 철학자 장 나베르의 영향을 받아, 인간의 자기 이해가 인류의 문화유산과 작품해석을 통해 이루어진다고 본다. 그 결과 상징과 언어를 중시하게 된다. 그런 각도에서 프로이트의 정신분석학과 헤겔의 정신현상학을 끌어들여 데카르트의 코기토의 확실성을 비판한다. 그가 말하는 언어는 구조주의적인 랑그의 언어가 아니라 사건의 언어로서 하이데거가 존재의 집이라고 말한 그 언어라고 할 수 있다. 그것은 근대적 비판 정신을 넘어 어떤 부름을 듣고자 하는 시도라고 할 수 있다. 그래서 그의 사상은 종교철학이라고도 할 수 있다. 다만 근대의 비판의식을 중시하고, 그래서 인식론과 존재론의 통합을 시도한다. 악의 문제에 대한 고찰 때문에 그의 사상은 기독교적인 종말론과 연관된 용서의 문제를 중시한다. 희망은 그의 해석학의 중심 낱말이라고 할 수 있다. 그는 사회철학과 정치철학자로서도 이름이 높은데, 사랑과 정의의 문제가 그 핵심에 있다. 주요저서로는 『의지적인것과비의지적인것』(1950), 『역사와진리』(1955), 『악의상징』(1960), 『살아있는은유』(1975), 『시간과이야기』(1983~85), 『텍스트에서행동으로』(1986), 『기억·역사·망각』(2000) 등이있다.

옮긴이 양명수

양명수(梁明洙)는 서울대 법대(학사)와 감신대(석사), 프랑스 스트라스부르대학교(박사)에서 공부했다. 배재대학교와 이화여대 기독교학과에서 가르쳤으며, 현재 이화여대 기독교학과 명예교수다. 기독교의 고전과 신학을 인류 사상사의 관점에서 소개해왔다. 자유·평등·정의·사랑 같은 보편적 가치의 발전과 기독교의 관계를 중점적으로 고찰했다. 대표작으로 대한민국학술원 우수학술도서로 선정된 『아무도 내게 명령할 수 없다: 마르틴 루터의 정치사상과 근대』 『성명에서 생명으로: 서구의 기독교적 인문주의와 동아시아의 자연주의적 인문주의』 『퇴계 사상의 신학적 이해』가 있으며, 사회정의론과 문명론 및 해석학과 신학에 관한 저술이 있다. 이화학술상(2018)을 수상했으며, 미국 기독교윤리학회(Society of Christian Ethics)의 글로벌 스칼러(Global Scholar)에 선정되어 2020년 워싱턴 D.C.에서 열린 66회 연례학술대회에 초청되었다. 일본의 교토대학과 스위스의 제네바대학 및 로잔느대학 등에서 동서양 사상에 관해 강연했다.

HANGIL GREAT BOOKS 120

해석의 갈등

지은이 폴 리쾨르
옮긴이 양명수
펴낸이 김언호

펴낸곳 (주)도서출판 한길사
등록 1976년 12월 24일
주소 10881 경기도 파주시 광인사길 37
홈페이지 www.hangilsa.co.kr
전자우편 hangilsa@hangilsa.co.kr
전화 031-955-2000~3 **팩스** 031-955-2005

CTP출력 블루엔 **인쇄** 오색프린팅 **제본** 경일제책사

제1판 제1쇄 2001년 9월 15일
제1판 제4쇄 2022년 2월 25일

값 30,000원

ISBN 978-89-356-6419-1 94160
ISBN 978-89-356-6427-6 (세트)

● 잘못 만들어진 책은 구입하신 서점에서 바꿔드립니다.
● 이 도서의 국립중앙도서관 출판시도서목록(CIP)은 서지정보유통지원시스템 홈페이지(seoji.nl.go.kr)와
국가자료공동목록시스템(www.nl.go.kr/kolisnet)에서 이용하실 수 있습니다.
(CIP제어번호: 2012000506)

한길그레이트북스 인류의 위대한 지적 유산을 집대성한다

1 관념의 모험
앨프레드 노스 화이트헤드 | 오영환

2 종교형태론
미르치아 엘리아데 | 이은봉

3·4·5·6 인도철학사
라다크리슈난 | 이거룡
2005 『타임스』 선정 세상을 움직인 100권의 책
『출판저널』 선정 21세기에도 남을 20세기의 빛나는 책들

7 야생의 사고
클로드 레비스트로스 | 안정남
2005 『타임스』 선정 세상을 움직인 100권의 책
2008 『중앙일보』 선정 신고전 50선

8 성서의 구조인류학
에드먼드 리치 | 신인철

9 문명화과정 1
노르베르트 엘리아스 | 박미애
2005 연세대학교 권장도서 200선
2012 인터넷 교보문고 명사 추천도서
2012 알라딘 명사 추천도서

10 역사를 위한 변명
마르크 블로크 | 고봉만
2008 『한국일보』 오늘의 책
2009 『동아일보』 대학신입생 추천도서
2013 yes24 역사서 고전

11 인간의 조건
한나 아렌트 | 이진우
2012 인터넷 교보문고 MD의 선택
2012 네이버 지식인의 서재

12 혁명의 시대
에릭 홉스봄 | 정도영·차명수
2005 서울대학교 권장도서 100선
2005 『타임스』 선정 세상을 움직인 100권의 책
2005 연세대학교 권장도서 200선
1999 『출판저널』 선정 21세기에도 남을 20세기의 빛나는 책들
2012 알라딘 블로거 베스트셀러
2013 『조선일보』 불멸의 저자들

13 자본의 시대
에릭 홉스봄 | 정도영
2005 서울대학교 권장도서 100선
1999 『출판저널』 선정 21세기에도 남을 20세기의 빛나는 책들
2012 알라딘 블로거 베스트셀러
2013 『조선일보』 불멸의 저자들

14 제국의 시대
에릭 홉스봄 | 김동택
2005 서울대학교 권장도서 100선
1999 『출판저널』 선정 21세기에도 남을 20세기의 빛나는 책들
2012 알라딘 블로거 베스트셀러
2013 『조선일보』 불멸의 저자들

15·16·17 경세유표
정약용 | 이익성
2012 인터넷 교보문고 필독고전 100선

18 바가바드 기타
함석헌 주석 | 이거룡 해제
2007 서울대학교 추천도서

19 시간의식
에드문트 후설 | 이종훈

20·21 우파니샤드
이재숙
2005 서울대학교 권장도서 100선

22 현대정치의 사상과 행동
마루야마 마사오 | 김석근
2005 『타임스』 선정 세상을 움직인 100권의 책
2007 도쿄대학교 권장도서

23 인간현상
테야르 드 샤르댕 | 양명수
2007 서울대학교 추천도서

24·25 미국의 민주주의
알렉시스 드 토크빌 | 임효선·박지동
2005 서울대학교 권장도서 100선
2012 인터넷 교보문고 MD의 선택
2012 인터넷 교보문고 MD의 선택
2013 문명비평가 기 소르망 추천도서

26 유럽학문의 위기와 선험적 현상학
에드문트 후설 | 이종훈
2005 서울대학교 논술출제

27·28 삼국사기
김부식 | 이강래
2005 연세대학교 권장도서 200선
2012 인터넷 교보문고 필독고전 100선
2013 yes24 다시 읽는 고전

29 원본 삼국사기
김부식 | 이강래

30 성과 속
미르치아 엘리아데 | 이은봉
2005 『타임스』 선정 세상을 움직인 100권의 책
2012 인터넷 교보문고 명사 추천도서
『출판저널』 선정 21세기에도 남을 20세기의 빛나는 책들

31 슬픈 열대
클로드 레비스트로스 | 박옥줄
2005 서울대학교 권장도서 100선
2005 연세대학교 권장도서 200선
2008 홍익대학교 논술출제
2012 인터넷 교보문고 명사 추천도서
2013 yes24 역사서 고전
『출판저널』 선정 21세기에도 남을 20세기의 빛나는 책들

32 증여론
마르셀 모스 | 이상률
2003 문화관광부 우수학술도서
2012 네이버 지식인의 서재

33 부정변증법
테오도르 아도르노 | 홍승용

34 문명화과정 2
노르베르트 엘리아스 | 박미애
2005 연세대학교 권장도서 200선
2012 인터넷 교보문고 명사 추천도서
2012 알라딘 명사 추천도서

35 불안의 개념
쇠렌 키르케고르 | 임규정
2012 인터넷 교보문고 필독고전 100선

36 마누법전
이재숙·이광수

37 사회주의의 전제와 사민당의 과제
에두아르트 베른슈타인 | 강신준

38 의미의 논리
질 들뢰즈 | 이정우
2000 교보문고 선정 대학생 권장도서

39 성호사설
이익 | 최석기
2005 연세대학교 권장도서 200선
2008 서울대학교 논술출제
2012 인터넷 교보문고 필독고전 100선

40 종교적 경험의 다양성
윌리엄 제임스 | 김재영
2000 대한민국학술원 우수학술도서

41 명이대방록
황종희 | 김덕균
2000 한국출판문화상

42 소피스테스
플라톤 | 김태경

43 정치가
플라톤 | 김태경

44 지식과 사회의 상
데이비드 블루어 | 김경만
2002 대한민국학술원 우수학술도서

45 비평의 해부
노스럽 프라이 | 임철규
2001 『교수신문』 우리 시대의 고전

46 인간적 자유의 본질·철학과 종교
프리드리히 W.J. 셸링 | 최신한

47 무한자와 우주와 세계·원인과 원리와 일자
조르다노 브루노 | 강영계
2001 한국출판인회의 이달의 책

48 후기 마르크스주의
프레드릭 제임슨 | 김유동
2001 한국출판인회의 이달의 책

49·50 봉건사회
마르크 블로크 | 한정숙
2002 대한민국학술원 우수학술도서
2012 『한국일보』 다시 읽고 싶은 책

51 칸트와 형이상학의 문제
마르틴 하이데거 | 이선일
2003 대한민국학술원 우수학술도서

52 남명집
조식 | 경상대 남명학연구소
2012 인터넷 교보문고 필독고전 100선

53 낭만적 거짓과 소설적 진실
르네 지라르 | 김치수·송의경
2002 대한민국학술원 우수학술도서
2013 『한국경제』 한 문장의 교양

54·55 한비자
한비 | 이운구
한국간행물윤리위원회 추천도서
2007 서울대학교 추천도서
2012 인터넷 교보문고 필독고전 100선

56 궁정사회
노르베르트 엘리아스 | 박여성

57 에밀
장 자크 루소 | 김중현
2005 서울대학교 권장도서 100선
2000·2006 서울대학교 논술출제

58 이탈리아 르네상스의 문화
야코프 부르크하르트 | 이기숙
2004 한국간행물윤리위원회 추천도서
2005 연세대학교 권장도서 200선
2009 『동아일보』 대학신입생 추천도서

59·60 분서
이지 | 김혜경
2004 문화관광부 우수학술도서
2012 인터넷 교보문고 필독고전 100선

61 혁명론
한나 아렌트 | 홍원표
2005 대한민국학술원 우수학술도서

62 표해록
최부 | 서인범·주성지
2005 대한민국학술원 우수학술도서

63·64 정신현상학
G.W.F. 헤겔 | 임석진
2006 대한민국학술원 우수학술도서
2005 연세대학교 권장도서 200선
2005 프랑크푸르트도서전 한국의 아름다운 책 100선
2008 서우철학상
2012 인터넷 교보문고 필독고전 100선

65·66 이정표
마르틴 하이데거 | 신상희·이선일

67 왕필의 노자주
왕필 | 임채우
2006 문화관광부 우수학술도서

68 신화학 1
클로드 레비스트로스 | 임봉길
2007 대한민국학술원 우수학술도서
2008 『동아일보』 인문과 자연의 경계를 넘어 30선

69 유랑시인
타라스 셰브첸코 | 한정숙

70 중국고대사상사론
리쩌허우 | 정병석
2005 『한겨레』 올해의 책
2006 문화관광부 우수학술도서

71 중국근대사상사론
리쩌허우 | 임춘성
2005 『한겨레』 올해의 책
2006 문화관광부 우수학술도서

72 중국현대사상사론
리쩌허우 | 김형종
2005 『한겨레』 올해의 책
2006 문화관광부 우수학술도서

73 자유주의적 평등
로널드 드워킨 | 염수균
2006 문화관광부 우수학술도서
2010 『동아일보』, '정의에 관하여' 20선

74·75·76 춘추좌전
좌구명 | 신동준

77 종교의 본질에 대하여
루트비히 포이어바흐 | 강대석

78 삼국유사
일연 | 이가원·허경진
2007 서울대학교 추천도서

79·80 순자
순자 | 이운구
2007 서울대학교 추천도서

81 예루살렘의 아이히만
한나 아렌트 | 김선욱
2006 『한겨레』 올해의 책
2006 한국간행물윤리위원회 추천도서
2007 『한국일보』 오늘의 책
2007 대한민국학술원 우수학술도서
2012 yes24 리뷰 영웅대전

82 기독교 신앙
프리드리히 슐라이어마허 | 최신한
2008 대한민국학술원 우수학술도서

83·84 전체주의의 기원
한나 아렌트 | 이진우·박미애
2005 『타임스』, 선정 세상을 움직인 책
『출판저널』, 선정 21세기에도 남을 20세기의 빛나는 책들

85 소피스트적 논박
아리스토텔레스 | 김재홍

86·87 사회체계이론
니클라스 루만 | 박여성
2008 문화체육관광부 우수학술도서

88 헤겔의 체계 1
비토리오 회슬레 | 권대중

89 속분서
이지 | 김혜경
2008 대한민국학술원 우수학술도서

90 죽음에 이르는 병
쇠렌 키르케고르 | 임규정
『한겨레』 고전 다시 읽기 선정
2006 서강대학교 논술출제

91 고독한 산책자의 몽상
장 자크 루소 | 김중현

92 학문과 예술에 대하여·산에서 쓴 편지
장 자크 루소 | 김중현

93 사모아의 청소년
마거릿 미드 | 박자영
20세기 미국대학생 필독 교양도서

94 자본주의와 현대사회이론
앤서니 기든스 | 박노영·임영일
1999 서울대학교 논술출제
2009 대한민국학술원 우수학술도서

95 인간과 자연
조지 마시 | 홍금수

96 법철학
G.W.F. 헤겔 | 임석진

97 문명과 질병
헨리 지거리스트 | 황상익
2009 대한민국학술원 우수학술도서

98 기독교의 본질
루트비히 포이어바흐 | 강대석

99 신화학 2
클로드 레비스트로스 | 임봉길
2008 『동아일보』, 인문과 자연의 경계를 넘어 30선
2009 대한민국학술원 우수학술도서

100 일상적인 것의 변용
아서 단토 | 김혜련
2009 대한민국학술원 우수학술도서

101 독일 비애극의 원천
발터 벤야민 | 최성만·김유동

**102·103·104 순수현상학과
현상학적 철학의 이념들**
에드문트 후설 | 이종훈
2010 대한민국학술원 우수학술도서

105 수사고신록
최술 | 이재하 외
2010 대한민국학술원 우수학술도서

106 수사고신여록
최술 | 이재하
2010 대한민국학술원 우수학술도서

107 국가권력의 이념사
프리드리히 마이네케 | 이광주

108 법과 권리
로널드 드워킨 | 염수균

109·110·111·112 고야
훗타 요시에 | 김석희
2010 12월 한국간행물윤리위원회 추천도서

113 왕양명실기
박은식 | 이종란

114 신화와 현실
미르치아 엘리아데 | 이은봉

115 사회변동과 사회학
레이몽 부동 | 민문홍

116 자본주의·사회주의·민주주의
조지프 슘페터 | 변상진
2012 대한민국학술원 우수학술도서
2012 인터파크 이 시대 교양 명저

117 공화국의 위기
한나 아렌트 | 김선욱

118 차라투스트라는 이렇게 말했다
프리드리히 니체 | 강대석

119 지중해의 기억
페르낭 브로델 | 강주헌

120 해석의 갈등
폴 리쾨르 | 양명수

121 로마제국의 위기
램지 맥멀렌 | 김창성
2012 인터파크 추천도서

122·123 윌리엄 모리스
에드워드 파머 톰슨 | 윤효녕 외
2012 인터파크 추천도서

124 공제격치
알폰소 바뇨니 | 이종란

125 현상학적 심리학
에드문트 후설 | 이종훈
2013 인터넷 교보문고 눈에 띄는 새 책
2014 대한민국학술원 우수학술도서

126 시각예술의 의미
에르빈 파노프스키 | 임산

127·128 시민사회와 정치이론
진 L. 코헨·앤드루 아라토 | 박형신·이혜경

129 운화측험
최한기 | 이종란
2015 대한민국학술원 우수학술도서

130 예술체계이론
니클라스 루만 | 박여성·이철

131 대학
주희 | 최석기

132 중용
주희 | 최석기

133 종의 기원
찰스 다윈 | 김관선

134 기적을 행하는 왕
마르크 블로크 | 박용진

135 키루스의 교육
크세노폰 | 이동수

136 정당론
로베르트 미헬스 | 김학이
2003 기담학술상 번역상
2004 대한민국학술원 우수학술도서

137 법사회학
니클라스 루만 | 강희원
2016 세종도서 우수학술도서

138 중국사유
마르셀 그라네 | 유병태
2011 대한민국학술원 우수학술도서

139 자연법
G.W.F 헤겔 | 김준수
2004 기담학술상 번역상

140 기독교와 자본주의의 발흥
R.H. 토니 | 고세훈

141 고딕건축과 스콜라철학
에르빈 파노프스키 | 김율
2016 세종도서 우수학술도서

142 도덕감정론
애덤스미스 | 김광수

143 신기관
프랜시스 베이컨 | 진석용
2001 9월 한국출판인회의 이달의 책
2005 서울대학교 권장도서 100선

144 관용론
볼테르 | 송기형·임미경

145 교양과 무질서
매슈 아널드 | 윤지관

146 명등도고록
이지 | 김혜경

147 데카르트적 성찰
에드문트 후설·오이겐 핑크 | 이종훈
2003 대한민국학술원 우수학술도서

148·149·150 함석헌선집 1·2·3
함석헌 | 함석헌편집위원회
2017 대한민국학술원 우수학술도서

151 프랑스혁명에 관한 성찰
에드먼드 버크 | 이태숙

152 사회사상사
루이스 코저 | 신용하·박명규

153 수동적 종합
에드문트 후설 | 이종훈
2019 대한민국학술원 우수학술도서

154 로마사 논고
니콜로 마키아벨리 | 강정인·김경희
2005 대한민국학술원 우수학술도서

155 르네상스 미술가평전 1
조르조 바사리 | 이근배

156 르네상스 미술가평전 2
조르조 바사리 | 이근배

157 르네상스 미술가평전 3
조르조 바사리 | 이근배

158 르네상스 미술가평전 4
조르조 바사리 | 이근배

159 르네상스 미술가평전 5
조르조 바사리 | 이근배

160 르네상스 미술가평전 6
조르조 바사리 | 이근배

161 어두운 시대의 사람들
한나 아렌트 | 홍원표

162 형식논리학과 선험논리학
에드문트 후설 | 이종훈
2011 대한민국학술원 우수학술도서

163 러일전쟁 1
와다 하루키 | 이웅현

164 러일전쟁 2
와다 하루키 | 이웅현

165 종교생활의 원초적 형태
에밀 뒤르켐 | 민혜숙·노치준

166 서양의 장원제
마르크 블로크 | 이기영

167 제일철학 1
에드문트 후설 | 이종훈
2021 대한민국학술원 우수학술도서

168 제일철학 2
에드문트 후설 | 이종훈
2021 대한민국학술원 우수학술도서

169 사회적 체계들
니클라스 루만 | 이철·박여성 | 노진철 감수

170 모랄리아
플루타르코스 | 윤진

171 국가론
마르쿠스 툴리우스 키케로 | 김창성

172 법률론
마르쿠스 툴리우스 키케로 | 성염

173 자본주의의 문화적 모순
다니엘 벨 | 박형신

174 신화학 3
클로드 레비스트로스 | 임봉길

175 상호주관성
에드문트 후설 | 이종훈

176 대변혁 1
위르겐 오스터함멜 | 박종일

177 대변혁 2
위르겐 오스터함멜 | 박종일

178 대변혁 3
위르겐 오스터함멜 | 박종일

179 유대인 문제와 정치적 사유
한나 아렌트 | 홍원표

●한길그레이트북스는 계속 간행됩니다.